STÉNIO VINCENT ET L.-C. LHÉRISSON

LA LÉGISLATION

DE

L'INSTRUCTION PUBLIQUE

DE

LA RÉPUBLIQUE D'HAÏTI

Vve Ch. DUNOD & P. VICQ

ÉDITEURS DE L'UNIVERSITÉ HAÏTIENNE

49, QUAI DES GRANDS-AUGUSTINS

PARIS

LA LÉGISLATION
DE
L'INSTRUCTION PUBLIQUE
DE LA RÉPUBLIQUE D'HAÏTI
(1804-1895

LA LÉGISLATION

DE

L'INSTRUCTION PUBLIQUE

DE

LA RÉPUBLIQUE D'HAÏTI

(1804-1895)

EXPOSÉ, HISTORIQUE ET COMMENTAIRES

SUIVIS DU TEXTE DES LOIS
ARRÊTÉS, RÈGLEMENTS, CIRCULAIRES ET AVIS IMPORTANTS, PROGRAMMES, ETC.
QUI ONT ÉTÉ SUCCESSIVEMENT
EN VIGUEUR DE L'INDÉPENDANCE NATIONALE A NOS JOURS

PAR

STÉNIO VINCENT	L.-C. LHÉRISSON
LICENCIÉ EN DROIT, AVOCAT	PROFESSEUR
ANCIEN SECRÉTAIRE DE L'INSPECTION SCOLAIRE	DE L'ENSEIGNEMENT SECONDAIRE
DE PORT-AU-PRINCE	FONDATEUR DE L'ÉCOLE LIBRE PROFESSIONNELLE
SECRÉTAIRE-RÉDACTEUR AU SÉNAT DE LA RÉPUBLIQUE	DE PORT-AU-PRINCE
PROFESSEUR DE L'ENSEIGNEMENT SECONDAIRE	FONDATEUR ET PRÉSIDENT
FONDATEUR DE L'ASSOCIATION DES MEMBRES	DE L'ASSOCIATION DES MEMBRES
DU CORPS ENSEIGNANT DE PORT-AU-PRINCE	DU CORPS ENSEIGNANT DE PORT-AU-PRINCE

PREMIÈRE ÉDITION

Vᵛᵉ Cʜ. DUNOD & P. VICQ

ÉDITEURS DE L'UNIVERSITÉ HAÏTIENNE

49, QUAI DES GRANDS-AUGUSTINS

PARIS

PRÉFACE

Les questions d'enseignement semblent prendre aujourd'hui, en Haïti, toute l'importance qu'elles méritent. L'instruction publique, en général, est l'objet de nombreux projets de réformes, et la législation existante est souvent invoquée, soit qu'on en demande l'application, soit que, par une étude approfondie de ses parties essentielles, on désire s'inspirer des nouvelles nécessités de l'heure présente.

D'autre part, il n'a pas toujours été facile aux intéressés, c'est-à-dire à la grande majorité des instituteurs, de se mettre au courant des lois, arrêtés, règlements, les concernant directement. Cette absence, chez certains instituteurs, de toute notion légale de leurs devoirs, a produit parfois de bien fâcheux effets.

Dispersés, soit dans la volumineuse collection des Lois et Actes *de Linstant Pradines, soit dans les numéros épars du* Moniteur, *soit dans des recueils anciens aujourd'hui introuvables, les textes relatifs à l'instruction publique sont souvent ignorés même de ceux qui, par leur situation ou leurs fonctions, demeurent les véritables directeurs de l'éducation nationale.*

Nous croyons donc répondre à un besoin urgent en faisant paraître cet ouvrage.

Notre travail comprend deux parties : la première est une étude sommaire sur notre législation de l'instruction publique ; la seconde est la réunion, par ordre de dates, des documents officiels (lois, arrêtés, règlements, circulaires, rapports et avis importants, programmes).

Voilà notre ouvrage dans ses grandes divisions. Sera-t-il de quelque utilité ?...

Nous avons le droit de l'espérer, puisque notre principal but est d'être utile.

CHAPITRE PREMIER

DE LA GRATUITÉ DE L'INSTRUCTION PUBLIQUE, DE L'OBLIGATION DE L'INSTRUCTION PRIMAIRE ET DE LA LIBERTÉ DE L'ENSEIGNEMENT.

§ 1

L'article 24 de la Constitution en vigueur est ainsi conçu : « L'enseignement est libre.

L'instruction primaire est obligatoire.

L'instruction publique est gratuite à tous les degrés.

La liberté d'enseignement s'exerce conformément à la loi et sous la haute surveillance de l'État. »

La gratuité de l'instruction publique à tous les degrés, l'obligation de l'instruction primaire et la liberté de l'enseignement, telles sont donc les trois bases principales de la législation actuelle de l'instruction publique.

*
* *

Jetons un rapide coup d'œil à travers les différentes constitutions qui ont successivement régi le pays, de l'indépendance nationale à nos jours, et voyons si ces principes y ont toujours été consacrés.

Dans le pacte fondamental de 1805 — le premier qui

ait été élaboré après la proclamation de l'indépendance — il est dit, article 19 des *Dispositions générales*, que, « dans chaque division militaire, une école publique sera créée pour l'instruction de la jeunesse. » Or, il n'y avait à l'époque que six divisions militaires formant le territoire de l'Empire d'Haïti. On ne comptait donc en Haïti, en 1805, que six écoles. Mais il est certain que leur fonctionnement a dû se ressentir de l'état de malaise général dans lequel le pays se trouvait, au sortir des grandes luttes qui firent du Peuple haïtien une nation libre et souveraine. Vivant sur un qui-vive perpétuel, s'attendant à toutes sortes d'événements, notamment à une reprise d'hostilités imminente de la part de la France qui ne voyait pas, sans d'amers regrets, la belle et riche colonie de Saint-Domingue passer en d'autres mains, on comprend fort bien que le Gouvernement, au lendemain de 1804, n'ait eu d'autres soucis que de maintenir, par tous les moyens possibles, le grand acte politique que les Haïtiens venaient d'accomplir. Le pays entier était en effet un vaste camp. Dans de telles conditions, l'organisation de l'instruction publique ne devait-elle pas être ajournée à des temps meilleurs?

Il n'est donc pas intéressant, dès lors, de chercher à savoir si les six écoles créées selon le vœu de la Constitution de 1805 étaient gratuites ou non, bien que le mot *publique* placé après *école* eût pu fournir quelque argument à interpréter l'article 19 dans un sens plutôt large que restrictif. Il est cependant bien difficile de rien préciser à ce sujet, et de dégager, d'une façon générale, la véritable conception du législateur-constituant de 1805 sur les choses d'enseignement et d'instruction publique. Nous croyons qu'on n'avait, à cette époque, aucune idée de ces hautes questions, et qu'il en devait être forcément ainsi. C'était une fatalité de l'exceptionnelle origine de l'État haïtien.

La Constitution éphémère du 27 décembre 1806 n'a rien prescrit concernant l'instruction publique.

Bientôt, cependant, on remarque qu'une certaine extension est donnée à cette branche importante de l'Administration. Ce n'est plus une école publique dans chaque division. Il y a maintenant, dans chaque division, une école centrale [1], — quelque chose comme un collège public, un établissement d'un rang immédiatement plus élevé qu'une simple école primaire, — et des écoles particulières dans chaque arrondissement, c'est-à-dire des écoles primaires nationales.

En son titre VIII, *De l'Éducation publique*, la Constitution du 17 février 1807 dispose :

« ART. 34. — Il sera établi dans chaque division une école centrale et des écoles particulières dans chaque arrondissement.

Il sera cependant loisible à tout citoyen de tenir des maisons d'éducation particulières.

ART. 35. — Le traitement des professeurs et instituteurs, ainsi que la police des écoles, seront réglés par une loi particulière. »

Pour ce qui est de la gratuité de la fréquentation de ces écoles, nous croyons que nos précédentes observations, relatives à l'article 19 des *Dispositions générales* de la Constitution de 1805, peuvent encore s'appliquer ici.

C'est la Constitution du 2 juin 1816 qui vint consacrer, pour la première fois, d'une manière expresse, le principe de la gratuité.

---

[1] Cette dénomination d'*école centrale* n'est pas nouvelle. « Le nom d'*écoles centrales* est celui que les pédagogues de la Révolution avaient imaginé pour désigner les établissements d'enseignement secondaire destinés à remplacer les collèges de l'ancien régime. » (Gabriel COMPAYRÉ.)

L'article 36 de cette Constitution s'exprime ainsi :

« Art. 36. — Il sera aussi créé et organisé une institution publique commune à tous les citoyens, gratuite à l'égard des parties d'enseignement indispensables pour tous les hommes, et dont les établissements seront distribués graduellement dans un rapport combiné avec la division de la République. »

C'est la gratuité de l'enseignement *primaire*. Cette « *institution publique* » dont parle l'article 36 de la Constitution de 1816 n'est réellement gratuite qu' « *à l'égard des parties d'enseignement indispensables pour tous les hommes* ». Ces « *parties d'enseignement* » ne sont autre chose que les matières de l'enseignement primaire.

La gratuité restreinte, celle de l'enseignement primaire — la seule vraiment raisonnable, d'ailleurs — a été maintenue par les Constitutions de 1843, de 1867 et de 1874.

« Art. 31. — L'enseignement est libre, et des écoles sont distribuées graduellement, à raison de la population.

Chaque commune a des écoles primaires de l'un et de l'autre sexe, gratuites et communes à tous les citoyens. » (*Constitution de 1843.*)

« Art. 29. — L'enseignement est libre.

Chaque commune a des écoles primaires de l'un et de l'autre sexe, gratuites et communes à tous les citoyens. Ces écoles sont distribuées graduellement, à raison de la population. » (*Constitution de 1867.*)

« Art. 33. — L'enseignement est libre.

L'instruction primaire est gratuite et obligatoire. » (*Constitution de 1874.*)

Les Constitutions de 1879 et de 1889 n'ont pas su maintenir le principe de la gratuité tel qu'il était établi dans les Constitutions antérieures, et tel qu'on le rencontre encore en France de nos jours. Sous prétexte de favoriser les progrès intellectuels et de faire prévaloir de prétendues idées démocratiques toujours en vogue au lendemain de nos stupides guerres civiles, les dispositions suivantes ont été introduites dans ces pactes constitutionnels.

« Art. 30. — L'enseignement est libre.

L'instruction publique est gratuite à tous les degrés.

L'instruction primaire est obligatoire et gratuite. » *(Constitution de 1879.)*

« Art. 24. — L'enseignement est libre.

L'instruction primaire est obligatoire.

L'instruction publique est gratuite à tous les degrés. » *(Constitution de 1889.)*

La République d'Haïti se trouve donc être ainsi un des rares pays où la gratuité de l'instruction publique soit universelle. Il est facile de comprendre la gratuité de l'instruction primaire. Elle est une conséquence naturelle de l'obligation. Mais la théorie de la gratuité universelle ne nous paraît pas basée sur des arguments très décisifs. La gratuité ne saurait être un principe absolu. M. Solon Ménos l'a bien prouvé à la Constituante de 1888, dans un discours plein de science et de logique que nous regrettons de ne pouvoir reproduire ici. Il eut pour adversaire M. Jérémie, l'un des leaders de la même Assemblée, partisan convaincu de la gratuité de l'instruction publique à tous les degrés. Nous avons eu l'avantage d'entendre cette intéressante discussion. M. Jérémie fit de la bonne sentimentalité dans cette importante question, prononça des discours d'une émotion pénétrante, et put ainsi faire adopter son opinion. Il est toujours avec le cœur des accommodements.

Pourtant, en France même, l'enseignement primaire n'est gratuit, d'une manière absolue, que depuis la loi du 16 juin 1881. L'Assemblée Constituante avait bien inscrit, dans la Constitution de 1791, une disposition proclamant la gratuité de l'enseignement primaire. Mais la loi du 3 brumaire an IV était venue restreindre le principe égalitaire de la Constitution de 1791, de telle sorte que, depuis, on n'exemptait de la rétribution scolaire que les enfants reconnus indigents. Il est vrai que l'État avait toujours facilité, dans une large mesure, l'établissement d'écoles communales entièrement gratuites. C'était un acheminement certain à l'application du principe d'égalité et de justice que réalise aujourd'hui si bien la gratuité entière de l'instruction primaire.

Plus tard, en 1889, à l'Assemblée constituante des Gonaïves, et à la discussion de la Constitution actuelle, la question du principe de la gratuité universelle revint à l'ordre du jour. Nous sommes heureux de pouvoir mettre sous les yeux du lecteur la discussion qui amena le vote de l'article 24 de notre Constitution :

« L'article 24 est mis en discussion :

« M. Jules Domingue : Je propose d'ajouter « obligatoire », et de dire « *l'enseignement primaire est seul gratuit et obligatoire* ».

Messieurs, l'instruction primaire, étant le patrimoine de tous, doit seule être gratuite, par cela même qu'elle est obligatoire.

L'instruction secondaire et supérieure, étant accessible à un petit nombre, ne mérite pas notre sollicitude.

Le problème moderne, c'est l'enseignement primaire dont le champ est vaste. Tout le monde n'est pas en mesure de suivre les cours des collèges et des lycées. C'est ce qu'on semble ne pas vouloir comprendre en Haïti. Voilà pourquoi depuis longtemps nous avons perdu le secret de former des citoyens. En qualité de membre du corps enseignant, j'ai lieu d'observer cela, de constater que des *domestiques* apprennent le *grec* et le *latin*. (*Rumeurs dans l'Assemblée.*)

C'est, Messieurs, mentir à la démocratie que de tolérer un tel état de choses ! Les intelligences d'élite des écoles primaires doivent seules, par l'obtention des bourses, suivre les cours d'enseignement secondaire et supérieur.

M. Sandaire : Je prie mon collègue Domingue de jeter les yeux sur l'article 13 de notre projet de Constitution, à propos du mot *domestique*, tombé de ses lèvres. Il y verra que : « Les Haïtiens sont égaux devant la loi et « qu'ils sont tous également admissibles aux emplois « civils et militaires, sans autre motif de préférence « que le mérite personnel ou les services rendus au « Pays. »

M. Léger Cauvin : Messieurs, je propose à l'Assemblée de rédiger ainsi le texte de l'article 24 :

« *L'enseignement est libre. L'instruction primaire est obligatoire.*

« *L'instruction publique est gratuite à tous les degrés.* »

J'avoue que je suis mal préparé pour discuter la gratuité de l'instruction donnée par l'État. Je me contenterai de l'examiner au seul point de vue qui touche à mes études habituelles.

Que l'instruction publique primaire soit gratuite, cela s'impose, parce que c'est là une dette de l'État; c'est, plutôt, un sacrifice que fait la communauté en vue de sa conservation. Je ne connais pas, en effet, de danger plus grand que d'armer un illettré du bulletin de vote, et, puisque nous ne prétendons pas restreindre le suffrage universel, nous ne pouvons pas échapper à la nécessité de l'éclairer.

Mais une autre raison, une raison de justice, nous oblige à étendre plus loin la gratuité de l'instruction publique. « Les Haïtiens, avons-nous dit dans l'article 13, sont égaux devant la loi. » Quand, avec l'impôt auquel tous contribuent, l'État fonde des établissements d'instruction secondaire ou d'instruction supérieure, ne serait-ce pas une injustice inqualifiable que de n'en pas ouvrir les portes et d'en faire, en quelque sorte, l'apanage de ceux qui peuvent en payer l'entrée ?

Je sais bien que, dans la pratique, les institutions de cette espèce sont détournées de leur but ; qu'on y admet, par faveur, des enfants dont la place est à l'école primaire ; mais c'est une question de détail dont nous n'avons pas à prendre souci et qu'il faut laisser dans le domaine administratif. Ce n'est pas à nous, c'est à ceux qui sont chargés d'appliquer la loi sur la matière, d'exiger rigoureusement que chaque enfant qui se présente remplisse les conditions voulues d'admissibilité. Que même, pour répéter le mot de l'honorable préopinant, les fils de famille y coudoient des domestiques, je n'en suis pas scandalisé : c'est l'égalité dans la jouissance des droits, conséquence légitime de l'égalité devant la loi. Nous n'avons point de dédain pour les serviteurs à gages, puisque, répudiant l'exemple de Constitutions précédentes, nous ne les avons pas exclus des droits politiques.

Supprimer la gratuité de l'instruction publique à un degré quelconque, c'est supprimer cette instruction elle-même à ce degré. Le préopinant, qui, ne voulant pas cette conséquence, ne s'en aperçoit pas moins, vous parle de bourses qui pourront être instituées au profit d'individus allant s'instruire sur la terre étrangère. Ah ! ce système-là, vous en connaissez le danger, n'est-ce pas ?

Quel fruit nous est-il revenu des dépenses de ce genre que nous avons faites pour des étudiants en médecine? Quel fruit nous reviendra-t-il de toutes celles que nous ferons encore pour élever des enfants dans les grandes capitales de l'Europe? Ils y contractent des goûts, des habitudes incompatibles avec le triste état de leur pays. Quand ils y reviennent — s'ils y reviennent — quel amer désenchantement? Ne craignez-vous pas, comme on l'a dit bien des fois, que plus ils auront contracté les mœurs du milieu où vous les aurez fait grandir, plus ils seront travaillés du besoin de s'enrichir dans la politique, pour retourner aux jouissances raffinées que la terre natale ne leur donne point?

Mais là n'est pas vraiment la question. Est-il juste — et c'est à ce point de vue que je veux vous ramener — est-il juste de supprimer ou de mettre hors de la portée du plus grand nombre, les établissements d'instruction secondaire ou supérieure, pour se réserver d'instituer le privilège des bourses à l'Étranger, privilège dont quelques-uns profiteront sans compensation pour le corps social?

La gratuité de l'instruction publique à tous les degrés, c'est l'application du même principe qui impose à tous les mêmes charges et leur assure les mêmes avantages. »

Mis en discussion et aux voix, l'amendement Cauvin, à l'article 24, est accepté.

Cet article amendé est ensuite admis. (*Le Moniteur, journal officiel de la République*, n° du 11 décembre 1889.)

M. Léger Cauvin a bien fait d'avouer, au commencement de son argumentation, qu'il était mal préparé, pour discuter la gratuité de l'instruction donnée par l'État. Quelque concluantes que paraissent les raisons qu'il a émises dans la circonstance, il est impossible que les gens du métier partagent son opinion. Certes, il y aurait long à dire, s'il nous fallait examiner cette théorie de la gratuité absolue comme elle a été présentée par M. Léger Cauvin. Nous craindrions d'engager une discussion qui nous entraînerait trop loin et de dépasser ainsi le modeste cadre de notre étude. Disons cependant que M. Léger Cauvin a semblé n'avoir pas saisi toute la pensée de M. Jules Domingue. Nulle part, en effet, dans son discours, celui-ci n'a parlé de l'institution des bourses à l'Étranger. Les longues considérations, faites à ce sujet par M. Léger Cauvin, restent, par conséquent, étrangères au débat.

Mais où est donc la raison de justice dans le fait, par l'État, d'imposer, en quelque sorte, la gratuité absolue aux familles aisées ou riches pouvant subvenir, par leurs ressources, à l'éducation et à l'instruction de leurs enfants, comme à leur nourriture et à leur entretien ? On cherchera ainsi vainement une justification du principe de la gratuité absolue.

D'un autre côté, sans réglementation, sans frein, le système de la gratuité ne peut aboutir qu'à la préparation de nombreux déclassés. Il y a là un danger qu'il faut éviter. On en arrive alors à l'institution démocratique des bourses pour les enfants dont les parents ne sont pas aisés.

« Les bourses, dit M. Gabriel Compayré, doivent être considérées comme une des formes de l'assistance sociale, comme un des procédés par lesquels l'État vient en aide au mérite pauvre et prend, pour ainsi dire, par la main, dans tous les rangs de la société, les jeunes gens qu'une sélection attentive lui désigne comme les plus dignes d'être entretenus et élevés aux frais de la Nation. » Plus on examine la question, plus on voit que l'instruction secondaire n'est pas le privilège d'une classe sociale, puisque les enfants pauvres des écoles primaires, dont les aptitudes sont constatées, peuvent en bénéficier par l'obtention des bourses.

Nous pensons, encore, avec M. Pierre Carrive, que « rien n'est moins acceptable que la théorie de l'*instruction intégrale*, dont la société serait tenue envers tous ses membres comme d'une dette. Pour l'instruction secondaire ou supérieure, il ne saurait pas plus être question de la gratuité que de l'obligation. En fait d'instruction, la société ne doit à ses membres que le nécessaire, ce qui est indispensable pour remplir le rôle d'homme et de citoyen. A chacun le soin d'acquérir ensuite le surplus, selon ses ressources, ses facultés et ses efforts. »

« La seule instruction, dit Talleyrand, que la société doive avec la plus entière gratuité, est celle qui est essentiellement commune à tous, parce qu'elle est nécessaire à tous.

Or, l'instruction primaire est absolument et rigoureusement commune à tous, puisqu'elle doit comprendre les éléments de ce qui est indispensable, quelque état que l'on embrasse. »

M. François-Élie Dubois, ministre de l'Instruction publique, sous Geffrard, examinant la question à un point de vue très pratique, disait, le 21 mars 1860, dans un rapport adressé au Président de la République : « En général, on conçoit fort mal en Haïti l'instruction primaire. Beaucoup de personnes croient qu'elle est un acheminement à l'enseignement secondaire et que les enfants, au sortir d'un de ces établissements où on leur a inculqué quelques notions de langue française, d'arithmétique, d'histoire et de géographie, doivent passer dans un lycée pour y acquérir de profondes et solides connaissances. Les intelligences d'élite seules doivent jouir de ce privilège. Si, aux examens annuels des écoles primaires, on remarque quelques élèves aptes à suivre les cours supérieurs d'un lycée, on les y enverra aux frais du Gouvernement, ainsi que je viens de le faire récemment pour trois de ces enfants.

L'instruction primaire est donnée aux classes pauvres : les enfants des familles nécessiteuses, devant pourvoir, dès l'âge le plus tendre, à leurs propres besoins et souvent à ceux de leurs parents, ne peuvent rester un temps indéfini dans les écoles. Cinq ou six ans leur suffisent pour qu'ils acquièrent des notions générales qu'aucun homme ne doit ignorer. Au sortir des classes, s'il leur faut aller apprendre un métier, ils restent plusieurs années en apprentissage et, la misère aidant, le dégoût arrive, la paresse survient, le vice s'infiltre, et tous les fruits de l'éducation sont perdus.

Il importe donc que l'on mette à profit le temps qu'ils passent dans les écoles : quelques heures, chaque jour, seraient consacrées, dans les établissements primaires, aux travaux manuels, à l'étude des métiers, et l'enfant, recevant ainsi du Gouvernement le bien-être intellectuel et matériel, deviendrait, par la suite, un bon citoyen, un honnête père de famille. »

Dans tous les cas, ne devons-nous pas plutôt travailler à une organisation sérieuse de notre enseignement primaire, chercher d'abord à l'établir sur des bases plus solides, au lieu de perdre le plus clair de notre temps à des discussions, pour le moment sans rime ni raison, sur la gratuité de l'instruction à tous les degrés?

Cela ne serait certainement que plus profitable au pays. Songeons-y.

§ 2

Nous ne nous attarderons pas à rappeler les diverses considérations morales et sociales qui ont fait naître, pour les États, la nécessité de rendre l'instruction primaire obligatoire. Dans un pays démocratique et de suffrage universel, il importe au plus haut point que chaque citoyen possède les connaissances indispensables, pour sauvegarder sa conscience individuelle et sa dignité d'homme. Il y a pour une nation un intérêt politique supérieur, à ce que l'électeur ne soit pas un ignorant, à ce qu'il sache lire. Comme le dit fort judicieusement M. Léger Cauvin, il n'y a pas de danger plus grand que d'armer un illettré du bulletin de vote. Quelques états ont tellement compris ce danger que leurs lois électorales exigent de l'électeur la connaissance de la lecture et de l'écriture. Cette condition de capacité est encore exigée en Italie, par exemple.

En France, la même condition existait sous l'empire de la Constitution de l'an III. Cette restriction a été abolie plus tard, et le suffrage universel y est aujourd'hui dans toute son intégrité, comme, d'ailleurs, dans presque tous les États de l'Europe.

Il est donc utile, à tous les points de vue, que l'instruction primaire soit répandue dans une société, qu'elle soit accessible à tous les citoyens par la *gratuité*, et imposée, au nom de l'État, par l'*obligation*. « L'instruction primaire, disait M. Guizot, dans une circulaire célèbre, est une des garanties de l'ordre et de la stabilité sociales. »

Il n'y a pas encore de lois en Haïti sanctionnant le principe de l'obligation de l'enseignement primaire. Il est évident que ce principe sera toujours considéré comme lettre morte, tout le temps que la crainte de pénalités spéciales n'aura pas obligé les parents négligents à s'y conformer strictement. Le Ministère de l'Instruction publique a annoncé qu'il présenterait bientôt à l'approbation du Corps Législatif des projets de lois sur l'enseignement primaire obligatoire et sur la gratuité de l'enseignement public. Nous attendons [1].

§ 3

La liberté de l'enseignement est consacrée par toutes nos Constitutions. Toute personne a le droit de créer des établissements d'instruction primaire et secondaire, pourvu qu'elle remplisse les conditions de capacité et de moralité déterminées par la loi. La liberté d'enseigner implique nécessairement la liberté des méthodes, des programmes et des livres. Les autorités scolaires ne peuvent interdire pour les écoles privées que les livres contraires à la morale, aux bonnes mœurs, à la Constitution et aux lois du pays.

L'article 10 de l'arrêté du 26 juillet 1893 est ainsi conçu :

« Art. 10. — Les directeurs et directrices des écoles privées restent entièrement libres dans le choix des méthodes, suivant lesquelles ils voudront enseigner les matières énoncées aux articles 2, 3, 5, 6 et 7 du présent arrêté. »

Les articles 2, 3, 5, 6 et 7, énumèrent les différentes

---

[1] Nous trouvons, au dernier moment, une loi additionnelle à la loi du 29 décembre 1848 sur l'Instruction publique. Cette loi a été votée le 29 juin 1852, et promulguée le 2 juillet de la même année, sous le ministère de Salomon jeune, ministre des Finances, chargé alors provisoirement du portefeuille de l'Instruction publique. Elle est relative à l'obligation scolaire. Il semble que jusqu'ici on en ignorait l'existence au Ministère de l'Instruction publique. (V. *Documents officiels.* — Lois.)

matières enseignées dans les écoles primaires rurales, dans les écoles primaires urbaines, dans les écoles secondaires spéciales de garçons, dans les écoles secondaires de jeunes filles et dans les lycées et collèges.

L'article 11 de l'arrêté déjà cité prescrit à tout directeur, ou toute directrice, d'école privée actuellement existante, de faire savoir au département de l'Instruction publique, par l'intermédiaire et sous le contrôle des inspecteurs, dans quelle catégorie son école doit être placée.

CHAPITRE II

DES DIVERS ORDRES D'ÉTABLISSEMENT D'ENSEIGNEMENT

D'après la législation actuelle de l'Instruction publique, l'enseignement est donné :
1° Dans les écoles primaires rurales ;
2° Dans les écoles primaires urbaines ;
3° Dans les écoles secondaires spéciales de garçons ;
4° Dans les écoles secondaires de jeunes filles ;
5° Dans les lycées et collèges.

§ 1er. — DES ÉCOLES PRIMAIRES RURALES

Il y a aujourd'hui 505 écoles rurales dans toute l'étendue de la République. Ce sont plutôt des écoles de garçons que des écoles de filles. Néanmoins, on remarque, dans certaines sections rurales, une école de garçons et une école de filles.

Dans les écoles primaires rurales, l'enseignement est réparti en trois cours. Il comprend les matières suivantes :

L'instruction religieuse ;

L'instruction morale et civique (premières notions) ;

La lecture (sur imprimés et manuscrits) ;

L'écriture (en gros, en moyen, en fin) ;

Les premières notions de la langue française, de l'histoire et de la géographie de la République d'Haïti, et du calcul élémentaire ;

Leçons de choses (les animaux, les plantes et les pierres) ;

Notions d'agriculture ;

Travail manuel : agriculture pratique ;

Travaux de couture (pour les écoles de filles) ;

Exercices physiques.

Les instituteurs des écoles nationales primaires rurales donnent leur temps, de dix heures du matin à deux heures de l'après-midi.

Les écoles rurales ont été instituées, pour la première fois, par la grande loi du 29 décembre 1848, votée sous le ministère de M. J.-B. Francisque. On trouve, dans cette loi, les dispositions suivantes :

« Art. 117. — Il sera établi, sur les habitations modèles, des écoles nationales, où l'on enseignera les *préceptes de la religion, la lecture, l'écriture et les premières notions du calcul*. On y fera faire aux élèves l'application des meilleurs procédés d'agriculture susceptibles d'être mis en pratique dans la localité. Les filles y apprendront en outre à coudre.

« Art. 118. — Ces écoles seront autant de pensionnats où il sera élevé, aux frais de l'État, le plus grand nombre possible d'enfants appartenant à des familles agricoles.

« Elles pourront aussi recevoir des pensionnaires et des externes, aux frais de leurs parents ou des communes.

« Art. 119. — Il sera annexé à chaque école un terrain d'une étendue suffisante, pour que, mis en culture par les élèves eux-mêmes, il fournisse en tout ou en partie à leur subsistance. »

C'était, comme on le voit, le premier jalon posé dans la voie de l'établissement des fermes-écoles, question dont la solution passionne fort les esprits d'aujourd'hui.

On retrouve, à peu près, les mêmes dispositions dans la loi de 1860, dite *Loi Dubois*. Il y est dit, en effet, au chapitre iv :

« Art. 96. — Les écoles rurales seront établies dans les centres les plus populeux.

« Art. 97. — L'enseignement dans lesdites écoles comprendra l'instruction élémentaire et l'éducation professionnelle.

L'instruction élémentaire comprendra la lecture, l'écriture, le calcul, les éléments de la grammaire française, la géographie, l'histoire sainte, l'histoire et la géographie d'Haïti.

L'éducation professionnelle embrassera l'étude pratique et approfondie de l'agriculture.

A cet effet, il sera attenant à chaque école rurale un jardin-modèle où les enfants, de cinq heures du matin à neuf, devront s'initier, sous la direction d'un cultivateur expérimenté, aux procédés agricoles en usage dans les pays civilisés.

« Art. 98. — Les produits qui sortiront de ces établissements seront vendus pour en couvrir les frais.

« Art. 99. — Une Commission, nommée par le Gouvernement et choisie parmi les membres de la Commission de l'Instruction publique, veillera à la vente de ces produits. »

On s'occupe actuellement de chercher les meilleurs moyens propres à assurer le fonctionnement régulier de nos écoles rurales.

§ 2. — Des écoles nationales primaires urbaines

Loi du 4 juillet 1820. — Les écoles nationales primaires urbaines étaient au nombre de quatre, d'après la loi du 4 juillet 1820. Elles étaient destinées, dit l'article 11, à l'instruction gratuite élémentaire des enfants des citoyens, tant civils que militaires, qui avaient rendu des services à la Patrie. Il y en avait une dans chacune des villes de Port-au-Prince, des Cayes, de Jacmel et de Jérémie. L'on remarquera qu'il n'est question, dans cette loi, d'aucune des localités importantes de Saint-Marc, des Gonaïves, de Port-de-Paix et du Cap-Haïtien. La raison en est que la scission du Nord ne prit fin qu'en cette même année 1820. L'on sait, en effet, que cette partie de la République avait un Gouvernement propre. Elle formait un royaume que commandait Henri Christophe. L'organisation de l'instruction publique dans le royaume du Nord était réglementée par la grande ordonnance du roi promulguée en 1818. « En novembre 1818, rapporte B. Ardouin, une ordonnance du roi Henri Ier organisa l'*Instruction publique* dans ses États, sous la direction d'une Chambre royale composée de quinze membres. Il devait y avoir des écoles primaires, selon la méthode lancastérienne, des collèges, des académies et autres établissements où l'enseignement serait *gratuit*, le roi salariant les professeurs qui baseraient leur instruction sur de *bons principes*, — la religion, le respect pour les lois et l'amour du souverain.

Mais il n'y eut d'autres établissements que quelques écoles primaires dans les principales villes [1]. »

Les matières enseignées dans les écoles primaires établies par la loi du 4 juillet 1820 étaient les suivantes :

[1] Thomas Madiou (voir *Histoire d'Haïti*, t. I, p. 201) parle aussi d'une ordonnance royale promulguée en 1818, dans le Nord, par Henri Ier, réglementant l'instruction publique dans son royaume.

Ce document demeure pourtant introuvable. Nous nous sommes adressés, pour plus amples renseignements, à M. Thalès Manigat, instituteur au Cap-Haïtien, qui a bien voulu nous donner — ce dont nous l'en remercions — les informations suivantes que nous nous empressons de mettre sous les yeux du lecteur :

« J'approuve absolument votre étude sur la législation scolaire d'Haïti, et
« d'autant plus que, aujourd'hui, la question de réorganisation de notre sys-
« tème d'enseignement se pose comme une question vitale et préoccupe tous
« les esprits sérieux, pédagogues ou publicistes.

« Les livres (*Le Système colonial dévoilé* et *le Cri de la Patrie*) de M. le
« baron de Vastey que je possède ne contiennent pas cette ordonnance de
« Christophe que vous désirez avoir pour combler une lacune restée ouverte
« dans votre ouvrage.

« Il n'a jamais existé d'*ordonnance royale proprement dite*, réglementant
« l'instruction publique dans le royaume du Nord.

« J'ai puisé ces renseignements dans les *Esquisses* du professeur W. Harvey
« du collège de Cambridge, qui avait visité les Etats de Christophe.

« Dans ce livre précieux, il est question d'un *Royal Board of public Instruc-
« tion*, c'est-à-dire d'un Conseil royal d'instruction publique préposé à la sur-
« veillance de l'éducation de la jeunesse du royaume.

« Ce Conseil composé de deux ducs, de cinq comtes, de quatre barons,
« parmi lesquels se trouvaient Prévost et Dupuy, avait des règlements orga-
« niques. Des extraits en ont été faits et traduits en anglais. Je ne désespère
« pas cependant de retrouver ce document dans son texte primitif : je m'en
« vais me mettre en campagne pour sa découverte.

« Un pressentiment me dit que je n'aurai pas fait buisson creux. Et, d'ail-
« leurs, je crois qu'il ne sera jamais trop tard pour vous le faire parvenir :
« même dans un appendice, il pourra s'aller blottir. »

Voici, dans tous les cas, comment M. Hérard Dumesle, le tribun qui fut si populaire avant 1843, décrit le caractère de l'enseignement public dans le royaume du Nord :

« Dans le royaume érigé par Christophe, tout devait périr avec quelques
« hommes, puisqu'après l'école primaire il n'était aucun établissement capable
« de préparer pour l'avenir des hommes propres aux emplois importants. Les
« arts mécaniques avaient fait de grands progrès dans le Nord ; Christophe
« s'occupait à former des artistes pour les somptuosités du luxe, des maçons,
« des ouvriers de divers genres, et dans les arts libéraux de la chirurgie ;
« mais il négligeait la véritable instruction comme dangereuse à sa tyrannie ;
« il ne réfléchissait pas que les lumières assurent la durée des États, parce
« qu'elles inspirent l'amour des lois et de la Patrie ; ou plutôt il voulait bri-
« ser ce ressort moral en faisant courber toutes les volontés sous un être
« physique (*Voyage dans le nord d'Haïti*, p. 272).

La lecture ;

L'écriture ;

Le calcul jusqu'aux quatre premières règles de l'arithmétique ;

La morale, les éléments de la grammaire et ceux de l'histoire sainte.

L'article 14 détermine les conditions d'admission des enfants et les conditions d'aptitude et de moralité exigées pour les directeurs des écoles primaires.

Pour qu'un enfant pût être admis dans une école primaire, il fallait présenter à la Commission de l'Instruction publique du lieu une pétition dans laquelle étaient rapportés les divers services rendus à l'État par le père de l'enfant. La Commission soumettait cette pétition au Président d'Haïti et n'autorisait l'admission de l'enfant que d'après les ordres qu'elle recevait du chef de l'État.

L'article 15 fixe l'âge d'admission. Les enfants ne pouvaient entrer dans les écoles primaires avant l'âge de sept ans, ni y rester après celui de quatorze ans révolus. Ces prescriptions étaient rigoureuses.

A la fin de chaque année scolaire, il y avait dans les écoles primaires un examen public des élèves en présence des autorités constituées et de la Commission de l'Instruction publique de l'endroit.

Loi du 29 décembre 1848. — Cette loi établit au moins une école primaire dans chaque commune. C'est un progrès réel. De plus, les conditions d'admission ne sont plus aussi compliquées que par le passé. Tout enfant, dès l'âge de sept ans jusqu'à l'âge de quatorze ans révolus, peut entrer dans une école primaire.

Les lettres d'admission sont délivrées par les Commissions des diverses localités. Le seul tempérament apporté à ce principe, c'est qu'il ne peut être admis à la fois, dans la même école, que deux enfants par famille, à moins que le local ne permette d'en recevoir un plus grand nombre.

Le programme de l'enseignement primaire comprend : la lecture, l'écriture, le dessin linéaire, le calcul, les éléments de la grammaire française, de la géographie, de l'histoire sainte, de l'histoire et de la géographie d'Haïti.

Aux termes de l'article 65 de la loi de 1848, en plaçant un enfant dans une école nationale, ses parents ou ceux qui en tiennent lieu, prennent l'engagement, devant la Commission locale, de l'y laisser jusqu'à ce qu'il ait achevé le cours d'études prescrit pour cette école, ou qu'il ait atteint l'âge où il ne lui est plus permis d'y rester.

Les parents qui retirent l'enfant avant le temps, sans donner une excuse admise par la Commission locale, sont poursuivis, sur la plainte de ladite Commission et à la diligence de l'agent du Ministère public, et condamnés par le tribunal de simple police du lieu à une amende de 5 à 25 gourdes.

La pénalité établie pour assurer l'exécution de l'article 65 n'est pas, comme on le voit, très rigoureuse. C'est une simple amende variant de 5 à 25 gourdes.

Aucune forme de procéder spéciale n'est prescrite par la loi à cet égard.

Toutes les dispositions que nous venons d'exposer ci-dessus sont également applicables aux écoles nationales primaires de filles.

Loi du 7 décembre 1860, *dite Loi Dubois*. — Cette loi est à peu près la même que celle du 29 décembre 1848. Les dispositions concernant les écoles primaires n'ont subi presque aucun changement.

Il y a une école primaire par commune. Il peut en être

établi plusieurs dans les communes où une seule serait reconnue insuffisante. Aucun enfant n'est reçu dans une école nationale primaire avant l'âge de sept ans. Il ne peut en sortir qu'après avoir fait toutes ses études. Les lettres d'admission sont délivrées par les Commissions scolaires des diverses localités.

L'enseignement primaire comprend l'instruction classique et l'instruction professionnelle.

Les enfants des écoles primaires reçoivent l'instruction professionnelle dans un atelier spécial établi au centre de chaque ville. Une commission de cinq membres, nommés par le Gouvernement et choisis parmi les directeurs d'ateliers et les membres de la Commission de l'Instruction publique, préside à la vente des produits qui y sont confectionnés.

Dans chaque école nationale primaire, il y a un directeur, et, de plus, un aide par cinquante élèves.

Tout enfant admis dans une école doit être au plus tôt vacciné, si déjà il ne l'a été ou s'il n'a eu la variole.

Les articles 65 et 66 de la loi de 1848 ont été littéralement reproduits dans la *loi Dubois*. Seulement, la sanction de la fréquentation scolaire diffère ici. Au lieu d'une amende de 5 à 25 gourdes, les parents contrevenants sont condamnés à une indemnité de 10 gourdes pour chacun des mois pendant lesquels l'enfant devait rester encore à l'école.

L'article 58 de la loi de 1848 permettait de confier la direction des écoles de filles à des institutrices ou à des hommes mariés.

La chose n'avait rien d'extraordinaire en soi, puisqu'en France on trouve actuellement des hommes à la tête des écoles de jeunes filles, le sénateur Jean Macé, par exemple. La *loi Dubois* n'a pas adopté cette disposition.

Elle consacre, au contraire, en son article 55, que la direction des écoles nationales de filles sera confiée uniquement à des institutrices.

La loi du 7 décembre 1860 est actuellement en vigueur dans la République.

L'article 17 de cette loi est ainsi conçu : « Des plans d'études et des règlements particuliers détermineront les ouvrages classiques, les méthodes d'enseignement et le système de discipline qui doivent être suivis dans des écoles nationales. Ces plans d'études seront aussi obligatoires pour des écoles particulières. »

C'est en vertu de cet article que le Département de l'Instruction publique a pris l'arrêté du 26 juillet 1893, déterminant les matières des plans d'études et programmes de l'enseignement primaire et secondaire dont l'application est prescrite dans les diverses écoles de la République à partir du 3 septembre 1894. On verra plus loin, dans les documents officiels, la circulaire du 24 août 1894, relative à l'application des nouveaux programmes et plans d'études.

D'après l'arrêté du 26 juillet 1893, l'enseignement dans les écoles primaires urbaines est aujourd'hui réparti en quatre cours. Il comprend : dans deux cours élémentaires, les matières enseignées dans les écoles primaires rurales, et dans les deux cours suivants, outre le développement de ces matières, un aperçu de l'histoire générale par les biographies des hommes illustres ;

Les éléments de la géographie générale, de la géométrie expérimentale et du dessin ; simples notions des sciences physiques et naturelles ;

Lecture du latin ;

Principes élémentaires du chant ;

Travail manuel : chapellerie de paille, sparterie, poterie ou briqueterie ;

Travaux de couture (pour les écoles de filles).

Les institutions des écoles nationales primaires urbaines donnent quatre heures d'enseignement par jour, deux le matin, et deux l'après-midi.

Le Département de l'Instruction publique vient de décider, vu l'importance attribuée dans les écoles de jeunes filles à l'éducation professionnelle, et conformément à l'article 94 de la loi du 7 décembre 1860 que « le matin sera consacré à la lecture, l'arithmétique, l'histoire, la géographie ; et *l'après-midi*, aux travaux de couture, tricotage et broderie ».

Le Département recommande également de professer de préférence, *l'après-midi*, les cours complémentaires, instruction religieuse, instruction morale et civique, leçons de choses, chant, dessin, qui n'exigent pas des élèves une tension d'esprit très grande. (*Circulaire du 26 septembre* 1894.)

§ 3. — Écoles nationales dites secondaires spéciales

Ce n'est pas, comme on le croit généralement, la loi du 3 septembre 1864 qui créa les écoles nationales dites *secondaires spéciales*. Il semblerait, à lire le premier considérant de la loi de 1864, que cette catégorie d'écoles n'existait pas auparavant. Ce considérant s'exprime, en effet, de la manière suivante :

« Considérant que l'organisation de l'instruction pu-
« blique, telle qu'elle existe dans notre législation, pré-
« sente une lacune qu'il importe de combler ; qu'entre
« l'instruction primaire élémentaire et l'enseignement
« classique supérieur actuellement suivis dans le pays,
« il est nécessaire d'établir un degré intermédiaire qui

« complète le système d'instruction créé par la loi en
« vigueur. »

Lors de la confection de cette loi additionnelle à celle du 7 décembre 1860, il paraît qu'on avait oublié la loi de 1848. Nous y trouvons cependant au chapitre III, section Ire, tout un titre, le titre II, consacré aux écoles secondaires.

D'après la loi de 1848, il devait être créé une école nationale secondaire dans chacune des villes des Gonaïves, de Jacmel et de Jérémie, ainsi que dans les autres villes où les besoins de l'instruction publique le réclameraient.

Comme presque toutes les dispositions de la loi de 1848, concernant les écoles secondaires, sont semblables, ou peu s'en faut, à celles de la loi du 3 septembre 1864, nous ne parlerons que de cette dernière qui est la plus récente.

Et, d'abord, demandons-nous quel est le caractère particulier de ces écoles nationales dites secondaires? Sont-ce de véritables établissements d'enseignement secondaire, ainsi que leur nom pourrait le faire croire? Non. Le législateur a, d'ailleurs, pris soin de le dire, puisqu'il déclare que ces écoles sont créées dans le but d'établir, entre l'instruction primaire élémentaire et l'enseignement classique supérieur, un degré intermédiaire qui complète le système d'instruction créé par la loi.

Dans ces conditions, il est facile de fixer l'ordre d'enseignement dans lequel peuvent entrer les écoles nationales dites secondaires.

L'esprit du législateur l'indique suffisamment. Ce sont tout simplement des écoles primaires supérieures [1].

---

[1] Les écoles secondaires haïtiennes se rapprochent beaucoup des anciennes écoles secondaires françaises de la période révolutionnaire. « Dans le plan général suivi par les assemblées révolutionnaires en matière d'instruction publique, dit M. Gabriel Compayré, les écoles secondaires auraient été intermédiaires entre les écoles primaires ou communales et les *écoles centrales*, ré-

L'enseignement dans ces écoles comprend spécialement, en vertu de la loi de 1864, la langue française, l'arithmétique appliquée aux opérations pratiques, les éléments de la géométrie appliquée, et particulièrement l'arpentage, le levé des plans, le nivellement et le dessin linéaire, la tenue des livres, l'histoire et la géographie d'Haïti, le chant, l'instruction religieuse, les notions de morale privée et publique. — Ce programme a été modifié par l'arrêté ministériel du 26 juillet 1893. Aujourd'hui, l'enseignement dans les écoles secondaires spéciales de garçons est réparti en trois cours. Il comprend :

La langue et la littérature françaises ;

Les langues anglaise et espagnole ;

L'arithmétique appliquée ;

Les éléments ou calcul algébrique, de la géométrie pratique ;

Les règles de la comptabilité usuelle et de la tenue des livres ;

Les notions de cosmographie ;

Les notions de sciences physiques et naturelles applicables à l'agriculture, à l'industrie et à l'hygiène ;

Le dessin d'imitation, le dessin géométrique et le modelage ;

Les premières notions de droit usuel et d'économie politique ;

---

pondant aux écoles de département. Elles figurent dans le plan de Talleyrand comme écoles de district. Ecartées par Condorcet et Lakanal, elles ne furent pas créées par la loi du 3 brumaire an IV. C'est seulement sous le Consulat qu'on les institua par la loi du 11 floréal an X pour servir de transition entre les écoles primaires et les lycées qui remplaçaient les écoles centrales. La définition était : « Toute école établie par les communes ou tenue par les particuliers, dans laquelle on enseignera les langues latine et française, les premiers principes de la géographie, de l'histoire et des mathématiques, sera considérée comme école secondaire. » Quand fut organisée l'Université, on appela ces écoles secondaires : collèges communaux, nom qui leur est resté.

En Suisse, l'école secondaire (secundarschule) correspond à notre école primaire supérieure et à l'école moyenne de Belgique.

Les principales époques de l'histoire générale, et spécialement des temps modernes;

L'histoire particulière d'Haïti ;

La géographie générale ;

La géographie particulière d'Haïti ;

Des notions d'agriculture théorique ;

Principes de diction ;

La musique vocale ;

Travail manuel : le travail du bois et du fer ;

Exercices physiques.

Quelles sont maintenant les conditions d'admission des enfants dans les écoles secondaires? L'article 4 de la loi du 3 septembre 1864 répond qu'elles sont les mêmes que celles exigées par les articles 77 et 79 de la loi du 7 décembre 1860, c'est-à-dire que, pour y être admis, il faut être pourvu d'une lettre d'admission délivrée par la Commission locale. Ces lettres d'admission, en vertu de l'article 79, sont accordées de préférence :

1° Aux fils, frères ou neveux des citoyens qui ont rendu des services éminents à la Patrie, ou qui se sont distingués dans les armes, les lettres, les sciences, les arts et particulièrement l'agriculture ;

2° Aux fils, frères ou neveux des officiers militaires et des fonctionnaires publics ;

3° Aux orphelins ;

4° Aux enfants des autres écoles qui se sont distingués par leur bonne conduite et leur intelligence.

Les écoles secondaires admettent aussi des élèves particuliers dont le nombre ne peut jamais excéder le quart du maximum des élèves de l'État. L'élève qui a atteint l'âge de dix-huit ans ne peut plus rester dans une école secondaire. L'enfant qui a moins de huit ans n'y est pas admis.

Il est institué un certificat d'études secondaires spéciales pour les élèves qui ont parcouru toutes les matières enseignées dans les écoles secondaires spéciales de garçons ou de jeunes filles.

§ 4. — DES ÉCOLES NATIONALES DE JEUNES FILLES

La loi du 4 juillet 1820 ne contient aucune disposition concernant les écoles de jeunes filles. On dirait qu'il n'en existait pas dans le pays sous l'empire de cette loi. Il y en avait quelques-unes pourtant, à cette époque, dans les principales villes de la République.

La grande loi du 29 décembre 1848 consacra son titre II aux écoles de filles. Ces écoles se trouvent absolument sur le même pied que les écoles primaires de garçons, tant pour les matières d'enseignement que pour les conditions d'admission des élèves. C'est cette loi qui établit aussi, pour la première fois, un pensionnat national de demoiselles à Port-au-Prince, dont le programme d'enseignement comporte, outre la lecture, l'écriture, la langue française, l'arithmétique, la mythologie, l'histoire ancienne, l'histoire moderne, la géographie et particulièrement l'histoire et la géographie d'Haïti, la botanique, la musique, la danse, le dessin et la peinture appliquée aux fleurs et aux paysages, la couture, la broderie et tous les ouvrages convenables à leur sexe.

On n'admettait point d'externes dans l'établissement, et les élèves étaient choisies, une au moins dans chaque commune, parmi les jeunes filles qui se distinguaient par leur bonne conduite et leur intelligence.

L'article 91 de la loi du 7 décembre 1860 vint donner au Gouvernement la faculté d'établir des pensionnats de demoiselles à la Capitale et aussi dans les chefs-lieux d'arrondissement.

Les matières d'enseignement sont exactement les mêmes que celles prescrites pour le pensionnat de demoiselles de Port-au-Prince par la loi de 1848.

Dans les écoles primaires de jeunes filles, l'enseignement comprend l'instruction élémentaire et l'éducation professionnelle :

Instruction élémentaire : lecture, écriture, langue française, arithmétique, histoire sainte, géographie, histoire et géographie d'Haïti ;

Éducation professionnelle : la couture à l'aiguille et à la mécanique, le tricotage et la broderie. (*Loi Dubois*, 7 *décembre* 1860, *article* 93.)

En vertu de l'arrêté du 26 juillet 1893, le même enseignement classique est donné tant dans les écoles primaires de garçons que dans les écoles primaires de jeunes filles.

Dans les écoles secondaires de demoiselles, l'enseignement est aujourd'hui réparti en trois cours. Il comprend :

La langue et la littérature françaises ;

Les langues anglaise et espagnole ;

L'arithmétique appliquée ;

Les éléments de la géométrie expérimentale ;

Les règles de la comptabilité usuelle et de la tenue des livres ;

Les notions de physique, de chimie, d'histoire naturelle, d'hygiène et de cosmographie ;

Les principales époques de l'histoire générale et l'histoire particulière d'Haïti ;

La géographie générale et la géographie d'Haïti ;

Les éléments d'économie domestique ;

Les principes de la diction ;

Le dessin d'ornement;

La musique vocale et le piano;

Le travail manuel : les travaux à l'aiguille, la coupe et l'assemblage.

Au moment de l'entrée dans les écoles secondaires de jeunes filles, chaque élève devra être pourvue du certificat d'études primaires, ou aura à subir, devant une Commission composée de la directrice et de deux professeurs, un examen oral constatant quelle classe elle est en état de suivre.

Les professeurs des écoles secondaires de jeunes filles donnent trois heures d'enseignement par jour, soit le matin, soit l'après-midi.

Les directrices de ces écoles sont toujours dispensées de tout enseignement, mais elles sont tenues d'inspecter chaque jour au moins deux classes.

§ 5. — Lycées

Le premier lycée de la République a été créé, en l'année 1816, par Alexandre Pétion, le fondateur de la République. Ce ne fut pas, dès cette époque, un véritable établissement d'enseignement secondaire classique. Le personnel se composait d'un directeur, de trois professeurs (de deux de la langue latine et un de mathématiques), d'un maître de quartier et d'un maître d'écriture chargé de la classe primaire.

Un règlement du 30 août 1819, émané de la Commission de l'Instruction publique, a établi des règles devant assurer le bon fonctionnement de l'établissement d'alors. Les attributions du directeur, des professeurs, du maître de quartier, des prescriptions concernant la conduite générale des élèves, un système de punitions et de récompenses y sont assez clairement déterminés [1].

Loi du 4 juillet 1820. — Le lycée fondé par Alexandre Pétion à Port-au-Prince continue à fonctionner aux frais de l'État. Il est consacré à l'éducation des fils des citoyens qui ont rendu d'éminents services à la Patrie, et qui sont morts sans avoir laissé de moyens pour donner une éducation libérale à leurs enfants.

Le nombre des élèves de l'État reçus au lycée est fixé par le Président d'Haïti. On y admet des pensionnaires et des externes particuliers.

Pour qu'un enfant soit admis au lycée, il faut qu'il

---

[1] L'installation et les travaux de la Chambre des représentants nous ont fait négliger de parler en son temps du *prospectus* pour le Lycée national du Port-au-Prince, publié le 1ᵉʳ mars 1816 par Colombel, secrétaire particulier du Président.

La direction de cet établissement étant confiée au citoyen Balette, il avait alors pour aides, les citoyens Durrive, professeur de langue latine, et Delille Laprée, professeur de mathématiques, tous deux venus de France comme le Directeur. Ce prospectus annonçait qu'il y serait enseigné : la langue latine, le français, l'anglais et d'autres langues modernes; les mathématiques, comprenant l'arithmétique, la géométrie, la trigonométrie rectiligne, la trigonométrie sphérique, l'algèbre et l'application de cette science à l'arithmétique et à la géométrie; la statique et la navigation; la sphère, la géographie ancienne et moderne; l'histoire sacrée et profane; la tenue des livres; le dessin, la musique, l'escrime et la danse, comme arts d'agrément.

En outre des pensionnaires de l'État, les enfants des citoyens étaient admis aux conditions établies par le prospectus, comme dans les lycées de France. Les pères et mères de famille furent invités à les placer dans cet utile établissement, qui devait incessamment recevoir un plus grand développement, par l'édifice que le Président d'Haïti se proposait de faire construire à cet effet. Pour les y convier, le secrétaire du chef de l'Etat leur disait :

« Sur les ruines de l'esclavage s'élève, comme l'astre dispensateur de la lumière du sein des ténèbres, la République d'Haïti, offrant aux regards étonnés de l'univers le spectacle consolant de la Liberté, planant sur la plus belle des Antilles; de la Liberté secouant le flambeau du génie sur les descendants des fils du Désert, du Sahara, du Congo et de la Guinée, cruellement arrachés par l'avaricieuse cupidité à leurs familles éplorées..... Haïtiens, vous êtes l'*espoir* des deux tiers du monde connu : si vous laissiez éteindre *le foyer de la civilisation* que la Liberté a allumé dans votre île, le grand œuvre de la régénération *refoulerait*, peut-être jusqu'à l'éternité, et votre nom serait aussi longtemps l'*opprobre* des générations futures..... Mais non, vous méritez, et vous le prouvez chaque jour, vous méritez le beau titre de *Régénérateurs de l'Afrique* [*]..... »

---

[*] B. Ardouin, *Etudes sur l'hist. d'Haïti*, tome VIII, page 290.

sache lire et écrire, et qu'il possède les quatre premières règles de l'arithmétique et les éléments de la grammaire française.

L'élève qui a atteint l'âge de vingt ans ne peut plus rester au lycée.

Les admissions n'ont lieu que pendant le premier trimestre de chaque année scolaire. Ce trimestre expiré, elles sont suspendues jusqu'à l'année prochaine, afin d'établir dans les classes, dit l'article 26, la marche la plus régulière d'études pour tous.

Le Président d'Haïti peut ordonner l'admission au lycée des élèves d'élite des écoles primaires, qui appartiennent à des familles nécessiteuses.

Le programme d'enseignement du Lycée comprend :
Les langues anciennes et modernes ;
La rhétorique ;
La logique ;
La morale ;
Les éléments des sciences mathématiques et physiques ;
L'histoire ancienne et moderne ;
La géographie ;
Le dessin.

Il est établi au lycée une infirmerie et une pharmacie pour le traitement des élèves malades.

Tout enfant doit être vacciné avant d'être admis au lycée.

Loi du 29 décembre 1848. — Lorsque Soulouque promulgua cette loi sur l'instruction publique, la République comptait déjà trois lycées : celui de Port-au-Prince, celui des Cayes et celui du Cap-Haïtien. Il est réservé au Gouvernement la faculté d'en fonder d'autres dans les localités où l'instruction publique aura pris une grande extension.

Les lycées reçoivent des pensionnaires et des externes de l'État.

Les lettres d'admission pour les pensionnaires de l'État sont délivrées par le Secrétaire d'État de l'Instruction publique en vertu des ordres du Président d'Haïti.

Pour les externes, les lettres d'admission sont délivrées par la Commission centrale, après les conditions d'âge et de capacité exigées par l'article 94.

Pour être admis dans un des lycées de la République, il faut être âgé de plus de sept ans, savoir lire couramment, écrire en fin, posséder les éléments de la langue française, les quatre règles de l'arithmétique et les éléments de l'histoire sainte.

Les lettres d'admission sont délivrées de préférence :

1° Aux fils, frères ou neveux des citoyens qui ont rendu des services éminents à la Patrie, ou qui se sont distingués dans les armes, les lettres, les sciences, les arts, et particulièrement l'agriculture ;

2° Aux fils, frères ou neveux des officiers militaires et des fonctionnaires publics ;

3° Aux orphelins ;

4° Aux élèves des autres écoles qui se distinguent par leur bonne conduite et leur intelligence.

L'enseignement des lycées comprend :

L'écriture ;

Le dessin linéaire ;

Le dessin académique ;

La langue française ;

Le latin ;

Le grec ;

La langue espagnole ;

La langue anglaise ;

La mythologie ;

L'histoire :

La géographie ;

L'histoire d'Haïti ;

La géographie d'Haïti ;

La cosmographie ;

Les mathématiques ;

Les éléments de la zoologie et de la botanique ;

La rhétorique ;

La philosophie ;

La chimie appliquée aux arts et la physique expérimentale.

Loi du 7 décembre 1860. — Les dispositions de la loi du 7 décembre 1860, relatives aux lycées, sont exactement les mêmes que celles de la loi de 1848. Nous ne croyons donc pas utile de les exposer ici.

Arrivons à l'arrêté du 26 juillet 1893.

D'après la nouvelle réglementation des plans d'études et programmes d'enseignement dans les écoles de la République, l'enseignement dans les lycées et collèges est réparti en sept classes. Il comprend :

L'instruction morale et religieuse ;

La langue et la littérature françaises ;

La langue et la littérature latines ;

La langue et la littérature grecques ;

La langue et la littérature anglaises ;

La langue et la littérature espagnoles ;

L'histoire et la géographie ;

Les éléments de la philosophie ;

Les principes du Droit et de l'Économie politique ;

Les mathématiques appliquées ;

La comptabilité et la tenue des livres ;

La physique, la mécanique, la chimie, l'histoire naturelle et leurs applications à l'agriculture, à l'industrie et à l'hygiène ;

Les principes de la diction ;

Le dessin d'imitation, le dessin géométrique et le modelage ;

La musique vocale et instrumentale.

Aucun élève n'est admis dans un lycée, s'il n'est pourvu de son certificat d'études primaires ou s'il n'a subi, devant une Commission composée du directeur et de deux professeurs, un examen oral constatant quelle classe il est en état de suivre.

La condition d'âge est toujours observée comme dans les législations antérieures.

Il y a aujourd'hui cinq lycées [1] dans la République. Ils sont établis à Port-au-Prince [2], au Cap-Haïtien [3], aux Cayes [4], aux Gonaïves [5] et à Jacmel [6].

[1] Dates de fondation des lycées de la République :
Lycée de Port-au-Prince : 1816.
Lycée du Cap-Haïtien : 1ᵉʳ juillet 1844.
Lycée des Cayes : 8 février 1845. (Les classes n'ont été ouvertes effectivement qu'en mars 1846, après la mort de Philippe Guerrier, son fondateur.)
Lycée des Gonaïves : 4 novembre 1860.
Lycée de Jacmel : 1869.

[2] Le Lycée de Port-au-Prince a eu de 1816 à 1893, vingt-neuf directeurs dont voici les noms :
MM. Balette (1816-1817) ; Delille Laprée (1817-1823) ; Pescaye (1823-1825) ; Granville (1825-1831) ; Edmond Plésance (avril à décembre 1831) ; Granville (décembre 1831 à décembre 1832) ; Saint-Macary (1833-1837) ; Eug. Bourjolly et Louis Nadal par *interim* (le président Boyer chargea ces deux professeurs, tour à tour, de la direction provisoire du lycée à la mort de Saint-Macary) ; Pierre Faubert (1837-1843) ; Normil Brouard par *interim* (le président Boyer chargea Normil Brouard de la direction du lycée, en l'absence de Pierre Faubert, envoyé en France) ; Eug.-S. Villevaleix (1843-1847) ; Thomas Madiou (1847 au 16 avril 1848) ; A. Ulysse (1848-1860) ; Volmar Laporte (1860-1862) ; général Cauvin (1862-1866) ; Joseph Courtois (8 janvier 1866 au 15 avril 1867) ; Grévin père (1867) ; Pierre Ethéart (1867) ; général Cauvin (1867-1870) ; Camille Bruno (1870-1874) ; Guillaume Manigat (1874-1876) ; Smith Duplessis (1876-1882) ; Charles-D. William (1882-1886) ; Théophile Martin, par *interim* (mai 1886 à février 1887) (en l'absence du titulaire G. Manigat, en mission en France); Guillaume Manigat (mai 1886 à novembre 1888) ; Octavius Rameau (novembre 1888 à août 1893) ; J. Dorsainville, par *interim* (septembre 1893 à octobre 1893) ; Labidou (novembre 1893 à décembre 1894) ; Camille Bruno (janvier 1895).

[3] Le Lycée du Cap-Haïtien a eu, de la date de sa fondation à nos jours, dix directeurs, dont les noms suivent : Nadal, Côme Georges, Guerrier Longueval, Félix Box, Charles Lebossé, Ogé Longuefosse, Joseph Robin Jean-Louis Marciacq, Joseph Robin (deux fois) et Joseph-Augustin Guillaume.

[4] Le Lycée des Cayes a eu huit directeurs, de 1846 à 1895. Voici leurs

§ 6. — ÉCOLES CONGRÉGANISTES

Les Frères de l'Instruction chrétienne sont arrivés en Haïti, au nombre de six, le 13 mai 1864. La première école, celle de Port-au-Prince, ne put être ouverte que le 30 octobre, dans une petite maison située non loin de l'angle sud-est de la rue Pavée et de la rue du Réservoir. Jusqu'au 1er janvier 1894, il y avait dans le pays 78 Frères. Leurs écoles, au nombre de 20, se trouvent dans les villes de la République dont les noms suivent :

Port-au-Prince : Institution Saint-Louis de Gonzague ; école de la Grand'Rue ; école de Saint-Joseph ; école de Sainte-Anne ; école du Bel-Air ou de Saint-François.

Pétion-Ville ;

Léogane ;

Anse-à-Veau ;

Jérémie ;

Cayes ;

Jacmel ;

Saint-Marc ;

Gonaïves ;

---

noms : Bance, F. Adam, O. Rameau, V. Rameau, D. Labastille, D.-P. André, Modé et C.-F. Bénédict.

[5] Nous ne connaissons que deux directeurs au Lycée des Gonaïves : M. Barabé, le premier directeur, et M. Saint-Val-Rey, le directeur actuel. Ce lycée n'a pas toujours régulièrement fonctionné. Il est resté longtemps fermé.

[6] Le Lycée de Jacmel a été d'abord un lycée communal. C'est M. Ultino Lafontant qui était magistrat communal quand il fut créé. On l'appelle le *lycée Pinchinat*.

Le Gouvernement de l'époque accordait au conseil communal, pour le Lycée, une subvention mensuelle de 400 p. et un local.

Le Lycée Pinchinat devint un lycée de l'État le 28 novembre 1882.

Voici, d'après les renseignements qu'il nous a été possible de recueillir, les noms des directeurs de ce lycée, de sa fondation à nos jours.

P.-G. Thébaud (directeur provisoire) ; Edmond Lauture (directeur provisoire) ; Debray aîné (1er mai 1861) ; Ultimo Lafontant (1864-1867) ; D. Lamour ; J.-M. Henriquez ; Labidou ; D. Bellande ; J.-M. Henriquez ; l'abbé J. Castel (1884) ; Normil Jean-Jacques ; F. Taupier (1888-1890) ; A. Bajeux (1890-1892) ; L.-A. Brun (28 novembre 1892).

Port-de-Paix ;
Cap-Haïtien ;
Petit-Goâve ;
Saint-Louis-du-Nord ;
Grande-Rivière-du-Nord ;
Miragoane ;
Gros-Morne.
Les cinq dernières sont de fondation récente.

* * *

Les Sœurs de Saint-Joseph de Cluny sont arrivées, en Haïti, au nombre de quatre, le 5 juin 1864. Elles commencèrent à travailler à la mi-septembre de la même année. Le 9 février 1865, elles ouvrirent un pensionnat à l'angle nord-ouest de la rue du Réservoir et de la rue Pavée. Le pensionnat de Sainte-Rose de Lima, à Lalue, fut inauguré le 1ᵉʳ mai 1865 [1].

Les Sœurs sont actuellement au nombre de 140 environ dans le pays. Elles dirigent 24 écoles et un orphelinat dans les 18 villes de la République dont les noms suivent :

Port-au-Prince : Pensionnat de Sainte-Rose de Lima (Lalue) ; externat de Sainte-Rose de Lima (Grand'Rue) ; école Saint-Joseph ; école de la Madeleine ; école Sainte-Anne ; orphelinat de Saint-Joseph ;
Pétion-Ville ;
Cap-Haïtien ;
Fort-Liberté ;
Grande-Rivière-du-Nord ;

[1] La Congrégation des Sœurs de Saint-Joseph de Cluny en Haïti n'a eu, à sa tête, que deux supérieures principales : la Révérende Mère Louise et la Révérende Mère Eustochie, supérieure actuelle.

Trou ;
Gonaïves ;
Gros-Morne ;
Grande-Saline ;
Saint-Marc ;
Terre-Neuve ;
Jacmel ;
Aquin ;
Cayes ;
Port-à-Piment ;
Anse d'Hainault ;
Corail ;
Baradères ;
Grand-Goâve.

* *
*

Les Filles de la Sagesse ont fondé leur première école à Port-de-Paix, le 11 novembre 1875. Elles ont ouvert leur établissement de Port-au-Prince (paroisse de Saint-Joseph) le 11 février 1884.

Les Filles de la Sagesse sont actuellement au nombre de 101. Elles possèdent 17 écoles dans les villes de Port-au-Prince, Léogane, Petit-Goâve, Miragoane, Anse-à-Veau, Jérémie, Le Borgne, Port-de-Paix, le Limbé et Saint-Louis-du-Nord.

* *
*

Les Frères de l'Instruction chrétienne, ainsi que les Sœurs de Saint-Joseph de Cluny, dirigent des écoles nationales primaires de garçons et de filles.

Par exception, le pensionnat de Sainte-Rose de Lima,

à Lalue, suit le programme d'enseignement secondaire des jeunes filles.

L'institution Saint-Louis de Gonzague applique le programme des lycées et collèges.

Les écoles dirigées par les Filles de la Sagesse sont des établissements d'enseignement primaire.

Les conditions d'admission des élèves dans ces différents établissements sont les mêmes que celles prescrites pour les autres écoles nationales.

Le pensionnat de Sainte-Rose de Lima, l'institution Saint-Louis de Gonzague et l'école des Filles de la Sagesse (paroisse de Saint-Joseph) sont des écoles d'enseignement privé. Elles entretiennent cependant quelques pensionnaires pour compte du Gouvernement, savoir : vingt-cinq, pour le pensionnat de Sainte-Rose de Lima ; dix, pour l'institution Saint-Louis de Gonzague ; et cinq, pour l'école des Filles de la Sagesse (paroisse Saint-Joseph). — Ces trois établissements ont des règlements particuliers fixant les conditions d'admission des élèves.

*
* *

Le petit séminaire, collège Saint-Martial, a été ouvert à Port-au-Prince en 1865, sous la direction de M. l'abbé Dégerine, ancien aumônier de marine, et licencié ès lettres de la Faculté de Paris. À ce moment, l'établissement ne recevait que des internes. La première pierre du bâtiment actuel du séminaire a été posée le dimanche 7 août 1870. L'ouverture des classes a eu lieu le 17 avril 1871, avec le R. P. Simonet comme supérieur. Mgr Guilloux, archevêque de Port-au-Prince avait fait un don de 25.000 francs pour les travaux.

Actuellement, le personnel du petit séminaire, composé par les RR. PP. de la Congrégation du Saint-Esprit et du Saint-Cœur de Marie, compte 31 membres, dont 18 Pères, 9 Frères et 4 laïques.

Le programme adopté par le petit séminaire est celui des lycées et collèges. C'est donc une école d'enseignement secondaire classique.

Le petit séminaire est presque une école nationale, en ce sens que l'État y entretient trente boursiers et assure une rétribution mensuelle aux supérieur et professeurs.

*
* *

Hâtons-nous de le dire : les RR. PP. du petit séminaire, les Frères de l'Instruction chrétienne, les Sœurs de Saint-Joseph de Cluny et les Filles de la Sagesse, depuis leur arrivée dans le pays, ont constamment travaillé au bien-être intellectuel et moral de la jeunesse haïtienne.

CHAPITRE III

DE L'ENSEIGNEMENT SUPÉRIEUR

§ 1

« L'enseignement supérieur est encore dans la période embryonnaire », lisons-nous dans le dernier *Exposé géné-*

---

[1] Le petit séminaire, collège Saint-Martial, a été successivement dirigé par sept supérieurs. Ce sont :
1° M. l'abbé Dégerine ;
2° M. l'abbé Ribault ;
3° R. P. Simonet ;
4° R. P. Taragnat ;
5° R. P. Lejeune ;
6° R. P. Jaouen ;
7° R. P. Bertrand.
Ils sont tous de nationalité française.

ral de la situation de la République. Il comprend seulement l'école de Médecine et de Pharmacie, l'école de Droit et l'école de Dessin.

Quoi qu'il en soit, l'enseignement supérieur en Haïti n'a pas moins passé, comme les autres, par quelques phases qu'il n'est pas hors de propos d'exposer ici.

Un avis émané de M. B. Inginac, secrétaire général, président de la Commission d'Instruction publique, annonça, le 4 janvier 1823, la fondation de l'Académie d'Haïti.

Cette Académie, placée sous la direction de M. Pescaye, s'est ouverte à Port-au-Prince le 15 janvier 1823. Elle était sous la surveillance de l'inspecteur en chef du Service de Santé et de la Commission de l'Instruction publique. On y donnait à la fois l'enseignement de la médecine, du droit, de la littérature, des premiers éléments d'astronomie, etc.

Douze jeunes gens étaient admis, par concours, à suivre les cours de l'Académie aux frais de l'État, et douze autres aux frais de leurs parents.

Le 15 mars 1823, la Commission de l'Instruction publique promulgua un règlement intérieur de l'Académie d'Haïti, élaboré par M. Pescaye.

Quelques dispositions de ce règlement méritent d'être signalées.

Ainsi, les étudiants qui désiraient suivre les cours de médecine et de droit s'adressaient à la Commission de l'Instruction publique. Celle-ci envoyait toutes les demandes au directeur de l'Académie qui lui faisait un rapport sur les aptitudes des pétitionnaires.

La durée des études, pour la médecine, comme pour le droit, était de quatre ans. Ces études étaient constatées par des inscriptions sur un registre spécial dont un extrait était remis à chaque étudiant qui déposait 5 gourdes entre les mains du directeur, ou de tel autre professeur ou employé de l'Académie désigné par lui.

Les étudiants prenaient leurs inscriptions dans les premières quinzaines de mars, de juin, de septembre et de décembre.

Trois absences non autorisées, pendant le trimestre, faisaient perdre une inscription à l'étudiant.

A la fin de chaque année scolaire, on décernait des prix aux étudiants les plus distingués. L'année scolaire commençait le 1er avril et s'arrêtait le 31 décembre.

Les insubordinations des étudiants étaient punies, selon la gravité du cas, par la perte d'une ou de deux inscriptions, et, en cas de récidive grave, par l'expulsion.

Pour être admis à subir ses examens, l'étudiant devait justifier de seize inscriptions.

Ces examens étaient au nombre de cinq pour la médecine et de quatre pour le droit.

Les examens de médecine comprenaient.

Premier examen : Anatomie et physiologie ;

Deuxième examen : Pathologie interne ;

Troisième examen : Opérations chirurgicales, matières médicales et pharmaceutiques ;

Quatrième examen : Médecine légale, hygiène et clinique ;

Cinquième examen : Récapitulation des quatre premiers (écrit et oral).

Examens de Droit :

Premier examen : Droit romain et droit civil ;

Deuxième examen : Procédure civile et droit civil ;

Troisième examen : Code de commerce, Code pénal et Code d'instruction criminelle ;

Quatrième examen : Récapitulation des trois premiers.

Le professeur de droit faisait aussi, provisoirement, à l'Académie d'Haïti, des cours préparatoires de littérature et d'éloquence.

Après avoir subi, avec succès, le dernier examen, l'étudiant obtenait un diplôme qui lui donnait droit d'exercer sa profession dans toute la République.

L'étudiant qui avait deux prix ou un prix et deux accessits dans une distribution de récompenses était dispensé du dernier examen, et, en outre, était admis à soutenir publiquement une thèse sur un sujet de son choix, moyennant l'approbation du travail par le directeur de l'Académie. Une bonne thèse faisait obtenir le diplôme de docteur.

§ 2

La loi du 29 décembre 1848, en son chapitre VI, a prévu la fondation, aux frais de l'État, d'une ou de plusieurs Académies, pour l'enseignement supérieur des lettres et des sciences.

L'école de Médecine et de Chirurgie de Port-au-Prince continuait à fonctionner.

L'article 127 réservait au Gouvernement la faculté d'établir une école de Médecine dans les localités où il le jugerait nécessaire, et notamment aux Cayes et au Cap-Haïtien.

Cette loi a également prévu la fondation d'une école de Droit qui, croyons-nous, n'a jamais été ouverte.

C'est la loi du 27 juin 1859 qui organisa sérieusement l'enseignement du Droit en Haïti.

D'après les dispositions de cette loi, les cours sont publics.

Les conditions d'admission sont les suivantes : Avoir

dix-huit ans accomplis, et être muni de certificats ou de diplômes attestant ses bonnes études antérieures.

La durée des études est de trois ans.

A la fin de chaque année, les étudiants subissent un examen avant d'être admis à suivre les cours de l'année suivante. Après le troisième examen et à la fin de la troisième année, l'étudiant, reconnu capable, soutient une thèse publique, après laquelle il reçoit le grade de licencié pour être admis à exercer la profession d'avocat.

Les diplômes de licencié sont délivrés, sur le certificat des professeurs de l'école, qui, seuls, ont le droit de faire les examens. Ils sont visés par le président de la Commission centrale de l'Instruction publique. Il y a une bibliothèque dans chaque école de Droit.

Le règlement d'administration publique sur l'école de Droit de Port-au-Prince, arrêté le 18 janvier 1860, par MM. F.-E. Dubois et V. Plésance, secrétaires d'État de la Justice et de l'Instruction publique, ainsi que le règlement concernant l'ordre intérieur de l'école de Droit de Port-au-Prince émané de M. J. Saint-Amand, directeur, et approuvé par M. F.-E. Dubois, secrétaire d'État de la Justice et des Cultes, chargé du département de l'Instruction publique, ont suffisamment déterminé la désignation des matières et du mode de l'enseignement, l'indication de la forme et du nombre des inscriptions à prendre par les étudiants, le règlement des frais d'étude et d'examen, la forme et la durée des examens, l'organisation administrative des études, la fixation du nombre des professeurs, pour que nous prenions encore la peine d'en faire un exposé dans cette courte introduction.

Nous nous contenterons de renvoyer le lecteur, désireux d'être au courant des détails, à la partie documentaire de l'ouvrage

La loi du 27 juin 1859 règle encore actuellement, d'une façon générale, l'enseignement du Droit en Haïti.

Les cours de l'école de Droit furent interrompus de la chute du Gouvernement de Geffrard, c'est-à-dire de 1867, à 1888.

En 1887, quelques Haïtiens, qui avaient acquis de solides connaissances juridiques, soit à la Faculté de Droit de Paris, soit dans le pays même, fondèrent à Port-au-Prince une école libre de Droit.

Cette généreuse initiative est due à MM. Solon-Ménos, docteur en droit, Justin Dévot, licencié en droit, Léger Cauvin et Edmond Lespinasse, avocats, qui groupèrent autour d'eux quelques-uns des hommes les plus remarquables du pays, afin d'assurer la vitalité de l'œuvre, et qui s'engagèrent à se charger des cours, sans la moindre perspective d'aucune rémunération de la dure besogne à entreprendre.

C'était évidemment faire preuve du plus complet désintéressement. Aussi, leur vint-il de toutes parts le concours le plus empressé.

Parmi ceux qui travaillèrent, d'une façon effective, à l'organisation de l'École, il faut citer :

MM. B. Lallemand, président du tribunal de cassation ; Jérémie, député ; Alix Rossignol, ancien magistrat ; D. Légitime, sénateur ; A. Dyer, juge au tribunal de cassation ; E. Robin, juge au tribunal civil ; Léger Cauvin, avocat ; Henry Durand, ancien magistrat ; Édouard Thébaud, avocat ; Miguel Boom, ingénieur.

Ces Messieurs se sont constitués en Conseil de discipline et d'administration et ont arrêté, en avril 1887, les statuts de l'école libre de Droit, que l'on trouvera dans l'appendice de cet ouvrage.

Après trente années d'interruption, l'œuvre des Dubois,

des Plésance, des Saint-Amand, des Arsace Deslandes, des Bouldoire Saint-Pierre, des Valcin, des Aniqueron, des Clavier et des Florian Modé, les fondateurs et professeurs de l'école de Droit instituée sous Geffrard, en vertu de la loi du 27 juin 1859, renaissait, grâce aux courageux efforts de l'initiative privée [1].

Au commencement de l'année 1888, le Gouvernement du général Salomon comprit la nécessité de réinstaller l'école nationale de Droit de Port-au-Prince [2]. Le Ministère de l'Instruction publique d'alors prit des dispositions à cet égard et, vers le mois de juin, l'école était rouverte sous la direction de M. Dabelmar Jean-Joseph avec MM. Emmanuel Léon et Georges Sylvain, licenciés en droit de l'école de Paris, comme professeurs. Malheureusement les événements qui se déroulaient à cette époque dans le pays l'empêchèrent encore de fonctionner bien longtemps.

Deux mois après, en effet, Salomon tombait du pouvoir, et les inéluctables circonstances des révolutions surgirent, qui firent fermer encore une fois cette école.

Que d'obstacles et de contrariétés l'établissement définitif de l'enseignement du droit n'a-t-il donc pas rencontrés? Que de vicissitudes n'a-t-il pas eu à subir?

Nous ne savons vraiment à quoi attribuer cette instabilité, lorsque nous constatons que, relativement, l'école

---

[1] Il y a une école libre de Droit aux Cayes, fondée le 19 février 1894. M. Hollant, bâtonnier de l'Ordre des Avocats de cette ville, en est le directeur.
Une école libre de Droit existe aussi au Cap-Haïtien depuis 1893. Elle est dirigée par M. Tertulien Guilbaud, licencié en droit de la Faculté de Paris.

[2] C'est pendant la session de 1887 que M. Carméleau Antoine, député, fit la proposition à la Chambre de rouvrir l'école nationale de Droit.
Cette proposition, appuyée par les députés Lélio Dominique, aujourd'hui directeur de l'école nationale de Droit, et Edmond Héreau, fut votée. Une somme de....... fut inscrite au budget du Département de l'Instruction publique, exercice 1887-1888, pour les frais de la nouvelle installation et les émoluments du personnel.

nationale de Médecine a toujours fonctionné d'une manière régulière.

Enfin, en 1890, le Gouvernement actuel de la République rouvrit l'école nationale de Droit. Elle a pris, depuis, un remarquable développement. L'*exposé général de la situation de la République* (1894) lui a consacré une note spéciale : « Une mention est due aussi, « déclare le Département de l'Instruction publique, à « l'école nationale de Droit qui, grâce à l'action intelli- « gente de son directeur et de ses professeurs, est main- « tenant en pleine prospérité, et qui, cette année, a « conféré, à la suite de sérieux examens, le grade de « licenciés en droit à quatorze de ses étudiants, pre- « mière promotion de ce corps d'élite, où se recruteront « dans l'avenir des magistrats et des légistes éclairés. »

Les derniers règlements de l'école nationale de Droit ont été promulgués le 15 octobre 1890, sous le ministère de M. Dantès Rameau. Le Département de l'Instruction publique les a modifiés le 20 janvier 1894.

L'enseignement de l'école nationale de Droit comprend aujourd'hui :

Les éléments du droit romain, l'histoire du droit français et celle du droit haïtien, le droit civil, le droit criminel, le droit commercial, la procédure civile, le droit constitutionnel, le droit administratif, le droit international public et privé, l'économie politique.

Ces matières sont réparties en trois cours :

Première année : 1° Droit civil, articles 1 à 571, moins les articles 2, 5, 6, 7, 8 et 9, et la loi n° 5 (art. 99 à 132) du Code civil ; 2° Droit criminel (Code pénal et Code d'instruction criminelle) ; 3° Éléments du droit romain, et histoire du droit français et du droit haïtien ; 4° Économie politique ;

Deuxième année : 1° Droit civil (art. 572 à 1172 et art. 1987 à 2047), lois n°s 15 à 19, et loi n° 35 du Code civil ; 2° Droit constitutionnel; 3° Droit international public ; 4° Procédure civile;

Troisième année : 1° Droit civil (art. 2, 5, 6, 7, 8 et 9, 99 à 132, 1173 à 1970 du Code civil); 2° Droit administratif; 3° Droit commercial; 4° Droit international privé.

Les cours sont publics.

Pour être admis à faire partie de l'école comme étudiant, il faut être muni : 1° à défaut du diplôme de bachelier ès lettres, d'un certificat d'études délivré par l'Inspection scolaire; 2° de son acte de naissance (le minimum d'âge pour l'admission est dix-huit ans : art. 2 de la loi du 20 juin 1859); si l'étudiant est mineur, du consentement de son père ou tuteur.

Les étudiants sont admis sans frais à s'inscrire et à suivre les cours. Les inscriptions sont au nombre de douze, prises de trimestre en trimestre pendant toute la durée de la scolarité. Elles consistent dans l'inscription, sur le registre tenu par le Secrétaire de l'école, par l'étudiant lui-même, de ses nom, prénoms, âge, lieu de naissance et de résidence. On ne peut prendre plus d'une inscription à la fois. Le Conseil des professeurs arrête, par un règlement intérieur rendu sous l'approbation du Ministre de l'Instruction publique, les moyens propres à assurer la présence des étudiants et leur assiduité aux cours. Il est chargé, sous la haute autorité du Ministre, de régler tout ce qui a trait à l'administration et à la police de l'école et d'assurer l'exécution du règlement. Le directeur réunit le Conseil toutes les fois que cela est nécessaire et aussi lorsque trois professeurs, au moins, en font la demande.

Chaque examen est divisé en deux parties subies chacune à deux jours consécutifs. Le candidat admis à la première ou à la seconde partie de l'examen et ajourné sur l'autre conserve le bénéfice de la partie où il a réussi. Pour être admis, le candidat devra réunir, sur l'ensemble de l'examen, une moyenne de points correspondant au moins à la note *passable*. Il est dressé procès-verbal de chaque examen. Ce procès-verbal est signé tant des membres du jury d'examen que du membre de l'Inspection scolaire qui y assiste.

Il y a deux sessions d'examen : l'une ordinaire, à la fin de l'année scolaire ; l'autre, extraordinaire, à la reprise des cours. Aucun examen isolé ou collectif n'a lieu en dehors de ces deux sessions.

Le deuxième examen confère le grade de bachelier en droit, et le troisième celui de licencié.

Revenons un peu à l'école de Médecine.

Le titre XIV de la loi du 3 mars 1808 sur l'organisation du Service de Santé des hôpitaux militaires de la République est consacré aux *écoles de santé* et à leur mode d'instruction. Il y avait, en vertu de cette loi, une école de santé dans les hôpitaux de Port-au-Prince et des Cayes, sous la direction et la surveillance de l'officier de santé en chef du département. On recevait dans ces écoles l'instruction nécessaire pour être officier de santé. Pour être admis dans une école de santé, il fallait savoir lire et écrire, « faire preuve de bonnes mœurs et être reconnu d'un caractère docile ». Le nombre d'aspirants au titre d'officier de santé était de dix à douze. La durée de leur séjour à l'école de santé était de deux ans. Ils étaient nourris, entretenus, logés aux frais de l'État, dans l'hôpital, et sous la surveillance d'un officier de santé qu'on appelait *prévôt*, et recevaient, chacun, une ration de 3 gourdes par mois.

L'enseignement dans ces écoles de santé était tout à fait pratique. On ne faisait pas de cours. Les *aspirants* apprenaient, sous la direction de gens plus ou moins entendus, « à préparer les pièces ordinaires d'appareils, à faire et à appliquer les bandages non mécaniques ; à connaître et appliquer les vésicatoires, le moxa, les ventouses, le séton ; à ouvrir un cautère, à extraire des dents avec adresse ; à faire, dans les diverses cavités, les injections que certains cas exigent et à en extraire les corps étrangers ; à appliquer les tourniquets, à tenir le bistouri de toutes les manières, à s'en servir dans tous les sens, à faire méthodiquement les incisions cutanées, et à pratiquer l'opération de la saignée ».

Il faut avouer qu'un enseignement de la médecine ne saurait être plus modeste.

Tous les trois mois, les *aspirants* subissaient un examen particulier. Si, après trois examens, un aspirant n'obtenait aucune bonne note, il recevait un avertissement de l'officier de santé en chef, et si, au bout de l'année, aucun changement ne s'opérait, il était rayé du tableau des aspirants et rendu à sa famille.

Les chirurgiens des hôpitaux ainsi que ceux des corps d'armée étaient choisis de préférence parmi les *aspirants* qui avaient bien rempli leurs deux années de noviciat.

Lorsqu'en 1820 le Gouvernement fonda l'Académie d'Haïti, l'enseignement de la médecine prit un caractère plus sérieux.

Nous avons vu plus haut comment était organisée la section de médecine à l'Académie.

On trouvera également, dans la partie documentaire de cet ouvrage, un règlement du 1er janvier 1830, concernant les élèves de l'école nationale de Médecine et les officiers de santé de l'école militaire, ainsi qu'un règlement du 26 septembre 1838 de l'école nationale de Médecine établie à l'hôpital militaire.

La loi du 6 septembre 1870 portant réorganisation de l'école de Médecine, de Chirurgie et de Pharmacie, est celle qui règle actuellement l'enseignement de la médecine en Haïti.

Un règlement, promulgué en 1890, par M. Dantès Rameau, ministre de l'Instruction publique, fixe les conditions d'admission des étudiants, la durée des études, les matières enseignées, le nombre des examens, leur forme et leur division, la discipline générale, les obligations des boursiers de l'État, etc. etc.

Les boursiers sont des étudiants de localités autres que Port-au-Prince qui reçoivent une indemnité mensuelle de 20 gourdes de l'État. Il y en a vingt-cinq à l'école de Médecine, et dix à l'école de Droit.

§ 3

Il y a eu une école nationale de Navigation à Port-au-Prince. Le règlement de cette école date du 26 septembre 1838. Elle n'a fonctionné que deux ou trois ans.

Il existe encore à Port-au-Prince une école de Dessin [1].

L'école de Musique, instituée en vertu de la loi de 1860, ne fonctionne plus. Sous le Gouvernement du président Geffrard, c'était pourtant une de nos écoles supérieures les plus florissantes.

Voici, à ce sujet, les renseignements que nous avons

---

[1] L'école nationale de Peinture et de Dessin a été fondée en 1861. M. Colbert Lochard la dirigea jusqu'en 1876, l'année de son décès. Depuis, M. Archibald Lochard, le directeur actuel, est à la tête de l'établissement.

puisés dans l'*Almanach* de 1863, publié sous la direction de notre éminent concitoyen, M. Duraciné Pouilh.

« École de musique (*rues du Centre et des Miracles*). — Le but de cette institution est de former pour l'avenir des professeurs de musique, pour la composition musicale, le piano, l'orgue et les instruments à cordes et à vent, connaissant à fond les principes sérieux de cet art.

« Créée en petit, sur des bases qui régissent le Conservatoire impérial de musique de Paris, cette école, dans un temps voulu, devra fournir des musiciens d'orchestre pour les cérémonies religieuses, les concerts, les théâtres, etc. C'est un centre général où devront se réunir toutes les branches de l'art musical.

« Il y a à peine trois ans que l'école de Musique est fondée. Ce terme ne suffit pas pour former des talents (il faut huit ans de classes au Conservatoire de Paris avant de pouvoir faire partie de l'orchestre de l'Opéra ou du Conservatoire) ; cependant, grâce à l'habile direction de M. Ferrière, les progrès des élèves ont été rapides, remarquables, et font bien augurer de cette institution.

« Nous jugeons nécessaire de joindre ici quelques renseignements qui nous ont été fournis sur cet établissement.

« Fondée et entretenue par le Gouvernement, l'école de Musique est gratuite ; des instruments et des ouvrages de musique élémentaire et instrumentale appartiennent à l'école, mais ne peuvent sortir des classes. Pour être reçu élève, les enfants doivent être âgés de huit ans au moins et de seize ans au plus (sauf des cas exceptionnels pour ceux qui ont déjà des notions de la musique) ; les leçons ont lieu tous les jours, le samedi excepté, dans cette disposition : le matin, de six heures à huit heures, pour le solfège, les principes élémentaires et la lecture musicale ;

de onze heures à une heure, pour les différents instruments à cordes et à vent ; de quatre heures à six heures de l'après-midi, pour la classe de piano, orgue et harmonie (règle de la composition). Les élèves capables doivent leur concours pour toutes les fêtes, cérémonies, etc., du Gouvernement, sur la demande du Ministre.

« Le directeur est seul chargé de la direction des études et de l'admission et du renvoi des élèves.

« Le directeur est chargé de l'enseignement des classes de musique vocale et de celles d'instruments à cordes et de la direction des ensembles.

« Un professeur d'instrument à vent est promis par le règlement signé par la Commission, et ce, dans le plus bref délai (l'école ne l'a pas encore, et cette lacune fait un grand vide dans les classes).

« Le nombre des élèves n'est pas limité ; il a toujours été, depuis la fondation de l'école, de quarante à cinquante. Sur ce nombre, la moitié forme déjà un orchestre pouvant exécuter des ouvertures, fantaisies, etc. etc. ; les autres ne sont qu'aux principes de la musique et des différents instruments.

« Jusqu'à présent, un seul professeur est adjoint au directeur : c'est M. S. Lambert pour la classe de piano, orgue et harmonie. » (*Annuaire d'Haïti, Almanach commercial de Port-au-Prince*, par D. POUILH. — Année 1863, p. 182, 183 et 184.)

§ 4

Par arrêté en date du 21 février 1879, Boisrond-Canal, président d'Haïti, jeta les bases d'une école de Génie civil. La loi du 25 août 1877 sur la direction, le mode de concession et d'exécution des travaux publics dispose, en son article 4, que, à côté du personnel technique du département de l'Intérieur et de l'Agriculture [1], il y aurait des jeunes gens âgés de seize ans au moins et de vingt ans au plus qui seraient attachés au service des Travaux publics à titre d'élèves.

Ils devaient être tirés autant que possible des différentes localités de la République par la voie du concours.

C'est en vertu de cette disposition de la loi de 1877, que M. Boisrond-Canal prit l'arrêté susdit déterminant le programme d'admission, la durée et l'étendue des études, ainsi que tous autres points concernant le travail et la discipline auxquels sont astreints les élèves des Travaux publics.

M. Thoby était alors ministre de l'Intérieur et de l'Agriculture.

Sans avoir la prétention de former de véritables ingénieurs civils, il est incontestable qu'après un certain laps de temps il sortirait de cette espèce d'école pratique, annexée au Ministère de l'Intérieur, des directeurs de travaux et des entrepreneurs éclairés. Et peu à peu, sans grands frais, nous aurions un personnel technique modeste, il est vrai, formé dans le pays même, bien pénétré, par conséquent, de nos besoins les plus urgents et capable, à un moment donné, de prêter au Gouvernement un concours actif et intelligent dans l'exécution des travaux de grande voirie si légitimement réclamés.

D'ailleurs, des précautions sérieuses étaient prises pour faire espérer ces inappréciables résultats.

Pour constater cela, on n'a qu'à jeter un coup d'œil sur l'arrêté du 21 février 1879, réglementant les conditions d'admission, la forme des examens prescrits, le

---

[1] Le Ministère des Travaux publics n'était pas encore créé.

caractère spécial du jury d'examen, les études à faire, leur durée et leur sanction.

Le Gouvernement voulait ainsi former des *conducteurs des ponts et chaussées*.

Il est à regretter que les malheureux événements de 1879 n'aient pas permis à l'Administration supérieure de réaliser un projet en tous points conforme à nos besoins actuels, et qui a le mérite indéniable d'être d'une utilité pratique évidente.

La loi du 29 décembre 1848, de même que celle du 7 décembre 1860, ont prévu la fondation d'écoles normales primaires et supérieures.

L'établissement des écoles normales est le *desideratum* le plus réclamé du Département de l'Instruction publique.

Nous espérons qu'avant longtemps le pays sera doté de trois ou quatre bonnes écoles normales primaires qui sont, à l'heure actuelle, d'une nécessité impérieuse pour le recrutement de notre personnel enseignant.

Le Ministère de l'Instruction publique doit s'en occuper activement, car, pour avoir de bonnes écoles, il faut avoir de bons maîtres. Et Dieu seul sait si dans notre pays on rencontre facilement de bons maîtres. La chose est, d'ailleurs, impossible en l'absence des écoles normales. Où puiseraient-ils ces connaissances professionnelles indispensables à la qualité d'instituteurs ?

CHAPITRE IV

DES ÉCOLES COMMUNALES ET DE L'ENSEIGNEMENT PRIVÉ

§ 1

Malgré diverses tentatives des Administrations communales, les écoles communales n'ont jamais pu fonctionner d'une manière régulière en Haïti.

Le 8 juillet 1843, le *Comité Municipal* de Port-au-Prince en créa six pour la commune. Ce sont, croyons-nous, les premières qui ont existé dans le pays. Ces six écoles étaient réparties ainsi qu'il suit:

Deux, à Port-au-Prince;
Une, à Pétion-Ville;
Une, à Cazeaux;
Une, à Carrefour; } sections rurales.
Et une sixième à Fond-Ferrier;

Les deux écoles primaires communales de Port-au-Prince comprenaient une école de garçons et une école de filles. Dans les autres, les deux sexes étaient provisoirement réunis dans un même établissement, mais dans des classes ou appartements distincts.

Le personnel de ces écoles était rétribué par l'Administration communale. Il se composait d'un directeur-professeur et d'un répétiteur.

Le mode d'enseignement adopté pour ces écoles était l'enseignement mutuel de Lancaster modifié par la méthode individuelle.

L'instruction donnée dans les écoles communales était

absolument gratuite. L'arrêté du 8 juillet 1843 n'a pas déterminé les conditions d'admission des élèves.

La loi du 29 décembre 1848, dans son chapitre VII, parle des écoles communales. En vertu de l'article 135 de cette loi, toute commune, dont les intérêts sont administrés par les conseils de notables, était tenue d'établir et d'entretenir à ses frais une ou plusieurs écoles urbaines et rurales, si sa situation financière le permettait. Les sections rurales pouvaient également fonder des écoles à la seule condition de faire approuver ses règlements par le Conseil des notables de la commune.

La loi du 7 décembre 1860 ne contient aucune disposition concernant les écoles communales.

On peut dire que, depuis l'essai infructueux de 1843, nos municipalités n'ont jamais tenté d'organiser sérieusement les écoles communales. Cependant, d'après la loi du 11 octobre 1881 sur les Conseils communaux, l'une des attributions générales desdits Conseils consiste dans la création et la surveillance d'écoles primaires gratuites. Mais cette disposition est considérée comme lettre morte, les Conseils communaux n'ayant jamais rien fait pour la mettre à exécution.

§ 2

Nous avons déjà dit plus haut que toutes les Constitutions Haïtiennes avaient consacré la liberté de l'enseignement.

Toute personne est donc libre d'établir une école, pourvu qu'elle remplisse les conditions de moralité et de capacité déterminées par la loi.

La liberté de l'enseignement entraîne nécessairement,

nous l'avons déjà dit également, la liberté des méthodes et des programmes.

Voyons maintenant quelles sont les formalités à remplir pour l'ouverture d'une école privée.

Avant la loi du 4 juillet 1820, aucun acte législatif ou administratif n'établit les conditions d'ouverture d'une école privée.

A part le décret du 30 août 1805 de l'empereur Jacques Ier, portant tarif des droits curiaux, frais judiciaires et divers autres droits et frais, la situation des instituteurs particuliers n'est, en effet, nullement définie.

Le chapitre IX de ce décret impérial fixe, pour les instituteurs particuliers, le prix de l'instruction des enfants :

« ART. 1. — Pour chaque enfant externe qui apprendra seulement à lire, par mois. . . . . 4 l. 2 s. 6 d.

ART. 2. — Pour chaque enfant externe qui apprendra à lire et à écrire, par mois. . . . . 8 l. 5 s.

ART. 3. — Pour chaque enfant pensionnaire, logé, nourri, apprenant à lire et à écrire, par an. . . . 825 l. »

Loi du 4 juillet 1820. — Le citoyen Haïtien qui veut ouvrir une école privée doit obtenir l'autorisation de la Commission de l'Instruction publique. La Commission ne donne cette autorisation qu'après une enquête préalable sur la capacité et la moralité du postulant.

L'étranger qui veut exercer la profession d'instituteur doit se présenter à la Commission de l'Instruction publique de la Capitale, faire sa déclaration et donner une attestation de ses connaissances et de sa moralité.

Après l'accomplissement de ces formalités, la Commission sollicite en sa faveur, s'il y a lieu, la licence nécessaire du Président d'Haïti.

La direction des écoles privées appartient à ceux qui les créent. Néanmoins, ces écoles sont toujours sous la surveillance de la Commission dans le ressort de laquelle elles se trouvent.

Loi du 29 décembre 1848. — L'Haïtien qui veut exercer la profession d'instituteur particulier doit se pourvoir d'un diplôme signé du président de la Commission d'Instruction publique dans le ressort de laquelle il a l'intention de s'établir.

Pour obtenir ce diplôme, il suffit au postulant de justifier :

1° Qu'il a dix-huit ans accomplis ;
2° Qu'il est de bonnes vie et mœurs ;
3° Qu'il a versé la somme de 10 gourdes dans la Caisse de l'Université.

A la demande d'autorisation adressée à la Commission d'Instruction publique, il doit joindre les pièces suivantes :

1° Son acte de naissance ou un acte de notoriété en tenant lieu ;
2° Un certificat signé de trois citoyens notables, attestant sa moralité ;
3° Une quittance de la Caisse de l'Université.

L'étranger, qui veut ouvrir une institution privée, est tenu de remplir les mêmes conditions. En outre, après un séjour de trois mois dans le pays, il doit solliciter une autorisation spéciale qui lui est délivrée, s'il y a lieu, par le Secrétaire d'État de l'Instruction publique, d'après les ordres du Président d'Haïti.

Les peines disciplinaires applicables aux instituteurs particuliers sont : l'*amende*, la *suspension*, l'*interdiction* et l'*emprisonnement*.

Il y a trois degrés dans l'application de l'amende :

1° L'amende de 25 gourdes ;
2° L'amende de 50 gourdes ;
3° L'amende de 75 gourdes.

Quiconque exerce la profession d'instituteur particulier, sans être pourvu du diplôme prescrit par la loi, est passible d'une amende de 25 gourdes pour la première fois, de 50 pour la seconde et de 75 pour toute autre récidive.

La *suspension* est appliquée dans le cas d'inconduite grave d'un instituteur particulier. Elle varie d'un mois au moins à six mois au plus.

L'*interdiction* est prononcée dans le cas d'immoralité ou de faute grave. L'instituteur qui, après avoir été suspendu de ses fonctions, les reprendrait ou les continuerait, est également frappé d'interdiction.

L'instituteur interdit qui exerce peut être puni de trois mois à six mois d'emprisonnement.

Toutes ces peines diciplinaires, l'*amende*, la *suspension*, l'*interdiction* et l'*emprisonnement*, sont prononcées par le tribunal de police correctionnelle, sur les poursuites de l'agent du Ministère public, à la réquisition de la Commission d'Instruction publique.

Loi du 7 décembre 1860. — Cette loi qui, comme nous l'avons déjà dit, n'est qu'une copie de la précédente, n'a modifié que très légèrement les conditions d'ouverture des écoles privées.

Ainsi, pour obtenir le diplôme exigé pour exercer la profession d'instituteur particulier, la loi du 7 décembre 1860, actuellement en vigueur, prescrit au postulant de justifier : 1° qu'il a vingt et un ans accomplis au lieu de dix-huit ans ; 2° qu'il est de bonnes vie et mœurs ; 3° qu'il a versé la somme de 30 gourdes dans la Caisse de l'Université, au lieu de 10. A cet effet, il présente à la Commission de l'Instruction les mêmes pièces désignées par la loi du 29 décembre 1848. La situation de l'étranger qui veut ouvrir une école privée est absolument la même que celle déterminée par cette dernière loi.

Autre différence : D'après la législation actuelle, il n'existe que deux peines disciplinaires applicables aux infractions commises par les membres de l'enseignement privé. Ce sont : l'*interdiction* et l'*emprisonnement*.

L'*interdiction* est appliquée dans les cas d'immoralité ou de faute grave.

L'interdit qui exerce est passible d'un mois d'emprisonnement.

Ces deux pénalités sont aussi prononcées par le Tribunal de police correctionnelle, de la même manière que sous l'empire de la loi du 29 décembre 1848.

CHAPITRE V

DU PERSONNEL UNIVERSITAIRE
ET
DES CONDITIONS GÉNÉRALES POUR ENSEIGNER DANS LES ÉCOLES NATIONALES

§ 1

Notre première loi sur l'Instruction publique, celle du 4 juillet 1820, ne dit pas grand'chose du personnel universitaire, ni des conditions requises pour enseigner dans les écoles publiques. L'article 16 de cette loi s'exprime ainsi : « Chaque école primaire sera dirigée par un citoyen d'une moralité connue et possédant les connaissances nécessaires. »

Il en résulte que, pour diriger une école nationale primaire, il faut remplir des conditions de nationalité, d'âge, de moralité et de capacité.

Nous disons des conditions de nationalité et d'âge, bien

que l'article ne se soit pas formellement expliqué sur ce point. Nous tirons cependant notre opinion du mot *citoyen* employé par le législateur.

Pour être *citoyen*, il faut d'abord être *Haïtien*. Le citoyen est membre de l'État. Voilà donc la condition de nationalité.

On n'est encore *citoyen* que quand on jouit de ses droits civils et politiques. Or, pour jouir de ses droits civils et politiques, il faut être âgé de vingt et un ans au moins. Puisqu'il est dit que la direction d'une école nationale est confiée à un citoyen, etc., il s'en suit que, pour cela, il faut être âgé de vingt et un ans. C'est la condition d'âge.

La condition de moralité peut s'établir facilement par le certificat de bonnes vie et mœurs que délivre le Conseil des Notables.

Mais l'article ajoute qu'il faut posséder les *connaissances nécessaires*. Et, nulle part, dans la loi, on ne rencontre une disposition déterminant la manière de donner l'attestation de ces connaissances.

Pour le personnel du Lycée Pétion de Port-au-Prince, le législateur de 1820 nous donne un peu plus d'explications.

La charge de directeur du Lycée est confiée à un citoyen qui réunit, à la moralité et au patriotisme, les connaissances nécessaires pour occuper cette place. Il lui est laissé la faculté de présenter à la Commission d'Instruction publique des candidats aux fonctions de professeurs au Lycée.

Ces candidats ne sont recommandés à l'agrément du Président d'Haïti qu'après avoir subi un examen, attestant qu'ils possèdent les connaissances requises pour la partie de l'enseignement à laquelle ils se destinent. Cet examen est déterminé par la Commission d'Instruction publique qui s'enquiert, au préalable, de la conduite et de la moralité des candidats. Les mêmes formalités sont observées pour les maîtres de quartier.

Les professeurs du Lycée ne peuvent pas tenir de pensionnat pendant la durée de leurs fonctions. Ils ne peuvent s'absenter du Lycée sans l'autorisation du directeur. L'absence non autorisée d'un professeur pendant huit jours est considérée comme une démission, et il est pourvu à son remplacement sur la demande du directeur, et sur la proposition qui en est faite par la Commission de l'Instruction publique.

§ 2

Loi du 29 décembre 1848. — L'article 27 de la loi du 29 décembre 1848 pose le mode de nomination du personnel universitaire : « Nul ne peut être admis en qualité « d'instituteur dans une école nationale sans une lettre de « service du Président d'Haïti. »

La Constitution de 1846, en vigueur à l'époque de la confection de cette loi, ainsi que, d'ailleurs, toutes celles qui l'ont suivie, attribue exclusivement au Président d'Haïti le droit de nommer aux fonctions publiques. Le législateur ne pouvait pas déroger à ce principe constitutionnel.

Plusieurs conditions sont exigées pour l'obtention de cette lettre de service.

Il faut :

1° Être âgé de dix-huit ans accomplis. — L'accomplissement de cette condition se prouve par la production de l'acte de naissance ou d'un acte de notoriété en tenant lieu ;

2° Être de bonnes vie et mœurs. — Le candidat présente à ce sujet un certificat signé de trois citoyens notables attestant sa moralité ;

3° Verser la somme de 10 gourdes dans la Caisse de l'Université. — Cette condition s'accomplit par la production d'une quittance de la Caisse de l'Université ;

4° Satisfaire à un examen devant la Commission centrale de l'Instruction publique. — Cependant les personnes qui ont fait leurs preuves dans la carrière de l'enseignement, ou qui se sont acquis un nom honorable dans l'une des quatre facultés, peuvent être dispensées de l'examen.

L'article 29 de la loi de 1848 interdit, d'une manière absolue, à tout instituteur attaché à une école nationale, de diriger une école soit communale, soit particulière, et cela, sous peine de révocation. Cette disposition prohibitive s'explique. L'État a un intérêt immédiat au bon fonctionnement de ses écoles. Il ferait évidemment des sacrifices inutiles s'il permettait à un instituteur public de tenir en même temps une école privée. Le zèle et le dévouement de l'instituteur ne peuvent être partagés. Pour qu'ils produisent des fruits, il faut qu'ils soient entiers. L'école privée qui serait dirigée par un instituteur public progresserait certainement au détriment de l'école nationale dirigée par le même instituteur.

C'est la seule prohibition établie par le législateur.

Les peines disciplinaires applicables au personnel universitaire sont les suivantes :

1° *La réprimande ;*

2° *La suspension ;*

3° *La révocation ;*

4° *L'interdiction.*

La *réprimande*, premier degré de l'échelle des peines disciplinaires édictées par la loi, s'applique au cas de négligence habituelle ou d'inconduite de la part d'un instituteur national. Elle est prononcée par la Commission de l'Instruction publique du lieu où est situé l'établissement auquel appartient l'instituteur, sans aucune formalité de procédure, sauf la comparution devant elle de l'instituteur contrevenant.

La *suspension* est également prononcée par la Commission de l'Instruction publique. Cette peine est appliquée aux membres de l'enseignement public dans les cas d'inconduite habituelle ou de récidive, après une réprimande pour négligence habituelle ou pour inconduite. Elle varie, selon le degré de gravité du cas, d'un mois à six mois.

La suspension entraîne la suppression des appointements pendant tout le temps de sa durée.

La *révocation* et l'*interdiction* sont entourées par le législateur de quelques formalités et garanties nécessaires en raison même du caractère exceptionnel de ces pénalités. Elles sont appliquées dans les cas d'immoralité ou de faute grave. Le fonctionnaire inculpé peut être provisoirement suspendu de ses fonctions par la Commission du lieu qui en réfère, dans le plus bref délai, à la Commission centrale. Après avoir entendu l'inculpé dans ses moyens justificatifs, soit de vive voix, soit par écrit, la Commission centrale fait son rapport au Secrétaire d'État de l'Instruction publique; et celui-ci, en vertu des ordres du Président d'Haïti, prononce, s'il y a lieu, contre l'instituteur, la révocation ou l'interdiction.

Bien que la loi ne le dise pas, l'interdiction peut être à temps ou absolue.

Loi du 7 décembre 1860. — Les dispositions de cette loi concernant le personnel universitaire, et les conditions générales pour enseigner dans les écoles nationales sont la reproduction exacte de celles de la loi de 1848.

Il y a toutefois à signaler deux légères différences :

1° Pour pouvoir être instituteur, il faut être âgé au moins de vingt et un ans, au lieu de dix-huit ans ;

2° D'après la loi de 1848, la *suspension*, dans le cas d'inconduite habituelle de l'instituteur, est prononcée par la Commission de l'instruction publique. Elle est prononcée aujourd'hui par la même Commission, *sauf la sanction du Secrétaire d'État de l'Instruction publique*.

Les membres du personnel universitaire qui s'engagent à pratiquer l'enseignement pendant cinq ans consécutifs sont dispensés du service militaire, par le 3e alinéa de l'article 3 de la loi du 22 octobre 1881.

CHAPITRE VI

DES AUTORITÉS UNIVERSITAIRES

Avant même la promulgation de la loi du 4 juillet 1820, le président Boyer avait institué une Commission spéciale chargée de la surveillance des écoles. Elle était composée de MM. B. Inginac, secrétaire général, *président ;* Granville, substitut du commissaire du Gouvernement près le Tribunal de cassation; Desrivières Chanlatte, directeur de l'imprimerie du Gouvernement et interprète des langues étrangères ; Frémont, commissaire des guerres; Colombel, secrétaire particulier du Président d'Haïti ; Rouanez, notaire public et interprète de langue anglaise.

La Commission résidait à la Capitale.

Par une circulaire du 11 novembre 1819, Boyer annonçait aux juges de paix des communes de la République la formation de la Commission de l'Instruction publique, et les invitait « à correspondre directement avec cette Commission, pour tout ce qui concerne cet objet important ».

Les juges de paix furent donc, à l'origine, les premières autorités universitaires du pays.

Nous les rencontrerons plus tard comme membres des Commissions locales de surveillance des écoles de leurs communes respectives.

Arrivons maintenant à la loi du 4 juillet 1820.

Loi du 4 juillet 1820. — Cette loi établit des Commissions d'Instruction publique, dont les fonctions sont purement honorifiques. Elles sont chargées de l'inspection et de la surveillance des écoles.

Ces Commissions sont au nombre de quatre et comprennent six membres pour la Capitale, quatre pour les Cayes, et trois pour chacune des villes de Jacmel et de Jérémie. Le législateur de 1820 n'a pas déterminé le mode de nomination des membres des Commissions d'Instruction publique. L'article 157 de la Constitution de 1816, attribuant au Président d'Haïti seulement le droit de nommer aux fonctions publiques, il va de soi qu'ils sont nommés par le chef de l'État.

Les principales attributions des Commissions d'Instruction publique sont :

1° Correspondre entre elles ;

2° Adresser un rapport annuel à la Commission de la Capitale sur les progrès des élèves et sur la situation des écoles confiées à leur surveillance. Ce rapport est établi sur leurs propres observations et sur les renseignements que leur fournissent les directeurs de ces écoles, afin que compte en soit rendu au Président d'Haïti ;

3° Se réunir chaque fois que cela est nécessaire, dans

le but de prendre des mesures relatives aux progrès de l'instruction de la jeunesse ;

4° Visiter les écoles confiées à leur surveillance ;

5° Veiller à ce que, dans les écoles ou pensions, l'éducation des enfants soit basée sur la religion, le respect des lois et le dévouement à la Patrie ;

6° Adresser à la Commission de la Capitale, lorsqu'il y a lieu, des projets de règlements sur tout ce qui concerne l'enseignement et le régime intérieur des écoles, pour servir à établir par elle des règlements généraux, uniformes pour toutes les écoles de la République, lesquels devront être revêtus de l'approbation du Président d'Haïti ;

7° Déterminer le degré d'instruction qui doit être attribué à chaque genre d'école, c'est-à-dire élaborer les plans d'études et les programmes ;

8° Autoriser l'ouverture des écoles privées ;

9° Délivrer des billets d'admission aux enfants pour les écoles nationales ;

10° Procéder à l'examen public des élèves à la fin de chaque année scolaire ;

11° Examiner les postulants aux charges de professeurs.

Les Commissions d'Instruction publique ont, chacune, un secrétaire salarié par l'État.

Loi du 29 décembre 1848. — Dans chaque ville où est établi, aux frais de l'État, un lycée ou une école secondaire, il y a une Commission principale d'Instruction publique. Dans les autres villes ou bourgs, l'autorité universitaire est confiée à des Commissions particulières dont les attributions sont exercées par les Conseils des notables.

La Commission principale de Port-au-Prince prend le

titre de Commission centrale de l'Instruction publique.

La Commission centrale se compose de dix membres nommés par le Président d'Haïti. Les autres Commissions sont de six membres. Leurs fonctions sont purement honorifiques.

Il est attaché, près de chaque Commission principale, un secrétaire salarié par l'État.

Déterminer les ouvrages classiques, les méthodes d'enseignement et le système de discipline qui doivent être suivis dans les écoles nationales, en encourager l'introduction dans les autres écoles, transmettre aux Commissions principales et aux Commissions particulières des instructions pour la surveillance des écoles, et pour tout ce qui peut tendre au perfectionnement de l'instruction publique, élaborer, sous l'approbation du Secrétaire d'État de l'Instruction publique, des règlements généraux pour assurer l'exécution de la loi et pourvoir aux cas non prévus ; adresser, deux fois par an, au Secrétaire d'État, un exposé général de la situation de l'instruction publique, en lui soumettant ses vues sur les améliorations qu'elle réclame, telles sont, en peu de mots, les attributions spéciales de la Commission centrale de l'Instruction publique.

Chaque Commission fait son règlement intérieur.

Les décisions des Commissions d'Instruction publique se prennent à la majorité absolue des membres présents.

Chaque mois, un membre désigné par le président de la Commission et assisté du secrétaire, inspecte les écoles de son ressort.

Il présente à la fin du mois un rapport écrit à la Commission, constatant l'inspection qu'il a faite, les observations qu'il a été à même de recueillir sur la marche des études et sur l'exécution plus ou moins suivie des dispositions de la loi.

Les Commissions d'Instruction publique elles-mêmes procèdent, tous les trois mois, à un examen des écoles placées sous leur surveillance, afin d'apprécier l'aptitude des instituteurs, les progrès des élèves, les méthodes d'enseignement, le mode d'éducation et le système de discipline.

Les Commissions particulières sont sous l'autorité immédiate des Commissions principales. Elles reçoivent d'elles toutes instructions relatives aux choses scolaires.

Le droit d'inspection des Commissions particulières porte sur toutes les écoles de leur circonscription. Elles adressent des rapports trimestriels aux Commissions principales dont elles relèvent.

Toutes les Commissions peuvent communiquer directement avec le Secrétaire d'État dans l'intérêt de l'instruction publique.

Loi du 7 décembre 1860. — Il y a lieu de constater, ici encore, que, en ce qui concerne les autorités universitaires, les modifications apportées par la loi du 7 décembre 1860 aux dispositions de la loi de 1848, ne sont guère importantes.

Dans chaque ville où il y a un lycée siège une Commission principale de l'Instruction publique. La direction de l'Instruction publique est confiée dans les autres villes ou bourgs à des Commissions particulières ou aux Conseils communaux.

Les Conseils communaux remplacent les anciens Conseils des notables.

Le nombre des membres de la Commission centrale est de seize, et celui des autres Commissions de huit. Ils sont tous nommés par le Président d'Haïti.

Chaque Commission est présidée par l'un de ses membres, désigné à cet effet dans l'acte qui l'institue ou dans un acte postérieur.

Pour ce qui est des attributions de ces différentes Commissions, nous renvoyons à la loi de 1848, parce qu'elles sont absolument identiques à celles que nous venons d'exposer.

La seule innovation de la loi de 1860 digne d'être signalée, c'est la faculté laissée au Gouvernement de nommer des inspecteurs de l'Instruction publique. Aucune part, le législateur de 1860 n'a précisé le véritable caractère de cette nouvelle catégorie d'autorités universitaires. On ne sait vraiment quel rôle les inspecteurs viennent remplir au milieu de ces différentes Commissions scolaires, dont les fonctions sont nettement définies par la loi et semblent suffire pour le contrôle et la surveillance des établissements publics et privés.

A ce compte-là, on peut dire que l'innovation signalée est d'une utilité fort contestable.

Loi du 29 *octobre* 1878. — On divise, d'après cette loi, en trois catégories, les autorités chargées de la surveillance et de l'inspection des écoles publiques et privées :

1° Le Conseil supérieur de l'instruction publique ;
2° Les inspecteurs des écoles ;
3° Les Commissions locales de surveillance des écoles.

§ 1. — Du Conseil supérieur de l'instruction publique

Le Conseil supérieur de l'Instruction publique siégeant à la Capitale est composé de sept membres nommés par le Président de la République.

Il y en a trois pour la section des lettres, trois pour la

section des sciences, et un président élu tous les ans au scrutin secret et à la majorité absolue des voix.

Quand le Secrétaire d'État de l'Instruction publique assiste aux délibérations du Conseil, il en est le président.

Ne peuvent être membres du Conseil supérieur de l'Instruction publique que ceux qui ont été :

1° Président de la Commission centrale de l'Instruction publique durant trois ans au moins ;

2° Directeurs et professeurs — Haïtiens ou étrangers — des lycées nationaux, de l'école de Médecine, de l'école Normale durant trois ans au moins ;

3° Directeurs d'une institution libre d'enseignement secondaire durant trois ans au moins ;

4° Inspecteurs généraux de l'Instruction publique.

Le Secrétaire d'État de l'Instruction publique peut recommander au Président d'Haïti des individus d'une capacité éprouvée, et qui ne rentrent point cependant dans les catégories que nous venons de désigner. Néanmoins, ces individus doivent être préalablement agréés par le Conseil supérieur.

Le Conseil supérieur exerce toutes les attributions dévolues par les lois précédentes[1] à la Commission centrale de l'Instruction publique. Il est spécialement chargé sous la haute direction du Secrétaire d'État de l'Instruction publique :

1° De veiller à la stricte exécution des lois et règlements d'administration sur l'Instruction publique ;

2° D'exercer un contrôle incessant sur les Inspecteurs et les Commissions locales d'Instruction publique, de recevoir leurs rapports et de transmettre à ce sujet tous avis à l'Administration supérieure ;

---

[1] Lois de 1848 et de 1860.

3° De statuer, sous toutes réserves de l'approbation du Secrétaire d'État de l'Instruction publique, sur les dénonciations, plaintes et autres mesures disciplinaires portées devant lui par les inspecteurs et les Commissions locales;

4° De se prononcer sur le choix des méthodes d'enseignement et de livres, sur les plans d'études, programmes, etc., à suivre dans les écoles, et sur toutes autres questions qui seraient envoyées à son examen par la présente loi;

5° De proposer au Secrétaire d'État de l'Instruction publique, sous forme de projets de loi ou autrement, toutes les mesures propres à améliorer la situation matérielle et morale des écoles publiques et à développer l'instruction générale dans le pays;

6° De dresser, tous les six mois, un rapport général sur tous les renseignements de statistique et autres, propres à éclairer les pouvoirs publics, ainsi que les avis, décisions et propositions du Conseil supérieur. Ces documents sont imprimés aux frais de l'État, sous le titre de *Bulletin de l'Instruction publique*.

§ 2. — DES INSPECTEURS

La République est divisée en douze circonscriptions scolaires. Ce sont :

Port-au-Prince; Cap-Haïtien; Cayes; Jacmel; Gonaïves; Jérémie; Saint-Marc; Nippes; Port-de-Paix; Aquin; Léogane; Anse-d'Hainault.

Dans chaque circonscription, il y a un ou plusieurs inspecteurs des écoles publiques et privées. A Port-au-Prince, les fonctions d'inspecteurs sont remplies par deux membres du Conseil supérieur désignés à tour de rôle et tous les trois mois par le Président.

Ces inspecteurs exercent les attributions des anciennes Commissions principales de l'Instruction publique. Ils sont nommés par le Président d'Haïti.

Faire, tous les trois mois, une visite générale dans toutes les écoles urbaines et rurales de leurs circonscriptions ; adresser au Secrétaire d'État de l'Instruction publique un rapport spécial sur chaque école ; le renseigner, dans ce rapport trimestriel, sur la valeur de l'enseignement et des méthodes en usage, ainsi que sur l'exécution des programmes, sur la capacité et la conduite des instituteurs, sur le nombre, le degré d'avancement et la conduite des élèves et sur la tenue générale de l'établissement, sur l'état des bâtiments et du matériel de l'école, sur les besoins de l'Instruction publique dans leurs circonscriptions ; tel est, à peu près, le cercle des attributions de cette deuxième classe d'autorités universitaires instituée par la loi du 29 octobre 1878.

Les inspecteurs sont, en outre, tenus de se transporter sur tous les points de leurs circonscriptions où une enquête prompte et extraordinaire est jugée nécessaire, dans l'intervalle de leurs tournées trimestrielles. Ils se font assister des Commissions locales de Surveillance, toutes les fois qu'il y a lieu de prendre des mesures pouvant entraîner la suspension ou la révocation d'un fonctionnaire du Corps enseignant, l'interdiction d'un instituteur particulier, la fermeture d'un établissement scolaire.

§ 3. — Des Commissions locales de surveillance

Il y a, dans chaque commune, une Commission locale de surveillance des écoles publiques et privées. Ses membres sont au nombre de cinq, savoir, dans les communes, chefs-lieux d'arrondissement :

Le président du Conseil d'arrondissement, *président;*
Le magistrat communal ;
Le juge de paix ;
Et deux citoyens notables désignés par le Conseil d'arrondissement.

Dans les autres communes :
Le magistrat communal, *président;*
Le premier suppléant ;
Le juge de paix ;
Et deux citoyens notables désignés par le Conseil d'arrondissement.

Les attributions des Commissions locales sont :

1° De s'assurer du zèle, de la conduite irréprochable et des principes moraux des instituteurs de la commune ;

2° De veiller sur la conduite des élèves et leur régularité, et de faire à leurs parents, représentants ou tuteurs, toutes observations ou remontrances à cet effet ;

3° De veiller à la salubrité des écoles et de constater l'état du matériel et des bâtiments ;

4° De délivrer les certificats de bonnes vie et mœurs pour l'exercice de la profession d'instituteur ;

5° D'assister les inspecteurs dans les cas prévus ;

6° De statuer sur tous les cas autres que ceux qui ont trait aux questions purement pédagogiques, concurremment avec les inspecteurs ou en leur absence;

7° De viser les feuilles d'appointements des fonctionnaires du Corps enseignant, dans les communes autres que celles où résident les Inspecteurs.

Les Commissions locales correspondent, pour les besoins du service, avec les Inspecteurs, le Conseil supérieur et le Secrétaire d'État de l'Instruction publique. Leurs fonctions sont purement gratuites et honorifiques.

Les membres des Commissions locales sont exempts du service militaire et de celui de la garde nationale.

Loi du 24 septembre 1884. — Cette loi, qui est actuellement en vigueur et qui abroge particulièrement la loi de 1878 reconnue défectueuse et inexécutable, supprime le Conseil supérieur de l'Instruction publique. De telle sorte qu'aujourd'hui la surveillance et l'inspection des écoles publiques et privées sont confiées à deux catégories d'autorités universitaires : les Inspecteurs et les Commissions locales.

Cependant, l'article 9 parle d'une réunion annuelle des Inspecteurs des écoles de la République à la Capitale, en un *Conseil général de l'Instruction publique* aux fins de proposer et de discuter toutes questions propres à améliorer la situation des écoles et à assurer le développement de l'instruction et la propagation des lumières dans le pays.

Cette réunion a lieu sur une convocation spéciale du Secrétaire d'État de l'Instruction publique, faite quinze jours au moins à l'avance. Le Conseil tient ses séances au Ministère de l'Instruction publique, et la session dure quinze jours. Il est alloué à chaque Inspecteur, pour frais de déplacement, une somme de 50 piastres dès son arrivée à la Capitale.

L'article 10 dispose que l'Inspecteur, qui s'abstient de se rendre à cette convocation sans faire immédiatement connaître au Secrétaire d'État de l'Instruction publique le motif de son abstention, est considéré comme démissionnaire. Le Conseil général de l'Instruction publique apprécie le motif à la majorité absolue des voix.

Ces prescriptions de la loi de 1884 n'ont été exécutées qu'une fois seulement, malgré le sens impératif des textes.

Le Conseil général de l'Instruction publique s'est, en effet, réuni en 1885, sous la présidence de M. François Manigat, alors ministre de l'Instruction publique.

§ 1. — Des Inspecteurs

Les Inspecteurs sont à la nomination du Président de la République et sous les ordres immédiats du Secrétaire d'État de l'Instruction publique.

Ne peuvent être nommés Inspecteurs et Sous-Inspecteurs que les Haïtiens qui ont été directeurs ou professeurs des lycées nationaux, de l'école de Médecine, de l'école de Droit, durant trois années consécutives, ou directeurs d'institutions privées d'enseignement secondaire. Le Secrétaire d'État de l'Instruction publique a néanmoins la faculté de recommander au Président d'Haïti des personnes en dehors des catégories sus-désignées, mais qui sont d'une capacité et d'une conduite notoires.

Les circonscriptions scolaires sont au nombre de quatorze.

La loi de 1884 en a créé deux nouvelles : celle de Fort-Liberté et celle de Mirebalais.

Il y a dans chaque circonscription, soit un seul inspecteur, soit un inspecteur et un ou plusieurs sous-inspecteurs.

Ils habitent les chefs-lieux de leurs circonscriptions respectives.

Les Inspecteurs sont notamment chargés, sous la

haute direction du Secrétaire d'État de l'Instruction publique :

1° De veiller à l'exécution des lois et règlements d'administration concernant l'instruction publique ;

2° D'exercer un contrôle incessant sur les Commissions locales de surveillance, de recevoir leurs rapports et de transmettre à ce sujet tous avis à l'Administration supérieure ;

3° De statuer, sauf approbation du Secrétaire d'État de l'Instruction publique, sur les plaintes et dénonciations portées devant eux et de prendre dans les cas graves et urgents, sous la réserve expresse de la même approbation, toutes mesures disciplinaires autres que la révocation ou l'interdiction ;

4° De visiter incessamment les écoles urbaines de leurs résidences ;

5° De faire, tous les trois mois, une tournée au moins dans leurs circonscriptions respectives pour inspecter les autres écoles urbaines et rurales placées sous leur surveillance ;

6° D'adresser un rapport mensuel au Secrétaire d'État sur les écoles de leurs résidences, et un rapport trimestriel sur toutes les écoles de leurs circonscriptions. Ce dernier rapport doit contenir des appréciations sur la valeur des méthodes et des programmes en usage, — la capacité et la moralité des instituteurs et professeurs, — le nombre, la conduite et le degré d'avancement des élèves de chaque établissement, — l'état des locaux et du matériel en général, — les besoins de chaque école, — et enfin sur toutes les mesures propres à vulgariser l'instruction publique dans le pays.

Il est alloué aux Inspecteurs 50 piastres par trimestre pour frais de tournée. Ils sont tenus de se transporter, à toute époque, sur tous les points de leurs circonscriptions où il y a une enquête prompte et extraordinaire à faire ou un fait grave à réprimer.

Toutes les fois qu'il y a lieu de prendre des décisions devant entraîner, de la part du Gouvernement, la révocation d'un fonctionnaire ou membre du Corps enseignant, l'interdiction d'un instituteur particulier, la fermeture d'un établissement scolaire, les Inspecteurs sont assistés des Commissions locales qui, dans ces cas, ont voix consultative.

§ 2. — Commissions locales

Il y a, dans chaque commune de la République, une Commission locale de cinq membres pour la surveillance des écoles publiques et privées.

Dans les communes, chefs-lieux d'arrondissement, elle est composée : du magistrat communal, *président*, du juge de paix et de trois citoyens notables; dans les autres communes, du magistrat communal, *président*, du juge de paix, du préposé d'administration et de deux citoyens notables.

Les citoyens notables, membres des Commissions locales, sont ordinairement proposés à l'agrément du Secrétaire d'État de l'Instruction publique par les magistrats communaux.

Les attributions des Commissions locales sont nettement définies par la loi du 24 septembre 1884. Elles consistent à s'assurer du zèle, de la conduite et des principes moraux des instituteurs et professeurs de la commune; à veiller sur la conduite et la régularité des élèves et à faire à leurs parents, tuteurs ou correspondants, toutes observations ou remontrances nécessaires ; à veiller à la salubrité des écoles et au bon entretien du matériel et des bâtiments ; à délivrer des certificats de bonnes vie et mœurs aux personnes qui veulent exercer la profession d'instituteurs ; à assister les inspecteurs dans certains cas ; à leur signaler, à bref délai, tous faits graves commis dans les écoles par les instituteurs de leurs communes, et pouvant, ou nécessiter une enquête immédiate, ou entraîner l'application d'une peine disciplinaire ; à viser les feuilles d'appointements des fonctionnaires du Corps enseignant dans les communes autres que celles où résident les inspecteurs.

Les fonctions des membres des Commissions locales sont gratuites et honorifiques. Ces Commissions tiennent leurs séances à l'hôtel communal. Elles correspondent avec les Inspecteurs de qui elles relèvent directement et leur adressent, à [la fin de chaque mois, un rapport sur l'état des écoles dans leurs communes respectives. Les Secrétaires des Conseils communaux sont les Secrétaires-nés des Commissions locales.

Aux termes de l'article 17 de la loi de 1884, les membres des Commissions locales sont exempts du service militaire et de celui de la garde nationale pendant la durée de leurs fonctions.

Ils sont, pendant la même durée, dispensés d'être jurés.

Nous devons à la vérité de déclarer que, généralement, les Commissions locales ne rendent pas de bien grands services à l'Instruction publique.

CHAPITRE VII

DES TITRES DE CAPACITÉ ET DES DEGRÉS UNIVERSITAIRES

§ 1

Le titre IV de la loi du 29 décembre 1848 concerne les degrés universitaires.

Il y a trois degrés dans les lettres comme dans les sciences : le baccalauréat, la licence et le doctorat. Il y a deux degrés seulement dans le droit : la licence et le doctorat. Il n'y a qu'un degré en médecine : le doctorat.

Nul ne peut être licencié en droit, ni docteur en médecine, s'il n'est bachelier ès lettres.

La Commission centrale détermine les degrés requis pour être habile à remplir les différentes fonctions dans les écoles nationales. La collation des grades est faite par elle après examen subi par les candidats.

Les droits universitaires sont fixés ainsi qu'il suit :

Pour le baccalauréat....................	20 g.
Pour la licence.........................	40 »
Pour le doctorat	60 »

La moitié des droits est exigible avant l'examen, et l'autre moitié au moment de la délivrance du diplôme. Le candidat qui n'est pas reçu est remboursé de la moitié des droits versés d'avance à la Caisse de l'Université. Les instituteurs attachés aux écoles particulières ou communales, qui prennent les degrés universitaires, jouissent de l'exemption du service militaire. Les institutrices sont dispensées de prendre lesdits degrés.

Toute personne pourvue d'un diplôme délivré par une

Université étrangère peut obtenir de l'Université d'Haïti un diplôme du même degré en payant le quart des droits universitaires exigés.

Les diplômes sont imprimés sur parchemin, signés par les trois membres examinateurs de la Commission centrale, visés par le président de ladite Commission et revêtus du sceau de l'Université.

Les frais de diplôme sont à la charge de la Caisse de l'Université.

§ 2

Les dispositions de la loi du 7 décembre 1860 relatives aux degrés universitaires sont exactement celles de la loi de 1848. Inutile de les exposer de nouveau. L'on se rappellera, toutefois, que c'est la loi en vigueur.

§ 3

A la date du 28 août 1894, le Secrétaire d'État de l'Instruction publique a promulgué des règlements, sur l'obtention des certificats d'études primaires, d'études secondaires spéciales pour les garçons et pour les filles et d'études secondaires classiques.

Pour l'énumération détaillée des formes, conditions et programmes de ces examens, le lecteur peut consulter les règlements dont nous venons de parler. La netteté de leurs prescriptions nous dispense de tout exposé.

Par assimilation aux droits fixés pour les degrés universitaires, il est perçu :

Pour le diplôme de pharmacien............ 40 g.
»   »   »   » sage-femme .... 30 »
»   » certificat d'études secondaires, spéciales et classiques .... 15 »

Le certificat d'études primaires est délivré sans frais à tous ceux qui, après avoir parcouru le programme complet des écoles primaires urbaines, ont satisfait aux conditions des examens. (*Arrêté du 28 août* 1894.)

CHAPITRE VIII

DES MAISONS D'ÉCOLES

Il est regrettable de constater que les maisons d'écoles n'existent pas en Haïti. C'est encore là une des causes principales du mauvais fonctionnement des écoles nationales.

Nous sommes heureux de reproduire ici, au sujet de cette importante question, l'opinion saine d'un Haïtien remarquable autant que modeste, qui a acquis une compétence incontestée dans les questions d'enseignement.

« MAISONS D'ÉCOLES. — On ne s'est jamais occupé, chez nous, de la construction des maisons d'écoles. On dirait que ceux qui ont été chargés de diriger l'éducation nationale n'ont point compris l'importance, pour la bonne marche d'une école, d'un local approprié. Dans la loi du 29 décembre 1848, de même que dans celle du 7 décembre 1860, pâle copie de la première — comme nous avons déjà eu occasion de le faire remarquer ici — on trouve bien que les écoles doivent être placées dans des maisons aérées et convenables; mais c'est en passant qu'il en est question. Aucune mesure pour la construction de ces locaux. Aussi, nous croyons qu'on ne trouvera pas, dans toute la République, une seule maison d'école digne de ce nom, appartenant à l'État. Or, « l'école n'est une institution, dit Jules Simon, qu'à condition d'être chez elle. »

« Dans tous les pays civilisés, la première chose à laquelle on pense lorsqu'on veut fonder une école, c'est de bâtir la maison d'école ; ce n'est que comme pis-aller, qu'on se résout quelquefois à louer une maison : c'est une situation provisoire, exceptionnelle, dont on ne tarde pas à sortir. Aux États-Unis, dans toute ville nouvelle, il y a trois choses essentielles, auxquelles on s'arrête tout d'abord : le temple, la maison d'école, le journal. Il n'y a pas de ville sans cela. — En France, depuis la troisième République surtout, dans les moindres communes (et les communes françaises en grand nombre sont loin, bien loin d'avoir l'importance des nôtres, soit comme étendue, soit comme population), on trouve la maison d'école. Comment est-on arrivé à ce résultat ? Il n'est pas inutile d'en dire un mot. Nous trouverons dans cette étude d'utiles renseignements pour l'organisation du service de la construction des maisons d'écoles dans notre pays.

« C'est la loi du 1er juin 1878 qui a créé la Caisse pour la construction des maisons d'écoles. Nous ne trouvons pas trace, ni dans la préparation, ni dans l'exécution de cette loi, de la présence du Ministre des Travaux publics. C'est celui de l'Instruction publique, alors M. Waddington, qui présenta le projet et qui en soutint la discussion. En voici les principales dispositions. — Une première valeur de 60 *millions de francs*, payable en cinq annuités à partir de 1878, était mise à la disposition du Ministre pour être répartie à titre de subvention, entre les communes, en vue de l'amélioration ou de la construction de leurs bâtiments scolaires. — Une autre somme de 60 *millions*, également payables en cinq annuités, à partir de la même époque, permettait d'avancer aux communes les sommes qu'elles seraient autorisées à emprunter pour le même objet. Le taux d'intérêt des prêts était fixé à 3 0/0, et les communes pouvaient amortir leurs emprunts dans une période de trente et un ans.

« Cette même loi rendit obligatoires pour toutes les communes l'acquisition, l'appropriation et la construction des locaux scolaires. La commune est ainsi contrainte par la loi de devenir propriétaire de l'école publique.

« On met, d'ailleurs, à sa disposition les moyens de faire cette acquisition sans s'imposer de trop lourds sacrifices. C'est ainsi que s'est trouvée réalisée cette condition qui est, suivant le mot du ministre pédagogue Guizot, « une des plus indispensables pour l'établissement définitif de l'instruction primaire », — à savoir que chaque commune ait, en *propriété*, un local pour l'école.

« La Caisse des écoles est administrée par la Caisse des Dépôts et Consignations.

« Les lois des 9 août 1879, 3 juillet 1880, 2 août 1881, 20 mars 1883 augmentèrent, dans une certaine mesure, la dotation de la Caisse des écoles qui eut à pourvoir, non seulement à la construction des maisons pour les écoles primaires, mais aussi aux bâtiments destinés à loger les lycées et collèges. Elle prit, dès 1880, le nom de *Caisse des lycées, collèges et écoles primaires*. — Le taux des emprunts à faire par les communes à la Caisse fut, en même temps, abaissé à 1 1/4 0/0.

« De 1878 à 1889, l'État français a dépensé la somme de 368 millions de francs, les départements celle de 15 millions, et les communes celle de 355 millions en chiffres ronds, soit un total de 738 millions en dix ans pour construction, réparation, appropriation des bâtiments des écoles primaires et acquisition de mobilier scolaire. Voilà ce que n'hésite pas à faire un pays qui, au lendemain de la catastrophe de 1870, a compris qu'il ne pouvait se régénérer que par l'instruction. Chacun sait, en effet, qu'avant la République la France était, au point de vue de l'instruction primaire, placée bien au-dessous des principaux pays de l'Europe. Nous sommes persuadés qu'elle doit occuper aujourd'hui une bien meilleure place, grâce aux sacrifices qu'elle s'est imposés.

« Voilà le vrai patriotisme. Ne pourrions-nous pas tenter un pareil effort ? Ce n'est pas l'argent qui nous manque, puisque, chaque année, nous trouvons moyen de dépenser des millions pour des choses utiles, sans doute, mais bien moins urgentes, telles que : éclairage électrique, téléphone, télégraphe, fontaines monumentales, etc., etc. Et, cette année seulement, n'avons-nous pas vu grever le pays d'une charge de plus de deux millions pour ces choses-là ?

« L'argent ne nous manque donc pas. Ce qui fait défaut chez nous, c'est le patriotisme. Nous voulons bien, dans nos discours ou nos écrits, parler du pauvre peuple dont le sort demande une amélioration, mais, en conscience, qu'avons-nous fait jusqu'ici dans ce sens ?

« Ce qu'il faut à nos paysans, ce sont de bonnes routes pour transporter dans les villes leurs denrées qui nous font vivre, c'est une bonne irrigation des terres : voilà la tâche du département des Travaux publics, tâche assez lourde pour absorber son activité.

« Il faut encore à nos paysans, à notre peuple des villes, une bonne instruction primaire : ce doit être l'affaire exclusive du Département de l'Instruction publique. Or, la maison d'école est une des conditions d'existence de l'école. Le Département des Travaux publics n'a donc rien à y voir.

« Le Comité des Bâtiments scolaires, en France, placé sous la direction du Ministre de l'Instruction publique, est composé avant tout de pédagogues, puis viennent des architectes et des médecins.

« Consacrons annuellement, au service de la construction des maisons d'écoles, seulement une somme de 200.000 gourdes, qui s'augmentera chaque année de ce qu'on paye pour location, au fur et à mesure de l'achèvement des constructions entreprises. Cette somme, nous la distrairons du budget des Travaux publics.

« Et, dans vingt ans, il nous sera possible d'avoir tous nos bâtiments d'écoles. Il faudra même beaucoup moins de temps pour cela si, le crédit se développant chez nous, nous pouvons trouver à emprunter, à un taux raisonnable, le capital nécessaire à la construction de tous nos locaux scolaires, capital dont les intérêts et l'amortissement seraient garantis par les valeurs inscrites au budget.

« Hésitera-t-on plus longtemps à entreprendre cette œuvre? Ce serait imprudent peut-être; en tout cas, ce serait criminel.

« N'est-ce pas une grande satisfaction pour un citoyen que de pouvoir écrire ces lignes que nous extrayons d'une brochure de M. Georges Petit, chef de bureau au Ministère de l'Instruction publique, en France, sur le rôle de la République dans la construction des maisons d'écoles : « Ne serait-ce pas une joie et un honneur pour tous que cette transformation qui s'est étendue de proche en proche jusqu'aux plus humbles communes, qui assure la dignité des maîtres, la santé de l'enfant, son travail et, comme conséquence, sa moralité? Dût-on nous accuser d'orgueil, nous nous estimons heureux d'avoir assisté à cette rédemption, car c'en est une ; la rédemption d'un oubli qui, pour notre malheur, n'avait que trop longtemps duré...

Quel qu'ait été le chiffre de la dépense, et en admettant même que, dans un certain nombre de communes, les plans aient eu trop d'ampleur, nous ne regretterons rien ; la France ne peut rien regretter. Au lieu de disputer sur des millions, regardons plus haut, en nous disant qu'un grand devoir a été accompli, que tous nous y avons contribué et que demain pas un de nous ne voudra dire qu'il s'est refusé à en prendre sa part. »

« Chacun de nous ne voudrait-il pas, dans dix ans, pouvoir s'appliquer de telles paroles ? Mettons-nous donc à l'œuvre sans plus tarder. »

« A. Bonamy. »

CHAPITRE IX

RENSEIGNEMENTS STATISTIQUES

§ 1

Il y a, dans la République, 773 écoles publiques se décomposant comme suit :

- 505 écoles rurales ;
- 197 écoles primaires urbaines laïques ;
- 19 écoles primaires urbaines de Frères ;
- 32 écoles primaires urbaines de Sœurs ;
- 6 écoles secondaires de garçons ;
- 6 écoles secondaires de filles ;
- 5 lycées ;
- 3 écoles supérieures.

On compte aussi 102 écoles privées urbaines et rurales des deux sexes.

Au total, 875 écoles publiques et privées.

Le personnel enseignant employé dans les écoles publiques comprend 1.611 instituteurs, ainsi répartis :

773 directeurs et directrices ;
759 professeurs ;
49 maîtres d'études et sous-maîtresses ;
30 répétiteurs.

L'effectif des élèves inscrits dans les écoles publiques est de 38.039.

La moyenne de présence est de 7/10, soit 26.621 élèves environ suivant régulièrement les cours.

Dans les écoles privées, l'effectif est de 6.503 élèves, et la moyenne de présence est de 8/10, soit une présence générale de 31.824 élèves environ sur les 44.542 inscrits dans les 875 écoles publiques et privées de la République.

La surveillance des écoles est exercée par 14 inspecteurs; 12 sous-inspecteurs et 86 Commissions scolaires.

L'État entretient, dans les écoles du pays, 577 boursiers et boursières, et 22 à l'étranger.

§ 2. — Dépenses et situation de l'enseignement public pendant l'exercice 1893-1894

I

Traitements des directeurs et directrices des écoles rurales de la République d'Haïti.	151.200 p.
Traitements des adjoints et des adjointes dans certaines écoles rurales.	2.280
Traitement du personnel des écoles primaires de garçons et de filles de quatrième classe	61.440
Traitement des maîtresses de couture et de broderie (Ecoles de filles, quatrième classe).	11.320
Traitement du personnel des écoles primaires de garçons et de filles, de première classe	14.976
Traitement des maîtresses de couture et de broderie (Ecoles de filles, troisième classe)	2.160
Traitement du personnel des écoles primaires de garçons et de filles de deuxième classe, y compris maîtresses de couture et de broderie	24.840
Traitement du personnel des écoles primaires de garçons et de filles de première classe.	80.220
Traitement du personnel des écoles primaires spéciales (Ecole Lancastérienne et école de la Maison Centrale)	5.820
Traitement du personnel des écoles primaires congréganistes de garçons et de filles dirigées par les Frères de l'Instruction chrétienne et les Sœurs de Saint-Joseph de Cluny.	109.300
Traitement du personnel des écoles secondaires spéciales de garçons et de demoiselles.	70.076
Traitement du personnel des Lycées de la République et du Petit Séminaire collège Saint-Martial	80.772
Traitement du personnel des écoles supérieures (Ecole de médecine, école de droit, école de dessin et de peinture)	28.836
Total des traitements.	643.440 p.

II

Frais d'entretien des élèves internes et des boursiers de l'école de Médecine et de l'école de Droit, de Port-au-Prince.	136.380
Traitements des étudiants haïtiens à Paris.	22.800
Total des frais d'entretien.	159.180 p.

III

Subventions de l'État aux institutions privées.	64.320

IV

Traitement des inspecteurs et sous-inspecteurs des écoles des quatorze circonscriptions scolaires.	33.588
Frais d'inspection.	2.800
	36.388 p.

V

Dépenses diverses faites par le département de l'Instruction publique (Mobilier scolaire, fournitures classiques, cabinets de physique, frais de trousseau, passage, rapatriement des Sœurs de Saint-Joseph de Cluny, des Filles de la Sagesse et des Frères de l'Instruction chrétienne dirigeant les écoles nationales, — frais extraordinaires du département, frais d'expédition de fournitures classiques, — frais de passage, rapatriement, inscription, passation de thèse des étudiants haïtiens à Paris, appointements de professeurs étrangers). . 48.420 p.

VI

Location de maisons d'école . . . . 88.800 p.

Nous exprimons encore le regret de ne pouvoir présenter la situation des immeubles scolaires. — Ils n'existent presque pas.

CHAPITRE X

PENSION DE RETRAITE DES INSTITUTEURS

Dans le tableau des services admissibles aux pensions civiles de retraite, annexé à la loi du 16 novembre 1864, modifiée par la loi du 24 septembre 1884, on voit les différentes catégories de fonctionnaires de l'enseignement ayant droit à la pension de retraite.

Ce sont les directeurs des lycées nationaux, les directeurs des écoles supérieures de l'État, les directeurs des écoles secondaires, les professeurs des lycées et écoles supérieures, et les directeurs des écoles primaires.

Les conditions d'admission à la pension de retraite sont les suivantes :

1° L'âge de soixante ans révolus et trente ans de service ;

2° Après trente ans de service et sans condition d'âge lorsque le fonctionnaire est reconnu hors d'état de continuer activement ses fonctions par suite d'infirmités contractées dans l'exercice des mêmes fonctions.

Les pièces à produire sont les lettres de service, les commissions ou tous autres documents justificatifs.

En cas de perte des titres, dûment constatée, les justifications exigées peuvent être faites par une enquête. Mais, dans ce dernier cas, le Gouvernement a toujours la faculté d'admettre ou de rejeter la demande, si l'enquête produite ne lui paraît pas suffisante.

Tout fonctionnaire de l'enseignement ayant droit à la pension de retraite adresse sa demande et les pièces justificatives au Secrétaire d'État de l'Instruction publique, et ce grand fonctionnaire transmet le tout, avec son avis, à son collègue du département des Finances.

Il est tenu, dans chaque Ministère, un registre de ces demandes par ordre de date et de numéro, avec mention des pièces produites et de l'avis du Secrétaire d'État.

L'admission de ces demandes est constatée par un arrêté du Président de la République, après rapport du Ministre des Finances.

Il est ouvert au Ministère des Finances un grand livre de pensions civiles où sont inscrits :

1° Les nom et prénoms du pensionné ;

2° La date de sa naissance et la fonction qu'il a exercée ou qui a servi de base à la fixation de sa pension ;

3° Le montant de la pension ;

4° La date de jouissance ;

5° La date de l'arrêté d'admission du Président d'Haïti.

Un extrait de ce registre, en la forme déterminée par le Ministre des Finances, est délivré à chaque pensionné ; sur l'exhibition de cet extrait, la pension est payée par douzième, de mois en mois, et chaque payement est constaté sur ledit extrait. Les arrérages de toutes pensions sur l'État, à défaut de réclamation régulièrement faite, se prescrivent par deux ans.

Ces règles que nous venons d'exposer sont des règles générales, communes à tous les fonctionnaires de l'ordre administratif.

Le département de l'Instruction publique a élaboré un projet de loi sur les congés et la pension de retraite et un autre sur l'avancement des instituteurs qui n'ont pas encore été soumis au Corps législatif. Cette nouvelle législation est empreinte d'un haut caractère de justice.

« Déterminer, disait dernièrement le Ministre de l'Instruction publique aux membres de l'Assemblée nationale, déterminer, après un temps de pénible labeur, le droit de l'instituteur au repos temporaire ou définitif; encourager son dévouement et son application au travail, en proportionnant le chiffre croissant de ses émoluments à l'ancienneté de ses services et à la supériorité de ses grades; lui assurer, enfin, par une pension de retraite, une vieillesse à l'abri du besoin, telle a été notre préoccupation, et en adoptant ces mesures généreuses qui ne grèveront pas d'un poids bien lourd les finances de la République, vous aurez fait œuvre de justice envers une des plus méritantes et des plus intéressantes catégories de fonctionnaires publics. »

Le chiffre actuel de la pension de retraite des fonctionnaires de l'enseignement est absolument dérisoire. Il s'élève à 16 p. pour les directeurs des lycées nationaux, des écoles supérieures, des écoles secondaires, et les professeurs des lycées et écoles supérieures, et à 12 p. pour les directeurs des écoles primaires.

Les professeurs des écoles dites secondaires, ceux des

écoles primaires, les directeurs des écoles rurales ne sont point admis à jouir de la pension de retraite d'après la législation en vigueur. Il semble également que la loi exclut les institutrices du bénéfice de cette pension.

CONCLUSION

De cet exposé d'ensemble de notre législation scolaire, il est facile de se faire une idée plus ou moins exacte des efforts tentés par nos divers Gouvernements, pour le développement normal et rationnel de l'instruction publique en Haïti. Les documents officiels, en cette matière, — comme d'ailleurs dans toutes les autres — ne nous font point défaut. Lois et arrêtés, règlements et programmes, ont été élaborés comme à l'envi, et l'on ne se serait vraiment jamais douté que cette branche importante de l'Administration fût soumise à une réglementation aussi abondante et aussi variée.

Cependant, lorsqu'on jette un simple coup d'œil sur l'état réel de nos écoles nationales, on est de suite porté, sans la moindre arrière-pensée, à se demander si, dans la République d'Haïti, il existe un Ministère de l'Instruction publique chargé de pourvoir à une organisation quelconque de ces écoles, et des autorités universitaires préposées à leur surveillance, tant est désolant le spectacle d'abandon et de misères qu'offrent nos établissements scolaires.

Quelle est donc la cause du mal? D'où provient-il?

A tout prendre, notre législation est bonne. A part quelques prescriptions surannées, tombées aujourd'hui en désuétude, elle renferme nombre d'excellentes dispositions, dont quelques-unes sont encore inapplicables, en raison même de leur excellence. Ce n'est certes pas de ce côté que nous vient le mal. Ce serait, au contraire, croyons-nous, dans l'application stricte et intelligente de nos divers lois, arrêtés et règlements sur l'enseignement public, qu'il faudrait chercher les quelques améliorations urgentes et indispensables, qu'il convient d'y apporter au plus tôt.

Nous ne savons si tous ceux qui s'occupent, à l'heure actuelle, des choses scolaires pensent comme nous. Mais nous sommes persuadés que la principale cause du mal que nous signalons réside dans les conditions absolument défectueuses de l'organisation matérielle de nos écoles. Il y a certainement une œuvre de réforme de l'instruction publique qu'il faudra qu'on aborde un jour ou l'autre. Pour que cette œuvre ne soit pas vaine, il faut qu'elle soit dirigée d'abord avec ardeur dans le sens de cette organisation matérielle dont nous parlons. Le reste peut venir après. Et quels que soient les sacrifices que cette réforme nécessitera, nous sommes convaincus que le pays les accomplira avec joie lorsqu'il envisagera tout le bien, tout le profit qu'il en devra tirer.

*
* *

Maisons d'écoles, mobiliers scolaires, écoles normales primaires, tels sont, pour le moment, nos besoins les plus immédiats.

Se plaindre, en effet, des lenteurs constatées dans les progrès de nos écoles, lorsqu'on sait dans quelle atmosphère souvent répugnante doit se développer le goût du travail des enfants, leur amour de l'étude, c'est n'apporter, dans l'examen de ces questions d'enseignement, aucune notion vraie de la science de l'éducation, aucune aptitude pédagogique réelle.

Comment veut-on, par exemple, qu'un cours d'hygiène soit pris au sérieux par les enfants, qu'une leçon sur la propreté soit suivie avec quelque intérêt, lorsque l'élève n'a qu'à jeter un coup d'œil autour de lui pour s'apercevoir tout juste du contraire de ce qu'on lui dit. Il n'y a donc pas lieu de s'étonner que les efforts consciencieux de quelques bons maîtres ne puissent produire que de fort médiocres résultats.

Pour inspirer le goût du travail aux enfants, provoquer leur attention, la maintenir toujours égale, il faut rendre l'école agréable.

Rendre l'école agréable à l'enfant, c'est le placer dans une bonne maison, propre, bien aérée, où il se sent à l'aise, assis sur un banc solide et confortable, où sa vue fatiguée se repose, pendant les minutes de loisirs, sur de grandes et belles cartes de géographie appendues au mur, sur des globes ou des tableaux historiques, et même — cela n'est pas de trop — tout près de la classe déjà si attrayante par ces objets, sur un petit jardin vert où il y aurait de gros arbres, des fleurs écloses à souhait pour le plaisir des yeux.

Rien n'est plus important que l'influence du milieu en matière d'enseignement et d'éducation. Plus le milieu est charmant, plus maîtres et élèves sont heureux d'y travailler. Le travail leur est doux comme un plaisir et tout les y convie.

Mais, au lieu de cela, qu'avons-nous vu pendant ces derniers temps?

A l'entrée d'un bois de *bayahondes*, se trouvait une petite maison divisée en deux appartements. D'un côté, était un poste militaire. Quatre soldats en haillons, dégoûtants de saleté, étendus par terre sur des vestiges de ce qui fut naguère des nattes de jonc, jouaient bruyamment aux dés. Par moments, ils engloutissaient de larges lampées de tafia et animaient le jeu par des jurons à faire pâlir un pompier.

De l'autre côté — étrange promiscuité ! — c'était une école. Pas de bancs, pas de chaises, pas de tableaux, pas de cartes de géographie, pas de pupitre pour le maître, rien ! Dix enfants étaient là, assis les uns sur de petites chaises qu'ils apportaient eux-mêmes en venant à l'école, les autres sur des pierres. Le parquet de la classe disparaissait sous une épaisse couche de poussière, et, comme les portes n'existaient plus, les « cabris » du voisinage venaient y prendre gîte la nuit. Presque toujours, ils y laissaient des traces de leur passage nocturne.

Telle était — il y a quelque cinq ans — la situation de l'école rurale de Pont-Rouge, non loin de Port-au-Prince, à deux pas de la porte Lamarre.

L'Inspection scolaire en fit alors un rapport détaillé au Ministre de l'Instruction publique, le priant de donner un autre local à l'école et de la pourvoir d'un matériel, même modeste, pour commencer. Du palais de la place Pétion, on répondit, sur l'air bien connu : « *Bonne note en est prise, Monsieur l'Inspecteur; le département donnera suite à votre rapport en temps opportun.* »

*
* *

Trop de maîtres improvisés, peu au courant des bonnes méthodes d'enseignement, sont encore une cause assez importante de l'état misérable de nos écoles nationales. Pour assurer le recrutement des instituteurs, il est indispensable de comprendre l'établissement des écoles normales primaires dans la grande œuvre de réforme à entreprendre.

En attendant qu'on pût faire mieux et davantage, il pourrait être créé à Port-au-Prince, une école normale d'instituteurs et une école normale d'institutrices pour les départements de l'Ouest, de l'Artibonite et du Sud. Deux autres écoles normales seraient également établies au Cap-Haïtien pour les départements du Nord et du Nord-Ouest. Les dépenses pour l'installation et l'entretien annuel de ces écoles seraient imputées sur les ressources du budget ordinaire. Ces écoles relèveraient des Inspecteurs de Port-au-Prince et du Cap-Haïtien, sous l'autorité du Ministre de l'Instruction publique. On y adopterait le régime de l'internat gratuit. Cependant, sur la proposition des Inspecteurs et avec l'autorisation du Ministre de l'Instruction publique, les écoles normales pourraient recevoir des demi-pensionnaires et des externes à titre également gratuit et aux mêmes conditions d'admission.

Pour les écoles normales primaires d'institutrices, le régime de l'internat serait exclusif. On fixerait à trois ans la durée des études.

Une école primaire, dans laquelle les élèves s'exerceraient à la pratique de l'enseignement sous la direction d'un maître, spécialement nommé à cet effet, serait naturellement annexée à chaque école normale.

Sur la proposition du Ministre de l'Instruction publique, le Président de la République nommerait les directeurs et directrices des écoles normales, le personnel enseignant et le personnel administratif.

Un arrêté organique déterminerait le mode de nomination des professeurs, leur nombre, qui serait en proportion du nombre des élèves, leurs attributions, les conditions de fonctionnement des écoles annexes, les conditions d'admission des élèves-maîtres et des élèves-maîtresses, la forme et les conditions d'examen, les conditions de passage d'un cours à un autre, les pénalités applicables aux élèves-maîtres qui quitteraient volontairement l'école ou qui en seraient exclus pour leur mauvaise conduite, l'engagement à prendre par chaque élève-maître de servir, pendant cinq ans au moins, dans l'enseignement public après les trois années d'études à l'école normale, le programme général d'enseignement, l'emploi du temps, le nombre d'heures assigné à chacune des matières du programme, le régime intérieur et la discipline et, enfin, toutes les mesures propres à assurer la bonne tenue de ces écoles et les progrès des études.

* * *

A l'heure qu'il est, il se produit un beau mouvement en faveur de la cause de l'Instruction publique. Nous avons pensé que le moment ne pouvait être plus propice pour indiquer, d'une façon générale et aussi modestement que possible, ce qui a été déjà fait et ce qu'il reste encore à faire. Nous avons la confiance qu'à la faveur de la paix l'œuvre de réforme, dont nous avons parlé plus haut, sera sérieusement entreprise, et nous serons heureux d'y avoir contribué quelque peu en publiant cet ouvrage.

La période décisive de la lutte pour le relèvement de notre pays est venue. L'avenir, auquel tant de robustes espoirs sont encore attachés, ne peut être assuré que par la préparation de bons citoyens.

La préparation de bons citoyens! Que ce soit désormais la pensée dominante du Gouvernement de la République haïtienne.

NOS MINISTRES DE L'INSTRUCTION PUBLIQUE

Le Ministère de l'Instruction publique a été institué par la Constitution du 30 décembre 1843.

**
* **

Voici, du 7 janvier 1844 au 27 décembre 1894, les personnages qui ont dirigé cet important Ministère :

Présidence de Charles Hérard aîné :

MM.

1. Jacques-Honoré Féry.

Présidence de Philippe Guerrier :

2. Jacques-Honoré Féry (2 fois).
3. Alexis-Beaubrun Ardouin.

Présidence de Louis Pierrot :

4. Alexis-Beaubrun Ardouin (2 fois).

Présidence de J.-B. Riché :

5. Alphonse Larochel.

Soulouque :

(*Présidence et Empire*)

6. Alphonse Larochel (2 fois).
7. Joseph François.

8. Damien DELVA.
9. Jean-Baptiste FRANCISQUE.
10. Louis-Étienne-Félicité-Lysius SALOMON [1]

PRÉSIDENCE DE FABRE GEFFRARD :

11. C.-A.-André-Jean SIMON.
12. François-Élie DUBOIS.
13. Valmé LIZAIRE.
14. Jean-Baptiste DAMIER.
15. Thomas MADIOU.
16. Septimus RAMEAU.

PRÉSIDENCE DE SYLVAIN SALNAVE :

17. Démesvar DELORME.
18. Numa RIGAUD.
19. P.-A. FLORENT.
20. Hilaire-Jean PIERRE.
21. Pierre-Charles ARCHIN.
22. Dasny LABONTÉ.

PRÉSIDENCE DE NISSAGE-SAGET :

23. Saint-Ilmont-F.-L. BLOT.
24. Bélony LALLEMAND.
25. Thomas MADIOU (2 fois).
26. Jean-François-Désilus LAMOUR.
27. Octavius RAMEAU.

PRÉSIDENCE DE MICHEL DOMINGUE :

28. Thomas MADIOU (3 fois).

---

[1] Ministre *intérimaire* de l'Instruction publique du 14 février 1851 jusqu'à la chute de Soulouque, 15 janvier 1859.

Présidence de M. Boisrond-Canal :

29. François-Sauveur Faubert.
30. Joseph-Philippe-Armand Thoby.
31. Jean-Joseph Dabelmard.
32. Pierre-Charles Archin (2 fois).

Présidence de Louis Salomon :

33. Thimogène Lafontant.
34. Pierre-Charles Archin (3 fois).
35. François Manigat.
36. Saint-Hilaire Hugon-Lechaud.
37. Jean-Chrysostome Arteaud.

Présidence de Légitime :

38. Roche Grellier.
39. Solon Ménos [1].
40. Néré Numa :

Présidence de M. Florvil Hyppolite :

41. Dantès Rameau.
42. P.-Macdonald Apollon [2].
43. Louis-Philippe Labidou.

---

[1] Le plus jeune de tous nos Ministres de l'Instruction publique. Il a été nommé à l'âge de trente ans.
[2] M. P.-M. Apollon a été nommé ministre deux fois sous le Gouvernement du président Hyppolite.

INSPECTIONS

DES QUATORZE CIRCONSCRIPTIONS SCOLAIRES DE LA RÉPUBLIQUE

Port-au-Prince

MM. Th. Martin, G. Gédéon, Dr H. Mahotière, D. Viard.

Cap-Haïtien

MM. Étienne Magloire, S. Anderson Duvivier, Bessard.

Cayes

MM. Corvington, Pradier, Augustin.

Gonaïves

MM. Horatius Limages Philippe, S. Débrosse.

Port-de-Paix

MM. Cicéron Desmangles, Muscary Guerrier.

Saint-Marc

MM. Albert Dalencourt, Savary Saint-Côme.

Jérémie

M. Hugues Lestage.

Aquin

MM. Robert Hérard, Anglade.

Anse-a-Veau

M. Lamarre Arnoux.

Léogane

M. Fargeau.

Fort-Liberté

M. Alexis Boisvent.

Mirebalais

M. Sully Dubuisson.

Jacmel

MM. Pilié, Emmanuel Volel.

Tiburon

M. Laurent.

DOCUMENTS OFFICIELS

DISPOSITIONS CONSTITUTIONNELLES

RELATIVES A L'INSTRUCTION PUBLIQUE

CONSTITUTION DE 1805

Dans chaque division militaire, une école publique sera établie pour l'instruction de la jeunesse (art. 19). *Dispositions générales.*

CONSTITUTION DE 1807

Titre VIII. — De l'éducation publique

Art. 34. — Il sera établi dans chaque division une école centrale et des écoles particulières dans chaque arrondissement.

Il sera cependant loisible à tout citoyen de tenir des maisons d'éducation particulières.

Art. 35. — Le traitement des professeurs et instituteurs, ainsi que la police des écoles, seront réglés par une loi particulière.

CONSTITUTION DE 1816

DISPOSITIONS GÉNÉRALES

Art. 35. — Il sera créé et organisé un établissement général de secours publics pour élever les enfants abandonnés, soulager les pauvres infirmes et fournir du travail aux pauvres valides qui n'auraient pu s'en procurer.

Art. 36. — Il sera aussi créé et organisé une institution publique, commune à tous les citoyens, gratuite à l'égard des parties d'enseignement indispensables pour tous les hommes, et dont les établissements seront distribués graduellement dans un rapport combiné avec la division de la République.

CONSTITUTION DE 1843

Section III. — Du droit public

Art. 31. — L'enseignement est libre, et des écoles sont distribuées graduellement, à raison de la population.

Chaque commune a des écoles primaires de l'un et de l'autre sexe, gratuites et communes à tous les citoyens.

Les villes principales ont, en outre, des écoles supérieures où sont enseignés les éléments des sciences, des belles-lettres et des beaux-arts.

Les langues usitées dans le pays sont enseignées dans ces écoles.

CONSTITUTION DE 1846

Section III. — Du droit public

Art. 36. — L'enseignement est libre, et des écoles sont distribuées graduellement à raison de la population.

CONSTITUTION DE 1849

Section III. — Du droit public

Art. 35. — L'enseignement est libre, et des écoles sont distribuées graduellement à raison de la population.

CONSTITUTION DE 1867

Section III. — Du droit public

Art. 29. — L'enseignement est libre. La liberté d'enseigner s'exerce selon les conditions de capacité et de moralité déterminées par la loi, et sous la haute surveillance de l'État. Cette surveillance s'étend sur tous les établissements d'éducation et d'enseignement, sans aucune distinction.

Chaque commune a des écoles primaires de l'un et de

l'autre sexes, gratuites et communes à tous les citoyens. Ces écoles sont distribuées graduellement, à raison de la population.

Il sera créé également par l'État, aux centres des sections rurales, des écoles primaires agricoles, dans l'intérêt de la propagation de l'instruction dans les masses.

Les villes principales ont, en outre, des écoles supérieures ou secondaires, où sont enseignés les éléments des sciences, des belles-lettres et des beaux-arts.

Les langues usitées dans le pays sont enseignées dans ces écoles.

Des écoles professionnelles seront instituées aux mêmes lieux que les écoles supérieures ou secondaires.

CONSTITUTION DE 1874

Section III. — Du droit public

Art. 33. — L'enseignement est libre.

L'instruction primaire est gratuite et obligatoire.

Les écoles primaires sont fondées graduellement, en raison de l'importance des populations.

Art. 34. — La liberté d'enseignement s'exerce selon les conditions de capacité et de moralité déterminées par la loi avec l'autorisation et sous la haute surveillance du Gouvernement.

Cette surveillance s'étend sur tous les établissements d'éducation et d'enseignement sans aucune distinction.

Une école d'arts et métiers sera créée dans chaque chef-lieu de département.

CONSTITUTION DE 1879

Du droit public

Art. 30. — L'enseignement est libre.

L'instruction publique est gratuite à tous les degrés.

L'instruction primaire est obligatoire et gratuite.

La liberté d'enseignement s'exerce selon les conditions de

capacité et de moralité déterminées par la loi, et sous la haute surveillance de l'État; cette surveillance s'étend sur tous les établissements d'éducation et d'enseignement sans aucune distinction.

Chaque commune a ses écoles primaires de l'un et de l'autre sexe, gratuites et communes à tous les citoyens.

Ces écoles sont distribuées graduellement à raison de la population.

Il sera créé également par l'État, au centre des sections rurales, des écoles primaires agricoles, dans l'intérêt de la propagation de l'instruction dans les masses.

Les villes principales ont, en outre, des écoles primaires, des écoles primaires supérieures, des écoles secondaires ou lycées, où sont enseignés les éléments des sciences, des belles-lettres et beaux-arts.

Des écoles normales primaires seront fondées pour former des institutions primaires, et des écoles normales supérieures seront créées pour former le personnel de l'enseignement secondaire de nos lycées.

Les langues usitées dans le pays sont enseignées dans ces écoles.

Les écoles professionnelles seront instituées aux mêmes lieux que les écoles primaires supérieures ou les écoles secondaires.

CONSTITUTION DE 1889

Art. 24. — L'enseignement est libre.

L'instruction primaire est obligatoire.

L'instruction publique est gratuite à tous les degrés.

La liberté d'enseignement s'exerce conformément à la loi et sous la haute surveillance de l'État.

LOIS

TITRE XIV

DES ÉCOLES DE SANTÉ ET DU MODE D'INSTRUCTION

Art. 1er. — Il sera établi une école de santé dans les hôpitaux du Port-au-Prince et des Cayes, sous la direction et la surveillance de l'officier de santé en chef du département : le nombre des aspirants sera de dix à douze.

Art. 2. — L'état d'officier de santé exigeant, pour être dignement rempli, des conditions essentielles, il faudra, pour être admis, n'avoir pas moins de douze ans, ni plus de seize, savoir au moins bien lire et écrire, faire preuve de bonnes mœurs et être reconnu d'un caractère docile.

Art. 3. — Le noviciat des aspirants sera de deux ans ; ils seront nourris et entretenus aux frais de la République ; logeront, autant que faire se pourra, dans l'hôpital, sous la surveillance d'un officier de santé instruit et raisonnable, choisi pour cet effet, par l'officier de santé en chef du département, et qui sera connu sous le nom de *prévôt*, et seront payés à raison de 3 gourdes par mois.

Art. 4. — On leur apprendra à préparer les pièces ordinaires d'appareils, à faire et à appliquer les bandages non mécaniques, à connaître et appliquer les vésicatoires, les moxa, les ventouses, le séton, et ouvrir un cautère ; on leur apprendra à extraire avec adresse les dents.

Art. 5. — On les accoutumera à faire, dans les diverses cavités, les injections que certains cas exigent, et à en extraire les corps étrangers ; on leur apprendra à appliquer les tourniquets, à tenir le bistouri de toutes les manières, à s'en servir dans tous les sens, à faire méthodiquement les incisions cutanées, et à pratiquer l'opération de la saignée.

Art. 6. — Les aspirants subiront, tous les trois mois, un examen particulier ; et si, après trois examens, quelques-uns d'entre eux restaient, manifestement, en arrière, soit faute d'assez de moyens, soit manque d'émulation, de goût ou de docilité, l'officier de santé en chef préviendrait ces aspirants de leur apparente inaptitude, et si, au bout de l'année, ils se trouvaient au-dessous des connaissances exigées, ils seraient rayés du tableau des aspirants, et rendus à leur famille.

Art. 7. — Sur le rapport et le bon témoignage de l'officier de santé en chef, l'administrateur accordera, à chacun de ceux qui seront jugés l'avoir méritée, une récompense d'une portugaise tous les six mois.

Art. 8. — A l'avenir, tous les chirurgiens dont on aura besoin, tant pour le service des hôpitaux que pour les places de chirurgiens dans les corps, seront choisis de préférence parmi les aspirants qui auront ainsi rempli leurs deux années de noviciat.

Art. 9. — Le Président d'Haïti demeure autorisé à accorder une gratification au chirurgien de santé en chef, pour chaque élève chirurgien qu'il fera.

(Extrait de la loi sur l'organisation du service de santé des hôpitaux militaires de la République, du 3 mars 1808.)

LOI SUR L'INSTRUCTION PUBLIQUE

Port-au-Prince, le 4 juillet 1820.

La Chambre des Représentants des communes, réunie en majorité ;

Après avoir pris connaissance du projet de loi à elle adressé par le Président d'Haïti, en date du 28 avril dernier, sur l'instruction publique ;

Considérant que l'éducation de la jeunesse a toujours été l'objet de la constante sollicitude des bons gouvernements ; que, si elle est le premier véhicule des peuples à la civilisation, elle est aussi le plus sûr garant qu'un État puisse avoir de la stabilité de ses institutions ;

La Chambre, prenant en très grande considération l'objet dudit projet ; ouï le rapport de son Comité de Législation, et après les trois lectures,

Adopte le projet de loi comme il suit :

TITRE PREMIER

DISPOSITIONS GÉNÉRALES

Art. 1er. — L'instruction publique est libre à Haïti.

Art. 2. — Elle est placée sous la surveillance des Commissions composées de six membres pour la capitale, quatre pour les Cayes et trois pour chacune des villes de Jacmel et Jérémie, dont les fonctions sont purement honorifiques; il leur est alloué un secrétaire salarié par l'État.

Art. 3. — Les Commissions de l'instruction publique correspondront entre elles. Celles des autres lieux feront annuellement un rapport à celle de la Capitale, sur les progrès des élèves et sur la situation des écoles confiées à leur surveillance. Ce rapport sera établi sur leurs propres observations et sur les renseignements qu'elles se feront fournir par le directeur de ces établissements, afin que le compte en soit rendu au Président d'Haïti.

Art. 4. — Les Commissions de l'instruction publique se réuniront chaque fois qu'il sera jugé nécessaire, afin de prendre des mesures relatives aux progrès de l'instruction de la jeunesse, et visiter les écoles confiées à leur surveillance.

Art. 5. — Les Commissions de l'instruction publique veilleront à ce que, dans les écoles ou pensions, l'éducation des enfants soit basée sur la religion, le respect aux lois et le dévouement à la Patrie.

Les Commissions de divers lieux adresseront à celle de la Capitale, lorsque le cas le nécessitera, des projets de règlements sur tout ce qui concerne l'enseignement et le régime intérieur des écoles pour servir à établir par elle des règlements généraux, uniformes pour toutes les écoles de la République, lesquels devront être revêtus de l'approbation du Président d'Haïti.

Art. 6. — Pour que l'enseignement soit réparti d'une manière convenable dans la République et pour qu'il s'établisse une émulation utile aux bonnes études, les Commissions détermineront le degré d'instruction qui doit être attribué à chaque genre d'école.

Art. 7. — Il est permis à tout Haïtien de former des établissements d'instruction, après en avoir obtenu l'autorisation de la Commission, laquelle devra s'assurer préalablement de la capacité et de la moralité du postulant.

Si un étranger voulait exercer la profession d'instituteur public, il se présentera à la Commission de la Capitale, laquelle, avec les formalités ci-dessus, sollicitera en sa faveur, s'il y a lieu, du Président d'Haïti, la licence nécessaire.

Art. 8. — La direction des institutions particulières appartient à ceux qui les forment à leurs frais et charges ; cependant elles seront toujours sous la surveillance de la Commission dans le ressort de laquelle l'établissement se trouvera situé.

Art. 9. — Il sera créé par le Gouvernement des écoles primaires et un lycée, ainsi qu'il est déterminé au titre suivant.

Art. 10. — Nul ne pourra retirer les enfants placés par le Gouvernement, soit au lycée, soit aux écoles primaires, avant l'échéance du temps déterminé pour leur instruction, sans donner des motifs agréés par la Commission du lieu.

TITRE II

DES ÉCOLES PRIMAIRES ET DU LYCÉE AUX FRAIS DE L'ÉTAT

CHAPITRE PREMIER

DES ÉCOLES PRIMAIRES

Art. 11. — Il sera établi aux frais de l'État quatre écoles primaires, destinées à l'instruction gratuite élémentaire des enfants, des citoyens, tant civils que militaires, qui auront rendu des services à la Patrie.

Art. 12. — Elles seront réparties, savoir :
Une, au Port-au-Prince ;
Une, aux Cayes ;
Une, à Jacmel ;
Une, à Jérémie.

Art. 13. — On apprendra dans les écoles primaires :
La lecture ;
L'écriture ;
Le calcul jusqu'aux quatre premières règles de l'arithmétique ;
La morale, les éléments de la grammaire et ceux de l'histoire sainte.

On suivra dans ces écoles le système lancastérien.

Art. 14. — Pour que l'admission d'un enfant ait lieu dans une école primaire, on présentera à la Commission de l'instruction publique du lieu une pétition, dans laquelle seront mentionnés les services rendus à l'État par le père de l'enfant ; cette pétition sera soumise au Président d'Haïti et, d'après ses ordres, la Commission autorisera l'admission de l'enfant, s'il y a lieu.

Les enfants ainsi admis reçoivent l'instruction gratuite seulement ; ils sont logés et nourris chez leurs parents qui seront tenus de leur procurer l'habillement qui suit : habit bleu en frac, collet bleu céleste, passe-poil rouge, boutons de métal en blanc ; et pour coiffure, le schako.

Art. 15. — Les enfants ne pourront entrer aux écoles primaires avant l'âge de sept ans, ni y rester après l'âge de quatorze ans révolus.

Art. 16. — Chaque école primaire sera dirigée par un citoyen d'une moralité connue et possédant les connaissances nécessaires. Il recevra de l'État un traitement par mois, fixé au titre III et il portera l'uniforme arrêté pour les élèves, avec chapeau retapé ayant la ganse en argent.

Art. 17. — A la fin de chaque année scolaire, il y aura dans les écoles primaires un examen public des élèves, en présence des autorités constituées et de la Commission de l'instruction publique de l'endroit. Les vacances pour les enfants et ceux qui les dirigent commenceront immédiatement après l'examen et dureront pendant quinze jours.

Art. 18. — Il pourra être établi, par la suite, de nouvelles écoles primaires dans les autres communes de la République, si l'utilité en était reconnue.

Il en sera de même pour les écoles spéciales aux frais de l'État, où seront admises les demoiselles dont les pères, morts au service de la Patrie, en se signalant, n'auraient pas laissé les moyens de les élever convenablement.

CHAPITRE II

DU LYCÉE

Art. 19. — Le lycée fondé par Alexandre Pétion, au Port-au-Prince, est conservé aux frais de l'État et maintenu dans la Capitale ; il est, par son institution, consacré à l'éducation des fils des citoyens qui auront rendu d'éminents services à la Patrie, et qui sont morts sans avoir laissé de moyens pour donner une éducation libérale à leurs enfants.

Art. 20. — Le nombre des enfants reçus au lycée, aux frais de l'État, sera fixé par le Président d'Haïti. Cependant, pour rendre cet établissement généralement utile, des pensionnaires et externes particuliers pourront y être admis aux frais de leurs parents qui, à cet effet, prendront des arrangements avec le directeur.

Art. 21. — Aucun élève ne sera admis au lycée, s'il ne sait lire, écrire, les quatre premières règles de l'arithmétique et les éléments de la grammaire.

En aucun cas, si un élève avait vingt ans révolus, il ne pourra ni être admis, ni rester au lycée.

Art. 22. — Les élèves aux frais de l'État, les pensionnaires et externes portent pour uniforme : l'habit bleu, collet rouge, boutons blancs, ayant dessus : « Lycée national », et pour coiffure, chapeau retapé ; le directeur et les employés de cet établissement portent le même uniforme.

Art. 23. — On enseigne dans le lycée les langues anciennes et modernes :

La rhétorique ;

La logique ;

La morale ;

Les éléments des sciences mathématiques et physiques ;

L'histoire ancienne et moderne ;

La géographie ;

Le dessin.

Art. 24. — L'administration du lycée sera confiée à un citoyen qui réunira, à la morale et au patriotisme, les connaissances nécessaires pour remplir cette place ; il aura sous lui les professeurs et maîtres de quartier et d'écriture qui seront reconnus nécessaires à la prospérité de l'établissement.

Art. 25. — Afin de faire régner l'ordre et l'harmonie dans le lycée, la loi laisse la faculté au directeur de présenter à la Commission les professeurs qui postulent à être au lycée, et qui ne seront présentés au Président d'Haïti qu'après avoir passé l'examen prescrit en l'article 30.

Art. 26. — L'admission des enfants au lycée n'aura lieu que pendant le premier trimestre de chaque année scolaire; ce trimestre expiré, elle sera suspendue jusqu'à l'année prochaine, afin d'établir dans les classes la marche la plus régulière d'étude pour tous.

Art. 27. — Le Président d'Haïti aura la faculté de faire suivre les cours du lycée, comme une marque de récompense accordée au mérite, par un des enfants des autres écoles, dont la famille n'aurait point de moyens et qui, par ses dispositions naturelles, pourrait devenir un sujet utile pour la Patrie.

Art. 28. — Le directeur du lycée est chargé du soin d'établir le bon ordre, de maintenir la discipline, de veiller sur les mœurs et les études des élèves et à l'exécution des règlements faits pour cet établissement.

Il est particulièrement responsable de la bonne tenue des élèves et de leur nourriture, qui doit être saine et abondante.

Art. 29. — Excepté les frais de loyer de l'établissement, et ceux de l'entretien et de l'éducation des élèves admis par l'État, toutes les autres dépenses du lycée sont à la charge du directeur qui perçoit pour son compte le prix des pensions et externats particuliers, sauf la rétribution qui revient aux professeurs, comme il est dit en l'article 32 du présent titre.

Art. 30. — Les professeurs, avant d'être reçus comme tels au lycée, subiront un examen particulier, afin de s'assurer qu'ils possèdent les connaissances requises pour la partie de l'enseignement à laquelle ils se destinent. Cet examen sera déterminé par la Commission de l'instruction publique, qui prendra préalablement des renseignements sur leurs vie et mœurs.

Ces mêmes formalités seront observées pour les maîtres de quartier.

Art. 31. — Les professeurs du lycée ne pourront pas tenir de pensionnat pendant le temps de leurs fonctions, mais ils pourront donner des leçons en ville.

Ils ne pourront s'absenter du lycée sans l'autorisation du directeur, et l'absence non autorisée d'un professeur, pendant huit jours, sera considérée comme une démission de sa part; dans ce cas, il sera pourvu à son remplacement sur la demande du directeur et la proposition qui en sera faite par la Commission de l'instruction publique.

Ils ont la police de leurs élèves.

Art. 32. — Il est accordé aux professeurs, à titre d'indemnité, et outre leurs appointements fixés par l'article 38, sur le prix de l'éducation des pensionnaires et externes particuliers, perçu par le directeur en vertu de l'article 29, une rétribution du tiers de ce prix, pour chacun des élèves, qui seront dans les classes dont ils sont chargés.

Art. 33. — Le maître de quartier est spécialement chargé d'assister les élèves de ses lumières et de ses conseils, de prendre chaque jour connaissance de leurs devoirs, de veiller à ce qu'ils s'en acquittent exactement, et de maintenir surtout entre eux l'union et la fraternité. En conséquence, il loge au lycée, partage la vie commune, et ne peut s'absenter sans la permission du directeur.

Art. 34. — Les cours du lycée seront divisés et déterminés, pour chaque année scolaire, par la Commission de l'instruction publique du Port-au-Prince.

Art. 35. — A la demi-année, il y aura au lycée un examen préparatoire, afin de connaître les progrès des élèves et de désigner ceux qui devront concourir pour la distribution des prix.

A la fin de la même année, il y aura un examen public, en présence des principaux fonctionnaires et de la Commission de l'instruction publique de la Capitale, à la suite duquel la distribution des prix aura lieu, et les vacances commenceront pour durer jusqu'au 6 janvier suivant.

Art. 36. — Il sera établi dans le lycée une infirmerie et

une pharmacie, pour le traitement des élèves qui seraient malades.

L'infirmerie et la pharmacie seront placées sous la surveillance particulière du directeur, et il y sera attaché un officier de santé salarié par l'État, lequel aura sous ses ordres deux infirmiers aux frais du directeur.

Art. 37. — Tout enfant doit être vacciné avant d'être admis au lycée; en conséquence, ceux qui ne le seraient pas devront être envoyés par le directeur à l'infirmerie pour subir ce traitement.

TITRE III

DES APPOINTEMENTS

accordés aux employés des écoles primaires, du lycée et de ceux des secrétaires des Commissions de l'instruction publique

Art. 38. — Les appointements des employés des écoles primaires et du lycée, et ceux des secrétaires attachés aux Commissions de l'instruction publique, sont fixés comme suit :

Écoles primaires

Directeurs :
- Au Port-au-Prince .... 80 g.
- Aux Cayes 70
- A Jérémie 60
- A Jacmel 60

Lycée

Au directeur	100 g.
Aux professeurs	70
Aux maîtres de quartier et d'écriture, à chacun..	50
A l'officier de santé	25

Commission de l'instruction publique.

Secrétaires :
- Au Port-au-Prince.............. 25 g.
- Aux Cayes..................... 20
- A Jérémie..................... 15
- A Jacmel...................... 15

Art. 39. — Il sera alloué au directeur du lycée, pour chaque élève du Gouvernement, pour leur nourriture, par mois, 10 gourdes.

Donné en Chambre des Représentants des communes, au Port-au-Prince, le 20 mai 1820, an XVII de l'Indépendance.

Le Président de la Chambre,
Signé : P. André.

Les Secrétaires,
Signé : Doret et P. Lundy.

Le Sénat décrète l'acceptation de la Loi sur l'Instruction publique, laquelle sera, dans les vingt-quatre heures, expédiée au Président d'Haïti pour avoir son exécution, suivant le mode établi par la Constitution.

A la Maison nationale, au Port-au-Prince, ce 3 juillet 1820, an XVII.

Le Président du Sénat,
Signé : Hilaire.

Le Secrétaire,
Signé : N. Viallet.

Au nom de la République :
Le Président d'Haïti ordonne que la loi ci-dessus du Corps législatif, etc.

Au Port-au-Prince, le 4 juillet 1820, an XVII.

Signé : Boyer.
Par le Président :

Le Secrétaire général,
Signé : B. Inginac.

LOI SUR L'INSTRUCTION PUBLIQUE

Le Président d'Haïti, de l'avis du Conseil des Secrétaires d'État, a proposé,

Et le Corps législatif a rendu la loi suivante :

TITRE PREMIER

DISPOSITIONS GÉNÉRALES

Art. 1er. — L'instruction publique est libre en Haïti. Elle a pour bases essentielles la religion, la morale, l'amour de la Patrie. Elle est placée sous la haute direction du Secrétaire d'État au département de l'Instruction publique, et sous la surveillance de Commissions instituées à cet effet, ou des Conseils des notables, dans les lieux où il ne sera pas établi de Commission.

Art. 2. — La présente loi s'applique à tous les établissements publics où l'on enseigne à la jeunesse les lettres, les sciences, la médecine et le droit, ou l'une quelconque, ou plusieurs de ces facultés. Ces établissements sont compris sous la dénomination générique d'écoles.

Art. 3. — Les écoles sont ou nationales, ou communales, ou particulières.

Art. 4. — Le titre d'instituteur est commun à tous ceux qui, dans les écoles, sont préposés à l'éducation ou à l'instruction de la jeunesse.

La généralité des instituteurs forme le corps enseignant.

Art. 5. — Les instituteurs pourvus des degrés dont il est parlé au titre IV ci-après, les membres des Commissions d'instruction publique et les secrétaires de ces Commissions composent le corps universitaire.

Art. 6. — La jeunesse des écoles, la généralité des instituteurs, les membres des Commissions d'instruction publique et les secrétaires y attachés constituent l'Université d'Haïti.

Art. 7. — La jeunesse des écoles et les membres du Corps universitaire sont exempts de tout service militaire, sauf le cas de danger imminent.

Art. 8. — L'Université peut recevoir toutes donations et offrandes. Si la libéralité est de quelque importance, celui qui l'aura faite recevra le titre de membre honoraire de l'Université.

Art. 9. — L'Université a sa caisse particulière ; toutes les amendes, rétributions et autres sommes perçues en vertu de la présente loi, seront versées dans la caisse de l'Université.

Art. 10. — Après le prélèvement du montant des frais de la comptabilité, les fonds universitaires seront employés :

1° A acheter des livres et autres ouvrages propres à être distribués aux élèves des écoles nationales et même à ceux des autres écoles, soit pour leur usage journalier, soit en prix ou en récompenses.

2° A fonder des bibliothèques dans les écoles nationales ;

3° A donner, aux instituteurs et aux auteurs d'ouvrages utiles à la jeunesse, des témoignages de considération ;

4° Enfin, à encourager de toutes autres manières le développement de l'instruction publique.

TITRE II

DES COMMISSIONS D'INSTRUCTION PUBLIQUE

Art. 11. — Il y a une Commission principale d'instruction publique dans chaque ville où est établi un lycée ou une école secondaire, aux frais de l'État, et des Commissions particulières, dans les autres villes ou bourgs. Les attributions des Commissions particulières sont exercées par les Conseils des notables.

Art. 12. — La Commission principale du Port-au-Prince, conservera le titre de Commission centrale de l'instruction publique.

La Commission centrale se compose de dix membres qui sont nommés par le Président d'Haïti.

Art. 13. — Les autres Commissions principales se composent de six membres qui sont également à la nomination du Président d'Haïti.

Les fonctions de membres des Commissions d'instruction publique sont purement honorifiques et dureront deux ans; les deux tiers au plus des membres pourront être réélus.

Art. 14. — Chaque Commission principale est présidée par l'un de ses membres désigné à cet effet dans l'acte qui l'institue ou dans un acte postérieur.

Art. 15. — Il est attaché, près de chaque Commission principale, un secrétaire salarié par l'État.

Art. 16. — La Commission centrale détermine les ouvrages classiques, les méthodes d'enseignement et le système de discipline qui doivent être suivis dans les écoles nationales; elle en encourage l'introduction dans les autres écoles.

Art. 17. — Elle donne aux Commissions principales, et celles-ci transmettent aux Commissions particulières de leurs ressorts respectifs, des instructions pour la surveillance des écoles, et pour tout ce qui peut tendre au perfectionnement de l'instruction publique.

Art. 18. — Chaque Commission fait son règlement intérieur. Il n'appartient qu'à la Commission centrale de faire des règlements généraux pour assurer l'exécution de la loi et pourvoir aux cas non prévus; mais ces règlements ne sont exécutoires qu'après avoir été approuvés par le Secrétaire d'État.

Art. 19. — Toutes décisions des Commissions d'instruction

publique se prennent à la majorité absolue des membres présents.

Art. 20. — Au commencement de chaque mois, les présidents des Commissions d'instruction publique désigneront, à tour de rôle, un membre qui, assisté du secrétaire de la Commission, sera tenu d'inspecter les écoles de leurs ressorts respectifs.

A la fin du mois, le membre désigné devra présenter à la Commission un rapport écrit, constatant l'inspection par lui faite, les observations qu'il aura été à même de recueillir sur la marche des études et sur l'exécution plus ou moins suivie des dispositions de la présente loi.

Tous les trois mois, les Commissions d'instruction publique sont tenues de faire un examen des écoles placées sous leur surveillance, afin d'apprécier l'aptitude des instituteurs, les progrès des élèves, les méthodes d'enseignement, le mode d'éducation et le système de discipline.

Art. 21. — Après chaque examen trimestriel, les Commissions particulières font aux Commissions principales dont elles relèvent, et les Commissions principales font à la Commission centrale, un rapport détaillé sur les écoles de leurs dépendances.

Art. 22. — La Commission centrale présente, deux fois par an, au Secrétaire d'État, un exposé général de la situation de l'instruction publique, en lui soumettant ses vues sur les améliorations qu'elle réclame.

Les autres Commissions peuvent directement adresser au Secrétaire d'État des communications dans l'intérêt de l'instruction publique.

TITRE III

DES INSTITUTEURS

Art. 23. — Tout Haïtien qui veut exercer la profession d'instituteur particulier doit se pourvoir d'un diplôme signé du président de la Commission d'instruction publique, dans le ressort de laquelle il a l'intention de s'établir.

Art. 24. — Pour obtenir ce diplôme, il suffit au postulant de justifier : 1° qu'il a dix-huit ans accomplis; 2° qu'il est de bonnes vie et mœurs; 3° qu'il a versé la somme de 10 gourdes dans la caisse de l'Université.

A cet effet, il présentera son acte de naissance ou un acte de notoriété en tenant lieu, un certificat signé de trois citoyens notables attestant sa moralité, et une quittance de la Caisse de l'Université.

Art. 25. — Outre les conditions exigées par les articles 23 et 24 ci-dessus, et après un séjour de trois mois dans le pays, l'étranger qui voudra exercer la profession d'instituteur public devra solliciter une autorisation spéciale qui lui sera délivrée, s'il y a lieu, par le Secrétaire d'État, d'après les ordres du Président d'Haïti.

Art. 26. — Les instituteurs communaux sont à la nomination des Conseils des notables.

Ils doivent être choisis parmi les individus qui ont rempli les conditions prescrites par les deux articles précédents, aux Haïtiens et aux étrangers.

Art. 27. — Nul ne peut être admis en qualité d'instituteur dans une école nationale sans une lettre de service du Président d'Haïti.

Art. 28. — Pour être habile à obtenir cette lettre de service, il faut non seulement justifier les qualités exigées aux articles 24 et 25 ci-dessus, mais encore satisfaire à un examen devant la Commission centrale de l'instruction publique. Cependant les personnes qui ont déjà fait leurs preuves dans la carrière de l'enseignement, ou qui se sont acquis un nom honorable dans l'une des quatre facultés, peuvent être dispensées de l'examen.

Art. 29. — Aucun instituteur attaché à une école nationale ne peut, à peine de révocation, diriger une école soit communale, soit particulière.

Art. 30. — En cas de négligence habituelle, ou d'inconduite de la part d'un instituteur national, la Commission du lieu le mande dans son sein et lui adresse une réprimande.

Art. 31. — En cas d'inconduite habituelle, la Commission le suspend de ses fonctions pendant un mois au moins, et six mois au plus.

La suspension entraîne la suppression des appointements pendant tout le temps de sa durée.

Art. 32. — La récidive, après une réprimande pour négligence habituelle ou pour inconduite, est punie comme l'inconduite habituelle.

Art. 33. — Après une condamnation pour inconduite habituelle, la récidive est assimilée à l'immoralité, et punie comme telle.

Art. 34. — L'instituteur national accusé d'immoralité ou de faute grave pourra être provisoirement suspendu de ses fonctions par la Commission du lieu, qui en référera, dans le plus bref délai, à la Commission centrale. Celle-ci, après avoir entendu l'inculpé dans ses moyens justificatifs, soit de vive voix, soit par écrit, fera son rapport au Secrétariat d'État, qui, en vertu des ordres du Président d'Haïti, prononcera, s'il y a lieu, contre l'instituteur, la révocation ou l'interdiction.

Art. 35. — Quiconque exercera la profession d'instituteur particulier sans être pourvu du diplôme prescrit par l'article 25 ci-dessus sera passible d'une amende de 25 gourdes pour la première fois, de 50 pour la seconde et de 75 pour toute autre récidive.

Art. 36. — Dans le cas d'inconduite habituelle d'un instituteur particulier, il sera suspendu de ses fonctions pendant un mois au moins et six mois au plus. Dans le cas d'immoralité ou de faute grave, il sera interdit.

Art. 37. — Tout instituteur qui, après avoir été suspendu de ses fonctions, les reprendrait ou les continuerait avant le temps, sera interdit.

Art. 38. — L'interdit qui exercera sera puni de trois mois à six mois d'emprisonnement.

Art. 39. — Dans les cas prévus aux articles 35, 36, 37 et 38 ci-dessus, la condamnation sera prononcée par le tribunal de police, sur les poursuites de l'agent du ministère public, à la réquisition de la Commission du lieu.

Art. 40. — Les instituteurs communaux sont placés sous la discipline des conseils des notables.

TITRE IV

LES DEGRÉS UNIVERSITAIRES

Art. 41. — Nul ne sera admis en qualité d'instituteur dans une école nationale établie à Port-au-Prince, à partir du 1er janvier 1850, ni dans aucune autre école nationale à partir du 1er janvier 1860, s'il n'est pourvu d'un diplôme, constatant qu'il a pris, dans l'une des quatre Facultés de l'Université, le degré qui lui est nécessaire pour exercer les fonctions qu'il postule.

Art. 42. — Aux époques ci-dessus fixées, les dispositions de l'article 28 de la présente loi cesseront d'être obligatoires.

Art. 43. — Les instituteurs attachés aux écoles particulières ou communales, qui prendront les degrés universitaires, jouiront de l'exemption du service militaire, ainsi qu'il est dit en l'article 7 ci-dessus.

Art. 44. — Les institutrices sont dispensées de prendre cesdits degrés.

Art. 45. — Il y a trois degrés dans les lettres comme dans les sciences : le baccalauréat, la licence et le doctorat.

Il y a deux degrés seulement dans le droit : la licence et le doctorat.

Il n'y a qu'un degré dans la médecine : le doctorat.

Art. 46. — Nul ne peut être licencié en droit, ni docteur en médecine, s'il n'est bachelier ès lettres.

Art. 47. — La Commission centrale déterminera les

degrés requis pour être habile à remplir les différentes fonctions dans les écoles nationales.

Art. 48. — Les degrés s'obtiennent en satisfaisant à un examen devant trois membres de la Commission centrale désignés par le président de ladite Commission.

Art. 49. — La Commission centrale fait publier, six mois au moins à l'avance, le programme des connaissances exigées pour chaque degré.

Art. 50. — Il est dû, pour chaque degré, une rétribution qui demeure ainsi fixée dans toutes les Facultés, savoir :

Pour le baccalauréat.................... 20 g.
Pour la licence........................ 40 »
Pour le doctorat...................... 60 »

Art. 51. — La moitié de chaque rétribution est exigible la veille de l'examen ; l'autre moitié ne l'est qu'au moment de la délivrance du diplôme.

Art. 52. — Les membres de l'Université qui prendront leurs degrés avant le 1ᵉʳ janvier 1850 ne paieront que la moitié de la rétribution. Passé ce délai, ils en paieront la totalité.

Dans l'un comme dans l'autre cas, ils ne seront soumis à l'examen qu'autant qu'ils aspireraient à un degré supérieur à celui qui aura été déterminé pour la fonction qu'ils remplissent.

Art. 53. — Toute personne pourvue d'un diplôme délivré par une Université étrangère peut obtenir de l'Université d'Haïti un diplôme de même degré, en payant le quart de la rétribution fixée.

Art. 54. — Les diplômes sont imprimés sur parchemin, signés par les trois membres examinateurs, visés par le président de la Commission centrale et revêtus de l'empreinte du sceau de l'Université.

Art. 55. — Les frais de diplôme sont à la charge de la caisse de l'Université.

TITRE V

DES ÉCOLES

CHAPITRE PREMIER

DISPOSITIONS PARTICULIÈRES

Art. 56. — Les écoles doivent être établies dans des emplacements sains.

La plus grande propreté y doit régner.

Art. 57. — Nulle école ne peut recevoir, aux mêmes heures, des enfants des deux sexes au-dessus de l'âge de huit ans, à moins qu'ils ne soient tenus et exercés séparément.

Art. 58. — Les écoles de filles seront confiées à des institutrices ou à des hommes mariés.

Art. 59. — Les directeurs des écoles s'entendent avec le curé de la paroisse pour tout ce qui concerne l'instruction religieuse des élèves.

Art. 60. — Il appartient aux parents des enfants non catholiques de s'adresser, dans le même but, à des pasteurs de leur communion.

Art. 61. — Tout enfant admis dans une école doit être, au plus tôt, vacciné, si déjà il ne l'a été, ou s'il n'a eu la variole.

CHAPITRE II

DES ÉCOLES NATIONALES

Art. 62. — Les écoles nationales sont fondées et entretenues par l'État, qui leur affecte un local convenable, leur fournit le matériel nécessaire et en salarie le personnel.

Elles se subdivisent en écoles urbaines, en écoles rurales, et en écoles spéciales.

Art. 63. — Le papier, les plumes, l'encre, les ardoises, les crayons, les livres, et généralement tout ce qui est nécessaire à l'instruction sera fourni par l'État aux élèves nationaux.

Les directeurs des écoles nationales sont responsables du matériel, ainsi que des objets d'enseignement fournis par l'État ; ils exigent que les professeurs obligent les élèves à tenir leurs livres en bon état. L'inspection mensuelle prescrite par l'article 20 devra s'étendre au matériel, aux objets d'enseignement, ainsi qu'aux livres des élèves nationaux que le membre de la Commission de service pourra se faire représenter chaque fois qu'il le jugera nécessaire.

Art. 64. — Les Commissions d'instruction publique arrêtent le maximum du nombre des élèves nationaux que doit recevoir chaque école de leurs ressorts respectifs.

Art. 65. — Aucun enfant ne sera reçu comme externe de l'État, dans une école nationale, si ses parents, ou ceux qui en tiennent lieu, ne prennent l'engagement, devant la Commission locale, de l'y laisser jusqu'à ce qu'il ait achevé le cours d'études prescrit pour cette école, ou qu'il ait atteint l'âge où il ne lui est plus permis d'y rester.

Art. 66. — Si les parents retirent l'enfant avant le temps, sans donner une excuse admise par la Commission locale, ils seront, sur la plainte de ladite Commission, et à la diligence de l'agent du ministère public, condamnés par le tribunal de police du lieu à une amende de 5 gourdes à 25 gourdes.

Art. 67. — Dans l'application de l'article 59 ci-dessus aux écoles nationales, le concours du président de chaque Commission d'instruction publique est indispensable.

Art. 68. — Tout élève d'une insubordination habituelle sera rayé du tableau des élèves de l'école à laquelle il appartiendra.

En cas de faute grave ou d'immoralité, il sera, en outre, exclu de toute autre école nationale.

Art. 69. — Dans l'un comme dans l'autre cas, l'élève sera provisoirement renvoyé à sa famille, et le directeur de l'école en rendra compte à la Commission locale qui, elle-même, fera son rapport à la Commission centrale.

Art. 70. — La Commission centrale, après avoir pris connaissance de l'affaire, statuera ce que de droit.

Néanmoins, s'il s'agit d'un pensionnaire national, elle devra, avant de prononcer, en référer au Secrétaire d'État qui prendra à ce sujet les ordres du Président d'Haïti.

CHAPITRE III

DES ÉCOLES NATIONALES URBAINES

SECTION PREMIÈRE

DES ÉCOLES DE GARÇONS

§ 1er. — Des écoles primaires

Art. 71. — Les écoles nationales primaires actuellement existantes sont maintenues.

Il en sera, en outre, établi une dans chaque commune qui n'en possède pas encore.

Art. 72. — Il pourra même être fondé plusieurs écoles nationales primaires dans les communes où une école serait reconnue insuffisante.

Art. 73. — L'instruction dans les écoles nationales primaires est gratuite pour les enfants et tous les citoyens.

Cependant il ne peut être admis à la fois, dans la même école, que deux enfants par famille, à moins que le local ne permette d'en recevoir un plus grand nombre.

Art. 74. — Aucun enfant ne sera reçu dans une école nationale primaire, avant l'âge de sept ans, ou après quatorze ans révolus, et ne pourra y rester lorsqu'il aura accompli sa quinzième année. Néanmoins, dans les localités où il n'existera point d'écoles nationales d'un degré supérieur, il sera accordé une année en sus. Les moniteurs peuvent, dans n'importe quelle école, rester une année de plus que les autres élèves.

Art. 75. — Les lettres d'admission aux écoles nationales primaires sont délivrées par les Commissions des diverses localités.

Art. 76. — L'enseignement primaire comprend : la lecture, l'écriture, le dessin linéaire, le calcul, les éléments de la grammaire française, de la géographie, de l'histoire sainte, de l'histoire d'Haïti et de la géographie d'Haïti.

Art. 77. — Dans chaque école nationale primaire, il y a un directeur et, de plus, un aide par cinquante élèves.

§ 2. — Des écoles secondaires

Art. 78. — Il sera créé une école nationale secondaire dans chacune des villes des Gonaïves, de Jacmel et de Jérémie.

Art. 79. — Il pourra, par la suite, être institué d'autres écoles secondaires aux frais de l'État, dans les autres villes où les besoins de l'instruction publique le réclameront.

Art. 80. — On ne peut entrer dans une école nationale secondaire avant l'âge de sept ans, ni y rester après vingt ans révolus.

Art. 81. — L'État n'entretient point de pensionnaires dans les écoles secondaires.

Art. 82. — Pour être reçu en qualité d'externe de l'État dans une de ces écoles, il faut être pourvu d'une lettre d'admission délivrée par la Commission locale.

Art. 83. — Les communes, ayant des revenus suffisants, sont autorisées à placer, à leurs frais, dans les écoles nationales secondaires des élèves soit externes, soit pensionnaires. Les autres communes peuvent s'imposer spécialement pour cet objet, en suivant les formes établies.

Art. 84. — Les écoles nationales secondaires admettent aussi des élèves particuliers.

Art. 85. — Le nombre des élèves communaux et des élèves particuliers admis dans une école secondaire ne peut excéder la moitié du maximum déterminé, en vertu de l'article 64, pour les élèves nationaux.

Art. 86. — L'instruction est gratuite pour les élèves de l'État.

A l'égard de tous les autres élèves, le prix de l'instruction est réglé par la Commission centrale, sur l'avis de la Commission du lieu.

Art. 87. — Le prix de la pension est déterminé par le directeur de chaque école, de concert avec le Conseil des notables pour les élèves communaux, et avec les parents pour les élèves particuliers.

Art. 88. — L'enseignement secondaire embrasse la lecture, l'écriture, le dessin linéaire, les langues française, espagnole et anglaise, l'arithmétique, les éléments de la géométrie, la mythologie, l'histoire ancienne, l'histoire moderne, la géographie, et particulièrement l'histoire et la géographie d'Haïti. Les élèves pourront être exercés au maniement des armes et aux évolutions militaires.

Art. 89. — Le personnel de chaque école nationale secondaire se compose d'un directeur et du nombre de professeurs et d'aides jugés nécessaires par le Secrétaire d'État, sur l'avis de la Commission centrale.

Art. 90. — Les aides seront choisis de préférence parmi les élèves qui se seront le plus distingués par leurs succès dans les différentes parties du cours d'études, et qui se seront faits remarquer par leur bonne conduite.

§ 3. — Des lycées

Art. 91. — Les lycées nationaux établis au Port-au-Prince, au Cap Haïtien et aux Cayes, sont maintenus.

Il en pourra être fondé d'autres, par la suite, dans les

localités où l'instruction publique aura pris une grande extension.

Art. 92. — Tous les lycées peuvent recevoir des pensionnaires et des externes de l'État.

Cependant, jusqu'à ce que les autres lycées aient acquis le développement convenable, le lycée du Port-au-Prince recevra seul des pensionnaires nationaux.

Il sera délivré à ces pensionnaires une lettre d'admission signée du Secrétaire d'État en vertu des ordres du Président d'Haïti.

Art. 93. — Le prix de la pension des élèves nationaux sera fixé par le Gouvernement, sur l'avis de la Commission centrale.

Art. 94. — Les dispositions des articles 80, 82, 83, 84, 85, 86 et 87 ci-dessus sont communes aux lycées nationaux.

Toutefois, pour être admis aux lycées de la République, il faut savoir lire couramment, écrire en fin, les éléments de la langue française, les quatre règles de l'arithmétique et les éléments de l'histoire sainte.

Art. 95. — Les places d'élèves nationaux dans les lycées sont accordées de préférence:

1° Aux fils, frères ou neveux des citoyens qui ont rendu des services éminents à la Patrie ou qui se sont distingués dans les armes, les lettres, les sciences, les arts et particulièrement l'agriculture;

2° Aux fils, frères ou neveux des officiers militaires et des fonctionnaires publics;

3° Aux orphelins;

4° Aux élèves des autres écoles, qui se distinguent par leur bonne conduite et leur intelligence.

Art. 96. — L'enseignement au lycée du Port-au-Prince comprend l'écriture, le dessin linéaire, le dessin académique, la langue française, le latin, le grec, la langue espagnole, la langue anglaise, la mythologie, l'histoire, la géographie, et surtout l'histoire et la géographie d'Haïti, la cosmographie, les mathématiques, les éléments de la zoologie et de la botanique, la rhétorique, la philosophie, la chimie appliquée aux arts et la physique expérimentale.

L'enseignement dans les autres lycées embrassera ces différentes branches d'études au fur et à mesure de l'avancement des élèves.

Art. 97. — Le personnel de chaque lycée national se compose, outre le directeur, du nombre des professeurs, maîtres d'études, répétiteurs et autres employés déterminés par le Secrétaire d'État, sur l'avis de la Commission centrale.

Du directeur

Art. 98. — Le directeur est chargé de l'administration de l'établissement.

Il y fait exécuter les lois et les règlements.

Il correspond avec la Commission centrale, et avec le Secrétaire d'État.

Il donne l'impulsion aux études, et fait dans les classes de fréquents examens.

Il maintient l'ordre et la discipline.

Il veille à ce que la nourriture des pensionnaires soit saine et abondante, et peut s'adjoindre pour les détails économiques les maîtres d'études, ou l'un d'eux.

Il perçoit la totalité du prix de la pension.

Il partage par moitié, avec les professeurs, le prix de l'instruction.

Art. 99. — Aucun employé, quelle que soit la nature de ses fonctions, ne peut s'absenter sans l'autorisation du directeur, à peine d'une retenue d'un trentième sur ses appointements mensuels, par chaque jour d'absence.

Art. 100. — La retenue est opérée par le directeur et par lui remise à l'employé qui a remplacé l'absent.

Art. 101. — L'absence non autorisée, et prolongée au-delà de huit jours, est réputée démission.

Dans ce cas, il sera pourvu au remplacement de l'employé

sur la demande du directeur et la proposition de la Commission locale.

Des professeurs

Art. 102. — Les professeurs ont la police de leurs classes.

Il leur est spécialement recommandé de saisir, dans le cours de leurs leçons, toutes les occasions d'inspirer à leurs élèves l'amour de la vertu, l'horreur du vice, le respect des lois et le dévouement à la Patrie.

Art. 103. — Ils partagent entre eux également la moitié leur revenant dans le prix de l'instruction.

Cependant, en cas d'absence, même autorisée, d'un professeur pendant un ou plusieurs mois, sa quote-part est de droit dévolue à l'employé qui le remplace.

Des maîtres d'études

Art. 104. — Les maîtres d'études doivent à l'établissement tout leur temps, de nuit comme de jour.

Le directeur peut néanmoins leur assigner un tour de rôle, si le service n'en souffre pas.

Ils tiennent les études et surveillent les récréations.

Ils accompagnent les élèves partout où ceux-ci se rendent en corps ou par détachement.

Ils logent au lycée et partagent la vie commune.

Il est alloué pour eux au directeur un traitement de table.

Des répétiteurs

Art. 105. — Les répétiteurs sont, de préférence, choisis parmi les élèves qui ont terminé leurs études, ainsi que parmi les aides attachés aux écoles secondaires ou primaires.

Ils prennent l'engagement, par écrit, de faire deux années dans un lycée national.

Ils partagent la surveillance avec les maîtres d'études.

Ils s'assurent si les élèves ont fait leurs devoirs et savent leurs leçons.

Ils donnent des leçons particulières aux élèves arriérés.

Ils remplacent momentanément les professeurs et les maîtres d'études empêchés; dans le premier cas, ils ne doivent que les heures de classe; dans le second, ils doivent tout leur temps, de nuit comme de jour, et jouissent de la vie commune.

Enfin, ils sont à la disposition entière du directeur, pour l'enseignement comme pour la surveillance.

Art. 106. — Après avoir achevé leur noviciat, les répétiteurs peuvent être appelés à toutes places vacantes dans les écoles nationales.

Ceux d'entre eux qui ne trouveraient pas à être placés dans lesdites écoles, recevront des diplômes d'instituteurs secondaires.

SECTION II

DES ÉCOLES DE FILLES

Art. 107. — Les articles 71, 72, 73, 74, 75, 76 et 77 de la présente loi sont applicables aux écoles nationales primaires de filles.

L'enseignement, dans ces écoles, comprend nécessairement les ouvrages à l'aiguille.

Art. 108. — Dans les localités où il n'y aura qu'une seule école nationale primaire, les Commissions d'instruction publique auront soin d'y envoyer un certain nombre de jeunes filles, et tiendront la main à la stricte exécution de l'article 57 ci-dessus.

Art. 109. — Il sera établi au Port-au-Prince, aux frais de l'État, un pensionnat de demoiselles.

A l'effet de former ce pensionnat, on fera choix d'un certain nombre de jeunes filles distinguées par leur bonne conduite et leur intelligence.

Il en sera pris une, au moins, par commune.

Art. 110. — Ce pensionnat pourra recevoir des pensionnaires, soit aux frais des communes, soit aux frais de leurs parents.

Art. 111. — On n'y admet point d'externes.

Art. 112. — Les articles 80, 85, 86, 87, 89, 90 et 93 ci-dessus sont applicables au pensionnat de demoiselles.

Art. 113. — Outre la lecture, l'écriture, la langue française, l'arithmétique, la mythologie, l'histoire ancienne, l'histoire moderne, la géographie, et particulièrement l'histoire et la géographie d'Haïti, on enseignera, dans le pensionnat de demoiselles, la botanique, la musique, la danse, le dessin, la peinture appliquée aux fleurs et au paysage, la couture, la broderie, et tous les ouvrages convenables à leur sexe.

SECTION III

DE L'UNIFORME ET DU COSTUME

Art. 114. — Les élèves des écoles nationales de garçons portent pour uniforme :

Habit de drap bleu, boutonné droit, basques retroussées, collet rouge pour les lycées et les écoles secondaires, et bleu de ciel pour les écoles primaires ; boutons de métal blanc à balles pour les écoles primaires, et pour les écoles secondaires, de métal jaune et plats, avec les mots : « Lycée national », pour les lycées ; pantalon de drap bleu et casquette. Cet uniforme n'est de rigueur que les jours de cérémonie.

Art. 115. — Les directeurs, professeurs et maîtres d'études, portent le costume noir bourgeois.

Art. 116. — Dans les écoles de filles, uniforme sera de la plus grande simplicité.

CHAPITRE IV

DES ÉCOLES NATIONALES RURALES

Art. 117. — Il sera établi, sur les habitations rurales, des écoles nationales, où l'on enseignera les préceptes de la religion, la lecture, l'écriture et les premières notions du calcul. On y fera faire aux élèves l'application des meilleurs procédés d'agriculture, susceptibles d'être mis en pratique dans la localité.

Les filles y apprendront, en outre, à coudre.

Art. 118. — Ces écoles seront autant de pensionnats où il sera élevé, aux frais de l'État, le plus grand nombre possible d'enfants appartenant à des familles agricoles.

Elles pourront aussi recevoir des pensionnaires et des externes, aux frais de leurs parents ou des communes.

Art. 119. — Il sera annexé à chaque école rurale un terrain d'une étendue suffisante, pour que, mis en culture par les élèves eux-mêmes, il fournisse en tout ou en partie à leur subsistance.

Art. 120. — Une chapelle, bâtie dans l'enceinte du local affecté à chaque école, sera spécialement destinée aux élèves.

Néanmoins, les habitants et les cultivateurs du voisinage pourront y être admis à entendre l'office divin.

Art. 121. — Les Commissions d'instruction publique veilleront à ce que l'article 57 reçoive sa pleine et entière exécution dans les écoles nationales rurales.

Art. 122. — Ces écoles sont placées à la fois sous la haute direction du Secrétaire d'État de l'Instruction publique, et sous l'inspection du Secrétaire d'État de l'Agriculture.

CHAPITRE V

DES EXAMENS PUBLICS

DE LA DISTRIBUTION DES PRIX ET DES VACANCES

Art. 123. — A la fin de chaque année scolaire, il y aura, dans toutes les écoles nationales, un examen public devant les Commissions locales.

Ces Commissions pourront se faire assister de quelques instituteurs et de toutes autres personnes instruites.

Art. 124. — A la suite de cet examen, il sera fait une distribution solennelle de prix aux élèves qui se seront le plus distingués par leur bonne conduite et par leurs succès.

Art. 125. — Après la distribution des prix, les écoles entreront en vacances jusqu'au premier lundi après l'Épiphanie. La durée des vacances ne pourra excéder un mois.

CHAPITRE VI

DES ÉCOLES NATIONALES SPÉCIALES

Art. 126. — Il pourra être fondé par la suite, aux frais de l'État, une ou plusieurs Académies pour l'enseignement supérieur des lettres et des sciences.

Art. 127. — L'École de médecine et de chirurgie du Port-au-Prince est maintenue ; en outre, deux autres seront établies : une aux Cayes, et une autre au Cap-Haïtien. Il pourra en être établi d'autres dans les localités où il sera jugé nécessaire.

Art. 128. — Il sera créé une École nationale de droit et une ou plusieurs Écoles nationales d'arts et métiers.

Art. 129. — Il sera aussi institué, aux frais de l'État, une École normale destinée à former des instituteurs primaires; cette école sera placée au Port-au-Prince. Pour la former, il sera choisi, dans les diverses communes qui ne possèdent pas encore d'écoles nationales primaires, ou dans les communes les plus voisines de celles-là, un certain nombre de jeunes gens de capacité et de moralité, qui contracteront par écrit l'engagement de suivre le cours de l'École normale pendant tout le temps nécessaire au perfectionnement de leurs études, et de se livrer pendant deux années à partir du jour de leur sortie de ladite école, à l'enseignement primaire dans les écoles nationales à fonder, à peine d'être condamnés au remboursement de toutes les dépense que l'État aurait faites pour eux, sauf ce qui est dit en l'article 132 ci-après.

Art. 130. — Les élèves de l'École normale primaire recevront du Trésor public un traitement de table, qui sera réglé par le Gouvernement sur l'avis de la Commission centrale.

Art. 131. — Les élèves de l'École normale apprendront les procédés et les exercices propres aux méthodes, et iront, à tour de rôle, assister aux classes de l'École nationale primaire de Port-au-Prince, pour se faire à la pratique de l'enseignement et à la tenue des enfants.

Art. 132. — Lorsque toutes les communes seront pourvues d'écoles nationales primaires ayant leurs directeurs, les jeunes gens sortis de l'École normale pourront postuler les places vacantes de directeurs des écoles rurales, celles d'aides dans les écoles secondaires, et celles de répétiteurs ou de maîtres d'études dans les lycées, s'ils ont les qualités requises.

A défaut de places vacantes, ils recevront le diplôme d'instituteur primaire.

Art. 133. — Jusqu'à ce que l'école normale soit établie, nul ne pourra postuler la place de directeur d'une école nationale primaire, s'il ne présente un certificat constatant qu'il a assisté aux exercices d'une école nationale primaire, dans un chef-lieu d'arrondissement, et qu'il en possède parfaitement la pratique. Ce certificat sera délivré par le directeur de l'école dont il aura suivi les exercices, et devra être visé par le président de la Commission d'instruction publique du lieu.

Le postulant sera ensuite soumis à l'examen exigé par l'article 28 de la présente loi.

Art. 134. — Les écoles spéciales seront régies par des règlements généraux jusqu'à ce qu'elles reçoivent de la loi une organisation définitive.

CHAPITRE VII

DES ÉCOLES COMMUNALES

Art. 135. — Toute commune, dont les intérêts sont administrés par le Conseil des notables, est tenue d'établir et d'entretenir à ses frais une ou plusieurs écoles urbaines et rurales, si son état de prospérité le permet.

Art. 136. — Les écoles communales se régissent par des statuts émanés des Conseils des notables et approuvés par la Commission centrale.

Art. 137. — Toute école fondée par une ou plusieurs sections rurales est tenue de faire approuver ses statuts par le Conseil des notables de la commune.

CHAPITRE VIII

DES ÉCOLES PARTICULIÈRES

Art. 138. — Les écoles particulières sont à la charge et sous la discipline de ceux qui les instituent.

Elles doivent, néanmoins, se conformer aux dispositions de la présente loi qui leur sont applicables.

TITRE VI

DES APPOINTEMENTS

Art. 139. — Il est alloué par mois :

Au secrétaire de la Commission centrale.....	50 g.
Au secrétaire de chaque Commission principale...............................	25 »

Art. 140. — Il est alloué par mois :

Au directeur du lycée du Port-au-Prince.....	133 1/2 g.
Au directeur des autres lycées..............	125 »
Au directeur de chaque école secondaire......	116 2/2 »

Art. 141. — Les appointements des directeurs des écoles primaires sont fixés ainsi qu'il suit, d'après le classement des communes, tel qu'il est établi dans la loi des patentes.

Il est alloué par mois aux directeurs desdites écoles, savoir :

Dans les communes de première classe.......	100 g.
— — de deuxième —	80 »
— — de troisième —	70 »
— — de quatrième —	60 »
— — de cinquième —	50 »
— — de sixième —	40 »

Art. 142. — Il est alloué par mois :

Aux directeurs des écoles rurales............	33 1/3 g.

Art. 143. — Il est alloué, par mois, dans les lycées, savoir :

A chaque professeur de premier ordre........	83 1/3 g.
— — de deuxième ordre	75 g.
Au maître de dessin.......................	60 »
— d'écriture	50 »

A chaque maître d'études	50 g.
A l'officier instructeur.....................	40 »
A chaque répétiteur de premier ordre	35 »
— — de deuxième —	25 »

Art. 144. — Il est alloué par mois :

A chaque professeur dans les écoles secondaires................................	65 g.

Art. 145. — Il est alloué par mois :

Au premier aide de l'école primaire de Port-au-Prince.............................	50 g.
A chacun des autres aides................	40 »

Dans toutes les autres communes :

A chaque aide de premier ordre............	30 »
— — deuxième ordre...........	20 »

Art. 146. — La présente loi abroge la loi du 4 juillet 1820, sur l'instruction publique, et sera exécutée à la diligence des Secrétaires d'État de la Justice, de l'Instruction publique et des Cultes, de l'Intérieur et de l'Agriculture.

Donné à la Chambre des Représentants, au Port-au-Prince, le 6 décembre 1848, an XLV de l'indépendance d'Haïti.

Le Président de la Chambre,
H.-In. Joseph.

Les Secrétaires,
Caseau Fils, Blanchard.

Donné à la Maison nationale, au Port-au-Prince, le 28 décembre 1848, an XLV de l'indépendance d'Haïti.

Le Président du Sénat,
M.-Pre Louis.

Les Secrétaires;
Philippeau Fils, D. Labonté.

Au nom de la République :
Le Président d'Haïti ordonne que la loi ci-dessus du Corps législatif soit revêtue du sceau de la République, publiée et exécutée.

Donné au Palais national du Port-au-Prince, le 29 décembre 1848, an XLV de l'indépendance.

SOULOUQUE.

Par le Président :

Le Secrétaire d'État provisoire de la Justice, de l'Instruction publique et des Cultes,

J.-B. FRANCISQUE.

EMPIRE D'HAITI

LIBERTÉ　　　　　　　　　　　　INDÉPENDANCE

LOI ADDITIONNELLE

A LA LOI DU 29 DÉCEMBRE 1848, SUR L'INSTRUCTION PUBLIQUE

Faustin Ier, par la grâce de Dieu et la loi constitutionnelle de l'État, empereur d'Haïti, à tous présents et à venir, salut :

De l'avis du Conseil des Ministres, a proposé,

Et le Corps législatif,

Considérant que, malgré les dispositions libérales de la loi du 29 décembre 1848, sur l'instruction publique, un bon nombre d'enfants, par l'indifférence de leurs parents, grandissent privés des bienfaits de l'éducation ;

Considérant qu'il est du devoir du Gouvernement de porter remède à cet état de choses, aussi contraire au bien-être des familles en particulier, qu'aux intérêts de la société en général ;

Considérant aussi qu'il importe de porter, autant que le permet l'état des finances du pays, quelques modifications aux apppointements de ceux qui se consacrent à la carrière pénible de l'enseignement,

A rendu la loi suivante :

Art. 1er. — Tout chef de famille qui sera propriétaire, fermier ou locataire, et qui comptera dans sa maison un ou plusieurs enfants d'âge d'être admis à l'école nationale, et qui ne pourra justifier qu'il a au moins un enfant dans l'école impériale primaire de sa paroisse, ou dans une école particulière, sera passible d'une amende de 5 gourdes à 25 gourdes.

Art. 2. — Six mois après la date du jugement de condamnation à l'amende, si l'individu condamné n'avait pas envoyé au moins un enfant de sa maison à l'école, il sera condamné à une amende de 10 gourdes à 50 gourdes.

Art. 3. — Les condamnations seront prononcées par le tribunal de police de la paroisse et sur la dénonciation des agents de police, commissaires d'îlets, officiers ruraux, des villes, bourgs et campagnes, ou de toute autre personne. Le paiement des amendes pourra être poursuivi par la voie de la contrainte par corps.

Art. 4. — Dans le cas de l'article 66 de la loi du 29 décembre 1848, le parent qui aurait retiré son enfant de l'école sans une excuse admise par la Commission de l'Instruction publique de la localité, sera tenu d'y renvoyer l'enfant, sous peine d'un emprisonnement de dix jours au plus.

Art. 5. — Les amendes ci-dessus seront versées au Conseil des notables de chaque paroisse qui, d'accord avec la Commission de l'Instruction publique, s'il y en a une dans la localité, appliquera la moitié desdites amendes à l'acquisition des livres et autres objets nécessaires à l'école ; et l'autre moitié sera répartie, par ledit Conseil des notables, en présence du commandant de la paroisse, à la fin de chaque trimestre, entre les personnes qui auraient dénoncé les délits qui ont donné lieu à ces amendes.

Art. 6. — Il est alloué par mois :

Au directeur du lycée du Port-au-Prince, collège Faustin......................	183.33 1/3 g.
Aux directeurs des autres lycées, chacun...	150 g.
Au directeur de chaque école secondaire..	133.33 1/3 g.

Art. 7. — Les appointements des directeurs des écoles primaires sont fixés ainsi qu'il suit, d'après le classement des paroisses, tel qu'il est établi dans la loi des patentes.

Il est alloué, par mois, aux directeurs desdites écoles, savoir : dans les communes :

De première classe.......................	120 g.
De deuxième »	100 »
De troisième »	83.33 1/3 g.
De quatrième »	70 g.
De cinquième »	60 »
De sixième »	50 »

Art. 8. — Il est alloué par mois :

Aux directeurs des écoles rurales......... 40 g.

Art. 9. — Il est alloué, dans les lycées, savoir :

A chaque professeur de premier ordre...... 100 g.
» » » deuxième ordre... 90 »

Art. 10. — Il est alloué par mois :

A chaque professeur dans les écoles secondaires............................. 75 g.

Art. 11. — Il est alloué par mois :

Au premier aide de l'école primaire du Port-au-Prince........................ 64 g.
A chacun des autres aides............... 50 »

Dans toutes les autres paroisses :

A chaque aide du premier ordre......... 40 g.
» » » deuxième ordre........ 30 »

Art. 12. — La présente loi abroge toutes les autres lois et dispositions qui lui sont contraires, et les Ministres de l'Instruction publique et de l'Intérieur sont chargés, chacun en ce qui le concerne, de son exécution.

Donné à la Chambre des Représentants, au Port-au-Prince, le 23 juin 1852, an XLIX de l'indépendance d'Haïti et le III° du règne de S. M. I.

Le Président de la Chambre,
B.-Jn Simon.

Les Secrétaires,
Panayoti, T. Bouchereau.

Donné à la Maison nationale, au Port-au-Prince, le 29 juin 1852, an XLIX de l'indépendance d'Haïti et le III° du règne de S. M. I.

Le Président du Sénat,
D^{me}-Ls. Lafontant.

Les Secrétaires,
Sn. Lamour, P.-F. de Toussaint.

Au nom de la Nation :

Nous, Faustin Ier, par la grâce de Dieu et la Constitution de l'Empire, Empereur d'Haïti, à tous présents et à venir, salut :

Mandons et ordonnons que la loi ci-dessus du Corps législatif soit revêtue du sceau de l'Empire, publiée et exécutée.

Donné en notre Palais impérial du Port-au-Prince, le 2 juillet 1852, an XLIX de l'indépendance et de notre règne le IIIe.

FAUSTIN.

Par l'Empereur :

Le Ministre des Finances et du Commerce,
chargé provisoirement du portefeuille
de l'Instruction publique,

SALOMON J^{ne}.

Le Ministre de la Guerre, etc.,
chargé par interim du portefeuille de l'Intérieur,

L. DUFRENE.

LOI SUR L'ENSEIGNEMENT DU DROIT

Le Président d'Haïti,
Sur le rapport du Secrétaire d'État de la Justice et des Cultes,
Et de l'avis du Conseil des Secrétaires d'État,
A proposé,
Et le Corps législatif,
Considérant que la science du Droit est le complément indispensable des études, parce que c'est elle qui règle les rapports et les intérêts sociaux;
Considérant qu'il importe, pour la bonne administration de la justice, de fournir, à ceux qui sont spécialement appelés à s'occuper de cette science, des moyens efficaces de s'instruire;
Après avoir reconnu et déclaré l'urgence,
A rendu la loi suivante :

Art. 1er. — L'enseignement du Droit sera fait dans des écoles spéciales, fondées par le Gouvernement, dans ce but; les cours seront publics.

Art. 2. — Pour être admis à suivre les cours des Écoles de Droit, en qualité d'étudiant, il faudra avoir dix-huit ans accomplis et être muni des certificats ou diplômes, qui auront été délivrés à l'étudiant, comme preuves de ses bonnes études antérieures.

Art. 3. — La durée des études sera de trois années. A la fin de chaque année, les étudiants subiront un examen avant d'être admis à suivre les cours de l'année suivante. Ceux qui n'auront pas été admis à suivre la deuxième année recommenceront la première.

Art. 4. — A la fin de la troisième année, et après le troisième examen, l'étudiant reconnu capable soutiendra une thèse publique, après laquelle il recevra le grade de licencié pour être admis à exercer la profession d'avocat.

Art. 5. — A l'avenir, il faudra posséder le grade de licencié pour être admis à exercer la profession d'avocat, et avoir fait, de plus, un stage d'une année.

Art. 6. — Les diplômes de licencié, après avoir été délivrés sur le certificat des professeurs de l'école, qui, seuls, ont le droit de faire les examens, seront, pour être valables, visés par le président de la Commission centrale de l'Instruction publique.

Art. 7. — Une bibliothèque sera attachée à chaque École de Droit.

Art. 8. — Il sera pourvu par des règlements ultérieurs d'administration publique :

1° A la désignation détaillée des matières et du mode de l'enseignement;

2° A l'indication de la forme et du nombre des inscriptions à prendre par les étudiants;

3° Aux règlements des frais d'études et d'examens;

4° A la détermination de la forme et de la durée des examens ;

5° A l'organisation administrative des écoles;

6° A la fixation du nombre des professeurs et de leurs traitements.

Art. 9. — Les Secrétaires d'État de la Justice et des Cultes et de l'Instruction publique demeurent chargés de l'exécution de la présente loi.

Donné à la Chambre des Représentants, au Port-au-Prince, le 7 juin 1859, an LVI de l'indépendance.

Le Président de la Chambre,

Signé : Panayoty.

Les Secrétaires,

Signé : V. Lizaire, M. Mars.

Donné à la Maison nationale de Port-au-Prince, le 27 juin 1859, an LVI de l'indépendance.

Le Président du Sénat,
Signé : Hilaire-Jean Pierre.

Les Secrétaires,
Signé : S. Toussaint, B. Inginac.

Au nom de la République :
Le Président d'Haïti ordonne que la loi ci-dessus du Corps législatif soit revêtue du sceau de la République, publiée et exécutée.

Donné au Palais national de Port-au-Prince, le 27 juin 1859, an LVI de l'indépendance.

Geffrard.

Par le Président :

Le Secrétaire d'État de la Justice et des Cultes,
F.-E. Dubois.

Le Secrétaire d'État de l'Instruction publique,
A.-Jean Simon.

LOI QUI FIXE LES APPOINTEMENTS DES FONCTIONNAIRES DE L'INSTRUCTION PUBLIQUE

Fabre Geffrard, président d'Haïti, sur le rapport du Secrétaire d'État de l'Instruction publique et de l'avis du Conseil des Secrétaires d'État, a proposé,

Et le Corps législatif, après avoir reconnu et déclaré l'urgence,

Considérant qu'il importe de rétribuer d'une manière convenable les fonctionnaires de l'Instruction publique, afin de les mettre en mesure de remplir avec zèle et constance les devoirs de leurs charges ;

A rendu la loi suivante,

TITRE PREMIER

DES ÉCOLES NATIONALES

Art. 1er. — Il est alloué par mois :

Au directeur du Lycée national du Port-au-Prince.................................	72 piast.	f.
Au directeur des autres lycées............	64	»
A la directrice du pensionnat des demoiselles du Port-au-Prince....................	64	»
Aux directrices des autres pensionnats.....	56	»

Art. 2. — Les appointements des directeurs des écoles primaires de garçons et ceux des directrices des écoles primaires de demoiselles, de première et deuxième classe, sont fixés, ainsi qu'il suit, en raison de l'importance de ces écoles et de celles des villes dans lesquelles elles sont fondées.

Il est alloué par mois aux directeurs et directrices de ces écoles, savoir:

1° Pour le Port-au-Prince :
- Première classe.......................... 40 p. f.
- Deuxième classe.......................... 24 »

2° Pour les Cayes et le Cap-Haïtien :
- Première classe.......................... 40 »
- Deuxième classe.......................... 24 »

3° Pour Jacmel, Jérémie et Gonaïves :
- Première classe.......................... 40 »
- Deuxième classe.......................... 24

4° Pour Léogane, Petit-Goâve, Saint-Marc, Anse-d'Hainault, Port-de-Paix, Miragoâne et Anse-à-Veau................................. 22 »

5° Pour Fort-Liberté, Grande-Rivière du Nord, Corail, Abricots, Dame-Marie, Bainet, Borgne, Petite-Rivière de l'Artibonite et Mirebalais... 24 »

6° Pour Plaisance, Limbé, Saint-Michel du Nord, Terre-Neuve, Gros-Morne, Grand-Goâve, Tiburon, Croix-des-Bouquets, Ennery, Marigot, Sale-Trou, Coteaux, Port-Salut, Torbeck, Cavaillon, Verrette, Jean-Rabel, Petit-Trou, Saint-Louis du Nord, Saint-Louis du Sud, Trou, Petit-Anse, Port-Margot, Ouanaminthe, Vallière, Acul du Nord, Dondon, Marmelade, Arcahaie, Môle, Saint-Nicolas, Plaine du Nord, Pestel, Lascahobas, Côtes-de-Fer, Hinche, Bombardopolis, Chardonnières, Marchand, Baradères, Milot, Petite-Rivière de Nippes et Pétion-Ville.............................. 16 »

Art. 3. — Les directeurs des écoles des postes militaires et ceux des écoles rurales percevront mensuellement, en monnaie nationale, les premiers, 100 S., et les seconds 80.

Art. 4. — Il est alloué par mois, dans les lycées :

- Aux professeurs du premier ordre............. 40 p. f.
- A ceux du deuxième ordre.................... 32 »
- Aux maîtres d'études........................ 24 »

Aux maîtres de dessin..................	24 p. f.
Aux maîtres d'écriture.................	20 »
Aux répétiteurs.......................	16 »
Aux officiers instructeurs..............	8 »
Aux garçons de classe.................	4 »

Art. 5. — Il est alloué, par mois, dans les pensionnats de demoiselles :

Aux professeurs du premier ordre...........	40 p. f.
A ceux du deuxième ordre..................	32 »
Aux sous-maîtresses......................	32 »
Aux maîtres de dessin.....................	24 »
Aux maîtres d'écriture....................	20 »
Aux maîtresses de couture et de broderie.....	24 »
Aux domestiques.........................	4 »

Art. 6. — Quand la nécessité en sera reconnue, il sera employé dans les lycées et les pensionnats de demoiselles, des professeurs pourvus de degrés universitaires, et alors leurs appointements seront fixés soit en monnaie nationale, soit en monnaie étrangère, d'après un contrat qui sera fait entre ces professeurs et le Gouvernement.

Art. 7. — Les appointements des aides-professeurs aux écoles primaires, tant de garçons que de filles, sont fixés, ainsi qu'il suit, selon le mode de classification des villes, établi à l'article 2 de la présente loi. — Il est alloué par mois aux aide-professeurs de ces écoles, savoir :

1° Pour le Port-au-Prince :

Première classe.......................	24 p. f.
Deuxième classe......................	20 »

2° Pour les villes du deuxième ordre :

Première classe.......................	20 »
Deuxième classe......................	16 »

3° Pour les villes du troisième ordre :

Première classe.......................	16 »
Deuxième classe......................	12 »

4° Pour les villes des quatrième et cinquième ordres........................... 12 »

5° Pour les villes du sixième ordre............ 8 »

Art. 8. — Lors de la fondation d'une école, le Gouvernement pourra, s'il le juge convenable, fixer à un chiffre moins élevé les appointements des fonctionnaires qui y sont employés, jusqu'à ce que l'importance de cette école exige qu'ils soient rétribués comme le veut la présente loi.

TITRE II

DES ÉCOLES SPÉCIALES

Art. 9. — Les décisions administratives qui fixent les appointements des directeurs et professeurs des écoles de droit, de médecine, de musique et de peinture, sont maintenues, et pourront être modifiées au besoin par le Gouvernement.

TITRE III

DES CORPS SURVEILLANTS

Art. 10. — Il est alloué par mois :

Au président de la Commission centrale.......	24 p. f.
Au président des Commissions principales....	20 »
A trois membres de la Commission centrale...	20 »
A deux membres des Commissions principales.	16 »
Au secrétaire de la Commission centrale......	12 »
Aux secrétaires des Commissions principales..	8 »
Aux hoquetons de toutes les Commissions.....	4 »

TITRE IV

DISPOSITIONS GÉNÉRALES

Art. 11. — Les payements en monnaie forte, dont s'agit en la présente loi, seront faits aux ayants droit soit en monnaie étrangère, soit en monnaie nationale, et aux taux du cours fixé chaque quinzaine par une Commission, suivant que le Trésor public se trouvera muni de l'une ou de l'autre monnaie, ou que les parties prenantes elles-mêmes désireront être payées en l'une ou l'autre espèce.

Art. 12. — Néanmoins, dans aucun cas, le chiffre des appointements ne peut être converti à un taux inférieur à celui de 12 gourdes et demie la piastre.

Art. 13. — A la fin de chaque mois, les administrateurs des Finances feront le relevé des sommes payées pour appointements en monnaie étrangère, dans le département de l'Instruction publique, et dresseront, pour la sortie des fonds de cette nature, des ordonnances de dépenses spéciales.

Les appointements payés en monnaie nationale continueront à être mensuellement ordonnancés en dépenses, comme d'ordinaire en comptabilité.

Art. 14. — La présente loi abroge toutes dispositions des précédentes lois sur l'instruction publique, qui lui sont contraires, et sera exécutée, à partir du 1er octobre, à la diligence du Secrétaire d'État de l'Instruction publique.

Donné à la Chambre des représentants, au Port-au-Prince, le 5 octobre 1860, an LVII de l'indépendance.

Le Président de la Chambre,
V. Lizaire.

Les Secrétaires,
J. Thébaud, Panayoty.

Donné à la Maison nationale, au Port-au-Prince, le 9 octobre 1860, an LVII de l'indépendance.

Le Président du Sénat,
P.-L. Cariès.

Les Secrétaires,
Rameau, J.-J. Mendoza.

Au nom de la République :

Le Président d'Haïti ordonne que la loi ci-dessus du Corps législatif soit revêtue du sceau de la République, publiée et exécutée.

Donné au Palais national du Port-au-Prince, le 12 octobre 1860, an LVII de l'indépendance.

Geffrard.

Par le Président :
Le Secrétaire d'État de l'Instruction publique,
F.-E. Dubois.

LOI SUR L'INSTRUCTION PUBLIQUE

Fabre Geffrard, président d'Haïti,

Sur le rapport du Secrétaire d'État de l'Instruction publique et de l'avis du Conseil des Secrétaires d'État, a proposé,

Et le Corps législatif a rendu la loi suivante :

TITRE PREMIER

DISPOSITIONS GÉNÉRALES

Art. 1er. — L'instruction publique est libre en Haïti. Elle a pour bases essentielles la religion, la morale, l'amour de la Patrie. Elle est placée sous la haute direction du Secrétaire d'État au Département de l'Instruction publique et sous la surveillance de Commissions instituées à cet effet, ou des Conseils communaux dans les lieux où il ne sera pas établi de Commissions.

Art. 2. — La présente loi s'applique à tous les établissements publics où l'on enseigne à la jeunesse les lettres, les sciences et les beaux-arts.

Ces établissements sont compris sous la dénomination générique d'écoles.

Art. 3. — Les écoles sont nationales, communales ou particulières.

Art. 4. — Le titre d'instituteur est commun à tous ceux qui, dans les écoles sont préposés à l'éducation et à l'instruction de la jeunesse.

La généralité des instituteurs forme le Corps enseignant.

Art. 5. — Les instituteurs pourvus des degrés dont il est parlé au titre IV ci-après, les membres des Commissions de l'Instruction publique, les secrétaires de ces Commissions composent le Corps universitaire.

Art. 6. — La jeunesse des écoles, la généralité des instituteurs les membres des Commissions de l'Instruction publique, les secrétaires y attachés constituent l'Université d'Haïti.

Art. 6. — La jeunesse des écoles et les membres du Corps universitaire sont exempts de tout service militaire, sauf le cas de danger imminent.

Les membres du Corps enseignant sont dispensés d'être jurés.

Art. 8. — L'Université peut recevoir toutes donations et offrandes. Si la libéralité est de quelque importance, celui qui l'aura faite recevra le titre de membre honoraire de l'Université.

Art. 9. — L'Université a sa caisse particulière ; toutes les sommes perçues en vertu de la présente loi seront reversées dans la caisse de l'Université.

Art. 10. — Après le prélèvement du montant des frais de la comptabilité, les fonds universitaires seront employés : 1° à acheter des livres qui seront donnés, à la distribution des prix, aux élèves des écoles nationales ; 2° à fonder des bibliothèques dans les écoles nationales ; 3° à donner, aux instituteurs et aux auteurs d'ouvrages utiles à la jeunesse, des témoignages de considération ; 4° enfin, à encourager de toutes autres manières le développement de l'instruction publique.

TITRE II

DES COMMISSIONS DE L'INSTRUCTION PUBLIQUE

Art. 11. — Il y a une Commission principale de l'Instruction publique dans chaque ville où est établi un Lycée aux frais de l'État, et dans les autres villes ou bourgs la direction de l'instruction est confiée à des Commissions particulières ou aux Conseils communaux.

Art. 12. — La Commission du Port-au-Prince conservera le titre de Commission centrale de l'Instruction publique.

La Commission centrale se compose de seize membres qui sont nommés par le Président d'Haïti.

Art. 13. — Les autres Commissions se composent de huit membres qui sont également à la nomination du Président d'Haïti.

Art. 14. — Chaque Commission est présidée par l'un de ses membres, désigné à cet effet dans l'acte qui l'institue ou dans un acte postérieur.

Art. 15. — Il est attaché un secrétaire à chaque Commission de l'Instruction publique.

Art. 16. — Le Gouvernement pourra nommer des inspecteurs de l'Instruction publique.

Art. 17. — Des plans d'études et des règlements particuliers détermineront les ouvrages classiques, les méthodes d'enseignement et le système de discipline qui doivent être suivis dans les écoles nationales. Ces plans d'études seront aussi obligatoires pour les écoles particulières.

Art. 18. — La Commission centrale donne aux autres Commissions et aux Conseils communaux chargés de l'instruction publique, des instructions pour la surveillance des écoles et pour tout ce qui peut tendre au perfectionnement des études.

Art. 19. — Chaque Commission fait son règlement intérieur. Il n'appartient qu'à la Commission centrale de faire des règlements généraux pour assurer l'exécution de la loi et pourvoir aux cas non prévus ; mais ces règlements ne sont exécutoires qu'après avoir été approuvés par le Secrétaire d'État.

Art. 20. — Toutes décisions des Commissions de l'Instruction publique se prennent à la majorité des membres présents.

Art. 21. — Au commencement de chaque mois, le président de la Commission centrale et les présidents des Commissions principales désigneront: le premier, trois membres, et les autres, deux membres desdites Commissions qui, présidés par eux et assistés de leurs secrétaires, feront le service actif du mois.

Ils se tiendront dans un local à ce destiné et répondront à toutes les lettres concernant le service qui leur seront adressées.

Ils seront tenus d'inspecter les écoles de leurs ressorts respectifs. A la fin du mois, les membres désignés devront présenter aux Commissions dont ils font partie un rapport écrit constatant l'inspection par eux faite, les observations qu'ils auront été à même de recueillir sur la marche des études, et sur l'exécution plus ou moins suivie des dispositions de la présente loi.

Art. 22. — Après chaque inspection mensuelle, les Commissions de l'Instruction publique et les Conseils communaux qui en tiennent lieu feront à la Commission centrale un rapport détaillé sur les écoles de leurs dépendances.

Art. 23. — La Commission centrale présente à la fin de chaque trimestre au Secrétaire d'État un rapport résultant des inspections dont parlent les articles 21 et 22.

Et, à la fin de chaque semestre, la Commission centrale lui présentera un exposé général de la situation de l'instruction publique, en lui soumettant ses vues sur les améliorations qu'elle réclame.

Les autres Commissions et les Conseils communaux qui en tiennent lieu peuvent directement adresser au Secrétaire d'État des communications dans l'intérêt de l'instruction publique.

TITRE III

DES INSTITUTEURS

Art. 24. — Tout Haïtien qui veut exercer la profession d'instituteur particulier doit se pourvoir d'un diplôme signé du président de la Commission de l'Instruction publique, dans le ressort de laquelle il a l'intention de s'établir.

Art. 25. — Pour obtenir ce diplôme, il suffit au postulant de justifier : 1° qu'il a vingt et un ans accomplis ; 2° qu'il est de bonnes vie et mœurs ; 3° qu'il a versé la somme de 30 gourdes dans la caisse de l'Université. A cet effet, il présentera son acte de naissance ou un acte de notoriété qui en tient lieu, un certificat signé de trois citoyens notables attestant sa moralité, et une quittance de la caisse de l'Université.

Art. 26. — Outre les conditions exigées par les articles 24 et 25 ci-dessus, et après un séjour de trois mois dans le pays, l'étranger qui voudra y établir une école devra solliciter une autorisation spéciale qui lui sera délivrée, s'il y a lieu, par le Secrétaire d'État, d'après les ordres du Président d'Haïti.

Art. 27. — Nul ne peut être admis en qualité d'instituteur dans une école nationale sans une lettre de service du Président d'Haïti.

Art. 28. — Pour être habile à obtenir cette lettre de service, il faut non seulement justifier des qualités exigées par l'article 25 ci-dessus, mais encore satisfaire à un examen devant la Commission centrale de l'Instruction publique.

Cependant les personnes qui ont déjà fait leurs preuves dans la carrière de l'enseignement peuvent être dispensées de l'examen.

Art. 29. — Aucun instituteur attaché à une école communale ou nationale ne peut, à peine de révocation, diriger une école particulière.

Art. 30. — En cas de négligence habituelle ou d'inconduite de la part d'un instituteur national, la Commission du lieu le mande dans son sein et lui adresse une réprimande.

Art. 31. — En cas d'inconduite habituelle, la Commission le suspend de ses fonctions pendant un mois au moins et six mois au plus, sauf sanction du Secrétaire d'État de l'Instruction publique. La suspension entraîne la suspension des appointements pendant tout le temps de sa durée.

Art. 32. — La récidive, après une réprimande pour négligence habituelle ou pour inconduite, est punie comme inconduite habituelle.

Art. 33. — Après une condamnation pour inconduite habituelle, la récidive est assimilée à l'immoralité et punie comme telle.

Art. 34. — L'instituteur national accusé d'immoralité ou de faute grave pourra être provisoirement suspendu de ses fonctions par la Commission du lieu qui en référera, dans le plus bref délai, à la Commission centrale. Celle-ci, après avoir entendu l'inculpé dans ses moyens justificatifs, soit de vive voix, soit par écrit, fera son rapport au Secrétaire d'État qui, en vertu des ordres du Président d'Haïti, prononcera, s'il y a lieu, contre l'instituteur, la révocation ou l'interdiction.

Art. 35. — Dans le cas d'immoralité ou de faute grave de la part d'un instituteur particulier, il sera interdit.

Art. 36. — L'interdit qui exercera sera puni d'un mois de prison.

Art. 37. — Dans le cas prévu aux articles 35 et 36 ci-dessus, la condamnation sera prononcée par le tribunal de police correctionnelle, sur les poursuites de l'agent du ministère public, à la réquisition de la Commission du lieu.

TITRE IV

DES DEGRÉS UNIVERSITAIRES

Art. 38. — Nul ne sera admis en qualité d'instituteur dans une école nationale, à partir du 1ᵉʳ janvier 1865, s'il n'est pourvu d'un diplôme constatant qu'il a pris dans l'une des quatre Facultés de l'Université le degré qui lui est nécessaire pour exercer les fonctions qu'il postule.

Art. 39. — A l'époque ci-dessus fixée, les dispositions de l'article 28 de la présente loi cessent d'être obligatoires pour ce qui est de l'examen.

Art. 40. — Les instituteurs attachés aux écoles particulières nationales ou communales, qui prendront les degrés universitaires, jouiront de l'exemption du service militaire, ainsi qu'il est dit en l'article 7 ci-dessus.

Art. 41. — Les institutrices sont dispensées de prendre lesdits degrés, mais elles subiront un examen.

Art. 42. — Il y a trois degrés dans les lettres comme dans les sciences : le baccalauréat, la licence, le doctorat. Il y a deux degrés seulement dans le droit : la licence et le doctorat.

Art. 43. — Nul ne peut être licencié en droit, ni docteur en médecine, s'il n'est bachelier ès lettres.

Art. 44. — La Commission centrale déterminera les degrés requis pour être habile à remplir les différentes fonctions dans les écoles nationales.

Art. 45. — Les degrés s'obtiennent en satisfaisant à un examen devant trois membres de la Commission centrale, désignés par le président de ladite Commission.

Art. 46. — La Commission centrale fait publier, six mois au moins à l'avance, le programme des connaissances exigées pour chaque degré.

Art. 47. — Il est dû, pour chaque degré, une rétribution qui demeure ainsi fixée dans toutes les facultés, savoir :

Pour le baccalauréat..........................	20 g.
Pour la licence................................	40 »
Pour le doctorat..............................	60 »

Art. 48. — La moitié de chaque rétribution est exigible la veille de l'examen, l'autre moitié ne l'est qu'au moment de la délivrance du diplôme.

Si le candidat ne satisfait pas à l'examen, la moitié versée est acquise à la caisse de l'Université.

Art. 49. — Les membres de l'Université, qui prendront leurs degrés avant le 1er janvier 1865, ne payeront que la moitié de la rétribution. Passé ce délai, ils en payeront la totalité ; dans l'un comme dans l'autre cas, ils ne seraient soumis à l'examen qu'autant qu'ils aspireraient à un degré supérieur à celui qui aura été déterminé pour les fonctions qu'ils remplissent.

Art. 50. — Toute personne pourvue d'un diplôme délivré par une Université étrangère peut obtenir de l'Université d'Haïti un diplôme de même degré, en payant le quart de la rétribution fixée.

Art. 51. — Les diplômes seront imprimés sur parchemin, signés par les trois membres examinateurs, visés par le président de la Commission centrale, et revêtus de l'empreinte du sceau de l'Université.

Art. 52. — Les frais de diplômes sont à la charge de la caisse de l'Université.

TITRE V

DES ÉCOLES

CHAPITRE PREMIER

DISPOSITIONS PARTICULIÈRES

Art. 53. — Les écoles doivent être établies dans des emplacements sains et dans des maisons bien aérées. La plus grande propreté doit y régner.

Art. 54. — Nulle école ne peut recevoir aux mêmes heures les enfants des deux sexes, à moins qu'ils soient tenus et exercés séparément et que le directeur ne soit marié.

Art. 55. — La direction des écoles nationales de filles sera confiée uniquement à des institutrices.

Art. 56. — Les directeurs s'entendent avec le curé de la paroisse pour tout ce qui concerne l'instruction religieuse des élèves.

Art. 57. — Tout enfant admis dans une école doit être au plus tôt vacciné, si déjà il ne l'a été ou s'il n'a eu la variole.

CHAPITRE II

DES ÉCOLES NATIONALES

Art. 58. — Les écoles nationales sont fondées et entretenues par l'État qui leur affecte un local convenable et en salarie le personnel. Elles se subdivisent en écoles urbaines, écoles rurales et écoles spéciales.

Art. 59. — Le papier, les plumes, l'encre, les ardoises, les crayons, les livres, le matériel, et généralement tout ce qui est nécessaire à l'instruction sera fourni par le Gouvernement.

Les directeurs des écoles nationales sont responsables du matériel fourni par l'État. Ils exigent que les professeurs obligent les élèves à tenir leurs livres en bon état. L'inspection mensuelle prescrite par l'article 22 devra s'étendre au matériel, aux objets d'enseignement, ainsi qu'aux livres des élèves nationaux.

Art. 60. — Les Commissions de l'Instruction publique arrêtent le maximum du nombre des élèves nationaux que doit recevoir chaque école de leurs ressorts respectifs.

Art. 61. — Aucun enfant ne sera reçu comme externe de l'État, dans une école nationale, si ses parents, ou ceux qui en tiennent lieu, ne prennent l'engagement devant la Commission locale de l'y laisser jusqu'à ce qu'il ait achevé le cours d'études prescrit pour cette école, ou qu'il ait atteint l'âge où il ne lui est plus permis d'y rester.

Art. 62. — Si les parents retirent l'enfant avant le temps sans donner une excuse admise par la Commission locale, ils seront, sur la plainte de ladite Commission, et à la diligence du ministère public, condamnés à une indemnité de 10 gourdes pour chacun des mois pendant lesquels l'enfant devait rester encore à l'école.

Art. 63. — Tout élève d'une insubordination habituelle sera rayé du tableau des élèves de l'établissement auquel il appartient. En cas de faute grave ou d'immoralité, il sera, en outre, exclu de toute autre école nationale.

Art. 64. — Dans l'un comme dans l'autre cas, le directeur de l'école à laquelle appartient l'enfant fera son rapport à la Commission locale, et celle-ci, après avoir pris connaissance de l'affaire, la portera devant le Secrétaire d'État de l'Instruction publique qui statuera ce que de droit.

Néanmoins, s'il s'agit d'un pensionnaire national, ladite Commission devra aussi en référer au Secrétaire d'État, qui prendra, à ce sujet, les ordres du Président d'Haïti.

CHAPITRE III

DES ÉCOLES NATIONALES URBAINES

SECTION PREMIÈRE

DES ÉCOLES DE GARÇONS

§ 1ᵉʳ. — Des écoles primaires

Art. 65. — Les écoles nationales primaires actuellement existantes sont maintenues.

Il en sera, en outre, établi une dans chaque commune, qui n'en possède pas encore.

Art. 66. — Il pourra même être fondé plusieurs écoles nationales primaires dans les communes où une école serait reconnue insuffisante.

Art. 67. — L'instruction dans les écoles nationales primaires est gratuite pour les familles nécessiteuses.

Art. 68. — Aucun enfant ne sera reçu dans une école nationale primaire avant l'âge de sept ans, et ne pourra en sortir qu'après avoir fait toutes ses études.

Art. 69. — Les lettres d'admission aux écoles nationales primaires sont délivrées par les Commissions des diverses localités.

Art. 70. — L'enseignement primaire comprend l'instruction élémentaire et l'éducation professionnelle.

Art. 71. — Au centre de chaque ville est établi un système d'atelier où les enfants des écoles primaires se forment de bonne heure à la pratique des professions qu'ils sont appelés à exercer un jour.

Art. 72. — Les enfants desdites écoles y rentrent tous les jours de une heure à cinq.

Art. 73. — Une commission de cinq membres nommés par le Gouvernement et choisis parmi les directeurs d'ateliers et les membres de la Commission de l'Instruction publique, présidera à la vente des produits qui y seront confectionnés.

Art. 74. — Dans chaque école nationale primaire il y a un directeur, et, de plus, un aide par cinquante élèves.

§ 2. — Des lycées

Art. 75. — Il sera établi un lycée dans chaque ville de la République où l'instruction publique aura pris une grande extension.

Art. 76. — Pour être admis à un lycée, il faut savoir écrire et lire couramment, les éléments de la grammaire française, les quatre règles de l'arithmétique et les éléments d'histoire sainte.

Art. 77. — Pour être reçu en qualité d'externe de l'État dans un lycée, il faut être pourvu d'une lettre d'admission délivrée par la Commission locale.

Art. 78. — Les lycées admettent aussi des élèves particuliers.

Art. 79. — Les places d'élèves nationaux dans les lycées sont accordées de préférence :

1° Aux fils, frères ou neveux des citoyens qui ont rendu des services éminents à la Patrie, ou qui se sont distingués dans les armes, les lettres, les sciences, les arts et particulièrement l'agriculture ;

2° Aux fils, frères ou neveux des officiers militaires et des fonctionnaires publics ;

3° Aux orphelins ;

4° Aux enfants des autres écoles qui se sont distingués par leur bonne conduite et leur intelligence.

Art. 80. — Le personnel de chaque lycée national se compose, outre les directeurs, du nombre de professeurs, maîtres d'études, répétiteurs et autres employés déterminés par le Secrétaire d'État, sur l'avis de la Commission centrale.

Du directeur

Art. 81. — Le directeur est chargé de l'administration de l'établissement.

Il y fait exécuter les lois et les règlements.

Art. 82. — Il correspond avec la Commission de son ressort et avec le Secrétaire d'État.

Il donne l'impulsion aux études et fait dans les classes de fréquents examens.

Il maintient l'ordre et la discipline.

Il veille à ce que la nourriture des pensionnaires soit saine et abondante.

Il perçoit la totalité du prix de la pension.

Il partage par moitié, avec les professeurs, le prix de l'instruction donnée aux élèves particuliers.

Art. 83. — Aucun employé, quelle que soit la nature de ses fonctions, ne peut s'absenter sans l'autorisation du directeur, à peine d'une retenue d'un trentième sur ses appointements mensuels par chaque jour d'absence.

Art. 84. — La retenue est opérée par le directeur et remise à l'employé qui a remplacé l'absent.

Art. 85. — L'absence non autorisée et prolongée au-delà de huit jours est réputée démission.

Dans ce cas, il sera pourvu au remplacement de l'employé sur la demande du directeur et la proposition de la Commission locale.

Des professeurs

Art. 86. — Les professeurs ont la police de leurs classes; il leur est spécialement recommandé de saisir, dans le cours de leurs leçons, toutes les occasions d'inspirer aux élèves l'amour de la vertu, l'horreur du vice, le respect des lois, le dévouement à la Patrie.

Art. 87. — Ils partagent entre eux également la moitié qui leur revient dans le prix de l'instruction donnée aux élèves particuliers; cependant, en cas d'absence, même autorisée, d'un professeur pendant un ou plusieurs mois, sa quote-part est de droit dévolue à l'employé qui le remplace.

Des maîtres d'études

Art. 88. — Les maîtres d'études doivent à l'établissement tout leur temps de nuit comme de jour. Le directeur peut, néanmoins, leur assigner un tour de rôle si le service n'en souffre pas.

Ils tiennent les études et surveillent les récréations; ils accompagnent les élèves partout où ceux-ci se rendent en corps ou par détachement.

Ils logent au lycée et partagent la vie commune. Il est alloué pour eux au directeur un traitement de table.

Des répétiteurs

Art. 89. — Les répétiteurs sont, de préférence, choisis parmi les élèves qui ont terminé leurs études dans les lycées nationaux. Ceux des élèves du Gouvernement qui ont terminé leurs études lui doivent trois années de service dans une école nationale. En cas de refus, ils sont privés du privilège que leur accorde l'article 7 de la loi.

Les répétiteurs partagent la surveillance avec les maîtres d'études. Ils s'assurent si les élèves savent leurs leçons et ont fait leurs devoirs.

Ils donnent des leçons particulières aux arriérés. Ils remplacent momentanément les professeurs et les maîtres d'études absents ; dans le premier cas, ils ne doivent que des heures de classe ; dans le second, ils doivent tout leur temps, de nuit comme de jour, et jouissent de la vie commune. Enfin, ils sont à la disposition entière du directeur pour l'enseignement comme pour la surveillance.

Art. 90. — Après avoir accompli un noviciat de quatre années, les répétiteurs peuvent être appelés, en subissant un examen, par-devant la Commission de l'Instruction publique, à toutes places vacantes dans les lycées nationaux.

SECTION II

DES ÉCOLES DE FILLES

Art. 91. — Le Gouvernement pourra établir des pensionnats de demoiselles à la Capitale et dans les chefs-lieux d'arrondissement. Dans ces pensionnats on enseignera, outre la lecture, l'écriture, la langue française, l'arithmétique, la mythologie, l'histoire ancienne, l'histoire moderne, la géographie, et particulièrement l'histoire et la géographie d'Haïti, la botanique, la musique, la danse, le dessin et la peinture appliquée aux fleurs et au paysage, la couture, la broderie, et tous les ouvrages convenables à leur sexe.

Art. 92. — Les articles 65, 66, 67, 68, 69 et 74 de la présente loi sont applicables aux écoles nationales primaires de filles.

Art. 93. — L'enseignement dans ces écoles comprend l'instruction élémentaire et l'éducation professionnelle.

L'instruction élémentaire comprend : la lecture, l'écriture, la langue française, l'arithmétique, l'histoire sainte, la géographie, l'histoire et la géographie d'Haïti.

L'éducation professionnelle embrasse la couture à l'aiguille et à la mécanique, le tricotage et la broderie.

Art. 94. — Dans lesdites écoles, le matin sera consacré aux classes, et l'après-midi au travail manuel.

Art. 95. — L'article 73 de la présente loi est applicable aux écoles nationales de filles.

CHAPITRE IV

DES ÉCOLES NATIONALES RURALES

Art. 96. — Les écoles nationales rurales seront établies dans les centres les plus populaires.

Art. 97. — L'enseignement dans lesdites écoles comprendra l'instruction élémentaire et l'éducation professionnelle.

L'instruction élémentaire comprendra la lecture, l'écriture, le calcul, les éléments de la grammaire française, la géographie, l'histoire sainte, l'histoire et la géographie d'Haïti.

L'éducation professionnelle embrassera l'étude pratique et approfondie de l'agriculture.

A cet effet, il sera créé, attenant à chaque école rurale, un jardin modèle où les enfants, de cinq heures du matin à neuf, devront s'initier sous la direction d'un cultivateur expérimenté, aux procédés agricoles en usage dans les pays civilisés.

Art. 98. — Les produits qui sortiront de ces établissements seront vendus pour en couvrir les frais.

Art. 99. — Une commission, nommée par le Gouvernement et choisie parmi les membres de la Commission de l'Instruction publique, veillera à la vente de ces produits.

Art. 100. — Autant que possible une chapelle sera établie dans l'enceinte du local affecté à chaque école rurale.

De l'uniforme

Art. 101. — Les élèves des lycées portent pour uniforme: tunique de drap bleu, collet rouge, boutons aux armes de la République, pantalon de drap bleu, képi de drap bleu, ceinture en cuir verni, avec plaque en métal doré aux armes de la République.

Art. 102. — Les élèves des écoles primaires nationales ou communales portent le même costume, excepté que le collet de la tunique sera bleu et les boutons blancs.

CHAPITRE V

DES EXAMENS PUBLICS. — DE LA DISTRIBUTION DES PRIX ET DES EXAMENS

Art. 103. — A la fin de chaque année scolaire, il y aura, dans toutes les écoles nationales et particulières, un examen public devant les Commissions locales.

Ces Commissions pourront se faire assister de quelques instituteurs et de toutes autres personnes instruites.

Art. 104. — A la suite de cet examen, il sera fait une distribution solennelle de prix aux élèves qui se seront le plus distingués par leur bonne conduite et par leurs succès.

Art. 105. — Après la distribution des prix, le président de la Commission prononcera les vacances et en fixera la durée : elle ne devra pas excéder un mois.

CHAPITRE VI

DES ÉCOLES NATIONALES SPÉCIALES

Art. 106. — Il pourra être fondé, par la suite, aux frais de l'État une École normale supérieure, et une ou plusieurs Académies pour l'enseignement des lettres et des sciences. Il sera aussi établi une école normale primaire.

Art. 107. — L'École de Médecine, l'École de Droit, l'École de Musique, l'École de Peinture, déjà fondées, sont maintenues.

CHAPITRE VII

DES ÉCOLES PARTICULIÈRES

Art. 108. — Les écoles particulières sont à la charge et sous la discipline de ceux qui les instituent.

Elles doivent néanmoins se conformer aux dispositions de la présente loi qui leur sont applicables.

Art. 109. — La présente loi abroge toutes lois et dispositions de loi sur l'instruction publique qui lui sont contraires. Elle sera exécutée à la diligence du Secrétaire d'État de l'Instruction publique.

Donné au Palais national du Port-au-Prince, le 26 septembre 1860, an LVII de l'indépendance.

Le Président du Sénat,
J.-J. Mendoza.

Les Secrétaires,
A. Laforest, D. Labonté.

Donné à la Chambre des représentants, au Port-au-Prince, le 30 novembre 1860, an LVII de l'indépendance.

Le Président de la Chambre,
W. Chanlatte.

Les Secrétaires,
Panayoty, J. Thébaud.

Au nom de la République :
Le Président d'Haïti ordonne que la loi ci-dessus du Corps législatif soit revêtue du sceau de la République, publiée et exécutée.

Donné au Palais national du Port-au-Prince, le 7 décembre 1860, an LVII de l'indépendance.

Geffrard.

Par le Président :

Le Secrétaire d'État de l'Instruction publique,
F.-E. Dubois.

LIBERTÉ — ÉGALITÉ — FRATERNITÉ
RÉPUBLIQUE D'HAITI

LOI ADDITIONNELLE

A CELLE DU 7 DÉCEMBRE 1860 SUR L'INSTRUCTION PUBLIQUE

Fabre Geffrard, Président d'Haïti,

Sur la proposition du Secrétaire d'État de l'Instruction publique et de l'avis du Conseil des Secrétaires d'État ;

Vu la loi sur l'Instruction publique du 7 décembre 1860 et le programme des études pour les Lycées nationaux arrêté le 15 août 1863 ;

Considérant que l'organisation de l'Instruction publique, telle qu'elle existe dans notre législation, présente une lacune qu'il importe de combler ; qu'entre l'Instruction primaire élémentaire et l'enseignement classique supérieur actuellement suivis dans le pays, il est nécessaire d'établir un degré intermédiaire qui complète le système d'instruction créé par la loi en vigueur ;

Considérant que ce degré correspond directement aux besoins intellectuels d'une grande portion de la population et qu'il assurera par des résultats efficaces l'avenir des générations nouvelles dans des voies où elles trouveront à satisfaire des goûts légitimes, des besoins et des aspirations réveillés par le mouvement ascendant vers le progrès ;

A proposé,

Et le Corps législatif, après avoir déclaré l'urgence, a rendu la loi suivante :

Art. 1er. — Il sera établi à l'avenir des Écoles nationales secondaires dans toutes les villes de la République où le Gouvernement jugera utile d'en créer pour l'instruction et le bien-être de la jeunesse. Il pourra en être établi dès à présent dans la Capitale, et dans chacune des villes de Jacmel, de Jérémie et de Saint-Marc.

Art. 2. — L'enseignement dans ces écoles comprendra spécialement : la langue française, l'arithmétique appliquée aux opérations pratiques, les éléments de la géométrie appliquée, et particulièrement l'arpentage, le levé des plans, le nivellement et le dessin linéaire, la tenue des livres, l'histoire et la géographie d'Haïti, le chant, l'instruction religieuse, les notions de morale privée et publique.

Ce programme pourra être toujours modifié par décision du Secrétaire d'État de l'Instruction publique avec l'approbation du Président d'Haïti.

Art. 3. — Cet enseignement embrassera une durée de quatre années et sera réparti suivant le programme qui sera prescrit par le Secrétaire d'État de l'Instruction publique.

Art. 4. — Les conditions d'admission dans les écoles secondaires sont les mêmes exigées par les articles 77 et 79 de la loi du 7 décembre 1860 sur l'Instruction publique.

Art. 5. — En outre, aucun élève n'y sera reçu qu'après un examen constatant qu'il possède bien les connaissances données par l'enseignement primaire.

Art. 6. — Le nombre des élèves de l'État dans chaque École secondaire sera déterminé par un règlement du Secrétaire d'État de l'Instruction publique approuvé par le Président d'Haïti.

Art. 7. — Les Écoles secondaires admettent aussi des élèves particuliers ; le nombre en sera déterminé par le Secrétaire d'État de l'Instruction publique et n'excédera en aucun cas le quart du maximum des élèves de l'État.

Art. 8. — Aucun élève ne pourra rester dans une école secondaire après l'âge de dix-huit ans révolus, ni y être admis avant l'âge de huit ans.

Art. 9. — Outre les examens annuels, il y aura un examen spécial devant un jury composé de trois membres de la

Commission de l'Instruction publique et de deux citoyens désignés par le Secrétaire d'État de l'Instruction publique, pour les élèves qui, après leur quatrième année, désireront obtenir le diplôme de capacité de deuxième degré, le diplôme du premier étant réservé pour les élèves sortant des Lycées nationaux.

Art. 10. — Ce diplôme de deuxième degré sera délivré à tout aspirant qui aura satisfait au programme de l'examen sur toutes les connaissances enseignées dans les écoles secondaires.

Art. 11. — Il sera perçu pour l'obtention du diplôme une rétribution qui sera fixée par le Secrétaire d'État de l'Instruction publique, sur l'avis de la Commission centrale.

Art. 12. — Le personnel enseignant de chaque école secondaire se compose, outre le directeur, du nombre de professeurs, maîtres d'études, répétiteurs et employés déterminés par le Secrétaire d'État de l'Instruction publique, sur l'avis de la Commission centrale.

Art. 13. — Il est alloué par mois pour traitement:

Au directeur de l'école de Port-au-Prince	60 p.
Au directeur des autres écoles	50 »
Aux professeurs de l'école de Port-au-Prince	40 »
Aux professeurs des autres écoles	32 »
Aux maîtres de chant au Port-au-Prince	20 »
Aux maîtres de chant dans les autres localités	16 »
Aux maîtres d'études de l'école de Port-au-Prince	20 »
A ceux des autres localités	16 »
Aux répétiteurs de l'école de Port-au-Prince	16 »
A ceux des autres écoles	12 »

Art. 14. — Les directeurs, professeurs et les élèves des écoles secondaires porteront un uniforme spécial qui sera déterminé par le Secrétaire d'État de l'Instruction publique avec l'approbation du Président d'Haïti.

Art. 15. — La présente loi abroge toutes dispositions de

lois antérieures qui lui sont contraires, et sera exécutée à la diligence du Secrétaire d'État de l'Instruction publique.

Donné à la Chambre des Représentants au Port-au-Prince, le 22 août 1864, an LXI de l'indépendance.

Le Président de la Chambre,
P.-N. VALIN.

Les Secrétaires,
A. HENRIQUEZ, N. SAMBOUR.

Donné à la Maison nationale, au Port-au-Prince, le 1er septembre 1864, an LXI de l'indépendance.

Le Président du Sénat,
ANN. LAFOREST.

Les Secrétaires,
T. BOUCHEREAU, S. TOUSSAINT.

Au nom de la République :

Le Président d'Haïti ordonne que la loi ci-dessus du Corps législatif soit revêtue du sceau de la République, imprimée, publiée et exécutée.

Donné au Palais national du Port-au-Prince, le 3 septembre 1864, an LXI de l'indépendance.

GEFFRARD.

Par le Président :

Le Secrétaire d'État de l'Instruction publique,
DAMIER.

LOI PORTANT

RÉORGANISATION DE L'ÉCOLE DE MÉDECINE DE CHIRURGIE ET DE PHARMACIE

La Chambre des Représentants,

Usant de son initiative, et en vertu de l'article 82 de la Constitution,

A proposé,

Et le Corps législatif,

Considérant que la plupart des villes et bourgs de la République sont privés de médecins, et qu'il importe de donner satisfaction aux besoins de ces diverses localités ;

Considérant que le plus sûr moyen de pourvoir ces localités de médecins qui y fixent leur demeure, c'est d'en tirer des jeunes gens suffisamment éclairés qui seront instruits aux frais de la République, et renvoyés dans leurs foyers, après leurs études ;

Considérant que, pour atteindre ce but, il est d'urgente nécessité que l'École de médecine de Port-au-Prince soit réorganisée sur des bases sérieuses, qui permettent d'obtenir des résultats plus efficaces que ceux constatés jusqu'à ce jour ;

A rendu la loi suivante :

TITRE I

ART. 1er. — L'École de médecine, de chirurgie et de pharmacie, actuellement établie à l'hôpital militaire du Port-au-Prince, devra être réorganisée de manière à recevoir, non seulement les étudiants du département de l'Ouest, mais encore ceux des autres départements de la République.

ART. 2. — Des jeunes gens examinés et recommandés par la Commission de l'Instruction publique, assistée du Conseil communal de leurs communes, seront pris en nombre égal dans les divers départements, leur vocation préalablement consultée, pour recevoir, aux frais du Gouvernement, l'instruction médicale.

Art. 3. — Ces jeunes gens, ainsi choisis, seront expédiés, aux frais du Gouvernement, au Port-au-Prince, où ils subiront un nouvel examen de la Commission centrale de l'Instruction publique, d'après un programme qui sera rendu public par la voie du *Journal officiel.* Leur admission devra être agréée par le Secrétaire d'État de l'Instruction publique.

Art. 4. — Pour être admis à l'école de médecine et de pharmacie, il faut être âgé de seize ans au moins et justifier d'un certificat de bonnes vie et mœurs délivré par le Conseil communal de l'endroit d'où l'on vient.

Un acte authentique sera dressé constatant l'engagement pris par les parents du candidat, ou par son tuteur, de se soumettre aux restitutions édictées et prévues, en l'article 6 de la présente loi.

Art. 5. — La durée des études est fixée à cinq années.

Le Gouvernement fournira tous les objets nécessaires à l'enseignement, tels que livres, instruments, matériel. Les livres d'études et la première trousse seront abandonnés en toute propriété aux élèves. En cas de décès pendant le cours des études, ces objets resteront à l'école.

Art. 6. — Aucun élève admis à l'école ne peut quitter avant d'avoir terminé ses études. L'élève, qui abandonnera l'école avant le temps réglementaire, perdra tout bénéfice à l'exemption du service militaire et sera, de plus, tenu de restituer les frais faits jusque-là pour ses études.

TITRE II

SECTION PREMIÈRE

PERSONNEL ET ÉTUDES

Art. 7. — Il y aura pour l'école de médecine proprement dite : un directeur professant, deux professeurs pour les diverses branches de la médecine et de la chirurgie, et deux répétiteurs ; et, pour l'école de pharmacie, deux professeurs, un répétiteur et un aide-préparateur.

Il y sera admis, en outre, un hoqueton, ou appariteur, chargé de l'entretien du matériel de l'école.

Art. 8. — Les cours suivants seront professés à l'école : Anatomie, physiologie, pathologie médicale, pathologie chirurgicale, médecine opératoire, hygiène, matière médicale, médecine légale, toxicologie et accouchement.

Art. 9. — Les deux professeurs de l'école de pharmacie se partagent les cours suivants : la chimie, la botanique médicale, la pharmacie théorique et pratique.

Les élèves en médecine sont tenus de suivre le cours théorique de pharmacie.

SECTION DEUXIÈME

CONSEIL DE SURVEILLANCE

Art. 10. — Il est institué un Conseil de surveillance, composé de la Commission centrale de l'Instruction publique, assisté du président ou d'un membre du jury médical et de tous autres hommes de l'art qui seraient par elle requis.

Ce Conseil siège à l'école. Il se réunit d'obligation tous les trois mois pour procéder à un examen intérieur de l'administration et de la police de l'école et constater les progrès des élèves.

Ce Conseil de surveillance pourra, néanmoins, être convoqué par le directeur, toutes les fois que ce sera nécessaire.

Art. 11. — Toutes dépenses reconnues nécessaires par le Conseil de surveillance sont contrôlées par le Secrétaire d'État de l'Instruction publique.

Art. 12. — Toute demande d'admission à l'école doit aboutir au Conseil de surveillance, qui fera en sorte que les nouvelles admissions ne puissent en rien troubler la marche des études. Cette disposition ne concerne que les élèves de la capitale ; ceux des autres villes de la République n'étant envoyés à l'école qu'après la sortie d'une série précédente, au bout de cinq années d'études.

EXAMENS ET DIPLÔMES

Art. 13. — A la fin de chaque année, il y aura des examens publics, conduits par la Commission de l'Instruction publique assistée de médecins requis par elle.

Art. 14. — A la fin de leurs études, après la cinquième année, les candidats au doctorat seront examinés par le Conseil de surveillance, uni à la Commission centrale de l'Instruction publique, et, si leurs capacités sont reconnues, un diplôme leur conférera le titre de docteur en médecine, et mention en sera faite au *Journal officiel*.

Le candidat qui, dans cet examen, n'aura pas justifié de connaissances suffisantes, redoublera sa cinquième année, sur la demande de ses professeurs, approuvée du directeur.

Art. 15. — Le diplôme, délivré sur parchemin, sera signé par les membres du Conseil de surveillance, le président de la Commission centrale de l'Instruction publique, puis visé et signé du Ministre de l'Instruction publique qui y apposera le sceau de son Ministère.

Art. 16. — Les élèves des autres localités, reçus docteurs, sont tenus, en compensation de l'instruction qu'ils auront reçue aux frais de l'État, de pratiquer leur art, pendant cinq années dans la localité d'où ils proviennent. Passé ce temps, ils sont libres de se fixer où ils le jugent convenable.

Art. 17. — Les élèves en pharmacie, avant de se présenter à l'examen, devront justifier d'un stage de trois années dans l'une des meilleures pharmacies légalement établies, fait simultanément avec les cours de l'école.

Art. 18. — Tout ce qui concerne l'inscription des élèves, l'uniforme et la discipline, sera réglé par le Conseil de surveillance. Le règlement de tout ce qui a trait aux cours est laissé au directeur de l'école de médecine, sous l'approbation du Secrétaire d'État de l'Instruction publique.

Art. 19. — Les appointements du personnel de l'école sont fixés ainsi qu'il suit :

Au directeur chargé de professer, par mois.	120	p. f.
A chacun des quatre professeurs	80	»
A chacun des deux répétiteurs de l'école de médecine	40	»
Au préparateur de l'école de pharmacie	50	»
A l'aide-préparateur	30	»
A l'hoqueton ou appariteur	15	»
A chacun des élèves des autres localités	15	»

Art. 20. — La présente loi abroge toutes lois, dispositions de lois et règlements généralement quelconques qui lui sont contraires.

Art. 21. — Le Secrétaire d'État de l'Instruction publique est chargé de l'exécution de la présente loi.

Donné à la Maison nationale, au Port-au-Prince, le 15 septembre 1870, an LXVII de l'indépendance.

Le Président du Sénat,
Dupont.

Les Secrétaires,
Cauvin, St.-L. Alexandre.

Donné à la Chambre des Représentants, au Port-au-Prince, le 19 septembre 1870, an LXVII de l'indépendance.

Le Président de la Chambre,
T. Chalviré.

Les Secrétaires,
Eug. Margron, P. Michel.

Au nom de la République :
Le président d'Haïti ordonne que la loi ci-dessus soit revêtue du sceau de la République, imprimée, publiée et exécutée.

Donné au Palais national, au Port-au-Prince, le 19 septembre 1870, an LXVII de l'indépendance.

Nissage Saget.

Par le Président :

Le Secrétaire d'État de l'Instruction publique, etc.,
B. Lallemand.

LOI MODIFICATIVE DE CELLE DU 12 OCTOBRE 1860
SUR LES APPOINTEMENTS DES FONCTIONNAIRES DE L'INSTRUCTION PUBLIQUE

ET DE CELLE DU 3 SEPTEMBRE 1864
SUR LES ÉCOLES SECONDAIRES

Le Corps législatif,

Considérant que l'expérience a démontré la nécessité d'augmenter les émoluments accordés à certains fonctionnaires et employés de l'instruction publique ;

Usant de l'initiative qui lui est accordée par l'article 82 de la Constitution,

A voté la loi suivante :

Art. 1ᵉʳ. — Il est accordé mensuellement, aux fonctionnaires de l'instruction publique ci-après désignés, les émoluments qui suivent, savoir :

Au président de la Commission centrale de l'instruction publique	50 g.
A chacun des deux membres de service avec lui	30 »
Au secrétaire de cette Commission	20 »
A un hoqueton	8 »
Au président de chaque Commission principale	30 »
A chaque membre de service avec lui	20 »
Au secrétaire	12 »
A un hoqueton	4 »

Art. 2. — Il y aura de service, chaque mois, deux membres de la Commission centrale de l'instruction publique, conjointement avec le président, et, dans chaque Commission principale, un seul membre.

Art. 3. — Il est alloué par mois, savoir:

Au directeur du lycée national de la capitale...	100 g.
Aux directeurs des autres lycées nationaux....	90 »
A la directrice du Pensionnat de demoiselles...	90 »
Au directeur de l'Ecole secondaire du Port-au-Prince.........................	80 »
Aux directeurs des Ecoles secondaires des autres localités..................	70 »

Art. 4. — Il est alloué par mois:

Aux professeurs de premier ordre du lycée de la capitale.........................	70 g.
A ceux de deuxième classe.................	50 »
A ceux de langues vivantes................	40 »
Aux maîtres d'études.....................	35 »
Aux répétiteurs.........................	30 »
Aux professeurs de premier ordre des autres lycées chacun.....................	50 »
Aux professeurs de deuxième ordre..........	40 »
Aux professeurs de langues vivantes.........	32 »
Aux maîtres d'étude.....................	30 »
Aux répétiteurs........................	20 »

Art. 5. — Il est alloué par mois:

Aux professeurs de premier ordre de l'École secondaire de Port-au-Prince.............	50 g.
Aux professeurs des autres localités..........	40 »
— de deuxième ordre au Port-au-Prince.........................	40 »
Aux professeurs des autres localités..........	30 »
Aux maîtres d'études de l'Ecole secondaire au Port-au-Prince.......................	30 »
Aux maîtres d'études des autres localités......	25 »
Aux répétiteurs auxdites Ecoles secondaires...	20 »

Art. 6. — Il est alloué par mois:

Au directeur de l'Ecole dite Lancastérienne à la Capitale.............................	50 g.
A chacun des professeurs..................	30 »

Art. 7. — Les appointements mensuels des directeurs des écoles primaires sont fixés comme suit :

Première classe.......................	40 g.
Deuxième classe......................	32 »
Troisième classe......................	24 »
Quatrième classe......................	16 »

Art. 8. — Les professeurs employés dans les écoles primaires recevront par mois :

Première classe.......................	24 g.
Deuxième classe......................	16 »
Troisième classe......................	12 »
Les directeurs des écoles rurales recevront par mois...........................	20 »

Art. 9. — Les appointements alloués au personnel des écoles nationales, à quelque degré qu'elles appartiennent, ne seront payés qu'autant que lesdites écoles seront ouvertes et en fonctionnement.

Dans tout établissement qui sera suspendu faute de local, de matériel ou d'élèves, le personnel n'aura droit qu'à la moitié des appointements pendant la durée de la suspension. Après six mois de suspension, le personnel de l'établissement sera licencié.

Art. 10. — Les feuilles d'appointements pour les écoles nationales, à quelque degré qu'elles appartiennent, devront être nominatives pour être acquittées par le Trésor public.

Toutes sommes payées en dehors des allocations votées ou des chiffres fixés par des lois resteront à la charge de ceux qui en auront ordonné le paiement.

Art. 11. — Les dispositions des autres lois, qui ne sont pas rapportées par la présente loi, continuent d'être en vigueur.

Art. 12. — La présente loi abroge toutes dispositions de

lois qui lui sont contraires et sera publiée à la diligence du Secrétaire d'État de l'Instruction publique.

Donné à la Maison nationale, au Port-au-Prince, le 16 septembre 1870, an LXVII de l'indépendance.

Le Président du Sénat,
DUPONT.

Les Secrétaires,
CAUVIN, S.-Louis ALEXANDRE.

Donné à la Chambre des Représentants, au Port-au-Prince, le 19 septembre 1870, an LXVII de l'indépendance.

Le Président,
T. CHALVIRÉ.

Les Secrétaires,
Eug. MARGON, P. MICHEL.

Au nom de la République :
Le Président d'Haïti ordonne que la loi ci-dessus du Corps législatif soit revêtue du sceau de la République, imprimée, publiée et exécutée.

Donné au Palais national, au Port-au-Prince, le 28 septembre 1870, an XLVII de l'indépendance.

NISSAGE SAGET.

Par le Président :

Le Secrétaire d'État de l'Instruction publique, etc.,
B. LALLEMAND.

SECRÉTAIRERIE D'ÉTAT DE L'INSTRUCTION PUBLIQUE

Depuis longtemps, pour assurer la marche progressive de l'instruction publique en Haïti, on réclame une loi qui soit à la hauteur des idées actuelles et des besoins de la jeunesse. C'est pour cela que le Secrétaire d'État de l'Instruction publique a fait élaborer le projet de loi suivant, sur lequel il appelle fortement l'attention de tous les hommes sensés du Pays.

Comme on le verra, ce travail est fait en vue de donner une forte impulsion aux études dont les résultats n'ont pas toujours été satisfaisants, et de combler toutes les lacunes qui existent jusqu'à ce jour.

En attendant que ce projet de loi soit soumis à la discussion des Chambres législatives, le Secrétaire d'État accueillera avec empressement toutes les observations judicieuses qui pourront lui être faites à ce sujet, car le but qu'il se propose est de donner satisfaction aux légitimes aspirations de ses concitoyens.

Voici ce projet de loi auquel ont travaillé les citoyens D. Lespinasse, A. Simonisse et A. Linstant Pradines.

30 janvier 1875.

PROJET DE LOI[1]

SUR L'INSTRUCTION PUBLIQUE

TITRE PREMIER

DISPOSITIONS GÉNÉRALES

Art. 1ᵉʳ. — L'instruction publique est libre en Haïti. Elle a pour bases essentielles : la religion, la morale, l'amour de la Patrie.

Elle est placée sous la haute direction du Secrétaire d'État au département de l'Instruction publique, et sous la surveillance des recteurs, des inspecteurs généraux, des inspecteurs d'Académie, des inspecteurs ruraux et des Commissions académiques instituées à cet effet.

Art. 2. — La présente loi s'applique à tous les établissements publics, où l'on enseigne à la jeunesse, les lettres, les sciences et les beaux-arts et les arts et métiers.

Ces établissements sont compris sous la dénomination générique d'écoles.

Art. 3. — Les écoles sont nationales, ou communales, ou particulières.

Art. 4. — Le titre d'instituteur est commun à tous ceux qui, dans les écoles, sont préposés à l'éducation et à l'instruction de la jeunesse.

La généralité des instituteurs forme le Corps enseignant.

Art. 5. — Les instituteurs pourvus des degrés dont il est parlé au titre IV, les membres des Commissions académiques, les recteurs, les inspecteurs généraux, les inspecteurs d'Aca-

---

[1] Ce projet de loi n'a pas été voté par le Corps législatif.

démic, les inspecteurs ruraux et les secrétaires des Commissions académiques, la jeunesse des écoles, la généralité des instituteurs constituent l'Université d'Haïti.

Art. 6. — La jeunesse des écoles et les membres du Corps universitaire sont exempts de tout service militaire, sauf le cas de danger imminent.

Art. 7. — L'Université peut recevoir toutes donations et offrandes. Si la libéralité est de quelque importance, celui qui l'aura faite recevra le titre de membre honoraire de l'Université.

Art. 8. — L'Université a sa caisse particulière ; toutes les sommes perçues en vertu de la présente loi seront versées dans la caisse de l'Université.

Art. 9. — Après le prélèvement du montant des frais de la comptabilité, les fonds universitaires seront employés : 1° à acheter des livres qui seront donnés à la distribution des prix aux élèves des écoles nationales ; 2° à fonder des bibliothèques dans les écoles nationales ; 3° à donner, aux instituteurs et aux auteurs d'ouvrages utiles à la jeunesse, des témoignages de considération ; 4° enfin, à encourager de toute autre manière le développement de l'Instruction publique.

TITRE II

DES ACADÉMIES ET DES INSPECTEURS

Art. 10. — Le territoire de la République se divise en trois Académies : 1° l'Académie du Port-au-Prince, qui comprend les départements de l'Ouest et de l'Artibonite ; 2° l'Académie du Cap-Haïtien, qui comprend le département du Nord et du Nord-Ouest ; 3° l'Académie des Cayes, qui comprend le département du Sud.

Art. 11. — Chaque Académie est administrée par un recteur. Dans chaque Académie, il y a une Commission de douze à seize membres, qui sont nommés par le Président d'Haïti, dont sont membres de droit : 1° l'archevêque, l'évêque, ou le curé du chef-lieu de l'Académie ; 2° les inspecteurs de la circonscription.

Art. 12. — Chaque Commission académique se divise en trois sections : l'une des lettres, l'autre des sciences, et la troisième des beaux-arts et des arts et métiers.

Art. 13. — Il est attaché un secrétaire à chaque Commission académique.

Art. 14. — A chaque Académie, il y aura deux inspecteurs d'Académie, ou plus, et plusieurs inspecteurs de troisième classe, chargés d'inspecter les écoles rurales, autrement dit des inspecteurs ruraux.

Art. 15. — Il y aura pour toute la République trois inspecteurs généraux ou plus.

Art. 16. — Les recteurs et les inspecteurs généraux correspondent directement avec le Secrétaire d'État de l'Instruction publique, pour tout ce qui regarde le service.

Les inspecteurs d'Académie et les inspecteurs ruraux correspondent avec le recteur de leur Académie et avec les inspecteurs généraux.

Art. 17. — La Commission académique est chargée d'examiner les candidats : 1° au baccalauréat ; 2° à la licence ; 3° et au doctorat ès lettres et ès sciences, et aux diplômes de capacité, en ce qui concerne les beaux-arts et les arts et métiers.

Art. 18. — Elle veille au maintien des méthodes d'enseignement prescrites par le Ministre.

Elle fait les plans d'études : elle désigne les ouvrages classiques, le système de discipline qui doit être suivi dans les écoles nationales et communales, aussi bien que dans les écoles particulières.

Art. 19. — Chaque Académie fait son règlement intérieur, mais ces règlements ne sont exécutoires qu'après avoir été approuvés par le Secrétaire d'État.

Art. 20. — Toutes les décisions des Commissions académiques se prennent à la majorité des membres présents.

Art. 21. — Le recteur recevra toutes les lettres relatives à l'instruction publique de son Académie, y répondra et, assisté de la Commission, il décidera toutes les questions concernant les établissements de sa circonscription, sauf à en rendre compte au Secrétaire d'État de l'Instruction publique.

Art. 22. — Il fera visiter les écoles aussi souvent qu'il le jugera convenable, et devra le faire au moins une fois par mois, pour celles du chef-lieu de l'Académie.

Art. 23. — A la fin de chaque trimestre, il enverra au Secrétaire d'État un rapport résumé sur les inspections mensuelles, et, à la fin de chaque semestre, un exposé général sur la situation de l'instruction publique dans sa circonscription, en lui soumettant ses vues sur les améliorations qu'elle réclame.

Art. 24. — Il exigera des directeurs et des directrices des établissements publics de son ressort un tableau contenant le nombre total des élèves présents pendant le trimestre, l'état du matériel, l'état du local, les besoins de l'école avec les noms des élèves qui se distinguent par leur bonne conduite et par leur application au travail, avec des notes sur l'exactitude des professeurs.

Les établissements particuliers devront également lui remettre un tableau trimestriel contenant le nombre total des élèves, celui des élèves présents, les noms des élèves qui se distinguent, le nombre et les noms des professeurs.

Art. 25. — Le recteur fera publier au *Moniteur*, tous les six mois, le nombre des écoles nationales, celui des élèves des deux sexes qui fréquentent les établissements, le nombre des écoles particulières avec celui de leurs élèves, et le nombre des professeurs, dans le ressort de son Académie.

TITRE III

DES INSTITUTEURS

Art. 26. — Tout Haïtien qui veut exercer la profession d'instituteur doit se pourvoir du diplôme signé du recteur de l'Académie dans le ressort de laquelle il a l'intention de s'établir.

Art. 27. — Pour obtenir ce diplôme, il suffit au postulant de justifier :

1° Qu'il a vingt-cinq ans accomplis ;
2° Qu'il est de bonnes vie et mœurs ;
3° Qu'il a obtenu le grade de bachelier ès lettres ou ès sciences, ou qu'il est muni d'un brevet de capacité délivré par l'École normale primaire ;
4° Qu'il a versé la somme de 30 piastres à la caisse académique.

Art. 28. — Outre les conditions exigées par les articles 26 et 27 ci-dessus, et après un séjour de trois mois dans le pays, l'étranger qui voudra y établir une école devra solliciter une autorisation spéciale qui lui sera délivrée, s'il y a lieu, par le Secrétaire d'État, d'après les ordres du Président d'Haïti.

Art. 29. — Nul ne peut être admis en qualité d'instituteur dans une école nationale sans une lettre de service du Président d'Haïti.

Art. 30. — En admettant que l'on puisse exiger des postulants le diplôme de bachelier ès lettres ou ès sciences, ou le brevet de capacité délivré par l'école nationale, nul ne sera habile à obtenir la lettre de service du Président d'Haïti, s'il n'a satisfait à un examen devant la Commission académique.

Cependant les personnes qui ont fait leurs preuves dans la carrière de l'enseignement peuvent être dispensées de l'examen.

Art. 31. — Aucun instituteur attaché à une école communale ou nationale ne peut, à peine de révocation, diriger une école particulière.

Art. 32. — En cas de négligence habituelle ou d'inconduite de la part d'un instituteur national, la Commission académique le mande dans son sein et lui adresse une réprimande.

Art. 33. — En cas d'inconduite habituelle, la Commission le suspend de ses fonctions pendant un mois au moins ou six mois au plus, sauf sanction du Secrétaire d'État de l'Instruction publique.

La suspension entraîne la suppression des appointements pendant tout le temps de sa durée.

Art. 34. — La récidive, après une réprimande pour négligence habituelle ou pour inconduite, est punie comme inconduite habituelle.

Art. 35. — Après une condamnation pour inconduite habituelle, la récidive est assimilée à l'immoralité et punie comme telle.

Art. 36. — L'instituteur national, accusé d'immoralité ou de faute grave, pourra être provisoirement suspendu de ses fonctions par le recteur, assisté de la Commission académique. Celle-ci fera son rapport au Secrétaire d'État qui, en vertu des ordres du Président d'Haïti, prononcera, s'il y a lieu, contre l'instituteur la révocation et l'interdiction.

Art. 37. — Dans le cas d'immoralité ou de faute grave de la part d'un instituteur particulier, il sera interdit, et son établissement sera fermé.

Art. 38. — Dans le cas prévu dans l'article ci-dessus, l'interdiction sera prononcée par la Commission académique.

Art. 39. — Tous les membres du Corps enseignant ont le droit d'en appeler au Secrétaire d'État de l'Instruction publique, en toute matière.

TITRE IV

DES DEGRÉS UNIVERSITAIRES

Art. 40. — Nul ne sera admis en qualité d'instituteur ou de professeur dans une école nationale, à partir du 1er janvier 1880, s'il n'est pourvu d'un diplôme constatant qu'il a, dans l'une des quatre Facultés de l'Université, le degré qui lui est nécessaire pour exercer les fonctions qu'il postule.

Art. 41. — Cinq ans après la promulgation de la présente loi, nul ne pourra être employé dans une des Secrétaireries d'État des Relations Extérieures, de l'Intérieur, de la Justice, de l'Instruction publique et des Cultes, de la Guerre et de la Marine, s'il n'a été reçu bachelier ès lettres, ou bachelier ès sciences.

Art. 42. — Dans les autres administrations, ceux qui auront reçu un grade universitaire auront la préférence sur les autres candidats pour les emplois publics.

Art. 43. — Des instituteurs attachés aux écoles particulières, nationales ou communales, et aux séminaires, qui prendront les degrés universitaires jouiront de l'exemption du service militaire, ainsi qu'il est dit en l'article 7 ci-dessus.

Art. 44. — Les institutrices, les maîtresses et sous-maîtresses devront être munies d'un diplôme de capacité.

Art. 45. — Ce diplôme sera obtenu après un examen public, fait au chef-lieu de l'Académie, en présence du recteur et de la Commission académique, sur un programme fixé d'avance par le recteur.

Art. 46. — Il y a trois degrés dans les lettres comme dans les sciences : le baccalauréat, la licence et le doctorat. Il y a également trois degrés dans le droit : le baccalauréat, la licence et le doctorat; et un seul degré pour la médecine : le doctorat.

Art. 47. — Nul ne peut être licencié en droit ou docteur en médecine, s'il n'est bachelier.

Art. 48. — La Commission académique déterminera les degrés requis pour être habile à remplir les différentes fonctions dans les écoles nationales.

Art. 49. — Les degrés s'obtiennent en satisfaisant à un examen devant la Commission académique présidée par le recteur, et assistée d'un ou plusieurs inspecteurs.

Art. 50. — La Commission académique fait publier, un an d'avance, le programme des connaissances exigées pour chaque degré.

Art. 51. — Il est dû, pour chaque degré, une rétribution qui demeure ainsi fixée dans toutes les Facultés, savoir :

>   Pour le baccalauréat.................... 20 p.
>   Pour la licence........................ 30 »
>   Pour le doctorat....................... 40 »

Art. 52. — La moitié de chaque rétribution est exigible huit jours avant l'examen, l'autre moitié au moment de la délivrance du diplôme.

Si le candidat ne satisfait pas à l'examen, la moitié versée est acquise à la caisse de l'Université.

Art. 53. — Les membres de l'Université qui prendront leurs degrés avant le 1er janvier 1876 ne paieront que la moitié de la rétribution ; passé ce délai, ils en paieront la totalité ; dans l'un comme dans l'autre cas, ils ne seraient soumis à l'examen qu'autant qu'ils aspireraient à un degré supérieur à celui qui aura été déterminé par les fonctions qu'ils remplissent.

Art. 54. — Toute personne pourvue d'un diplôme délivré par une Université étrangère peut obtenir de l'Université d'Haïti un diplôme de même degré, en payant le quart de la rétribution fixée.

Art. 55. — Les diplômes sont imprimés sur parchemin, signés par le Secrétaire d'État de l'Instruction publique et contresignés par le recteur, et revêtus de l'empreinte du sceau de l'Université.

Art. 56. — Les frais de diplôme sont à la charge de la caisse de l'Université.

TITRE V

DES ÉCOLES

CHAPITRE PREMIER

DISPOSITIONS PARTICULIÈRES

Art. 57. — Les écoles doivent être établies dans des emplacements sains et dans des maisons bien aérées.

Art. 58. — Nulle école ne peut recevoir des enfants des deux sexes.

Art. 59. — La direction des écoles nationales de filles sera confiée uniquement à des institutrices.

Art. 60. — Les directeurs et directrices des Écoles nationales, communales et particulières, sont tenus de s'entendre avec le curé de la paroisse pour tout ce qui concerne l'instruction religieuse des élèves qui appartiennent au culte catholique.

Art. 61. — Tout enfant admis dans une école doit être au plus tôt vacciné si déjà il ne l'a été ou s'il n'a eu la variole.

Art. 62. — Les écoles se divisent en écoles nationales et communales et en écoles particulières.

CHAPITRE II

DES ÉCOLES NATIONALES

Art. 63. — Les écoles nationales sont fondées et entretenues par l'État qui leur affecte un local convenable, et en salarie le personnel.

Elles se subdivisent en écoles urbaines, écoles rurales et écoles spéciales.

Art. 64. — Le papier, les plumes, l'encre, les ardoises, les crayons, les livres, le matériel, seront fournis par le Gouvernement.

Les directeurs et directrices des Écoles nationales sont responsables du matériel fourni par l'État. Ils exigent que les professeurs obligent les élèves à tenir leurs livres en bon état. L'inspection mensuelle prescrite par l'article 23 devra s'étendre au matériel, aux objets d'enseignement, ainsi qu'aux livres des élèves nationaux.

Art. 65. — Les Commissions académiques arrêtent le maximum du nombre des élèves nationaux, que doit recevoir chaque école de leur circonscription respective.

Art. 66. — Aucun enfant ne sera reçu comme externe de l'État, dans une école nationale, si ses parents ne s'engagent, devant le recteur, à l'y laisser jusqu'à ce qu'il ait achevé le cours d'études prescrit pour cette école, ou qu'il ait atteint l'âge où il ne lui est plus permis d'y rester.

Art. 67. — Si les parents retirent l'enfant avant le temps, sans donner une excuse admise par le recteur, ils seront, sur la plainte de celui-ci, et à la diligence du ministère public, condamnés à une amende de 20 piastres et obligés de renvoyer l'enfant à l'école.

Art. 68. — Tout élève d'une insubordination habituelle sera rayé du tableau des élèves de l'établissement auquel il appartient. En cas de faute grave ou d'immoralité, il sera, en outre, exclu de toute autre école nationale.

Art. 69. — Dans l'un comme dans l'autre cas, le directeur de l'école à laquelle appartient l'enfant fera son rapport au recteur, et celui-ci, après avoir pris connaissance de l'affaire, la portera devant le Secrétaire d'État de l'Instruction publique qui statuera ce que de droit.

Néanmoins, s'il s'agit d'un pensionnaire national, le recteur devra aussi en référer au Secrétaire d'État qui prendra à ce sujet les ordres du Président d'Haïti.

CHAPITRE III

DES ÉCOLES NATIONALES URBAINES

SECTION PREMIÈRE

DES ÉCOLES DE GARÇONS

§ 1er. — DES ÉCOLES PRIMAIRES

ART. 70. — Les écoles nationales primaires actuellement existantes sont maintenues.

Il en sera, en outre, établi une dans chaque commune qui n'en possède pas encore.

ART. 71. — Il pourra même être fondé plusieurs écoles nationales primaires, dans les communes où une école serait reconnue insuffisante.

ART. 72. — L'instruction dans les écoles nationales primaires est gratuite et obligatoire.

ART. 73. — Aucun enfant ne sera reçu dans une école nationale primaire avant l'âge de sept ans, et ne pourra en sortir avant d'avoir fait toutes ses études.

ART. 74. — Les lettres d'admission aux écoles nationales primaires sont délivrées par les inspecteurs d'Académie et par les inspecteurs ruraux.

ART. 75. — L'enseignement primaire dans les villes comprend l'instruction élémentaire.

ART. 76. — Dans chaque école nationale primaire, il y a un directeur, et de plus deux aides par cinquante élèves.

§ 2. — DES LYCÉES

ART. 77. — Il sera établi un ou plusieurs lycées dans chaque Académie.

ART. 78. — Pour être admis dans un lycée, il faut savoir

écrire et lire couramment ; il faut connaître les éléments de la grammaire française, les quatre règles de l'arithmétique et les éléments de l'histoire sainte.

Art. 79. — Pour être reçu en qualité d'externe de l'État dans un lycée, il faut être pourvu d'une lettre d'admission délivrée par le recteur de l'Académie.

Art. 80. — Les lycées admettent des élèves particuliers.

Art. 81. — Les places d'élèves nationaux dans les lycées sont accordées de préférence :

1° Aux fils, frères ou neveux des citoyens qui ont rendu des services éminents à la Patrie, ou qui se sont distingués dans les armes, les lettres, les sciences, les arts et particulièrement dans l'agriculture;

2° Aux fils, frères ou neveux des officiers militaires et des fonctionnaires publics, de trente ans de services au moins;

3° Aux orphelins ;

4° Aux enfants des autres écoles qui se sont distingués par leur bonne conduite et par leur intelligence.

Art. 82. — Le personnel de chaque lycée national se compose d'un proviseur, d'un censeur des études, d'un économe ou agent-comptable, d'un aumônier, de professeurs, de maîtres d'études et de répétiteurs. Il y aura dans chaque lycée des exercices militaires et gymnastiques.

Du proviseur

Art. 83. — Le proviseur est chargé de l'administration de l'établissement.

Il y fait exécuter les lois et règlements.

Il correspond avec le recteur de l'Académie.

Il donne de l'impulsion aux études et fait de fréquentes visites dans les classes.

Il maintient l'ordre et la discipline.

Il veille à ce que la nourriture des pensionnaires soit saine et abondante.

Art. 84. — Aucun employé, quelle que soit la nature de

ses fonctions, ne peut s'absenter sans l'autorisation du proviseur, à peine de retenue d'un trentième sur les appointements mensuels par chaque jour d'absence.

Art. 85. — La retenue opérée par le proviseur est remise à l'employé qui a remplacé l'absent.

Art. 86. — L'absence non autorisée et prolongée au-delà de huit jours est réputée démission. Dans ce cas, il sera pourvu au remplacement de l'employé sur la demande du proviseur et la proposition du recteur de l'Académie.

Art. 87. — Il contrôle les écritures de l'économe et son mouvement de caisse.

Art. 88. — Il signale au recteur les réparations à faire au matériel et au local de l'établissement.

Du censeur des études

Art. 89. — Le censeur prend rang immédiatement après le proviseur. Il est chargé de maintenir la discipline intérieure, de surveiller les études, de faire appliquer le programme et le mode d'enseignement prescrits par la Commission académique.

Art. 90. — Il fait avec l'approbation du proviseur le règlement pour la distribution du temps des élèves.

Art. 91. — Il signale les élèves qui doivent être portés au tableau d'honneur, lequel est placé en évidence dans le parloir de l'établissement.

De l'économe

Art. 92. — L'économe est l'agent-comptable du lycée. Il est chargé des recettes et des dépenses de l'établissement sous la surveillance du proviseur et du censeur.

Art. 93. — Il soumet, chaque mois, son existence en caisse au proviseur, qui arrête le compte de ses dépenses.

Art. 94. — Il fait avec le contrôle du proviseur la répartition du casuel, c'est-à-dire du montant produit par les élèves particuliers de l'établissement.

Cette répartition se fait comme suit : le quart au proviseur, le quart aux professeurs, et l'autre moitié est réservée pour l'achat des livres de distribution de prix, et pour la formation d'une bibliothèque du lycée.

De l'aumônier

Art. 95. — L'aumônier est chargé de l'instruction religieuse des élèves.

Art. 96. — Une fois par semaine, il fait à chaque classe une leçon de catéchisme, fait apprendre aux élèves les évangiles, leur fait faire la lecture des livres pieux et les prépare à la première communion.

Art. 97. — Il peut être appelé par le recteur avec le consentement de l'évêque à faire le catéchisme dans d'autres établissements de la ville, si le travail du lycée le lui permet.

Art. 98. — Il est payé comme les professeurs du lycée.

Des professeurs

Art. 99. — Les professeurs ont la police de leurs classes ; il leur est spécialement recommandé de saisir dans le cours de leurs leçons toutes les occasions d'inspirer aux élèves l'amour de la vertu, l'horreur du vice, le respect des lois, le dévouement à la Patrie.

Art. 100. — En cas d'absence, même autorisée, pendant un ou plusieurs mois, le professeur perd sa quote-part du casuel, qui est de droit dévolue à l'employé qui le remplace.

Des maîtres d'études

Art. 101. — Les maîtres d'études doivent à l'établissement tout leur temps, de nuit comme de jour. Le censeur peut néanmoins leur assigner un tour de rôle, si le service n'en souffre pas.

Ils tiennent les études et surveillent les récréations; ils accompagnent les élèves partout où ceux-ci se rendent en corps ou par détachement.

Ils logent au lycée et partagent la vie commune.

Il est alloué pour eux un traitement de table.

Des répétiteurs

Art. 102. — Les répétiteurs sont, de préférence, choisis parmi les élèves qui ont terminé leurs études dans les lycées nationaux, ou qui, ayant fait leurs études dans d'autres établissements, se présentent munis d'un diplôme de l'Université.

Les répétiteurs partagent la surveillance avec les maîtres d'études; ils s'assurent si les élèves savent leurs leçons et ont fait leurs devoirs. Ils donnent des leçons particulières aux élèves arriérés. Ils remplacent momentanément les professeurs et les maîtres d'études absents; dans le premier cas, ils ne doivent que deux heures de classe; dans le second, ils doivent tout leur temps, de jour comme de nuit, et jouissent de la vie commune.

Enfin, ils sont à la disposition entière du censeur, pour l'enseignement comme pour la surveillance.

Art. 103. — Après un noviciat de quatre années, les répétiteurs peuvent être appelés, en subissant les examens exigés par la Commission académique, à toutes les places vacantes dans les lycées nationaux.

SECTION II

DES ÉCOLES DE FILLES

Art. 104. — Le Gouvernement pourra établir des pensionnats de demoiselles à la Capitale et dans les chefs-lieux d'Académie. Dans ces pensionnats on enseignera, outre la lecture, l'écriture, la langue française, d'autres langues vivantes, l'arithmétique, la mythologie, l'histoire ancienne, l'histoire moderne, la géographie et particulièrement l'histoire et la géographie d'Haïti, la botanique, la musique, la danse, le dessin et la peinture appliquée aux fleurs et au paysage, la couture, la broderie, le tricotage et tous les ouvrages convenables à leur sexe.

Art. 105. — Les articles 70, 71, 72, 73, 74 et 76 de la présente loi sont applicables aux écoles nationales primaires de filles.

Art. 106. — L'enseignement dans ces écoles comprend : l'instruction élémentaire et l'éducation professionnelle.

L'instruction élémentaire comprend la lecture, l'écriture, la langue française, l'arithmétique, l'histoire et la géographie d'Haïti.

L'éducation professionnelle embrasse la couture à l'aiguille et à la mécanique, le tricotage et la broderie.

Art. 107. — Dans lesdites écoles, le matin sera consacré aux classes, et l'après-midi au travail manuel.

CHAPITRE IV

DES ÉCOLES NATIONALES RURALES

Art. 108. — Les écoles nationales rurales seront établies dans les centres les plus populeux.

Art. 109. — L'enseignement dans lesdites écoles comprendra l'instruction élémentaire et l'éducation professionnelle.

L'instruction élémentaire comprendra la lecture, l'écriture, le calcul, les éléments de la grammaire française, la géographie, l'histoire sainte, l'histoire et la géographie d'Haïti.

L'éducation professionnelle embrassera l'étude pratique d'un métier pouvant être utile à des cultivateurs, et l'étude de l'agriculture.

A cet effet, il sera créé, pour chaque école rurale, un atelier élémentaire, où les enfants, en dehors des heures de classe, devront apprendre le métier enseigné dans l'établissement.

Art. 110. — Les produits qui sortiront de ces établissements seront vendus, sous le contrôle du directeur, pour en couvrir les frais.

Art. 111. — Il sera également enseigné aux élèves de ces écoles les droits et les devoirs du cultivateur, tels qu'ils sont inscrits dans le Code rural.

Art. 112. — Autant que possible, une chapelle sera établie à côté du local affecté à chaque école rurale.

Art. 113. — Il sera également établi, dans les centres populeux, des écoles nationales rurales de filles.

L'enseignement de ces écoles sera le même que celui des écoles de garçons.

Dans la partie professionnelle, indépendamment de la couture, on y enseignera les arts agricoles utiles à une mère de famille de la campagne.

De l'uniforme

Art. 114. — Les élèves des lycées portent pour uniforme : tunique de drap bleu, collet rouge, boutons dorés aux armes de la République, pantalon de drap bleu, képi de drap bleu, ceinture en cuir verni, avec plaque ou métal doré aux armes de la République.

Art. 115. — Les élèves des écoles primaires nationales portent le même costume, sauf le collet de la tunique qui sera bleu et les boutons blancs.

CHAPITRE V

SECTION PREMIÈRE

ÉCOLES CENTRALES D'ARTS ET MÉTIERS

Art. 116. — Il sera créé dans chaque département une école centrale d'arts et métiers.

Art. 117. — Une circulaire ministérielle déterminera les études que l'on devra y faire.

Art. 118. — A chacune de ces écoles, sera attaché un atelier, où les élèves, après les leçons théoriques, viendront étudier la pratique des diverses professions qu'on y enseigne.

Art. 119. — Pour être admis aux écoles d'arts et métiers, il faudra savoir lire, écrire, et posséder les quatre règles.

SECTION II

DES ÉCOLES SPÉCIALES

§ 1ᵉʳ. — Écoles spéciales de commerce

Art. 120. — Les écoles dites secondaires actuellement établies dans les diverses localités seront transformées en écoles spéciales de commerce.

A l'enseignement actuel, sera ajouté un cours de droit commercial.

Art. 121. — Après avoir suivi régulièrement les cours de ces écoles pendant trois ans, les élèves subiront un dernier examen pour obtenir un diplôme de capacité. Munis de ce diplôme, ils auront la préférence pour les places de comptabilité dans les bureaux publics.

§ 2. — École spéciale de droit

Art. 122. — Il sera établi à la Capitale une École spéciale de droit.

Art. 123. — Pour être admis dans cet établissement, il faudra avoir fait ses études dans un Lycée, un collège communal, un séminaire ou une institution particulière du rang d'un collège, et être muni d'un certificat qui le constate, et, après le 1ᵉʳ janvier 1880, être muni d'un diplôme de bachelier ès lettres.

Art. 124. — La durée des cours de l'École de droit sera déterminée par une circulaire ministérielle.

Art. 125. — A la fin de chaque année, il y aura un examen public, après lequel seront conférés les degrés.

Art. 126. — Les degrés à prendre en droit seront : 1° le baccalauréat ; 2° la licence ; 3° le doctorat.

La Commission chargée d'examiner les élèves sera formée du directeur et de deux professeurs de l'établissement.

Art. 127. — Quatre ans après l'établissement de l'École de droit, nul ne sera nommé avocat, juge ou notaire, s'il n'est muni d'un diplôme de licencié en droit.

§ 3. — Écoles spéciales de médecine et de pharmacie

Art. 128. — Il sera établi une école de médecine à la Capitale, et des écoles secondaires de médecine au Cap-Haïtien, aux Cayes, aux Gonaïves et à Jacmel.

Art. 129. — Pour être admis aux écoles de médecine et de pharmacie, il faut avoir fait ses études dans un lycée, un collège communal, un séminaire ou une institution particulière du rang d'un collège, et avoir un certificat qui le constate, et, après le 1ᵉʳ janvier 1880, être muni d'un diplôme de bachelier ès sciences.

Les cours des écoles de médecine dureront cinq ans.

Art. 130. — Il y aura un examen public à la fin de chaque année.

Art. 131. — Le degré à prendre en médecine est le doctorat. La Commission chargée d'examiner les élèves sera composée du directeur, de quatre professeurs et du jury médical.

Art. 132. — On pourra, dans les écoles de médecine secondaires, délivrer des diplômes d'officiers de santé, lesquels officiers de santé ne pourront exercer que dans la circonscription de l'Académie où se trouve l'école secondaire.

Art. 133. — Cinq ans après l'organisation de l'école de médecine, conformément à cette loi, nul ne pourra exercer la profession de docteur-médecin et officier de santé, s'il n'est muni d'un diplôme lui conférant l'un ou l'autre grade.

Avant cette époque, afin de pouvoir exercer la médecine, il faudra, pour ce qui est de l'examen, se soumettre à la loi actuellement en vigueur.

Art. 134. — Il y aura des cours de pharmacie attachés aux écoles de médecine.

Art. 135. — Les élèves en pharmacie subiront les mêmes examens que ceux en médecine, et après avoir suivi les cours de l'École, ils devront avoir un diplôme de pharmacien pour exercer cette profession.

Art. 136. — Toute personne munie d'un diplôme étranger de licencié en droit, de docteur en médecine ou de pharmacie, peut le faire assimiler au diplôme haïtien de même espèce, en se conformant à l'article 55 de la présente loi.

§ 4. — Écoles spéciales de peinture et de musique

Art. 137. — Il sera établi à la Capitale une école *spéciale de peinture* et des beaux-arts pour toute la République.

Art. 138. — L'école de musique établie à la Capitale sera maintenue, et il sera facultatif au Secrétaire d'État de l'Instruction publique d'en créer d'autres dans les autres Académies.

Art. 139. — L'organisation de ces écoles sera faite par une circulaire ministérielle.

SECTION III

DE L'ÉCOLE NORMALE PRIMAIRE

Art. 140. — Pour former des instituteurs primaires, il sera créé à la Capitale une école normale nationale primaire.

Art. 141. — Pour y être admis, il faudra :

1° Être âgé au moins de seize ans ;

2° Être muni d'un certificat de bonnes vie et mœurs ;

3° Avoir terminé avec soin ses études à une des écoles primaires, ou être sorti des classes supérieures d'un lycée.

Art. 142. — Cette école ne pourra recevoir qu'un nombre déterminé d'élèves.

Art. 143. — L'enseignement sera divisé en deux branches, l'une pour former les instituteurs des écoles urbaines, et l'autre pour former des instituteurs des écoles rurales.

Art. 144. — En entrant dans cet établissement, chaque élève signera à la Secrétairerie d'État de l'Instruction publique un engagement de rester pendant cinq ans au service de l'État comme instituteur public.

Art. 145. — Les élèves qui auront violé cet engagement seront dénoncés par le recteur de l'Académie du ressort au ministère public, punis d'un emprisonnement d'une année, et à leur sortie de prison seront incorporés dans un régiment de ligne, pour satisfaire au service militaire dont ils ont été affranchis.

Art. 146. — Le Gouvernement se réserve le droit de donner à cet établissement un petit nombre de pensionnaires, pris surtout parmi les jeunes gens des autres localités.

Art. 147. — Il sera attaché à cette école un atelier avec tout l'outillage nécessaire.

Chaque élève devra apprendre un métier.

Art. 148. — Il sera montré dans cette école les meilleures méthodes d'enseignement, celles de l'enseignement mutuel, et principalement la méthode de Lancaster, avec tous les perfectionnements de notre époque.

Art. 149. — La durée des cours sera fixée par le Secrétaire d'État de l'Instruction publique.

Art. 150. — Les élèves diplômés de l'École normale primaire seront nommés, de préférence à tous autres candidats, à la direction des écoles nationales primaires des villes et des campagnes.

CHAPITRE VI

DES ÉCOLES PARTICULIÈRES

Art. 151. — Les écoles particulières sont à la charge et sous la discipline de ceux qui les instituent.

Elles doivent se conformer aux dispositions de la présente loi, qui leur sont applicables.

Art. 152. — Il est facultatif au Gouvernement d'établir

dans les chefs-lieux d'Académie et ailleurs des chaires de Faculté.

Art. 53. — Ces cours, organisés par des circulaires ministérielles, seront publics et seront faits dans un local convenable.

Il est également facultatif au Gouvernement, s'il le juge convenable, d'ouvrir des concours entre les principaux établissements d'instruction publique.

CHAPITRE VIII

DES EXAMENS PUBLICS

Art. 154. — Outre les inspections faites dans le cours de l'année scolaire, à partir du 1er juillet de chaque année dans les écoles nationales, communales, les séminaires et les écoles et institutions particulières, il sera fait un examen public dans toutes les écoles nationales, communales, les séminaires et les écoles et institutions particulières en présence des inspecteurs, des autorités locales, des membres désignés par la Commission académique et des familles.

Art. 155. — A la suite de cet examen, il sera fait une distribution solennelle des prix aux élèves qui se sont le plus distingués par leur travail et par leur conduite.

Art. 156. — A la distribution des prix, sera lue la circulaire ministérielle qui prononcera les vacances et en fixe la durée. Elle ne devra pas excéder un mois.

Art. 157. — Outre les vacances d'été, il y aura le congé de fin d'année, qui commencera la veille de Noël pour finir le 7 janvier suivant.

Art. 158. — La présente loi abroge toutes les lois et dispositions de la loi sur l'instruction publique qui lui sont contraires.

Elle sera exécutée à la diligence du Secrétaire d'État de l'Instruction publique, qui est grand maître de l'Université d'Haïti.

30 janvier 1875.

PROJET DE LOI [1]

Boisrond-Canal, président de la République d'Haïti,
Vu l'article 82 de la Constitution ;
Sur la proposition du Secrétaire d'État de l'Instruction publique,
Et de l'avis du Conseil des Secrétaire d'État,
A proposé,
Et le Corps Législatif a rendu la loi suivante :

Art. 1er. — Sont et demeurent adoptées les clauses et conditions contenues dans le contrat du 21 mars 1877, passé entre le Secrétaire d'État de l'Instruction publique et le Révérend Frère Supérieur Général des Frères de l'Instruction chrétienne, représenté par le Très Cher Frère Liphard, muni de ses pleins pouvoirs.

Art. 2. — La présente loi sera exécutée à la diligence du Secrétaire d'État de l'Instruction publique.

Donné au Palais national du Port-au-Prince, le 11 mai 1877 an LXXIV de l'indépendance.

Boisrond-Canal.

Par le Président :

Le Secrétaire d'État au Département de l'Instruction publique,

A. Thoby.

Entre M. A. Thoby, secrétaire d'État au Département de l'Instruction publique, autorisé par une décision du Conseil des Secrétaires d'État, d'une part ;

[1] Il a été déposé sur le bureau de la Chambre et n'a jamais été voté.

Et le Révérend Frère Supérieur Général des Frères de l'Instruction chrétienne, représenté par le Très Cher Frère Liphard, muni de ses pleins pouvoirs, lesquels ont été présentés et trouvés en bonne et due forme, d'autre part;

Il a été convenu et arrêté ce qui suit :

Art. 1er. — Le Révérend Frère Supérieur Général des Frères de l'Instruction chrétienne s'engage à mettre à la disposition du Gouvernement d'Haïti des Frères pour former des écoles primaires supérieures de garçons, tant dans les villes que dans les campagnes de la République.

Art. 2. — Dans le courant du mois de février de chaque année, le Directeur Général des Frères, au Port-au-Prince, fera savoir au Gouvernement, par un avis formel, le nombre d'instituteurs que l'Institut de Ploërmel est à même d'envoyer en Haïti.

Art. 3. — Aucune demande d'instituteurs ne pourra dépasser le nombre annuellement fixé dans cet avis, si ce n'est du consentement du Supérieur Général. Le Gouvernement d'Haïti n'est pas non plus tenu, en vertu dudit avis, d'employer un plus grand nombre d'instituteurs que celui qui aura été déterminé, chaque année, par les besoins du service public et le vote du Corps législatif.

Art. 4. — Les Frères seront munis de lettres d'obédience qui leur tiendront lieu de brevets de capacité. Dans leurs écoles, il ne sera point admis de professeurs étrangers à leur Institut, si ce n'est du consentement du Directeur Général, à son choix, et qu'il sera toujours libre de changer ; mais, pour se maintenir dans l'esprit de la loi, il donnera avis à l'autorité compétente de tout changement qu'il aurait cru devoir faire.

Art. 5. — Si, pour des raisons de santé, des Frères étaient obligés de suspendre leurs fonctions et de rentrer en France, le Directeur Général serait toujours libre de s'entendre avec le Supérieur Général pour pourvoir à leur remplacement.

Art. 6. — Le Supérieur Général est libre de rappeler un Frère en le remplaçant par un autre

Mais ne saurait être mis à la charge de l'État tout renvoi occasionné par des faits qui ne pourraient pas être valablement imputés au Gouvernement d'Haïti.

Le Gouvernement, de son côté, pourra s'entendre avec le Directeur Général pour demander le rappel d'un Frère, soit pour raisons politiques ou autres qui pourraient se présenter selon l'occurrence.

Tout Frère, qui refuserait d'obtempérer à l'ordre qui lui sera donné de rentrer en France, ne pourra, dans aucun cas, ni enseigner pour le compte de l'État en Haïti, ni en recevoir de subvention. Il sera tenu de rembourser à qui de droit les frais de voyage et tous autres légitimement dus, soit en vertu des statuts de l'Institut, soit en vertu de conventions spéciales.

Art. 7. — Le Directeur général est toujours libre de placer et de déplacer les membres de son personnel enseignant, mais il devra donner avis préalable au Gouvernement des mutations qu'il aura faites dans l'intérêt des études et pour la bonne marche du service public.

Art. 8. — Les Frères suivront les méthodes d'enseignement et se serviront des livres classiques en usage dans leurs écoles, ces livres et méthodes seront préalablement soumis à l'approbation du Gouvernement.

Les Frères continueront de recevoir et distribueront gratis la géographie, l'histoire d'Haïti, le papier, la craie, les plumes et l'encre que donne l'État pour les écoles nationales.

Les Frères continueront aussi à jouir de la franchise des droits de douane pour leurs effets personnels et les objets classiques à l'usage de leurs élèves.

Remarque. — Au sujet de cet article, le contrôle que la haute administration jugera à propos d'établir sera accepté.

Art. 9. — Sous les réserves formulées dans le présent contrat, les Frères enseigneront en vertu de la commission qui leur sera délivrée par M. le Secrétaire d'État de l'Instruction publique, d'après les articles 5 et 6.

Ils seront soumis aux lois, arrêtés et règlements administratifs, promulgués ou à promulguer sur l'organisation de l'instruction publique, à moins que les lois, arrêtés ou règlements n'aient quelque chose de contraire à la discipline de l'Église Catholique Romaine.

Art. 10. — Chaque Frère recevra du Trésor public, en argent américain, une indemnité mensuelle de 30 piastres comme rétribution scolaire, et une indemnité annuelle de 25 piastres pour frais de déplacement à l'époque des vacances.

Le traitement des Frères commencera à courir dès leur arrivée en Haïti, mais le Directeur général est tenu d'en donner avis au Département de l'Instruction publique.

L'indemnité mensuelle du Directeur Général sera de 60 piastres, y compris les frais de tournées qu'il est obligé de faire au moins deux fois l'an ; il recevra, en outre, 70 piastres par an pour chaque école, à titre de dédommagement pour récompenses et encouragements à donner aux enfants dans ses tournées d'inspection, pour fournir des prix qui seront distribués à la fin de chaque année scolaire, pour les honoraires de médecin et les dépenses de pharmacie.

Art. 11. — Outre les indemnités précitées, le Gouvernement paiera au Directeur Général 200 piastres pour les frais de passage et de trousseau de chaque Frère qui lui sera envoyé par le Supérieur Général de l'Institut, comme instituteur primaire.

Art. 12. — Le Frère, qui aura mérité un congé pour des causes légitimes que le Gouvernement appréciera, aura droit: 1° au passage pour l'aller et le retour, à bord des steamers devant passage à l'État, ou à une indemnité équivalente ; 2° à la moitié de son traitement durant le temps de son congé qui sera de six mois tout au plus.

Art. 13. — Les Écoles des Frères seront gratuites. Néanmoins, avec l'autorisation préalable du Gouvernement, les Frères pourront recevoir des élèves payants, mais il ne sera établi aucune distinction entre ceux-ci et les élèves de l'État.

Dans le cas où les Frères resteraient trois mois sans toucher leurs appointements, ils auront la faculté, après en avoir donné avis préalable au Gouvernement, d'exiger de leurs élèves une rétribution mensuelle qui sera d'une demi-piastre au moins et d'une piastre au plus.

Cette indemnité ne sera point exigée des élèves dont les parents seraient dans l'incapacité absolue de payer, et, à l'égard des autres élèves, elle cessera entièrement d'être perçue avec les causes qui l'auront motivée.

Art. 14. — L'État fournira aux Frères et entretiendra à ses frais :

1° Une maison d'habitation, un mobilier complet, tels que lits garnis, armoires, tables diverses, chaises, horloges, linge et tous objets indispensables dans un ménage jusqu'à concurrence d'une somme de....... par école de deux ou trois Frères ;

2° Un local pour l'école avec le matériel nécessaire pour la marche régulière d'une école bien tenue, tel que tables. bancs, tableaux noirs, tableaux de lecture, cartes murales bureaux avec estrades et autres objets pour l'ornementation des classes.

Art. 15. — Les cinq écoles des Frères déjà existantes jouiront dès à présent des bénéfices du présent contrat.

Art. 16. — A une distance des villes qui ne pourra dépasser un kilomètre, il pourra être créé, sous la direction des Frères, douze écoles pratiques d'agriculture. A une distance plus grande il y aurait un aumônier.

Les frais de construction et d'installation de ces établissements, leur mode de gestion, leurs méthodes d'enseignement pratique seront ultérieurement déterminés par un traité spécial.

Le Directeur général, de concert avec l'Administration supérieure, dressera les règlements intérieurs de tous les établissements des Frères. Lui seul correspond avec les Secrétaires d'État, chacun en ce qui le concerne. — Les écoles pratiques d'agriculture, de même que les écoles urbaines des Frères, restent soumises à la surveillance de l'État et aux inspections périodiques qu'il croira devoir organiser.

Art. 17. — Le présent traité est conforme aux principes des articles 4 et 5 de la convention du 17 juin 1863, laquelle fait suite au concordat.

Art. 18. — Le présent traité est conclu pour dix années consécutives, à partir de la date de sa ratification ; et, à l'échéance de ce terme, il continuera à avoir son plein et entier effet, à moins qu'il n'ait été dénoncé deux ans d'avance par une des deux parties contractantes.

Port-au-Prince, 21 mars 1877.

Le Directeur Général des Frères de l'Instruction chrétienne,
Frère Liphard.

Le Secrétaire d'État de l'Instruction publique,
A. Thoby.

PROJET DE LOI

PORTANT CRÉATION D'UNE ÉCOLE NORMALE PRIMAIRE [1]

BOISROND-CANAL, président d'Haïti,

Considérant qu'utile à l'homme dans tous les lieux, dans tous les temps, l'instruction est une nécessité dans un pays d'égalité et de suffrage universel ;

Considérant que le succès de l'instruction publique, dépend des maîtres qui la donnent ;

Considérant que l'avenir des écoles primaires ne peut être convenablement préparé que dans les écoles normales chargées de former un personnel dirigeant et enseignant qui présente des garanties de caractère et les aptitudes spéciales, d'en favoriser et d'en assurer le recrutement régulier ;

Considérant qu'il est sage et prudent de préparer dès maintenant des instituteurs animés du sentiment de la Patrie et auxquels l'éducation des enfants sera confiée ;

Considérant qu'il y a pour l'État lieu de pourvoir aux moyens de maintenir et de développer, dans l'éducation du peuple, l'influence légitime de l'enseignement laïque ;

Sur le rapport du Secrétaire d'État de l'Instruction publique,

Et de l'avis du Conseil des Secrétaires d'État,

A proposé :

TITRE I

I. — BUT DE L'ÉCOLE ET OBJET DE L'ENSEIGNEMENT

ART. 1ᵉʳ. — Est fondée à Port-au-Prince une École normale primaire de garçons destinée à former des instituteurs primaires pour toutes les communes de la République.

[1] Il a été voté par la Chambre et retenu au Sénat.

Art. 2. — L'enseignement comprend :

1° Lecture ;
2° Calligraphie ;
3° Grammaire française ;
4° Principe de style et de composition française ;
5° Arithmétique ;
6° Éléments de comptabilité ;
7° Géométrie et dessin linéaire au point de vue des applications les plus usuelles ;
8° Éléments de l'histoire et de la géographie générale, et particulièrement de l'histoire, de la géographie d'Haïti et des Antilles ;
9° Notions des sciences physiques et naturelles applicables aux usages de la vie ;
10° Notions de technologie agricole et industrielle au point de vue des applications au pays ;
11° Notions d'hygiène ;
12° Morale et éléments d'économie sociale ;
13° Musique vocale et chorale, et étude pratique de l'orgue ;
14° Gymnastique ;
15° Pédagogie.

Art. 3. — Des programmes détaillés répartiront les différentes matières de l'enseignement en trois années, durées des cours.

Art. 4. — Des manuels et des livres spéciaux serviront de base et de texte à l'enseignement, en cas de nécessité ; ils seront rédigés pour les besoins particuliers de la jeunesse haïtienne, de manière à diriger les écoles des élèves-maîtres vers le but final de l'Institution.

Art. 6. — Un terrain spécial et d'une étendue convenable est réservée dans l'établissement aux travaux pratiques, notamment les travaux agricoles.

Art. 5. — Dès la seconde année, il sera aussi annexé à l'École normale une École primaire d'élèves externes, destinée à exercer les élèves-maîtres à la pratique des méthodes d'enseignement, et à servir de modèles aux écoles publiques primaires.

Cette École ne pourra pas compter plus de soixante élèves.

II. — Du matériel

Art. 7. — L'organisation matérielle étant la base même de l'enseignement primaire, il sera au plus tôt construit pour l'établissement de l'École un bâtiment spécial. En attendant, il sera approprié un local permettant le fonctionnement immédiat de l'École normale.

Art. 8. — Dès l'ouverture des cours, il sera établi une bibliothèque pour l'utilité du personnel enseignant et des élèves-maîtres.

Art. 9. — L'École normale et l'École annexe seront pourvues d'un mobilier perfectionné, confectionné à l'Étranger, pouvant servir de modèle aux Écoles primaires publiques.

Art. 10. — L'École sera ainsi pourvue :

1° D'un cabinet de sciences physiques et naturelles ;

2° D'un cabinet agricole ;

3° Et, enfin, de tous les instruments, objets classiques et collections nécessaires au fonctionnement théorique et pratique.

III. — Du personnel

Art. 11. — Le personnel de l'École normale se compose de :

1° Un directeur, chargé des conférences pédagogiques et du cours de sciences morales ;

2° Un professeur de langue française, d'histoire et de géographie ;

3° Un professeur de sciences physiques et naturelles, chargé du cours de technologie et d'hygiène ;

4° Un professeur de mathématiques, y compris le dessin linéaire et la comptabilité ;

5° Un professeur de musique ;

6° Un maître de gymnastique ;

7° Un chef de culture et d'atelier agricole ;

8° Un aide-préparateur et conservateur des cabinets de physique et d'histoire naturelle ;

9° Quatre maîtres répétiteurs faisant fonction de maîtres d'études : les cours de lecture et de calligraphie seront répartis entre eux ;

10° Une infirmière ;

11° Des garçons de service en nombre suffisant...

Art. 12. — Jusqu'à nouvelle décision législative, le personnel dirigeant, enseignant et surveillant, sera choisi parmi des maîtres formés à l'Étranger, ayant déjà donné dans l'enseignement des preuves de leur capacité morale et intellectuelle, et des contrats définitifs seront passés avec eux.

Art. 13. — Les professeurs, à l'exception de ceux de musique et de gymnastique, seront tenus de donner à l'établissement trois heures au plus d'enseignement, soit le matin, soit l'après-midi. Ils pourront être employés par le Gouvernement dans d'autres établissements publics de la Capitale.

L'aide-préparateur et les maîtres répétiteurs sont entièrement à la disposition du directeur pour tous les besoins des études et des services.

Art. 14. — Le personnel de l'école annexe se composera de deux instituteurs choisis dans les conditions prescrites dans l'article 12.

Ces instituteurs, qui doivent être toujours présents à l'école annexe, sont, quant au traitement et à toutes autres conditions, assimilés au personnel de l'École normale, et sont sous l'autorité immédiate du directeur de cette École.

Art. 15. — Un corps de logis spécial permettra aux professeurs la résidence au sein de l'établissement, et chacun d'eux recevra, en sus des appointements, à titre de traitement de table, une indemnité égale au prix de la pension mensuelle des élèves-maîtres.

IV. — De l'admission des élèves-maîtres

Art. 16. — Le chiffre des élèves-maîtres, boursiers de l'État à l'École normale est fixé à « soixante-sept », c'est-à-dire à raison d'un élève par commune.

Art. 17. — Seront, en outre, obligatoirement entretenus deux boursiers au moins par chaque Conseil d'arrondissement.

Art. 18. — Les bourses de l'État et des Conseils d'arrondissement seront toujours données par la voie du concours ou à la suite d'un examen individuel, si dans une commune il ne se présente qu'un seul candidat.

Ce concours aura lieu entre les candidats des Écoles tant publiques que privées, de chaque commune, et respectivement dans chaque chef-lieu d'arrondissement.

Art. 19. — Nul ne peut être admis au concours s'il n'a préalablement justifié qu'il a quinze ans au moins et dix-huit ans au plus. Aucune dispense d'âge ne peut être accordée.

Art. 20. — Les demandes d'admission au concours doivent être adressées par écrit au Conseil communal du domicile de la famille pour être expédiées au Conseil d'arrondissement. Ces demandes doivent être accompagnées des pièces suivantes :

1° L'acte de naissance du candidat ;

2° Un certificat de bonnes vie et mœurs délivré par le Conseil communal ;

3° Un certificat de médecin constatant qu'il a été vacciné, et qu'il n'est atteint d'aucune maladie contagieuse ni d'aucune infirmité qui le rend impropre à l'enseignement ;

4° L'engagement de servir pendant dix ans dans l'instruction publique.

Les candidats, étant en âge de minorité, doivent être autorisés par-devant notaire par leurs pères, leurs mères ou leurs tuteurs à contracter cet engagement.

Art. 21. — Les connaissances exigées pour l'admission à l'école sont : 1° la lecture ; 2° l'écriture ; 3° les éléments de la langue française ; 4° le calcul des nombres entiers, fractionnaires et décimaux. Les élèves auront, en outre, à faire une dictée.

Les examens oraux seront publics.

Art. 22. — La Commission chargée dans chaque chef-lieu d'arrondissement de procéder au concours et aux examens est composée comme suit :

1° D'un inspecteur de l'instruction publique, ou d'un délégué spécial du Secrétaire d'État ;

2° De deux membres délégués du Conseil d'arrondissement ;

3° D'un professeur de mathématiques et d'un professeur de lettres ou de grammaire de l'institution de l'ordre le plus élevé du chef-lieu et de deux pères de famille au choix du Conseil d'arrondissement.

Un règlement ministériel fixera l'époque et la durée de ces examens dont les résultats seront rendus publics par la voie du *Journal Officiel*.

Art. 23. — A défaut de candidat dans une commune, le Conseil d'arrondissement présentera trois candidats qui seront soumis aux mêmes épreuves que les autres.

Art. 24. — Les élèves admis doivent être rendus à l'École à l'époque fixée pour l'ouverture des cours. Tout élève, qui ne sera pas rendu à cette époque, sera considéré comme démissionnaire sans qu'aucune excuse légitime puisse être prise en considération.

Art. 25. — Tout élève qui, sans motif légitime, se sera absenté trois jours de suite ou six jours non consécutifs dans un trimestre sera renvoyé de l'École. Le renvoi dans ce cas, comme dans tous les autres, où il aura été ordonné par l'autorité compétente, sera rendu public sur le *Journal Officiel*.

Art. 26. — Tout élève qui reste fidèle à son engagement est dispensé du service militaire.

Art. 27. — Les boursiers qui, par leur fait, sortiraient de l'école avant la fin des études, ou qui refuseront de remplir leur engagement décennal, sont tenus de restituer à l'État ou au Conseil d'arrondissement le prix de la pension dont ils ont joui.

La dispense du service militaire cesse à dater du jour où l'engagement a été rompu.

Art. 28. — Les élèves admis à l'École normale doivent être, dès leur entrée, munis, à leurs frais, du trousseau déterminé par le règlement.

Ils portent l'uniforme prescrit.

Les élèves doivent aussi être munis, dès leur entrée et à leurs frais, des livres et objets d'étude déterminés chaque année par la Commission de surveillance et le Conseil de professeurs réunis.

Toutefois, pour un enfant de famille reconnue nécessiteuse, il sera pourvu par sa commune aux frais du trousseau, des livres et objets d'étude.

Le papier, les plumes et l'encre sont fournis par l'État.

V. — Des examens et de la sortie des élèves

Art. 29. — Il y aura, à la fin de chaque année scolaire, un examen public à la suite duquel il sera distribué des récompenses aux élèves les plus méritants.

Tout élève qui ne sera pas jugé capable de recommencer les cours de l'année suivante sera renvoyé de l'École.

Après les deux examens de la troisième année, il y aura, dans le délai prévu par le règlement, des examens généraux dits de sortie pour les candidats au diplôme de capacité.

Le règlement déterminera la nature et la durée de ces examens.

Art. 30. — Un délai de six mois est accordé pour se présenter de nouveau à l'obtention du diplôme de capacité aux élèves qui, ayant été admis à l'examen de sortie, n'auraient pas subi avantageusement la première preuve.

Ces élèves cessent d'être boursiers aux frais de l'État ou du Conseil d'arrondissement, mais peuvent l'être aux frais de leurs familles.

Art. 31. — Les élèves qui auront obtenu le diplôme de capacité seront, par préférence et selon leur degré de mérite, employés dans les écoles publiques primaires.

Aucun emploi aux écoles publiques primaires ne pourra être donné à d'autres candidats qu'au préalable, soient placés les diplômés de l'École normale.

A défaut de places vacantes dans les écoles publiques primaires, l'Administration supérieure et les administrations locales pourront employer, au moins provisoirement, ces diplômés, de préférence à tous autres, dans toute autre branche du service public, jusqu'à ce qu'une vacance se présente dans l'enseignement primaire.

Art. 32. — A défaut d'emploi dans n'importe quelle branche du service public, le diplômé de l'École normale recevra l'autorisation de s'employer à son gré ; et, si après deux années d'attente il n'a pu être utilisé par l'État ou son Conseil d'arrondissement, il sera libéré de son engagement.

VI. — Du conseil de professeurs et de la discipline

Art. 33. — Les professeurs de l'établissement forment le Conseil d'ordre de l'école, sous la présidence du directeur.

Art. 34. — Ce Conseil se réunit obligatoirement une fois par mois et toutes les fois qu'il est convoqué, soit par le directeur, soit par le Conseil de surveillance.

Art. 35. — Le Conseil de professeurs prononce sur les questions d'urgence concernant la discipline et les infractions aux règlements intérieurs commises par les élèves.

Il a le droit de proposer au Conseil de surveillance toute réforme qu'il croit utile à la bonne marche des études.

Art. 36. — Dans la séance obligatoire de chaque mois, chaque professeur présente l'état des cours qui lui sont confiés, la moyenne des notes méritées par les élèves dans chaque faculté, et toutes autres observations qu'il juge utiles.

Art. 37. — Les punitions qui peuvent être infligées aux élèves sont :

La retenue, ou la consigne ;
La réprimande ;
L'expulsion.

Le Directeur prononce la retenue.

La réprimande est prononcée, suivant les cas, par le Directeur, le Conseil d'ordre ou la Commission de surveillance.

L'expulsion est prononcée par la Commission de surveillance, sur l'avis du Conseil des professeurs, et après acceptation du Secrétaire d'État.

Art. 38. — En cas de faute grave, le Conseil de professeurs prononce l'exclusion provisoire.

VII. — De la commission de surveillance

Art. 39. — La surveillance de l'École normale est confiée à une Commission de trois membres, y compris le président, nommé par le Président d'Haïti sur la présentation du Secrétaire d'État de l'Instruction publique.

Les fonctions des trois membres sont assimilées à celles des Inspecteurs de l'Instruction publique.

Le Directeur de l'École normale assiste toujours aux délibérations de la Commission avec voix délibérative.

Art. 40. — La Commission de surveillance est chargée :

1° De modifier, au besoin, les programmes et les règlements particuliers de l'École, le Conseil de professeurs entendu ; ces modifications, pour être valables, devront être approuvées par le Secrétaire d'État ;

2° D'arrêter, à la fin de chaque année d'étude, la liste des élèves admis à suivre les cours de l'année supérieure ou à subir les examens de sortie ;

3° De présenter au Secrétaire d'État toute mesure qui concerne l'amélioration de l'enseignement, soit théorique, soit pratique;

4° De faire au moins une fois par mois la visite de l'École.

Art. 41. — La Commission de surveillance est appelée à faire ses observations sur les rapports du directeur de l'École; ces observations sont rendues publiques en même temps que les rapports.

TITRE II

I. — École normale de jeunes filles

L'instruction et l'éducation de la femme intéressant la société, au moins au même degré que celle de l'homme, il est aussi fondé, dès maintenant, à Port-au-Prince, une École normale primaire de jeunes filles.

Art. 42. — Les articles concernant l'École normale de garçons seront appliqués à l'organisation, à l'administration et à la surveillance de l'École normale de jeunes filles, sauf les modifications que comporte la nature de cet établissement.

Ces modifications seront déterminées par un règlement d'administration publique.

TITRE III

DISPOSITIONS FINALES

Art. 43. — Est annexé à la présente loi l'état des traitements des fonctionnaires et employés des deux Écoles normales primaires.

Art. 44. — Sont abrogées toutes lois et tous règlements contraires à la présente loi.

La présente loi sera exécutée à la diligence des Secrétaires d'État de l'Instruction publique et des Finances, chacun en ce qui le concerne.

Donné au Palais national du Port-au-Prince, le 26 juin 1877, an LXXIV de l'indépendance.

BOISROND-CANAL.

Par le Président:

Le Secrétaire d'État de l'Instruction publique, etc.
A. THOBY.

Le Secrétaire d'État des Finances et du Commerce,
L. ETHÉART.

ANNEXE

ÉTAT DES FONCTIONNAIRES ET EMPLOYÉS DES ÉCOLES NORMALES DE GARÇONS ET DE FILLES

I. — ÉCOLE NORMALE PRIMAIRE DE GARÇONS

Le directeur, à....................	200 p.	2.400 p.
Trois professeurs, à...............	125 »	4.500 »
Deux instituteurs de l'école annexe, à.	0.60 »	1.440 »
Professeur de musique, à...........	0.50 »	0.600 »
Professeur de gymnastique.........	0.50 »	0.600 »
Aide-préparateur, à................	0.50 »	0.600 »
Quatre maîtres répétiteurs, à.......	0.50 »	2.400 »
Un chef de culture, à..............	0.50 »	0.600 »
Un infirmier, à....................	0.30 »	0.360 »
Six garçons de service, à..........	0.20 »	1.400 »
Traitement de table, des trois professeurs, des deux instituteurs et des cinq maîtres répétiteurs, à.........	0.20 »	2.400 »
Soixante-sept bourses, à...........	0.20 »	16.080 »
TOTAL.........		34.320 p.

II. — ÉCOLE NORMALE PRIMAIRE DE JEUNES FILLES

La directrice, à....................	150 p.	1.800 p.
Deux maîtresses de classes, à........	100 »	2.400 »
Une maîtresse de musique, à.........	050 »	600 »
Une maîtresse de travaux manuels, à.	50 »	600 »
Quatre sous-maîtresses dont deux attachées à l'école annexe, à...........	50 »	2.400 »
Une infirmière, à...................	30 »	360 »
Deux femmes de service, à..........	20 »	480 »
Soixante-sept bourses, à............	20 »	16.080 »
Total..........		24.720 p.

LOI SUR L'AUGMENTATION DES ÉMOLUMENTS
DES FONCTIONNAIRES DE L'INSTRUCTION PUBLIQUE

Considérant que, pour relever l'instruction nationale, il importe que le personnel de cette branche d'administration soit raisonnablement rétribué ;

Vu les lois du 12 octobre 1860, du 3 septembre 1864, modifiées par celle du 19 septembre 1870 ;

La Chambre des Représentants, accordant toute sa sollicitude à l'instruction publique,

A proposé,

Et le Corps législatif a rendu la loi suivante :

Art. 1er. — Les émoluments des fonctionnaires et employés de l'instruction publique sont mensuellement fixés ainsi qu'il suit dans le tarif annexé.

Art. 2. — La langue espagnole est enseignée dans les écoles nationales depuis les lycées jusqu'aux écoles primaires de première classe exclusivement.

Art. 3. — Les dispositions des autres lois qui ne sont pas rapportées par la présente loi continuent d'être en vigueur.

Art. 4. — La présente loi abroge toutes les dispositions de loi qui lui sont contraires et sera publiée à la diligence du Secrétaire d'État de l'Instruction publique.

Donné à la Maison nationale, au Port-au-Prince, le 3 septembre 1878, an LXXV de l'indépendance.

Le Président du Sénat,
B. Maignan.

Les Secrétaires,
L.-T. Lafontant, L. Auguste.

Donné à la Chambre des Représentants, au Port-au-Prince, le 10 septembre 1878, an LXXV de l'indépendance.

Le Président de la Chambre,
H. Price.

Les Secrétaires,
P.-E. Latortue, G. Saint-Germain.

Au nom de la République :
Le Président d'Haïti ordonne que la loi ci-dessus du Corps législatif soit revêtue du sceau de la République, imprimée, publiée et exécutée.

Donné au Palais national, au Port-au-Prince, le 12 septembre 1878, an XXXV de l'indépendance.

BOISROND-CANAL.

Par le Président :
Le Secrétaire d'État du département de l'Instruction publique,

C. ARCHIN.

TARIF

Qui fixe mensuellement les émoluments des employés à l'Instruction publique

1° ÉCOLES RURALES

Directeur...............................	25 g.

2° ÉCOLES PRIMAIRES

Première classe

Directeur...............................	50 »
Professeur, chacun.....................	35 »

Deuxième classe

Directeur...............................	40 »
Professeur, chacun.....................	25 »

Troisième classe

Directeur...............................	32 »
Professeur, chacun.....................	20 »

Quatrième classe

Directeur...............................	25 »
Professeur, chacun.....................	15 »

3° ÉCOLE LANCASTÉRIENNE

Directeur...............................	60 »
Professeur, chacun.....................	35 »

4° École secondaire

De la Capitale

Directeur....................................	80 g.
Professeur, chacun.......................	55 »
Professeur de deuxième ordre...............	45 »
— de langues.....................	35 »
Maître d'études..........................	32 »
Répétiteur.............................	25 »
Salarié..................................	8 »

Des départements

Directeur................................	75 »
Professeur de premier ordre, chacun........	45 »
— de deuxième ordre, chacun.......	35 »
— de langues.....................	35 »
Maître d'études..........................	30 »
Répétiteur.............................	25 »
Salarié..................................	6 »

5° Des lycées

Port-au-Prince

Directeur................................	110 »
Professeur de premier ordre, chacun........	75 »
— de deuxième ordre, chacun.......	50 »
— de deuxième ordre, langues vivantes.	50 »
Maître d'études..........................	40 »
Professeur de dessin linéaire	60 »
Répétiteur.............................	35 »
Trois salariés, chacun.....................	8 »

Départements

Directeur................................	100 »
Professeur de premier ordre, chacun.........	70 »
— deuxième —	50 »
— langues vivantes...............	40 »
Maître d'études	30 »
Répétiteur	28 »
Deux salariés, chacun.....................	5 »

6° Pensionnat de demoiselles de la capitale

Directrice..	90 g.
Professeur de premier ordre, chacun..........	55 »
— deuxième —	40 »
— langues vivantes...............	35 »
— troisième ordre................	35 »
Professeur de musique........................	55 »
Professeurs d'ouvrage, chacun.................	35 »
Sous-maîtresse interne	35 »
— de fleurs artificielles...........	30 »
Deux salariés, chacun.......................	8 »

7° Écoles supérieures de demoiselles du Cap, des Cayes, de Jacmel, de Jérémie et des Gonaïves

Directrice..	70 »
Professeur de premier ordre.................	40 »
— deuxième —	35 »
— de musique	32 »
— langues.......................	35 »
Maîtresse de couture.........................	25 »
Sous-maîtresse interne	32 »
Salarié.................................	8 »

LOI SUR LA SURVEILLANCE ET L'INSPECTION DES ÉCOLES

Boisrond-Canal, président d'Haïti,

Sur la proposition du Secrétaire d'État de l'Instruction publique,

Et de l'avis du Conseil des Secrétaires d'État,

A proposé,

Et le Corps législatif a voté la loi suivante :

Art. 1ᵉʳ. — La surveillance et l'inspection de toutes les écoles et maisons d'éducation généralement quelconques, tant publiques que privées, sont confiées :

1° A un Conseil supérieur siégeant à la capitale ;

2° A un corps d'inspecteurs répartis dans les dix circonscriptions scolaires de la République actuellement existantes et dans les deux arrondissements de Léogâne et de Tiburon, qui formeront deux nouvelles circonscriptions scolaires ajoutées aux précédentes ;

3° A des Commissions locales, nommées dans les communes de la République.

Les membres du Conseil supérieur et les inspecteurs sont à la nomination du Président d'Haïti.

DU CONSEIL SUPÉRIEUR DE L'INSTRUCTION PUBLIQUE

Art. 2. — Le Conseil supérieur de l'Instruction publique sera composé de sept membres, dont trois pour la section des lettres, trois pour la section des sciences, et un président élu tous les ans, au scrutin secret et à la majorité absolue des voix.

Quand le Secrétaire d'État de l'Instruction publique assiste aux délibérations de la Commission, il en est le président.

Art. 3. — Le Conseil supérieur de l'Instruction publique, une fois constitué, ne pourront, à l'avenir, en être membres que ceux qui ont été :

1° Président de la Commission centrale de l'Instruction publique durant trois ans au moins ;

2° Directeurs et professeurs, haïtiens ou étrangers, des lycées nationaux, de l'école de médecine, de l'école normale, durant trois mois au moins ;

3° Directeurs d'une institution libre d'enseignement secondaire, durant trois ans au moins ;

4° Inspecteurs généraux de l'Instruction publique.

Pourra le Secrétaire d'État de l'Instruction publique proposer au Président d'Haïti, en dehors des catégories ci-dessus désignées, des individus d'une capacité éprouvée ; mais ils seront préalablement agréés par le Conseil supérieur.

Art. 4. — Le Conseil supérieur remplace la Commission centrale de l'Instruction publique et exerce toutes les attributions qui lui ont été dévolues par les lois.

Il est notamment chargé, sous la haute direction du Secrétaire d'État de l'Instruction publique :

1° De veiller à la stricte exécution des lois et règlements d'administration sur l'Instruction publique ;

2° D'exercer un contrôle incessant sur les inspecteurs et les commissaires locaux d'instruction publique, de recevoir leurs rapports et de transmettre à ce sujet tous avis à l'Administration supérieure ;

3° De statuer, sous toutes réserves de l'approbation du Secrétaire d'État de l'Instruction publique sur les dénonciations, plaintes et autres mesures disciplinaires portées devant lui par les inspecteurs et les Commissions locales ;

4° De se prononcer sur le choix des méthodes d'enseignement et des livres, sur les plans d'études, programmes, etc., à suivre dans les écoles et sur toutes autres questions non prévues dans la présente loi qui serait envoyée à son examen par l'Administration supérieure ;

5° De proposer au Secrétaire d'État de l'Instruction

publique, sous forme de projets de loi ou autrement, toutes les mesures propres à améliorer la situation matérielle et morale des écoles publiques, et à développer l'instruction générale dans le pays ;

6° De dresser, tous les six mois, un rapport général sur tous les renseignements de statistique et autres propres à éclairer les pouvoirs publics, ainsi que les avis, décisions et propositions du Conseil supérieur. Il sera imprimé aux frais de l'État sous le titre de *Bulletin de l'Instruction publique*.

Art. 5. — Il sera mis à la disposition du Conseil supérieur un local convenable, ainsi que le matériel et les fournitures de bureau nécessaires.

DES INSPECTEURS

Art. 6. — Dans chaque circonscription scolaire actuellement existante, il y aura un ou plusieurs inspecteurs des écoles publiques ou privées.

Dans la circonscription scolaire du Port-au-Prince, les fonctions d'inspecteurs seront remplies par deux membres du Conseil supérieur, désignés à tour de rôle et tous les trois mois par le président.

Ils visiteront ensemble les écoles urbaines du Port-au-Prince, et ils se diviseront pour l'inspection des autres écoles urbaines et rurales de la circonscription.

Art. 7. — Des inspecteurs remplacent les Commissions principales de l'Instruction publique et exercent toutes les attributions qui leur ont été dévolues par les lois.

Ils seront notamment chargés de faire, tous les trois mois, une tournée au moins dans toutes les écoles urbaines et rurales de leurs circonscriptions. Ils rédigeront et adresseront au Secrétaire d'État de l'Instruction publique et au Conseil supérieur, un rapport spécial sur chaque école. Ce rapport trimestriel doit porter principalement :

1° Sur la valeur de l'enseignement et des méthodes en usage, ainsi que sur l'exécution des programmes ;

2° Sur la capacité et la conduite des instituteurs ;

3° Sur le nombre, le degré d'avancement et la conduite des élèves et sur la tenue générale de l'établissement ;

4° Sur l'état des bâtiments et du matériel de l'école ;

5° Sur les besoins de l'Instruction publique dans la circonscription.

Art. 8. — La surveillance des inspecteurs, dans l'intérieur des villes où ils ont leurs résidences, est incessante. Ils sont également tenus de se transporter sur tous les autres points de leurs circonscriptions scolaires, où une enquête prompte et extraordinaire est jugée nécessaire dans l'intervalle de leurs tournées trimestrielles.

Art. 9. — Il sera mis à la disposition des inspecteurs un local convenable, ainsi que le matériel et les fournitures de bureau nécessaires.

Art. 10. — Toutes les fois qu'il y a lieu de prendre des mesures pouvant entraîner la suspension ou la révocation d'un fonctionnaire du Corps enseignant, l'interdiction d'un instituteur particulier, la fermeture d'un établissement scolaire, les inspecteurs seront assistés des Commissions locales dont il est question ci-après et prendront leur avis.

DES COMMISSIONS LOCALES DE SURVEILLANCE

Art. 11. — Il y aura, dans chacune des communes de la République, une Commission de surveillance des écoles publiques et privées, composée de cinq membres, savoir : dans les communes, chefs-lieux d'arrondissement : le président du Conseil d'arrondissement, *président ;*

Le magistrat communal ;

Le juge de paix ;

Et deux citoyens notables désignés par le conseil d'arrondissement.

Dans les autres communes :

Le magistrat communal, *président ;*

Le premier suppléant ;

Le juge de paix ;

Et deux citoyens notables désignés par le Conseil d'arrondissement.

Art. 12. — Les attributions des Commissions locales sont :

1° De s'assurer du zèle, de la conduite irréprochable et des principes moraux des instituteurs de la commune ;

2° De veiller sur la conduite des élèves et leur régularité, et de faire à leurs parents, tuteurs ou représentants toutes observations ou remontrances à cet effet ;

3° De veiller sur la salubrité des écoles et de constater l'état du matériel et des bâtiments ;

4° De délivrer des certificats de bonnes vie et mœurs pour l'exercice de la profession d'instituteur ;

5° D'assister les inspecteurs, comme il est statué dans l'article 10.

Les Commissions locales pourront provoquer les mêmes mesures en l'absence des inspecteurs et leur adresser leurs rapports ;

6° Enfin, de statuer sur tous les cas autres que ceux qui ont trait aux questions purement pédagogiques, concurremment avec les inspecteurs ou en leur absence.

Art. 13. — Dans toutes les communes autres que celles où résident les inspecteurs, les Commissions locales visent les feuilles d'appointements des fonctionnaires du Corps enseignant.

Art. 14. — Elles siègent, dans les chefs-lieux d'arrondissement et dans les autres communes, à l'Hôtel communal.

Elles correspondent, pour les besoins du service, avec les inspecteurs, le Conseil supérieur et le Secrétaire d'État de l'Instruction publique, et leur adressent, à chacun d'eux, un rapport mensuel sur l'état des écoles de leurs communes.

Art. 15. — Les fonctions de membres des Commissions locales sont gratuites et honorifiques. Néanmoins, il leur sera alloué, excepté les fonctionnaires salariés par la caisse publique, des frais de tournée, justifiés sur les fonds du Conseil d'arrondissement.

Les membres des Commissions locales sont exempts du service militaire et de celui de la garde nationale.

Art. 16. — Les appointements et les frais de tournée des membres du personnel d'inspection des écoles sont fixés comme suit :

Le président du Conseil	120 g.
Les six membres, chacun 80	480 »
Un chef de bureau	50 »
Deux employés, à 40	80 »
Un hoqueton	10 »

Cap-Haïtien, Cayes et Jacmel

Trois inspecteurs, à 100	300 »
Trois sous-inspecteurs, à 75	225 »
Trois secrétaires, à 40	120 »

Gonaïves, Jérémie

Deux inspecteurs, à 100	200 »
Deux secrétaires, à 40	80 »

Saint-Marc, Nippes, Port-de-Paix, Aquin, Léogâne et Anse-d'Hainault

Six inspecteurs, à 80	480 »
Six secrétaires, à 30	180 »
Total	2.325 g.

Art. 17. — La présente loi sera exécutée à la diligence des Secrétaires d'État de l'Instruction publique et des Finances, chacun en ce qui le concerne.

Donné à la Chambre des représentants au Port-au-Prince, le 9 septembre 1878, an LXXV de l'indépendance.

Le Président de la Chambre,
H. Price.
Les Secrétaires,
P.-E. Latortue, G. Saint-Germain.

Donné à la Maison nationale, au Port-au-Prince, le 13 septembre 1878, an LXXV de l'indépendance.

Le Président du Sénat,
B. Maignan.
Les Secrétaires,
L.-T. Lafontant, L. Auguste.

Au nom de la République :

Le Président d'Haïti ordonne que la loi ci-dessus du Corps législatif soit revêtue du sceau de la République, imprimée, publiée et exécutée.

Donné au Palais national, le 29 octobre 1878, an LXXV de l'indépendance.

BOISROND-CANAL.

Par le Président :

Le Secrétaire d'État de l'Instruction publique,
C. ARCHIN.

*Le Secrétaire d'État de la Guerre et de la Marine,
chargé par intérim du portefeuille des Finances,*
T. CARRIÉ.

LOI

SUR LA SURVEILLANCE ET L'INSPECTION DES ÉCOLES

Salomon, président d'Haïti,

Considérant que la loi du 13 septembre 1878 depuis longtemps est reconnue défectueuse et inexécutable en ce qui concerne les charges et devoirs qu'elle impose au corps de haute surveillance ;

Considérant qu'il y a lieu, et ce dans l'intérêt même de la surveillance et de l'inspection des écoles nationales et privées de la République, d'obvier à tous inconvénients préjudiciables à la propagation de l'instruction dans le pays ;

Vu l'article 79 de la Constitution ;

Sur le rapport du Secrétaire d'État de l'Instruction publique ;

Et de l'avis du Conseil des Secrétaires d'État,

A proposé,

Et le Corps législatif a voté la loi suivante :

Art. 1. — La surveillance et l'inspection de toutes les écoles, tant publiques que privées, et des maisons d'éducation généralement quelconques du pays, sont confiées à un corps d'inspecteurs qui sera réparti conformément au tableau ci-annexé, et à des commissions locales nommées dans toutes les communes de la République.

Art. 2. — Les inspecteurs sont sous les ordres immédiats du Secrétaire d'État de l'instruction publique.

Art. 3. — Peuvent seuls être nommés inspecteurs et sous-inspecteurs les Haïtiens qui auraient été directeurs ou professeurs des lycées nationaux, de l'école de médecine, de l'école de droit, durant trois années consécutives, ou directeurs d'institutions privées d'enseignement secondaire.

Toutefois, le Secrétaire d'État de l'Instruction publique pourra proposer au Président d'Haïti des personnes n'appartenant pas aux catégories sus-désignées, mais qui sont d'une capacité et d'une conduite notoires.

Art. 4. — Il y aura dans chaque circonscription scolaire, selon son importance, soit un seul inspecteur, soit un inspecteur et un ou plusieurs sous-inspecteurs.

Art. 5. — Ils habiteront les chefs-lieux de leurs circonscriptions respectives.

Art. 6. — Les inspecteurs remplacent les anciennes Commissions principales de l'instruction publique et exercent toutes les attributions qui leur ont été dévolues par les lois.

Ils sont notamment chargés, sous la haute direction du Secrétaire d'État de l'Instruction publique :

1° De veiller à l'exécution des lois et règlements d'administration concernant l'instruction publique ;

2° D'exercer un contrôle incessant sur les Commissions locales de surveillance, de recevoir leurs rapports et de transmettre à ce sujet tous avis à l'Administration supérieure ;

3° De statuer, sauf approbation du Secrétaire d'État de l'Instruction publique, sur les plaintes et dénonciation portées devant eux et de prendre, dans les cas graves et urgents, sous la réserve expresse de la même approbation toutes mesures disciplinaires autres que celles mentionnées en l'article 11 ci-après.

Les inspecteurs visiteront incessamment les écoles urbaines de leurs résidences et feront, tous les trois mois, une tournée au moins dans leurs circonscriptions respectives, pour inspecter les autres écoles urbaines et rurales placées sous leur surveillance.

Ils adresseront, à la fin de chaque mois, au Secrétaire d'État de l'Instruction publique, un rapport détaillé sur les écoles de leurs résidences, et, tous les trois mois, un rapport sur toutes les écoles de leurs circonscriptions, rapport où ils consigneront leurs appréciations :

1° Sur la valeur des méthodes et des programmes en usage ;

2° Sur la capacité et la moralité des instituteurs et professeurs ;

3° Sur le nombre, la conduite et le degré d'avancement des élèves de chaque établissement ;

4° Sur l'état des locaux et du matériel en général ;

5° Sur les besoins de chaque élève ;

6° Sur toutes les mesures propres à vulgariser l'instruction publique dans le pays.

Il leur est alloué, comme frais de tournée, une somme de 50 piastres qui leur sera payée tous les mois, après la réception par le Département de l'Instruction publique de leurs rapports trimestriels.

Art. 7. — Ils seront tenus de se transporter, à toute époque, sur tous les points de leurs circonscriptions scolaires, où il y aura une enquête prompte et extraordinaire à faire, ou un fait grave à réprimer.

Art. 8. — Il sera mis à la disposition des inspecteurs un local, un matériel et les fournitures de bureau nécessaires.

Les inspecteurs de la circonscription scolaire du Port-au-Prince pourront avoir leur bureau à l'hôtel du Secrétaire d'État au Département de l'Instruction publique.

Art. 9. — Les inspecteurs se réuniront une fois l'an, à la Capitale, en Conseil général de l'Instruction publique, aux fins de proposer et de discuter toutes questions propres à améliorer la situation des écoles, et à assurer le développement de l'instruction et la propagation des lumières dans le pays.

La réunion aura lieu sur une convocation spéciale du Secrétaire d'État de l'Instruction publique, faite quinze jours au moins, à l'avance ; le Conseil tiendra ses séances à l'hôtel du Secrétaire d'État de l'Instruction publique, et la session durera quinze jours.

Une somme de 50 piastres, tirée des frais extraordinaires du Département de l'Instruction publique, est allouée à chaque inspecteur et lui sera comptée dès son arrivée à la capitale.

Art. 10. — Sera considéré comme démissionnaire tout inspecteur qui s'abstiendra de se rendre à cette convocation, sans faire immédiatement connaître au Secrétaire d'État de l'Instruction publique le motif de son abstention, que le Conseil général de l'Instruction publique appréciera à la majorité absolue des voix.

Art. 11. — Toutes les fois qu'il y aura lieu de prendre des décisions devant entraîner, de la part du Gouvernement, la révocation d'un fonctionnaire ou membre du Corps enseignant, l'interdiction d'un inspecteur particulier, la fermeture d'un établissement scolaire, les inspecteurs seront assistés des Commissions locales dont il va être question et qui auront voix consultative.

DES COMMISSIONS LOCALES DE SURVEILLANCE

Art. 12. — Il y aura, dans chacune des communes de la République, une Commission locale de cinq membres pour la surveillance des écoles publiques et privées.

Elle sera composée, dans les communes, chefs-lieux d'arrondissement :

Du magistrat communal ou du chargé du service, *président;* du juge de paix et de trois citoyens notables ;

Dans les autres communes :

Du magistrat communal ou du chargé du service, *président;* du juge de paix, du préposé d'administration et de deux citoyens notables.

Art. 13. — Ces citoyens notables, qui sont soumis à l'agrément du Secrétaire d'État de l'Instruction publique, seront proposés par les fonctionnaires ci-dessus dénommés et qualifiés.

Art. 14. — Les attributions des Commissions locales sont :

1° De s'assurer du zèle, de la conduite et des principes moraux des instituteurs et professeurs de la commune ;

2° De veiller sur la conduite et la régularité des élèves, et de faire à leurs parents, tuteurs ou correspondants, toutes observations ou remontrances nécessaires ;

3° De veiller à la salubrité des écoles et au bon entretien du matériel et des bâtiments ;

4° Délivrer des certificats de bonnes vie et mœurs aux sollicitants qui seront reconnus dignes d'exercer la profession d'instituteurs ;

5° D'assister les inspecteurs, comme il est dit dans l'article 11 ;

6° De signaler, à bref délai, aux inspecteurs dont elles relèvent, tous faits graves commis dans les écoles ou par les instituteurs de leurs communes, et pouvant, ou nécessiter une enquête immédiate, ou entraîner l'application d'une peine disciplinaire.

Art. 15. — Dans les communes autres que celles où résident les inspecteurs, les Commissions locales visent les feuilles d'appointements des fonctionnaires du Corps enseignant.

Art. 16. — Elles tiennent leurs séances à l'Hôtel communal du lieu. Elles correspondent, pour les besoins du service, avec les inspecteurs de qui elles relèvent directement, et leur font, à la fin de chaque mois, un rapport sur l'état des écoles dans leurs communes respectives.

Les secrétaires des Conseils communaux rempliront les fonctions de secrétaires de ces Commissions, à la disposition desquelles il sera mis, par le département de l'Instruction publique, les fournitures de bureau jugées nécessaires.

Art. 17. — Les fonctions des membres des Commissions locales sont gratuites et honorifiques.

Les membres de ces Commissions sont exempts du service militaire et de celui de la garde nationale pendant la durée de leurs fonctions.

Ils sont, pendant la même durée, dispensés d'être jurés.

Art. 18. — Les appointements des membres du Corps d'inspection sont fixés comme suit :

DÉPARTEMENT DE L'OUEST

CIRCONSCRIPTION SCOLAIRE DE PORT-AU-PRINCE

Arrondissement du Port-au-Prince

Un inspecteur	120 g.
Trois sous-inspecteurs à 90	270 »
Un secrétaire	50 »
Un hoqueton	10 »
Total	450 g.

CIRCONSCRIPTION SCOLAIRE DE JACMEL

Arrondissement de Jacmel et de la ligne militaire de Saltrou à Grand-Gosier

Un inspecteur	100 g.
Un sous-inspecteur	75 »
Un secrétaire	40 »
Un hoqueton	5 »
Total	220 g.

CIRCONSCRIPTION SCOLAIRE DE LÉOGANE

Arrondissement de Léoyâne

Un inspecteur	80 g.
Un secrétaire	30 »
Un hoqueton	3 »
Total	113 g.

CIRCONSCRIPTION SCOLAIRE DE MIREBALAIS

Arrondissements du Mirebalais et de Lascahobas

Un inspecteur	80 g.
Un secrétaire	30 »
Un hoqueton	3 »
Total	113 g.

DÉPARTEMENT DU NORD

CIRCONSCRIPTION SCOLAIRE DU CAP-HAÏTIEN

Arrondissements du Cap-Haïtien, du Limbé, du Borgne et de la Grand-Rivière du Nord

Un inspecteur.............................	100 g.
Deux sous inspecteurs, à 75	150 »
Un secrétaire..............................	40 »
Un hoqueton	5 »
Total..........	295 g.

CIRCONSCRIPTION SCOLAIRE DE FORT-LIBERTÉ

Arrondissements du Fort-Liberté et du Trou

Un inspecteur.............................	80 g.
Un secrétaire..............................	30 »
Un hoqueton	3 »
Total............	113 g.

DÉPARTEMENT DU SUD

CIRCONSCRIPTION SCOLAIRE DES CAYES

Arrondissements des Cayes et des Coteaux

Un inspecteur.............................	100 g.
Un sous-inspecteur........................	75 »
Un secrétaire..............................	40 »
Un hoqueton	5 »
Total..........	220 g.

CIRCONSCRIPTION SCOLAIRE DE JÉRÉMIE

Arrondissement de Jérémie

Un inspecteur.............................	100 g.
Un secrétaire..............................	40 »
Un hoqueton	5 »
Total..........	145 g.

CIRCONSCRIPTION SCOLAIRE DE NIPPES

Arrondissement de Nippes

Un inspecteur	80 g.
Un secrétaire	30 »
Un hoqueton	3 »
Total	113 g.

CIRCONSCRIPTION SCOLAIRE D'AQUIN

Arrondissement d'Aquin

Un inspecteur	80 g.
Un secrétaire	30 »
Un hoqueton	3 »
Total	113 g.

CIRCONSCRIPTION SCOLAIRE DE TIBURON

Arrondissements de Tiburon et de l'Anse-d'Hainauld

Un inspecteur	80 g.
Un secrétaire	30 »
Un hoqueton	3 »
Total	113 g.

DÉPARTEMENT DE L'ARTIBONITE

CIRCONSCRIPTION SCOLAIRE DE SAINT-MARC

Arrondissements de Saint-Marc et de Dessalines

Un inspecteur	80 g.
Un sous-inspecteur	60 »
Un secrétaire	30 »
Un hoqueton	5 »
Total	173 g.

CIRCONSCRIPTION SCOLAIRE DES GONAÏVES

Arrondissements des Gonaïves et de la Marmelade

Un inspecteur	100 g.
Un sous-inspecteur	75 »
Un secrétaire	40 »
Un hoqueton	5 »
Total	220 g.

DÉPARTEMENT DU NORD-OUEST

CIRCONSCRIPTION SCOLAIRE DU PORT-DE-PAIX

Arrondissements du Port-de-Paix et du Môle Saint-Nicolas

Un inspecteur	80 g.
Un sous-inspecteur	60 »
Un secrétaire	30 »
Un hoqueton	3 »
Total	173 g.

Art. 19. — Le chef-lieu d'une circonscription scolaire, formée de plusieurs arrondissements militaires, est la ville dont le nom désigne cette circonscription.

Art. 20. — D'autres sous-inspecteurs pourront être nommés dans les circonscriptions scolaires où ils sont reconnus nécessaires, et seront portés au budget du département de l'Instruction publique.

Art. 21. — La présente loi abroge toutes les lois ou dispositions de lois qui lui sont contraires et particulièrement la loi du 13 septembre 1878 sur la surveillance et l'inspection des écoles. Elle sera exécutée à la diligence du Secrétaire d'État de l'Instruction publique et de celui des Finances, chacun en ce qui le concerne.

> Donné à la Maison nationale, au Port-au-Prince, le 10 octobre 1882, an LXXIX de l'indépendance.

Le Président du Sénat,
M. MONTASSE.

Les Secrétaires,
J.-P. LAFONTANT, DESINOR ST.-LOUIS-ALEXANDRE.

> Donné à la Chambre des Représentants du Port-au-Prince, le 24 septembre 1884, an LXXXI de l'indépendance.

Le Président de la Chambre,
O. PIQUANT.

Les Secrétaires,
C. CHARLOT, F.-N. APOLLON.

Au nom de la République :
Le Président d'Haïti ordonne que la loi ci-dessus du Corps législatif soit revêtue du sceau de la République, imprimée, publiée et exécutée.

> Donné au Palais national du Port-au-Prince, le 2 octobre 1884, an LXXXI de l'Indépendance.

SALOMON.

Par le Président :

Le Secrétaire d'État de l'Instruction publique,
François MANIGAT.

Le Secrétaire d'État des Finances et du Commerce,
C. FOUCHARD.

DÉCRET

Le Gouvernement provisoire,

Attendu que les dépenses publiques ne doivent être réglées que sur l'échelle des besoins, et que l'État excéderait son devoir et son droit en faisant d'énormes sacrifices pour faire face à ces dépenses reconnues improductives;

Décrète :

Art. 1er. — Le Conservatoire de Musique et l'École de Droit, établis au Port-au-Prince, sont et demeurent supprimés.

Art. 2. — Néanmoins, pour satisfaire aux aspirations de la jeunesse studieuse, il sera créé, quant à présent, une chaire de droit civil au Lycée national de cette ville, auquel cours seront admis les élèves de l'ancienne École de Droit.

Art. 3. — Le Comité de l'Instruction publique est chargé de l'exécution du présent décret, qui sera imprimé et publié.

Donné au Palais national du Port-au-Prince, le 30 mars 1867, an LXIV de l'indépendance.

Guerrier, Ch. Preston, Saint-Aude, A. Germain, U. Lafontant, A. Ovide Cameau, P.-F. Toussaint, Sn. Lamour, F. Acloque.

Le Vice-Président du Gouvernement provisoire,
V. Chevallier,

Le Président du Gouvernement provisoire,
Nissage Saget.

ARRÊTÉS

ARRÊTÉ

Fabre Geffrard, président d'Haïti,

Considérant qu'il importe, dans l'intérêt de la prospérité publique, de répandre, au moyen d'institutions spéciales, les connaissances indispensables au progrès de l'agriculture,

De l'avis du conseil des Secrétaires d'État,

Arrête ce qui suit :

Art. 1er. — Des fermes-écoles seront créées successivement dans les arrondissements de la République.

Art. 2. — Elles ont pour but de familiariser les élèves avec la pratique des bons procédés d'agriculture et avec les méthodes nouvelles de préparation des produits.

Art. 3. — Chaque ferme-école sera placée sous l'autorité d'un directeur et la surveillance d'un Comité de trois membres.

Art. 4. — Un instituteur, au choix du Secrétaire d'État de l'Instruction publique, sera attaché à l'établissement. Il remplira les fonctions de secrétaire.

Art. 5. — Les fermes-écoles recevront 50 pensionnaires logés et nourris aux frais de l'État. Nul enfant au-dessous de douze ans ni au-dessus de seize, n'y sera admis.

Art. 6. — Un règlement d'administration intérieure, rédigé par le Secrétaire d'État de l'Intérieur et de l'Agriculture, sera publié et affiché dans les salles des fermes-écoles.

Art. 7. — Le présent arrêté sera imprimé, publié et exécuté à la diligence du Secrétaire d'État de l'Intérieur et de l'Agriculture, auquel un crédit de 200.000 gourdes est ouvert, chapitre vi, section Ire, de la comptabilité de son département, et cette somme sera prélevée sur les fonds du budget des recettes de 1860.

Donné au Palais national du Port-au-Prince, le 18 avril 1860, an LVII de l'Indépendance.

GEFFRARD.

Par le Président :

Le Secrétaire d'État de l'Intérieur et de l'Agriculture,

F. JEAN-JOSEPH.

ARRÊTÉ

Le Secrétaire d'État de l'Instruction publique,

Considérant qu'un luxe, qui n'a pas sa raison d'être, préside à la mise des élèves des Écoles nationales, et entretient chez eux le goût des dépenses qui, tout en pervertissant leurs cœurs, les empêche de se livrer avec ardeur au travail; que cet état de choses entrave nécessairement la marche des études en faisant naître des absences réitérées de la part des élèves qui, ne pouvant étaler le luxe de leurs camarades, se résolvent difficilement, par un amour-propre coupable et soutenu par la plupart des parents, à se présenter en classe dans une tenue seulement simple et décente;

Arrête:

Art. 1er. — Les élèves de toutes les écoles nationales de la République tant de garçons que de demoiselles, porteront, les jours ordinaires de classe, le costume suivant:

1° Pour les jeunes demoiselles: chapeau de paille ordinaire ou coiffure de cheveux ; robe d'indienne montante, collet rabattu; bas de coton ; souliers noirs;

2° Pour les garçons: pantalon et veste, ou paletot de toile ordinaire; souliers cirés.

Art. 2. — Les élèves des écoles nationales de garçons, qui ont un uniforme décrété par la loi, le porteront les jours des examens de fin d'année et dans les cérémonies publiques.

Art. 3. — Le costume ordinaire des classes servira, pour ces jours, aux élèves des écoles de garçons qui ne se trouvent pas dans le cas de l'article 2 précité.

Art. 4. — Les jeunes demoiselles porteront, pendant les

jours d'examens ou lors des fêtes nationales, une robe simple de percale ou de mousseline blanche, sans dentelles ni volants, collet rabattu, ceinture de ruban aux couleurs nationales.

Art. 5. — Les vêtements de luxe, les bijoux, tels que pendants d'oreilles, chaînes d'or, bracelets, bagues, etc., etc., leur sont expressément interdits.

Art. 6. — Tout élève qui contreviendra aux dispositions du présent arrêté encourra les peines disciplinaires décrétées par les règlements des écoles nationales et par les lois sur l'Instruction publique.

Art. 7. — Les Commissions de l'Instruction publique, les Conseils communaux, chargés de ce service, les directeurs ou directrices des Écoles nationales, et tous employés à ces établissements, sont chargés de l'exécution du présent arrêté.

Fait au Port-au-Prince, le 24 janvier 1861, an LVIII de l'indépendance.

Le Secrétaire d'État de l'Instruction publique,

F.-E. Dubois.

SECRÉTAIRERIE D'ÉTAT DE L'INSTRUCTION PUBLIQUE

ARRÊTÉ

Considérant qu'il importe de régulariser l'examen à faire subir aux postulants qui se présentent aux chaires vacantes dans les écoles nationales,

Le Secrétaire d'État de l'Instruction publique arrête ce qui suit :

Art. 1er. — Chaque fois qu'il y aura lieu de nommer ou de remplacer un professeur d'un établissement national, un avis du *Moniteur officiel* l'annoncera.

Art. 2. — Tous ceux qui voudront concourir pour la charge auront à adresser leurs lettres à la Secrétairerie d'État de l'Instruction publique.

Art. 3. — Quinze jours après publication de l'avis, le *Journal officiel* fera connaître le lieu, le jour et l'heure du concours, les noms des concurrents et ceux des membres du jury d'examen nommé à cet effet.

Art. 4. — Les épreuves seront de deux sortes : les questions orales et les compositions écrites.

Art. 5. — Le jury d'examen présentera un rapport tant sur les questions orales que sur les compositions écrites et expédiera ces dernières à la Secrétairerie d'État de l'Instruction publique.

Art. 6. — Après examen des vie et mœurs du concurrent qui aura remporté la palme, il sera commissionné, s'il y a lieu.

Port-au-Prince, le 27 mars 1862.

V. Lizaire.

SECRÉTAIRERIE D'ÉTAT DE L'INSTRUCTION PUBLIQUE

17 avril 1873.

Sur la proposition de la Commission centrale de l'Instruction publique, agréée par le Secrétaire d'État de l'Instruction publique,

Attendu qu'il est urgent de rétablir la discipline dans le Corps enseignant et d'empêcher les absences qui nuisent au progrès des études;

Vu les articles 17, 19, 30 et 31 de la loi du 7 décembre 1860, sur la matière,

Il est décidé :

Art. 1er. — Un trentième sera prélevé, par jour d'absence non motivée, ni justifiée, sur les appointements des professeurs et autres employés des écoles nationales primaires et secondaires, ainsi qu'il se pratique dans les lycées.

Art. 2. — Le trentième prélevé reviendra au professeur ou à l'employé qui aura remplacé l'absent.

Art. 3. — Les directeurs autorisent s'il y a motif, toute absence qui ne dépasse pas sept jours. Une absence plus longue ne peut être autorisée que par les Commissions de l'Instruction publique ou le Conseil communal qui en tient lieu.

Art. 4. — L'absence non autorisée ni justifiée, répétée jusqu'à sept fois dans un mois ou douze fois dans deux mois suivis, entraînera dans le premier cas une suspension d'un mois, et dans le second une suspension de deux mois, et la perte, bien entendu, des appointements, pendant la suspension.

Art. 5. — Les directeurs et directrices des écoles nationales sont tenus d'expédier, chaque semaine, au Corps surveillant l'extrait de leurs registres de présence et d'absence des professeurs et autres employés de leurs établissements.

Art. 6. — Ceux qui auront négligé cette formalité seront passibles de la réprimande.

ARRÊTÉ

Boisrond-Canal, président d'Haïti,
Sur la proposition du Secrétaire d'État de l'Intérieur,
Et de l'avis du Conseil des Secrétaires d'État.
Vu l'article 112 de la Constitution et l'article 4 de la loi sur la direction, le mode de concession et d'exécution des travaux publics, ainsi conçus :

Art. 4. — En outre, des jeunes gens âgés de seize ans au moins et de vingt ans au plus, seront attachés au service des travaux publics, à titre d'élèves.

Ils seront tirés, autant que possible, des différentes localités de la République par la voix du concours.

Un règlement d'administration publique déterminera le programme d'admission, la durée et l'étendue des études ainsi que tous autres points concernant le travail et la discipline auxquels ils sont soumis ;

Arrête :

Art. 1er. — Un concours public aura lieu, le 19 mars prochain, à la Capitale, pour l'admission des élèves.

Il consistera dans un examen qui roulera sur les matières contenues dans le programme suivant :

1° Examen écrit

1° Écriture courante, nette et très lisible ;
2° Dictée et narration ;
3° Résolution de deux problèmes d'arithmétique et de géométrie.

2° Examen oral

1° Principes de la langue française ;

2° Arithmétique : numération décimale, addition, soustraction, multiplication, division ; preuves de ces opérations; nombre décimaux, fractions ; extraction des racines carrées et cubiques; système légal des poids et mesures ; questions d'intérêts, d'escompte et de société ;

3° Géométrie : préliminaires, égalité des triangles, droites, perpendiculaires, obliques, parallèles ; parallélogramme, polygones ; lignes proportionnelles, triangles semblables ; mesures des angles ; contact et intersection des cercles ; tangentes et sécantes du cercle ; polygones inscrits et circonscrits au cercle; aire des polygones et du cercle ;

4° Algèbre : préliminaires; addition, soustraction, multiplication et division des monômes et polygones ;

5° Dessin linéaire : tracé des figures géométriques ;

6° Géographie : géographie d'Haïti et notions de géométrie générale.

Art. 2. — Les demandes d'admission au concours doivent être adressées au Secrétaire d'État de l'Intérieur, avant le 15 mars. Elles seront accompagnées :

1° De l'acte de naissance du candidat ;

2° D'un certificat de bonnes vie et mœurs délivré par la Commission de surveillance des écoles de leur commune ;

3° D'un certificat du médecin attestant que le candidat n'est atteint d'aucune maladie contagieuse ni d'aucune infirmité qui le rende inhabile au service des travaux publics.

Art. 3. — Le jury pour le concours sera composé d'un ingénieur attaché au bureau, d'un professeur de lettres et d'un professeur de sciences pris dans le Corps enseignant de la Capitale.

Art. 4. — Le mérite des candidats sera apprécié d'après les valeurs numériques qui seront attribuées à chacune de leurs réponses et épreuves écrites.

Les chiffres qui expriment ces valeurs numériques varient de 0 à 10, et auront les significations ci-après :

        0 = Néant ;
        1 = Très mal ;
        2 = Mal ;
        3,4 = Passablement ;
        5,6 = Assez bien ;
        7,8 = Bien ;
        9 = Très bien ;
        10 = Parfaitement.

Une moyenne sera établie d'après ces chiffres pour chaque partie du programme d'admission et la somme de ces moyennes exprimera le nombre total des points obtenus par chaque élève pour l'ensemble des épreuves.

Un questionnaire sera préparé d'avance par l'ingénieur en chef.

Il est bien entendu que dans les épreuves orales le nombre des questions sera égal pour chaque candidat.

Cependant les candidats possédant des connaissances plus étendues que celles du programme, auront droit à demander qu'elles soient constatées par les examinateurs.

Art. 5. — Les candidats qui auront obtenu des moyennes non inférieures à 5 seront considérés comme ayant les capacités exigées pour leur admission.

Néanmoins, si le nombre des candidats agréés par le jury dépasse celui des élèves demandés par l'Administration supérieure, les places seront décernées à ceux qui auront obtenu les plus hauts points.

Art. 6. — A cet effet, immédiatement après le concours, le jury expédiera au Secrétaire d'État de l'Intérieur le procès-verbal détaillé du concours par chaque candidat pour chaque partie du programme.

Ce procès-verbal sera accompagné des épreuves écrites.

Au surplus, il sera inscrit au *Moniteur*, ainsi que la liste des candidats auxquels auront été décernées les places d'élèves.

. Néanmoins, l'Administration supérieure se réserve le droit de fixer la date de leur entrée au bureau des travaux publics.

Art. 7. — Pour les concours annuels ultérieurs, le nombre des admissions sera fixé par le Secrétaire d'État de l'Intérieur, d'après le nombre des vacances et les besoins du service.

ÉTUDES A FAIRE PAR LES ÉLÈVES AU BUREAU DES INGÉNIEURS

Art. 8. — Les élèves attachés au service des travaux publics sont tenus de faire sous la direction des ingénieurs du bureau les études contenues dans le programme suivant :

1° Algèbre : équation du premier degré à une ou plusieurs inconnues ; équation du second degré à une inconnue ;

Progressions : théorie des logarithmes et usage des tables ;

2° Géométrie : propositions relatives à la ligne droite et au plan ; plans perpendiculaires et parallèles ; angles dièdres et trièdres ; tétraèdes ; pyramides ; parallélipipèdes ; prismes ; polyèdres égaux et semblables ; aire et volume du cône droit, du cylindre de la sphère ;

3° Trigonométrie rectiligne : lignes trigonométriques ; relations entre les lignes d'un arc ; principales formules trigonométriques ; usage des tables du sinus ; relation entre les côtés et les angles du triangle rectangle ou d'un triangle quelconque ;

Résolution des triangles ; calcul d'un triangle donné à l'aide des logarithmes ;

4° Statique : composition et décomposition des forces parallèles concourantes ou dirigées d'une manière quelconque dans l'espace ; détermination des centres de gravités ; équilibre des machines simples et composées : le levier, la poulie, le plan incliné, le treuil, les moufles et la vis, en faisant abstraction du frottement ; rapport entre les espaces parcourus par les points d'application de la puissance et de la résistance lorsque la machine est mise en mouvement ; égalité entre le travail moteur et le travail résistant ;

5° Géométrie descriptive : questions relatives à la ligne droite et au plan ;

6° Dessin graphique et lavis ;

7° Lever des plans : mesures des distances, chaîne d'arpenteur ; stadia ; réduction à l'horizontale des distances mesurées sur les pentes ;

Mesure des angles : équerre d'arpenteur, alidade, graphomètre, boussole ; usage et vérification des instruments ;

Lever à l'équerre, à la planchette, à la boussole et au graphomètre ; rapport et dessin des plans ; indication des échelles adoptées dans le service des ponts et chaussées ; copie et réduction des plans ; tracé d'un arc sur le terrain, piquetage, alignements, courbes ; plan parcellaire ;

Opérations sur le terrain : lever d'un plan ;

8° Nivellement : niveau d'eau ; niveau à bulle d'air; niveau d'Égault et de Lenoir ; mire à coulisse ; mire parlante ; usage et vérification des instruments ; opération du nivellement ; carnet ; calcul des cotes de hauteur rapportées à un plan général de comparaison ; modes de représentation du terrain adoptés dans le service des ponts et chaussées, dessin du profil en long, des profils en travers ;

Plans cotés : tracé des profils sur le terrain ; indication des points de hauteur pour les déblais et les remblais ; niveau de pente de Chézy, son emploi pour tracer sur le terrain une ligne d'une pente déterminée ; opération sur le terrain ; nivellement au niveau à bulle d'air ;

9° Cubature des terrasses et mouvement des terres ; évaluation du cube des terrassements :

1° Par la méthode dite exacte ; 2° par les méthodes expéditives ;

Usage des tables dressées par ordre de l'Administration ; règles générales pour la répartition des déblais ; divers modes de transport ; formules qui fixent la limite des distances entre lesquelles il convient de préférer tel ou tel mode de transport ;

Détermination de la distance moyenne des transports ;

tableau du mouvement et de la répartition des déblais et des remblais;

10° Pratique des travaux;

Notions sur les qualités et les défauts de matériaux, sur leur emploi dans les maçonneries et charpentes, sur les travaux d'entretien des routes et sur la pratique des travaux en général.

Art. 9. — La durée des études sera de deux années et les cours seront faits tous les jours, le samedi excepté, de neuf heures du matin à midi.

Art. 10. — Les élèves sont tenus, en outre, de se présenter le reste de la journée et les samedis au bureau des travaux publics, pour aider à l'expédition de toutes les affaires relevant dudit bureau.

Art. 11. — Tous les six mois les élèves subiront un examen sur toutes les matières qu'ils auront vues, et leur degré d'avancement sera apprécié d'après les moyennes obtenues suivant les règles établies pour les examens d'admission. Cet examen sera présidé par l'ingénieur en chef.

Art. 12. — Les élèves qui, durant le cours des études, auront obtenu six fois les notes exprimées par les n°⁵ 0, 1, 2, ou néant, très mal et mal, seront renvoyés du bureau.

Art. 13. — De même, tout élève qui, pendant un semestre, se sera absenté six fois sans motif valable, sera aussi renvoyé.

Art. 14. — Pour l'application des articles 12 et 13, l'ingénieur en chef tiendra un registre où seront inscrites les notes fournies par les professeurs chargés des cours.

Art. 15. — L'examen de sortie roulera sur toutes les matières du programme des études et sur les principes de la langue française. — Il comprendra des épreuves écrites et des épreuves orales. Il sera présidé par le Secrétaire d'État de l'Intérieur.

Art. 16. — Les élèves qui, à l'examen de sortie, auront obtenu toutes les moyennes supérieures au n° 4, recevront un diplôme de conducteur des ponts et chaussées, et auront droit à être désignés, de préférence à tous les autres candidats, pour les emplois disponibles dans le corps des conducteurs des ponts et chaussées.

Art. 17. — Les élèves qui ne seront pas considérés habiles ou aptes à obtenir le diplôme de conducteur des ponts et chaussées, cesseront de recevoir l'indemnité fixée par la loi des Finances et quitteront immédiatement le bureau.

Néanmoins, il est facultatif à l'Administration supérieure, sur des motifs dument justifiés, de permettre à quelques élèves de redoubler la deuxième année.

Art. 18. — Tous les élèves qui, après deux ou trois années d'études, seront reconnus incapables de recevoir le diplôme, recevront cependant de l'Administration supérieure un certificat attestant qu'ils ont fait deux ou trois années d'études au bureau des ingénieurs.

DISPOSITIONS GÉNÉRALES

Art. 19. — L'ingénieur en chef est l'inspecteur-né des études.

La distribution des cours, des heures, et l'instruction sur la tenue des cahiers de notes seront fixées par lui, d'accord avec les professeurs chargés des cours.

Donné à la Maison nationale, au Port-au-Prince, le 21 février 1879, an LXXVI de l'indépendance.

BOISROND-CANAL.

Par le Président :

Le Secrétaire d'État de l'Intérieur et de l'Agriculture,
A. THOBY.

ARRÊTÉ

Le Secrétaire d'État de l'Instruction publique,

Considérant que pour former des citoyens dignes de ce nom, il faut les initier, dès leur passage à l'école, à la connaissance de leurs devoirs et de leurs droits civiques, ainsi qu'à celle du passé de leur pays;

Considérant que, d'une part, il n'existe à l'usage de nos écoles aucun manuel d'instruction civique; que, d'autre part, les ouvrages actuellement consacrés à l'étude classique de l'Histoire d'Haïti ne répondent que d'une façon incomplète aux besoins de l'enseignement;

Le Conseil des Secrétaires d'Etat consulté,

Arrête :

Art. 1er. — Sont mis au concours, à partir de la publication du présent arrêté, les ouvrages suivants :

1° Un Manuel d'instruction civique, contenant des notions élémentaires sur les droits et les devoirs consacrés par la Constitution et l'organisation générale qu'elle établit : service militaire, impôt, pouvoir législatif, loi, justice, Gouvernement, Etat, communes, départements, administration, condition des étrangers, etc., avec quelques courts développements sur la formule républicaine : « Liberté, Egalité, Fraternité », et sur l'idée de Patrie;

2° Une Histoire d'Haïti, de la découverte de l'Ile à la chute du Gouvernement Salomon, à l'usage des Ecoles secondaires et des Lycées;

3° Un abrégé de l'Histoire d'Haïti, à l'usage des écoles primaires.

Art. 2. — Sur chacune des trois séries d'ouvrages soumis au concours, il est accordé, à celui d'entre eux qui sera jugé le mieux approprié aux besoins de l'enseignement, une prime d'encouragement fixée à 600 g. pour le Manuel d'instruction civique, à 800 g. pour l'Histoire d'Haïti et à 500 g. pour l'abrégé de l'Histoire d'Haïti.

Art. 3. — Une valeur de 6.000 g. sera portée au budget de l'Instruction publique pour l'avance des frais d'impression de ces trois ouvrages.

Art. 4. — Les conditions du concours seront déterminées par le Département.

Fait à la Secrétairerie d'État de l'Instruction publique, le 16 février 1893, an XC de l'Indépendance.

P.-M. Apollon.

---

[1] Les dispositions de cet Arrêté, en ce qui concerne le Manuel d'instruction civique, ont cessé d'être en vigueur.

ARRÊTÉ

Le Secrétaire d'État de l'Instruction publique,

Vu les Lois et Règlements sur l'organisation de l'Instruction publique, notamment la loi du 7 décembre 1860, celle du 3 septembre 1864 établissant les écoles dites secondaires spéciales et celle du 2 octobre 1884[1] sur la Surveillance et l'Inspection des Écoles ;

Voulant déterminer les matières des plans d'études et programmes de l'Enseignement primaire et secondaire qui seront appliqués aux diverses écoles de la République ;

Voulant, à la fin des cours, obtenir par des examens l'attestation des connaissances acquises par les élèves ;

Le Conseil des Secrétaire d'État consulté,

Arrête ce qui suit :

Article 1er. — L'enseignement primaire est donné :

1° Dans les écoles primaires rurales ;

2° Dans les écoles primaires urbaines.

Art. 2. — L'enseignement dans les écoles primaires rurales, réparti en trois cours, comprend les matières suivantes :

L'Instruction religieuse.

L'Instruction morale et civique (premières notions).

La Lecture (sur imprimés et manuscrits).

L'Écriture (en gros, en moyen, en fin).

Les premières Notions de la langue française, de l'histoire et de la géographie de la République d'Haïti et du calcul élémentaire.

Leçons de choses (les animaux, les plantes et les pierres).

Notions d'agriculture.

---

[1] Loi du 24 septembre 1884. « *La loi prend date du jour où elle a été définitivement adoptée par les deux Chambres.* (Art. 92 de la Constitution de 1879).

Travail manuel : agriculture pratique.

Travaux de couture (pour les écoles de filles).

Exercices physiques.

ART. 3. — L'enseignement dans les écoles primaires urbaines, réparti en quatre cours, comprend : dans deux cours élémentaires les matières enseignées dans les écoles primaires rurales, et dans les deux cours suivants, outre le développement de ces matières, un aperçu de l'Histoire générale par les biographies des hommes illustres.

Les éléments de la géographie générale, de la géométrie expérimentale et du dessin; simples notions des sciences physiques et naturelles.

Lecture du latin.

Principes élémentaires du chant.

Travail manuel : Chapellerie de paille, sparterie, vannerie, poterie ou briqueterie.

Travaux de couture (pour les écoles de filles).

ART. 4. — L'enseignement secondaire est donné :

1° Dans les écoles secondaires spéciales de garçons ;

2° Dans les écoles secondaires de jeunes filles ;

3° Dans les lycées et collèges.

ART. 5. — L'Enseignement dans les écoles secondaires spéciales de garçons, réparti en trois cours, comprend :

La langue et la littérature françaises.

Les langues anglaise et espagnole.

L'arithmétique appliquée.

Les éléments du calcul algébrique, de la géométrie pratique.

Les règles de la comptabilité usuelle et de la tenue des livres.

Les notions de cosmographie.

Les notions de sciences physiques et naturelles applicables à l'Agriculture, à l'industrie et à l'hygiène.

Le dessin d'imitation, le dessin géométrique et le modelage.

Les premières notions de droit usuel et d'économie politique.

Les principales époques de l'Histoire générale et spécialement des temps modernes.

L'histoire particulière d'Haïti.

La géographie générale.

La géographie particulière d'Haïti.

Des notions d'agriculture théorique.

Principes de diction.

La musique vocale.

Travail manuel : le travail du bois et du fer.

Exercices physiques.

Art. 6. — L'enseignement dans les écoles secondaires de jeunes filles, réparti en trois cours, comprend :

La langue et la littérature françaises.

Les langues anglaise et espagnole.

L'arithmétique appliquée.

Les éléments de la géométrie expérimentale.

Les règles de la comptabilité usuelle et de la tenue des livres.

Les notions de physique, de chimie, d'histoire naturelle, d'hygiène et de cosmographie.

Les principales époques de l'histoire générale et l'histoire particulière d'Haïti.

La géographie générale et la géographie d'Haïti.

Les éléments d'économie domestique.

Les principes de la diction.

Le dessin d'ornement.

La musique vocale et le piano.

Le travail manuel : les travaux à l'aiguille, la coupe et l'assemblage.

Art. 7. — L'enseignement dans les lycées et collèges, réparti en sept classes, comprend :

L'instruction morale et religieuse.

La langue et la littérature françaises.

La langue et la littérature latines.

La langue et la littérature grecques.

La langue et la littérature anglaises.

La langue et la littérature espagnoles.

L'histoire et la géographie.

Les éléments de la philosophie.

Les principes du droit et de l'économie politique.

Les mathématiques appliquées.

La comptabilité et la tenue des livres.

La physique, la mécanique, la chimie, l'histoire naturelle et leurs applications à l'Agriculture, à l'Industrie et à l'Hygiène.

Les principes de la diction.

Le dessin d'imitation, le dessin géométrique et le modelage.

La musique vocale et instrumentale.

Art. 8. — Les programmes applicables aux divers degrés d'enseignement et comprenant respectivement les matières ci-dessus déterminées, seront publiés séparément. Avec le développement de ces matières, on y déterminera le nombre d'heures à accorder par semaine à chaque faculté.

Art. 9. — Les instituteurs des écoles nationales primaires urbaines doivent donner quatre heures d'enseignement par jour: deux le matin et deux l'après-midi.

Ceux des écoles nationales primaires rurales donneront leur temps de dix heures du matin à deux heures de l'après-midi.

Les professeurs des écoles nationales d'enseignement secondaire donneront trois heures d'enseignement par jour, soit le matin, soit l'après-midi.

Les Directeurs et les Directrices des écoles nationales d'enseignement secondaire sont toujours dispensés de tout enseignement, mais ils sont tenus d'inspecter chaque jour au moins deux classes.

Les répétiteurs et les maîtres d'études doivent à l'établissement où ils sont employés le temps qui leur est demandé par le règlement intérieur.

Art. 10. — Les Directeurs et les Directrices des écoles privées restent entièrement libres dans le choix des méthodes suivant lesquelles ils voudront enseigner les matières énoncées aux articles 2, 3, 5, 6 et 7 du présent Arrêté.

Art. 11. — Tout Directeur ou toute Directrice d'école privée actuellement existante devra, dans les trois mois qui suivront la publication du présent Arrêté, faire savoir au Département de l'Instruction publique, par l'intermédiaire et sous le contrôle des Inspecteurs, dans quelle catégorie son école doit être placée.

Art. 12. — Différents degrés d'enseignement peuvent être réunis dans la même école nationale ou privée.

Art. 13. — Pour attester les connaissances acquises par les élèves des écoles tant nationales que privées et par ceux qui reçoivent l'instruction dans la famille, il est institué :

1° Un certificat d'études primaires pour les élèves qui auront parcouru toutes les matières enseignées dans les écoles primaires ;

2° Un certificat d'études secondaires spéciales pour ceux ou celles qui auront parcouru toutes les matières enseignées dans les écoles secondaires spéciales de garçons ou de jeunes filles.

3° Un certificat d'études secondaires classiques pour ceux qui auront parcouru toutes les matières de l'enseignement des Lycées et des Collèges ;

Les conditions respectives pour l'obtention du certificat d'études primaires, du certificat d'études secondaires spéciales et du certificat d'études secondaires classiques, seront déterminées par des arrêtés ultérieurs.

La collation des grades est réservée à l'Université d'Haïti dans les conditions prévues par la loi.

Art. 14. — Au moment de l'entrée dans les écoles secondaires spéciales de garçons, dans les écoles secondaires de jeunes filles et dans les lycées et collèges nationaux, chaque élève devra être pourvu du certificat d'études primaires, ou aura à subir, devant une Commission composée du Directeur ou de la Directrice et de deux professeurs, un examen oral constatant quelle classe il ou elle est en état de suivre.

Art. 15 : — A la fin de chaque année d'études, les élèves devront subir un examen pour passer dans une classe supérieure. En cas d'empêchement ou d'ajournement, l'examen pourra avoir lieu au début de l'année scolaire suivante.

Art. 16. — Le présent Arrêté abroge tout arrêté ou disposition d'arrêté et de règlement sur l'Instruction publique qui lui sont contraires.

Il sera exécuté dans les diverses écoles de la République à partir de l'impression des programmes qui s'y réfèrent, et après avis du département de l'Instruction publique inséré au *Moniteur*.

Fait à la Secrétairerie d'État de l'Instruction publique, le 26 juille 1893, an XC de l'indépendance.

Le Secrétaire d'État,

P.-M. Apollon.

ARRÊTÉ SUR LES CONCOURS GÉNÉRAUX

ENTRE LES LYCÉES ET COLLÈGES DE LA RÉPUBLIQUE

Le Secrétaire d'État de l'Instruction publique,

Voulant développer par l'émulation l'enseignement secondaire classique et encourager au travail les élèves les plus méritants,

Arrête :

Art. 1er. — Il est institué, tous les ans, entre les établissement d'enseignement secondaire classique de Port-au-Prince, et, tous les deux ans, entre ces établissements et ceux du même degré fonctionnant dans les départements, des concours généraux sur des matières tirées du programme de l'enseignement secondaire classique.

Art. 2. — Ces concours auront lieu, pour les élèves des lycées et collèges de Port-au-Prince, comme pour ceux qui seront délégués par les lycées et collèges des départements, dans le mois qui précédera l'ouverture des grandes vacances de juillet. Ils seront obligatoires pour les écoles publiques et pour toutes celles qui reçoivent une subvention de l'État, soit à titre de bourse, soit autrement.

Huit jours après la clôture des compositions, les noms des lauréats seront proclamés par le jury du concours.

La distribution solennelle des prix du concours général aura lieu au mois de décembre suivant, avant les congés de fin d'année.

Il y aura un prix par dix concurrents, et un accessit par cinq concurrents.

Art. 3. — Les classes admises à concourir partent de la quatrième à la philosophie.

Art. 4. — Dans la semaine qui précédera la date fixée pour l'ouverture des concours, les directeurs des écoles qui doivent y participer, expédieront à l'inspection scolaire de Port-au-Prince la liste des élèves désignés pour concourir.

Cette liste contiendra : les noms et prénoms de chaque élève, l'indication du lieu et de la date de sa naissance, certifiée par le directeur, sur le vu de l'extrait de son acte de naissance.

Le directeur certifiera, en outre, que les concurrents ont suivi exactement toutes les parties de l'enseignement, soit de la classe dans laquelle ils sont appelés à concourir, soit de la classe correspondante. Dans les classes de rhétorique ou de philosophie, la liste désignera si l'élève est un vétéran, c'est-à-dire a déjà accompli une ou plusieurs années de scolarité dans la classe pour laquelle il se présente au concours.

Art. 5. — Les vétérans ne sont admis au concours qu'en rhétorique et en philosophie ; mais, pour obtenir un prix, ils doivent mériter une des deux premières nominations et une des quatre premières, pour obtenir un accessit.

Art. 6. — Le nombre des concurrents qui seront envoyés de chaque établissement pour chaque composition ne peut excéder cinq.

Art. 7. — Les sujets de compositions sont :

POUR LA CLASSE DE PHILOSOPHIE : Une dissertation philosophique en français ; une composition de sciences mathématiques ; une composition de sciences physiques ou de sciences naturelles.

POUR LA RHÉTORIQUE : un discours ou une dissertation française ; une composition de sciences mathématiques, ou de sciences physiques, ou de sciences naturelles ; une composition d'histoire et de géographie.

POUR LA CLASSE DE SECONDE : une version latine ; une narration française ; une composition d'histoire ; une composition de sciences.

POUR LA CLASSE DE TROISIÈME : une composition d'histoire

d'Haïti ; une composition de style ; une composition de sciences.

Pour la classe de quatrième : une composition de style; une composition de géographie ; une composition de sciences.

Il y aura, pour les langues vivantes, un concours spécial, portant, d'une part, sur une composition d'anglais (thème ou version) ; et, d'autre part, sur une composition d'espagnol (thème ou version).

Le prix de français en rhétorique et le prix des sciences mathématiques en philosophie, sont les prix d'honneur des concours généraux.

Art. 8 — Pour avoir le droit de représenter au concours général l'établissement auquel il appartient, l'élève devra avoir obtenu dans les compositions de l'année, relatives à la matière spéciale où il est appelé à concourir, une moyenne de notes correspondant aux cinq premières places de sa classe.

Art. 9. — En attendant la création d'un Conseil supérieur de l'Instruction publique et l'organisation des Facultés de lettres et de sciences, le jury des concours généraux se compose : d'un membre de l'inspection scolaire de Port-au-Prince qui présidera le Jury ; de deux professeurs de l'Ecole nationale de Droit : de deux professeurs de l'Ecole nationale de médecine et de pharmacie ; de trois anciens instituteurs ou de trois instituteurs en exercice, choisis par le Secrétaire d'État de l'Instruction publique, en dehors des établissements admis à concourir.

Art. 10. — La date des concours généraux sera fixée par un avis de la Secrétairerie d'État inséré au *Moniteur* officiel dans le mois qui suivra la rentrée des classes en septembre.

Un autre avis publié une semaine avant l'ouverture désignera les membres du Jury et le local où s'effectueront les compositions.

Art. 11. — Le sujet de chaque composition sera tiré au hasard par le président du concours, d'un pli clos, émané de la Secrétairerie d'État de l'Instruction publique et décacheté le jour du concours, en présence des élèves. Le pli contiendra trois sujets pour chaque composition, le premier sujet sorti sera celui de la composition.

Art. 12. — La surveillance et la police des salles de composition seront exercées à tour de rôle par deux des membres du Jury, sous la présidence d'un membre de l'Inspection.

Il pourra leur être adjoint, ou besoin, deux professeurs tirés au sort parmi ceux de la classe appelée à concourir. Ces surveillants ne devront pas quitter le local du concours avant la fin de chaque composition. Si, par quelque circonstance imprévue, l'un d'entre eux était obligé de le faire, il ne pourrait plus rentrer, et il en serait fait mention au procès-verbal.

Art. 13. — Chaque élève, au moment où il sera appelé, remettra à l'un de MM. les surveillants son billet d'admission délivré par son directeur.

Aucun élève ne sera admis après l'appel terminé.

Les élèves du même collège ne pourront être placés les uns à côté des autres.

Toute espèce de communication au dehors est interdite, à peine d'exclusion du concours. Il est défendu, sous la même peine, aux élèves, de communiquer entre eux, soit de vive voix, soit par écrit.

Art. 14. — Les compositions commenceront à sept heures précises du matin.

Elles finiront à cinq heures de l'après-midi pour les classes de rhétorique et de philosophie et pour la composition d'histoire en seconde ; et à trois heures pour les autres. Aucune composition ne sera admise après l'heure indiquée pour la clôture du concours.

Les élèves ne pourront, à peine d'exclusion, apporter aucun livre ni cahier, sauf les dictionnaires à l'usage des classes, pour la composition de version latine en seconde et pour les compositions de langues vivantes.

Art. 15. — Les surveillants feront distribuer aux élèves pour écrire leurs compositions, des feuilles de papier uniforme. A chaque feuille adhérera une bande de papier où l'élève écrira lui-même ses noms et prénoms, sans rien d'autre.

Chaque élève remettra lui-même sa copie au président du concours, et dès qu'il l'aura remise, il ne pourra plus la reprendre. A la fin de chaque composition, le président coupera la bande de papier contenant les noms et prénoms, il y inscrira un numéro d'ordre qui sera répété par lui au bas de la copie.

Les bandes seront pliées et renfermées par le président dans une grande enveloppe, scellée du sceau des concours généraux. Ces opérations terminées, il en sera dressé procès-verbal par le président, en présence des surveillants, qui signeront avec lui. Ce procès-verbal, avec l'enveloppe et les copies, sera mis sous une grande bande cachetée où le président mentionnera la classe concurrente, le genre et la date de la composition.

Toutes ces pièces seront finalement déposées dans une boîte scellée, confiée à la garde du président du concours.

Art. 16. — Le lendemain de la clôture des compositions, aura lieu, au siège indiqué pour les concours, l'examen des compositions. A l'heure fixée, le président ouvrira devant les examinateurs la boîte qui contiendra les copies et les noms, et en tirera les copies.

Art. 17. — Les décisions du Jury de concours se prennent à la majorité des voix. Le président dirige les délibérations, mais sans y prendre part, non plus qu'à l'examen.

Si l'examen de toutes les compositions ne pouvait être terminé dans une seule séance, les copies seraient remises à la fin de chaque séance, dans la boîte, qui serait de nouveau scellée du cachet des concours généraux, et déposée entre les mains du président.

Art. 18. — Le Jury dressera procès-verbal de ses décisions et assignera les places, en énonçant par ordre de mérite les numéros que porteront les diverses copies.

Ce procès-verbal contiendra, en outre, la déclaration faite

sur leur honneur par les membres du Jury qu'ils n'ont eu ni directement ni indirectement connaissance des copies, et l'engagement de garder un silence absolu sur les opérations du Jury et sur le résultat de ses jugements.

Il sera enfermé dans une enveloppe dûment scellée et inséré dans la boîte où auront été déjà conservées les autres pièces des concours.

Cette boîte sera expédiée avec sa clef au Secrétaire d'État de l'Instruction publique.

Art. 19. — L'ouverture des procès-verbaux et des bulletins correspondants aux copies désignées pour les prix et les accessits, se fera huit jours après la clôture des compositions dans une séance publique, où seront spécialement convoqués avec les membres du Jury, les fonctionnaires supérieurs de l'Instruction publique et les directeurs des établissements admis à concourir.

Fait à la Secrétairerie d'État de l'Instruction publique, le 26 avril 1894.

Le Secrétaire d'État,
P.-M. Apollon.

ARRÊTÉ SUR LES VACANCES ET JOURS DE CONGÉ

Le Secrétaire d'État de l'Instruction publique,

Considérant qu'il importe de fixer les époques pendant lesquelles les études sont suspendues dans les écoles de la République ;

Considérant que sur ce point les règlements de 1860 pour les lycées nationaux et pour les écoles primaires méritent d'être complétés ;

Arrête :

Art. 1er. — Les grandes vacances ont lieu chaque année pour toutes les Écoles de la République du 15 juillet au premier lundi de septembre.

Art. 2. — Il y a aussi vacances : le samedi et le dimanche de chaque semaine ; du 24 décembre au lundi qui suit l'Epiphanie ; pendant les trois derniers jours du carnaval ; du mercredi saint au mercredi de Pâques ; le 1er mai (fête de l'Agriculture) ; le jour de la prestation de serment ou le jour anniversaire de la prestation de serment du Président d'Haïti ; les jours de l'Ascension ; de la Fête-Dieu ; de l'Assomption, le 12 octobre (fête de Christophe Colomb ;) le 1er et le 2 novembre (fête de la Toussaint et jour des Morts).

Art. 3. — Aucunes vacances, en dehors de celles qui sont ci-dessus prévues, ne peuvent être accordées sans l'autorisation du Secrétaire d'Etat de l'Instruction publique.

Art. 4. — Les chefs d'institution qui contreviendraient aux présentes dispositions s'exposeraient, s'il s'agit d'une école publique, à une peine disciplinaire, et, s'il s'agit d'une école privée, au retrait de leur licence.

Art. 5. — Le présent arrêté abroge toutes dispositions d'arrêtés ou de règlements de l'Instruction publique qui lui sont contraires.

Fait à la Secrétairerie d'État de l'Instruction publique, le 22 mai 1894, an XCI de l'Indépendance.

Le Secrétaire d'État,
P.-M. Apollon.

ARRÊTÉ

PORTANT RÉGLEMENTATION DE LA CAISSE DE L'UNIVERSITÉ

Vu les articles 8, 9, 10, 24, 25, 26, 48, 50 et 52 de la loi du 7 décembre 1860 sur l'Instruction publique, ainsi conçus

Art. 8. — L'Université peut recevoir toutes donations et offrandes. Si la libéralité est de quelque importance, celui qui l'aura faite recevra le titre de membre honoraire de l'Université.

Art. 9. — L'Université a sa caisse particulière : toutes les sommes perçues en vertu de la présente loi seront versées dans la caisse de l'Université.

Art. 10. — Après le prélèvement du montant des frais de la comptabilité, les fonds universitaires seront employés : 1° à acheter des livres qui seront donnés à la distribution des prix aux élèves des écoles nationales ; 2° à fonder des bibliothèques dans les écoles nationales ; 3° à donner aux instituteurs et aux auteurs d'ouvrages utiles à la jeunesse des témoignages de considération; 4° enfin, à encourager de toutes autres manières le développement de l'Instruction publique.

Art. 24. — Tout Haïtien qui veut exercer la profession d'instituteur particulier doit se pourvoir d'un diplôme, signé du président de la commission de l'Instruction publique dans le ressort de laquelle il a l'entention de s'établir.

Art. 25. — Pour obtenir ce diplôme, il suffit au postulant de justifier : 1° qu'il a vingt et un ans accomplis ; 2° qu'il est de bonnes vie et mœurs ; 3° qu'il *a veré la somme de 30 gourdes dans la caisse de l'Université*. A cet effet, il présentera son acte de notoriété qui en tient lieu [1], un

---

[1] Il y a ici une omission évidente du copiste ou de l'imprimeur. Nous croyons que, dans le texte primitif du législateur, il a dû y avoir : « Un extrait de son acte de naissance ou l'acte de *notoriété* qui en tient lieu. »

certificat de trois citoyens notables attestant sa moralité, *et une quittance* de la Caisse de l'Université.

Art. 26. — Outre les conditions exigées par les articles 24 et 26 ci-dessus, et après un séjour de trois mois dans le pays, l'étranger qui voudra y établir une école devra solliciter une autorisation spéciale qui lui sera délivrée, s'il y a lieu, par le Secrétaire d'Etat, d'après les ordres du Président d'Haïti.

Art. 47. — Il est dû, pour chaque degré, une rétribution qui demeure ainsi fixée dans toutes les Facultés, savoir :

    Pour le baccalauréat............ 20 g.
    Pour la licence................ 40 »
    Pour le doctorat............... 60 »

Art. 48. — La moitié de chaque rétribution est exigible la veille de l'examen, l'autre moitié ne l'est qu'au moment de la délivrance du diplôme. — Si le candidat ne satisfait pas à l'examen, la moitié versée est acquise à la Caisse de l'Université.

Art. 50. — Toute personne pourvue d'un diplôme délivré par une Université étrangère peut obtenir de l'Université d'Haïti un diplôme de même degré en payant le quart de la rétribution fixée.

Art. 52. — Les frais de diplômes sont à la charge de la Caisse de l'Université.

Attendu qu'il importe d'assurer l'application des dispositions ci-dessus prescrites par l'organisation et le fonctionnement de la Caisse de l'Université prévue en l'article 9 de la loi sur l'Instruction publique.

Le Secrétaire d'Etat de l'Instruction publique,

Arrête :

Art. 1er. — La caisse de l'Université sera établie à la Secrétairerie d'Etat de l'Instruction publique.

Art. 2. — Un service spécial de comptabilité sera organisé en vue du fonctionnement de cette caisse.

Art. 3. — Un employé de la Secrétairerie d'Etat de l'Instruction publique sera institué caissier et aura la garde de la caisse avec charge d'effectuer les encaissements et les dépenses régulièrement autorisées. — Il sera, sauf cas de force majeure, responsable des deniers recouvrés et encaissés.

Art. 4. — Le caissier jouera le rôle de receveur et donnera tous récépissés et quittances nécessaires, lesquels seront visés par le chef de bureau, ainsi que les ordres de paiement et les bulletins de versement.

Art. 5. — L'étudiant ou l'élève qui voudra acquitter les droits auxquels il est soumis sera tenu de se munir d'un bulletin de versement que lui délivrera le Secrétaire de la Faculté, devant laquelle il devra se présenter. — Ce bulletin indiquera l'examen à passer, la somme à percevoir et l'Ecole ou Faculté à laquelle appartient le candidat.

Pour ce qui est des versements à faire en vertu de l'article 25 et de l'article 50 ci-dessus, le bulletin de versement serait délivré par le bureau de l'Inspection.

Art. 6. — Les parents ou personnes responsables, tuteurs ou autres, ont le droit d'effectuer personnellement les versements prévus, pour le candidat mineur dont ils ont la garde.

Ils remettront, en ce cas, la quittance au candidat qui la présentera au Secrétaire de la Faculté comme justification du paiement des droits.

Art. 7. — Dans les arrondissements autres que celui de Port-au-Prince, et quand il y aura lieu, le Secrétaire d'État de l'Instruction publique pourra autoriser l'Inspecteur des écoles de la circonscription à percevoir les droits dus, pour les transmettre immédiatement au caissier-receveur à Port-au-Prince.

L'étudiant de province qui fait ses études à la Capitale enverra son bulletin de versement à sa famille, si celle-ci désire acquitter directement les droits.

Art. 8. — Les Secrétaires de Faculté et les Inspecteurs qui auront délivré des bulletins de versement en exécution de l'article 5 *in fine*, seront tenus d'adresser au Secrétaire d'État de l'Instruction publique un état détaillé des bulletins par eux délivrés.

Les Secrétaires enverront, en outre, un état des quittances présentées.

Art. 9. — Les fonds universitaires seront employés suivant les prévisions de l'article 10 de la loi du 7 décembre 1860.

Ceux perçus pour frais d'examens dans les écoles supérieures ou facultés seront attribués pour moitié aux professeurs qui auront fait passer les examens à propos desquels la perception aura eu lieu.

Art. 10. — Les dépenses à faire en conformité de l'article précédent seront ordonnées par le Secrétaire d'État de l'Instruction publique qui, tous les trois mois, rendra compte au Président d'Haïti, et tous les ans aux Chambres législatives de l'emploi des fonds recouvrés.

Donné à la Secrétairerie d'État de l'Instruction publique, le 22 mai 1894, an XCI de l'Indépandance.

Le Secrétaire d'État de l'Instruction publique,
P.-M. Apollon.

ARRÊTÉ

PORTANT CRÉATION DU BULLETIN OFFICIEL
DE L'INSTRUCTION PUBLIQUE

Le Secrétaire d'État au Département de l'Instruction Publique,

Considérant qu'il est indispensable pour la bonne marche du service de ce Département, que les documents officiels puissent être portés à la connaissance des intéressés par un organe spécial de publicité;

Considérant que l'article 10 de la loi sur l'Instruction publique permet d'affecter une partie des fonds universitaires à encourager de toutes manières le développement de l'Instruction Publique,

Arrête :

Art. 1er. — Il est créé un bulletin officiel de l'Instruction publique.

Art. 2. — Ce bulletin comprendra deux parties :

A. Partie officielle.

B. Partie non officielle.

Dans la partie officielle seront publiés tous les documents intéressant l'enseignement public et privé : lois, arrêtés, règlements, circulaires, avis, nominations, etc.

La partie non officielle comprendra : une chronique du mois où seront rapportés les principaux faits concernant les écoles; — les rapports des Inspecteurs avec analyses et appréciations; — une partie pédagogique; développement des diverses parties des programmes, modèles de leçons, notions théoriques de pédagogie; — une partie littéraire, scientifique, artistique et récréative.

Art. 3. — Le Bulletin paraîtra le 2 de chaque mois.

Art. 4. — Le prix de l'abonnement au Bulletin est fixé à

4 gourdes par an, plus les frais de poste pour les Départements et l'Etranger.

L'abonnement sera servi gratuitement aux divers Inspecteurs des Ecoles de la République.

Art. 5. — Jusqu'à ce que le Bulletin soit en mesure de se suffire à lui-même, une partie des fonds de la caisse de l'Université servira à couvrir les frais de publication.

Art. 6. — Le Bulletin sera administré, sous l'autorité et la surveillance du Département de l'Instruction Publique.

Fait à la Secrétairerie d'État de l'Instruction Publique, le 26 mai 1894.

Le Secrétaire d'État,

P.-M. Apollon.

ARRÊTÉ

Le Secrétaire d'État au Département de l'Instruction publique,

Attendu qu'il y a lieu de généraliser à tous les diplômes et certificats délivrés par l'Université d'Haïti les droits universitaires prévus dans la loi sur l'Instruction publique ;

Attendu que, par suite de l'obligation faite à tous les Haïtiens de recevoir l'instruction primaire, il est juste d'exempter de tous droits le certificat d'études primaires destiné à sanctionner cette obligation,

Arrête ce qui suit :

Art. 1. — Par assimilation aux droits fixés pour les degrés universitaires, il sera perçu :

Pour le diplôme de pharmacien............	40 g.
» » » sage-femme............	30 »
» » certificat d'études secondaires (spéciales et classiques)..................	15 »

Toutes ces valeurs tomberont dans la caisse de l'Université et les dispositions de la loi et des règlements concernant l'organisation de cette caisse leur seront applicables.

Art. 2. — Le certificat d'études primaires sera délivré sans frais à tous ceux qui, après avoir parcouru le programme complet des écoles primaires urbaines, auront satisfait aux conditions des examens.

Fait à la Secrétairerie d'État de l'Instruction publique, le 28 août 1894.

Le Secrétaire d'État,
P.-M. APOLLON.

RÈGLEMENTS

RÈGLEMENT INTÉRIEUR DE L'ACADÉMIE D'HAÏTI

Port-au-Prince, le 15 mars 1823.

Art. 1. — Les élèves qui désireront suivre les leçons de médecine et de droit, s'adresseront à la Commission d'instruction publique qui, après avoir accueilli leur demande, les adressera au directeur de l'Académie, lequel fera son rapport sur leur aptitude.

Art. 2. — Les leçons des cours de médecine théorique auront lieu le lundi, mardi, mercredi et vendredi, à une heure de relevée jusqu'à deux.

Art. 3. — Les leçons relatives au droit auront lieu les mêmes jours, à sept heures du matin jusqu'à huit heures.

Art. 4. — Les élèves de l'une et de l'autre Facultés seront assujettis à quatre années d'études.

Art. 5. — Ces études seront constatées par des inscriptions sur un livre matricule. Il en sera délivré un extrait à chaque élève, qui déposera 5 gourdes entre les mains du directeur, ou de tel autre professeur ou employé de l'Académie, désigné par lui.

Art. 6. — Lorsqu'un élève aura manqué trois fois pendant un trimestre aux leçons, il perdra sa matricule, à moins qu'il n'ait été autorisé à s'absenter.

Art. 7. — Chaque élève sera tenu de prendre son inscription, en personne, dans les premières quinzaines de mars, de juin, de septembre et de décembre.

Art. 8. — La carte d'inscription de l'élève sera indispensable pour qu'il soit admis aux leçons.

Art. 9. — Le produit des inscriptions sera destiné aux jetons de présence qui seront ultérieurement alloués aux professeurs. Il sera aussi consacré à l'achat des prix qui seront décernés à ceux des élèves qui se seront le plus distingués dans le courant de chaque année scolaire, tel que la Commission d'Instruction publique le décidera.

Art. 10. — Il sera distribué un prix sur douze élèves, et un accessit en supposant qu'ils aient été mérités, au jugement du directeur et sur l'approbation de la Commission d'instruction publique.

Art. 11. — Tout élève qui aura été insubordonné sera, d'après la demande du directeur, et au jugement de la Commission, privé d'une ou de deux inscriptions, selon la gravité du cas, et en cas de récidive grave il sera chassé de l'école.

Art. 12. — L'année scolaire commencera au 1er avril et finira au 31 décembre.

Art. 13. — Il y aura dans l'année trois mois de vacances, savoir : du 1er janvier au 1er mars, et du 1er septembre au 1er octobre. Lorsqu'il y aura un établissement pour la clinique, les vacances éprouveront à cet égard quelques modifications.

Art. 14. — L'élève qui aura terminé ses quatre années d'études et qui justifiera de seize inscriptions, sera admis à subir les examens probatoires.

Art. 15. — Ces examens seront, pour les élèves en médecine, au nombre de cinq. Le premier sera relatif à l'anatomie, à la physiologie ; le second, à la pathologie interne ; le troisième, aux opérations chirurgicales, à la matière médicale et pharmaceutique ; le quatrième, à la médecine légale, à l'hygiène et à la clinique.

Ces examens seront verbaux ; le cinquième, qui aura lieu, moitié par écrit, moitié verbalement, roulera sur les quatre premiers, et en sera en quelque sorte la récapitulation.

Art. 16. — Les examens relatifs aux élèves de droit seront au nombre de quatre, qui auront pour objet : le premier, le droit romain et le droit civil ; le second, la procédure et le droit civil ; le troisième, le Code de commerce et d'instruction criminelle ; le quatrième, enfin, sera une récapitulation des trois premiers.

Art. 17. — Pour le présent, le professeur de droit fera, pendant le cours de cette année, des leçons préparatoires de littérature et d'éloquence.

Art. 18. — Lorsque l'élève aura subi son dernier examen, s'il a satisfait au jugement des professeurs, il obtiendra un diplôme, dans les formes, qui lui servira de titre pour exercer sa profession dans toute la République.

Art. 19. — Si, dans un examen, un élève ne répond pas convenablement aux questions qui lui seront adressées par les professeurs, il sera ajourné à une époque déterminée ou indéfinie, et devra recommencer le même examen, avant de passer au suivant.

Art. 20. — Lorsqu'un élève aura obtenu au moins deux prix, un prix ou deux accessits dans le cours de ses études, il sera dispensé du dernier examen et il sera admis à soutenir publiquement une thèse sur un sujet de son choix : cette thèse sera préalablement examinée par le directeur, et ne pourra être imprimée et défendue qu'avec son approbation et celle de la Commission d'instruction publique. Cette thèse sera présidée par la Commission ou par un de ses membres. Si le candidat soutient dignement sa thèse, il lui sera délivré un diplôme de docteur.

Art. 21. — Tous les professeurs assisteront aux examens qui se feront publiquement, eux seuls auront le droit d'interroger les élèves, excepté au dernier examen, où il sera permis à tous les assistants de proposer des difficultés aux récipiendaires.

Art. 22. — La police intérieure de l'Académie appartient exclusivement au directeur, qui rend compte à la Commission d'instruction publique, laquelle est seule revêtue de l'inspection administrative.

Art. 23. — Nul ne pourra assister aux leçons sans présenter sa carte d'entrée. Les étrangers pourront y être admis par le directeur.

Art. 24. — Les personnes qui exercent, en ce moment soit la jurisprudence, soit l'art de guérir, pourront fréquenter l'école et ne seront tenues à aucune inscription, ni payement, mais elles seront admises par le directeur qui leur remettra une carte spéciale.

Art. 25. — Le présent règlement n'étant que provisoire, la Commission d'instruction publique y fera les modifications que l'expérience lui aura suggérées.

Port-au-Prince, le 23 février 1823, an XX.

Signé : Pescay, D. M.,
Directeur de l'Académie.

La Commission d'Instruction publique approuve le règlement provisoire ci-dessus, pour être exécuté jusqu'à ce qu'il en soit autrement ordonné.

Port-au-Prince, le 15 mars 1823, an XX.

Signé : Ingniac,
Président de la Commission.

Salgado, Frémont, Granville, Rouanez
Chanlatte et Colombel,
Membres.

RÈGLEMENT

CONCERNANT LES ÉLÈVES DE L'ÉCOLE NATIONALE DE MÉDECINE ET LES OFFICIERS DE SANTÉ DE L'ÉCOLE MILITAIRE [1]

Port-au-Prince, le 1er janvier 1830.

Art. 1er. — Les officiers de santé de deuxième et troisième classe et les élèves devront être rendus à l'hôpital, tous les jours à six heures précises du matin, pour préparer leurs appareils et les divers objets nécessaires aux pansements, qui commenceront à six heures et demie.

Art. 2. — Chaque officier de santé de deuxième classe aura avec lui, et sous sa surveillance spéciale, un ou plusieurs élèves pour l'assister dans son service.

Art. 3. — Les officiers de santé de deuxième classe surveilleront les détails du service, et seront particulièrement chargés des pansements les plus graves.

Art. 4. — La visite se fera tous les jours à sept heures.

Art. 5. — Les différents cours se feront immédiatement après la visite. Les officiers de santé de deuxième et de troisième classe seront tenus d'y assister, et, dans aucun cas, ne pourront s'en dispenser, à moins d'une permission expresse du professeur chef de service.

Art. 6. — Chaque semaine, et à tour de rôle, il y aura un officier de santé de troisième classe et un élève de garde. Ils coucheront à l'hôpital, et, sous aucun prétexte, ne pourront s'absenter.

---

[1] Voir la *Loi du 3 mars 1808, sur l'organisation du service de santé des hôpitaux*, etc., tit. XV.

Art. 7. — Un élève sera désigné chaque mois, et à tour de rôle, pour écrire les cahiers de visite. Il fera les relevés des aliments, qu'il signera et remettra au directeur, pour le guider dans les distributions, et sera, en outre, chargé d'indiquer à l'officier de santé de garde les opérations chirurgicales qui auraient été prescrites à la visite.

Art. 8. — Deux élèves seront également désignés, chaque mois, pour assister le pharmacien de service. Un de ces élèves suivra la visite et dressera un relevé des prescriptions pharmaceutiques.

Art. 9. — Un officier de santé de troisième classe et un élève feront, chaque semaine, le service de la maison d'arrêt : ce service sera sous la direction spéciale d'un officier de santé de deuxième classe.

Art. 10. — Les officiers de santé, en relevant de garde (soit du service de l'hôpital, soit de celui de la maison d'arrêt), feront un rapport au chef de service de tout ce qui s'est passé pendant la durée de leur garde. L'officier de santé de garde sera encore chargé des répétitions à la suite des pansements du soir.

Art. 11. — Tous les officiers de santé de deuxième et troisième classes et les élèves devront se rendre, chaque jour, à l'hôpital, à trois heures de l'après-midi, si le chef de service l'exige : ceux qui auront des pansements à y faire ne pourront, dans aucun cas, s'en dispenser.

Art. 12. — Tous les officiers de santé de deuxième et troisième classe et les élèves devront se rendre à l'hôpital, le samedi de chaque semaine, à trois heures de l'après-midi, pour nettoyer et disposer leurs appareils.

Art. 13. — Sous aucun prétexte, les élèves ne pourront faire les opérations, même les plus légères, de chirurgie. Seulement, et lorsqu'ils auront été jugés assez instruits, on pourra leur permettre d'exécuter la saignée, mais toujours d'après un ordre et sous les yeux d'un officier de santé.

Art. 14. — Aucun officier de santé de deuxième et troisième classe ne pourra faire une opération majeure qu'en vertu d'un ordre du chef de service, ou d'un officier de santé de première classe.

Art. 15. — Les grandes opérations de chirurgie ne pourront être faites sans qu'au préalable les officiers de santé supérieurs aient été consultés.

Art. 16. — L'application du premier appareil, dans le cas où tout retard compromettrait la vie d'un blessé, est seule exceptée des précédentes dispositions.

Art. 17. — Aucun élève ne pourra être admis, s'il a moins de quatorze ans; il devra, en outre, écrire correctement sa langue; il sera admis sur un ordre de la Commission d'Instruction publique.

Art. 18. — Il sera fait, tous les ans, un examen public des élèves de l'École nationale de médecine. Cet examen sera fait par le jury médical, et en présence des membres de la Commission d'Instruction publique. Ceux d'entre les élèves qui se seront distingués seront mentionnés honorablement à S. Exc. le Président d'Haïti.

Art. 19. — Si un élève ne donnait aucune preuve de capacité, ou était signalé pour cause d'inconduite, son renvoi sera demandé à la Commission.

Art. 20. — Tous les élèves et officiers de santé seront subordonnés aux professeurs, et les uns envers les autres, d'après la hiérarchie des grades.

Art. 21. — Les élèves qui s'écarteraient du respect dû aux professeurs et aux officiers de santé de différents grades, seront punis des arrêts dans un des forts de la ville, et pourront même être dénoncés à la Commission d'Instruction publique qui prononcera leur renvoi, s'il y a lieu.

Art. 22. — L'élève qui, sans permission et sans cause légitime, manquera l'heure des leçons et du service auquel il sera astreint, sera, pour la première fois, consigné à l'hôpital pour un ou plusieurs jours; pour la seconde, puni des arrêts; et pour la troisième, dénoncé à la Commission.

Art. 23. — La durée des arrêts auxquels seront soumis

les élèves délinquants sera de vingt-quatre heures au moins et de huit jours au plus.

Art. 24. — Les élèves porteront l'uniforme prescrit par la loi sur l'organisation des hôpitaux militaires.

Port-au-Prince, le 1ᵉʳ janvier 1830, an XXVII.

Le professeur directeur,
Signé : Cesvet, D. M.

Vu et approuvé par la Commission d'Instruction publique :

Le Président de la Commission,
Signé : N. Viallet.

RÈGLEMENT DES JOURS DE CONGÉ DU LYCÉE NATIONAL

ET DES AUTRES ÉTABLISSEMENTS D'INSTRUCTION PUBLIQUE

Port-au-Prince, le 15 juin 1833.

La Commission d'Instruction publique de la Capitale, sur les représentations du directeur du lycée et de différents chefs d'établissements d'éducation, sur l'absence des règles positives à l'égard des jours reconnus fériés et devant servir de congés aux élèves, ayant reconnu la nécessité d'y statuer, a décidé que les jours suivants seraient les seuls observés comme fêtes, et pendant lesquels les élèves du lycée, des écoles primaires et des autres maisons d'éducation obtiendront congé.

Quant aux jours des dimanche, jeudi ou samedi, la Commission s'en réfère à ce qui a été déjà arrêté et suivi jusqu'ici :

1° Les fêtes nationales décrétées par la Constitution ;

2° L'anniversaire de la naissance et la fête patronale du chef de l'État ;

3° Les lundi et mardi gras, l'après-midi, et le mercredi des Cendres, toute la journée ;

4° Dans la semaine sainte, à partir du mercredi saint, l'après-midi, jusqu'au dimanche de Pâques inclusivement ;

5° La grande et la petite Fête-Dieu ;

6° La Saint-Jean-Baptiste ;

7° La fête patronale de la paroisse ;
8° La Toussaint ;
9° Le jour des Morts ;
10° La Noël ou Nativité de Notre-Seigneur.

Arrêté par la Commission, le 15 juin 1833, an XXX.

Signé : C. Ardouin, J. Paul fils, Lafontant, J. Thézan.

RÈGLEMENT POUR LE LYCÉE NATIONAL

CHAPITRE PREMIER

DES FONCTIONNAIRES DU LYCÉE

§ 1ᵉʳ. — Du directeur

Art. 1ᵉʳ. — En conséquence, des articles 24, 25, 28, 31 et 33 de la loi sur l'instruction publique, les attributions du directeur sont arrêtées de la manière suivante :

Art. 2. — Il a sous ses ordres immédiats tous les employés du Lycée, et ils sont tenus de se conformer entièrement à ce qu'il leur prescrit pour le bien du service auquel ils doivent leur concours.

Art. 3. — Il répartit entre les professeurs, selon qu'il le juge convenable à la prospérité de l'institution, les différentes branches d'enseignement, et détermine la manière dont chacun d'eux doit s'acquitter de ses fonctions.

Art. 4. — Il règle la distribution des heures qu'ils sont dans l'obligation de consacrer aux élèves, l'emploi du temps de ces derniers, et leur classification pour tous les cours qu'ils doivent suivre.

Art. 5. — Il a soin que les employés du Lycée y arrivent et en sortent exactement aux heures prescrites.

Art. 6. — Il veille particulièrement à ce qu'ils ne donnent que de bons exemples à leurs élèves, et ne leur enseignent qu'une morale pure, basée essentiellement sur l'existence de Dieu et l'immortalité de l'âme.

Art. 7. — Il est dans l'obligation rigoureuse de faire à la

Commission d'Instruction publique des rapports sur toutes les irrégularités de conduite qu'on serait en droit de reprocher auxdits employés, soit dans l'exercice de leurs fonctions ou hors de cet exercice, et qui seraient de nature à diminuer la considération et la confiance qu'ils doivent inspirer aux parents des élèves, ou à produire une influence fâcheuse sur ces derniers.

Art. 8. — Il présente aussi, tous les trois mois, à la susdite Commission, l'exposé de la situation générale du Lycée, et lui envoie en même temps un résumé des notes qu'il a reçues des professeurs dans le cours du trimestre.

Art. 9. — Il a la police générale de l'établissement, et prend, en conséquence, toutes les mesures propres à y faire régner l'ordre, la discipline et l'harmonie; la police particulière des cours, attribuée aux professeurs, est néanmoins soumise à sa surveillance et à son autorité.

Art. 10. — L'administration du directeur, à l'égard des fonctionnaires chargés de le seconder, doit toujours se régler sur la plus stricte équité.

Art. 11. — Les moyens de répression dont il peut disposer contre eux sont l'admonition et la censure, soit privée, soit publique. Il peut aussi demander à la Commission qu'ils soient suspendus de leurs fonctions, et même remplacés s'il y a lieu.

La suspension entraîne toujours, pour le temps qu'elle durera, la perte des appointements de celui qui l'aura encourue.

Art. 12. —Enfin, le directeur veille surtout à ce que les élèves soient initiés de bonne heure à la connaissance des devoirs qu'ils auront à remplir un jour; et il a soin particulièrement qu'ils soient entretenus dans les sentiments de gratitude et de respect affectueux qu'ils doivent à la mémoire du président Pétion, fondateur du Lycée, et au chef actuel de l'État pour les perfectionnements dont l'institution lui est redevable, et pour l'intérêt spécial qu'il lui porte.

§ 2. — Des professeurs

Art. 13. — Conséquemment à l'article 20 de la loi sur l'instruction publique, le directeur a la faculté de prendre au Lycée des professeurs à ses frais, moyennant qu'ils soient agréés par la Commission d'Instruction publique : ils porteront l'uniforme déterminé pour les employés du Lycée.

Art. 14. — Les professeurs qui reçoivent un traitement du Trésor public doivent, tous les jours, quatre heures d'enseignement au Lycée national.

Art. 15. — Ils sont tenus d'y arriver dix minutes avant le moment des cours, et de les faire toujours en habit d'uniforme.

Art. 16. — Ils commenceront d'abord par l'appel nominal des élèves de leur classe, et remettront au maître de quartier la note des absents.

Art. 17. — Ils porteront une attention particulière à la tenue et au maintien de leurs élèves, réprimeront avec soin tout ce qu'ils diront ou feront de contraire aux bienséances, et s'attacheront à leur donner l'habitude des manières polies et convenables.

Art. 18. — Les professeurs pourront faire rester les élèves debout durant la leçon, leur donner des pensums, les mettre en retenue pour le temps des récréations et les jours de congé, et enfin les renvoyer de la classe, s'il y a lieu; dans ce dernier cas, ils seront consignés à la salle de discipline.

Art. 19. — L'équité et le calme devront toujours présider aux punitions qu'ils infligeront; néanmoins, il ne leur est pas interdit de relever avec une louable chaleur des fautes de leurs élèves, et de leur remontrer vivement les conséquences fâcheuses qui peuvent résulter de leurs défauts.

Art. 20. — Le lundi matin, à la rentrée des classes, les professeurs remettront au directeur des notes sur les travaux et la conduite de chacun de leurs élèves pendant la semaine qui vient de s'écouler, et, à la fin du mois, ils lui feront, sur les mêmes objets, un rapport détaillé auquel ils joindront toutes les observations dignes d'intérêt qu'ils auront eu occasion de faire, tant sur l'enseignement auquel ils se sont livrés, que sur l'intelligence et le caractère de leurs élèves. Dans les deux circonstances, ils assigneront des places d'honneur à ceux dont la conduite aura été plus satisfaisante.

Art. 21. — Tous les quinze jours, ils feront composer les élèves, le matin et l'après-midi, dans deux facultés différentes, et consigneront les résultats des compositions dans un journal particulier qui restera entre les mains du directeur.

Art. 22. — Au commencement de chaque semaine, la leçon du professeur sera toujours un résumé de tout ce qu'il a enseigné la semaine précédente; après quoi, il fera subir des examens individuels à une partie de ses élèves, de manière qu'au bout du mois la classe entière ait passé par cette épreuve, et qu'il puisse savoir ainsi, avec certitude, si chacun des enfants qui la composent a profité de ses leçons.

Art. 23. — La première semaine de chaque mois sera consacrée aux mêmes exercices, en présence du directeur.

Art. 24. — Si, par un motif légitime quelconque, un professeur employé par l'État ou le directeur se trouve dans la nécessité d'interrompre ses fonctions au Lycée, il est tenu de les faire remplir, à ses frais, par une personne d'une moralité irréprochable, et d'une capacité suffisante pour le suppléer, et qu'il propose préalablement au directeur. Celui-ci l'accepte ou la refuse, selon qu'il le juge convenable, et, en cas d'acceptation, laquelle doit être ratifiée par la Commission d'Instruction publique, elle est entièrement soumise aux dispositions du présent règlement qui concernent les employés du Lycée. Toutefois pour le cas de maladie non prolongée, le professeur sera remplacé par ses collègues.

Art. 25. — Les professeurs ne pourront point interrompre leurs fonctions dans l'établissement sans l'autorisation du directeur, et, en cas de maladie, ils devront immédiatement lui en donner avis.

Art. 26. — L'absence prolongée d'un professeur ne peut être autorisée que par la Commission d'Instruction publique, sur la demande du directeur.

Art. 27. — Le dimanche de Pâques, la Fête-Dieu, l'Assomption et la Saint-Pierre, les professeurs se réuniront, en grand costume, au Lycée, pour aller avec les élèves assister à l'office divin.

Art. 28. — Ils s'y rendront également de grand matin, dans le même costume, les jours de fêtes nationales désignées par l'article 34 de la Constitution, afin de s'acquitter des devoirs que les fonctionnaires publics sont tenus de remplir dans ces solennités.

§ 3. — Du maitre de quartier

Art. 29. — Les devoirs du maître de quartier ou de celui qui le remplace consistent principalement dans ce qui intéresse le maintien de l'ordre, de la discipline et des bonnes mœurs parmi les élèves, et dans la surveillance assidue de leurs études, de leurs récréations et de leur conduite hors des moments où les classes ont lieu ; en conséquence, tant que les professeurs ne sont pas dans l'établissement, il est rigoureusement obligé de s'y trouver toujours afin que les élèves ne soient jamais livrés à eux-mêmes ; sa vigilance doit être telle que la moindre action de chacun d'eux ne puisse lui échapper.

Art. 30. — Il couche au dortoir avec les pensionnaires, et préside à leurs repas.

Art. 31. — Le matin, à sept heures et l'après-midi à deux heures, il fait l'appel général des élèves, note les absents, dont il remet la liste au directeur, et, le samedi de chaque semaine, il s'enquiert du motif des absences, afin d'en rendre compte au directeur.

Art. 32. — Quand les élèves seront à l'étude, le maître

de quartier visitera souvent leurs cahiers, et s'assurera de ce qu'ils font, afin d'empêcher qu'ils ne perdent leur temps on ne l'emploient à des occupations auxquelles ils ne doivent pas se livrer.

Art. 33. — Il dispose des mêmes moyens de répression que les professeurs, et assure l'exécution des peines que les élèves doivent subir hors des classes.

Art. 34. — Il les conduit à la messe, tous les premiers dimanches du mois, et les mène à la promenade lorsque le directeur pense qu'il est utile de les y envoyer.

Art. 35. — Les dispositions de l'article 13 s'étendent aux fonctions de maître de quartier comme à celles de professeur ; et les articles 17, 19, 24, 25, 26, 27 et 28 s'appliquent également à ces deux ordres de fonctionnaires.

CHAPITRE II

DES ÉLÈVES

§ 1er. — Dispositions générales

Art. 36. — Chaque enfant qui entre au Lycée doit avoir un certificat de vaccination; faute de quoi, il sera vacciné le plus tôt possible, à la diligence du directeur.

Art. 37. — Tout élève atteint d'une maladie contagieuse sera remis à ses parents ou à celui qui en tient lieu, jusqu'à son entière guérison.

Art. 38. — Le directeur surveille particulièrement la nourriture des élèves, qui doit être saine et abondante, et il pourvoit à tous autres soins hygiéniques que réclame leur santé.

Art. 39. — Ils devront être toujours dans une tenue simple, décente et d'une grande propreté ; les vêtements déchirés sont interdits, et l'uniforme prescrit par la loi est de rigueur dans les circonstances indiquées à l'article 28, et lorsqu'ils vont à la messe.

Art. 40. — Les élèves doivent le plus grand respect et une obéissance absolue au directeur du Lycée, ainsi qu'aux professeurs et maîtres de quartier qui y sont employés aux frais de l'État ou autrement ; la moindre insubordination, manifestée de n'importe quelle manière, sera sévèrement punie ; la menace encourra toujours une des plus fortes peines de l'établissement.

Art. 41. — Tout le temps que les élèves se trouvent dans le local du Lycée, ou réunis sous la conduite des professeurs ou maîtres de quartier, ils sont soumis à la discipline immédiate et exclusive de l'institution, et l'autorité des parents, à cet égard, cesse entièrement.

Art. 42. — L'absence fréquente d'un élève pourra être un motif de renvoi.

§ 2. — Distribution du temps

Art. 43. — Les études ont lieu tous les jours, excepté le samedi et le dimanche de chaque semaine, le temps des vacances déterminé par la loi sur l'instruction publique, la Toussaint, le jour des Morts, les jeudi et vendredi saints, la Fête-Dieu et le 2 d'avril (anniversaire de la naissance du président Pétion), la Saint-Pierre, la fête de l'Agriculture, et les trois premiers jours de la semaine du carnaval dont le samedi ne sera pas un jour de congé.

Art. 44. — Tous les matins, à cinq heures, du premier au second équinoxe, et à cinq heures et demie, du second au premier, le son de la cloche éveillera les pensionnaires, qui sur-le-champ, quitteront leurs lits, et s'habilleront : cinq minutes leur sont accordées pour cela.

Art. 45. — Ils emploieront ensuite vingt-cinq minutes tant à faire leurs lits qu'à leur toilette ; le maître de quartier sera très attentif à ce qu'ils ne négligent aucun des soins qu'exige une extrême propreté.

Art. 46. — Immédiatement après la toilette, le maître de quartier ou celui qui le remplace fera, à haute voix, la prière du matin.

Cette prière et celle du soir, choisies l'une et l'autre par le directeur dans les livres chrétiens, seront courtes, et surtout très intelligibles pour les élèves à qui, d'ailleurs, le professeur de morale l'aura auparavant bien fait comprendre ; ce devoir sera rempli avec le plus grand recueillement.

Art. 47. — Ensuite, le temps des élèves sera employé de la manière suivante :

De la prière du matin à sept heures, étude ;

A sept heures, premier déjeuner, et récréation jusqu'à sept heures et demie ;

A sept heures et demie, étude jusqu'à huit heures ;

A huit heures, classes du matin jusqu'à dix heures ;

A dix heures, récréation pendant un quart d'heure ;

A dix heures un quart, étude jusqu'à onze heures et demie ;

A onze heures et demie renvoi des externes, et déjeuner au réfectoire pour les pensionnaires, suivi d'une récréation jusqu'à une heure ;

A une heure, étude jusqu'à deux heures trois quarts ;

A deux heures trois quarts, récréation pendant un quart d'heure ;

A trois heures, classes de l'après-midi jusqu'à cinq heures ;

A cinq heures, renvoi des externes, et étude pour les pensionnaires jusqu'à cinq heures et demie ;

A cinq heures et demie, dîner et récréation jusqu'à sept heures ;

A sept heures, étude jusqu'à huit heures et demie ;

A huit heures et demie, prière du soir et coucher.

Art. 48. — Les externes se rendront au Lycée, le matin à six heures, et l'après-midi à une heure. Cependant ils ne seront portés, comme absents, que lorsqu'ils auront manqué à l'appel nominal.

Art. 49. — Ils sont censés ne mettre qu'un quart d'heure pour venir de chez leurs parents au Lycée, et *vice versa*, quelque longue que puisse être la course.

§ 3. — Punitions et récompenses

Art. 50. — Les punitions que le directeur seul peut ordonner sont : 1° la déclaration solennellement faite que l'élève est placé sous le régime de la sévérité; 2° le cachot; 3° la remise de l'élève à ses parents.

Art. 51. — Lorsque l'élève se trouve sous le régime de la sévérité, il est privé, tant au Lycée que chez ses parents, de tous les plaisirs, de toutes les marques d'affection et d'estime dont jouissent, d'ordinaire, les élèves qui se conduisent bien; et, à moins qu'il ne manifeste évidemment un regret sincère de ce qu'on lui reproche, et une résolution positive de le réparer par une conduite désormais régulière, on use constamment à son égard d'une sévérité qu'aucune indulgence ne vient tempérer. Les moindres fautes qu'il commet, et qu'on relèverait doucement si l'on était content de lui, sont toujours punies sans rémission. Ce régime peut être appliqué pour un temps fixe ou indéterminé.

Art. 52. — Afin d'assurer l'exécution de l'article précédent, comme aussi pour que l'enfant dont on est satisfait jouisse de toute l'affection de sa famille, le directeur enverra fréquemment aux parents des élèves des bulletins relatifs à leur conduite et à leurs études.

Art. 53. — Tout élève qui apportera sciemment au Lycée un ouvrage irréligieux ou immoral sera passible d'une des plus fortes peines de l'établissement.

Il en sera ainsi de tout élève qui entretiendra ses condisciples de sujets contraires à la religion ou aux mœurs.

Art. 54. — En punissant un élève, on aura toujours égard à sa conduite habituelle, pourvu que cette considération ne l'ait point déterminé à mal faire; et la gravité de la peine se mesure aussi sur le plus ou moins de préméditation qui aura accompagné la faute commise.

Art. 55. — Il y a au Lycée, dans chaque classe, et dans l'étude, un banc spécial dit *banc d'avertissement*, où l'on enverra les élèves qui se négligent, et sont sur le point d'encourir une punition ; ils sauront ainsi qu'ils se trouvent, en quelque sorte, sur la limite du mal, et que, pour échapper aux moyens ordinaires de répression qui les menacent et qui sont un acheminement aux trois fortes peines mentionnées à l'article 50, ils doivent promptement se réformer.

Art. 56. — Il y aura également des *bancs d'honneur* qui ne seront occupés que par les élèves dont la conduite donnera le plus de satisfaction ; chaque semaine, on leur assignera les places qu'ils auront méritées ; et, tous les mois, ils recevront solennellement une marque de distinction qu'ils garderont jusqu'à ce que d'autres élèves l'emportent sur eux pour la sagesse et l'application aux études.

Art. 57. — Les distributions de prix qui se font aux examens annuels continueront d'avoir lieu comme par le passé, sauf les additions suivantes :

Art. 58. — Il est créé deux prix nouveaux qui sont les premiers de tous : un prix d'honneur, et un prix de sagesse.

Art. 59. — Le prix d'honneur est décerné à l'élève qui, non seulement aura le plus de succès dans les compositions prescrites à l'article 21, mais encore aura fait preuve, tant au Lycée et dans sa famille que partout ailleurs, du meilleur caractère, de la conduite la plus digne d'éloges, et aura montré le plus de belles qualités dans le cours de l'année.

Art. 60. — Le prix de sagesse se donne à l'élève qui, n'ayant pas été heureux dans les compositions, sans qu'il y ait eu de sa faute, aura, néanmoins, rempli entièrement la seconde condition exprimée dans l'article précédent.

§ 4. — Dispositions particulières aux élèves de l'État

Art. 61. — Le premier paragraphe de l'article 21 de la loi sur l'instruction publique ne concerne que les élèves envoyés au Lycée par l'État.

Art. 62. — Lorsque le directeur trouvera nécessaire qu'un de ces élèves, pensionnaire ou externe, soit remis à ses parents, il en sera fait la demande formelle à la Commission d'Instruction publique, en lui exposant ses motifs et la Commission rendra telle décision qu'elle jugera convenable.

Fait au Port-au-Prince, le 2 septembre 1837, an XXXIV de l'indépendance.

Les membres de la Commission de l'Instruction publique,

B. Ardouin, sénateur, *président* ; Louis Charles, juge au tribunal de cassation, *vice-président* ; Bance, substitut du commissaire du Gouvernement près le Tribunal civil ; Nathan, défenseur public ; L. Nau, employé à la Trésorerie générale ; Merlet, docteur en médecine ; Smith, docteur en médecine ; Bouchereau, directeur du Conseil de notables ; D. Lafontant, membre dudit Conseil ; P. Faubert, directeur du lycée.

RÈGLEMENT DE L'ÉCOLE NATIONALE DE NAVIGATION

Port-au-Prince, le 26 septembre 1838.

Art. 1er. — L'École de navigation, fondée en cette capitale par le Gouvernement, étant placée sous la surveillance immédiate de la Commission de l'Instruction publique, le professeur à cette école ne pourra y admettre, ni renvoyer aucun étudiant sans l'autorisation spéciale de la Commission.

Art. 2. — Pour être admis à l'École de navigation, les postulants, ou leurs parents pour eux, devront en adresser les demandes à la Commission de l'Instruction publique; les candidats devront être âgés de quatorze ans révolus et être de bonnes vie et mœurs; ils devront subir, en présence de la Commission, un examen préalable par le professeur sur le français, l'arithmétique démontrée, les premiers éléments des mathématiques et la géographie.

Art. 3. — Ceux des postulants qui auront satisfait à l'examen obtiendront l'ordre de la Commission pour faire partie des étudiants, à l'École de navigation, et, dès lors, ils seront soumis à la discipline de ladite École, et il ne leur sera pas permis de s'en soustraire à leur volonté.

Art. 4. — Les étudiants à l'École de navigation sous la responsabilité du professeur, devront se présenter avec la plus grande décence à leur École et l'observer pendant la durée de leurs études; les frais de leur entretien étant à la charge de leurs parents, le professeur aura soin de communiquer avec lesdits parents, pour que ces élèves soient tenus constamment d'une manière convenable.

Art. 5. — Le tableau des étudiants, admis d'après l'ordre

de la Commission, sera constamment affiché dans le local destiné à la tenue de l'École, ou à bord du bâtiment de l'État, sur lequel serait transférée l'École momentanément, d'après l'ordre du Gouvernement.

Art. 6. — L'École, lorsqu'elle sera tenue à terre, s'ouvrira les lundi, mardi, mercredi, jeudi et vendredi de chaque semaine à sept heures précises du matin; et tous les étudiants devront s'y présenter pour recevoir les leçons du professeur qui dureront quatre heures.

Lorsque l'École sera tenue à bord d'un bâtiment, soit dans le port, soit en campagne, les élèves recevront, chaque jour de la semaine, deux leçons de trois heures chacune, l'une le matin et l'autre l'après-midi.

Art. 8. — La classe s'ouvrira chaque fois par l'appel nominal; les élèves absents sans autorisation seront pointés, et pour la première fois encourront la censure devant leurs camarades et même les arrêts pendant vingt-quatre heures; en cas de récidive, les arrêts seront doublés et pourront même être triplés; si, après cette récidive, la même faute se renouvelait une troisième fois, l'étudiant restera aux arrêts, et compte en sera rendu par le professeur à la Commission de l'Instruction publique, afin qu'il soit décidé ce que de raison.

Art. 8. — Deux fois par semaine, lorsque l'École sera tenue à terre, le professeur sera obligé de mener tous les étudiants sous sa direction, à bord d'un bâtiment sur la rade pour joindre, aux leçons théoriques de ses élèves, des leçons pratiques sur l'art de la navigation.

Art. 9. — Lorsque l'ordre sera donné de transférer l'École de navigation à bord d'un bâtiment de l'État, le professeur ainsi que tous les étudiants seront tenus de s'embarquer sur le bâtiment désigné, et aucun ne pourra en être dispensé sans l'autorisation spéciale de la Commission de l'Instruction publique, qui ne l'accordera que pour des motifs reconnus valables ; et, en cas de désobéissance, le délinquant sera puni par la Commission de l'Instruction publique, soit par les arrêts et même par le renvoi, selon qu'il sera jugé convenable.

La décision de la Commission contre le délinquant sera rendue publique par la voie des journaux.

Art. 10. — Pendant que l'École de navigation se tiendra à bord, soit que le bâtiment se trouve dans un port, soit qu'il soit à la mer, tous les étudiants seront tenus d'assister de grand matin, et pendant une heure à l'exercice des armes portatives et à celui du canon ; l'après-midi, pendant une heure, les mêmes élèves feront l'exercice des manœuvres pour la navigation du bâtiment ; en cas de mauvais temps, ils seront tenus de travailler et d'assister l'équipage dans tout ce que le commandant du bâtiment ordonnera pour le bien de la navigation.

Art. 11. — Les étudiants seront divisés, selon leur aptitude et capacité, par première, deuxième et troisième classe.

Ceux qui débuteront à l'École seront de la troisième classe, jusqu'à ce qu'ils aient satisfait à un examen sur les principales parties de l'arithmétique, des mathématiques, sur l'ensemble de la géographie, sur les éléments de la géométrie, et sur le gréement et la manœuvre des bâtiments ; alors ils passeront à la deuxième classe. Ceux de cette classe qui, aux réponses satisfaisantes sur les parties qui viennent d'être désignées et ayant répondu à un examen pratique de trigonométrie rectiligne et de trigonométrie sphérique, répondront aussi sur les questions pratiques relatives aux corps des bâtiments, à leurs mâtures, gréement et voilures, passeront à la première classe.

Les étudiants de première classe, à tour de rôle, serviront de répétiteur aux étudiants des deuxième et troisième classe qui leur devront à cet égard l'obéissance due à ceux qui enseignent.

Art. 12. — Lorsque les étudiants de première classe auront, après dix-huit mois d'études et de navigation, satisfait complètement à un examen spécial théorique et pratique sur l'art de la navigation, en présence de la Commission de l'Instruction publique, et de trois marins possédant toutes les connaissances de leur métier, convoqués à cet effet, il en sera dressé procès-verbal, et le professeur délivrera à l'étudiant un certificat de ses études et capacités qui sera joint à l'expédition du procès-verbal de l'examen spécial; lesquels seront visés par la Commission de l'Instruction publique. L'étudiant sera déclaré par ladite Commission reconnu marin, capable de commander des bâtiments soit au grand cabotage, soit au long cours, et, avant de recevoir les documents constatant sa capacité et la déclaration ci-dessus, il prêtera serment, entre les mains du doyen du Tribunal civil du ressort de son domicile, d'être fidèle observateur des lois sur la navigation.

Art. 13. — Les cours de mathématiques de Bezout, à l'usage de la marine et de l'artillerie, seront suivis à l'École de navigation.

Art. 14. — La Commission de l'Instruction publique ordonnera, à chaque fois qu'elle le jugera nécessaire, des examens partiels des étudiants à l'École de navigation, afin de s'assurer de l'exactitude du professeur ainsi que les étudiants; mais, chaque année, du 1er août au 1er octobre, temps de l'hivernage, il y aura un examen public après lequel les étudiants jouiront d'un mois de vacances.

Art. 15. — Il sera dressé un inventaire des livres, cartes, instruments et tous autres objets nécessaires à l'instruction des étudiants, qui seront fournis par l'Administration; le professeur en fournira reçu et demeurera responsable des susdits objets dont il devra rendre compte à chaque fois qu'il en sera requis.

Art. 16. — Les étudiants, sous peine de répression, observeront envers le professeur le respect et l'obéissance qui lui sont dus; de son côté, le professeur devra traiter les étudiants avec égard et bienveillance; il ne devra rien négliger pour inspirer à ses élèves l'amour de la profession qui leur est enseignée et pour laquelle ils devront s'efforcer à acquérir les connaissances nécessaires; il devra encore ne rien négliger pour former l'éducation morale des étudiants qui lui sont confiés, afin qu'ils puissent parvenir à posséder les belles et bonnes qualités que ceux qui parcourent les mers en conduisant des bâtiments doivent posséder.

Art. 17. — La Commission de l'Instruction publique s'impose l'obligation de veiller strictement à l'exécution du présent règlement et de signaler à l'autorité supérieure les négligences qui pourraient être apportées par le professeur dans l'accomplissement de ses devoirs.

Port-au-Prince, le 26 septembre 1838.

Les Membres de la Commission de l'Instruction publique de la Capitale,

B. Ardouin, *président;* Louis Charles, Bance, Ch. Nathan, J.-B. Merlet, W. G. Smith, Bouchereau, Faubert.

RÈGLEMENT DE L'ÉCOLE NATIONALE DE MÉDECINE
ÉTABLIE A L'HOPITAL MILITAIRE

Port-au-Prince, le 26 septembre 1838.

Art. 1er. — L'École nationale de médecine établie à l'hôpital militaire du Port-au-Prince est sous la surveillance immédiate de la Commission de l'Instruction publique, qui donne des ordres aux professeurs pour l'admission ou le renvoi des élèves, qui provoque des examens partiels quand elle le juge à propos, qui donne tous les ordres pour la bonne direction de l'établissement, et à laquelle compte sera rendu mensuellement des travaux des élèves.

Art. 2. — Aucun élève ne pourra être admis, s'il a moins de quatorze ans; il devra écrire correctement la langue en usage dans la République; expliquer un auteur latin qu'on explique en troisième; et savoir l'arithmétique. La Commission de l'Instruction publique ne délivrera l'ordre pour l'admission des élèves qu'après leur avoir fait subir un examen, aux fins que dessus.

Art. 3. — Si un élève ne donnait aucune preuve de capacité ou était signalé pour cause d'inconduite, son renvoi sera demandé à la Commission, laquelle fera examiner la demande, et sur la conviction de l'incapacité, de l'inaptitude ou de l'inconduite, prononcera le renvoi.

Art. 4. — Les élèves devront être rendus à l'hôpital tous les jours indistinctement à six heures précises du matin pour le service des pansements, et lorsqu'ils en seront empêchés par cause légale, ils devront en avertir le professeur d'une manière officielle, le matin même, avant neuf heures, lequel devra aussitôt prendre des informations pour être convaincu de la légalité de la cause d'absence.

Art. 5. — Les différents cours auront lieu tous les jours (excepté le jeudi et le dimanche), de huit à dix heures du matin ; en conséquence, à huit heures, les élèves devront être à la disposition des professeurs.

Art. 6. — Il y aura des répétitions lorsque les professeurs les jugeront utiles aux progrès des élèves ; elles se feront par des élèves répétiteurs nommés par les professeurs avec l'assentiment de la Commission.

Art. 7. — Tous les élèves indistinctement sont tenus d'assister aux cours, et dans aucun cas ne pourront s'en dispenser, à moins d'une permission expresse du professeur, laquelle ne sera donnée que pour des motifs d'une validité reconnue suffisante.

Art. 8. — La même obligation est imposée aux élèves désignés par le professeur pour assister aux répétitions.

Art. 9. — L'élève qui, sans permission légale, manquera aux pansements, aux leçons et aux répétitions, sera pour la première fois gardé aux arrêts à l'hôpital, de vingt-quatre à quarante-huit heures. Pour la seconde fois le temps des arrêts sera double, et triple pour la troisième. Compte en sera rendu à la Commission de l'Instruction publique. Pendant la durée des arrêts de l'élève délinquant, il sera tenu, outre les leçons, d'assister l'officier de santé de service à l'hôpital, auquel à cet effet il sera subordonné.

Art. 10. — Aucun élève ne pourra s'absenter de ses études sans la permission écrite du professeur, et si l'absence devait durer plus de quatre jours la permission devra être soumise au visa du directeur de la Commission de l'Instruction publique.

Art. 11. — Les répétiteurs qui négligent de faire les répétitions lorsqu'ils sont désignés pour ce service sont passibles des peines établies en l'article 9, pour les élèves manquant à leurs devoirs.

Art. 12. — Les élèves sont subordonnés aux professeurs auxquels ils doivent respect et obéissance sous peines portées en l'article 9, dans les cas où ils manqueraient à cette obligation.

Art. 13. — L'état des élèves admis à l'école d'après l'autorisation de la Commission de l'Instruction publique sera toujours placardé dans la salle des études, et le professeur aura soin d'y faire les changements nécessaires à chaque mutation qui surviendra parmi ses élèves.

Art. 14. — Le professeur tiendra dans la salle des études un journal coté et paraphé par la Commission de l'Instruction publique, sur lequel chaque élève sera tenu jour par jour de signer sa présence à la classe du jour; tous les samedis, le professeur sera tenu de faire l'extrait de ce journal, en mentionnant ce que les élèves auront fait et les leçons qu'ils auront reçues pendant la semaine, et en adressera un rapport par écrit à la Commission.

Art. 15. — A chaque fois qu'il devra se faire à l'hôpital militaire une opération de chirurgie grave ou l'autopsie d'un cadavre sur l'avis que l'officier de santé en chef de l'hôpital donnera au professeur, celui-ci sera tenu de convoquer extraordinairement les élèves étudiants, afin d'être présents avec lui à l'opération à faire, et les délinquants seront passibles des peines portées en l'article 9.

Art. 16. — Un des docteurs en médecine, membre de la Commission de l'Instruction publique, sera tenu d'assister une fois par semaine aux leçons des élèves, et il pourra les faire travailler sous ses yeux, afin d'être à même de juger des soins donnés aux étudiants : le docteur visitant pourra se faire assister, soit par un des membres de la Commission de l'Instruction publique, soit par un docteur en médecine ou en chirurgie pratiquant dans la cité; le visitant sera reçu à l'entrée de l'école par le professeur et les élèves; le même cérémonial aura lieu lorsque le visitant se retirera.

Le rapport de la visite hebdomadaire sera fait à la Commission de l'Instruction publique par le docteur qui aura visité, lequel requerra le secrétaire de la Commission pour écrire son rapport.

Art. 17. — Le professeur exigera que les élèves soient proprement et décemment tenus pendant les classes; il veillera aussi à ce que les élèves se conduisent entre eux avec les égards et la bienséance convenable et qu'ils observent les bonnes mœurs qui doivent régner parmi les étudiants en médecine.

Art. 18. — Il sera fait tous les ans un examen public des élèves de l'École nationale de médecine, en présence de la Commission de l'Instruction publique, qui se fera assister à cet effet par les docteurs et praticiens dans l'art de guérir qu'elle jugera utile d'appeler.

Art. 19. — Il sera rendu par la voie de l'impression un compte public de l'examen annuel des étudiants à l'École nationale de Médecine; mention honorable sera faite des élèves qui se seront distingués; comme aussi ceux qui se seront mis dans le cas d'être renvoyés, pour cause d'inaptitude ou d'immoralité, seront signalés.

Art. 20. — Les élèves qui, ayant atteint l'âge de vingt et un ans, et qui, ayant profité des leçons qui leur auront été données, se sentiront capables de subir un examen en présence d'un jury médical pour obtenir l'autorisation nécesaire pour pratiquer comme médecins ou chirurgiens, adresseront leurs demandes par écrit à la Commission de l'Instruction publique, afin d'être examinés. Si l'examen donne un résultat favorable aux demandeurs, ils en recevront du jury médical le certificat, et de la Commission de l'Instruction publique l'autorisation nécessaire pour pratiquer.

Art. 21. — Le professeur dressera en présence de la Commission de l'Instruction publique un inventaire double de tout le mobilier ou matériel de l'École de médecine, au bas duquel inventaire il se déclarera être chargé des objets y contenus pour en rendre compte quand il en sera requis par qui de droit; les articles dont le professeur ne pourra rendre compte resteront à sa charge.

Art. 22. — La Commission de l'Instruction publique s'impose l'obligation de veiller à ce que le professeur de l'École de Médecine porte, en ce qui le concerne, la plus grande exactitude dans ses devoirs, et en faisant exécuter le présent règlement en tout son contenu, sous peine d'être signalé à l'autorité supérieure, afin qu'il soit pourvu contre lui de telle manière qu'il conviendra pour la prospérité de l'École de médecine.

Fait au Port-au-Prince, le 26 septembre 1838.

B. Ardouin, *président ;*
Louis Charles, Bance, Ch. Nathan,
J.-B. Merlet, W.-G. Smith,
Bouchereau, Faubert.

RÈGLEMENT SUR L'ÉCOLE DE DROIT DU PORT-AU-PRINCE

Le Secrétaire d'État de la Justice et des Cultes et le Secrétaire d'État de l'Instruction publique ;

Vu la loi du 29 juin 1859 qui institue des Écoles de Droit en Haïti ;

Vu l'article 8 de cette loi ainsi conçue :

« Il sera pourvu par des règlements ultérieurs d'administration publique :

1° A la désignation des matières et du mode de l'enseignement ;

2° A l'indication de la forme et du nombre des inscriptions à prendre par les étudiants ;

3° Au règlement des frais d'étude et d'examen ;

4° A la détermination de la forme et de la durée des examens ;

5° A l'organisation administrative des études ;

6° A la fixation du nombre des professeurs et de leur traitement ; »

Et l'article 9 par lequel le Secrétaire d'État de la Justice et des Cultes et le Secrétaire d'État de l'Instruction publique ont été chargés de l'exécution de ladite loi ;

Arrêtent le règlement suivant :

Art. 1er. — Il est établi dès à présent au Port-au-Prince une École de Droit, où l'enseignement sera fait conformément à la loi ci-dessus visée.

Art. 2. — Les cours seront publics et faits oralement ; mais, pour y être admis en qualité d'étudiant, il faudra préalablement déposer au secrétariat de l'École les pièces constatant les justifications prescrites par l'article 2 de ladite loi.

Art. 3. — Les cours seront faits aux jours et heures indiqués par le règlement intérieur de l'École : il y aura cinq séances par semaine, chaque séance sera d'une heure au moins.

Art. 4. — L'enseignement comprendra l'explication développée des Droits public et administratif, — Droit international, — Code civil, — Code de procédure civile, — Code de commerce, — Code d'instruction criminelle, — Code pénal et Code rural.

Art. 5. — La durée des études sera de trois ans. L'enseignement de la première année comprendra :

1° Un cours de droit public ;

2° Un cours de Code civil, de l'article 1 à 726 (Loi n° 1 à n° 17) ;

3° Un cours de procédure civile, du titre Ier au titre X ;

4° Un cours de Code de commerce, de l'article 1er à l'article 186 (Loi n° 1) ;

5° Un cours sur le Code d'instruction criminelle, de l'article 1 à l'article 123 (Loi n° 1) ;

6° Un cours sur le Code pénal, de l'article 1 à l'article 56 (Loi n° 1 à n° 4).

La division de l'enseignement pour les deux années suivantes sera fixée au commencement de chaque année.

Art. 6. — Le nombre des inscriptions à prendre pour chaque étudiant est fixé à quatre par an. Elles devront être prises du 1er au 5 des mois de février, mai, août et novembre.

Art. 7. — L'inscription sera faite sur un registre tenu par un secrétaire, agent-comptable, conformément au modèle annexé au présent arrêté. L'étudiant aura à payer pour le droit de chaque inscription une somme de 30 gourdes, plus 2 gourdes par carte (monnaie nationale).

Art. 8. — L'examen prescrit à la fin de chaque année scolaire sera subi par les étudiants admis, du 12 au 24 décembre.

Les examens seront faits oralement par les professeurs, au siège de l'École, aux jours et heures indiqués et affichés d'avance à la porte des séances.

Les matières sur lesquelles chaque étudiant sera interrogé seront celles enseignées pendant l'année.

La durée du premier examen sera d'une demi-heure, pour chaque étudiant.

La durée de l'examen de la seconde année sera de trois quarts d'heure. Cet examen confère le titre de bachelier en droit.

La durée du troisième examen sera la même que celle du second.

Cet examen est précédé d'une composition écrite, dont la matière est déterminée par la voie du sort, et pour laquelle il est accordé à l'étudiant la durée d'une heure ; la correction de cette composition est soumise aux professeurs chargés de l'examen, qui décident, d'après son mérite, si l'étudiant doit être admis à l'examen.

Art. 9. — L'étudiant admis sur ce troisième examen soutiendra une thèse publique, conformément à l'article 4 de la loi.

Les matières de cette thèse seront déterminées par la voie du sort, d'après le mode indiqué par les règlements de l'école.

Le candidat choisit parmi les professeurs un président de thèse, auquel il soumet son travail en manuscrit ; celui-ci, après en avoir pris connaissance, donne au bas le permis d'imprimer et fixe le jour et l'heure où la thèse sera soutenue.

La durée de cet acte public sera d'une heure et demie.

Après cette dernière épreuve, il est délivré à l'étudiant admis un diplôme de licencié en droit conforme au modèle annexé au présent règlement.

Art. 10. — Le résultat de chaque examen sera constaté sur un registre à ce destiné et signé par les professeurs qui y auront procédé.

Ce registre sera tenu sur le modèle ci-annexé.

Les droits à payer pour le premier examen sont fixés à 5 piastres, ou l'équivalent en monnaie nationale. Ceux du second examen à 8 piastres ou l'équivalent en monnaie nationale. Ceux du troisième, y compris l'acte public, à 20 piastres, ou l'équivalent en monnaie nationale.

Art. 11. — Chaque étudiant ne sera admis à subir l'examen annuel qu'en justifiant :

1° Des quatre inscriptions prises dans le cours de l'année, par la présentation des quittances ;

2° Du payement des droits d'examen.

Art. 12. — La direction administrative de l'École est confiée à l'un des professeurs qui prend le titre de directeur doyen. Le nombre des professeurs sera fixé selon les besoins de l'enseignement, et les nominations seront faites par S. Exc. le Président d'Haïti, sur la proposition de candidats présentés par le Secrétaire d'État de la Justice et des Cultes, et le Secrétaire d'État de l'Instruction publique.

Art. 13. — Sur les droits d'inscriptions et d'examens, il sera prélevé :

1° Un dixième qui sera versé au Trésor public, et constituera un fonds de réserve destiné aux dépenses imprévues de l'école ;

2° Trois dixièmes pour subvenir aux dépenses de bureau de l'école, y compris les frais d'impressions, de registres, quittances, cartes d'admission, parchemins pour diplômes et autres imprimés, ainsi qu'aux frais de fabrication de cachets et timbres de l'école.

Le reliquat de ces trois dixièmes, après l'apurement des comptes du secrétaire agent-comptable, et les six dixièmes restants appartiendront au directeur-doyen et aux professeurs comme indemnité des examens, et seront partagés entre eux par égales portions.

Les comptes de caisse du secrétaire agent-comptable, seront arrêtés dans les quinze premiers jours de chaque trimestre, par le directeur-doyen.

Le dixième destiné au fonds de réserve de l'école sera

versé au Trésor public, et le surplus sera remis à chaque professeur qui en donnera quittance.

Art. 14. — Le directeur-doyen signe, avec les professeurs qui ont fait les examens, les certificats d'aptitude aux grades de bachelier et de licencié.

Ces certificats d'aptitude avec les diplômes sont adressés au président de la Commission centrale de l'Instruction publique, qui en fait l'envoi au Secrétaire d'État de l'Instruction publique après avoir apposé son visa sur les diplômes.

Les Secrétaires d'État de la Justice et de l'Instruction publique signent les diplômes et les retournent au directeur-doyen qui en fait la délivrance, après les avoir lui-même signés, conformément à l'article 6 de la loi.

Le directeur-doyen est chargé de l'administration intérieure de l'École, et il y pourvoit soit par des règlements, soit par de simples avis, les professeurs préalablement consultés.

Il a le contrôle de la comptabilité dont il arrête les balances et nomme les employés.

Sur sa présentation, les Secrétaires d'État, chargés de l'exécution de la loi, nomment le secrétaire agent-comptable.

Chaque professeur signe la carte de l'étudiant, pour l'entrée de son cours. Il devra faire, au commencement et à la fin de chaque séance, l'appel des étudiants admis.

La carte d'étudiant sera conforme au modèle annexé au présent arrêté.

Art. 15. — Le secrétaire agent-comptable tient toutes les écritures de l'école et contresigne toutes celles indiquées par le directeur-doyen.

Il tient également la comptabilité de l'école.

Il encaisse toutes les sommes à recevoir et en donne quittance dans la forme prescrite.

Il solde toutes les dépenses de l'école ordonnées par le directeur-doyen.

Il est personnellement responsable des sommes encaissées et payées, ainsi que de toutes erreurs et omissions.

Il est également responsable de tous les titres et pièces déposés au secrétariat par les étudiants, en conformité des prescriptions de la loi, et il n'en fait remise que sur décharge.

Il est chargé de l'entretien et de la conservation des livres de la bibliothèque de l'École, dont il lui est délivré un double du catalogue, signé par le directeur-doyen.

Il est également chargé de la conservation des archives de l'école et de son matériel. Il est tenu en double un état des archives et du matériel.

Art. 16. — Les appointements du secrétaire agent-comptable seront à la charge de l'État, et le salaire des garçons de bureau sera à la charge de la caisse de l'école.

Art. 17. — Le directeur-doyen et les professeurs de l'école porteront en chaire :

La robe en soie noire avec dalmatique aux deux rangs d'hermine sur l'épaule gauche ;

Par-dessus la robe, une ceinture en soie aux couleurs nationales ;

Toque de velours soie noire ornée au milieu d'un galon d'argent de $0^m,05$ de largeur ;

Rabat en dentelle.

Art. 18. — Le costume du directeur-doyen et des professeurs dans les cérémonies publiques sera le suivant :

Habit bleu à collet droit, avec neuf boutons, et à pattes triangulaires sur les basques ornées de trois boutons ;

Le collet, les parements et les pattes seront brodés de palmes en argent ;

Les boutons seront fond bleu aux armes d'Haïti ;

Pantalon de casimir blanc avec sous-pieds ;

Bottes vernies, ou souliers à boucles, bas de soie blanche ;

Gilet de casimir blanc ou de piqué à col droit avec boutons d'or ;

Cravate blanche ;

Claque orné de plumes noires avec torsade noire fixée par un bouton pareil à ceux de l'habit ;

Épée à poignée de nacre, sous-garde en argent, fourreau en peau de chagrin blanche.

Le directeur-doyen et les professeurs marchent immédiatement après les membres de la Commission centrale et de l'Instruction publique.

Art. 19. — La bibliothèque de l'École de droit du Port-au-Prince sera composée de tous les livres nécessaires à l'enseignement sur un catalogue proposé au Secrétaire d'État de la Justice et des Cultes et au Secrétaire d'État de l'Instruction publique par le directeur-doyen et les professeurs.

Il est expressément défendu de prêter ou de déplacer les livres de la bibliothèque de l'École.

Le directeur-doyen et les professeurs auront seuls le droit de les déplacer sur récépissé et pour les besoins de l'enseignement.

Toute autre personne ne pourra que les consulter sur place, aux jours et heures indiqués.

Art. 20. — Le présent règlement d'administration sera inséré au *Moniteur haïtien*, pour être exécuté conformément à la loi.

Fait au Port-au-Prince, le 18 janvier 1860, an LVII de l'indépendance.

Le Secrétaire d'État de la Justice,
F.-E. Dubois.

Le Secrétaire d'État des Finances, etc.,
chargé par intérim
du portefeuille de l'Instruction publique
et des Relations extérieures,
V. Plésance.

RÈGLEMENT CONCERNANT L'ORDRE INTÉRIEUR DE L'ÉCOLE DE DROIT DE PORT-AU-PRINCE

Le directeur de l'École de Droit du Port-au-Prince :
Vu la loi sur l'instruction publique du 29 décembre 1848 ;
Vu la loi sur l'enseignement du droit du 27 juin 1859 ;
Vu l'arrêté d'administration publique du secrétaire d'État au département de la Justice du 18 janvier 1860 ;
Les professeurs de l'École préalablement consultés ;
Arrête le règlement suivant sur l'ordre intérieur de l'École de droit du Port-au-Prince :

Art. 1er. — Matière de l'enseignement. — Chaque cours ne comprend que les matières indiquées par le règlement d'administration publique du 18 janvier 1860.

L'enseignement du droit n'a pas seulement pour base l'étude des lois, mais il comprend aussi la religion, la morale et l'amour de la patrie.

Art. 2. — Mode et durée des cours. — Chaque cours est fait oralement aux jours et heures indiqués ci-après :

Le cours de Droit public, le mardi de chaque semaine, à quatre heures de l'après-midi ;

Le cours de Code civil, le samedi de chaque semaine, même heure ;

Le cours de Code de procédure civile, le mardi de chaque semaine, même heure, mais alternativement avec le cours de Droit public ;

Le cours de Code de commerce, les lundi et mardi de chaque semaine, à quatre heures de l'après-midi ;

Le cours de Code d'instruction criminelle et le cours de

Code pénal, le vendredi de chaque semaine, même heure, alternativement.

Chaque cours sera commencé à l'heure précise indiquée ci-dessus et sera d'une heure au moins.

Les jours et les heures indiqués ci-dessus pourront être changés, par un simple avis affiché dans l'intérieur de l'École, et insérée dans les journaux.

Art. 3. — Ordre et police intérieurs des cours. —
§ 1er. — L'ordre et la police de l'intérieur de chaque cours appartiennent au professeur de l'enseignement de ce cours.

Au commencement de chaque cours, il est fait, par le secrétaire agent-comptable de l'École, un premier appel nominal de tous les étudiants inscrits ; à l'appel de son nom, chaque étudiant doit répondre à haute voix : « Présent, » sinon, il est pointé comme absent.

L'appel nominal sera renouvelé une fois pendant la leçon ou à la fin, si le professeur le juge à propos.

Les résultats de ces appels seront pris en considération lors de l'examen annuel.

Chaque étudiant ne doit répondre que pour lui-même, il est expressément défendu de répondre pour un absent à peine d'être rappelé à l'ordre pour la première fois et de radiation en cas de récidive.

§ 2. — Les cours doivent être écoutés dans un profond silence.

Toute question, interpellation ou interruption sont expressément interdites, quand bien même elles seraient adressées au professeur et auraient pour objet des matières de l'enseignement.

Sont également défendus tous signes et toutes manifestations d'approbation ou d'improbation.

En cas d'interruption, le professeur, s'il en connaît les auteurs, les invite d'abord au silence, puis les rappelle à l'ordre, et, enfin, leur ordonne de se retirer.

Si l'interruption, le trouble ou le tumulte est général, le professeur invite d'abord l'assemblée au silence, puis la rappelle à l'ordre, et si, malgré ces deux avertissements, le trouble ou le tumulte continue, il ordonne l'évacuation de la salle et se retire.

§ 3. — Toute personne, étrangère aux cours, qui aura refusé de se retirer sur l'invitation d'un professeur, ne pourra être à l'avenir admise aux cours qu'après en avoir obtenu une permission écrite du directeur-doyen.

Si l'auteur de l'interruption, du trouble ou du tumulte, est un étudiant inscrit, il pourra être, sur la demande du professeur, rayé des registres de l'École, et l'entrée des cours pourra lui être interdite pour toujours; mais cette décision ne sera définitive qu'après approbation du Secrétaire d'État de l'Instruction publique, sur le rapport qui lui sera fait par le directeur-doyen de l'École.

L'entrée des cours pourra être interdite pour toujours, ou pour un temps seulement, à toute personne autre que les étudiants, par une simple décision du directeur-doyen, les professeurs consultés.

Art. 4. — Publicité des cours. — Les cours sont publics; toute personne est admise à les suivre, en se conformant aux règlements d'ordre et de police intérieurs.

Art. 5. — Des étudiants. — Les étudiants sont ceux qui se sont fait inscrire sur le registre des inscriptions de l'École, après avoir rempli les formalités prescrites par la loi et les règlements sur l'enseignement du droit, et qui suivent régulièrement les cours de l'École.

Les étudiants en droit font partie de l'Université d'Haïti ; la loi les exempte de tout service militaire, sauf le cas de danger imminent (art. 7 de la loi du 29 décembre 1848, sur l'Instruction publique).

Ils sont placés sous la surveillance paternelle et disciplinaire du directeur-doyen de l'École, qui a le droit de leur faire les observations qu'il jugera dans l'intérêt de leurs études.

Art. 6. — Des inscriptions, des examens et de l'appel. — § 1er. — *Des inscriptions.* — Chaque étudiant est tenu de prendre quatre inscriptions par chaque année scolaire, et de payer les droits fixés pour chacune de ces inscriptions.

L'inscription se fait sur un registre à ce destiné, aux époques et de la manière déterminée par le règlement d'administration publique du 18 janvier 1860.

A défaut d'une seule de ces inscriptions, l'étudiant ne peut être admis à l'examen annuel.

§ 2. — *Des examens*. — A la fin de chacune des trois années de l'enseignement, chaque étudiant subit un examen sur les matières qui ont été enseignées pendant l'année.

Ces examens sont faits oralement et durent, savoir : celui de la première année, une demi-heure ; celui de la deuxième année, trois quarts d'heure ; et celui de la troisième année, trois quarts d'heure.

L'étudiant qui n'aura pas été admis sur un examen est obligé de recommencer les cours de l'année précédente et de reprendre de nouvelles inscriptions en payant de nouveau les droits.

§ 3. — A la fin de la troisième année seulement, et après le troisième examen, s'il y est admis, l'étudiant soutient une thèse, c'est-à-dire une ou plusieurs questions de droit. Cette thèse est soutenue publiquement, et elle est préalablement imprimée après avoir été visée par l'un des professeurs, que l'étudiant choisit pour président de thèse.

Les questions sont déterminées par la voie du sort.

La discussion publique et orale de la thèse ne dure que le temps fixé par le règlement d'administration publique, ci-dessus daté.

Le payement des droits et frais d'études déterminés par ledit règlement doit toujours être fait avant chaque inscription, chaque examen et la thèse.

Art. 7. — Du secrétaire agent-comptable, et des employés de l'école. — § 1er. — *Du secrétaire agent-comptable*. — Le secrétaire agent-comptable a la surveillance des autres employés de l'École.

Il doit tenir les écritures de comptabilité de l'École à jour, ainsi que tous les registres des inscriptions et des examens, avec régularité, sans interlignes, ni surcharges.

Il doit être toujours prêt à rendre compte de sa comptabilité et de sa caisse.

Il lui est expressément défendu de recevoir ou de payer aucune somme sans en donner ou en retirer quittance.

Toutes dépenses par lui soldées sans avoir été préalablement ordonnancées par le directeur-doyen resteront à sa charge.

Il est spécialement chargé de l'entretien et de la conservation du matériel et de la bibliothèque de l'École.

Il ordonne et fait faire les préparatifs matériels nécessaires pour chaque cours.

Sous aucun prétexte il ne doit prêter ou déplacer les livres de la bibliothèque ni aucun autre objet appartenant à l'École.

§ 2. — *Des employés.* — Les employés de l'École sont tenus d'obéir au secrétaire agent-comptable dans tout ce qu'il leur ordonne pour le bien du service; ils sont, ainsi que ce dernier, placés sous la surveillance du directeur-doyen.

Art. 8. — Les bureaux du secrétariat de l'École seront et resteront ouverts tous les jours, excepté les dimanches et les jours fériés, de huit heures du matin à onze heures, et de deux heures à quatre heures de l'après-midi.

Le secrétaire agent-comptable et les employés seront tenus de se trouver, en outre, dans les bureaux, à la disposition des professeurs, les jours fixés pour les cours, une demi-heure avant leur ouverture, et ne se retireront qu'après la fermeture des cours.

Art. 9. — Toute contravention aux présents règlements sera dénoncée, s'il y a lieu, au Secrétaire d'État au département de l'Instruction publique qui statuera ce que de droit.

Il sera fait au surplus tous autres règlements ou avis dont l'expérience démontrera la nécessité.

Fait au Port-au-Prince, le 30 janvier 1860.

J. Saint-Amand.

Vu et approuvé :

Le Secrétaire d'État de la Justice et des Cultes,
chargé du département de l'Instruction publique,

F.-E. Dubois.

RÈGLEMENT POUR LES LYCÉES NATIONAUX DE LA RÉPUBLIQUE

CHAPITRE PREMIER

DES FONCTIONNAIRES DES LYCÉES

§ 1ᵉʳ. — Du directeur

Art. 1ᵉʳ. — Le directeur a sous ses ordres immédiats tous les employés du lycée qu'il dirige, et ils sont tenus de se conformer entièrement à ce qu'il leur prescrit pour le bien du service auquel ils doivent leur concours.

Art. 2. — Il départit entre les professeurs, selon qu'il le juge convenable à la prospérité de l'instruction, les différentes branches d'enseignement, et détermine la manière dont chacun d'eux doit s'acquitter de ses fonctions.

Art. 3. — Il règle la distribution des heures qu'ils sont dans l'obligation de consacrer aux élèves, l'emploi du temps de ces derniers et leur classification pour tous les cours qu'ils doivent suivre.

Art. 4. — Il a soin que les employés du lycée y arrivent et en sortent exactement aux heures prescrites.

Art. 5. — Il veille particulièrement à ce qu'ils ne donnent que les bons exemples à leurs élèves et ne leur enseignent qu'une morale pure, basée sur les principes de la religion chrétienne.

Art. 6. — Il est dans l'obligation rigoureuse de faire au Secrétaire d'État de l'Instruction publique des rapports sur toutes les irrégularités de conduite qu'on peut avoir à reprocher aux dits employés, soit dans l'exercice de leurs fonctions, soit hors de cet exercice, et qui seraient de nature à diminuer la considération et la confiance qu'ils doivent inspirer au Gouvernement et aux parents des élèves, ou à produire une influence fâcheuse sur ces derniers.

Art. 7. — Il présente aussi tous les mois au Secrétaire d'État de l'Instruction publique, l'exposé de la situation générale du lycée, et lui envoie en même temps un résumé des notes qu'il a reçues des professeurs dans le cours du trimestre.

Art. 8. — Il a la police générale de l'établissement et prend en conséquence toutes les mesures propres à y faire régner l'ordre, la discipline et l'harmonie ; la police particulière des classes, attribuée aux professeurs, est néanmoins soumise à sa surveillance et à son autorité.

Art. 9. — L'administration du directeur, à l'égard des fonctionnaires chargés de le seconder, doit toujours se régler sur la plus stricte équité.

Art. 10. — Les moyens de répression dont il peut disposer contre eux sont : l'admonition et la censure.

Il peut aussi demander au Secrétaire d'État de l'Instruction publique qu'ils soient suspendus de leurs fonctions, et même remplacés, s'il y a lieu. La suspension entraînera toujours, pour le temps qu'elle durera, la perte des appointements de celui qui l'aura encourue.

Art. 11. — Le directeur veille surtout à ce que les élèves soient initiés de bonne heure à la connaissance des devoirs qu'ils auront à remplir un jour dans la société.

§ 2. — Des professeurs

Art. 12. — Le directeur a la faculté de prendre au lycée des professeurs à ses frais, moyennant qu'ils soient agréés par la Commission de l'Instruction publique, ou par les inspecteurs des écoles du Gouvernement. Ces professeurs porteront l'uniforme déterminé pour les employés du lycée.

Art. 13. — Les professeurs qui reçoivent un traitement

du Trésor public doivent, tous les jours, quatre heures d'enseignement au Lycée national.

Art. 14. — Ils sont tenus d'y arriver dix minutes avant l'heure fixée pour l'ouverture des classes, et apposent leurs signatures sur un registre de présence ouvert à cet effet au bureau du directeur.

En cas de retard, l'heure de l'arrivée du professeur est mentionnée sur ledit registre, dont un extrait est expédié tous les quinze jours, par le directeur, au Secrétaire d'État de l'Instruction publique.

En cas de retard répété, le directeur rappelle le professeur au devoir par une lettre qui doit être considérée comme un avertissement.

Art. 15. — A l'ouverture des classes, chaque professeur fait l'appel nominal de ses élèves et remet au maître d'étude la note des absents.

Art. 16. — Les professeurs porteront attention particulière à la tenue et au maintien de leurs élèves, réprimeront avec soin tout ce qu'ils diront ou feront de contraire aux bienséances, et s'attacheront à leur donner l'habitude des manières polies et convenables.

Art. 17. — Ils peuvent faire rester les élèves debout durant la leçon, leur donner des pensums, les mettre en retenue pour le temps des récréations et les jours de congé, et, enfin, les renvoyer de la classe, s'il y a lieu; dans ce dernier cas, ils sont consignés à la salle de discipline.

Art. 18. — L'équité et le calme devront toujours présider aux punitions qu'ils infligeront; néanmoins, il ne leur est pas interdit de relever vivement les fautes de leurs élèves, et de leur remontrer les conséquences fâcheuses qui peuvent résulter de leurs défauts.

Art. 19. — Tous les lundis, les professeurs remettront au directeur des notes sur les travaux et la conduite de chacun de leurs élèves pendant la semaine qui vient de s'écouler, et, à la fin du mois, ils lui feront sur les mêmes objets, un rapport détaillé auquel ils joindront toutes les observations dignes d'intérêt qu'ils auront eu occasion de faire, tant sur l'enseignement auquel ils se sont livrés, que sur l'intelligence et le caractère de leurs élèves. Dans les deux circonstances, ils désigneront des places d'honneur à ceux dont la conduite aura été la plus satisfaisante.

Art. 20. — Ils feront composer les élèves, dans les classes de grammaire et d'humanité, tous les huit jours, en alternant les facultés, et dans les autres classes, tous les quinze jours. Chaque composition est corrigée dans la huitaine au plus tard.

Art. 21. — Au commencement de chaque semaine, la leçon de professeur sera, autant que possible, un résumé de ce qu'il aura enseigné la semaine précédente ; après quoi, il fera subir des examens individuels à une partie de ses élèves, de manière qu'au bout du mois la classe entière ait passé par cette épreuve, et qu'il puisse savoir ainsi, avec certitude, si chacun des élèves qui la composent a profité de ses leçons.

Art. 22. — La première semaine de chaque mois sera consacrée aux exercices en présence du directeur.

Art. 23. — Si, par un motif légitime quelconque, un professeur se trouve dans la nécessité d'interrompre ses fonctions au lycée, il est tenu de les faire remplir, à ses frais, par une personne d'une moralité irréprochable, et d'une capacité suffisante pour le suppléer, et qu'il propose préalablement au directeur. Celui-ci l'accepte ou la refuse, selon qu'il le juge convenable ; et, en cas d'acceptation (acceptation qui doit être ratifiée par la Commission ou les inspecteurs de l'Instruction publique), la personne agréée est soumise aux dispositions du présent règlement qui concernent les employés du lycée. Cependant, pour le cas de maladie non prolongée, le professeur sera remplacé par un de ses collègues ou par un répétiteur.

Art. 24. — Les professeurs ne pourront interrompre leurs fonctions dans l'établissement sans l'autorisation du directeur; et, en cas de maladie, ils devront immédiatement lui donner avis.

Art. 25. — L'absence prolongée d'un professeur ne peut être autorisée que par la Commission de l'Instruction publique, ou par les inspecteurs du lieu, sur la demande du directeur.

Art. 26. — Les professeurs se réuniront en grand costume au lycée, pour aller avec les élèves assister aux fêtes nationales et aux cérémonies publiques.

§ 3. — Des maitres d'étude

Art. 27. — Les devoirs du maître d'étude, ou de celui qui le remplace, consistent principalement dans tout ce qui intéresse le maintien de l'ordre, de la discipline et des bonnes mœurs parmi les élèves, et dans la surveillance assidue de leurs études, de leurs récréations et de leur conduite hors des classes tenues par les professeurs. En conséquence, tant que ces derniers ne sont pas dans l'établissement, il est rigoureusement obligé de s'y trouver toujours, afin que les élèves ne soient jamais livrés à eux-mêmes ; sa vigilance doit être telle, que la moindre action de chacun d'eux ne puisse lui échapper.

Art. 28. — Il couche au dortoir avec les pensionnaires, et préside à leurs repas.

Art. 29. — Le matin à onze heures, et l'après-midi à cinq, il reçoit des professeurs, sur un cahier à ce destiné, la liste des élèves absents de leurs classes, et la remet au directeur : et, le samedi de chaque semaine, il s'enquiert des motifs des absences, afin d'en rendre compte au directeur.

Art. 30. — Quand les élèves seront à l'étude, il visitera souvent leurs cahiers et leurs livres, et s'assurera de ce qu'ils font, afin d'empêcher qu'ils ne perdent leur temps ou ne l'emploient à des occupations auxquelles ils ne doivent pas se livrer.

Art. 31. — Il dispose des mêmes moyens de répression que les professeurs, et assure l'exécution des peines que les élèves doivent subir hors des classes.

Art. 32. — Ils accompagnent les élèves partout où ceux-ci se rendent en corps ou par détachement.

Art. 33. — Les dispositions de l'article 12 s'appliquent aux fonctions de maître d'étude, comme à celles de professeur, et les articles 16, 18, 23, 24, 25 et 26 s'appliquent également à ces deux ordres de fonctionnaires.

§ 4. — Des répétiteurs

Art. 34. — Les répétiteurs doivent être présents à l'étude dès sept heures, le matin, et dès une heure, l'après-midi. Ils font réciter les leçons par les élèves avant l'arrivée des professeurs.

Art. 35. — Ils partagent la surveillance avec les maîtres d'étude.

Ils s'assurent si les élèves ont fait leurs devoirs et savent leurs leçons.

Ils donnent des leçons particulières aux élèves arriérés que leur désigne le directeur.

Art. 36. — Ils peuvent s'absenter avec l'autorisation du directeur, lorsqu'ils ne sont pas appelés à suppléer les professeurs, ou à remplacer les maîtres d'étude.

Art. 37. — Lorsqu'ils remplacent les maîtres d'étude, ils doivent tout leur temps à l'établissement, de nuit comme de jour, et partagent la vie commune.

Art. 38. — Sont applicables aux répétiteurs les dispositions des articles 12, 16, 18, 24, 25 et 26 du présent règlement, relatives aux professeurs.

Leur sont également applicables, les dispositions concernant la tenue des classes et l'emploi des moyens disciplinaires, lorsqu'ils remplacent les professeurs.

CHAPITRE II

DES ÉLÈVES

§ 1ᵉʳ. — Dispositions générales

Art. 39. — Chaque enfant qui entre au lycée doit avoir un certificat de vaccination ; faute de quoi, il sera vacciné le plus tôt possible, à la diligence du directeur.

Art. 40. — Tout élève atteint d'une maladie contagieuse sera remis à ses parents ou à celui qui en tient lieu jusqu'à son entière guérison.

Art. 41. — Le directeur surveille particulièrement la nourriture des élèves, qui doit être saine et abondante ; et il pourvoit à tous autres soins hygiéniques que réclame leur santé.

Art. 42. — Ils doivent être toujours dans une tenue simple, décente et d'une grande propreté ; les vêtements déchirés sont interdits et l'uniforme prescrit est de vigueur dans les circonstances indiquées à l'article 26, et lorsqu'ils vont à la messe.

Art. 43. — Les élèves doivent le plus grand respect et une obéissance absolue au directeur du Lycée, ainsi qu'aux professeurs, maîtres d'étude et répétiteurs qui y sont employés aux frais de l'État ou autrement. La moindre insubordination manifestée de n'importe quelle manière sera sévèrement punie ; la menace encourra toujours une des plus fortes peines de l'établissement.

Art. 44. — Tout le temps que les élèves se trouvent dans le local du lycée ou réunis sous la conduite des professeurs et autres employés de l'établissement, ils sont soumis à la discipline immédiate et exclusive de l'institution ; et l'autorité des parents, à cet égard, cesse entièrement.

Art. 45. — L'élève en retard, celui qui a été absent, ne

sont point reçus en classe sans l'autorisation du directeur.

Art. 46. — Toute absence des élèves doit être justifiée par les parents.

Les élèves qui s'absentent fréquemment, ou dont les absences ne sont pas justifiées, sont renvoyés de l'établissement.

§ 2. — Distribution du temps

Art. 47. — Les études ont lieu tous les jours, excepté le samedi et le dimanche de chaque semaine ; le temps des vacances prononcées par la Commission de l'Instruction publique, les jours de fêtes nationales, le jeudi et le vendredi saints, la Saint-Jean-Baptiste, la Fête-Dieu, l'Assomption, la Toussaint, le jour des Morts et les trois premiers jours de la semaine de carnaval.

Art. 48. — Tous les matins, à cinq heures, du premier au second équinoxe, et à cinq heures et demie, du second au premier, le son de la cloche éveillera les pensionnaires qui, sur-le-champ, quittent leurs lits et s'habillent : cinq minutes leur sont accordées pour cela.

Art. 49. — Ils emploient ensuite vingt-cinq minutes à faire leurs lits et leur toilette : le maître d'étude de service au dortoir sera très attentif à ce qu'ils ne négligent aucun des soins qu'exige une extrême propreté.

Art. 50. — Immédiatement après la toilette, le maître d'étude désigne un élève, qui fait à haute voix la prière du matin. Tous les élèves suivent avec le plus grand recueillement.

Art. 51. — Ensuite, le temps est employé de la manière suivante :

De la prière du matin, à sept heures, étude pour les pensionnaires ;

A sept heures, premier déjeuner et récréation pour les pensionnaires, jusqu'à sept heures et demie ;

De sept heures à huit, étude pour les externes ;

De sept heures et demie à huit, étude pour les pensionnaires ;

Les répétiteurs font réciter les leçons ;

A huit heures, classes jusqu'à onze heures ;

A huit heures moins dix minutes, le son de la cloche annonce l'ouverture des classes. Les maîtres d'étude y conduisent les élèves et les remettent aux professeurs. Si ces derniers ne sont pas alors dans leurs classes, les élèves sont reconduits à l'étude, où ils restent, jusqu'à ce que les professeurs viennent les demander.

Les prescriptions du paragraphe précédent sont observées pour les classes de l'après-midi, dont l'ouverture est annoncée à deux heures moins dix minutes.

De onze heures à onze heures et demie, étude pour les externes ;

A onze heures et demie, renvoi des externes ;

De onze heures à onze et demie, récréation pour les pensionnaires et demi-pensionnaires ;

De onze heures et demie à midi, étude pour les mêmes ;

A midi, dîner au réfectoire, suivi de récréation jusqu'à une heure ;

De une heure à deux heures, étude pour tous les élèves ;

A deux heures, classes jusqu'à cinq heures ;

A cinq heures, goûter pour les pensionnaires et exercices gymnastiques pour tous les élèves jusqu'à cinq heures trois quarts ;

A cinq heures trois quarts, renvoi des externes et des demi-pensionnaires, et récréation pour tous les pensionnaires jusqu'à six heures ;

A six heures, souper au réfectoire et récréation jusqu'à sept heures. Le souper, ainsi que le dîner, ne dure qu'un quart d'heure environ ;

A sept heures, étude jusqu'à huit heures et demie ;

A huit heures et demie, prière du soir et coucher.

Art. 52. — Les élèves se rendent aux dortoirs accompagnés des maîtres d'étude de service. La prière se fait par un élève, et comme il est dit pour le matin.

Art. 53. — Un maître reste à l'étude avec les élèves qui ont obtenu du directeur la permission de veiller, lesquels ne peuvent travailler que jusqu'à dix heures. Le maître d'étude les conduit alors au dortoir, et ils se couchent immédiatement.

Art. 54. — Les punitions, que le directeur seul peut ordonner, sont le cachot et la remise de l'élève à ses parents.

Art. 55. — Tout élève qui apportera sciemment au lycée un ouvrage irréligieux ou immoral sera passible d'une des plus fortes peines de l'établissement.

Il en sera ainsi de tout élève qui entretiendra ses condisciples de sujets contraires à la religion et aux mœurs.

Art. 56. — Tout élève d'une insubordination habituelle sera rayé du tableau des élèves du lycée.

Art. 57. — Les élèves condamnés à la retenue sont consignés dans la salle de discipline avec tâche extraordinaire.

La retenue a lieu pour le temps de récréation et pour les jours de congé.

Tout élève externe, condamné à la retenue pour un jour de congé, est tenu de se rendre au lycée ce jour, sur l'injonction qui lui en est faite par le maître d'étude.

Art. 58. — La peine du cachot ne peut être ordonnée que par le directeur, sur la demande motivée des professeurs, des maîtres d'étude et des répétiteurs.

L'élève condamné au cachot y est conduit par un maître d'étude ou par un garçon de classe.

Art. 59. — Le temps de la réclusion au cachot devra être toujours assez long pour que cette punition soit efficace et inspire une crainte salutaire aux élèves.

Art. 60. — Tout élève qui tentera de se soustraire à une punition, ou refusera de la subir, sera condamné à une peine plus forte.

En cas de résistance réitérée, l'élève sera renvoyé du lycée pour cause d'insubordination.

Art. 61. — En punissant un élève, on aura toujours égard à sa conduite habituelle, pourvu que cette considération ne l'ait point déterminé à mal faire; et la gravité de la peine se mesurera aussi sur le plus ou moins de préméditation qui aura accompagné la faute commise.

Art. 62. — Il y aura au lycée, dans chaque classe, et dans l'étude, un banc spécial, dit banc d'avertissement, où l'on enverra les élèves qui se négligent, et sont sur le point d'encourir une punition : ils sauront ainsi qu'ils se trouvent, en quelque sorte, sur la limite du mal, et que, pour échapper aux moyens ordinaires de répression qui les menacent et qui sont un acheminement aux plus fortes peines mentionnées à l'article 54, ils doivent promptement se réformer.

Art. 63. — Il y aura aussi des bancs d'honneur qui ne serons occupés que par les élèves dont la conduite donnera le plus de satisfaction : chaque semaine, on leur assignera les places qu'ils auront méritées; et, tous les mois, ils recevront solennellement, de la main du directeur, une marque de distinction qu'ils garderont jusqu'à ce que d'autres élèves l'emportent sur eux pour la sagesse et l'application aux études.

Art. 64. — Il y a pour chaque classe un cahier cartonné, dit cahier d'honneur, sur lequel sont inscrits les meilleurs devoirs, revus par les professeurs. Cette récompense du travail doit être accordée aux élèves avec une grande circonspection.

Le cahier d'honneur est déposé au bureau du directeur, et peut être parcouru par les parents des élèves et par les autres visiteurs. Il est présenté en temps utile aux examinateurs.

Art. 65. — Il y a aussi un tableau d'honneur appendu au bureau du directeur. On inscrit les noms des élèves qui ont obtenu les meilleures places dans les compositions. Ces noms sont proclamés à la distribution des prix.

Art. 66. — Dans chaque classe, lorsque le professeur a corrigé une composition, il proclame les places dont la liste est affichée dans la salle de la classe. Les résultats des compositions sont aussi transcrits par les professeurs sur un journal particulier qui est déposé au bureau du directeur et dans les archives du lycée.

Art. 67. — L'élève qui a obtenu la première place apporte un duplicata de cette liste, avec les copies, au directeur. Celui-ci lui adresse des paroles de félicitations et d'encouragement, et lui donne une exemption de place de premier.

Douze de ces exemptions valent un prix.

Art. 68. — L'élève qui a la seconde place reçoit une exemption qui vaut la moitié de la précédente. L'une ou l'autre exemption est accordée aussi pour un bon devoir, pour un devoir extraordinaire.

Art. 69. — Outre les prix ordinaires accordés aux élèves qui ont obtenu le plus de succès dans leurs études pendant l'année, il y a un prix d'honneur et un prix de sagesse.

Art. 70. — Le prix d'honneur est décerné à l'élève qui, non seulement a eu plus de succès dans les compositions, mais encore aura fait preuve, tant au lycée et dans sa famille que partout ailleurs, du meilleur caractère, de la conduite la plus digne d'éloges, et aura montré le plus de belles qualités dans le cours de l'année.

Art. 71. — Le prix de sagesse se donne à l'élève qui, n'ayant pas été heureux dans les compositions, sans qu'il y ait eu de sa faute, aura néanmoins rempli entièrement la seconde condition exprimée dans l'article précédent.

§ 4. — Dispositions particulières aux élèves de l'État

Art. 72. — Les dispositions de la loi sur l'instruction publique, concernant le renvoi des enfants pour cause d'insubordination, ne s'appliquent qu'aux élèves du Gouvernement.

Art. 73. — Lorsque le directeur trouvera nécessaire qu'un de ces élèves, pensionnaire ou externe, soit remis à ses parents, il en fera part à la Commission de l'Instruction publique, et lui exposera ses motifs.

Le présent règlement est obligatoire pour tous les lycées nationaux de la République.

Port-au-Prince, le 12 avril 1860.

Le Secrétaire d'État de la Justice et des Cultes,
chargé du portefeuille de l'Instruction publique.

F.-E. Dubois.

RÈGLEMENT POUR LES ÉCOLES PRIMAIRES DE LA RÉPUBLIQUE

Le Secrétaire d'État de l'Instruction publique,
Considérant que l'ordre et la discipline, unis à une bonne distribution du temps et du travail, sont indispensables pour assurer le succès du programme des études auquel sont assujettis les établissements de l'Instruction publique,

A établi le règlement suivant dont il ordonne la stricte exécution aux directeurs de toutes les écoles primaires de la République.

CHAPITRE PREMIER

DES FONCTIONNAIRES DES ÉCOLES PRIMAIRES

§ 1er. — Du directeur

Art. 1er. — Le directeur a sous ses ordres immédiats tous les employés de l'école qu'il dirige et ils sont tenus de se conformer entièrement à ce qu'il leur prescrit pour le bien du service et de l'établissement.

Art. 2. — Il répartit entre les professeurs, selon qu'il le juge convenable à la prospérité de l'institution, les différentes branches d'enseignement, et détermine la manière dont chacun d'eux doit s'acquitter de ses fonctions.

Art. 3. — Il règle la distribution des heures qu'ils sont dans l'obligation de consacrer aux élèves, l'emploi du temps de ces derniers et leur classification pour tous les cours qu'ils doivent suivre.

Art. 4. — Il a soin que les employés chargés de le seconder dans l'établissement y arrivent et en sortent exactement aux heures prescrites.

Art. 5. — Il veille particulièrement à ce qu'ils ne donnent que de bons exemples à leurs élèves et ne leur enseignent qu'une morale pure, basée sur les principes de la religion chrétienne.

Art. 6. — Il a la police générale de l'établissement et prend en conséquence toutes les mesures propres à y faire régner l'ordre, la discipline et l'harmonie ; la police particulière des classes attribuée aux professeurs est néanmoins soumise à sa surveillance et à son autorité ; il fait, en outre, quatre heures de classe chaque jour.

Art. 7. — Les rapports des directeurs avec les professeurs chargés de le seconder doivent toujours se baser sur la plus stricte équité.

Art. 8. — Le directeur peut demander au Secrétaire d'État de l'Instruction publique qu'ils soient suspendus de leurs fonctions et même remplacés s'il y a lieu. La suspension entraînera toujours, pour le temps qu'elle durera, la perte des appointements de celui qui l'aura encourue.

Art. 9. — Il veille à ce que les élèves soient initiés de bonne heure à la connaissance des devoirs qu'ils auront à remplir un jour dans la société.

Art. 10. — Dans l'intérêt de l'ordre et de la marche régulière de l'établissement, le directeur est tenu d'avoir trois cahiers-registres : l'un destiné à constater l'entrée, les noms, âge, demeure et la sortie des élèves, d'après les lettres d'admission émanées du Secrétaire d'État de l'Instruction publique ou d'une autorité compétente ; le second sert à inscrire les résultats des appels faits chaque jour ; le dernier doit renfermer la correspondance du directeur avec les autorités de l'Instruction publique, sur ce qui concerne l'administration intérieure de son école.

Art. 11. — Il conduit ses élèves à l'église, ou les fait conduire par un des professeurs de l'établissement, tous les dimanches et les jours de fêtes, mentionnés à l'article 27 du présent règlement.

§ 2. — Des professeurs

Art. 12. — Les professeurs doivent, tous les jours, quatre heures d'enseignement à l'école primaire où ils sont employés.

Art. 13. — Ils sont tenus d'y arriver dix minutes avant l'heure fixée pour l'ouverture des classes.

En cas de retard répété, le directeur rappelle le professeur au devoir, par une lettre qui doit être considérée comme un avertissement.

Art. 14. — A l'ouverture des classes, chaque professeur fait l'appel nominal de ses élèves et constate les absences sur un cahier à ce destiné.

Art. 15. — Les professeurs porteront attention particulière à la tenue et au maintien de leurs élèves, réprimeront avec soin tout ce qu'ils diront et feront de contraire aux bienséances, et s'attacheront à leur donner l'habitude des manières polies et convenables.

Art. 16. — Ils peuvent faire rester les élèves debout durant les leçons, leur donner des pensums, les mettre en retenue pour le temps des récréations et les jours de congé, et, enfin, les renvoyer de la classe, s'il y a lieu ; dans ce dernier cas, ils sont consignés à la salle de discipline.

Art. 17. — L'équité et le calme devront toujours présider aux punitions qu'ils jugeront nécessaires d'infliger aux élèves.

Art. 18. — Tous les lundis, les professeurs présenteront au directeur leurs cahiers de classe où ils auront fait les observations nécessaires sur le travail et la conduite de leurs élèves.

Art. 19. — Ils feront composer leurs élèves tous les quinze jours, en alternant les facultés, et s'empresseront de corriger les compositions, afin de désigner à chaque élève la place qu'il a obtenue.

Art. 20. — Si, par un motif légitime quelconque, un professeur se trouve dans l'impérieuse nécessité de suspendre ses fonctions à l'école, il est tenu de se faire remplacer à ses frais par un de ses collègues. Pour le cas de maladie non prolongée, il est remplacé gratuitement.

CHAPITRE II

DES ÉLÈVES

§ 1. — Dispositions générales

Art. 21. — Chaque enfant qui entre à l'école primaire doit avoir un certificat de vaccination ; faute de quoi, il sera vacciné le plus tôt possible, à la diligence du directeur.

Art. 22. — Tout élève atteint d'une maladie contagieuse sera remis à ses parents ou à celui qui en tient lieu, jusqu'à son entière guérison.

Art. 23. — Les élèves doivent toujours être dans une tenue simple, décente et d'une grande propreté ; les vêtements déchirés leur sont interdits, mais le manque de chaussures n'est pas une excuse pour ne pas se rendre aux classes.

Art. 24. — Les élèves doivent le plus grand respect et obéissance absolue au directeur et aux professeurs. La moindre insubordination manifestée de n'importe quelle manière sera sévèrement punie ; la menace encourra toujours une des plus fortes peines de l'établissement.

Art. 25. — Tout le temps que les élèves se trouveront dans le local de l'école ou réunis sous la conduite des employés de l'établissement, ils sont soumis à la discipline immédiate et exclusive de l'institution, et l'autorité des parents, à cet égard, cesse entièrement.

Art. 26. — Toute absence des élèves doit être justifiée par les parents. Les élèves qui s'absentent fréquemment, ou dont les absences ne sont pas justifiées, sont renvoyés de l'établissement avec l'autorisation du Secrétaire d'État de l'Instruction publique.

§ 2. — Distribution du temps

Art. 27. — Les études ont lieu tous les jours, excepté le samedi et le dimanche de chaque semaine, le temps des vacances prononcées par la Commission de l'Instruction publique, les jours de fête nationale, la Noël, le jeudi et le vendredi saints, la Saint-Jean-Baptiste, la Fête-Dieu, l'Assomption, la Toussaint, le jour des Morts et les trois jours de la semaine du carnaval.

Art. 28. — Les enfants entrent à l'école le matin à sept heures et en sortent à onze heures ; le soir, ils entrent à une heure et s'en vont à cinq.

Art. 29. — De sept heures à sept heures et demie, inspection de propreté, prière, appel et compte rendu ;

De sept heures et demie à huit heures et quart, lecture d'après le système de l'enseignement mutuel ;

De huit heures et quart à neuf heures, écriture ;

De neuf heures à onze heures, enseignement des autres branches de l'instruction primaire ;

D'une heure à une heure et demie, classe de lecture pour les moniteurs ;

D'une heure et demie à deux heures et demie, classe de lecture générale par les moniteurs ;

De deux heures et demie à quatre heures et demie, reprise des autres branches de l'instruction primaire ;

De quatre heures et demie à cinq heures, appel et prière.

Art. 30. — A la fin de la séance du soir des mercredi et vendredi de chaque semaine, le directeur fait lire à haute voix par le moniteur dont il a été le plus satisfait la semaine précédente, les règles de conduite suivantes, afin de les graver dans la mémoire de tous les élèves.

Art. 31. — Les élèves sont tenus :

1° D'entrer tous les jours dans la salle des études le matin à sept heures, et l'après-midi à une heure, en observant le plus grand silence ;

2° De dire la vérité dans toutes les circonstances de la vie ;

3° D'être bons et humains envers tout le monde, et même envers les animaux ;

4° D'éviter les mauvaises compagnies ;

5° D'observer un recueillement religieux en lisant les saintes Écritures ;

6° De ne jamais proférer des mots indécents et malhonnêtes ;

7° De ne jamais se moquer de personne, et particulièrement des malades et des infirmes ;

8° D'observer un profond silence dans le lieu saint, et d'assister assidûment aux cérémonies religieuses le dimanche et les jours de fêtes mentionnées à l'article 27 du présent règlement ;

9° D'obéir à toutes les règles de l'institution ;

10° D'être soumis et respectueux envers leurs parents et leurs supérieurs ;

11° De ne jamais se quereller, mais d'agir amicalement et comme des frères.

§ 3. — Punitions et récompenses

Art. 32. — Un système de punitions et de récompenses sagement établi, étant l'âme du progrès et de la discipline, le directeur et les professeurs doivent les appliquer avec mesure, discernement et justice, et les proportionner toujours à la faute ou l'acte méritoire qui en détermine l'emploi.

Art. 33. — Tout élève qui apportera sciemment à l'école un ouvrage irréligieux ou immoral sera passible d'une des plus fortes peines de l'établissement.

Il sera ainsi de tout élève qui entretiendra ses condisciples de sujets contraires à la religion et aux mœurs.

Art. 34. — Les différentes espèces de punitions applicables aux élèves des écoles primaires sont : la retenue et le cachot dans les jours de classes, les pensums, la réprimande, et, dans le cas d'insubordination habituelle, la remise de l'élève à ses parents. C'est au maître à savoir les distribuer de manière à les rendre efficaces contre la paresse, l'insubordination et tous les autres vices auxquels les enfants sont sujets.

Art. 35. — Cependant, lorsque le directeur trouvera nécessaire qu'un de ses élèves soit remis à ses parents, il en fera part aux autorités préposées à la surveillance des écoles en leur exposant ses motifs.

Art. 36. — Les récompenses sont accordées aux élèves qui se distinguent par leur travail et leur conduite. Elles consistent dans les bonnes notes et autres encouragements que le directeur jugera à propos de leur donner.

Art. 37. — A la fin des examens annuels, une distribution de prix aura lieu pour récompenser les élèves qui auront fait le plus de progrès dans leurs études, et qui se seront fait remarquer par une conduite régulière.

Le présent règlement est obligatoire pour toutes les écoles primaires de la République.

Le Secrétaire d'État de la Justice et des Cultes, chargé du portefeuille de l'Instruction publique,

F.-E. Dubois.

6 octobre 1860.

RÉOUVERTURE DE L'ÉCOLE NATIONALE DE MUSIQUE

RÈGLEMENT

Art. 1er. — L'École nationale de musique entretenue aux frais du Gouvernement est placée sous la haute surveillance du Secrétaire d'État de l'Instruction publique et la Commission centrale de l'Instruction publique.

L'objet de cette institution, consacrée à l'enseignement gratuit des principes de la mnsique, du piano et de tous les instruments à cordes est de ramener toutes les parties de l'art musical, jusqu'à ce jour divisées ou dispersées, à des principes invariables et à donner aux élèves une direction constante et unique vers la perfection.

Art. 2. — Le corps enseignant est composé de :

1° Le directeur dirigeant les études des premières classes de piano et dirigeant les morceaux d'ensemble ;

2° D'un professeur pour la première classe de solfège et pour les commencements des instruments à cordes ;

3° D'un moniteur (élève de l'école) pour les principes élémentaires du solfège.

Art. 3. — Il est établi trois degrés de l'enseignement :

1° Les principes élémentaires du solfège : les élèves de ce premier degré ne pourront suivre d'autre partie de l'enseignement qu'ils n'aient été classés au deuxième degré ;

2° Les développements du solfège, la transposition, etc., le piano et tous les instruments à cordes ;

3° Classe d'ensemble instrumental.

Art. 4. — Les aspirants à l'Ecole de musique devront se présenter au directeur, accompagnés d'un de leurs parents ; le directeur, s'il y a lieu, présentera ensuite leurs demandes au Secrétaire d'État. Lorsqu'un élève sera admis à l'École, ses noms, ainsi que ceux de ses parents et leur demeure, seront inscrits sur le registre du personnel de l'Ecole, afin que l'on puisse exercer une surveillance active sur l'élève, et prévenir les parents de sa conduite.

Art. 5. — Aucun aspirant ne peut être admis à l'Ecole, s'il a moins de huit ans ou plus de seize ans, et s'il ne sait lire et écrire.

Art. 6. — Tout élève admis à l'Ecole devra se munir du solfège, de la méthode, et plus tard de l'instrument qu'il apprendra.

Art. 7. — La classe d'instrument ne pourra admettre plus de six élèves à la fois.

Art. 8. — Les cours sont divisés en deux périodes, tous les jours, excepté les samedis et jours fériés : la première période de six heures et demie à neuf heures du matin pour le solfège et les principes de tous les instruments à cordes ; la deuxième période de onze heures et demie à une heure de l'après-midi pour le piano et les classes d'ensemble.

Janvier 1868.

ÉCOLE NATIONALE DE MUSIQUE

RÈGLEMENT INTÉRIEUR

TITRE PREMIER

DES ÉLÈVES

Art. 1. — L'École nationale de musique reçoit: 1° des enfants appartenant aux écoles nationales que la Commission centrale de l'Instruction publique désigne et qui sont conduits aux cours par un surveillant de l'établissement auquel ils appartiennent ;

2° Des élèves libres dont l'admission est proposée, sur leur demande, par le directeur de l'École et approuvée par la Commission centrale qui leur délivre, à cet effet, une carte spéciale, sauf l'approbation du Secrétaire d'État.

Art. 2. — Les élèves des écoles nationales ne peuvent, dans aucun cas, être admis à l'inscription comme élèves de l'École de musique tant qu'ils sont au-dessous de dix ans et lorsqu'ils ont dépassé l'âge de quatorze ans révolus. Les élèves libres ne sont pas admis à l'inscription lorsqu'ils ont moins de dix ans ou dix-huit ans révolus.

Art. 3. — A l'ouverture de chaque cours, le professeur qui en est chargé fait l'appel nominal des élèves qui lui sont confiés et remet au directeur qui la transcrit sur un registre spécial, la note des absents.

Art. 4. — Pendant toute la durée des cours, les élèves sont rigoureusement tenus d'observer la plus irréprochable politesse envers leurs supérieurs et ils ne doivent jamais s'écarter des règles de la bienséance dans leurs rapports les uns avec les autres.

Art. 5. — Tout élève qui contrevient aux dispositions de l'article 4 est signalé par le directeur de l'École de musique.

1° « S'il est élève d'une école nationale » :

Au directeur de l'établissement auquel il appartient et reçoit de ce dernier une punition en rapport avec la gravité de sa faute, et connaissance en est donnée à la Commission centrale par le directeur de l'École de musique qui dénonce la faute et le directeur de l'établissement auquel il appartient qui justifie de l'application de la peine ;

2° « S'il est élève libre » :

A la Commission centrale qui fera son rapport au Secrétaire d'État de l'Instruction publique, lequel prendra une décision à cet égard.

Art. 6. — Pourra être exclu de l'École de Musique :

Tout élève quelconque contre qui le directeur réclamera cette peine extraordinaire. Dans ce cas, après le renvoi provisoire par lui de l'élève, il présente son rapport à la Commission centrale qui le remet au Secrétaire d'État de l'Instruction publique, lequel décide l'exclusion définitive, s'il y a lieu.

Art. 7. — Aucun élève de l'École nationale de Musique ne pourra, sous peine d'exclusion, faire partie d'une autre école de musique.

TITRE II

DE L'ENSEIGNEMENT

Art. 8. — L'enseignement de l'École nationale de Musique comprend :

1° L'étude du solfège, de l'harmonie, etc. ;

2° L'étude des instruments à vent et en bois ;

3° L'étude des instruments à vent et en cuivre.

Art. 9. — Aucun élève ne peut prétendre passer à l'étude

d'un instrument s'il ne possède pas les connaissances théoriques indispensables. Le directeur de l'École de Musique peut seul prendre une décision sur ce dernier point.

Art. 10. — Lorsque les élèves instrumentistes seront en mesure de faire de la musique d'ensemble, le directeur choisira les plus capables d'entre eux et formera un corps d'exécutants.

Art. 11. — Le Corps de musique de l'école, dans aucun cas, ne pourra se faire entendre hors du local des cours, sans un ordre spécial et écrit du Secrétaire d'État de l'Instruction publique.

Art. 12. — Le Corps de musique de l'École n'est jamais commandé pour un service qu'à l'occasion des grandes solennités nationales et les réceptions du Palais, sauf les cas extraordinaires laissés à l'appréciation du Secrétaire d'État de l'Instruction publique.

TITRE III

DU MATÉRIEL

Art. 13. — Le matériel de l'école se compose :
1° Des pupitres nécessaires aux études ;
2° De tableaux à portées musicales ;
3° Des pupitres nécessaires au directeur et aux professeurs ;
4° De chaises ;
5° D'instruments à vent et en bois ;
6° D'instruments à vent et en cuivre ;
7° D'une batterie ;
8° De supports pour la suspension des instruments ;
9° De la bibliothèque musicale.

Art. 14. — Le matériel est placé sous la surveillance et la responsabilité exclusives du directeur.

TITRE IV

DES HEURES DU TRAVAIL

Art. 15. — Les cours ont lieu tous les jours, excepté les samedis, les dimanches et les jours de fêtes décrétées :
1° Pour les élèves libres :
De six à huit heures du matin ;
2° Pour les élèves des écoles nationales.
De dix heures et demie à midi.

Art. 16. — Les élèves qui ne profitent pas des leçons qu'ils reçoivent ou qui sont privés des facultés indispensables pour progresser dans les études musicales sont, sur le rapport du directeur, renvoyés de l'École par la Commission centrale, après avoir obtenu approbation du Secrétaire d'État de l'Instruction publique.

TITRE V

DU PERSONNEL

Art. 17. — Le personnel de l'Ecole nationale de musique se compose d'un directeur et d'un ou de plusieurs professeurs, suivant le nombre des élèves et les exigences de l'enseignement.

Art. 18. — Le directeur et les professeurs constatent leur présence chaque jour du cours, en apposant leur signature sur un registre *ad hoc*.

Art. 19. — Le directeur et les professeurs se doivent des égards mutuels, et les professeurs exécutent les ordres que le directeur leur donne :
1° Pour le maintien de l'ordre et de la discipline pendant les cours ;
2° Pour la bonne tenue des études ;
3° Pour les sorties en corps.

Art. 20. — Le 1ᵉʳ et le 16 de chaque mois, le directeur adresse au Secrétaire d'État de l'Instruction publique et à la Commission centrale un rapport :

1° Sur la manière dont les professeurs s'acquittent de leurs devoirs ;

2° Sur la marche des études ;

3° Sur la régularité ou l'irrégularité des élèves à se présenter aux cours.

Art. 21. — Le présent règlement, exécutoire à partir du 1ᵉʳ septembre 1875, sera, à la diligence du directeur, imprimé et affiché dans toutes les salles de l'Ecole nationale de musique, il sera soumis à l'approbation de la Commission centrale et à la sanction du Secrétaire d'Etat de l'Instruction publique.

Le Directeur,

A. Auroux.

La Commission centrale approuve le susdit règlement pour l'École nationale de musique.

Port-au-Prince, le 1ᵉʳ septembre 1875.

Le Président,

F. Duplessis.

Le Secrétaire d'État de l'Instruction publique sanctionne le susdit règlement pour l'École nationale de musique et ordonne qu'il soit exécuté.

Port-au-Prince, 1ᵉʳ septembre 1875.

Pour le Secrétaire d'État :

Le chef de division,

A.-F. Battier.

ÉCOLE LIBRE DE DROIT

STATUTS DE L'ÉCOLE ARRÊTÉS PAR LE CONSEIL DE DISCIPLINE ET D'ADMINISTRATION

COMPOSÉ DE

MM. B. LALLEMAND, président du Tribunal de Cassation, *président;* JÉRÉMIE, député du peuple, *secrétaire du Conseil;* ALIX ROSSIGNOL, ancien magistrat, *Trésorier de l'École;* D. LÉGITIME, sénateur ; A. DYER, juge au Tribunal de Cassation ; E. ROBIN, juge au Tribunal civil ; LÉGER CAUVIN, avocat; HENRY DURAND, ancien magistrat; EDOUARD THÉBAUD, avocat; MIGUEL BOOM, ingénieur ; SOLON MÉNOS, JUSTIN DÉVOT, directeurs de l'École, EDMOND LESPINASSE, LUXEMBOURG CAUVIN, professeurs [1].

DISPOSITIONS GÉNÉRALES

ART. 1. — Il est créé à Port-au-Prince, sous le titre d'*École libre de Droit*, une institution d'enseignement juridique placée sous le patronage d'un *Comité de Fondation*, le contrôle d'un *Conseil d'Administration et de Discipline* et la direction d'un Comité composé de deux directeurs auxquels il est adjoint deux professeurs.

ART. 2. — L'École reçoit des auditeurs et des étudiants:

Les premiers suivent les cours qu'ils choisissent et pour lesquels ils obtiennent des cachets d'admission.

Les derniers sont tenus de suivre tous les cours et soumis à certaines formalités ci-après spécifiées.

---

[1] Ce Conseil actuellement composé de 14 membres devait en compter définitivement *vingt*. Les six autres seraient nommés à la prochaine réunion des membres fondateurs. L'École libre de droit ne fonctionne plus depuis 1888.

CHAPITRE I

DU COMITÉ DE FONDATION. — DU CONSEIL D'ADMINISTRATION ET DE DISCIPLINE. — DES DIRECTEURS. — DU TRÉSORIER ET DU SECRÉTAIRE DE L'ÉCOLE.

SECTION I

DU COMITÉ DE FONDATION

Art. 3. — Le Comité de Fondation, dès maintenant constitué, se compose de..... membres [1], appartenant aux principales branches de l'activité sociale en Haïti.

Art. 4. — Ces..... membres s'engagent à contribuer au développement et à la perpétuation de l'Établissement ; ils comprennent, indépendamment des citoyens dont les aptitudes spéciales et le *concours actif* sont acquis à l'Institution, ceux qui s'obligent à constituer les fonds nécessaires au fonctionnement de la première année, en versant chacun la somme de 100 *piastres* au minimum.

Art. 5. — Le Comité de Fondation vote les statuts de l'École et nomme les membres du Conseil d'Administration et de Discipline, les Directeurs et les deux premiers professeurs.

Art. 6. — A moins de convocation extraordinaire de la part de son président, il se réunit une fois l'an, après la session d'examen, pour entendre un rapport du Conseil d'Administration et de Discipline sur la situation générale de l'École, en sanctionnant le budget annuel, et prendre, dans l'intérêt de l'Institution les mesures et décisions qu'il juge convenables.

---

[1] La liste des membres fondateurs ne sera close qu'à la date de l'inauguration de l'École.

Art. 7. — Les membres du Comité de Fondation sont indéfiniment admis à tous les cours.

Art. 8. — Il sera dressé, pour être placé dans la salle des cours, un tableau général des Membres Fondateurs.

Art. 9. — En cas de vacances dans le Comité, il pourra être décerné à des Membres Honoraires le titre et les droits de Membres Fondateurs.

Art. 10. — Il y aura aussi dans la salle des cours un tableau des Membres Honoraires.

SECTION II

DU CONSEIL D'ADMINISTRATION ET DE DISCIPLINE

Art. 11. — Les membres du Conseil d'Administration et de Discipline sont nommés pour trois ans et choisis parmi les Membres Fondateurs.

Ils sont rééligibles.

Néanmoins, s'il y a lieu, le Comité de Fondation pourra pourvoir au remplacement d'un Membre du Conseil ou même de tout le Conseil, avant l'expiration du mandat triennal.

Art. 12. — Sont membres-nés du Conseil, les directeurs et les deux premiers professeurs de l'École.

Ils ne pourraient cesser de l'être que par un vote spécial à chacun d'eux, émis à la majorité des deux tiers des Membres Fondateurs.

Art. 13. — Le Conseil se compose de vingt membres et se divise en *Section de Discipline* et *Section d'Administration*.

Art. 14. — Le président et le secrétaire du Conseil font partie des deux sections.

Art. 15. — La Section de Discipline s'occupe spécialement de tout ce qui a trait à la police intérieure de l'École et à la marche des études.

La Section d'Administration connaît surtout des questions relatives aux finances de l'École.

Cependant le budget de l'École est arrêté par les deux sections réunies.

Art. 16. — Tous les trois mois, le Conseil se réunit pour être renseigné par les directeurs sur la situation exacte de l'École et aviser aux moyens de satisfaire à ses besoins nouveaux, en attendant la réunion annuelle du Comité de Fondation.

Art. 17. — A l'avenir, le Conseil nommera les professeurs sur la présentation des directeurs.

Art. 18. — Il nomme également le trésorier et le secrétaire de l'École.

Art. 19. — Sur la plainte des directeurs, il applique aux élèves, quand il y a lieu, les peines disciplinaires qui sont la réprimande et l'exclusion temporaire. L'exclusion définitive ne peut être prononcée que par les deux Sections réunies.

Art. 20. — Il décerne le titre de Membres Honoraires aux donateurs qu'il juge dignes de cette distinction et aux personnes qui ont rendu à l'Institution des services importants.

Art. 21. — Sur la décision du Conseil, la salle des cours peut être mise gratuitement à la disposition de toute personne qui demande à y faire une conférence.

Cependant, si la conférence est payante, une partie des bénéfices doit être attribuée aux finances de l'École.

Celui qui veut donner la conférence adresse sa demande au secrétaire de l'École en y indiquant le sujet qu'il se propose de traiter.

SECTION III

DES DIRECTEURS

Art. 22. — Les directeurs annuels sont nommés à vie, ainsi que les deux premiers professeurs.

Cependant ils peuvent être révoqués, pour des motifs graves, par le Conseil de Fondation et à la majorité des deux tiers de ses membres.

Art. 23. — Les directeurs distribuent les cours entre eux et les professeurs.

Art. 24. — Ils sont chargés de l'administration et de la discipline intérieure de l'École et ils y pourvoient, sur tous les points non réglés dans les présents statuts, soit par de simples avis, soit par des règlements, — le Conseil d'Administration et de Discipline consulté.

Art. 25. — En cas de faute grave de la part d'un élève, ils peuvent lui interdire les cours, en attendant la décision du Conseil.

SECTION IV

DU TRÉSORIER DE L'ÉCOLE

Art. 26. — Le trésorier encaisse les recettes de l'École et les dépose soit à la banque Nationale d'Haïti, soit dans une des principales maisons de commerce du Port-au-Prince.

Art. 27. — Il délivre les ordres de paiement conformément au budget.

Art. 28. — Il rend compte de sa comptabilité au Conseil, à l'époque du renouvellement du budget.

SECTION V

DU SECRÉTAIRE DE L'ÉCOLE

Art. 29. — Le secrétaire tient la correspondance, les registres et les archives de l'École.

Art. 30. — Il est responsable des titres et pièces déposés au secrétariat, ainsi que de l'entretien et de la conservation des livres de la bibliothèque.

CHAPITRE II

DE L'ENSEIGNEMENT ET DES PROFESSEURS. — DES INSCRIPTIONS. — DES ÉTUDIANTS ET DES AUDITEURS. — LES ÉTUDES DES EXAMENS ET DES CONCOURS.

SECTION I

DE L'ENSEIGNEMENT ET DES PROFESSEURS

Art. 31. — L'enseignement de l'école comprend :
Le Droit civil; le Droit criminel; le Droit commercial; la procédure civile; l'économie politique; l'histoire générale du Droit romain, du Droit français et du Droit haïtien; le Droit administratif; le Droit international privé et public; le Droit constitutionnel.

Art. 32. — Ces matières sont réparties dans l'ordre ci-après qui pourra être modifié par le Comité de direction, avec l'assentiment du Conseil d'Administration et de Discipline.

Première année. — Introduction générale à l'étude du Droit, et Droit civil jusqu'aux successions;

Droit pénal et Instruction criminelle;

Droit commercial;

Histoire générale et généralisation du Droit romain, histoire générale du Droit français et du Droit haïtien.

Deuxième année. — Droit civil, jusqu'au Contrat de mariage;

Économie politique;

Droit commercial;

Procédure civile.

Troisième année. — Droit civil, jusqu'à la fin du Code;

Droit international privé et public;

Droit administratif;

Droit constitutionnel.

SECTION II

DES INSCRIPTIONS, DES ÉTUDIANTS ET DES AUDITEURS

Art. 33. — Le secrétaire tient un registre, paraphé par le président du Conseil d'Administration et de Discipline, sur lequel les élèves sont tenus de s'inscrire avant chaque leçon.

Art. 34. — L'étudiant mentionne, dans la première inscription de chaque trimestre, ses noms et prénoms, son âge, le lieu de sa naissance et celui de son domicile.

Art. 35. — Le secrétaire exige, à la première inscription, la représentation de l'acte de naissance, ou, à défaut, d'un acte de notoriété et il n'admet pas les jeunes gens qui ont moins de seize ans révolus, sauf décision spéciale du Conseil d'Administration et de Discipline.

Art. 36. — L'étudiant qui, dans une année, a manqué, *sans motifs légitimes*, à plus de dix cours, n'est pas admis à passer son examen de fin d'année.

Art. 37. — Le secrétaire délivre gratuitement aux étudiants, lorsqu'ils ont besoin d'en justifier, un certificat de leurs inscriptions, visé par l'un des directeurs.

Art. 38. — Il est *facultatif* aux auditeurs d'inscrire, avant chaque leçon, leurs noms, prénoms et professions sur un registre spécial tenu par le secrétaire, et chaque professeur peut délivrer à ses auditeurs inscrits des certificats, portant le timbre de l'École, attestant qu'ils ont assidûment suivi ses cours.

SECTION III

DES ÉTUDES, DES EXAMENS ET DES CONCOURS

Art. 39. — La durée des études est de trois ans.

Art. 40. — Les étudiants sont astreints à subir, à la fin de chaque année scolaire, un examen sur les matières enseignées pendant l'année.

Art. 41. — Après chacun des deux premiers examens, il est délivré à l'élève, par son jury d'examen, un certificat constatant les notes qu'il a obtenues et son mérite personnel.

Ce certificat est enregistré à l'École sur un registre *ad hoc* tenu par le secrétaire.

Art. 42. — Après l'examen de la troisième année, l'étudiant qui l'a subi avec succès a droit à un diplôme qui lui est délivré sous le titre de *Certificat de capacité* et où sont mentionnées toutes les matières qu'il a parcourues pendant le cours de ses études.

Ce diplôme signé des membres du jury d'examen, contrôlé et visé par le président et le secrétaire du Conseil d'Administration et de Discipline est aussi enregistré sur un registre spécial.

Art. 43. — Les examens se font par quatre professeurs, et les étudiants comparaissent quatre par quatre devant le jury.

Art. 44. — Chaque examen a lieu en deux séances et comprend une épreuve écrite, qui est éliminative, et des épreuves orales dont la durée est d'une heure pour chaque étudiant.

Art. 45. — Quand les ressources pécuniaires et le nombre des élèves le permettront il sera tenu, à la fin de l'année scolaire, lors de l'assemblée du Comité de Fondation, une séance publique où il sera distribué des prix aux plus méritants.

Il y sera lu un rapport sur le mérite des compositions couronnées.

Art. 46. — Les concours ouverts pour l'obtention des prix et mentions seront jugés par les professeurs, assistés du président du Conseil d'Administration et de Discipline.

CHAPITRE III

DES FINANCES ET DU BUDGET

Art. 47. — Les finances de l'École comprennent :

1° Les dons et souscriptions de ses Membres Fondateurs ;

2° Les souscriptions de 100 *piastres au minimum* qui peuvent être versées par d'autres que les Membres Fondateurs et qui confèrent aux souscripteurs le titre de Membres *Honoraires* et le droit d'assister aux cours pendant trois ans[1] ;

3° Les souscriptions de 40 *piastres au minimum* que doivent verser ceux qui veulent avoir, avec le titre de Membres *Adhérents*, le droit d'assister au cours pendant un an ;

4° Le prix des cachets que doivent se procurer, moyennant 50 *centimes* chaque cachet, tous ceux qui, sans s'inscrire comme élèves et sans appartenir à l'une des trois catégories ci-dessus, désirent suivre les cours et y sont admis à titre d'auditeurs ;

5° La rétribution mensuelle de 5 *piastres* que chaque étudiant inscrit est astreint à payer ;

6° Le produit des soirées littéraires, organisées au profit de l'École, sous les auspices du Conseil d'Administration et de Discipline ;

7° Enfin, les *dons volontaires*, en raison desquels le titre de Membres Honoraires peut être décerné aux donateurs, comme il est dit en l'article 20 ci-dessus.

Art. 48. — Le budget des dépenses, basé sur les ressources de l'École, est voté pour un an.

Art. 49. — Il est renouvelé quinze jours au moins avant l'expiration du terme pour lequel il a été voté.

Art. 50. — A l'expiration de ce terme, un double budget, signé du président et du secrétaire du Conseil est remis au trésorier de l'École.

---

[1] Voir l'article 10.

CHAPITRE SPÉCIAL

Art. 51. — Les présents statuts pourront être revisés par le Comité des Fondateurs sur la proposition du Conseil d'Administration et de Discipline et seulement en ce qui concerne les dispositions indiquées par le Conseil.

DISPOSITION TRANSITOIRE

Art. 52. — La date de l'inauguration des cours sera ultérieurement fixée par le Conseil d'Administration et de Discipline, qui pourvoira, en arrêtant le premier budget, aux frais que nécessitera cette inauguration.

Avril 1887.

RÈGLEMENT DE L'ÉCOLE NATIONALE DE DROIT

CHAPITRE PREMIER

DES MATIÈRES DE L'ENSEIGNEMENT

Art. 1er. — En attendant que la marche des études permette d'y donner un plus ample développement, l'enseignement de l'École nationale de Droit comprend :

1° Les éléments du *droit romain et l'histoire du droit civil français;* 2° *le Code civil;* 3° *le droit criminel;* 4° *le droit commercial;* 5° *la procédure civile;* 6° *les éléments du droit administratif et du droit constitutionnel;* 7° *le droit international;* 8° *et les éléments d'économie politique.*

Art. 2. — Ces matières sont réparties dans l'ordre ci-après, sauf modifications ultérieures.

Première année — 1° *Droit civil* (art. 1 à 572), moins la loi n° 5 (art. 99 à 132), dont le professeur n'exposera que les principes généraux;

2° *Droit pénal et instruction criminelle;*

3° *Procédure civile :* lois n°s 2 et 3 (art. 69 à 441), plus le titre XI de la loi n° 1 (art. 57 à 67) et l'explication de la *loi du 9 juin* 1835, et celle du titre Ier de la loi n° 4 du Code de commerce (art. 608 à 619);

4° *Éléments du droit romain et histoire du droit civil français;*

Deuxième année. — 1° *Droit civil* (art. 572 à 1172) : lois n°s 15, 16, 17, 18 et 19;

2° *Procédure civile* (art. 342 à 963) : lois n°s 4, 5, 6, 7, 8 et 9 *et le titre III de la loi n° 4 du Code de commerce* (art. 626 à 651);

3° *Code de commerce* (art. 1 à 186) : loi n° 1, et (art. 434 à 607) loi n° 3;

4° *Éléments d'économie politique ;*

Troisième année. — 1° *Droit civil*, jusqu'à la fin du Code ;

2° *Code de commerce :* loi n° 2 (art. 187 à 433), et le titre II de la loi n° 4 (art. 621 à 625) ;

3° *Éléments du droit administratif et du droit constitutionnel ;*

4° *Droit international.*

Art. 3. — Les cours ci-dessus déterminés se renouvelleront chaque année dans l'ordre indiqué, de façon que la série entière soit parcourue par tous les étudiants, quelle que soit l'année de leur première inscription.

Art. 4. — Dès la deuxième année, deux professeurs et, à partir de la troisième, trois professeurs feront chacun, en trois ans, le cours complet sur le Code civil d'Haïti, de manière qu'il y ait un cours qui s'ouvre chaque année.

Art. 5. — Selon le développement de l'Institution, il sera établi des chaires spéciales de droit romain, d'histoire générale du droit et d'histoire du droit haïtien, comme tous autres cours jugés nécessaires et opportuns.

Art. 6. — En dehors des cours prévus par le Règlement, il sera fait des conférences sur des sujets ayant rapport aux matières déjà enseignées.

Art. 7. — Les leçons auront lieu tous les jours. Les heures de cours sont fixées par le directeur.

Chaque professeur devra faire au moins deux leçons par semaine.

La durée de chaque leçon sera d'une heure.

CHAPITRE II

DE L'ORGANISATION, DE L'ADMINISTRATION ET DU PERSONNEL ENSEIGNANT

Art. 8. — Il y a à l'École nationale de Droit un directeur, des professeurs, des répétiteurs, un secrétaire et un hoqueton.

Art. 9. — L'École reçoit des étudiants et des auditeurs.

Art. 10. — Pour être admis à faire partie de l'École nationale de Droit, l'étudiant doit justifier, au moment de se faire inscrire aux bureaux de l'Inspection scolaire de Port-au-Prince, où il sera ouvert un registre à cet effet :

1° Qu'il est âgé de dix-sept ans au moins ;

2° Q'il a obtenu de l'Inspection scolaire de sa circonscription un certificat d'études *ad hoc*, lequel certificat sera délivré à la suite d'un examen qui comprendra les matières ci-après :

1° Langue française (discours, narrations, dissertations, explications d'auteurs, etc.) ;

2° Langue latine (explication d'auteurs, thèmes latins, etc.) ;

3° Histoire et géographie d'Haïti, histoire et géographie générale ;

4° Éléments de philosophie.

Art. 11. — Le Directeur aura la surveillance de l'établissement, le soin et l'entretien des bâtiments et du mobilier.

Art. 12. — Il est chargé, sous la haute autorité du Secrétaire d'État de l'Instruction publique et le contrôle immédiat de l'Inspection scolaire, de diriger l'administration et la police de l'École et d'assurer l'exécution du Règlement.

Art. 13. — Il correspond avec l'Inspection scolaire et le Secrétaire d'État de l'Instruction publique.

Il reçoit également de l'Inspection scolaire les instructions que ce corps juge à propos de lui transmettre conformément à la loi sur l'Instruction publique, à celle sur la surveillance des écoles et aux décisions prises par le Département de l'Instruction publique concernant la marche des établissements scolaires et leur discipline intérieure.

Art. 14. — En cas de faute grave de la part d'un élève, le directeur peut lui interdire provisoirement les cours. Mais il devra en référer, dans les vingt-quatre heures, à l'Inspection scolaire, laquelle, après une enquête, fera son rapport au Secrétaire d'État de l'Instruction publique : celui-ci décidera de la question en dernier ressort.

Art. 15. — Le Secrétaire de l'École sera en même temps gardien des Archives.

Ses bureaux sont ouverts tous les jours, le matin de dix heures à midi, le soir de trois heures à cinq heures, sauf les dimanches et les jours de fêtes publiques. — Il est toujours présent pendant les cours et exercices.

Art. 16. — Il rend compte au directeur de tout ce qui, par la nature de ses fonctions, se trouve placé sous sa responsabilité.

Art. 17. — Le traitement du personnel enseignant et administratif de l'École est fixé par le Département de l'Instruction publique conformément aux allocations budgétaires.

Art. 18. — Le personnel de l'École de Droit est soumis aux règlements disciplinaires en vigueur.

Toutes infractions aux us et coutumes relativement à l'assiduité et à la conduite des professeurs seront jugées par l'Inspection scolaire. Celle-ci soumettra ses décisions au Secrétaire d'État de l'Instruction publique avant leur exécution.

Les peines qui peuvent être prononcées sont : l'avertissement, la suspension et la révocation.

La suspension entraîne, dans sa durée, la perte des appointements.

Art. 19. — La bibliothèque de l'École sera composée de tous les livres nécessaires à l'enseignement juridique, sur un catalogue proposé au Secrétaire d'État de l'Instruction publique par le directeur et les professeurs.

Ce catalogue une fois admis et les livres réunis à l'École, le directeur en fera parvenir une copie certifiée au Ministère de l'Instruction publique.

Art. 20. — Il est expressément défendu de prêter ou de déplacer les livres de la bibliothèque.

Le directeur et les professeurs auront, par privilège, le droit de les déplacer sur récépissé pour les besoins de l'enseignement. Il sera également facultatif, aux magistrats des différents tribunaux de la Capitale, de consulter ou d'emporter sur récépissé les ouvrages dont ils auront besoin.

Toute autre personne ne pourra que les consulter sur place aux jours et heures indiqués.

CHAPITRE III

DES INSCRIPTIONS

Art. 21. — Le Secrétaire de l'École tiendra un registre sur lequel seront inscrits, par ordre de date, tous les étudiants admis par l'Inspection scolaire.

L'inscription contiendra : les nom, prénoms, âge, lieux de naissance et de domicile de l'étudiant.

Art. 22. — Le Secrétaire de l'École tiendra également un registre spécial, où seront constatées, pour chaque cours, la présence et l'absence des étudiants.

Art. 23. — Lorsqu'un étudiant aura manqué, sans motif légitime admis par le directeur, à plus de trois leçons pendant le trimestre, il sera rayé de la liste des étudiants.

Art. 24. — Sera également tenu par le Secrétaire un registre spécial où les auditeurs auront la faculté de s'inscrire pour, sur leur demande et après examens, leur être délivrés les diplômes de l'École.

Les auditeurs, avant d'être admis à s'inscrire, seront tenus de justifier des conditions exigées par l'article 10 ci-dessus.

Art. 25. — Néanmoins, les individus qui seraient porteurs d'un certificat de trois avocats établissant qu'ils ont fait préalablement des études en droit, pourraient être admis à subir les examens. Ils paieront, pour droit d'inscription, la somme de 5 gourdes, sans préjudice des droits à payer pour les diplômes.

Cette faculté, qui n'est que provisoire, cessera cinq ans après la publication du présent règlement.

CHAPITRE IV

DES BOURSIERS

Art. 26. — Les boursiers sont des étudiants des localités autres que Port-au-Prince, à qui le Gouvernement accorde un subside.

Art. 27. — Ils sont nommés par concours.

Art. 28. — Pour la présente année scolaire, il y aura : deux boursiers pour le département de l'Ouest (moins la ville de Port-au-Prince), l'un d'eux sera nécessairement choisi dans l'arrondissement de Jacmel ; — deux pour chacun des départements du Sud, de l'Artibonite, du Nord-Ouest et du Nord.

Art. 29. — Le concours pour l'obtention des bourses de l'École de Droit se fera au Ministère de l'Instruction publique par une Commission spéciale, composée :

1° Du Secrétaire d'État de l'Instruction publique, *président ;*

2° D'un membre de l'Inspection scolaire de Port-au-Prince, qui présidera en l'absence du Secrétaire d'État ;

3° Du directeur, ou d'un professeur de l'École de Droit ;

4° De deux professeurs de l'enseignement secondaire, au choix du secrétaire d'État.

Art. 30. — La date fixée pour le concours sera annoncée au *Journal Officiel*, au moins deux mois à l'avance, afin d'accorder aux jeunes gens des autres points du pays, désireux de prendre part au Concours, le temps nécessaire pour arriver à la Capitale.

Art. 31. — Pour être admis à prendre part au concours, le postulant devra réunir les conditions suivantes :

1° Prouver qu'il est de bonnes vie et mœurs par la production d'un certificat du Conseil communal de sa résidence ;

2° N'être atteint d'aucune maladie contagieuse : ce fait sera établi par un certificat d'un médecin régulier visé par le jury médical ;

3° Être âgé de dix-sept ans au moins et de vingt-cinq ans au plus : ce qui sera prouvé par la production de l'acte de naissance ;

4° Être porteur du certificat prescrit par le deuxième alinéa de l'article 9 ;

5° Prouver qu'il est domicilié dans le Département pour lequel il se présente.

Ces pièces justificatives devront être remises au chef de division du Ministère trois jours au moins avant la date fixée pour le Concours.

Art. 32. — La matière du concours demeure fixée comme suit :

PARTIE ÉCRITE

1° Composition française ; durée : deux heures ;
2° Version latine ;   —   deux heures ;

PARTIE ORALE

1° Questions sur l'histoire et la géographie d'Haïti, sur l'histoire et la géographie générales : un quart d'heure pour chaque postulant ;

2° Questions sur les éléments de la philosophie : un quart d'heure pour chaque postulant.

Les sujets à donner aux concurrents devront être arrêtés d'avance par la Commission.

Art. 33. — Le résultat du concours sera annoncé au *Journal officiel*.

Art. 34. — La bourse est accordée pour un maximum de trois années.

Art. 35. — Au bout de ce temps, les boursiers qui n'auraient pas encore subi leur examen de troisième année perdront le bénéfice de leur bourse et ne pourront continuer leurs études qu'à leurs propres frais.

Art. 36. — Le directeur de l'École de Droit exercera une surveillance spéciale sur les boursiers.

Art. 37. — Ils devront être très réguliers aux cours dont ils ne pourront s'absenter que pour une cause sérieuse agréée par le directeur.

Art. 38. — Trois absences non justifiées pendant un trimestre entraînent la perte de la bourse.

A cet effet, le directeur devra expédier, tous les trois mois, à l'Inspection scolaire, une liste nominative des boursiers avec des observations et des notes de conduite à côté du nom de chaque boursier.

Art. 39. — Les boursiers admis à l'École de Droit s'engagent, au terme de leurs études, à se tenir à la disposition du Gouvernement pendant un laps de trois années.

Le Gouvernement, durant ce temps, pourra les employer suivant ses besoins, et ils seront tenus d'accepter les fonctions où ils seront appelés.

En cas de refus, ils seront obligés de restituer les frais fait pour eux.

A l'expiration de la période de trois années, ils seront dégagés de toute obligation envers l'État.

CHAPITRE V

DES EXAMENS

Art. 40. — Les examens, au nombre de trois, seront faits par les professeurs présidés par le directeur.

Ils ont lieu en présence et sous le contrôle de l'Inspection scolaire.

Art. 41. — Chaque examen pourra être ouvert pour plusieurs étudiants en même temps, pourvu qu'ils ne soient pas plus de quatre.

Art. 42. — Les examinateurs opineront par scrutin secret et au moyen de boules.

La boule blanche correspond à la note *très bien*.

La boule rouge blanche, à la note *bien*.

La boule rouge, à la note *passable*.

La boule rouge noire, à la note *médiocre*.

La boule noire, à la note *mal*.

Pour être reçu, le candidat ne devra pas avoir plus d'une boule noire, et plus de deux rouges noires.

Le résultat de l'examen sera écrit et signé par le Jury d'examen et le membre de l'Inspection présent.

Art. 43. — Il pourra être délivré un certificat de capacité à l'élève qui aura favorablement subi son examen de deuxième année.

Art. 44. — L'examen de licence aura lieu à la fin de la troisième année.

Art. 45. — Le certificat de capacité et le diplôme de licencié sont délivrés par le Secrétaire d'État de l'Instruction publique, sur le rapport du Jury d'examen.

Art. 46. — Une session extraordinaire aura lieu, au commencement de chaque année scolaire, pour les candidats qui auront été ajournés à leurs examens de fin d'année.

Art. 47. — Les examens sont publics.

CHAPITRE VI

DISPOSITIONS GÉNÉRALES

Art. 48. — Les étudiants sont admis sans frais à s'inscrire, suivre les cours et subir les examens.

Néanmoins, il sera payé, pour le certificat de capacité, 8 gourdes; et, pour le diplôme de licencié, 20 gourdes[1].

Ces valeurs seront versées à la Caisse de l'Université, vingt-quatre heures au moins avant l'examen.

Le Secrétaire de l'École devra exiger de chaque postulant à

---

[1] Dispositions modifiées par l'Arrêté sur la Caisse de l'Université.

l'examen la représentation de la quittance de la Caisse de l'Université.

Art. 49. — Les frais de diplômes, de certificats et autres sont à la charge de la Caisse de l'Université.

Art. 50. — Les élèves doivent respect et obéissance aux professeurs dont ils écoutent les leçons avec attention et dans le silence.

Art. 51. — Il leur est interdit, pendant les cours, de stationner ou de circuler dans les galeries ou couloirs de l'établissement.

Art. 52. — Les assistants aux cours se tiendront découverts et avec décence.

Art. 53. — Il est expressément défendu de fumer dans l'enceinte.

Art. 54. — Les auteurs de bruit et tapage, de nature à troubler les cours ou exercices, seront rappelés au silence.

Si, après un second avertissement, ils persistent à troubler l'ordre, il leur sera enjoint de se retirer. Au besoin, ils seront déférés au tribunal de répression compétent.

Art. 55. — Les élèves de l'École de Droit sont exempts du service militaire.

Art. 56. — Le présent règlement abroge tous autres règlements ou dispositions de ceux qui lui seraient contraires.

Donné à la Secrétairerie d'État de l'Instruction publique, ce jourd'hui 15 octobre 1890, an LXXXVII de l'indépendance.

D.-S. Rameau.

RÉPUBLIQUE D'HAITI

ASSOCIATION HAITIENNE DE L'ÉCOLE LIBRE PROFESSIONNELLE

DIEU   PATRIE   TRAVAIL

ÉCOLE D'ARTS ET MÉTIERS
DITE ÉCOLE LIBRE PROFESSIONNELLE

INTERNAT. — EXTERNAT

Le but de l'École est de *combattre l'oisiveté* et de former des *ouvriers habiles* en leur donnant une *instruction solide* et bien appropriée à leurs besoins, et en les initiant, d'une façon intelligente, aux procédés et à l'organisation de l'industrie moderne.

L'École n'a pas de similaire en Haïti.

Son enseignement est *professionnel* et *classique*.

L'enseignement professionnel est donné par des maîtres étrangers recommandables.

La durée des études est de quatre ans au plus.

L'enseignement *professionnel* comprend, pour commencer, les métiers suivants :

1° Ébénisterie ;
2° Moulage ;
3° Modelage ;
4° Sculpture sur bois ;
5° Tournage sur bois ;
6° Chaudronnerie ;
7° Reliure ;
8° Serrurerie.

L'enseignement *classique* comprend les matières suivantes :

1° Calligraphie ;
2° Instruction morale et civique ;
3° Langue française ;
4° Arithmétique ;
5° Géométrie ;
6° Dessin ;
7° Technologie ;
8° Histoire et géographie d'Haïti.

Outre les leçons de gymnastique qui leur sont données à l'école, les élèves pourront recevoir aussi *les premières notions pratiques* d'instruction militaire.

Une fanfare sera instituée.

Les élèves sont conduits à l'église le dimanche pour assister à la messe, et dans la semaine, sur la demande des parents, ils reçoivent l'enseignement religieux préparatoire à la première Communion.

Un médecin est attaché à l'École.

TRAVAUX MANUELS

Les élèves sont divisés en plusieurs sections ou années déterminées par le degré d'apprentissage.

En première année, les élèves passent dans tous les ateliers et s'initient au maniement des outils de travail du bois et du fer, de l'ébauchoir, du modeleur et du ciseau du sculpteur.

Après cette année d'essais, ils sont spécialisés en tenant compte de leur goût, de leurs désirs, de leurs aptitudes qui ont pu se révéler, et sont répartis dans les différents ateliers énumérés plus haut.

Un certificat d'études professionnelles sera délivré à tout élève qui *aura accompli, à la satisfaction des maîtres*, la durée *de l'apprentissage.*

Le cercle des études de l'école sera élargi à mesure que ses ressources le permettront.

CONDITIONS D'ADMISSION

Internat: P. 15, — *Demi-internat:* P. 8, — *Externat:* P. 3, par mois.

L'École fournit *gratuitement* aux élèves les moyens d'étude et de travail.

Elle pourra recevoir, seulement comme externes, des hommes de métier qui voudront se perfectionner dans ses ateliers. Ils doivent produire un certificat de bonnes vie et mœurs.

TROUSSEAU DES PENSIONNAIRES

Un lit en fer, un matelas, plusieurs couvertures, linge de corps, ustensiles et linge de table à la volonté des familles. L'uniforme de l'école est *obligatoire* pour les internes. On peut se le procurer à un prix *très modéré*.

Pour tous autres renseignements, s'adresser au *Comité-Fondateur*.

Port-au-Prince, 3 novembre 1892.

RÈGLEMENTS DE L'ÉCOLE NATIONALE DE MÉDECINE ET DE PHARMACIE

CHAPITRE PREMIER

DES MATIÈRES DE L'ENSEIGNEMENT

Art. 1er. — L'enseignement de l'Ecole nationale de médecine et de pharmacie, comprend l'anatomie, la physiologie, l'histologie, la pathologie médicale et chirurgicale, la physique médicale, la chimie médicale, l'histoire naturelle médicale, la pharmacie, l'hygiène, la médecine légale, la matière médicale, la thérapeutique, les accouchements, la toxicologie et la clinique.

Art. 2. — Pour la médecine, la durée des études est fixée à cinq années et pour la pharmacie à trois années.

CHAPITRE II

DU PERSONNEL

Art. 3. — Le personnel enseignant se compose : d'un directeur professeur, de professeurs dont le nombre est fixé par le Département de l'Instruction publique, d'un préparateur et d'un aide préparateur attachés tous deux au professeur de chimie, d'un jardinier attaché au professeur d'histoire naturelle, d'un bibliothécaire. Un garçon ou appariteur est aussi attaché à l'école.

Art. 4. — Chaque professeur doit trois heures de cours à l'école par semaine, conformément à la répartition faite par le directeur.

Le personnel est tenu d'observer les lois et règlements sur l'Instruction publique. Toute absence, non motivée, entraîne une retenue sur les appointements, retenue proportionnelle au temps que le membre du personnel doit fournir à l'École pendant le mois.

Quatre absences non motivées pendant le trimestre équivalent à une démission.

Art. 5. — Les peines qui peuvent être prononcées contre les professeurs sont : 1° l'avertissement ; 2° la retenue ; 3° la suspension.

La suspension entraîne pendant sa durée la perte des appointements.

Art. 6. — Le directeur aura la surveillance de l'établissement, le soin et l'entretien des bâtiments et du mobilier.

Il est chargé de diriger l'administration et la police de l'école, et d'assurer l'exécution des règlements.

Il correspond avec l'Inspection scolaire et le Secrétaire d'État de l'Instruction publique.

Pour toutes les questions d'administration intérieure, le directeur de l'École de médecine et de pharmacie doit s'adresser à l'Inspection scolaire.

Art. 7. — Au directeur appartient la distribution des cours à chaque professeur selon les aptitudes de celui-ci. La répartition des cours sera communiquée au Secrétaire d'État de l'Instruction publique qui décidera en cas de contestation.

CHAPITRE III

DES ÉTUDIANTS

Art. 8. — Il y a deux catégories d'étudiants : 1° les étudiants libres ; 2° les boursiers.

§ 1ᵉʳ. — Des étudiants libres

Art. 9. — Pour être admis à faire partie de l'École de médecine et de pharmacie, le postulant devra justifier :

1° Qu'il est âgé de seize ans au moins;

2° Qu'il a obtenu de l'Inspection scolaire de sa circonscription un certificat d'études *ad hoc*, lequel sera délivré à la suite d'un examen qui comprendra les matières suivantes :

1° Langue française ;

2° Langue latine ;

3° Histoire et géographie d'Haïti ; histoire et géographie générales ;

4° Arithmétique et géométrie ;

5° Histoire naturelle ;

6° Physique et chimie.

Muni de la carte de l'Inspection scolaire, l'étudiant se présentera au directeur qui l'inscrira sur les registres de l'École. L'inscription contiendra les nom, prénoms, âge, lieu de naissance et de domicile de l'étudiant.

Art. 10. — L'étudiant admis à l'École de médecine et de pharmacie est obligé d'en suivre régulièrement les cours.

Art. 11. — Un mois d'absence non motivée entraîne la radiation de l'étudiant, sur le rapport du directeur à l'Inspection scolaire.

Art. 12. — Les motifs légitimes d'absence sont laissés à l'appréciation du directeur.

§ 2. — Des boursiers

Art. 13. — Des boursiers, au nombre de 25, seront désignés parmi les étudiants admis à l'École de médecine et de pharmacie pour toutes les localités de la République.

L'État leur accorde un traitement mensuel de 20 piastres.

Art. 14. — Ils sont nommés par concours.

Art. 15. — Ils seront répartis entre les différents départements comme suit :

Six, pour le département du Nord ;

Six, pour celui du Sud ;

Cinq, pour celui de l'Artibonite ;

Trois, pour celui du Nord-Ouest ;

Cinq, pour celui de l'Ouest.

Désormais, les vacances seront comblées selon la présente répartition.

Art. 16. — Les concours se feront par l'Inspection scolaire de Port-au-Prince, assistée : 1° du directeur ou d'un professeur de l'École de médecine ; et 2° de deux professeurs de l'enseignement secondaire au choix de l'Inspection.

Art. 17. — La date fixée pour le concours sera annoncée dans le *Journal officiel*, au moins deux mois à l'avance, afin d'accorder aux jeunes gens des autres localités le temps nécessaire pour arriver à la Capitale.

Art. 18. — Pour être admis à concourir, le postulant devra réunir les conditions suivantes :

1° Prouver qu'il est de bonnes vie et mœurs, par la production d'un certificat du Conseil communal de sa résidence ;

2° N'être atteint d'aucune maladie contagieuse ; ce fait sera établi par le certificat d'un médecin ;

3° Être âgé de seize ans au moins et vingt-cinq ans au plus ;

4° Être porteur du certificat d'études prévu par l'article 9.

5° Prouver qu'il est domicilié dans le département pour lequel il se présente.

Ces pièces justificatives devront être remises à l'Inspection scolaire de Port-au-Prince trois jours au moins avant la date fixée pour le concours.

Art. 19. — Les matières du concours sont fixées comme suit :

Partie écrite : une composition française : durée une heure ; une version latine : durée une heure ; une composition sur le système métrique et la géométrie : durée une heure.

Partie orale : Questions sur l'histoire naturelle, sur la physique et sur la chimie ; un quart d'heure pour chaque postulant.

Le résultat du concours sera inséré dans le *Journal officiel*.

Art. 20. — La bourse est accordée, savoir : aux étudiants en médecine pour un maximum de cinq années ; aux étudiants en pharmacie pour un maximum de trois années.

Art. 21. — Un délai qui ne peut excéder une année sera, en outre, accordé aux boursiers pour subir leurs examens de doctorat ou de pharmacie; à défaut de quoi, ils perdront le bénéfice de la bourse qui leur est attribuée.

Art. 22. — Le directeur de l'Ecole de médecine exercera une surveillance active et spéciale sur les boursiers qui devront être très réguliers. Ils ne pourront s'absenter qu'avec l'autorisation du Directeur et pour cause motivée.

Quatre absences non autorisées pendant un mois entraînent la suspension de la bourse pour ce mois.

Après trois suspensions, la bourse est et demeure supprimée. A cet effet, le directeur devra expédier tous les mois à l'Inspection scolaire une liste nominative des boursiers, avec des observations sur leur régularité et leur conduite.

Art. 23. — Les boursiers sont obligés, leurs études achevées, de pratiquer leur art pendant cinq ans dans le département d'où ils sont sortis pour les médecins, et pendant trois ans pour les pharmaciens. Passé ce délai, ils seront libres de résider où ils le jugeront convenable.

Art. 24. — En cas de faute grave de la part d'un étudiant ou d'un boursier, le directeur peut lui interdire provisoirement les cours.

Mais il devra en référer, dans les vingt-quatre heures, à l'Inspection scolaire qui, après une enquête, fera son rapport au Secrétaire d'État de l'Instruction publique qui décidera de la question.

CHAPITRE IV

DES EXAMENS

Art. 25. — Les examens seront faits par le directeur et les professeurs de l'École, sous le contrôle et la présidence de l'Inspection scolaire.

Art. 26. — Ils sont au nombre de cinq pour les étudiants en médecine et de trois pour les étudiants en pharmacie.

Ces derniers devront, en outre, faire un stage de trois ans dans une pharmacie.

Art. 27. — Les cinq examens en médecine ont lieu à la fin des études pour les étudiants en médecine, et comprennent les matières suivantes :

Premier examen : Anatomie, physiologie et histologie ;

Deuxième examen : Pathologie interne et externe et médecine opératoire ;

Troisième examen : Histoire naturelle médicale, chimie médicale et physique médicale ;

Quatrième examen : Hygiène, médecine légale, matière médicale, thérapeutique et toxicologie ;

Cinquième examen : Clinique interne, clinique externe, accouchements, maladies des femmes en couche et des nouveau-nés.

Art. 28. — Il y a trois examens en pharmacie ; savoir :

Premier examen : Physique, chimie minérale, pharmacie clinique ;

Deuxième examen : Chimie organique, pharmacie galénique, toxicologie ;

Troisième examen : Histoire naturelle, matière médicale.

Art. 29. — Chaque examen peut être ouvert pour plusieurs étudiants à la fois, pourvu qu'ils ne soient pas plus de trois.

Art. 30. — L'étudiant en médecine doit à chaque nouvel examen présenter un nouveau certificat de stage de clinique signé par le directeur ou le chef de clinique.

Art. 31. — Les examinateurs se prononceront, par bulletin de vote, au scrutin secret, et pourront donner les notes suivantes :

>   Première note : Très bien ;
>   Deuxième note : Bien ;
>   Troisième note : Assez bien ;
>   Quatrième note : Passable ;
>   Cinquième note : Nul ;

Le résultat de l'examen sera écrit et signé par les membres du Jury.

Art. 32. — Les diplômes de docteur en médecine et de pharmacie sont délivrés, après le dernier examen, par le Secrétaire d'État de l'Instruction publique, sur le rapport du Jury d'examen.

Art. 33. — Les examens sont publics et doivent avoir lieu à l'École de médecine.

CHAPITRE V

DISPOSITIONS GÉNÉRALES

Art. 34. — Les étudiants libres ou boursiers sont admis sans frais à s'inscrire, suivre les cours et subir les examens.

Néanmoins, il sera payé, pour le diplôme de docteur de médecine ou celui de pharmacien, la somme de 10 *gourdes* à la caisse de l'Université [1].

Les frais de diplôme sont à la charge de ladite caisse.

Art. 35. — Il est interdit aux étudiants, pendant les leçons, de stationner ou de circuler dans les galeries, couloirs et cour de l'établissement.

Art. 36. — Les étudiants en médecine et en pharmacie sont exempts du service militaire.

CHAPITRE VI

DE LA BIBLIOTHÈQUE

Art. 37. — La bibliothèque se compose de tous les livres nécessaires à l'enseignement de l'École sur un catalogue proposé au Secrétaire d'État de l'Instruction publique par le directeur et les professeurs.

---

[1] Disposition modifiée par les arrêtés sur la caisse de l'Université et sur les diplômes et certificats.

Un inventaire, en double expédition, sera dressé de tous les ouvrages de la bibliothèque actuelle de l'École de médecine et de pharmacie et sera envoyé à l'Inspection scolaire qui en adressera une copie au Département de l'Instruction publique.

Art. 38. — L'école sera aussi pourvue du matériel, des pièces anatomiques, du cabinet de physique et du laboratoire de chimie nécessaires. Il y aura aussi un atelier d'odontologie.

Art. 39. — Il est défendu de déplacer les livres de la bibliothèque. Néanmoins, pour les besoins de l'enseignement, les professeurs pourront en disposer sur récépissé.

Quant aux pièces anatomiques, aux instruments et autres objets appartenant à l'École de médecine et de pharmacie, il ne pourra, dans aucun cas, en être disposé en dehors de l'École.

Art. 40. — Les professeurs sont tenus de se présenter aux heures fixées pour chacun des cours qui leur sont affectés. — En cas de retard, dument constaté par le directeur, un premier avertissement sera fait au professeur. En cas de récidive, le retard sera considéré comme une absence.

Art. 41. — Les présents règlements abrogent tous les règlements antérieurs et seront immédiatement mis à exécution à la diligence de l'Inspection scolaire de Port-au-Prince.

Donné à la Secrétairerie d'État de l'Instruction publique,
le 1er décembre 1890, an LXXXVII de l'indépendance.

Le Secrétaire d'État de l'Instruction publique,

D.-S. Rameau.

MODIFICATIONS AU RÈGLEMENT

DE L'ÉCOLE NATIONALE DE DROIT

En attendant l'élaboration de nouveaux règlements pour l'École nationale de Droit, le département de l'Instruction publique, voulant aider, dès la réouverture des cours, au bon fonctionnement de l'École, a décidé de modifier comme suit les règlements actuels, promulgués le 15 octobre 1890 :

ARTICLES MODIFIÉS

Art. 1er. — L'enseignement de l'École nationale de Droit comprend :

Les éléments du Droit romain, l'histoire du Droit français et celle du Droit haïtien, le Droit civil, le Droit criminel, le Droit commercial, la Procédure civile, le Droit constitutionnel, le Droit administratif, le Droit international public et privé, l'Économie politique.

Art. 2. — Ces matières sont réparties dans l'ordre suivant :

Première année : 1° Droit civil, article 1 à 571, moins les articles 2, 5, 6, 7, 8 et 9 et la loi n° V. (art. 99 à 132) du Code civil ; — 2° Droit criminel, Code pénal et Code d'instruction criminelle ; 3° Droit romain et histoire du Droit : Au premier semestre : notions historiques sur le Droit ancien, éléments du Droit romain, des personnes, des droits réels, des obligations ; au deuxième semestre : histoire générale du Droit français et du Droit haïtien ; les sources de l'ancien Droit français, son développement général ; les constitutions haïtiennes, leur esprit général, législation antérieure aux Codes ; les Codes, principales lois modificatives ; — 4° Économie politique : but de la science économique, ses rapports avec les autres sciences et notamment avec le droit ; production de la richesse, les éléments de la production ; distribution de la richesse, régime de la propriété collective, régime de la propriété individuelle, circulation de la richesse, consommation de la richesse, application de l'économie politique à la législation financière ; l'État, son rôle, ses dépenses ; histoire générale de la science économique.

Deuxième année : 1° Droit civil, articles 572 à 1172 et articles 1987 à 2047 (lois n°ˢ XV à XIX et loi n° XXXV du Code civil) ; — 2° Droit constitutionnel, principes généraux du Droit constitutionnel des peuples modernes, Droit constitutionnel de la République d'Haïti ; Droit public général (les droits et les libertés de l'individu) ; — 3° Droit international public ; principes généraux du Droit international public ; — 4° Procédure civile, organisation judiciaire ; Code de procédure civile, Code de commerce (loi n° IV, titre Ier et titre III, Code civil, loi n°ˢ XXXIV).

Troisième année : 1° Droit civil, articles 2, 5, 6, 7, 8 et 9 99 à 132, 1173 à 1970 du Code civil ; — 2° Droit administratif, organisation administrative et autorités administratives, personnes morales administratives, domaine public et domaine de l'État ; impôts, dette publique, contentieux administratif, législation des cultes ; — 3° Droit commercial, Code de commerce, moins les titres I et III de la loi n° IV et lois modificatives ou additionnelles postérieures ; — 4° Droit international privé, cours général de droit international privé, notions de législation comparée, traits essentiels de la législation des peuples en rapports avec Haïti.

Art. 9. — Les cours de l'École sont publics.

Art. 10. — Toute personne qui désire être admise à s'inscrire pour la première fois à l'École de Droit doit être munie : 1° à défaut du diplôme de bachelier ès lettres, d'un certificat d'études, délivré par l'Inspection Scolaire à la suite d'un examen roulant sur les matières suivantes : Langue française, narrations, discours, dissertations, explications d'auteurs, etc.; histoire et géographie d'Haïti; langue latine; explications d'auteurs; histoire et géographie générales, spécialement l'histoire des temps modernes et de l'époque contemporaine; — éléments de philosophie; — 2° de son acte de naissance (le minimum d'âge pour l'admission est dix-huit ans: article 2 de la loi de juin 1859); — 3° Si l'étudiant est mineur, du consentement de son père ou tuteur.

Art. 12. — Le Conseil des professeurs est chargé sous la haute autorité du Secrétaire d'État de l'Instruction publique, de régler tout ce qui a trait à l'administration et à la police de l'École et d'assurer l'exécution du règlement.

Il est réuni par le directeur toutes les fois que cela est nécessaire. Le directeur doit aussi le réunir lorsque trois professeurs au moins en font la demande.

Art. 21. — Le Secrétaire tient un registre sur lequel s'inscrivent les étudiants. — Les inscriptions sont au nombre de douze, prises de trimestre en trimestre pendant toute la durée de la scolarité. Elles consistent dans l'inscription sur le registre, par l'étudiant lui-même, de ses nom, prénoms, âge, lieu de naissance et de résidence. Les inscriptions ne peuvent être prises par mandataire. — Le registre d'inscription est ouvert quinze jours avant la reprise des cours. — La première inscription de la première année doit être prise pendant ces quinze jours et dans les deux mois à partir de cette reprise. Aucune dispense ne peut être accordée. — Les époques où devront être prises les autres inscriptions seront fixées chaque année par un règlement intérieur de l'École, délibéré en conseil des professeurs. On ne peut prendre plus d'une inscription à la fois. Les inscriptions prises en vue d'un même examen sont périmées, si, dans l'année scolaire qui suit celle dans laquelle la première inscription a été prise, l'étudiant n'a subi aucune épreuve. Elles sont également périmées, nonobstant une épreuve subie sans succès, si cette épreuve n'a pas été renouvelée avant l'expiration du délai ci-dessus prévu. Le Conseil des professeurs arrête, par un règlement intérieur rendu sous l'approbation du Secrétaire d'État, les moyens propres à assurer la présence des étudiants et leur assiduité aux cours.

L'article 23 est abrogé ainsi que l'article 24.

Art. 41. — Chaque examen pourra être ouvert pour plusieurs étudiants à la fois, pourvu qu'ils ne soient pas plus de quatre. L'examen porte sur toutes les matières enseignées pendant l'année.

Chaque examen est divisé en deux parties subies chacune à deux jours consécutifs. — Le candidat admis à la première ou à la seconde partie de l'examen et ajourné sur l'autre, conserve le bénéfice de la partie où il a réussi.

L'examen de première année est subi après la quatrième inscription et avant la cinquième; celui de deuxième année après la huitième inscription et avant la neuvième; enfin celui de troisième année après la douzième inscription.

Art. 42. — Les examinateurs opinent au moyen des points suivants :

6 correspondant à la note très bien.
5 — — bien.
4 — — assez bien.
3 — — passable.
2 — — médiocre.
1 — — mal.
0 — — très mal ou mal.

Pour être admis, le candidat devra réunir sur l'ensemble de l'examen une moyenne de points correspondant au moins à la note passable.

Procès-verbal de chaque examen est dressé et signé tant des membres du jury d'examen que du membre de l'Inspection Scolaire.

Art. 43. — Le deuxième examen confère le grade de bachelier en Droit.

Art. 44. — Le troisième examen confère le grade de licencié en droit.

Art. 46. — Il y a deux sessions d'examens : l'une ordinaire, à la fin de l'année scolaire ; l'autre extraordinaire, à la reprise des cours.

Tout étudiant doit, à moins d'une autorisation du directeur qui ne sera accordée que pour cause grave, subir l'examen de fin d'année à la session ordinaire. La session extraordinaire est consacrée aux étudiants ajournés à la session ordinaire et, exceptionnellement, à ceux qui ont reçu une dispense du directeur.

Aucun examen isolé ou collectif ne peut avoir lieu en dehors de ces deux sessions.

ARTICLES AJOUTÉS

Art. 57. — La division des examens en deux parties se fera comme suit :

Premier examen. — Première partie : Droit romain; histoire générale du Droit français et du Droit haïtien; Droit criminel ;

Deuxième partie : Droit civil; Économie politique.

Deuxième examen. — Première partie : Droit civil; Droit constitutionnel ;

Deuxième partie : Procédure civile; Droit international public.

Troisième examen. — Première partie : Droit civil; Droit commercial ;

Deuxième partie : Droit administratif; Droit international privé.

Art. 58. — Pour la présente année scolaire, les examens de deuxième et de troisième année se feront sur les matières suivantes :

Deuxième année : — Première partie : Droit civil, constitutionnel ;

Deuxième partie : Procédure civile, Économie politique, Droit international public ;

Troisième année : — Première partie : Droit administratif, Droit commercial, Droit constitutionnel;

Deuxième partie : Droit administratif, international, public et privé.

Le tableau de distribution des cours, arrêté par le Conseil des professeurs, sera fait de telle sorte que les étudiants de deuxième année puissent, cette année, assister en même temps que ceux de première année, au cours d'économie politique, et les étudiants de troisième année au cours de Droit constitutionnel et de Droit international public, qui se font désormais en deuxième année.

Fait à la Secrétairerie d'État de l'Instruction publique,
20 janvier 1894.

RÈGLEMENTS

SUR L'OBTENTION DES CERTIFICATS D'ÉTUDES SECONDAIRES

Sont communes aux certificats d'études secondaires spéciales pour les garçons et pour les filles et au certificat d'études secondaires classiques, les prescriptions suivantes :

Art. I. — Jusqu'à l'organisation d'une Faculté des lettres et des sciences et d'un Conseil supérieur de l'Instruction publique, les examens pour l'obtention des certificats d'études secondaires se feront au siège de l'Inspection scolaire de Port-au-Prince, à la suite des examens de fin d'année.

Art. II. — Les jurys d'examens seront composés de l'Inspecteur de Port-au-Prince ou d'un membre délégué de l'Inspection et de quatre instituteurs choisis par l'Inspection avec l'approbation du Secrétaire d'Etat.

Une session extraordinaire pourra être autorisée dans le cours de l'année par le Secrétaire d'État, sur la demande des jurys d'examens, pour les candidats refusés à la session ordinaire.

Art. III. — Pour se présenter à l'examen du certificat d'études secondaires spéciales ou classiques, tout candidat doit se faire inscrire au bureau de l'Inspection scolaire de Port-au-Prince, huit jours au moins avant la date fixée pour l'examen, et déposer : 1° une demande d'inscription, signée par lui ou par le chef de l'institution à laquelle il appartient ; 2° un extrait de son acte de naissance ou tout autre acte justifiant de son identité ; 3° son certificat d'études primaires ; 4° la quittance de la caisse de l'Université, attestant qu'il a versé la moitié du droit d'examen réglementaire.

Art. IV. — L'examen comprend : des épreuves écrites qui sont éliminatoires, des épreuves orales, et, pour le certificat d'études secondaires des jeunes filles, une épreuve pratique.

Ces épreuves ne doivent, dans aucun cas, dépasser le niveau moyen des programmes d'enseignement auxquels s'applique le certificat.

Les épreuves orales ne sauraient, pour le même candidat, excéder la durée d'une heure.

Art. V. — Les épreuves écrites ont lieu sous la surveillance du jury d'examens.

Les textes et sujets de composition, choisis par le Secrétaire d'État de l'Instruction publique, sont décachetés à l'ouverture des épreuves par le président du jury.

Art. VI. — Les épreuves orales sont publiques et se passent devant les mêmes examinateurs.

Art. VII. — L'échelle des notes est la même que pour le certificat d'études primaires.

La moyenne des notes nécessaires à l'admission est aussi la même.

La nullité d'une épreuve entraîne l'élimination.

Art. VIII. — Après la clôture des examens le jury dresse, par ordre alphabétique, la liste des candidats jugés dignes d'obtenir le certificat, liste qui est ensuite affichée au siège de l'Inspection.

Le procès-verbal des examens est transmis avec le dossier de chaque candidat, au Secrétaire d'État, qui délivre les diplômes.

Art. IX. — Le candidat refusé à une session peut toujours se présenter à la session suivante.

Art. X. — Le droit d'examen est de G. 15.

La moitié de la rétribution est exigible avant l'examen, l'autre moitié ne l'est qu'au moment de la délivrance du diplôme.

Si le candidat ne satisfait pas à l'examen, la moitié versée reste acquise à la caisse de l'Université.

Pour le certificat d'études secondaires spéciales
(jeunes filles)

Art. XI. — Les épreuves écrites sont au nombre de trois : 1° une composition de sciences, comprenant un problème de calcul et une question sur les applications usuelles des sciences physiques et naturelles à l'hygiène, à l'industrie, à l'agriculture, à l'horticulture ; 2° une composition française (littérature ou morale) ; 3° une composition de langues vivantes consistant en une version facile, avec lexique (section Anglaise ou section Espagnole au choix de l'élève).

Il est donné deux heures pour chaque composition.

Art. XII. — Les épreuves orales sont réparties en sept groupes : 1° lecture expliquée d'un auteur français choisi par l'élève parmi ceux qui sont portés au programme des écoles secondaires de jeunes filles, avec interrogation sur l'histoire littéraire ; 2° époques mémorables, grands noms, faits essentiels de l'histoire générale et de l'histoire d'Haïti ; 3° géographie d'Haïti et notion de géographie générale ; 4° arithmétique avec application aux opérations pratiques, tenue des livres ; 5° notions élémentaires de physique, de chimie et d'histoire naturelle ; 6° question sur la morale et l'économie domestique ; 7° thème oral de langues vivantes.

Art. XIII. — L'épreuve pratique se réduit à un ouvrage de couture ou de broderie, exécuté sous le contrôle d'une des institutrices composant le jury.

Art. XIV. — Les autres matières du programme d'études, telles que le dessin et la musique, seront l'objet d'épreuves facultatives sur la demande de l'élève. — Les notes obtenues à ce propos compteront pour la mention portée au diplôme, mais non pour l'admission.

Pour le certificat d'études secondaires spéciales (garçons)

Art. XV. — Outre les matières prévues par le certificat d'études secondaires des jeunes filles, les épreuves écrites comprendront une question de géométrie et d'algèbre.

Les épreuves orales sont les mêmes, mais plus approfondies.

Il y sera ajouté des questions sur le calcul algébrique et la géométrie, et, à la place de l'économie domestique, des questions sur l'instruction civique.

Pour le certificat d'études secondaires classiques

Art. XVI. — Les épreuves écrites comprennent :

1° Une version latine ; 2° une composition française sur un sujet de littérature, d'histoire ou de philosophie ; 3° une composition de sciences mathématiques, physiques ou naturelles ; 4° une version anglaise ou espagnole.

Il est donné trois heures pour chaque composition.

Art. XVII. — Les épreuves orales comprennent : des interrogations et des explications portant sur les textes d'auteurs français, grecs, latins, anglais ou espagnols prescrits pour les classes de troisième, et seconde, rhétorique et de philosophie, et sur les matières de littérature, de philosophie, de sciences, d'histoire et de géographie, de droit usuel et d'économie politique enseignées dans ces classes.

Fait à la Secrétairerie d'État de l'Instruction publique, le 28 août 1894, au 91ᵉ de l'Indépendance.

Le Secrétaire d'État,

P.-M. Apollon.

RÈGLEMENT SUR L'OBTENTION DU CERTIFICAT D'ÉTUDES PRIMAIRES

Art. 1. — Le certificat d'études primaires sera décerné après un examen public auquel pourront se présenter les enfants des deux sexes dès l'âge de onze ans.

Ceux qui, à partir de cet âge, subiront avec succès l'examen ci-dessus prévu, seront dispensés du temps de scolarité obligatoire qui leur restait à passer.

Art. 2. — L'examen public auquel doivent se présenter les candidats au certificat d'études primaires, aura lieu à la même époque que les examens dits de fin d'année, à l'expiration de l'année scolaire.

Une session extraordinaire pourra être autorisée dans le cours de l'année par le Secrétaire d'État pour les candidats refusés à la session ordinaire.

Art. 3. — Il sera fait dans les écoles primaires urbaines, publiques ou privées, sous le contrôle des membres de l'inspection et de toutes autres personnes instruites qu'ils croiront utiles de s'adjoindre avec l'approbation du Secrétaire d'État.

Art. 4. — A l'époque et dans les délais prescrits par l'Inspection, chaque directeur ou directrice dresse pour son école l'état des aspirants ou aspirantes au certificat d'études primaires. Cet état porte : les nom et prénoms, la date et le lieu de naissance, la demeure de la famille et la signature de chaque aspirant ou aspirante.

Art. 5. — Les enfants qui auront reçu l'instruction dans les familles devront se présenter, pour subir l'examen, à l'une des écoles primaires urbaines de leur choix, appartenant à la commune où ils résident, à l'époque fixée pour l'examen des élèves mêmes de cette école.

Quinze jours au plus tard avant la présentation à l'examen, avis en sera donné par les parents ou tuteur de l'enfant, tant au directeur ou à la directrice de l'école qu'à l'inspecteur.

Art. 6. — Les épreuves de l'examen sont de deux sortes : écrites et orales.

Art. 7. — Les épreuves écrites ont lieu à huis clos, sous la surveillance des membres de l'Inspection.

Elles comprennent : 1° une dictée d'orthographe de quinze lignes au plus, servant en même temps d'épreuve d'écriture courante ; 2° deux questions d'arithmétique, portant sur les applications du calcul avec solution raisonnée.

Les jeunes filles ont, en outre, à exécuter un travail de couture, sous la surveillance d'une dame désignée à cet effet par l'Inspection.

Il est accordé une heure pour chaque composition.

Art. 8. — Les textes et sujets de composition, choisis par le Secrétaire d'État de l'Instruction publique, sont remis, le jour de l'ouverture des épreuves, sous pli cacheté, à l'inspecteur des écoles. Ils ne sont décachetés qu'au moment de l'examen.

Art. 9. — Les candidats peuvent présenter aux examinateurs, à titre de renseignements, un cahier de devoirs mensuels, ou, à défaut de ce cahier, un cahier de devoirs courants.

Art. 10. — Les épreuves orales sont publiques et se passent devant les mêmes examinateurs.

Elles sont tirées du programme d'enseignement des écoles primaires urbaines.

Elles comprennent : 1° une lecture expliquée, accompagnée de la récitation d'un morceau choisi par le candidat dans les *Recueils* à l'usage des écoles ; 2° des questions sur l'histoire et la géographie, et spécialement sur l'histoire et la géographie d'Haïti ; 3° des questions sur les éléments du calcul ; 4° des questions sur l'instruction morale et civique.

L'examen peut, en outre, comprendre, sur la demande du candidat, un exercice de dessin, la lecture expliquée du latin, et des interrogations sur les autres matières du programme d'enseignement des écoles primaires urbaines, notamment l'instruction religieuse, les éléments des sciences physique et naturelle, l'agriculture théorique.

On inscrira au procès-verbal et sur le certificat les matières complémentaires sur lesquelles le candidat aura répondu d'une manière satisfaisante; et il en sera tenu compte pour la mention accordée au candidat. Mais les notes obtenues pour les matières complémentaires ne compteront pas pour l'admission.

Art. 11. — L'échelle des notes est établie comme suit :

10 = parfaitement bien ;
9 = Très bien ;
8 = bien ;
7 = Assez bien ;
6 = passable ;
5 = }
4 = } Médiocre ;
3 = }
2 = } Mal ;
1 = }
0 = } Entièrement nul.

Art. 12. — Pour être jugé apte à obtenir le certificat d'études primaires, il faut réunir une moyenne de notes correspondant au moins à la note 6. La note 0, obtenue à l'une des épreuves obligatoires, entraîne de droit l'élimination.

Dix fautes d'orthographe à la dictée entraînent aussi de droit l'élimination.

Art. 13. — Le candidat refusé à une session peut toujours se présenter à la session suivante.

Art. 14. — Le certificat d'études primaires est délivré sans frais, conformément au procès-verbal d'examen et au rapport de l'Inspection, à la Secrétairerie d'État de l'Instruction publique.

Fait à la Secrétairerie d'État de l'Instruction publique, le 28 août 1894.

Le Secrétaire d'État,
P.-M. Apollon.

CIRCULAIRES ET RAPPORTS

CIRCULAIRE

DU PRÉSIDENT D'HAITI AUX JUGES DE PAIX
A L'OCCASION DE LA FORMATION D'UNE COMMISSION D'INSTRUCTION PUBLIQUE

Port-au-Prince, le 11 novembre 1819.

Je vous préviens, citoyens Juges de paix, que, voulant donner à l'Instruction publique tous les encouragements possibles, et désirant de lui faciliter les moyens de se propager et de se perfectionner, j'ai nommé une *Commission spécialement chargée de la surveiller*. Elle est composée du secrétaire général ; des citoyens Colombel, mon secrétaire particulier ; Frémont, commissaire des guerres ; Granville, substitut du commissaire du Gouvernement au tribunal de Cassation ; D. Chanlatte, interprète des langues étrangères et directeur de l'imprimerie du Gouvernement, et Rouanez, notaire et interprète de langue anglaise [1]. Vous aurez désormais à correspondre directement avec cette Commission pour tout ce qui concerne cet objet important, dont je ne cesserai de m'occuper avec toute la sollicitude qu'il mérite.

Les membres de cette Commission m'ont déjà fait des rapports très satisfaisants sur les différents établissements de la Capitale, et j'aime à croire que je n'aurai qu'à me réjouir de ceux qu'ils me feront sur l'état de l'Instruction publique dans nos communes.

Je vous salue avec considération.

BOYER.

[1] Ces Messieurs sont les premiers inspecteurs des écoles d'Haïti.

CIRCULAIRE

DES MEMBRES DE LA COMMISSION DE L'INSTRUCTION PUBLIQUE
AUX JUGES DE PAIX

RELATIVE AUX ÉCOLES DE LEURS COMMUNES RESPECTIVES

Port-au-Prince, le 20 novembre 1819.

Citoyens,

Son Exc. le Président d'Haïti, par sa circulaire du 11 de ce mois, vous a prévenus que vous avez à correspondre directement avec nous pour tout ce qui concerne l'Instruction publique.

L'enfant, après avoir sucé le lait d'une tendre mère, doit encore se nourrir de celui de la science. C'est dans les écoles bien tenues, dans des maisons d'éducation bien dirigées, qu'on peut lui inspirer l'amour sacré de la Patrie et toutes les vertus qui s'ensuivent. C'est là qu'il se pénétrera des vérités sublimes et consolantes de la Religion. Enfin, c'est grâce à la direction qu'on lui aura donnée dans ces établissements qu'il marchera au temple de l'honneur ou à la caverne de l'infamie.

Nous vous prions de nous indiquer le nombre des écoles qui se trouvent dans vos communes, combien elles contiennent d'élèves et quelles sont les choses qu'on leur enseigne.

Nous avons l'honneur de vous saluer.

  B. Inginac, *secrétaire général, président;*
  Granville, *substitut du commissaire du Gouvernement ;* Prémont, *commissaire des guerres;* Desrivières Chanlatte, *directeur de l'Imprimerie du Gouvernement et interprète des langues étrangères ;* Colombel, *secrétaire particulier du président d'Haïti ;* Rouanez, *notaire public et interprète de langue anglaise.*

LA COMMISSION D'INSTRUCTION PUBLIQUE DE CETTE VILLE

AUX PÈRES ET AUX MÈRES DE FAMILLES

L'éducation publique étant une des bases fondamentales sur lesquelles reposent l'indépendance et la prospérité d'une nation, la Commission voit avec la plus grande satisfaction que la majorité des citoyens font de dignes efforts pour procurer à leurs enfants toutes les connaissances requises, afin d'en former des hommes qui puissent un jour illustrer leur Patrie, par les lumières qu'ils auront acquises.

Elle éprouve les sentiments d'une vive émotion, en s'apercevant que ces vieux vétérans de la Révolution, qui n'ont pas eu les mêmes avantages, se consolent cependant de voir que leurs descendants deviendront de fermes soutiens d'une cause qu'ils ont eux-mêmes constamment défendue et qu'ils ont réussi à maintenir, à travers les orages suscités par les ennemis de leur bonheur, et de celui de leur postérité.

Ainsi, il est urgent que le même patriotisme enflamme, en général, les pères et les mères de familles. Mais, si la Commission se plaît à rendre tout le tribut d'éloges que méritent les personnes qui se font un vrai devoir de faire acquérir à leurs enfants, ou à ceux confiés à leurs soins, toutes les connaissances propres à en former de bons citoyens et des hommes éclairés, elle pense aussi qu'elle doit s'attacher à blâmer sévèrement les parents qui ne portent aucune attention à l'éducation de ceux à qui ils ont donné le jour. Il en est parmi ceux-là qui, par une condamnable insouciance, laissent leurs jeunes enfants languir dans une profonde ignorance et passer leurs jours les plus précieux dans l'indolence ou dans le désœuvrement. Il y a des mères qui les gâtent et qui craignent que leurs tendres fils ne s'attristent et ne perdent leur santé s'ils s'assujettissent à apprendre ce qui doit à l'avenir leur être de la plus grande importance. Elles ne considèrent point que le temps s'écoule avec rapidité, que celui qui est perdu ne peut plus se retrouver, et que, parvenus à l'âge viril, leurs enfants mal élevés, possédant tous les vices inhérents à l'ignorance, ne peuvent avoir les vertus qu'une éducation soignée leur fait apprécier. De pareils enfants, devenus hommes, leur sont à charge, et ces malheureux ne savent de quelle manière ils doivent s'occuper, afin de gagner leur misérable vie. Ce tableau n'est pas exagéré, et l'on en peut avoir le modèle dans quelques-unes des familles, où l'on a eu le reproche à se faire de n'avoir pas songé à l'instruction de la jeunesse. Elles sont bien éloignées, ces mères, de la conduite de l'illustre mère des Gracques, et elles n'ont jamais eu la satisfaction de pouvoir dire comme elle, lorsqu'en présentant ses enfants qui revenaient de l'école, elle disait à une autre dame romaine : « Voici toute ma parure, voici mes diamants. »

L'importance de l'éducation est telle que Pierre le Grand lui-même n'a pu s'empêcher d'avouer qu'il avait été mal élevé et qu'il en rougissait. « Moi, disait-il, qui ai changé les mœurs de mes sujets, je n'ai pu me changer moi-même. » En s'adressant à ses enfants, il leur disait : « Vous êtes bien heureux, de ce qu'on vous donne de bonne heure le goût des bons livres. Je voudrais, au prix d'un de mes doigts, avoir été bien élevé. C'est un avantage dont je suis bien fâché d'être privé. » Si l'on voit que des monarques même ont senti l'avantage éminent qu'a l'homme qui a acquis des connaissances solides, sur celui qui en est privé, combien doivent bien plus apprécier le fruit de bonnes études, ceux qui occupent dans la société un rang humble, mais honnête, qui les met dans le besoin de travailler pour se procurer un peu d'aisance.

La Commission se voit dans la nécessité de déclarer qu'il

est notoire que des pères, dignes de blâme, n'hésitent point à faire acquisition d'objets de luxe et ne se privent d'aucune sorte de plaisirs, au lieu d'employer leurs moyens à l'instruction de leurs enfants. On en voit même, parmi ceux qui occupent des charges publiques, qui négligent cette partie essentielle des devoirs les plus sacrés des pères envers leurs enfants. La Commission ne les signale pas personnellement, ni publiquement ; mais c'est un avis lumineux qu'elle donne, afin qu'ils changent de conduite à cet égard et qu'ils discontinuent, non seulement à tracer un mauvais exemple, mais encore à vouloir priver un jour la société de citoyens, qui, par les lumières qu'ils auraient acquises dans leur jeune âge, deviendraient utiles à la Patrie.

Il est encore un point sur lequel il est absolument nécessaire que la Commission appuie fortement. C'est sur cette introduction furtive dans le pays de ces livres obscènes, pleins de gravures indécentes et qui se trouvent répandus dans nos villes. Ils nous ont été apportés par des débauchés et des gens sans aveu. Quelques jeunes gens des deux sexes souillent leur esprit de cette lecture ; de là, la corruption des mœurs. Il est indigne d'un peuple civilisé que de pareilles brochures paraissent sur notre territoire. La police prendra des mesures convenables, afin d'empêcher, désormais, l'introduction de ces armes secrètes, et d'autant plus dangereuses, qu'elles blessent la pudeur, la modestie et qu'elles corrompent et tuent les bonnes mœurs. La Commission invite les pères de familles à veiller soigneusement à ce que ces brochures ne restent pas dans les mains de leurs enfants. Les écoles primaires et celles établies d'après le système facile et ingénieux de Lancaster augmentent journellement leur nombre dans la République. Depuis l'union de toute l'île, il est urgent que l'éducation se propage dans toutes les communes. Le Président d'Haïti a donné une nouvelle existence à l'ancienne Université de Santo-Domingo. Le choix qu'il a fait de professeurs habiles pour occuper les chaires de langue latine, de philosophie, de droit civil et droit canon, donne la plus flatteuse espérance que les nouveaux citoyens de cette partie pourront jouir de l'avantage inappréciable de l'instruction.

Il serait à désirer que les personnes qui ont une parfaite connaissance de la langue française et de l'espagnole, voulussent se présenter à la Commission, si elles ont la bonne volonté d'être utiles au pays. Dans ce cas, elles en aviseraient S. Exc. le Président d'Haïti, qui les autoriserait à établir des écoles lancastériennes dans les différentes villes de la partie orientale. S'il se trouvait, de même, dans la République un homme versé dans ces deux langues et qui désirât être professeur à l'Université, S. Exc. lui accorderait cette chaire. Car tous les Haïtiens devant communiquer entre eux, d'un bout de l'île à l'autre, il leur est donc nécessaire de parler la même langue, afin de mieux identifier leurs mœurs et leurs habitudes. Si, par une communication fréquente et suivie, la plupart d'entre eux parviennent à parler les deux idiomes, il n'en est pas moins convenable qu'ils puissent les lire et les comprendre parfaitement. Un professeur de langue française à l'Université de Santo-Domingo est, en conséquence, de la plus grande urgence, ainsi que des maîtres d'écoles lancastériennes qui puissent enseigner dans les différentes villes de l'Est la langue dont nous nous servons.

La Commission s'occupe continuellement de mesures les plus propres à répandre l'instruction dans toute la République. Elle ne tardera pas à visiter les maisons d'éducation de la capitale, pour s'assurer si les maîtres ou maîtresses d'écoles montrent du zèle à faire faire des progrès à leurs élèves. Tout en leur formant l'esprit, ils doivent aussi leur façonner le cœur. En les disposant à la vertu, qu'ils leur fassent comprendre qu'il est très difficile, quelquefois même impossible, de leur faire quitter les mauvaises habitudes qu'ils auraient contractées, au lieu que les bons principes germent dans leur cervelle encore tendre et y prennent journellement de la consistance. Il est de leur devoir d'inculquer de bonne heure, dans leur mémoire avide de connaissances, 'importance de connaître tout ce qui peut former l'honnête homme et le bon citoyen.

Chargée du soin de surveiller l'instruction publique, la Commission ne cessera jamais de recommander aux parents, de prendre tous les moyens en leur pouvoir, pour que leurs enfants puissent devenir des hommes éclairés et de bons patriotes. Celui qui a conquis des connaissances profitables est toujours utile à son pays. Par conséquent, la Commission engage beaucoup les pères et les mères de familles, ainsi que les instituteurs, à faire tous leurs efforts pour élever la jeunesse d'Haïti, dans les vrais principes constitutifs d'une bonne éducation et à ne point oublier, surtout, de leur donner des préceptes de morale et de religion, en leur apprenant aussi à préférer, dans tous les cas, la Patrie à toute autre chose.

Port-au-Prince, le 11 août 1822, an XIX de l'Indépendance.

B. Inginac, Colombel, J.-C. Salgado, P. Rouanez, Fremont, Granville, Desrivières.

RAPPORT FAIT AU PRÉSIDENT DE LA RÉPUBLIQUE

PAR LE SECRÉTAIRE D'ÉTAT
DE LA JUSTICE, DE L'INSTRUCTION PUBLIQUE ET DES CULTES

Sur l'état des écoles de la Capitale

Port-Républicain, le 11 novembre 1844.

Président,

Je viens satisfaire le désir que vous m'avez exprimé par votre lettre d'avant-hier, d'avoir l'état détaillé du nombre des écoles publiques et particulières établies dans l'arrondissement du Port-Républicain, du nombre des élèves qui y sont admis, du nombre de professeurs à la charge de l'État, du chiffre de leurs salaires, et, enfin, des dépenses générales que les établissements nationaux occasionnent.

Cet aperçu se divisera donc en deux parties : 1° Nombre d'écoles, nombre d'élèves ; 2° nombre des professeurs à la charge de l'État, chiffre de leur salaire ; 3° dépenses générales des établissements nationaux.

PREMIÈRE PARTIE

NOMBRE D'ÉCOLES. — NOMBRE D'ÉLÈVES

Il existe, dans l'arrondissement de Port-Républicain, vingt-quatre établissements d'instruction, savoir : quatre nationaux, quatre communaux et seize particuliers. — 1.281 élèves, dont 952 garçons, et 329 filles, y puisent l'instruction à différents degrés.

Les élèves de l'État, y compris 34 élèves particuliers au Lycée, et 4 à l'École nationale de la ville, sont au nombre de 360 garçons.

Les élèves de la commune : 148, dont 144 garçons, 4 filles.

Les élèves de l'école protestante : 200, dont 133 garçons, 67 filles.

Les élèves des écoles particulières : 573, dont 315 garçons, 258 filles.

Total général : 1.281 élèves, dont 952 garçons, 329 filles.

Ces élèves se distribuent ainsi :

1° Lycée : Villevaleix, directeur; y compris 34 élèves particuliers, 154 garçons ;

2° École de médecine : Sidney Paret, directeur ; 10 garçons ;

3° École lancastérienne : E. Bourjolly, directeur ; y compris 4 élèves particuliers, 146 garçons ;

4° École de la Croix-des-Bouquets : Osias, directeur ; 50 garçons ;

5° École communale de la ville : Smith, directeur ; 100 garçons ;

6° École communale du carrefour : Battier, directeur ; 40 élèves, dont 36 garçons, 4 filles ;

7° École communale de Pétionville : Toussaint, directeur ; 8 garçons ;

8° École protestante : Bird, directeur; subventionnée en partie par la commune, en partie par la Société biblique ; 200 élèves, dont 133 garçons, 67 filles ;

9° École Sauveur Faubert : 107 garçons ;

10° École Dorliska Audigé : 70 élèves, dont 6 garçons, 64 filles ;

11° École Ulysse : 60 garçons ;

12° École André Germain : 50 élèves, dont 40 garçons, 10 filles ;

13° École Élise Braneslé : 48 élèves, dont 8 garçons, 40 filles ;

14° École Levet : 40 élèves, dont 20 filles, 20 garçons ;

15° École Charpentier (M. et Mme) : 35 élèves, dont 15 garçons, 20 filles ;

16° École Touzalin (Mme) : 30 filles ;

17° École Blanc Audigé : 26 élèves, dont 20 garçons, 6 filles ;

18° École Cauvin frères : 24 garçons ;

19° École Granville (Mme) : 22 filles ;

20° École Boisson, fils : 15 filles ;

21° École Jasmin (Mme) : 15 filles ;

22° École Jeanty Expert de Morne-à-Tuf : 10 élèves, dont 2 garçons, 8 filles ;

23° École Perdriel (Mlles) : 6 filles.

Total général : 1.281 élèves, dont 952 garçons, 329 filles.

DEUXIÈME PARTIE

NOMBRE DE PROFESSEURS A LA CHARGE DE L'ÉTAT. — LEURS SALAIRES

Le personnel du lycée se compose d'un directeur qui reçoit 125 gourdes par mois ; de 13 professeurs, à 70 gourdes ; d'un professeur de dessin, à 50 gourdes ; d'un professeur d'écriture et maître de gymnastique, à 50 gourdes, et de 2 maîtres de quartiers-répétiteurs, à 50 gourdes :

En tout, 19 fonctionnaires dont les appointements s'élèvent ensemble mensuellement à .... 1.225 g.

L'école de médecine emploie un directeur et un professeur :

Le premier à 125 gourdes, et le dernier à 70 gourdes.   195 »

L'école nationale lancastérienne :

Un directeur et un aide : le premier à 100 gourdes, et le dernier à 50 gourdes........................   150 »

L'École nationale de la Croix-des-Bouquets, a pour unique employé :

Un directeur à....................................	60 »
Total..........	1,640 g.

Tel est le chiffre des salaires. Si maintenant l'on ajoute :

Les appointements du secrétaire de la Commission centrale : 50 gourdes et un hoqueton qui lui est affecté : 8 gourdes	58 g.
Les appointements du secrétaire de la Commission de la Croix-des-Bouquets, à 15 gourdes	15 »
On arrivera à un total de mille sept cent treize gourdes par mois, ci	1.713 g.

Soit 20,556 gourdes par an.

TROISIÈME PARTIE

DÉPENSES GÉNÉRALES DES QUATRE ÉTABLISSEMENTS NATIONAUX

Il faut mettre :

1° La somme des salaires ci-dessus	20.556 g.
2° Loyer d'un local à la Croix-des-Bouquets, à 14 gourdes par mois, par an......................................	160 »
3° Des livres pour les prix aux élèves, à la fin de l'année scolaire..	500 »
Ici il y aurait à faire entrer en ligne de compte les fournitures de bureau, livres classiques, instruments divers, ainsi que l'entretien du matériel des écoles ; mais ce serait à l'Administration des Finances à procurer ce relevé. En attendant, ne voulant pas retarder mon rapport, je fais figurer ces articles pour mémoire	
Total..........	21.224 g.

C'est tout pour le moment, Président. Je m'empresserai de remplir la tâche que vous m'avez tracée, en mettant bientôt sous vos yeux le même tableau à l'égard des écoles de la République, ou plutôt l'ensemble des choses dont vous n'avez ici qu'une partie. J'y avais pensé d'avance, mais la Commission centrale d'Instruction publique, à qui j'avais demandé un rapport général, ne l'a pu terminer jusqu'à ce jour, faute de quelques informations qu'elle attend de plusieurs commissions particulières.

Agréez, je vous prie, Président, l'expression de mon profond respect et de mon entier dévouement.

H. Féry.

CIRCULAIRE

DU SECRÉTAIRE D'ÉTAT DE LA JUSTICE, DE L'INSTRUCTION PUBLIQUE ET DES CULTES

Aux Membres du Corps judiciaire, aux Commissions de l'Instruction publique, aux Directeurs des établissements d'instruction tant nationaux que communaux et particuliers, aux Curés des paroisses, aux Ministres du Culte protestant et aux Conseils communaux dans la partie de leurs attributions qui concernent la Justice, l'Instruction publique et les Cultes, sur les devoirs de leur charge.

Port-Républicain, le 29 novembre 1844.

LIBERTÉ. ÉGALITÉ.

RÉPUBLIQUE HAITIENNE

Messieurs,

Mon avènement au ministère, au milieu des graves circonstances où se trouvait le pays, m'a, jusqu'ici, à peine permis de m'occuper d'une manière efficace des trois branches d'administration qui ont été confiées à mon zèle. Dominé par de hauts devoirs politiques, durant la longue crise qui a agité la Patrie, tous mes moments, comme ceux de mes honorables collègues, ont été presque absorbés par les pressantes questions de salut public qui préoccupaient le Gouvernement tout entier; mais aujourd'hui que, grâce à la bonté de la Providence, à la sagesse du Chef de l'État, au patriotisme des fonctionnaires civils et militaires, au dévouement de l'armée et de la garde nationale, à l'aide des bons citoyens, le calme est rétabli partout; que les esprits, revenus à de saines idées, ont compris que, si les révolutions sont quelquefois un moyen nécessaire, elles ne sauraient être le but, l'état régulier de la société ; que la disposition actuelle de chacun est de se livrer avec ardeur au travail et à l'industrie, pour tâcher de réparer nos désastres et concourir à l'accomplissement de nos destinées dans l'avenir plein d'espérances qui s'offre devant nous, je viens vous demander votre concours pour remplir les devoirs pénibles et difficiles qui me sont imposés.

La magistrature, qui a acquis de nouveaux titres à l'estime générale, par ses efforts pour le maintien de l'ordre au sein des populations, au plus fort de leur exaltation ; — le clergé, qui a si bien rempli sa mission de paix dans la mêlée des événements où toute son influence a été employée à contenir la violence des partis ; — les instituteurs qui, sentant tout le prix du temps, n'ont point interrompu leurs utiles leçons à la jeunesse, pendant les troubles : tous, vous redoublerez, je l'espère, de zèle ; vous persisterez plus que jamais dans les louables sentiments qui vous animent pour le bien, maintenant que vous pouvez plus fructueusement rappeler l'empire des lois ébranlées, épurer et consolider la religion, corriger les mœurs et développer l'instruction publique, sous l'action puissante d'un Gouvernement dont le désir et la volonté sont de travailler à la tranquillité et au bien-être de la nation.

Pénétré, pour ma part, des obligations qui pèsent sur moi, j'éprouve le besoin de m'entretenir, tour à tour avec chacun de vous, sur les moyens à employer pour imprimer une marche régulière au service, afin d'arriver à un résultat satisfaisant.

. . . .

INSTRUCTION PUBLIQUE

L'instruction publique est à recréer tout entière parmi nous : elle n'existait que de nom sous le régime passé.

Aussi quel résultat a-t-elle donné pendant un quart de siècle! Que ce temps est à regretter!

Il est évident aujourd'hui que si, avec la situation prospère où s'est trouvée la République, l'on se fût largement et convenablement occupé de répandre les lumières, Haïti, à l'heure qu'il est, offrirait un beau spectable à l'univers : elle prenait une honorable place au rang des nations civilisées ; elle avançait, elle décidait peut-être la solution de l'abolition de l'esclavage! Hélas ! le contraire est arrivé. Nous avons perdu dans l'estime des peuples ; notre société a rétrogradé ; elle a été remuée jusque dans ses entrailles ; et si les masses, dans leur aveugle émotion, faillirent se livrer à des actes honteux et répréhensibles, à quoi faut-il l'attribuer, si ce n'est à l'absence de l'instruction et de son élément principal, la morale religieuse?

Pénétré de cette vérité que l'égalité n'a pas de plus grand véhicule que les lumières, le Gouvernement a la ferme volonté de les répandre à grands flots. Il s'est hâté d'entrer dans ces voies, même lorsqu'il se débattait à étouffer l'anarchie et rappeler l'ordre. C'est ainsi qu'il a fondé un lycée dans le Nord ; qu'il s'occupe d'en fonder un dans le Sud ; qu'il a augmenté le nombre des écoles primaires ; qu'il a remonté les Commissions de surveillance ; qu'il a donné des encouragements aux professeurs, accru leur nombre, mis à la disposition du Secrétaire d'État de l'Instruction publique des prix pour être distribués aux élèves du lycée du Port-Républicain, à la fin de l'année scolaire. Assurément il ne s'arrêtera pas là. Une école de jeunes filles s'établit actuellement en cette capitale, une de garçons à l'Arcahaie : deux établissements, que le Président, personnellement, a exprimé le désir de voir installer de suite. Si quelque chose a pu arrêter l'essor que nous voudrions prendre à cet égard, avec les gages que nous avons donnés de notre bonne volonté, l'on doit comprendre que c'est à l'état seul de nos finances qu'il faut l'attribuer. Il faut de la patience dans la situation actuelle des choses : car, si l'avenir nous offre la perspective d'immenses avantages, le présent, on ne peut en disconvenir, est hérissé de difficultés, plein de complications qu'il faut s'étudier à dissiper. Vouloir dans ces moments faire tout à la fois serait insensé, parce que c'est impossible : faire peu à peu et à propos, c'est opérer avec sagesse.

Pour organiser, par exemple, d'une manière régulière et complète l'instruction publique, il faut l'intervention législative, des affectations de fonds, un budget, etc., etc. Jusqu'au moment prochain où le Conseil d'État qui doit être investi d'un tel pouvoir soit créé, impossible d'accomplir tous les perfectionnements désirables ; de simples réformes partielles ont seules pu être tentées et devancer le temps plus opportun d'une parfaite organisation, auquel nous touchons incessamment.

Je me suis étendu un peu sur ce point, parce que je tiens à ce que les amis du progrès qui ont placé leurs espérances dans le gouvernement, ne se découragent pas de sa marche un peu lente dans la voie des améliorations : qu'ils prennent en considération ses embarras : il en a de nombreux. La Providence lui permettra de les surmonter.

Quoi qu'il soit de cet état de choses, j'aime à reconnaître, d'après les rapports qui me sont parvenus de tous les points de la République, que tous les instituteurs se montrent dignes de la confiance publique et des familles. Je ne puis donc que les féliciter ici d'avoir mérité de si honorables suffrages et les exhorter à persévérer dans leurs efforts.

Parmi les objets de l'enseignement, je serais heureux que tous les maîtres conçussent qu'il faut mettre en première ligne l'instruction morale et religieuse. C'est par l'importance que j'y attache que j'ai compris partout le pasteur de la paroisse au nombre des membres de l'instruction publique. Ne négligeons aucun moyen pour que l'instruction populaire ne s'adresse pas uniquement à l'intelligence, mais à l'âme plus particulièrement, en sorte qu'elle se fortifie avec l'esprit à mesure que celui-ci se développe. Sur ce point, que les instituteurs s'entendent toujours avec les ministres de la religion : la dispensation du dogme et de la morale évangélique étant chose plus particulièrement de leur ressort. J'espère que de malheureuses préventions, hélas ! trop accréditées, n'établiront point de fâcheuses collisions entre les deux enseignements qui, en réalité, n'en doivent faire qu'un.

Par rapport aux établissements primaires, lire, écrire, compter, sont les premiers pas de l'étude : que l'acquisition de ces trois connaissances nécessaires à l'exercice de l'industrie même la plus grossière, devienne avant longtemps le partage de tous; que ceux dont une position plus haute, des relations plus élevées, ou des dispositions qui se font jour au travers des obstacles de fortune, appellent aux professions libérales, trouvent à leur portée une éducation supérieure qui leur ouvre la carrière du génie militaire, de la magistrature et des administrations. Il faut à ceux-là une instruction plus étendue, afin de ne pas rester au-dessous du rôle marqué par leur position sociale.

La création d'un établissement secondaire dans certains chefs-lieux d'arrondissement où l'instruction primaire serait, en même temps, offerte à ceux qui ne se destinent qu'aux professions industrielles, et où des connaissances d'un ordre plus élevé seraient à la disposition de ceux qui voudraient s'élever à une plus haute sphère dans la science, me paraît devoir être le collège qu'il faudrait comme gradation entre les écoles purement primaires des communes et des lycées des départements où peuvent se faire les plus hautes études.

En attendant, il est à désirer que partout au moins où il y a un Conseil communal, l'on consacre une partie des revenus à une école primaire. En cas d'insuffisance de fonds, démontrée, il est hors de doute que l'on n'aura pas demandé en vain une subvention au Gouvernement. Il serait, à mon avis, préférable que l'école fût, comme celle de l'église protestante d'ici, composée de garçons et de filles pour atteindre un double but d'utilité que nous devons avoir en vue dans l'éducation de la jeunesse.

Le directeur de l'école de filles et de garçons doit être marié. L'épouse doit donner personnellement ses soins aux enfants de son sexe, pour ce qui est de la couture et autres travaux du ménage. Chaque sexe doit être tenu dans un local séparé ; sinon, il doit être assigné des heures différentes à l'enseignement de chacun.

Je ne terminerai pas sans recommander aux commissaires de l'instruction publique de me signaler les instituteurs qui se seront distingués le plus dans la pénible tâche de l'enseignement, afin de leur assurer les marques d'attention bienveillante et de munificence du Chef de l'État. Ils méritent bien de la Patrie, ceux qui s'appliquent à arracher des yeux du peuple le bandeau de l'ignorance et de l'erreur !

. . . .

H. Féry.

Port-au-Prince, le 24 mai 1858, an LV de l'indépendance
et le IXe du règne de S. M. I.

LE DUC DE SAINT-LOUIS DU SUD

MINISTRE DES FINANCES ET DU COMMERCE, ET PROVISOIREMENT
DE L'INSTRUCTION PUBLIQUE, etc.

A la Commission centrale de l'Instruction publique

MESSIEURS,

Je vous retourne, sous ce pli, le programme présenté par Mme Adriet, pour le pensionnat de jeunes demoiselles dont elle est la sous-maîtresse. Ce programme[1], étant approuvé par le Gouvernement, sera rendu public par la voie du *Moniteur*.

Agréez, Messieurs, l'expression de mes sentiments distingués.

SALOMON J^{ne}.

---

[1] Voir, plus loin, ce programme dans les *Documents officiels*.

SECRÉTAIRERIE D'ÉTAT DE L'INSTRUCTION PUBLIQUE

CIRCULAIRE

LE SECRÉTAIRE D'ÉTAT DES RELATIONS EXTÉRIEURES
ET DE L'INSTRUCTION PUBLIQUE

Aux Commissions de l'Instruction publique

Mes chers concitoyens,

La liberté d'un peuple s'allie nécessairement à son progrès intellectuel. Le Gouvernement républicain, qui vient de s'établir, doit porter toute sa sollicitude vers l'instruction publique, si nécessaire au bonheur d'une nation, puisque sans elle, aucun progrès n'est possible, et qu'un pays privé de lumières arrive vite à sa décadence.

Le Gouvernement prend donc à tâche de réformer les écoles nationales et de couvrir de sa protection les collèges particuliers qui sont établis dans toute l'étendue de la République.

Pour arriver à ce but, pour accomplir ce vœu dont la réalisation ne doit être aucunement retardée, il importe que vous me donniez, dans le plus bref délai, un rapport détaillé des écoles nationales qui sont placées sous notre juridiction. Faites-moi savoir le nombre des élèves de chaque établissement, les professeurs qui y sont employés, ainsi que les différents cours dont ils s'occupent.

Je laisse à votre sagacité le soin de me présenter un travail complet.

Je vous rappellerai, en finissant, qu'il faut des citoyens

éclairés à la Patrie, et c'est parmi cette jeunesse si intelligente et si désireuse du progrès, que nous trouverons un jour des hommes pour consolider à jamais l'œuvre de régénération que nous avons entreprise.

Je vous salue avec une parfaite considération.

Le Secrétaire d'État des Relations extérieures et de l'Instruction publique,

A. JEAN-SIMON.

(12 février 1859).

LE SECRÉTAIRE D'ÉTAT DE LA JUSTICE ET DES CULTES
CHARGÉ DU PORTEFEUILLE DE L'INSTRUCTION PUBLIQUE

Aux membres des Commissions de l'Instruction publique

Messieurs et estimables Concitoyens,

Son Excellence le Président d'Haïti vient de me donner une nouvelle marque de sa confiance, en me chargeant du portefeuille de l'Instruction publique. Bien que mon honorable prédécesseur vous ait déjà fait connaître les vues et les tendances du Gouvernement à ce sujet, je crois nécessaire de vous les rappeler en peu de mots : Établir l'instruction publique sur des bases solides et durables, la répandre dans toutes les classes de la société haïtienne, voilà en résumé le programme que le Gouvernement s'est tracé et dont il poursuit la réalisation. Déjà l'œuvre est commencée : la fondation et la réorganisation de nombreuses écoles, où sont reçus gratuitement les enfants de tous les citoyens, sont les preuves irrécusables du désir qu'à le Gouvernement d'atteindre le résultat qu'il s'est proposé.

Nous ne devons pas nous le dissimuler : nous avons de grands obstacles à surmonter. Mais dans la route que nous essayons de nous frayer, les difficultés sont, en quelque sorte, d'une nécessité absolue. Elles peuvent être considérées comme des étapes où nous nous reposons pour marcher bientôt d'un pas ferme et plus assuré vers la civilisation.

Pour m'aider à vaincre ces obstacles, je compte particulièrement sur vous qui êtes appelés à exercer une surveillance active sur les écoles de la République. Votre mission est grande et noble, mais vous saurez la remplir. Il est facile de faire son devoir quand on est guidé par ses lumières et son patriotisme.

Donnez-moi donc un concours actif et loyal, partagez avec moi la tâche de travailler à la propagation des lumières, et nous arriverons sûrement au noble but auquel nous aspirons. La reconnaissance nationale attend les citoyens qui se dévouent à l'intérêt général et au bonheur de la Patrie : elle vous est réservée, à vous surtout, dont les fonctions sont purement honorifiques !

Tout en vous occupant avec un soin particulier de visiter les écoles placées sous votre surveillance, de stimuler le zèle des directeurs et des professeurs, de veiller attentivement à ce que les programmes des lycées et des écoles primaires soient exactement suivis, il ne faut pas perdre de vue l'éducation morale et religieuse des enfants : c'est en entretenant constamment la jeunesse de ses devoirs qu'elle s'habitue à les comprendre et qu'elle aime à les remplir.

Aussi je tiens à ce que les élèves de tous les établissements soient conduits, une fois par semaine, sous la surveillance spéciale d'un professeur, d'un maître de quartier ou d'une sous-maîtresse, à l'église, où ils entendront, avec tout le recueillement nécessaire, la parole évangélique du curé de la paroisse. Un jour sera désigné à cet effet, et les prêtres des différentes localités seront prévenus de cette décision, afin qu'ils aient à s'y conformer.

Je dois aussi vous parler de la manière de recruter les élèves qui doivent faire partie des écoles du Gouvernement. Souvent, par un amour-propre mal compris, le chef d'une famille malheureuse se refuse à faire les démarches nécessaires pour obtenir l'admission de son enfant dans une école nationale. Pourra-t-il jamais se décider à le mettre en contact avec celui du riche, et exposer ainsi sa misère et ses besoins ? Cette tendance est fâcheuse ; il faut la combattre. Où mène un tel état de choses ? L'enfant livré à lui-même, ne recevant aucune instruction, négligé par la famille, s'abandonne bientôt aux mauvais penchants ; et quand il a atteint l'âge d'homme, c'est un cœur dépravé qui est repoussé par la société.

Nous devons prendre à tâche de combattre et d'extirper de telles erreurs. Le Gouvernement veut et entend que l'enfant du pauvre se présente, comme il le peut, dans les écoles nationales : les haillons de la misère cachent souvent une intelligence précoce, un cœur honnête et vertueux. Mettez-les à découvert.

Transportez-vous dans la chaumière du pauvre où vous ferez comprendre les bienfaits de l'éducation, parlez le langage de la persuasion que vous inspirera naturellement votre patriotisme éclairé, prenez les enfants qui s'offriront à votre vue et envoyez-les en nombre dans les écoles du Gouvernement. Je déclare que, personnellement, je ferai ainsi, car c'est surtout pour les classes nécessiteuses que sont créés les établissements primaires. L'instruction publique coûte des sommes considérables : il importe que la généralité des citoyens profitent largement de ces dépenses.

Je m'arrête, car il serait impossible de vous tracer, dans une seule circulaire, la nature et l'étendue de vos devoirs. Vous aurez beaucoup à faire ; mais plus votre tâche est grande et difficile, plus vous devez redoubler d'efforts pour la remplir.

Vous avez à entretenir avec moi une active correspondance, et quand il se présentera des points sur lesquels vous désirerez être éclairés, je m'empresserai de le faire. Je vous le répète en terminant : je compte sur votre concours pour mener à bonne fin l'œuvre entreprise par le Gouvernement.

Veuillez agréer, Messieurs et estimables Concitoyens, l'assurance de ma considération distinguée.

F.-E. Dubois.

4 février 1860.

LE SECRÉTAIRE D'ÉTAT DE LA JUSTICE ET DES CULTES,
CHARGÉ DU PORTEFEUILLE DE L'INSTRUCTION PUBLIQUE,

Aux Administrateurs de la République

Je vous remets ci-après le tableau des fournitures à délivrer chaque trimestre aux écoles nationales.

Quand le nombre des élèves n'excédera pas 50 pour les lycées et les établissements primaires, et 25 pour les écoles rurales, vous aurez à suivre exactement ce tableau. Les fournitures seront augmentées en proportion, si ces établissements contiennent plus d'élèves.

En conséquence, avant d'en arrêter le chiffre, vous exigerez que les demandes des directeurs soient visées du président de la Commission de l'Instruction publique ou du directeur du Conseil communal dans les endroits où il n'y a point de Commission.

Le visa certifiera le nombre des élèves de l'établissement. Pour l'achat des fournitures vous suivrez les prescriptions de l'arrêté du 25 octobre 1859, en ayant soin de ne pas mettre au concours les articles qui existent dans les magasins de l'État.

Écoles	Élèves	Plumes d'oie	Encre	Crayons de bois	Craie	Papier	Crayons d'ardoise
Lycées...	50	1.800	15 bout.	45	300 b.	7 ram.	»
Primaires.	50	675	7	45	90	4	180
Rurales..	25	180	3	24		2	45

Je vous salue avec une parfaite considération.

F.-E. DUBOIS.

Port-au-France, 14 février 1860.

RAPPORT A SON EXCELLENCE LE PRÉSIDENT D'HAÏTI

Président,

J'ai cru nécessaire, dès que je fus appelé par Votre Excellence à la direction du Département de l'Instruction publique, de rappeler aux Commissions les devoirs qu'elles avaient à remplir, et je leur ai fait connaître aussi les vues du Gouvernement, concernant l'éducation de la jeunesse haïtienne. En même temps que je demandais des renseignements exacts et détaillés sur la marche de toutes les écoles de la République, je visitais celles du Port-au-Prince : les diverses inspections que j'y ai faites m'ont mis en mesure de préparer le rapport que j'ai l'honneur de vous soumettre aujourd'hui.

Je commencerai d'abord par vous parler du Lycée national : il y a tout à attendre de cet établissement qui compte plus de 200 élèves et qui est pourvu d'un personnel suffisant et capable. Les professeurs qui y sont employés sont tous à la hauteur de leur tâche et de leur mission : du zèle, de l'activité, de profondes connaissances, un grand patriotisme, voilà les qualités qui distinguent ces fonctionnaires et qui ne manquent pas non plus à celui qui est chargé de la direction du Lycée. Le Gouvernement a donc le droit d'exiger beaucoup de cet établissement sur lequel je vais exercer une surveillance active, afin qu'il en sorte un jour des hommes qui puissent être utiles au pays.

Aux cours qui existent déjà dans ce collège, il serait nécessaire d'ajouter ceux de physique et de chimie. Le fondateur du Lycée national y avait songé et l'avait doté d'instruments nécessaires à l'étude de ces deux sciences. Il serait pénible de laisser périr ceux qui existent encore : ils rappellent le souvenir de l'illustre Pétion, et prouvent sur quelles bases larges et solides il comptait établir l'instruction publique en Haïti.

Il importe donc, Président, que l'on complète le cabinet de physique et le laboratoire de chimie, afin que des professeurs habiles initient les jeunes Haïtiens à ces études dont l'utilité ne peut être contestée.

Le local nécessite quelques réparations que je vais soumettre à votre appréciation : il s'agit de mettre en état la vieille maison qui en dépend et qui servirait aux classes, tandis que la grande pièce où elles se font maintenant serait employée aux études générales. Les élèves, réunis dans un même lieu, se trouveraient ainsi sous la surveillance spéciale des maîtres de quartier, et, la discipline étant de mieux en mieux observée, l'établissement ne pourrait que prospérer. Une partie du mur d'enceinte a aussi besoin d'être relevé, afin de fermer tout à fait la cour où les élèves vont se récréer.

En opérant les améliorations que je viens de vous signaler, le Lycée de la Capitale se trouverait sur un pied convenable, et l'on n'aurait plus qu'à attendre les bons résultats qu'il promet dans un avenir prochain.

Quand l'état de nos finances nous le permettra, on pourra faire du Lycée un vaste internat où seront reçus les enfants des citoyens qui ont rendu de grands services à la Patrie. Nos jeunes Haïtiens, qui désirent tant s'instruire, au lieu de se rendre en Europe, dans un climat qui leur est souvent funeste, recevraient ainsi, sous les yeux de leurs parents, une éducation toute nationale. Un tel état de choses serait très avantageux au pays : j'appelle l'attention du Gouvernement sur la réalisation de ce projet.

Les écoles primaires de garçons de cette ville marchent à ma satisfaction. On n'a jamais vu, Président, à aucune époque, un si grand nombre d'enfants des classes pauvres, recevant l'instruction gratuite aux frais du Gouvernement.

Je dois une mention particulière à l'École primaire communale et à celle de la banlieue, qui ont fourni cette année, la première deux élèves, la seconde un élève au Lycée national.

L'établissement de la banlieue, fondé depuis la République, réunit déjà plus de 100 enfants.

Nulle part, la discipline n'est mieux observée, et son directeur qui s'occupe, avec un soin tout particulier, des élèves qui lui sont confiés, n'oublie pas de les initier à la prière, ce doux entretien de l'homme avec son Créateur, si nécessaire pour préparer les jeunes cœurs au devoir et à la vertu.

Pénétré de l'importance de cet acte solennel, j'ai donné des ordres pour que l'éducation morale et religieuse ne soit pas négligée : ainsi, les élèves des écoles de toutes les villes de la République seront conduits, une fois par semaine, à l'église de leur paroisse où le curé est tenu de leur faire un sermon approprié à leur âge et à leur intelligence. L'instruction n'est rien, si elle ne s'allie aux qualités du cœur : et comment les faire naître chez les enfants, si on ne les entretient pas souvent des devoirs qu'ils auront à remplir dans la société, si la religion ne forme pas la principale base de leur éducation? C'est par le cœur surtout, je le répète, qu'il faut former le citoyen. Qu'importe, en effet, l'esprit là où les qualités du cœur manquent? Le premier sans le second conduit toujours au mal. Un récent passé nous l'indique de son doigt teint de sang ! La religion sera donc mon plus grand auxiliaire pour compléter l'éducation de notre jeunesse des deux sexes.

Voyez comme les révolutions dirigées par l'esprit seul ont coûté de sang à l'Europe. Comparez celle de 1789 avec celle de 1830 en France. Parce que dans la première il y avait eu absence totale de tout sentiment religieux, la France a sillonné ses champs fertiles du sang de ses enfants. Et dans la dernière, parce que le cœur y était, elle a honoré son siècle.

Je reviens, Président, sur les écoles communales et lancastériennes. Les locaux affectés à ces établissements tombent de vétusté; j'ai dû en prévenir le Secrétaire d'État de l'Intérieur, afin qu'il prenne des mesures en conséquence.

Dans les rapports que j'aurai l'honneur de vous soumettre, je vous parlerai souvent du mauvais état des édifices où se tiennent les écoles. Il en est ainsi dans presque toutes les localités, ce qui oblige l'administration de faire des débours considérables en louant à grands frais des maisons particulières pour ne pas arrêter la marche de l'instruction publique.

Les écoles de demoiselles, fondées en cette ville, réunissent toutes les conditions nécessaires pour qu'on y reçoive une bonne éducation. Confiées à la direction de dames habiles et respectables, pourvues de professeurs instruits, elles ne peuvent manquer d'atteindre le résultat que le Gouvernement s'est proposé en les établissant.

On s'y occupe de couture, de broderie, de travaux à l'aiguille de tous genres. Ces travaux sont de la plus grande importance, si on considère que ces jeunes demoiselles qui recevront une instruction en rapport avec leurs besoins, seront appelées un jour à pourvoir par elles-mêmes à leur existence matérielle.

C'est ici l'occasion de vous entretenir des ateliers qu'il serait nécessaire de joindre aux école primaires de garçons. En général, on conçoit fort mal, en Haïti, l'instruction primaire : beaucoup de personnes croient qu'elle est un acheminement à l'enseignement secondaire et que les enfants, au sortir d'un de ces établissements où on leur a inculqué quelques notions de langue française, d'arithmétique, d'histoire et de géographie, doivent passer dans un Lycée pour y acquérir de profondes et solides connaissances. Les intelligences d'élite seules doivent jouir de ce privilège. Si, aux examens annuels des écoles primaires, on remarque quelques élèves aptes à suivre les cours supérieurs d'un Lycée, on les y enverra aux frais du Gouvernement, ainsi que je viens de le faire récemment pour trois de ces enfants.

L'instruction primaire est donnée aux classes pauvres : les enfants des familles nécessiteuses, devant pourvoir, dès l'âge le plus tendre, à leurs propres besoins, et souvent à ceux de leurs parents, ne peuvent rester un temps indéfini dans les écoles. Cinq ou six ans leur suffisent pour qu'ils acquièrent des notions générales qu'aucun homme ne doit ignorer. Au sortir des classes, s'il leur faut aller apprendre un métier, ils restent plusieurs années en apprentissage et la misère aidant, le dégoût arrive, la paresse survient, le vice s'infiltre et tous les fruits de l'éducation sont perdus.

Il importe donc que l'on mette à profit le temps qu'ils passent dans les écoles ; quelques heures, chaque jour, seraient consacrées, dans les établissements primaires, aux travaux manuels, à l'étude des métiers, et l'enfant recevant ainsi du Gouvernement le bien-être intellectuel et matériel deviendrait, par la suite, un bon citoyen, un honnête père de famille.

Je propose donc au Gouvernement d'établir, comme essai, des ateliers dans une ou plusieurs écoles primaires ; et si, comme je l'espère, les résultats sont satisfaisants, il pourra généraliser la mesure.

Pour se convaincre de l'efficacité de cette mesure et du but immédiat auquel on parviendrait, en l'étendant, il suffit de visiter, comme je l'ai fait, la maison centrale de cette ville. Il est vraiment intéressant d'y rencontrer une foule d'enfants, apprentis cordonniers, forgerons, tourneurs, menuisiers, ferblantiers et qui, dès onze heures du matin et cinq heures de l'après-midi, quittent leurs travaux manuels et courent recevoir quelques leçons de lecture, d'écriture, de langue française et de calcul. Les enfants qui resteront quelques années dans cet établissement, en sortiront nécessairement avec des connaissances qui les mettront un jour en mesure de gagner honorablement leur vie.

Après les avoir examinés, j'ai constaté la nécessité de leur laisser une heure spéciale pour leurs études, et j'ai décidé que le soir sera consacré à repasser les leçons qu'ils auront reçues dans la journée.

J'ai maintenant à vous entretenir de deux abus qui se sont

glissés dans le service et que j'ai essayé de réprimer. De nombreuses demandes d'admissions pour les écoles nationales me parvenant chaque jour, j'ai pensé qu'à un moment donné, qui ne peut être éloigné, toutes les places seraient occupées, et l'on se verrait forcément obligé d'arrêter l'admission des élèves. Dans un tel état de choses, le devoir me commandait de m'occuper des familles nécessiteuses, de réserver des places pour leurs enfants : aujourd'hui, avant d'accorder une lettre d'admission, je demande des certificats signés d'un commissaire d'îlet et d'un juge de paix, constatant que les parents de l'enfant sont incapables de pourvoir aux frais de son éducation. La mesure a porté ses fruits, tout le monde la comprend et nul ne se refuse à faire cette démarche pour jouir des bienfaits que le Gouvernement accorde aux familles indigentes.

D'un autre côté, l'absence réitérée des élèves nuit beaucoup à leur avancement. Dans presque toutes les écoles que j'ai inspectées, j'ai dû malheureusement le constater. Dans les règlements intérieurs que je fais préparer et qui seront imprimés et répandus à un grand nombre d'exemplaires dans les écoles et dans les familles, j'établirai que l'absence volontaire, sans causes reconnues légitimes, sera un motif de renvoi.

L'École de Médecine doit sérieusement occuper l'attention du Gouvernement. Les élèves qui y travaillent aujourd'hui sont très faibles et ignorent, la plupart, les premiers éléments de la langue française.

Quand cet établissement sera définitivement organisé, j'exigerai de ceux qui demanderont à y être reçus, certaines connaissances indispensables pour l'étude d'une science aussi importante que celle de la médecine. En attendant, on pourrait y établir deux chaires : l'une de chimie, l'autre de botanique, afin d'initier les élèves à ces deux sciences, si utiles à ceux qui s'occupent de médecine.

Je vais vous parler maintenant, Président, des rapports qui me sont parvenus sur les autres écoles des divers points de la République.

Depuis l'arrivée au Cap-Haïtien d'un professeur étranger, recommandable par son mérite et ses connaissances, le Lycée de cette ville a pris un nouvel essor : 100 élèves y sont aujourd'hui réunis. Vous venez, Président, de donner une preuve de votre sollicitude à cet établissement, en y envoyant deux autres professeurs qui s'efforceront, je l'espère, de mériter l'estime du Gouvernement, en remplissant leurs devoirs avec tout le zèle dont ils sont capables, et la conscience qu'on est en droit d'attendre de ceux qui sont préposés à l'éducation de la jeunesse. Au fur et à mesure que les professeurs se présenteront, je compléterai le personnel de cet établissement digne en tous points d'une attention particulière du Gouvernement.

Je me plais à le proclamer ici : aucune Commission de l'Instruction publique ne remplit ses devoirs avec plus d'activité que celle du Cap. Ses membres se réunissent chaque semaine, et par chaque poste je reçois le procès-verbal de leur délibération. Ce sont toujours de nouvelles questions concernant l'instruction publique qu'ils me soumettent et que je tâche de résoudre aussitôt pour ne pas entraver la marche du service. Il suffit de nommer le président et les membres de cette Commission, que Votre Excellence vient d'appeler récemment à ces fonctions, pour comprendre tout ce que peut le patriotisme éclairé : ce sont MM. Lacruz, Delorme, Métellus, Célestin, Saint-Méran Caze, A. Toussaint, J.-B. Samson et A. Samson.

Quand vous serez au Cap, Président, le Gouvernement pourra prendre une décision, touchant l'édifice que les membres de cette Commission lui proposent de construire pour le Lycée de cette ville. Ils pensent que cet édifice pourra être élevé sur les ruines de l'ancienne maison affectée à l'école primaire, et renversée par le tremblement de terre de 1842.

Il est nécessaire de vous entretenir ici d'une réforme à opérer dans les Commissions de l'Instruction publique des grandes villes. Elles sont surchargées de travail et leurs fonctions étant purement honorifiques, elles se voient souvent obligées de négliger une partie de leurs devoirs. Puisque le Gouvernement a créé des inspecteurs salariés pour le Port-au-Prince. ne pourrait-il pas en faire autant pour les villes du Cap, des Gonaïves, des Cayes, de Jacmel et de Jérémie ? Ces inspecteurs seraient considérés comme membres de la Commission et se trouveraient sous les ordres immédiats du président de ce corps qui recevrait aussi des appointements.

Si cette proposition était agréée, j'élargirais le cercle des attributions des Commissions qui auraient des bureaux spéciaux pour le service de l'Instruction publique. Elles s'occuperaient de l'organisation et de l'inspection des écoles nationales dans toute l'étendue de leurs arrondissements. Après chaque inspection mensuelle dans laquelle elles procéderaient à un examen sérieux pour s'assurer que les professeurs font leurs devoirs et que les élèves progressent, elles seraient tenues d'adresser un rapport au Secrétaire d'État de l'Instruction publique.

Dans la loi sur la matière que j'ai mise en revision, j'établirai d'une manière claire et précise comment je divise les Commissions en deux parties : l'une non salariée qui sera un Conseil consultatif, l'autre salariée qui s'occupera de l'exécution de toutes les mesures discutées et délibérées en commun.

A l'égard de l'école primaire des jeunes demoiselles du Cap-Haïtien, j'aurai l'honneur de vous exposer bientôt les réformes qu'elle nécessite : j'attends des documents à cet effet.

J'aurai bientôt à vous parler du Lycée des Cayes qui a été dernièrement réorganisé, et où vous venez d'envoyer un nouveau directeur et un professeur étranger. Deux écoles primaires de garçons, pourvues d'un grand nombre d'élèves, fonctionnent dans cette ville.

Il manquait aux Cayes un établissement pour les jeunes demoiselles : Votre Excellence vient de commissionner une directrice qui est partie pour se rendre à son poste. Des ordres sont donnés pour qu'on lui trouve un local convenable, et aussitôt qu'elle sera installée, je donnerai des instructions à la Commission principale de l'Instruction publique de cette ville pour qu'elle s'occupe sérieusement de cette école.

La ville des Gonaïves, par son importance, réclamait un établissement d'enseignement secondaire : le Gouvernement a décidé qu'on y établirait un Lycée, et je m'attache, en ce moment, à recruter les professeurs. Sur la proposition que je vous ai faite et que vous avez agréée, vous venez de former pour cette ville une Commission de l'Instruction publique, présidée par le citoyen J.-B. Dupuy et composée de MM. Florentin, Saint-Aude, Nelson Félix et Mendoza. Je m'empresse de vous annoncer que ces honorables citoyens se sont tous fait un devoir d'accepter la charge honorifique que vous leur avez confiée, et ils promettent de la remplir avec le patriotisme qu'on leur connaît.

Deux écoles primaires, l'une de garçons, l'autre de demoiselles fonctionnent dans cette ville. Le directeur de l'école de garçons vient de donner sa démission et la Commission de l'Instruction publique lui cherche un remplaçant. J'aurai l'honneur de vous présenter bientôt un candidat pour cette charge.

Le Gouvernement a raison de porter toute sa sollicitude sur la ville des Gonaïves : sa situation, l'importance de sa population lui donnent des droits à ce privilège, en outre, elle a été la première ville de la République à se prononcer contre le système odieux qui pesait sur le pays. Votre Conseil n'oubliera jamais, Président, que c'est à l'appel de ses habitants que vous avez répondu pour commencer l'œuvre de régénération qui vous préoccupe chaque jour.

A Jérémie, où il existe une école primaire, le Lycée n'a pu être organisé jusqu'à présent à cause de la difficulté de trouver des professeurs : aussitôt que ceux demandés en Europe seront arrivés, je vous proposerai de les répartir dans tous les Lycées existants ou à fonder.

Il a été accordé au Conseil commmunal de Jacmel une subvention mensuelle et un local pour établir un Lycée à ses frais.

Je viens d'apprendre que ce Conseil a procédé ces derniers jours à l'installation de cet établissement.

Il serait trop long, Président, de vous parler en particulier des écoles de chaque ville de la République. Pour résumer, je vous dirai qu'en général tous les rapports reçus témoignent de la bonne organisation des écoles nationales, et que c'est du temps qu'il faut attendre des résultats satisfaisants.

Toutefois, Président, je dois vous donner la certitude que j'exerce une surveillance active sur le département dont vous venez de me confier la direction, et que mon zèle ne se refroidira jamais à servir un Gouvernement aussi civilisateur que le vôtre.

Il y a dans toute la République trois lycées, soixante-neuf écoles primaires de garçons, douze écoles de demoiselles et quarante-neuf écoles rurales. Si toutes les communes ne jouissent pas encore de ce dernier bienfait, c'est qu'elles trouvent difficilement des candidats pour la direction de ces établissements. Dès qu'on m'en propose, je m'empresse de les faire commissionner, et je fais procéder à leur installation, j'espère qu'avant longtemps, on en comptera deux dans chaque commune, comme le veut le budget. Depuis que j'ai la direction du département, neuf écoles rurales et trois écoles primaires nationales ont été fondées.

Si, après cet exposé, on jetait un coup d'œil en arrière pour examiner l'état de l'instruction publique, au commencement de 1859, il serait facile de prouver avec quelle sollicitude le Gouvernement de la République s'en est occupé. Les chiffres parleront d'eux-mêmes : les rapports reçus en février de l'année passée constataient l'existence de trois lycées, de quarante-neuf écoles primaires de garçons et de deux écoles de demoiselles. Mais dans quelle situation déplorable se trouvaient ces établissements d'instruction publique ! Il a fallu, dans presque toutes les localités, changer tout à fait ou modifier le personnel de ces écoles. Outre ce travail immense d'organisation, le Gouvernement a donc créé vingt nouvelles écoles primaires de garçons, dix de demoiselles et quarante-neuf écoles rurales, sans comprendre les subventions accordées à différents établissements particuliers dans lesquels le Gouvernement a placé des élèves.

Avant de clore le présent rapport, je dois vous parler des fournitures de papier, de plumes, de livres, accordées aux écoles et pour lesquelles le Gouvernement dépense des sommes considérables. Il serait plus convenable et plus économique de les faire venir directement de l'étranger où nous pourrions les faire acheter par nos agents. En outre, il y a des ouvrages classiques nécessaires aux lycées qu'on ne trouve nulle part en Haïti, et il en est de même des grandes cartes murales, indispensables pour l'étude de la géographie. Ce simple exposé vous portera, Président, à prendre en considération la mesure que je propose.

Je viens d'introduire une sérieuse économie dans les fournitures mensuelles des écoles. Il est reconnu que le Gouvernement en accordait une trop grande quantité pour le nombre des élèves; j'ai expédié aux divers administrateurs des finances un tableau de ces fournitures, dans lequel ils devront strictement se renfermer.

Voilà succinctement, Président, tout ce qui a été fait et tout ce qui reste à faire dans le Département de l'Instruction publique. Aussitôt que des décisions seront prises sur les mesures que je soumets dans ce rapport, je m'empresserai de les faire exécuter pour réaliser le vaste programme que le Gouvernement s'est tracé.

N'établissons pas de bornes à l'instruction publique dans notre pays, autant que les finances le permettront, si nous voulons arriver à quelque chose de solide et de durable, si nous nous intéressons à cette jeune génération qui grandit autour de nous, si nous tenons à fournir à la Patrie des hommes pour la servir.

Dix-sept ans de troubles et de despotisme ont plongé

Haïti dans les ténèbres de l'ignorance : tâchons de l'en tirer, et rappelons-nous sans cesse que c'est en élargissant chaque jour le cadre de l'instruction publique, basée sur la religion, que nous parviendrons à ce résultat, si ardemment désiré par les vrais amis du pays.

C'est dans ce sentiment, que je me souscris, Président, de votre Excellence,

Le très dévoué serviteur.

21 mars 1860.

Le Secrétaire d'État de la Justice et des Cultes, chargé de l'instruction publique,

F.-E. Dubois.

LE SECRÉTAIRE D'ÉTAT DE LA JUSTICE ET DES CULTES CHARGÉ DU PORTEFEUILLE DE L'INSTRUCTION PUBLIQUE

Aux Administrateurs des Finances de la République

Citoyen administrateur,

Malgré la recommandation que je vous ai faite par ma dépêche du 3 mars, je ne reçois pas les relevés de dépenses pour le Département de l'Instruction publique. Il importe qu'au commencement de chaque mois, vous me fassiez tenir ces pièces pour le mois précédent, afin que je puisse avoir toujours ma comptabilité à jour.

Les Chambres vont s'ouvrir bientôt : comment puis-je leur présenter le compte des dépenses faites pour l'Instruction publique, si vous mettez de la lenteur à me faire connaître celles qui ont été faites pour votre arrondissement financier ?

Je déclare donc, Citoyen administrateur, que je vous rendrai responsable du retard que vous mettez à me faire avoir ces documents, et que le cas échéant, je ferai connaître la persistance avec laquelle je vous les ai demandés pour me mettre à couvert et me dégager envers la Nation.

Je vous salue avec une parfaite considération.

19 avril 1860.

F.-E. Dubois.

APPEL A LA CONSCIENCE DES PARENTS

Le secrétaire d'État de l'Instruction publique a visité les différentes écoles du Gouvernement, tant au Cap que dans les communes et bourgs du département du Nord. Le Secrétaire d'État a trouvé beaucoup de bonnes dispositions de la part des directeurs, directrices et professeurs de ces établissements; mais il a remarqué avec douleur que le peu de progrès qu'ont fait les élèves, vient de ce qu'ils ne suivent pas assez régulièrement les cours; cette faute est imputable aux parents qui, n'appréciant pas assez le bienfait de l'instruction, négligent d'y envoyer régulièrement leurs enfants.

Le Secrétaire d'État, désirant que les sommes dépensées par le Gouvernement pour l'instruction publique profitent à ceux à qui elles sont destinées, croit devoir faire un appel sérieux aux parents qui, par leur coupable indifférence, seraient cause de ce que leurs enfants grandiraient dans l'ignorance. Les aveugles! Ils ne voient point qu'il ne suffit pas de donner le jour à des enfants, mais qu'il faut encore et surtout assurer leur avenir, en leur donnant le pain de l'instruction qui les mettra à même un jour de supporter avec courage les vicissitudes de la vie. Ces parents ne comprennent point l'étendue de leurs devoirs; ils ne savent pas qu'ils devront compte un jour à Dieu de ce que leurs enfants seront devenus en ce monde, et qu'ils seront responsables des crimes que ces malheureux auraient pu commettre dans leur profonde ignorance. Qu'ils profitent donc des bonnes dispositions du Gouvernement, dont les soins paternels s'étendent également sur toutes les classes de la société. C'est aux pauvres surtout à profiter de l'instruction gratuite qui, déjà, leur est offerte assez abondamment de toutes parts. Qu'ils soutiennent le Gouvernement dans ses vues bienveillantes pour eux! Qu'ils lui donnent la seule récompense qu'il leur demande : l'envoi régulier de leurs enfants aux écoles. Qu'une fausse honte ne les retienne pas ; qu'ils ne croient pas devoir priver ces innocentes créatures des consolations que donne l'instruction la plus élémentaire, en les retenant chez eux sous le spécieux prétexte qu'ils n'ont pas une mise convenable ou qu'ils sont dénués de chaussures. — Hélas ! est-ce le corps ou l'esprit qu'il s'agit d'orner ? Qu'est-ce que l'être purement matériel si son esprit est privé de tout ornement ? Il fait plus de mal que de bien à la société dont il est membre. Que les parents se convainquent donc que la mise la plus simple, la plus grossière, les pieds nus de l'enfant, ne doivent pas être des obstacles à ce qu'il aille profiter du bienfait de l'instruction ; qu'ils se pénètrent que si le Gouvernement paye la dette qu'il a contractée envers le peuple, le peuple doit aussi payer celle qu'il a contractée envers ses enfants et plus encore envers Dieu. Les enfants devant recevoir en même temps l'instruction religieuse, les parents ne réfléchissent pas aux conséquences fâcheuses de leur indifférence. Est-ce parce qu'ils sont ignorants eux-mêmes qu'ils se montrent, pour leurs enfants, si peu soucieux de leur instruction ? Oh ! alors double est leur tort ! car, privés d'instruction eux-mêmes, ne pouvant rien enseigner à leurs enfants, forcés de s'adresser à tout instant a d'autres pour les éclairer sur leurs propres affaires, ils devraient comprendre facilement le bienfait de l'instruction. Cependant si ces faits si simples ne tombaient pas sous le sens des parents dont il est question, le Secrétaire d'État fait ici un appel au patriotisme, à la charité des amis du progrès, pour que, par le langage de la persuasion, ils fassent entendre à ceux avec lesquels ils sont en rapport, l'impérieuse nécessité d'envoyer régulièrement leurs enfants aux écoles. Le même fait ne s'était-il pas présenté à la Capitale ? Eh bien ! le chef de l'État lui-même, le Ministre, qui parle ici, ont agi, ont vu les parents de près, ont fait valoir à leurs yeux le bien-être moral qui attend leurs enfants un jour s'ils profitent de la sollicitude du Gouvernement pour l'instruction publique : ils ont été compris, et l'on voit aujourd'hui les établissements remplis d'enfants des pauvres.

Peuple du département du Nord, écoutez la voix qui vous parle! Ce n'est pas celle du Ministre, c'est celle de l'ami, du père, du frère, du patriote. Écoutez-la, car elle est désintéressée ; elle ne veut que votre bonheur. Suivez ses conseils, et un jour vos enfants, en lisant ces lignes, le remercieront de vous avoir fait une douce violence.

Cap-Haïtien, 12 juin 1860.

Le Secrétaire d'État de l'Instruction publique,
F.-E. DUBOIS.

LE SECRÉTAIRE D'ÉTAT DE LA JUSTICE ET DES CULTES CHARGÉ DU PORTEFEUILLE DE L'INSTRUCTION PUBLIQUE

A Son Excellence le Président d'Haïti

Président,

J'ai voulu, à la fin de cette année, inaugurer le concours général entre les écoles de la Capitale, mais les difficultés que j'ai rencontrées dès les premiers pas m'ont obligé d'en reculer l'époque.

Entre les établissements primaires de garçons ou de filles, le concours était possible, puisque les élèves de ces écoles sont arrivés à peu près au même degré de connaissances pour toutes les facultés.

Mais là s'arrêtait la possibilité du concours : il faudrait en exclure tous les établissements d'enseignement secondaire, et cette grande lutte intellectuelle, un des plus puissants moyens d'émulation, se bornant aux écoles primaires, perdrait en élévation et en solennité et manquerait infailliblement son but.

Le pensionnat du Gouvernement, dirigé par Mme Touzalin, est le seul établissement de demoiselles d'enseignement secondaire qui m'a fait obtenir son programme, ce qui me fait supposer que les écoles particulières de demoiselles du même ordre refusent le concours.

La lutte la plus sérieuse devait avoir lieu entre le Lycée national et les autres établissements de garçons d'enseignement secondaire.

Le Collège Geffrard, fondé tout récemment et où affluent des élèves peu avancés et très jeunes pour la plupart, ne pouvait prétendre à conquérir la palme ; mais le directeur de ce collège, désireux sans doute de voir inaugurer le concours, l'a accepté pour ses élèves et m'a fait parvenir le programme de leurs études. Ceux-là, certes, n'auraient pas été des lauréats, mais leurs faibles armes mêlées à ce combat intellectuel auraient gagné en force et en vigueur et seraient plus tard devenues victorieuses.

M. Villevaleix, directeur de l'école polymathique, tout en se faisant inscrire, a posé certaines conditions que je n'ai pas dû accepter.

Toutes ces considérations déjà énoncées m'ont porté à reculer l'époque du concours au temps où le programme des études étant régulièrement suivi, il y aura parfaite égalité de connaissances dans les classes correspondantes de toutes les institutions.

M. Villevaleix proposait :

1° Que sur les langues mortes et la langue française, le concours aurait lieu entre la deuxième classe du Lycée et sa première. Pour les mathématiques, ainsi que pour l'histoire et la géographie, il acceptait le concours entre sa première classe et la première du Lycée ;

2° Que sur toutes les autres matières, énumérées dans le programme, le concours se ferait entre la troisième du Lycée et la deuxième de son établissement.

Ces conditions prouvent qu'il y a inégalité de connaissances entre les classes du Lycée national et celles de l'École polymathique, c'est-à-dire que la première et la deuxième classes du Collège du Gouvernement sont plus avancées que les classes correspondantes de l'établissement de M. Villevaleix.

Je regrette, Président, que le concours n'ait pu avoir lieu ; c'est le plus sûr moyen de stimuler les études. Ce serait une grande fête, non seulement pour la jeunesse des écoles, mais pour l'élite de la société haïtienne, qui, en applaudissant les lauréats, éveillerait dans les âmes de leurs condisciples un noble sentiment d'orgueil, qui les porterait à redoubler d'efforts pour se mettre au niveau de leurs vainqueurs.

J'espère qu'à pareille époque de l'année prochaine, l'arrêté qui institue le concours général aura sa pleine et entière exécution.

J'ai l'honneur d'être, Président, de Votre Excellence,
Le très humble et très obéissant serviteur,

14 novembre 1860.   F.-E. Dubois.

LE SECRÉTAIRE D'ÉTAT DE LA JUSTICE ET DES CULTES CHARGÉ DE L'INSTRUCTION PUBLIQUE

Aux Administrateurs des Finances

Citoyens Administrateurs,

Vous vous baserez, pour les fournitures à délivrer, chaque trimestre, aux écoles nationales, sur le tableau suivant :

Lycée, 50 élèves : 900 plumes d'oie, 8 bouteilles d'encre, 24 crayons de bois, 150 bâtons de craies, 4 rames de papier.

Écoles primaires, 50 élèves : 340 plumes d'oie, 4 bouteilles d'encre, 24 crayons de bois, 45 bâtons de craie, 2 rames 1/2 de papier, 90 crayons d'ardoises.

Écoles rurales, 25 élèves : 90 plumes d'oie, 2 bouteilles d'encre, 12 crayons de bois, 3/4 de rame de papier, 25 crayons d'ardoises.

Par ma circulaire du 14 février de l'année passée, je vous ai donné, sur ce tableau, quelques explications que je crois nécessaire de vous rappeler de nouveau :

« Quand le nombre des élèves n'excédera pas 50 pour les lycées et les établissements primaires, et 25 pour les écoles rurales, vous aurez à suivre exactement ce tableau. Les fournitures seront délivrées en proportion si ces établissements contiennent plus d'élèves.

« En conséquence, avant d'en arrêter le chiffre, vous exigerez que les demandes des directeurs soient visées du président de la Commission de l'Instruction publique ou du directeur du Conseil communal dans les endroits où il n'y a point de commission. »

Il est bien entendu que le président de la Commission, ou le magistrat communal, doit certifier sur les demandes, le nombre des élèves qui fréquentent régulièrement l'établissement et non se baser sur le tableau général qu'on pourrait lui fournir.

Le Gouvernement attendant très prochainement tous les articles que vous aurez à délivrer aux écoles, vous vous abstiendrez de faire aucun achat, car aussitôt après leur arrivée au Port-au-Prince, il vous sera expédié les quantités nécessaires aux écoles de votre arrondissement.

Je vous salue affectueusement.

F.-E. Dubois.

4 janvier 1861.

A MONSIEUR LE SECRÉTAIRE D'ÉTAT DE LA JUSTICE
ET DES CULTES

CHARGÉ DU PORTEFEUILLE DE L'INSTRUCTION PUBLIQUE

Monsieur le Secrétaire d'État,

D'après vos lettres du 28 novembre qui nous constituaient membres de la Commission chargée d'examiner les élèves de l'École nationale de Musique, dirigée par M. F. Ferrier, sous la présidence de M. le général Élie père, nous venons, d'après vos instructions, vous donner un compte impartial du résultat que nous avons pu constater.

Il a été malheureux pour nous que le digne et respectable général Élie père n'ait pas pu présider cet examen. Quoi qu'il en soit, nous croyons avoir accompli le devoir que nous avait tracé le Gouvernement, et nous venons mettre sous vos yeux les faits que nous avons eu lieu de remarquer.

D'abord, cette École de Musique, créée il y a bien peu de temps, a dû être sujette à quelques difficultés pour son installation : difficulté de local, difficulté de matières premières pour son instruction primaire, manque de solfèges, de méthodes, etc., etc., bases fondamentales et inséparables de toute fondation de ce genre. Cependant, malgré tous ces obstacles, qui plus tard ont été vaincus par le Gouvernement qui donne la plus grande extension à l'instruction publique et aux arts, nous avons reconnu le soin qu'a porté M. F. Ferrier à l'éducation de ces jeunes élèves qui nous ont satisfaits sous tous les rapports, d'après leurs réponses aux questions par nous posées.

Nous avons pu constater que, si le manque de temps ne leur permettait pas d'être encore de bons instrumentistes, au moins leurs connaissances en musique, par les leçons reçues, produiront de bons musiciens qui, à l'avenir, pourraient éviter à la République d'aller chercher ailleurs, ce qu'elle pourra trouver chez elle ; et déjà nous vous recommandons particulièrement les jeunes élèves J.-B. Guillaume, Florestan aîné, Durville, Léopold Lechaud, Hélénus Robin et André Pétion, tous moniteurs ; et, parmi les enfants, les jeunes Coicou (solfège et violon, — neuf ans), Lucien Rémy, (violoniste, — neuf ans et demi), Mège (dix ans), Charles Olivar (onze ans), et Chevreuil (onze ans).

Nous appellerons votre attention, Secrétaire d'État, sur l'émulation que vous pourrez donner à cette jeunesse qui ne demande qu'à apprendre particulièrement la musique ; c'est un art qui plaît à tous les Haïtiens. — Nous oserons dire qu'ils sont musiciens. — Il est donc de l'intérêt de notre société que votre sollicitude se porte sur ce fruit qui ne demande qu'à mûrir.

L'existence d'une École de Musique est nécessaire.

Notre Gouvernement l'a compris, puisqu'il l'a établie ; mais, pour que cet établissement réussisse, il faut établir des règles sévères, que nul ne pourra enfreindre à l'avenir. Quiconque aura la faveur d'y être admis, ne pourra, sous quelque prétexte que ce soit, en sortir par sa simple volonté, comme cela a eu lieu ; sinon, l'on n'arrivera jamais qu'à de très médiocres résultats. Le fait sus-cité nous a été signalé par M. Ferrier lui-même, et il sera bon qu'il ne se renouvelle plus, car la marche de l'école sera complètement entravée.

Cet établissement est appelé, à nous donner des artistes, soit pour un orchestre de théâtre, soit pour la musique religieuse, soit pour celle de chambre, etc., etc., et, enfin, à nous faire connaître les chefs-d'œuvre immortels des illustres grands maîtres de l'Europe. Il faudrait donc, pour arriver à ce but, adjoindre à l'établissement un professeur d'instruments à vent, suivant l'article du règlement adopté par le Gouvernement, lors de la fondation de l'école, et principalement pour ce qui concerne les instruments en bois, comme clarinette, flûte, basson, hautbois, etc., etc., instruments indispensables pour former une symphonie complète.

Nous appelons votre attention, Secrétaire d'État, sur la nécessité d'un local approprié à l'extention d'un établissement de ce genre dont le nombre des élèves augmente journellement. Celui dans lequel nous avons passé les examens a paru tout à fait insuffisant à la Commission.

Enfin, Secrétaire d'État, nous connaissons trop votre grand amour pour l'art musical pour ne pas donner, avec la protection de Son Excellence le Président d'Haïti, la plus grande extension à cette école qui pourra nous donner de bons instrumentistes et peut-être même des compositeurs.

Voilà, Secrétaire d'État, les remarques que nous avons cru devoir vous faire sur cette École de musique dirigée par M. F. Ferrier.

Nous ne terminerons pas ce compte rendu, sans vous faire part de la grande satisfaction que nous avons éprouvée en faveur de la marche des études et du système d'enseignement musical suivi par M. Ferrier.

Veuillez nous croire, Secrétaire d'État, vos bien dévoués serviteurs.

L. Mary, N. de Lestang, A. Élie, A. Borno.

5 janvier 1861.

CIRCULAIRE

LE SECRÉTAIRE D'ÉTAT DE L'INSTRUCTION PUBLIQUE

Aux Administrateurs des Finances de la République

Monsieur l'Administrateur,

Vous aurez à vous conformer, pour le Département de l'Instruction publique, aux prescriptions contenues dans ma circulaire du 31 janvier, n° 135, section de la correspondance générale (Justice).

Je n'ai pas besoin de vous dire, Monsieur l'Administrateur, combien il importe que les états des dépenses faites pour chacun de mes départements, accompagnés de leurs pièces justificatives, me soient expédiés régulièrement à l'échéance de chaque mois.

J'aime à croire que vous exécuterez facilement les recommandations qui vous sont faites dans ladite circulaire.

Je vous salue avec une parfaite considération.

F.-E. Dubois.

14 février 1861.

LE SECRÉTAIRE D'ÉTAT DE L'INSTRUCTION PUBLIQUE

Aux Parents des élèves des Écoles nationales [1]

Les Commissions de l'Instruction publique, dans leurs inspections mensuelles, ont constaté que l'irrégularité des élèves de nos écoles nationales est une des principales causes de leur peu de progrès. En effet, il est facile de comprendre que l'absence trop souvent répétée d'un enfant, doit nuire considérablement à ses études, ou pour mieux dire, est une entrave à tout avancement. Cet état de choses demande à être réprimé et le Gouvernement se dispose à prendre bientôt une mesure sévère pour y arriver. Il a tenu cependant à vous faire un dernier avertissement: je vous le transmets aujourd'hui.

Vous savez, comme moi, toute sa sollicitude pour l'instruction publique. Des actes l'ont prouvée : le Gouvernement a établi, depuis deux ans, selon l'importance et les besoins des localités, des lycées, des écoles primaires de garçons et de demoiselles, des écoles rurales. Il fournit tout à ces établissements : locaux, matériels, ouvrages classiques, papier, plumes, encre, etc., etc. Leur personnel est rétribué convenablement. Ne sont-ce pas là des faits qui parlent hautement, des preuves indéniables de son désir de populariser l'instruction publique ? Et bien ! à quoi serviraient tous ces sacrifices, à quoi aboutiraient les efforts des commissions, le zèle et la persévérance des instituteurs, si vous les paralyser, si, sans aucun motif valable, vous retenez vos enfants chez vous, si vous négligez de les faire jouir de tous ces bienfaits ?

Réfléchissez, de plus, aux conséquences d'une conduite reprochable à tous égards. Si le Gouvernement, en établissant une école, donne un local pour un certain nombre d'élèves, un personnel, un matériel, des fournitures en proportion de ce nombre d'enfants, n'est-ce pas une perte réelle

---

[1] C'est le dernier acte de M. Dubois comme Ministre de l'Instruction publique.

qu'il éprouve quand la moitié seulement de ces élèves suit régulièrement les classes? Et cet argent dépensé alors inutilement, ne serait-il pas mieux employé à relever d'autres branches du service public.

Je vous parle au nom de cette mère commune que nous chérissons tous, et que tous nous devons servir ; au nom de la Patrie qui réclame chaque jour les lumières de ses enfants : songez à l'avenir de ces êtres qui vous sont confiés et qui seront en droit de vous reprocher leur ignorance, s'ils ne mettent pas à profit les plus belles années de leur jeunesse. Le Gouvernement leur distribue à pleines mains le pain de l'intelligence : qu'ils s'en nourrissent et apprennent de vous ce que leur vaudront, dans l'avenir, l'habitude du travail, et la culture de l'esprit.

Envoyez donc vos enfants et toujours à l'école, ne les retenez pas chez vous sous de futiles prétextes. Vous n'avez qu'une seule chose à faire pour arriver à ce résultat : que leur mise soit simple et décente, que le luxe ne préside pas à leur toilette. Le luxe, malheureusement trop encouragé chez vous, voilà la pierre d'achoppement, voilà la cause de presque toutes les absences qui ont été constatées.

Puisse ma voix être entendue! Puissent mes exhortations avoir un plein et entier effet! Si, ce qu'à Dieu ne plaise, elles n'étaient pas écoutées, le Gouvernement agirait alors en conséquence et prendrait une mesure sévère, d'une exécution facile, qui ne peut manquer de produire des résultats satisfaisants.

Mais, il faut l'espérer, vous comprendrez ce que vous commandent votre intérêt personnel, l'avenir de vos enfants, l'amour de la Patrie. Le Gouvernement fait son devoir, les Commissions de l'Instruction publique, les directeurs et les professeurs de nos écoles nationales rivalisent de zèle et d'ardeur : c'est à vous à les imiter, à suivre les exemples qui vous sont tracés.

F.-E. Dubois,

27 juillet 1861.

Port-au-Prince. le 16 novembre 1861, an LVIII de l'indépendance.

LE SECRÉTAIRE D'ÉTAT PROVISOIRE DE L'INSTRUCTION PUBLIQUE

Aux Commissions de l'Instruction publique

MESSIEURS ET ESTIMABLES CONCITOYENS,

Trois années se sont écoulées depuis qu'un Gouvernement qui tient à moraliser les masses, en popularisant l'instruction publique, est établi dans le pays. Le Chef qui a entrepris cette noble mission a donné des preuves de sa persévérance dans l'exécution d'un programme qu'il s'est tracé au lendemain de son arrivée au pouvoir. Aidé de mes honorables prédécesseurs, chefs du Département que j'ai l'honneur de diriger aujourd'hui, il a fait fonder des lycées, des établissements primaires de garçons et de demoiselles dans toutes les villes de la République, et pensant avec raison que les habitants de nos campagnes devaient aussi jouir des bienfaits de son œuvre de civilisation, il y a établi des écoles pour leurs enfants.

Depuis la création de ces nombreux établissements, que de mesures l'expérience n'a-t-elle pas suggérées pour arriver à leur amélioration graduelle et en obtenir ainsi des résultats fructueux!

Il importait de rétribuer d'une manière suffisante ceux qui se vouent à l'éducation de la jeunesse, afin de les mettre en mesure de remplir avec zèle et constance des devoirs aussi pénibles que délicats; il convenait aussi de légaliser l'extension donnée à l'instruction publique, et dans un cadre nouveau, d'élargir le cercle de vos attributions pour consolider l'exercice de votre surveillance sur les écoles. Les lois du 12 octobre et du 7 décembre de l'année passée ont résolu ces questions.

Chaque fois que la nécessité en a été reconnue, le personnel de ces établissements a été modifié et leur matériel renouvelé. L'administration supérieure n'a pas même reculé devant les fortes dépenses que motivent les fournitures nécessaires aux élèves, afin de favoriser le développement de l'intelligence à quelque classe qu'elle appartienne.

Le moment est arrivé, Messieurs, où le Gouvernement doit s'assurer si les résultats qu'il a obtenus sont à la hauteur des sacrifices qu'il s'est imposés. Vous savez les devoirs qui vous sont tracés par la loi, vous avez en main les nombreuses instructions qui vous ont été données pour en assurer l'exécution pleine et entière. Je n'ai pas besoin de vous les rappeler ici.

Cependant, à l'occasion des examens de cette fin d'année, je crois nécessaire de vous recommander d'y procéder avec le soin le plus scrupuleux, afin de me renseigner exactement sur l'état des établissements d'enseignement fondés dans l'étendue de votre surveillance. Aidé de votre rapport qui doit contenir des notes complètes sur l'aptitude des directeurs et des professeurs de chaque institution, le nombre des élèves réguliers qui en fréquentent les cours, la manière dont les programmes sont suivis, etc. ; le Gouvernement prendra des mesures efficaces pour le perfectionnement des études, en y introduisant les réformes et les améliorations indiquées par l'expérience.

Modifier son programme, s'il lui est prouvé que le but n'est pas atteint, ou persévérer dans son exécution, si les résultats en sont satisfaisants, telle est la ligne de conduite du Gouvernement qui tient à asseoir définitivement l'instruction publique sur des bases profondes et durables.

Je compte donc, estimables Concitoyens, sur votre concours éclairé pour l'aider dans l'œuvre sainte qu'il a entreprise, celle de former des hommes moraux et intelligents, des patriotes dévoués au pays et capables de le servir. Tous ses efforts tendent à ce but : c'est pour y arriver qu'il s'occupe avec tant de sollicitude de cette jeunesse, espoir du pays, qu'il tâche de la conduire dans la route de la civilisation, moyen sûr de prouver l'aptitude de notre race et d'élever Haïti au rang qu'elle doit occuper parmi les nations.

Je vous salue, etc. V. Lizaire.

Port-au-Prince, le 4 septembre 1867.

SECTION DE L'INSTRUCTION PUBLIQUE

CIRCULAIRE

LE SECRÉTAIRE D'ÉTAT DE L'INSTRUCTION PUBLIQUE

Aux Commissions de l'Instruction publique et aux Conseils communaux qui en tiennent lieu

Messieurs et Concitoyens,

Le Gouvernement, décidé à réorganiser l'enseignement, veut y mettre la main sans retard. Son programme est large et complet, et c'est par des faits qu'il va l'expliquer au pays.

Placé à la tête de l'Instruction publique, je m'impose le devoir d'entamer immédiatement les travaux que réclame ce service important.

La civilisation que nous voulons introduire dans le pays y entrera par l'instruction publique. Ce sont les lumières qui, rayonnant de tous les côtés, répandront dans la République les saines notions d'ordre, de droit et de devoir, qui font les vrais progrès d'une société. Il ne saurait y avoir même de richesse matérielle profitable et solide, sans les clartés de l'esprit, qui indiquent la route à suivre, les moyens à employer, le but à atteindre.

La tâche que j'assume est donc grande et difficile. Mais, comme j'ambitionne l'honneur de l'accomplir, je l'entreprends sans hésiter, avec courage et avec confiance.

Le couronnement de cette tâche sera de rendre bientôt inutile aux pères de famille d'envoyer en Europe leurs enfants, sous un climat contraire et mortel à leur âge. Ces jeunes gens ainsi enlevés du milieu où la nature les a placés pour le développement facile de leurs facultés physiques, vont le plus souvent mourir en Europe des atteintes de l'hiver, ou n'y font que des études mal suivies, loin du contrôle, des conseils, des soins de leurs parents. Ils ne rapportent à leur pays, sauf d'honorables exceptions, que des préjugés d'études classiques, avec des idées dont le patriotisme n'est pas le fond.

Il faut que l'enseignement supérieur soit établi en Haïti exactement comme il l'est à Paris. Il suffira d'avoir pour cela les éléments qui le constituent en Europe. Si l'on en prend les vrais moyens, si l'on supprime les dépenses peu profitables et très élevées dans le même service budgétaire, la République pourra se donner un collège tout à fait institué sur le pied des collèges de France. Ce collège suffira seul pour toute la République. Et il nous donnera dans la suite, avec les professeurs que nous y ferons, les moyens de le maintenir sans le secours de l'Étranger. Ce sera avoir alors une Université haïtienne. Le Gouvernement atteindra ce but, et pourra l'atteindre avant longtemps.

En attendant, il importe de réorganiser sans retard l'enseignement primaire. Il serait peut-être plus exact de dire : de le fonder ; car la manière vague et incomplète dont les écoles primaires sont en ce moment établies, rend impossible qu'elles produisent l'objet pour lequel elles sont faites.

Nous proclamerons d'abord à cet égard un principe démocratique qui a prévalu dans les pays libres pour le bonheur des populations : l'instruction primaire gratuite et obligatoire. L'État a le devoir d'élever ses enfants, c'est-à-dire de les éclairer. Il s'en suit qu'il en a aussi le droit. L'un implique l'autre, et le comporte. C'est ainsi qu'il donnera des hommes à la République, et qu'il rendra possibles les progrès que nous voulons réaliser, progrès qui feront à la fois notre fortune et notre bonheur.

En attendant qu'une loi soit proposée aux Chambres pour consacrer l'idée de l'obligation de l'instruction publique, je vous invite, Messieurs les membres des Commissions de l'Instruction publique, à vous enquérir des enfants de votre circonscription en âge d'apprendre à lire, et qui ne sont pas placés dans les établissements d'enseignement primaire. Vous m'enverrez ces listes avec la désignation de leurs familles, pour qu'il soit pourvu aux moyens d'y remédier.

Il vous est aussi enjoint d'exiger des parents des élèves admis à ces écoles, qu'ils suivent exactement leurs classes, et vous mettrez à exécution dans toute leur sévérité, et dès ce moment, les dispositions de la loi du 30 novembre 1860 à cet égard.

Vous aurez aussi soin de faire dresser dans le courant même de la semaine de la réception de cette circulaire, des états complets des écoles primaires placées sous votre surveillance, avec tous les détails relatifs au personnel de chaque établissement, aux aptitudes, aux mœurs, à l'exactitude de chaque directeur et professeur, au nombre des élèves de chaque école.

Aussitôt que j'aurai ces deux documents, je vous enverrai un programme pour les écoles primaires de la République. Ce programme sera simple et facile pour pouvoir être aisément et uniformément observé.

La grammaire, l'arithmétique, la géographie, l'histoire d'Haïti, seront les seules études imposées aux écoles primaires. Mais les choses devront être réglées de telle sorte que ces études élémentaires se fassent d'une manière complète, et s'achèvent dans l'espace de deux ans. Tous les enfants des villes en Haïti, doivent être astreints à faire ces classes. Ceux qui auront montré dans ces études préparatoires des aptitudes distinguées, et ceux à qui leurs familles voudront donner une instruction libérale, iront achever leurs études dans le collège de la République.

Les autres, au sortir de l'école primaire devront entrer en apprentissage d'une profession de leur choix, à l'atelier des arts et métiers, établissement que va créer sans retard le Secrétaire d'État de l'Intérieur. Ainsi la jeunesse des villes pourra se faire une existence indépendante et honorable, en dehors des fonctions publiques. Le commerce dans ces derniers temps est tombé presque en nullité, en grande partie par suite de l'affluence extrême qui s'y faisait. Tout le monde était commerçant. Quand on disait travailler, cela signifiait acheter et vendre. Un malheureux concours de circonstances et d'idées avait produit ce résultat Les fonctions publiques, la chose est triste à dire, ne suffisent pas au quart des demandes qui arrivent de toutes parts. Dans une société bien réglée, il y a des citoyens propres à s'occuper du négoce, il y en a qui sont aptes aux magistratures et aux charges publiques, et d'autres, qui exercent les arts, les professions, les métiers, les industries indispensables à la vie. C'est cette dernière classe, l'une des plus intéressantes et des plus utiles, à coup sûr, qu'il s'agit de recruter, de développer, autant que possible, pour le bien de la chose publique.

Pour les campagnes, il faudra que dans chaque habitation possédant un nombreux atelier, il y ait une école rurale enseignant simplement à lire, à écrire, à compter.

Vous êtes invités à me désigner immédiatement les habitations de ce genre, situées à cinq lieues de toute école primaire, pour qu'il y soit placé par vos soins, ou plutôt par vous-mêmes, un citoyen de bonnes mœurs, pouvant apprendre tout simplement à lire et à écrire aux enfants des campagnes. Peut-être conviendra-t-il mieux d'employer souvent des femmes pour diriger ces petites classes rurales.

Un jour viendra sans doute, et peut-être n'est-il pas loin, où les cultivateurs étudieront par eux-mêmes les procédés scientifiques de l'art suprême qu'ils professent. Il suffira à ces enfants des campagnes de donner trois heures par jour à ces études simples et faciles. De la sorte, le reste de leur temps ne sera pas perdu pour les travaux des champs, où ils aident leurs parents.

Ainsi, il n'est point question, comme on l'a fait dans ces derniers temps, de jeter de la poudre aux yeux du public, par la création confuse d'écoles sans règle dans les campagnes et dans les bourgs.

Il s'agit de former pour ainsi dire, un cours de doctrine, un système complet d'enseignement dans la République, une échelle sagement disposée dont le premier degré soit l'abécédaire épelé dans les champs, et la dernière marche, les études supérieures offertes à la jeunesse haïtienne dans le grand Collège de la République.

Nos lycées actuellement existants pourront être convertis, dès que le collège sera institué, en établissements transitoires, dont le programme, notablement modifié, concordera d'un côté, avec les écoles primaires, et de l'autre, avec le grand Collège. L'étude des langues vivantes pourra en être le caractère distinctif.

Je vous révèle ainsi la pensée du Gouvernement pour vous faire sentir toute l'importance que j'attache, en vue du système à fonder, aux renseignements, que je vous demande sur les écoles primaires de votre ressort. C'est par ces écoles que je vais commencer. Et comme je veux commencer sans aucun retard, je vous déclare que je mettrai sur votre compte aux yeux du pays toute perte de temps que vous m'aurez fait éprouver à cet égard.

Un citoyen n'accepte une fonction publique qu'à condition de la remplir, et en outre de la bien remplir. Or, les fonctions que vous avez sont d'une importance de premier ordre. Si, les remplissant avec négligence ou d'une manière incomplète quelques commissions m'empêchaient de faire mon devoir comme je le dois à mon pays, je dénoncerais le fait à la nation, et d'autres citoyens seraient immédiatement appelés à remplacer ceux qui auraient ainsi négligé la chose publique. Si au contraire, comme je l'attends bien de vous, mes honorables Concitoyens, vous me mettez à même, par votre empressement, votre exactitude et votre activité, d'accomplir sans perte de temps les réformes qui sont à faire dans l'enseignement, je me ferai un devoir de signaler votre zèle au Gouvernement et surtout au pays, ce qui sera pour vous un titre sérieux dans l'ordre nouveau introduit dans la République.

La tâche que nous avons à remplir est plus importante que beaucoup d'autres.

Pour avoir des villes éclairées au gaz, des routes macadamisées, des ponts sur les rivières, des marchés et des jetées, des théâtres et des palais, il faut répandre les lumières. Ce sont elles qui permettront de conserver ces améliorations et de les étendre de plus en plus.

Un peu plus tard, encouragés par le succès et secondés par l'opinion, nous élargirons le cercle de ces réformes et de ces créations. Nous établirons une bibliothèque nationale, nous monterons un cabinet de physique avec un laboratoire de chimie, le tout bien complet; et nous instituerons des cours publics de belles-lettres et surtout de sciences physiques et naturelles. Les admirables expériences que comportent ces sciences intéressantes pourront ainsi se faire aux yeux du public. La jeunesse y trouvera une instruction facile et attrayante. Elle y trouvera, en outre, des loisirs élevés, meilleurs peut-être que ceux auxquels on se livre d'ordinaire. Elle y gagnera beaucoup, et tout le pays avec elle.

Une grande voix de notre époque, la plus grande peut-être, depuis longtemps, me disait ces jours derniers:

« Donnez la liberté, prodiguez la lumière. La liberté fait le citoyen.

« La lumière fait l'homme. »

Nous serons fidèles à ce programme. Il a toujours été dans ma pensée; il est maintenant dans mon intention, comme dans celle du Gouvernement. Gouverner les peuples par la lumière et par la liberté, c'est faire en même temps leur bonheur et leur dignité. C'est créer du même coup du bien-être, de l'élévation d'esprit et des mœurs.

Qu'est-ce qu'une société peut demander de plus? C'est pour arriver à ces résultats si élevés que je vous demande, Messieurs et Concitoyens, votre concours le plus empressé.

Accusez-moi réception de la présente, et recevez l'assurance de mes sentiments les plus distingués.

Delorme.

Port-au-Prince, le 14 septembre 1867, an LIV de l'indépendance.

Section des Travaux publics. — N° 106

CIRCULAIRE

LE SECRÉTAIRE D'ÉTAT DE L'INTÉRIEUR ET DE L'AGRICULTURE

A MM. le général Cauvin, le général T. Laborde, le colonel Savin; Dubois fils, horloger; Friman, Dehoux jeune et A. Sénécal.

Messieurs,

Le Gouvernement, désireux d'utiliser les forces vives de la Nation, désireux surtout de faire revivre des sources de richesse et de prospérité qui vont, chaque jour, s'éteignant dans le pays, le Gouvernement, dis-je, a résolu de porter toute sa sollicitude sur la renaissance des arts industriels en Haïti.

Une école professionnelle des arts et métiers doit être fondée à Port-au-Prince. Confiant dans vos lumières, le Gouvernement a fait choix de vous, Messieurs, pour l'éclairer sur les bases premières de cet important établissement.

Je vous invite donc à vous réunir en Commission sous la présidence de l'un d'entre vous, M. l'Ingénieur Sénécal, afin d'étudier un plan d'organisation sérieux et praticable qui permette de réaliser une œuvre si éminemment utile.

Vous verrez quels métiers, quelles industries doivent tout d'abord prendre place dans l'enseignement de l'École; vous nous direz quelles économies nous pouvons apporter dans son organisation; à quelles études devront être assujettis les élèves; quelles conditions devront leur être faites à l'entrée et à la sortie; vous réglerez enfin le mode et la durée de l'enseignement. — Vous ne perderez surtout pas de vue que le but du Gouvernement est, non de faire des érudits, mais des ouvriers ayant une éducation théorique suffisante pour voler après de leurs propres ailes et perfectionner, par leurs propres études, les arts dont ils auront acquis la pratique.

Vous vous souviendrez encore, Messieurs, que cette institution, essentiellement nationale, doit être à la portée de tous. Le nombre des élèves doit être assez grand pour permettre à toutes les localités d'y être représentées, les conditions, assez larges pour permettre à toutes les classes de les remplir: car le Gouvernement veut par là donner au peuple, en général, des moyens sûrs et faciles de gagner honorablement son existence.

Je compte, Messieurs, sur votre zèle pour tout ce qui touche aux intérêts du pays, je compte sur vos lumières, et dans cette attente,

 Je vous salue cordialement,

         Ovide CAMEAU.

Port-au-Prince, le 14 septembre 1871, an LVIII de l'indépendance.

Section de l'Instruction publique. — N° 254

CIRCULAIRE

LE SECRÉTAIRE D'ÉTAT AU DÉPARTEMENT DE L'INSTRUCTION PUBLIQUE

Aux Commandants des arrondissements de la République

Général,

Le Gouvernement, désirant établir un certain nombre d'écoles rurales dans chaque commune de la République, vous voudrez bien vous joindre à la Commission de l'Instruction publique et aux Conseils communaux de votre arrondissement, afin qu'après s'être entendu avec vous, le Corps surveillant puisse me désigner les sections où il convient le mieux de fonder ces établissements.

Le Gouvernement, qui entoure la jeunesse de tant de sollicitude, prend à cœur, Général, de répandre l'Instruction publique dans les campagnes ; et j'aime à croire que vous donnerez tout votre concours au Corps surveillant pour que les renseignements dont j'ai besoin me parviennent le plus tôt possible.

Je compte à cet égard sur votre patriotisme, et je vous prie d'agréer l'assurance de ma considération très distinguée.

D. Lamour.

Port-au-Prince, le 14 septembre 1871, an LVIII de l'indépendance.

Section de l'Instruction publique. — N° 255

CIRCULAIRE

Aux Commissions de l'Instruction publique et aux Conseils communaux de la République

Messieurs et Concitoyens,

Le Gouvernement désirant établir un certain nombre d'écoles rurales dans chaque commune de la République, je vous invite à vous joindre au Commandant de votre arrondissement, afin qu'après vous être entendus avec ce fonctionnaire, vous puissiez me désigner les sections de votre commune où il convient le mieux de les fonder. Vous aurez soin de me faire parvenir en même temps une liste de candidats réunissant les conditions voulues pour diriger ces établissements avec la note du matériel indispensable à chaque école.

Je profite de cette occasion pour vous recommander d'inspecter les écoles urbaines de votre circonscription et de me faire savoir quels sont les objets qui leur manquent pour qu'elles fonctionnent régulièrement.

Il importe, Messieurs, que les renseignements que je vous demande m'arrivent dans une quinzaine de jours au plus tard, car le Gouvernement, qui entoure la jeunesse de tant de sollicitude, prend à cœur de donner un développement rapide à l'Instruction publique, et il s'imposera tous les sacrifices possibles pour qu'au commencement du mois prochain toutes les écoles nationales soient placées sur un pied satisfaisant.

Je compte à cet égard sur vos lumières et votre patriotisme, et je vous prie da'gréer, Messieurs, l'assurance de ma considération très distinguée.

D. Lamour.

Port-au-Prince, 23 février 1874, an LXXII de l'indépendance.

LA COMMISSION CENTRALE DE L'INSTRUCTION PUBLIQUE

Aux Directeurs et Directrices des Établissements ou Écoles nationales de cette ville

---

M.

Un abus s'est introduit dans les écoles, qu'il importe de faire cesser. Des élèves y sont reçus à notre insu et sans cartes d'admissions régulièrement délivrées. Il y a là de graves inconvénients pour les écoles mêmes.

Premièrement, les enfants sont soustraits de cette façon à l'inspection hygiénique de la Commission qui, en les recevant dans ses bureaux, constate leur état de santé avant de leur donner une destination.

Deuxièmement, cette facilité, qui leur est faite pour éviter notre surveillance et glisser sans contrôle d'un établissement à un autre désorganise les personnels qui se recrutent clandestinement au détriment des uns et des autres.

Enfin, les écoles inférieures sont insensiblement désertées au profit des écoles supérieures, sous l'empire de cette tendance qui pousse les familles à s'imaginer qu'il suffit que les enfants gravissent les marches d'un degré supérieur pour en posséder les connaissances et être à la hauteur de son programme.

De là, une véritable perturbation dans la répartition des cadres, des services et des programmes ; une impossibilité de maintenir l'ordre hiérarchique des études, et en outre un empêchement dangereux de s'assurer de l'état sanitaire de cette foule d'enfants qui se distribuent chaque année dans nos diverses maisons d'éducation.

En conséquence, il est formellement interdit aux chefs d'établissements d'admettre désormais aucun élève qui ne serait pas porteur d'une carte d'admission délivrée par le bureau de la Commission centrale.

Nous les invitons à observer rigoureusement cette prescription qui est commandée par l'intérêt des établissements confiés à leurs soins.

Dans nos visites d'inspection mensuelles, la matricule des écoles sera confrontée, par l'appel nominal, avec les états nominatifs déposés en nos bureaux pour reconnaître leur identité.

La Commission est, en outre, bien décidée à ne pas permettre qu'un élève passe, sans en avoir épuisé le programme et comme on l'a toléré jusqu'aujourd'hui, d'une école inférieure à une école d'un degré plus élevé.

Les articles 61 et 62 de la loi sur l'instruction publique font aux parents qui se décident à placer leurs enfants dans un établissement national, l'obligation, sous peine d'être recherchés et de payer une indemnité, de les y laisser jusqu'à ce qu'ils en aient achevé le cours d'études.

Vous voudrez donc, pour nous mettre en mesure d'exercer notre surveillance sur ces deux derniers points, nous faire connaître à la fin de chaque mois les modifications qui pourront se produire dans votre personnel par suite de la sortie des élèves.

L'entrée comme la sortie irrégulière dans les écoles est un danger pour les écoles mêmes.

Tout élève, qui quittera une école en dehors des conditions prescrites, n'obtiendra pas d'autorisation pour entrer dans une autre, et l'établissement qui le recevra, sera soumis au blâme.

Veuillez être très exact à remplir les vœux de cette circulaire dont vous nous accuserez réception et recevoir, M...., l'expression de nos sentiments de parfaite considération.

Le Président,
F. Duplessis.

Port-au-Prince, le 12 octobre 1874, an LXXI de l'indépendance.

Section de l'Instruction publique. — N° 521

CIRCULAIRE

LE SECRÉTAIRE D'ÉTAT AU DÉPARTEMENT
DE L'INSTRUCTION PUBLIQUE

Aux Commissions de l'Instruction publique et aux Conseils communaux chargés de la surveillance des Écoles nationales.

Messieurs et Concitoyens,

L'expérience démontre qu'une des causes qui nuisent le plus aux succès des études dans les établissements publics, c'est la mauvaise habitude contractée par les parents de ne pas vouloir envoyer leurs enfants régulièrement à l'école.

Aussi, dans sa sollicitude pour le bien-être moral et matériel de la jeunesse haïtienne, le Gouvernement a-t-il toujours cherché les moyens propres à combattre cette coupable indifférence qui a si souvent paralysé ses efforts.

Par différents rapports que j'ai sous les yeux, je constate avec peine que, par les absences réitérées de certains élèves, la plupart des écoles rurales ne répondent pas à l'attente du Gouvernement et aux nombreux sacrifices qu'il fait pour leur entretien.

Pour mettre un terme à ce triste état de choses, je m'empresse, Messieurs, de vous donner avis que désormais, les écoles rurales s'ouvriront à dix heures du matin et se fermeront à quatre heures du soir. Il est bien entendu que, durant ce temps, les cours devront se faire sans interruption.

Par ce moyen, les enfants pourront facilement s'occuper des champs et des autres travaux de la maison et suivre régulièrement leurs classes.

Veuillez faire connaître cette décision aux directeurs des Ecoles rurales placées sous votre surveillance, afin qu'ils aient à s'y conformer, et vous, Messieurs, continuez toujours à me prêter votre concours pour la réussite de l'œuvre qui doit assurer le bonheur et l'avenir de notre pays.

Accusez-moi réception de la présente, et agréez l'assurance de ma parfaite considération.

Madiou.

Port-au-Prince, le 26 mai 1875, an LXXII de l'indépendance.

CIRCULAIRE

LE SECRÉTAIRE D'ÉTAT AU DÉPARTEMENT
DE L'INSTRUCTION PUBLIQUE

Aux Commissions principales de l'Instruction publique

Messieurs,

Il est parvenu à ma connaissance que beaucoup de directeurs de nos écoles rurales sont encore loin d'être à la hauteur de leur mission. Ce fait regrettable ne doit plus être toléré aujourd'hui. Mais, comme il est presque impossible de renvoyer tous ceux qui se trouvent dans ce cas, au risque de voir rester fermés, pour quelque temps, bon nombre de ces établissements, nous devons donc, à l'avenir, prendre toutes sortes de précautions, pour que ces charges ne soient plus confiées à des hommes incapables de les bien remplir.

C'est pour mettre fin à cet abus que j'ai cru nécessaire de dresser un programme contenant les matières sur lesquelles doivent être interrogés les postulants à la charge de directeurs d'écoles rurales. Je vous en envoie un exemplaire sous ce couvert.

Dans ce programme, vous remarquerez que j'ai parlé en dernier lieu de la géographie d'Haïti. Le département de l'Instruction publique, comprenant qu'il faut pour nos écoles rurales un abrégé tout particulier de la géographie d'Haïti, va bientôt en faire paraître un. L'ouvrage est en ce moment sous presse. Il vous en sera envoyé un certain nombre d'exemplaires pour être distribués gratuitement à toutes les écoles rurales de la République.

Si les candidats qui se présentent à vous pour être examinés sont à la hauteur de ce programme, quoique très élémentaire, il va sans dire, Messieurs, que nous aurons à l'avenir, pour diriger ces établissements, dignes d'un haut intérêt, des maîtres capables, au moins, d'enseigner les premières connaissances.

Ce programme est en vigueur à partir de ce jour, et le Gouvernement, pour atteindre le but qu'il se propose, compte sur votre dévouement à la chose publique.

Veuillez, Messieurs, m'accuser réception de la présente, et agréer en même temps l'assurance de ma haute considération.

Madiou.

Port-au-Prince, le 2 juin 1875, an LXXII de l'indépendance.

N° 1536.

SECTION DE L'INSTRUCTION PUBLIQUE

LE SECRÉTAIRE D'ETAT AU DÉPARTEMENT
DE L'INSTRUCTION PUBLIQUE

*A la Commission centrale et aux Commissions principales
de l'Instruction publique*

Messieurs,

J'ai l'avantage de vous envoyer, avec la présente circulaire, une copie du programme comportant les matières sur lesquelles doivent être interrogés désormais les postulants à la charge de directeurs et de professeurs d'écoles nationales primaires.

J'appelle particulièrement votre attention sur l'examen que doivent subir les candidats pour ce qui est du principe de la lecture.

Ils doivent avoir étudié soigneusement la méthode lancastérienne, comme il est dit dans la note placée à la fin du programme, afin de pouvoir répondre sans embarras aux questions que vous pourrez leur poser sur cette partie importante qui est considérée comme la clef de toutes les connaissances.

Cette décision n'est pas sans motif, Messieurs, car le

temps a démontré que, par la routine introduite depuis peu dans la plupart de nos écoles primaires, les commençants passent trois, quatre années sur les bancs avant d'arriver à pouvoir lire assez convenablement, et d'autres fois reçoivent de mauvaises impressions qu'ils n'abandonnent pas, devenus grands.

Il importe à tout prix d'écarter de l'enseignement cette routine et d'assurer les progrès de ces jeunes enfants par une méthode uniforme, simple, claire et précise. — C'est pour ce motif que, à partir de ce jour, l'enseignement mutuel est remis en vigueur, comme il l'est déjà au Port-au-Prince.

Veuillez en donner avis à tous les chefs d'établissements placés sous votre surveillance, tenir la main à ce que les postulants, pour être agréés, soient à la hauteur du programme, m'accuser réception de la présente, et agréer aussi, Messieurs, l'assurance de ma parfaite considération.

Madiou.

Port-au-Prince, le 29 juin 1875, an LXXII de l'indépendance.

Section de la correspondance générale. — N° 1340

CIRCULAIRE

LE SECRÉTAIRE D'ÉTAT AU DÉPARTEMENT
DE L'INSTRUCTION PUBLIQUE.

Aux Administrateurs des Finances de la République

Monsieur l'administrateur,

Le Gouvernement, pour faciliter aux parents l'achat des livres à l'usage de leurs enfants vient de faire venir de l'étranger un certain nombre d'ouvrages classiques.

Ces ouvrages doivent être cédés aux élèves des écoles nationales.

Il a été décidé qu'un dépôt sera fait en vos bureaux pour les besoins des écoles de votre circonscription.

Je vous envoie, avec la présente, la liste des ouvrages que le garde-magasin est invité à vous faire parvenir sans retard. Quand cette première quantité sera épuisée, une seconde expédition vous en sera faite. Une comptabilité spéciale sera tenue à cet effet, et mon collègue, le Secrétaire d'État des Finances, vous écrira lui-même pour vous donner ses instructions là-dessus.

Ainsi que je l'ai annoncé à la Commission principale de votre localité, aucun livre ne pourra être vendu à un élève sans une note signée du directeur ou de la directrice de l'établissement auquel il appartient ; — et deux mêmes ouvrages ne pourront jamais être vendus à la fois à un même élève.

J'aime à penser, Monsieur l'Administrateur, que, pénétré comme vous l'êtes de la sollicitude du Gouvernement pour la jeunesse des écoles, vous vous ferez un vrai devoir de lui prêter votre concours afin qu'il réalise en tous points le bien qu'il s'est proposé en donnant suite à l'heureuse idée de mettre tous les parents à même de procurer des livres à leurs enfants.

Veuillez m'accuser réception de la présente, et agréer, Monsieur l'Administrateur, l'assurance de ma parfaite considération.

MADIOU.

Port-au-Prince, le 29 juin 1875, an LXXII de l'indépendance.

Section de la correspondance générale de l'Instruction publique. — N° 1518

LE SECRÉTAIRE D'ÉTAT AU DÉPARTEMENT
DE L'INSTRUCTION PUBLIQUE

A la Commission centrale et aux Commissions principales de l'Instruction publique

Messieurs et Concitoyens,

Dans sa haute sollicitude pour l'avancement moral et intellectuel de la jeunesse des écoles, le Gouvernement vient de faire venir de l'étranger un certain nombre de la plupart des ouvrages classiques suivis dans nos établissements publics.

Il a été décidé que ces ouvrages seront cédés aux parents des élèves, c'est-à-dire vendus au même prix qu'ils ont coûté à l'État.

Cette manière de faire, qui a parfaitement réussi en d'autres temps, ne manquera pas, j'espère, de réaliser un bien immense, celui de permettre aux pères et mères de familles de trouver sur les lieux mêmes les livres dont ils ont besoin pour leurs enfants et de pouvoir les acheter au plus bas prix possible, ainsi que vous le verrez par le tableau que j'ai l'avantage de vous envoyer avec la présente.

Pour mettre de l'ordre dans la vente de ces ouvrages, il est arrêté tout d'abord par le Gouvernement sur la proposition du Département de l'Instruction publique, que : 1° un dépôt sera fait, pour le Port-au-Prince, au bureau général des Archives, et pour les autres villes de la République, dans chaque bureau d'administration financière ; 2° qu'aucun livre ne pourra être vendu à un élève d'une école nationale sans une note signée du directeur ou de la directrice de l'établissement auquel il appartient ; 3° et que deux mêmes ouvrages ne pourront jamais être vendus à la fois à un même élève.

Vous voudrez bien, dès maintenant, porter ceci à la connaissance de tous les chefs d'établissements scolaires de votre circonscription, afin qu'ils en donnent connaissance aux parents de leurs élèves.

Veuillez, Messieurs, m'accuser réception de la présente, et agréer en même temps l'assurance de ma parfaite con-considération.

Madiou.

Port-au-Prince, le 5 janvier 1882.

CIRCULAIRE

LE SECRÉTAIRE D'ÉTAT AU DÉPARTEMENT DE L'INSTRUCTION PUBLIQUE

Aux directeurs des Lycées nationaux de la République

Monsieur le Directeur,

L'article 7 du règlement des lycées nationaux de la République vous fait l'obligation rigoureuse de présenter, tous les trois mois, au Secrétaire d'État de l'Instruction publique, l'exposé de la situation du lycée et de lui envoyer en même temps un résumé des notes que vous aurez reçues des professeurs, dans le cours du trimestre.

Il n'est pas nécessaire, M. le Directeur, que je vous parle de l'importance des prescriptions de cet article, auxquelles cependant vous ne vous êtes jamais conformé.

Comme je désire que les lois et règlements qui régissent l'Instruction publique soient fidèlement observés, décidé que je suis à les faire exécuter, je vous adresse la présente pour appeler votre attention la plus sérieuse sur ce point.

Ces rapports que je vous invite à me faire régulièrement, à l'avenir, doivent me mettre à même de suivre avec attention le mouvement de l'établissement supérieur confié à votre patriotisme et de prendre toutes les mesures capables d'assurer le succès des études qu'on y fait.

Recevez, Monsieur le Directeur, l'assurance de ma parfaite considération.

François Manigat.

Port-au-Prince, le 8 avril 1882, an LXXIX de l'indépendance.

CIRCULAIRE

LE SECRÉTAIRE D'ÉTAT AU DÉPARTEMENT DE L'INSTRUCTION PUBLIQUE

Aux directeurs, directrices et professeurs des Écoles nationales de la République

Mesdames et Messieurs,

Nos écoles dont le Gouvernement s'était vu forcé de prolonger la fermeture, à cause de l'épidémie qui sévissait dans diverses circonscriptions scolaires, vont bientôt se rouvrir.

Je vous remets, sous ce couvert, le programme nouveau des études qu'a élaboré le Conseil Supérieur de l'Instruction publique, sur l'*invitation de mon prédécesseur*.

Récemment appelé à la direction de ce Département par le choix bienveillant de S. Exc. le Président d'Haïti, je n'ai pas eu le temps d'étudier le plan sur lequel ce programme a été construit. Je vous en confie pourtant l'exécution à *titre d'essai*. Vous voudrez, après le premier semestre de pratique, me présenter vos observations, afin que l'autorité compétente puisse y apporter des modifications, s'il y a lieu.

Désirant vivement favoriser le *concours* entre nos diverses institutions tant publiques que privées, afin de stimuler les études d'une manière effective, et ne pouvant atteindre ce but que par l'introduction, une fois pour toutes, de l'*uniformité* dans notre méthode d'enseignement jusqu'à ce jour si défectueuse, j'appelle votre attention, d'une manière toute spéciale, sur la nécessité de la stricte observance de ce programme que je confie à votre patriotisme, à votre bonne volonté et à vos lumières.

Au moment où vous allez vous livrer au travail, je crois

utile de vous assister de quelques conseils qui, pour avoir été souvent répétés, ne manquent pas d'une certaine importance d'actualité.

Vous savez, Mesdames et Messieurs, que du jour où vous avez accepté le mandat d'instituteur, vous vous êtes assumé devant la Nation une responsabilité dont, je veux le croire, vous ne vous êtes jamais dissimulé l'importance. Du reste, votre expérience a dû faire justice de toute illusion. La tâche est noble et ne laisse pas que d'offrir bien des difficultés avec lesquelles ont dû grandir et votre courage et votre dévouement. Comme vous, j'ai connu les sacrifices de toutes sortes qu'il faut faire dans ce rude sacerdoce, mais aussi qu'il est doux de l'accomplir pour le bien de tous !

Rappelez-vous qu'au-dessus de la sphère où sont ceux que la loi a établis pour vous contrôler, dans l'exercice de vos délicates fonctions, plane l'*opinion publique* qui fait plus cas des actes auxquels elle réserve son inévitable et sévère censure ou ses éloges précieux, que des paroles auxquelles elle a presque cessé de croire, comme à de fallacieuses promesses.

N'envisagez pas seulement le modique salaire que vous sert l'État. Tournez plutôt et sans cesse vos regards vers l'avenir du pays que vous préparez, en formant la génération qui nous doit succéder aux affaires.

C'est pourquoi je vous invite à saisir avec empressement, durant vos leçons, l'occasion d'inspirer à vos disciples l'amour du bien et du beau. Que, façonnés par vos mains, ils s'initient de bonne heure aux salutaires exercices du travail et à la saine pratique de l'étude.

En ouvrant devant vos élèves le grand livre de l'Histoire, et en faisant valoir à leurs yeux les grands hommes de l'antiquité, des temps modernes, et surtout ces héros de notre jeune nationalité, dont les noms ont triomphé de l'oubli et du temps, ces éternels ennemis ne toute gloire, vous enflammerez leurs jeunes cœurs et au contact et au récit de ces mâles vertus.

Ouvrons enfin, Mesdames et Messieurs, des voies nouvelles

à notre enseignement, en rompant irrévocablement avec cette routine qui n'a jamais su offrir des résultats réels et solides. Je le veux ; donc, j'y tiendrai la main.

Je recommande en finissant, Mesdames et Messieurs, la présente circulaire à votre patriotique et bienveillante sollicitude, persuadé que vous verrez votre récompense dans les succès de la jeunesse dont le sort est en vos mains.

Recevez, Mesdames et Messieurs, l'assurance de ma considération très distinguée.

François Manigat.

CIRCULAIRE DU 24 AOUT 1894

SUR L'APPLICATION DES NOUVEAUX PROGRAMMES ET PLANS D'ÉTUDES DE L'INSTRUCTION PUBLIQUE

Monsieur l'Inspecteur,

Les nouveaux programmes et plans d'études de l'Instruction publique devenant applicables à partir de la réouverture des classes, en septembre, il me paraît nécessaire de compléter les instructions que je vous ai déjà transmises relativement à leur exécution.

Afin d'éviter toute hâte préjudiciable aux intérêts qu'il a pour mission de sauvegarder, le Département a décidé que la connaissance des matières portées dans ces programmes et plans d'études ne sera exigible aux examens de la présente année scolaire que pour les élèves de la dernière classe de l'enseignement auquel ils s'appliquent. L'exécution s'en étendra ainsi graduellement chaque année, de sorte que, en définitive, dans chaque degré d'enseignement, les matières des cours supérieurs ne deviendront exigibles, au bout du temps de scolarité prévu, que pour les élèves qui auront parcouru tout la série des cours intermédiaires.

Dans les écoles primaires, les programmes et plans d'études ne seront donc cette année strictement exécutoires que pour la dernière classe du cours élémentaire. Dans les écoles secondaires spéciales de garçons et de filles, — qui toutes réunissent aux trois cours de l'enseignement secondaire proprement dit les quatre cours de l'enseignement primaire — on en inaugurera l'application par la dernière classe de la division primaire; et dans les lycées et collèges, par la sixième.

Quant aux élèves qui auront déjà commencé leurs études sous le régime anciennement en vigueur, il vous reviendra de déterminer, de concert avec les chefs d'institution, en quelle mesure la nouvelle organisation pourra leur être appliquée, eu égard aux connaissances qu'ils ont acquises et aux ressources dont disposent les établissements auxquels ils appartiennent.

Il sera laissé de même une certaine initiative aux chefs d'institution pour obtenir une répartition des services du personnel placé sous leur direction conformément aux aptitudes de chacun, sauf les désignations spéciales portées sur les commissions. En veillant à ce que tous les professeurs donnent régulièrement et uniformément à l'école le nombre d'heures limité par notre arrêté du 26 juillet 1893, il ne leur sera pas impossible de satisfaire aux prévisions les plus urgentes des nouveaux programmes, sans imposer un surcroît de charges à l'État.

L'expérience a démontré qu'une tension d'esprit trop prolongée dans le même sens use et délabre les facultés intellectuelles de l'élève. Aussi avons-nous cru sage de réduire à *une* heure le temps consacré à une même classe. Toutefois, le tableau des heures d'enseignement semble prévoir pour l'enseignement secondaire classique des classes d'une heure et demie et de deux heures. Ce sont, en réalité, des cours plus importants, qui, à ce titre, ont été augmentés d'une demi-heure ou d'une heure, afin qu'ils pussent être immédiatement précédés d'une *étude* préparatoire. Dans ces *études* spéciales, les élèves procéderont, sous la direction du professeur lui-même, à tous les exercices pratiques propres à leur faciliter l'intelligence de son cours. Et ainsi espérons-nous suppléer au défaut d'apprentissage professionnel, qui empêche de recueillir tout le profit désirable du concours de nos maîtres d'études.

Jusqu'à ce que le Département soit muni des ressources nécessaires à la complète exécution du programme des exercices physiques, des travaux manuels et du dessin, vous n'en exigerez l'application que dans la mesure permise par l'organisation actuelle des écoles nationales.

L'étude d'une seule langue vivante étrangère sera obligatoire pour les élèves. Dès son entrée à l'école chaque élève aura à opter pour l'anglais ou pour l'espagnol. Quant aux établissements où il n'aura pas été encore possible de créer deux chaires de langues vivantes, la langue actuellement enseignée y sera seule obligatoire.

Dans l'étude des langues mortes, les professeurs insisteront spécialement sur la formation des mots, leurs étymologies et leurs dérivés, initiant l'élève par étapes successives à l'analyse et à l'explication des principaux ouvrages. Un seul texte en vers et un seul texte en prose, au choix de l'élève, seront exigés aux examens pour chacune des langues latine et grecque.

En résumé, Monsieur l'Inspecteur, qu'il s'agisse de lettres ou de sciences d'études primaires ou secondaires, tout en encourageant les instituteurs qui relèvent de votre contrôle à tendre de toutes leurs forces à l'unité d'enseignement, qui est, dans cet ordre d'idées, l'objet le plus pressant de notre ambition, vous devrez d'une façon générale, tenir compte des ressources limitées de l'État, empêché de pourvoir aussi largement qu'il l'aurait voulu à la reconstitution des écoles nationales. Vous vous rappellerez qu'un programme d'études n'est, en somme, que l'indication des moyens les plus propres à réaliser un certain idéal de culture intellectuelle et moral; et qu'en aucun cas, cet instrument de progrès ne doit constituer un motif de gêne pour l'instituteur consciencieux qui, restant à la hauteur de sa tâche, se donne pour unique préoccupation d'obtenir les résultats favorables, dont nous poursuivons avant tout la conquête.

Les programmes se modifient et se transforment à la lueur de l'expérience : ce qu'il nous importe de conserver intacts, c'est la bonne volonté, le dévouement, l'effort constant vers le mieux.

Tels sont, Monsieur l'Inspecteur, les principaux points sur

lesquels il m'a semblé opportun d'appeler votre attention. Si l'application des nouveaux programmes exigeait d'autres instructions, je ne manquerais pas de vous les adresser. En attendant, je vous invite, dès la réception de cette circulaire, qui sera reproduite par le *Moniteur* et par le *Bulletin officiel de l'Instruction publique*, à la propager parmi tous les instituteurs de votre circonscription.

Recevez, Monsieur l'Inspecteur, l'assurance de ma considération distinguée.

P.-M. APOLLON.

CIRCULAIRE DU 14 SEPTEMBRE 1894
SUR LA VACCINATION OBLIGATOIRE

Monsieur l'Inspecteur,

Je viens d'être informé par le Jury médical central de la République que, malgré ses avis réitérés, les pères et mères de familles s'obstinent à ne pas faire vacciner leurs enfants.

Comme il est urgent de porter remède à cette coupable indifférence, en ce moment où la petite vérole sévit, dit-on, dans notre voisinage, je vous invite, sous votre responsabilité personnelle, à veiller strictement à ce qu'aucun élève ne soit admis dans une école nationale, sans être pourvu d'un certificat de vaccination.

Vous vous empresserez, en outre, de vous entendre avec les chefs des Institutions publiques et privées de votre circonscription et les présidents des Jurys médicaux pour qu'un service régulier de vaccination fonctionne au profit des élèves qui n'auraient pas été encore vaccinés.

Tout chef d'institution qui refusera d'obtempérer à ces prescriptions s'exposera à une mesure disciplinaire, et tout parent au renvoi de l'enfant.

Recevez, Monsieur l'Inspecteur, l'assurance de ma considération distinguée.

P.-M. Apollon.

CIRCULAIRE DU 26 SEPTEMBRE 1894
SUR L'APPLICATION DES NOUVEAUX PROGRAMMES DANS LES ÉCOLES PRIMAIRES URBAINES DE JEUNES FILLES

Monsieur l'Inspecteur,

L'article 9 de l'arrêté du 26 juillet 1893, sur la mise en vigueur des nouveaux programmes de l'Instruction publique, dans son premier alinéa, consacre pour les instituteurs des Écoles nationales primaires urbaines l'obligation de donner aux établissements où ils sont employés quatre heures d'enseignement par jour, *deux heures* le matin et *deux l'après-midi*.

Vu l'importance attribuée dans les écoles de jeunes filles à l'éducation professionnelle, cette disposition doit y recevoir l'amendement suivant, conforme d'ailleurs aux prévisions de la loi :

Le matin sera consacré à la lecture, l'arithmétique, l'histoire, la géographie ; et *l'après-midi*, aux travaux de couture, tricotage et broderie.

Nous recommandons également de professer, de préférence, *l'après-midi*, les cours complémentaires, instruction religieuse, instruction morale et civique, leçons de choses, chant, dessin, qui n'exigent pas des élèves une tension d'esprit aussi grande.

Les heures réglementaires sont le matin, de sept à onze heures et le soir de une à cinq heures.

La distribution intérieure du temps indiquée dans les nouveaux programmes pourra être modifiée dans les écoles primaires urbaines de jeunes filles, conformément aux présentes instructions et selon les convenances que vous apprécierez, de concert avec les chefs d'institution.

Quant aux écoles de garçons, l'article 9 de l'arrêté leur reste applicable sans amendement.

Recevez, Monsieur l'Inspecteur, l'assurance de ma considération distinguée.

P.-M. Apollon.

Port-au-Prince, le 3 octobre 1894, an XCI de l'indépendance.

SECTION DE LA CORRESPONDANCE DES INSPECTEURS. — 26.

CIRCULAIRE

LE SECRÉTAIRE D'ÉTAT AU DÉPARTEMENT DE L'INSTRUCTION PUBLIQUE

Aux Inspecteurs des Ecoles de la République

Monsieur l'Inspecteur,

Conformément à une résolution votée par la Chambre des Représentants, les écoles subventionnées autres que celles où l'État entretient des boursiers seront tenues dorénavant de recevoir, pour le compte du Gouvernement, autant d'élèves externes que le comportera le chiffre de leur subvention calculée à raison de P. 5 par élève national.

Je vous invite, dans la répartition des cartes d'admission que vous aurez à délivrer, à tenir compte de cette résolution législative, qui a pour objet, en retour des sacrifices que s'impose l'État, de garantir les bienfaits de l'instruction au plus grand nombre d'enfants possible.

Recevez, Monsieur l'Inspecteur, l'assurance de ma considération distinguée.

P.-M. APOLLON.

AVIS

1823

AVIS DU SECRÉTAIRE GÉNÉRAL
CONCERNANT LA FONDATION DE L'ACADÉMIE D'HAÏTI

Port-au-Prince, le 4 janvier 1823.

Désirant de travailler autant qu'il est en son pouvoir au bonheur de la République, S. Exc. le Président d'Haïti a donné les ordres nécessaires pour l'institution d'une Académie dans la ville de Port-au-Prince.

Cette Académie, sous la direction de M. Pescay, et sous la surveillance simultanée de l'inspecteur en chef du service de santé et de la Commission d'instruction publique, s'ouvrira dans ladite ville, le 15 janvier 1823. Elle embrassera l'étude de la médecine, du droit, de la littérature, des premiers éléments d'astronomie, etc.

Les parents qui désireraient faire suivre à leurs fils l'un de ces cours sont invités à communiquer leurs intentions à la Commission d'instruction publique, afin de prendre tels arrangements que de droit pour l'admission de leurs enfants, le public étant prévenu qu'il ne sera admis à la susdite Académie, au concours, que douze jeunes gens aux frais de la République, l'établissement pourra en recevoir douze autres aux frais de leurs parents.

Port-au-Prince, le 4 janvier 1823, an XX.

Le Secrétaire général,
Président de la Commission d'Instruction publique,
B. INGINAC.

AVIS DE LA SECRÉTAIRERIE D'ÉTAT DE L'INSTRUCTION PUBLIQUE

RELATIF A LA FONDATION D'UN LYCÉE NATIONAL AUX CAYES

Port-Républicain, le 8 février 1845.

LIBERTÉ   ÉGALITÉ

RÉPUBLIQUE HAITIENNE

Le Gouvernement de la République, fidèle à sa promesse d'étendre progressivement l'instruction publique, a récemment arrêté qu'il serait ouvert un Lycée national aux Cayes : cet établissement est en ce moment en voie d'organisation. Le citoyen Jules Bance, qui doit le diriger, a reçu l'ordre de se rendre immédiatement sur les lieux pour exécuter les arrangements nécessaires à l'installation : choix du local, confection du matériel, recherche et proposition de professeurs, etc.

Les cours des trois premières années comprendront, savoir :

PREMIÈRE ANNÉE

1° Langue française ;
2° Éléments de grammaire latine ;
3° Arithmétique ;
4° Histoire ancienne ;
5° Éléments généraux de la géographie moderne et celle des peuples de l'antiquité dont on étudie l'histoire ;
6° Instruction morale.

DEUXIÈME ANNÉE

1° Langue française ;

2° Grammaire latine et traduction ;

3° Arithmétique ;

4° Continuation et fin de l'histoire ancienne ;

5° Géographie moderne et détaillée de l'Europe et celle des peuples de l'antiquité dont on suit l'histoire ;

6° Instruction morale.

TROISIÈME ANNÉE

1° Langue française ;

2° Grammaire latine ; traduction ;

3° Commencement de géométrie et d'algèbre ;

4° Dessin linéaire.

5° Histoire romaine ;

6° Géographie de l'Amérique et de l'empire romain ;

7° Instruction morale ;

8° Grammaire grecque ;

9° Langue anglaise ;

10° Langue espagnole.

Du reste, le cadre général et complet des études est fixé comme au Lycée du Port-Républicain : langues vivantes : français, anglais, espagnol ; — langues mortes : latin, grec ; — géographie, histoire, rhétorique et littérature, philosophie ; — mathématiques : arithmétique, algèbre, géométrie, géométrie analytique ; — sciences naturelles : physique, chimie, histoire naturelle ; — arts : dessin linéaire, dessin académique. Il est entendu que ce plan ne s'appliquera que successivement.

On admettra les élèves particuliers dans la proportion d'un tiers des élèves de l'État.

Port-Républicain, le 8 février 1845, an XLII de l'indépendance.

Le Secrétaire d'État de la Justice, des Cultes et de l'Instruction publique,

H. FÉRY.

AVIS

Le Gouvernement a décidé :

1° Qu'un certain nombre d'enfants seront envoyés en France pour y recevoir, aux frais de l'État, l'instruction classique ;

2° Qu'un certain nombre de jeunes gens y seront envoyés également pour étudier les arts et métiers.

Ces jeunes gens et ces enfants seront choisis dans les familles des divers départements. S. Exc. le Président d'Haïti va mettre cette mesure immédiatement en exécution.

Port-au-Prince, le 19 février 1859.

AVIS DE LA SECRÉTAIRERIE D'ÉTAT DE LA GUERRE ET DE LA MARINE

Le Secrétaire d'État au Département de la Guerre et de la Marine prévient ses concitoyens que la fondation d'une École navale militaire a été résolue en Conseil par décision du 15 février 1875 ;

Que les examens d'admission à l'école navale auront lieu le 15 juin et rouleront sur le programme suivant :

PROGRAMME D'ADMISSION A L'ÉCOLE NAVALE MILITAIRE D'HAÏTI

Être âgé de quinze ans au moins, de dix-sept au plus.

Savoir les quatre règles de l'arithmétique et la théorie des proportions, les quatre règles de l'algèbre, les trois premiers livres de la géométrie, la géographie, les règles de la grammaire française.

Qu'à l'effet de préparer les enfants qui se destineront à entrer à l'école navale, il sera ouvert, le plus tôt possible, un cours public par M. le directeur de l'École navale qui professera les matières exigées par le programme d'admission.

Que les cours auront lieu tous les jours, les samedis et dimanches exceptés :

De huit heures à dix heures, le matin ; de deux heures à quatre heures, le soir ;

Qu'enfin, les cours sont et demeureront gratuits, et les personnes qui désireront faire suivre ces cours à leurs enfants devront les faire inscrire chez le directeur de l'École navale, M. Lionel Jobert.

Port-au-Prince, le 22 février 1859, an LVI de l'indépendance.

AVIS DE LA SECRÉTAIRERIE D'ÉTAT DES RELATIONS EXTÉRIEURES ET DE L'INSTRUCTION PUBLIQUE

Le Gouvernement vient de prendre la décision d'établir des écoles dans les campagnes : les cultivateurs y pourront envoyer leurs enfants. Ces établissements sont préparatoires; de simples notions de lecture et d'écriture seront données aux élèves pour les rendre aptes plus tard à suivre les écoles des villes. Les appointements des directeurs qui devront être choisis dans les campagnes mêmes, sont fixés à 600 gourdes par an, payables par douzième. Les Commissions de l'Instruction publique et les Conseils des notables sont invités à présenter à la secrétairerie d'État de l'Instruction publique des listes de candidats pour ces charges.

Port-au-Prince, le 18 mars 1859.

AVIS DE LA SECRÉTAIRERIE D'ÉTAT DES RELATIONS EXTÉRIEURES ET DE L'INSTRUCTION PUBLIQUE

Les observations générales des rapports présentés sur les différentes Écoles nationales prouvent l'état déplorable dans lequel était tombée l'instruction publique sous l'ancienne administration. Des aides manquent à la plupart des directeurs, les écoles sont privées de matériel; les enfants, de livres nécessaires à leurs études; plusieurs locaux sont en mauvais état et demandent des réparations immédiates. Enfin, différentes communes sont privées totalement d'établissement d'instruction publique.

C'est aux diverses Commissions de ces localités à présenter à la Secrétairerie d'État de l'Instruction publique des candidats pour les directeurs et les aides, des devis approximatifs sur les réparations à faire; c'est aux directeurs des Écoles à fournir des demandes pour le matériel et les livres classiques.

Port-au-Prince, 18 mars 1859.

AVIS DES SECRÉTAIRES D'ÉTAT DE L'INSTRUCTION PUBLIQUE ET DE LA JUSTICE

L'École de droit, fondée par le Gouvernement à la Capitale, a été inaugurée le 12 courant.

En attendant que le Gouvernement institue des facultés dans les autres principales villes de la République, les jeunes gens n'habitant pas la capitale, qui voudraient faire leur droit, pourront s'y transporter pour suivre les cours gratuits de la faculté : ils s'entretiendront à leurs frais. Ils devront être munis de certificats délivrés par la Commission centrale de l'Instruction publique, constatant qu'ils possèdent l'instruction exigée par la loi, pour leur admission comme élèves à l'école de droit.

Fait au Port-au-Prince, le 18 janvier 1860, an LVII de l'indépendance.

Le Secrétaire d'État des Finances, etc.,
chargé par intérim du portefeuille de l'Instruction publique,

V. PLÉSANCE.

Le Secrétaire d'État de la Justice,

F.-E. DUBOIS.

AVIS DU SECRÉTAIRE D'ÉTAT DE L'INSTRUCTION PUBLIQUE

Dans le but de favoriser les familles nécessiteuses, le Gouvernement a établi partout des écoles primaires : les enfants de ces familles y sont reçus gratuitement. Je m'aperçois que cette faculté donnée aux gens pauvres dégénère en abus. Des personnes qui peuvent payer l'éducation de leurs enfants s'adressent au Gouvernement pour obtenir des lettres d'admission aux écoles nationales : il faut que cela cesse.

En conséquence, toutes demandes d'admission faites aux Commissions de l'Instruction publique ou aux Conseils communaux devront être accompagnées d'un certificat, attestant que les parents de l'enfant sont incapables de faire les frais de son éducation ; ce certificat sera signé du commissaire de l'îlet où demeure l'enfant et le juge de paix de la commune.

Les Commissions de l'Instruction publique, munies de cette pièce, pourront encore, si elles le jugent nécessaire, faire des démarches pour obtenir d'autres renseignements.

Port-au-Prince, 14 février 1860.

F.-E. Dubois.

INSTRUCTION PUBLIQUE

Depuis la restauration de la République, le Gouvernement a réorganisé trois lycées, quarante-sept écoles primaires de garçons et deux écoles de demoiselles. Il a établi vingt écoles primaires de garçons, douze écoles de demoiselles et quarante-sept écoles rurales. Il subventionne, en outre, deux collèges particuliers et deux écoles de demoiselles. Environ 10.000 enfants reçoivent aujourd'hui l'instruction gratuite. Les appointements mensuels du personnel des établissements nationaux composé de 324 membres, directeurs, professeurs, maîtres d'étude, répétiteurs, officiers, instructeurs, directrices, sous-maîtresses, maîtresses de couture et de broderie, garçons de classes, montent à 33.895 gourdes d'Haïti, et 1.738 piastres 53 centimes. Ce chiffre comprend aussi les appointements du corps surveillant, les subventions accordées aux écoles particulières et l'entretien des pensionnaires admis dans les établissements nationaux. Le Gouvernement ne s'arrêtera pas là : il poursuivra son œuvre et établira de nouvelles écoles sur tous les points de la République, remarquables par leur situation ou leur population.

19 avril 1860.

SECRÉTAIRERIE D'ÉTAT DE L'INSTRUCTION PUBLIQUE

Le Lycée national des Gonaïves a été installé le 4 novembre dernier. Voici le procès-verbal de cette installation :

« Aujourd'hui 4 novembre 1860, l'an LVII de l'indépendance, à neuf heures du matin,

Nous, soussignés, fonctionnaires publics, assistés du délégué de la Commission principale de l'Instruction publique du ressort; après avis donné au public et invitation faite aux principales autorités locales d'assister à cette solennité, nous nous sommes réunis au Lycée national de cette ville, pour procéder à l'ouverture des classes de cet établissement aux termes de la dépêche du Secrétaire d'État de l'Instruction publique, en date du 19 octobre expiré.

Après avoir pris siège, le délégué de la Commission a fait connaître à l'assemblée le but de la réunion et lui a présenté successivement le directeur du Lycée, M. Barabé, et deux professeurs, MM. Miss et Petit, pourvus de degrés universitaires, engagés par le Gouvernement pour cet établissement. Il a ensuite procédé à l'appel nominal de 29 élèves, présents à cette solennité.

L'assemblée s'est retirée aux cris de : « Vive la République ! » « Vive le Président d'Haïti ! »

DORVELLAS DORVAL, P. LORQUET, H. BONHOMME, BÉDARD, B. JEUDI, B. THOMAS.

5 novembre 1860.

AVIS

Le Gouvernement met au concours un abrégé de l'histoire d'Haïti, et une géographie d'Haïti, qui seront suivis dans les écoles nationales de la République. Une année est accordée, à partir de la présente date, à ceux qui voudront soumettre à l'appréciation d'une Commission de citoyens éclairés et impartiaux, les livres qu'ils auront préparés.

L'auteur du meilleur abrégé de l'histoire d'Haïti recevra un prix de 15.000 g. nationales.

Celui de la meilleure géographie, un prix de 6.000 g. nationales.

Les ouvrages couronnés seront imprimés, sous la surveillance des auteurs, au frais du Gouvernement, qui se réserve la faculté de les faire tirer au nombre d'exemplaires et d'éditions qu'il faudra. Les auteurs jouiront du même privilège.

Il n'est peut-être pas inutile de faire remarquer que ces livres sont écrits pour la jeunesse : un style simple approprié aux intelligences avec lesquelles on est en rapport ; des réflexions et des considérations morales sur les événements que l'on raconte, une description intéressante des lieux auxquels se rattachent des souvenirs historiques, doivent rendre attrayante et fructueuse pour la jeunesse l'étude de l'histoire et de la géographie.

L'histoire d'Haïti partira de la découverte de l'île et s'arrêtera à nos jours.

Port-au-Prince, le 19 mars 1861.

Le Secrétaire d'État de l'Instruction publique,
F.-E. Dubois.

SECRÉTAIRERIE D'ÉTAT DE L'INSTRUCTION PUBLIQUE

Par les ordres du chef de ce département, une messe spéciale est célébrée, chaque dimanche, de sept à huit heures à l'église paroissiale de cette ville, pour les élèves des écoles nationales. Cette messe est chantée par les élèves mêmes, avec accompagnement de musique. Les directeurs et directrices de ces établissements ont été prévenus qu'ils auront à y conduire les enfants confiés à leurs soins. Il serait à désirer que, dans les autres localités, cet exemple fût suivi. Le Gouvernement entend unir l'instruction à l'éducation morale et religieuse. Les Commissions de l'Instruction publique et les Conseils communaux des autres villes de la République doivent se le rappeler, et ordonner aux directeurs des écoles nationales de suivre l'élan qui vient de leur être donné.

Dans chacune des écoles nationales du Port-au-Prince, on prépare un grand nombre d'enfants pour la première communion. Le Secrétaire d'État a écrit aux directeurs et directrices de ces établissements, de s'entendre avec le curé de la paroisse, pour fixer le jour de cette imposante cérémonie. Encore une nouvelle mesure qui prouve l'importance que le Gouvernement attache à l'éducation religieuse !

Les inspections faites par la Commission centrale de l'Instruction publique, depuis l'ouverture des classes, dans les diverses écoles nationales de la capitale, ont permis de réformer divers abus qui s'étaient glissés dans quelques-unes.

Ainsi la Commission a tenu et tient, pour ce qui concerne les études, aux programmes du Gouvernement. L'enseignement, soit secondaire, soit primaire, repose sur des principes invariables et n'est plus laissé au caprice et à l'arbitraire des maîtres. Les programmes seront exactement suivis, ce qui permettra de réaliser le concours général à la fin de l'année scolaire. Grand nombre d'absences ont été remarquées : des mesures sévères seront bientôt prises pour faire cesser un tel état de choses.

Les examens semestriels ont commencé depuis lundi. 17 du courant, et se poursuivent avec activité.

22 juin 1861.

SECRÉTAIRERIE D'ÉTAT DE L'INSTRUCTION PUBLIQUE

Le Secrétaire d'État de l'Instruction publique invite les Commissions de l'Instruction publique, à lui faire parvenir dans la huitaine les renseignements qui leur sont demandés à l'égard des écoles primaires et des enfants des villes qui n'apprennent pas à lire.

Il est assez regrettable que ces renseignements ne soient pas encore arrivés au Ministère. Ce retard arrête la marche des travaux qui doivent se faire dans ce service. Il faut espérer qu'un nouvel avertissement ne sera pas nécessaire à ce sujet.

Le Secrétaire d'État ne veut pas se contenter de parler, de promettre, de faire un plan, de publier un programme. Tout cela n'est rien sans l'exécution. Il tient à honneur d'opérer les réformes qu'il a annoncées. Il veut remplir son devoir à la satisfaction du pays, et il ne se laissera pas entraver par des obstacles du genre de celui qui nécessite cette note.

28 septembre 1867.

AVIS DE LA SECRÉTAIRERIE D'ÉTAT DE L'INSTRUCTION PUBLIQUE

Le Département de l'Instruction publique s'empresse de porter à la connaissance de tous ceux qui aiment les beaux-arts et qui s'intéressent aux progrès de leurs concitoyens, que le jury de Paris, élu par les artistes pour juger leurs œuvres, vient de décerner, à l'unanimité, une médaille à M. Edmond Laforestrie pour une statue en marbre intitulée : *Rêverie*, qu'il a exposée au Salon de cette année.

Le Département se réjouit encore d'annoncer que le livret de l'Exposition indique la nationalité de l'artiste, et que tous ceux qui vont examiner cette œuvre, mise en évidence dans une place d'honneur, constatent qu'elle a été exécutée par un « Haïtien ».

26 juin 1875.

SECRÉTAIRERIE D'ÉTAT DE L'INSTRUCTION PUBLIQUE

Le Gouvernement vient d'établir à la Capitale, au quartier du « Morne-à-Tuf », une école du soir pour les adultes.

Comme l'école du soir du Bel-Air, les cours de ce nouvel établissement se feront régulièrement de six à huit heures.

Il y sera envoyé par le Gouvernement, pour apprendre à lire, à écrire et à calculer, des militaires qui seront choisis au nombre de quatre dans chacun des régiments de la Garde et des régiments de ligne.

Les portes de l'école sont encore ouvertes à tous les adultes de bonnes vie et mœurs qui voudront s'y rendre pour bien employer leur temps.

Port-au-Prince, le 10 août 1873.

SECRÉTAIRERIE D'ÉTAT DE L'INSTRUCTION PUBLIQUE

Le Département s'empresse de porter à la connaissance du public que le Gouvernement a fait venir de l'étranger un professeur de violon pour l'Ecole nationale de musique de la Capitale.

En conséquence, des mesures vont être prises pour que des enfants et des adolescents, en un certain nombre, puissent suivre ce nouveau cours de musique.

Port-au-Prince, le 10 novembre 1875.

AVIS

Les plans d'études et programmes de l'Instruction publique, prescrits par arrêté du Secrétaire d'État de l'Instruction publique à la date du 26 juillet 1893, seront obligatoires dans toutes les écoles de la République, à partir du 3 septembre prochain.

Fait à la Secrétairerie d'État de l'Instruction publique, le 4 mai 1894.

AVIS

SECRÉTAIRERIE D'ÉTAT DE L'INSTRUCTION PUBLIQUE

Les concours généraux prescrits par l'Arrêté du 26 avril 1894 s'ouvriront pour la présente année scolaire le 15 juin 1895.

Y prendront part : le Lycée National de Port-au-Prince, le Petit Séminaire Collège, l'École Polymathique, l'Institution Plésance et l'Institution Saint-Louis de Gonzague.

Les seules classes admises à concourir seront cette année la troisième et la quatrième.

Les matières sont : pour la troisième, une composition de style français, une composition d'Histoire d'Haïti, une composition de sciences physiques et naturelles ; pour la quatrième, une composition de style français, une composition de géographie, une composition de sciences mathématiques.

Les élèves des deux classes réunies concourront pour les langues vivantes (section anglaise et section espagnole).

Port-au-Prince, le 3 octobre 1894, an XCI de l'indépendance.

AVIS

SECRÉTAIRERIE D'ÉTAT DE L'INSTRUCTION PUBLIQUE

Sur la demande de l'instituteur Williams Léon, un concours spécial est institué pour l'histoire d'Haïti (Enélus Robin, matières du 1er volume) entre les établissements d'enseignement secondaire de la ville des Cayes.

Il aura lieu le 15 juin 1895.

Y prendront part : le Lycée Philippe-Guerrier, l'Institution Normil-Jean-Jacques et l'Institution Léon.

Les classes admises à concourir sont celles de sixième et de cinquième.

Il sera décerné aux lauréats un 1er prix, un 2e prix et 2 mentions honorables.

Les conditions de ce concours sont les mêmes que celles des concours généraux.

Après la clôture des compositions, elles seront expédiées cachetées et scellées par l'Inspection scolaire des Cayes au Président du Jury des concours généraux pour être soumises à l'examen du Jury.

Le Département se fait un devoir d'adresser des félicitations publiques à M. Williams Léon qui, dans une pensée d'encouragement en faveur de la jeunesse studieuse de sa localité, et pour la stimuler à l'étude de notre Histoire nationale, a fondé ces deux prix annuels. Il serait heureux de voir ce patriotique exemple suivi par d'autres instituteurs, et l'initiative privée seconder aussi efficacement les efforts de l'État pour le plus grand bien de nos écoles.

Port-au-Prince, le 3 octobre 1894, an XCI de l'indépendance.

PROGRAMMES

PROGRAMME GÉNÉRAL DES CONNAISSANCES

Exigées de tout candidat qui se présente à l'examen devant les Commissions de l'Instruction publique, pour la place de directeur d'une école primaire.

Port-Républicain, le 20 novembre 1844.

LECTURE. — Lecture du français et du latin.
ÉCRITURE. — Cursive en lettres ordinaires et majuscules.
LANGUE FRANÇAISE. — Dictée ; explication d'un texte simple ; orthographe des mots usuels. — Grammaire. — Lexicologie. — Lexicographie ; analyse grammaticale ; syntaxe, d'après la grammaire de Noël et Chapsal.
HISTOIRE. — Histoire sainte : ancien et moderne testament.
ARITHMÉTIQUE. — Numération ; théorie et pratique de l'addition, de la soustraction, de la multiplication et de la division, appliquées aux nombres entiers, aux fractions décimales et aux fractions ordinaires.
GÉOGRAPHIE. — Géographie générale des cinq parties du monde, principaux accidents physiques ; contrées ; villes principales, d'après Meissas et Michelot ; notions générales sur la géographie sacrée. — Eléments de la géographie d'Haïti.

A MONSIEUR LE PRÉSIDENT DE LA COMMISSION CENTRALE DE L'INSTRUCTION PUBLIQUE

Monsieur le Président,

J'ai l'honneur de vous accuser réception de votre lettre, n° 74, en date du 19 courant, et de répondre aux diverses questions qui y sont contenues.

1° Éducation. — Catéchisme, cours de morale, leçons de civilité chrétienne et de bonne tenue.

2° Matières de l'enseignement. — *Section* 1. — Lettres et sciences : Lecture de livres imprimés et manuscrits, calligraphie, éléments de grammaire, orthographe, analyse grammaticale, grammaire générale, analyse logique, littérature, composition ; histoire sainte, ancienne et moderne, particulièrement celle d'Haïti ; géographie, particulièrement celle d'Haïti ; arithmétique, tenue des livres, système métrique, éléments de dessin linéaire, cosmographie définie par la sphère armillaire, les globes terrestre et céleste, éléments de physique et d'histoire naturelle, mythologie épurée.

Section 2. — Travaux à l'aiguille : Couture, raccommodage, confection de robes, jupons, chemises d'hommes et de femmes ; tricot : bas et chaussettes ; broderie : au crochet, plumetis, passé, application, point d'arme, broderie anglaise, broderie sur velours, soie, cachemire, avec or, argent, perles ; tapisserie : avec soie et laine, pantoufles, bretelles, sacs, porte-cigares, meubles de salon et tous objets de fantaisie ; crochets : tous genres.

Section 3. — Langues vivantes et arts d'agrément : espagnol, anglais et italien ; piano, dessin, fleurs artificielles. Ces leçons seront données par des professeurs spéciaux et payés en sus du prix de la pension.

3° Heures consacrées a l'étude et emploi de la journée. — Mois de mars, avril, mai, juin, juillet, août : cinq heures et demie, lever et toilette jusqu'à six heures et quart ; six heures et quart, prière et étude jusqu'à sept heures et quart ; sept heures et quart, déjeuner et récréation jusqu'à huit heures ; huit heures, entrée en classe, inspection de propreté, récitation jusqu'à huit heures trois quarts ; huit heures trois quarts, correction des devoirs et leçons diverses jusqu'à onze heures ; onze heures, récréation jusqu'à onze heures et demie ; onze heures et demie, civilité chrétienne, leçons de bonne tenue jusqu'à midi ; midi, dîner et repos jusqu'à deux heures et demie ; deux heures et demie, travail à l'aiguille jusqu'à trois heures et demie ; trois heures et demie, étude jusqu'à quatre heures ; quatre heures, récitation et classe jusqu'à cinq heures et demie ; cinq heures et demie, récréation jusqu'à six heures ; six heures, étude (pour les devoirs donnés pendant la classe) jusqu'à sept heures ; sept heures, souper et récréation jusqu'à huit heures ; huit heures, prière et coucher.

Les autres mois de l'année, le lever ayant lieu à six heures, il sera supprimé un quart d'heure pour la toilette ; l'étude du matin sera de six heures et demie à sept heures et demie ; de sept heures et demie à huit heures, le déjeuner et la récréation. Rien de changé pour le reste de la journée.

Tous les jeudis, de neuf heures à onze heures, composition pour chaque division sur une des matières de l'enseignement. Les élèves qui auront obtenu les premières places seront inscrites sur un tableau d'honneur, et les compositions resteront à la disposition de la Commission centrale. De trois heures à six heures, bain, inspection du linge par la directrice. Le premier jeudi de chaque mois, confession. Le dernier samedi de chaque mois, et les jours de fêtes nationales, sortie générale.

4° Religion. — La seule religion professée dans l'établissement est la religion catholique professée par le Gouvernement. Les élèves seront conduites aux offices les dimanches et les jours de fêtes.

5° Costume et trousseau. — En attendant que le trousseau des élèves soit définitivement arrêté, il est provisoirement admis ce qui suit : chaque élève aura : 1° pour assister aux offices divins, aller en visite de corps et promenade : robe blanche unie et col, un grand ruban vert en ceinture, souliers blancs, chapeau de paille garni de blanc, gants couleur de paille ; 2° en classe : robe de couleur, tête nue, tablier noir, souliers ordinaires ; 3° les élèves doivent être habillées deux fois par semaine, dimanche et jeudi, aux frais de leurs parents.

A cet effet, elles auront, chacune, au moins trois rechanges complets, déposés dans l'établissement. Le linge sale sera remis tous les samedis aux parents.

6° Chaque élève devra apporter, en entrant dans le pensionnat : six serviettes de table, six serviettes de toilette, quatre draps de lit, un cadre avec matelas, traversin, oreiller et deux taies, deux peignoirs, une cuvette et un pot à eau, un vase de nuit, une éponge, peignes, brosses et cirage, un gobelet, un couvert, couteau, un sac de nuit.

7° Moyens disciplinaires. — Les moyens disciplinaires qu'il me semble utile d'adopter sont les suivants : avertissements particuliers, privation de récréation avec pensum, privation de la visite des parents, privation de sortie, séquestre, réprimande particulière et publique par la Commission, enfin, expulsion prononcée sur l'avis de la Commission centrale.

8° Récompenses. — Inscription sur le tableau d'honneur, croix et médailles d'honneur, éloges publics adressés par la Commission. En dehors de ces récompenses, l'émulation des élèves devra être excitée par les visites mensuelles, les examens trimestriels et semestriels de la Commission, et, enfin, par la distribution solennelle des prix, qui aura lieu à la fin de l'année scolaire.

Je crois, Monsieur le Président, avoir répondu à toutes les questions que la Commission m'a fait l'honneur de me soumettre.

Si cependant il existait quelque lacune, la Commission peut être certaine de me trouver toujours disposée à écouter ses avis avec déférence.

Je vous prie, Monsieur le Président, de vouloir bien transmettre à la Commission l'assurance de mon profond respect.

V. ADRIET.

25 avril 1858.

La Commission centrale de l'Instruction publique a pris connaissance du prospectus ci-dessus, que lui a soumis Mme Adriet, sous-maîtresse du pensionnat de jeunes demoiselles fondé en cette ville par le Gouvernement. La Commission approuve ce prospectus, qui sera expédié au Ministre de l'Instruction publique.

Port-au-Prince, le 15 mai 1858, an LV de l'indépendance, et le IXe du règne de S. M. I.

P^{re} ANDRÉ, *président ;*

MADIOU, D. LABONTÉ, DAMIER, E. NAU, R.-A. DESLANDES.

MATIÈRES DES COMPOSITIONS DU CONCOURS GÉNÉRAL

ÉCOLES PRIMAIRES DE DEMOISELLES OU DE GARÇONS

Deuxième classe. — Histoire : histoire sainte : de la création du monde à l'établissement de la royauté en Israël ; — Géographie : géographie générale de l'Europe ; — Arithmétique : numération et addition ; — Langue française : exercices sur le substantif, l'article et l'adjectif.

Première classe. — Histoire : histoire sainte : de Saül au schisme des tribus ; — Géographie : géographie générale de l'Asie et de l'Afrique ; — Arithmétique : problèmes sur les quatre règles fondamentales ; — Langue française : exercices sur les pronoms et les verbes.

ÉCOLES DES DEMOISELLES

Deuxième classe. — Histoire : histoire ancienne ; — Géographie : géographie générale des cinq parties du monde ; — Arithmétique : fractions ordinaires et décimales ; — Langue française : exercices sur la première partie de la grammaire.

Première classe. — Histoire : histoire grecque ; — Géographie : géographie détaillée de l'Europe ; — Arithmétique : règle de trois composée ; — Langue française : exercices sur la syntaxe.

ÉCOLES SECONDAIRES

Deuxième classe. — Histoire : histoire grecque ; — Géographie : géographie générale des cinq parties du monde ;

géographie détaillée de l'Europe ; — Mathématiques : toute l'arithmétique ; — Langue grecque : déclinaisons et conjugaisons jusqu'aux invariables ; — Langue latine : version latine de la force du *De viris* ; — Langue française : dictée ou exercices sur la syntaxe.

Première classe. — Histoire : histoire romaine ; royauté et république ; — Géographie : géographie détaillée des cinq parties du monde; géographie générale d'Haïti; — Mathématiques : Algèbre ; équations du premier degré à plusieurs inconnues ; problèmes indéterminés ; géométrie ; lignes ; angles et triangles ; — Langue grecque : version grecque de la force d'*Esope* ; — Langue latine : version latine de la force du *Selectæ* ; — Langue française : composition.

23 juin 1859.

PROGRAMME DES ÉTUDES

DU LYCÉE DU PORT-AU-PRINCE DURANT L'ANNÉE 1862

SCIENCES MATHÉMATIQUES

I

ARITHMÉTIQUE

CLASSE DE 8ᵉ

Deuxième division. — Professeur: M. Oxide Jeanty.

Addition, soustraction, multiplication des nombres entiers, explications de ces trois règles.

Première division. — Professeur: M. P. Ethéart.

Numération, addition, soustraction, multiplication, division des nombres entiers.

CLASSE DE 7ᵉ

Deuxième division. — Professeur: M. J. Courtois.

Caractères de la divisibilité des nombres; nombres décimaux: addition, soustraction, multiplication, division. Exercices et problèmes simples.

Première division. — Professeur : M. J. Roulier.

I

1° Notions préliminaires, origine du nombre par la considération des grandeurs discontinues.

NUMÉRATION DÉCIMALE

2° Addition, soustraction, définition, règle et preuve ; multiplication, théorèmes relatifs au produit d'un nombre quelconque de facteurs ; — Division, division d'un nombre par un produit de facteurs.

3° Divisibilité par 2, 5, 4, 25, 8, 125, 389 ; — preuves par 9, de la multiplication et de la division.

II

NOMBRES DÉCIMAUX

1° Notions préliminaires, origine de la fraction par la considération des grandeurs continues, mesure des grandeurs, nouveau sens du mot unité.

PARTIES DÉCIMALES DE L'UNITÉ

I. Nombre décimal : un nombre entier peut être regardé comme décimal.

NUMÉRATION

II. Propriétés caractéristiques des nombres décimaux.

1° Un nombre décimal ne change pas quand on écrit ou qu'on supprime à la droite de la partie décimale un ou plusieurs zéros ;

2° Multiplication par 10, 100, 1.000 ;

3° Division par 10, 100, 1.000.

III. Addition, soustraction. — Définition, règle et preuve comme pour les nombres entiers.

Multiplication : nouvelle définition quand le multiplicateur est décimal. — Règle.

Division : nouvelle définition quand le diviseur est décimal. — Règle.

III

Applications très simples sur les nombres entiers et les nombres décimaux.

CLASSE DE 6ᵉ

Deuxième division. — Professeur : M. Oxide Jeanty.

Fractions : addition, soustraction, multiplication et division ; règle de trois simple.

Première division. — Professeur : M. J. Courtois.

Fractions ordinaires ; fractions décimales ; approximations ; fractions périodiques ; règle de trois simple ; règle de trois composée ; règle de partage ; règle d'intérêt.

ALGÈBRE

Premiers principes d'algèbre ; — emploi des signes et des lettres ; — exposants ; — coefficients ; — monômes ; — polynômes ; — termes semblables ; — réductions ; — addition, soustraction, multiplication, division.

CLASSE DE 5ᵉ

Professeur : M. P. Éthéart.

ALGÈBRE

Signes algébriques ; équations ; inégalités ; ce qu'on entend par terme en algèbre ; ce que c'est qu'un monôme, un binôme, un trinôme, un polynôme en général ; addition, soustraction, multiplication, division algébriques.

Résolutions de quelques problèmes simples du premier degré à une seule inconnue.

GÉOMÉTRIE

Ligne droite et plan ; ligne brisée ; ligne courbe ; angle ; angle droit, angle obtus, angle aigu.

Angles adjacents ; angles opposés par le sommet ; triangles ; cas d'égalité des triangles ; propriétés du triangle isocèle.

Propriétés de la perpendiculaire et des obliques menées d'un même point à une droite ; cas d'égalité des triangles rectangles.

Droites parallèles ; lorsque deux droites parallèles sont rencontrées par une sécante, les quatre angles aigus qui en résultent sont égaux entre eux, ainsi que les quatre angles obtus.

Dénominations attribuées à ces divers angles.

Angles dont les côtés sont parallèles et perpendiculaires ; somme des angles d'un triangle et d'un polygone quelconque.

Parallélogrammes ; propriétés de leurs côtés, de leurs angles et de leurs diagonales.

De la circonférence du cercle ; dépendance mutuelle des arcs et des cordes.

Le rayon perpendiculaire à une corde divise cette corde et l'arc sous-entendu, chacun en deux parties égales.

Dépendance mutuelle des longueurs des cordes et de leurs distances aux centres ; condition pour qu'une droite soit tangente à une circonférence ; arcs interceptés par des cordes parallèles ; conditions du contact et de l'intersection de deux cercles.

CLASSE DE 4^e

Professeur : M. J. Roulier.

ALGÈBRE

Notions préliminaires ; origine et but de l'algèbre ; algorithme ; coefficient exposant ; formule ; monôme, binôme, trinôme, polynôme ; calcul de la valeur numérique d'un polynôme ; termes semblables ; réductions ; mise de plusieurs termes entre parenthèses.

Addition, soustraction.

Multiplication ; règles des signes ; ce qu'on appelle ordonner un polynôme ; degré d'un polynôme ; le produit de deux polynômes ordonnés suivant une même lettre renferme au moins deux termes, le premier produit partiel et le dernier.

Division; reste de la division d'un polynôme par $x - a$.

Équations déterminées du premier degré;

Équations déterminées du second degré;

Équations bicarrées ;

Équations réciproques du troisième et du quatrième degrés.

GÉOMÉTRIE

Notions préliminaires ; lignes ; surfaces ; volumes ; point ; angles ; perpendiculaires et parallèles.

Polygones ; égalité des triangles ; théorie du triangle isocèle ; triangle rectangle ; somme des angles d'un triangle, d'un polygone convexe; quadrilatères ; carré, rectangle, losange, parallélogrammes, trapèze ; étude de la circonférence ; nombre des points nécessaires pour déterminer une circonférence.

Relations entre les arcs et les cordes, les cordes et leurs distances au centre ; de la tangente ; positions relatives de deux circonférences.

Mesures des angles.

Applications ; tracé des perpendiculaires et des parallèles.

Règle, compas, équerre.

Tracé des tangentes.

Mesure des surfaces.

PHYSIQUE

CLASSE DE 6ᵉ

Deuxième division. — Professeur : M. Ad. ACKERMANN.

Notions de physique.

Introduction : phénomènes naturels ; notions sur l'espace et l'étendue, le temps ; impénétrabilité, atomes, molécules, corps ; corps solides et gazeux ; attraction moléculaire ; idées de repos et de mouvement ; inertie de la matière ; propriétés générales des corps ; divisibilité, porosité, compressibilité, élasticité, dilatabilité, applications dans les arts et métiers de ces propriétés.

Pesanteur : ses effets et sa direction ; direction de la pesanteur aux antipodes, fil à plomb, surface de niveau ; sphéricité de la terre ; chute des corps graves dans le vide ; notions simples sur l'équilibre des corps ; de la balance ; sa construction pour être bonne ; doubles pesées ; masse d'un corps ; elle est proportionnelle au poids.

Hydrostatique : principe de l'égalité des pressions ; équilibre des liquides ; pressions des liquides sur le fond d'un vase, pressions latérales ; vases communicants, à un liquide homogène, à deux liquides hétérogènes ; presse hydraulique ; atmosphère, l'air est pesant et exerce des pressions qui dominent à mesure qu'on s'élève dans l'atmosphère ; expérience du crève-vessie, expérience de Torricelli. Mesure de la pression atmosphérique, baromètre ; sa hauteur moyenne au Port-au-Prince et au niveau de la mer ; hémisphère de Magdebourg ; baroscope.

Principe d'Archimède, poussée du liquide ; condition des corps plongés, des corps flottants ; aérostats et parachute ; écoulement des liquides ; jets d'eau ; fontaines vivantes ; siphon, pompe aspirante et élévatoire, pompe aspirante et foulante ; poids spécifique ou densité des corps ; aéromètre de Nicolson ; alcoomètre ; pèse-acides.

Chaleur : sources de chaleur ; soleil, chaleur interne de la terre, chaleur résultant des mouvements des corps solides, volcans et sources chaudes ; thermomètre centigrade, Réaumur et Fahrenheit ; chaleur humaine constante dans tous les climats ; dilatation des corps solides ; changements, état des corps, fusion et solidification ; évaporation et ébullition ; vapeur d'eau, condensation, formation de la pluie, de la rosée, des brouillards et des nuages ; distillation ; alambic ; tension de la vapeur d'eau ; conductibilité des corps solides ;

réflexion de la chaleur, l'angle de réflexion est égal à celui d'incidence; cause des climats tempérés et froids.

Pendule compensateur; alcarazas.

Brise de terre, brise du large.

CLASSE DE 5ᵉ

Professeur : M. C. Bruno.

Même programme que la classe de 6ᵉ, deuxième division, mais avec plus de développements.

CLASSE DE 4ᵉ

Professeur : M. Ad. Ackermann.

Même programme que la classe de 6ᵉ, de la classe de 5ᵉ, mais avec plus de développements encore.

BOTANIQUE

Physiologie végétale : parties élémentaires ou tissus; expositions générales sur les caractères distinctifs des minéraux, des végétaux et des animaux.

Organes qui constituent un végétal, d'après leurs diverses fonctions; tissu cellulaire, ligneux et fibres textiles; vaisseaux utréculaires, clostres, etc.; organes de la nutrition ou de la végétation, leur développement, loi de la germination.

Racines, leur structure et leurs fonctions; absorptions; racines adventives, bouture, racines charnues, alimentaires.

Tige : généralités des tiges herbacées, etc. ; monocotylésous, et dycotile sous; tiges souterraines, bulbes, tubercules.

LANGUE FRANÇAISE ET LANGUES ANCIENNES

CLASSE DE 8ᵉ

Deuxième division. — Professeur : M. F. Bruno

FRANÇAIS

Grammaire élémentaire : étude du substantif et de l'adjectif ; exercices sur ces parties ; récitation de fables et de morceaux.

Première division. — Professeur : M. J. Robin

Toute la première partie de la grammaire, excepté les mots invariables ; exercices d'orthographe et d'analyse grammaticale ; récitation de fables choisies de La Fontaine et de Florian.

CLASSE DE 7ᵉ

Deuxième division. — Professeur : M. E. Robin

Grammaire complète ; toute la première partie ; exercices d'application ; analyse grammaticale ; récitation de morceaux choisis de prose et de vers classiques français.

LATIN

Grammaire latine : le nom ; première, deuxième, troisième, quatrième et cinquième déclinaisons ; règle des noms.
L'adjectif ; règle des adjectifs. Le pronom. — Règle du *qui* relatif ; composés de *quis* ; exercices de déclinaison.

Première division. — Professeur : M. J. Neff

FRANÇAIS

Grammaire française : syntaxe ; pronoms ; exercices d'orthographe ; analyse logique ; Fénelon, morceaux choisis.

LATIN

Grammaire latine : première partie.
Explication : *Epitome historiæ sacræ* : 60 chapitres.

CLASSE DE 6ᵉ

Deuxième division. — Professeur : M. E. ROBIN.

FRANÇAIS

Grammaire complète : revision de la première partie ; analyse grammaticale ; analyse logique ; figures de grammaire ; syntaxe du substantif, de l'article, de l'adjectif et du pronom ; exercices d'applications ; récitations de morceaux choisis de prose et de vers des classiques français.

LATIN

Grammaire latine : revision de la première partie ; seconde partie ; exercices d'applications ; thèmes et versions ; analyse grammaticale.

Explication : *Epitome historiæ grecæ :* les 60 premiers chapitres et les chapitres 165 et 166.

CLASSE DE 6ᵉ

Première division. — Professeur : M. P. ROBIN.

Grammaire et compléments : toute la syntaxe ; exercices à corriger sur la syntaxe ; récitation d'auteurs français ; lecture faite par les élèves de cette classe.

LATIN

Éléments de la grammaire latine : revision de la première partie ; toutes les règles de la syntaxe enseignées par des exercices d'applications ; les quatre premiers chapitres de la méthode.

Explications des auteurs suivants :

Lhomond : *De Viris illustribus urbis Romæ :* les vingt premiers chapitres. — Outre ces chapitres, les élèves de cette classe ont expliqué les numéros suivants : XLVIII, LIV, LXV, LVI et LVII ; Pleuzète : *Selectæ e profanis Scriptoribus historiæ :* les sept premiers chapitres du premier livre.

Thèmes d'imitation sur ces deux auteurs par Auguste Braud.

GREC

J.-L. Burnouf : méthode pour étudier la langue grecque : première partie : les deux premiers livres, non compris les verbes en *mi*.

Enchiridion de ceux qui commencent le grec, par M. Henry Congnet : explication des dix exercices préliminaires pour la lecture et l'écriture du grec. — Traduction des quatre-vingts paragraphes formant le chapitre des prières.

CLASSE DE 5ᵉ

Professeur : M. F. Bruno.

FRANÇAIS

Toute la grammaire française et exercices sur toutes les parties.

Récitation d'*Esther* et du premier acte d'*Athalie* ; exercices littéraires de composition. — Lectures dans Fleury, *Mœurs des Israélites*, et dans divers autres ouvrages.

LATIN

Toute la grammaire latine ; thèmes d'application sur les règles ; explication, analyse et récitation dans Ovide (édition Lesage) de tout le deuxième livre, et de l'épisode de Cadmus dans le troisième livre.

Dans la grammaire grecque : les deux premiers livres excepté les verbes en *mi*. — Syntaxe générale.

Explication et analyse des quatorze premiers *Dialogues des Morts* (Lucien).

CLASSE DE 4ᵉ

Professeur : M. J. Neff.

GRAMMAIRES

Latine et française : intégralement.
Grecque : première partie et supplément.

AUTEURS

Les principales scènes du *Polyeucte* de Corneille.
Diverses pièces de vers, à réciter par cœur.

TRADUCTIONS

Salluste : *Catilina* : 20 chapitres.
Églogues de Virgile, deuxième livre de l'*Énéide*, premier livre de la *Cyropédie* de Xénophon, en l'absence de tout auteur à traduire supérieur pour la difficulté.

LANGUE FRANÇAISE ET LATINE

(Enseignement littéraire)

Principales règles de la prosodie latine ; tropes ; versification française.

HISTOIRE ET GÉOGRAPHIE

CLASSE DE 8ᵉ

Deuxième division. — Professeur : M. D. Villedrouin.

Histoire sainte : Adam et Ève ; Caïn et Abel ; le déluge universel (Noé et ses enfants) ; tour de Babel ; séparation des enfants de Noé; Jacob et Ésaü; départ de Jacob; Joseph; Moïse ; Josué.

Géographie méthodique de Meissas et Michelot (première section).

Notions générales. — (Deuxième section) : Europe.

Première division

Histoire sainte : Gédéon ; Samson ; Ruth ; Hélie et Samuel; Saül; David; Salomon; Roboam ; Tobie ; Mort d'Éléazar ; les Machabées ; Mathathias et ses enfants.

Géographie méthodique de Meissas et Michelot : Asie, Afrique.

CLASSE DE 7ᵉ

Deuxième division. — Professeur : M. P. Laforest.

Histoire : les premiers Égyptiens ; les dieux de l'Égypte ; les rois pasteurs ; les monuments de l'Égypte ; Séthos.
Géographie : l'Asie, l'Afrique et l'Amérique.

Première division

Histoire : les premiers Égyptiens ; les dieux de l'Égypte ; les rois pasteurs ; les monuments de l'Égypte ; Séthos ; le Labyrinthe de Memphis ; Nemrod le chasseur ; Nemus, roi d'Assyrie.

Géographie : l'Asie, l'Afrique, l'Amérique et l'Océanie.

CLASSE DE 6ᵉ

Deuxième division. — Professeur : M. G. Lopez.

Histoire ancienne : histoire des Carthaginois ; chapitre xii de l'histoire des Perses et des Mèdes.

Histoire des Perses et des Mèdes jusqu'à l'avènement de Darius.

Géographie de Meissas et Michelot : l'Europe, l'Asie et l'Afrique.

Exercices sur les cartes.

Première division

Histoire grecque : l'origine des Grecs jusqu'à la bataille d'Ægos Potamos.

Géographie : notions historiques et descriptions générales des Iles-Britanniques, de la Suède et de la Russie.

CLASSE DE 5ᵉ

Professeur : M. G. Lopez.

Histoire romaine : depuis la fondation de Rome jusqu'à la troisième guerre punique.

Géographie : notions historiques et descriptions générales des contrées de l'Asie.

CLASSE DE 4ᵉ

Professeur : M. G. Lopez.

Histoire romaine : depuis la mort de César jusqu'au règne de Dioclétien.

Géographie : notions générales et descriptions historiques des contrées de l'Afrique et de l'Amérique.

LANGUE ANGLAISE

CLASSE DE 6ᵉ

Première division. — Professeur : M. Simonds.

Méthode d'Allendoff : de la première à la quinzième leçon. — Conjugaison des verbes.

CLASSE DE 5ᵉ

Professeur : M. Pudd.

De la première à la dix-huitième leçon. Exercices de composition. — Conjugaison des verbes.

CLASSE DE 4ᵉ

Professeur : M. Pudd.

De la quinzième à la trentième leçon.
Exercice de composition ; conjugaison des verbes.

LANGUE ESPAGNOLE

CLASSE DE 6ᵉ

Première division. — Professeur : M. Moreno.

Genres des substantifs et formation du pluriel.
Formation du féminin dans les adjectifs ; conjugaison et emploi des auxiliaires espagnols.

CLASSE DE 5ᵉ

Professeur : M. Moreno.

La grammaire jusqu'à la construction des pronoms régimes ; emploi des conditionnels.

CLASSE DE 4ᵉ

Professeur : M. Moreno.

Toutes les difficultés de la construction ; analyse grammaticale ; toutes les règles sur le participe passé.

COURS DE DESSIN

Professeur : M. A. Sévère.

Exercices d'après Jean Cousin ; études graduées aux deux crayons.

COURS DE SOLFÈGE

Professeur : M. A. Sévère.

Principes élémentaires de musique ; de la musique, du nom, des mots et de la gamme.

Vu : *Le Directeur,*
Général J.-F. Cauvin.

3 novembre 1862.

PROGRAMME DES ÉTUDES

A SUIVRE DANS LES ÉCOLES PRIMAIRES DE LA RÉPUBLIQUE

Première année

LECTURE

Enseignement mutuel (méthode Meissas et Michelot).

SIXIÈME CLASSE

Épellation (cette classe est divisée en huit sections, d'après l'ordre des tableaux composant cette méthode). — Écriture sur ardoise.

OBSERVATION. — Pour appliquer cette méthode de lecture, les directeurs doivent choisir dans les classes supérieures les élèves qui savent bien lire, les nommer moniteurs, et leur confier, sous la surveillance et la direction d'un professeur, la tâche de faire lire les enfants de ces huit sections.

CINQUIÈME CLASSE

Lecture courante dirigée spécialement par un professeur ; écriture sur cahier.

Récitation de textes simples et faciles tirés des fables de Fénelon.

Deuxième année

QUATRIÈME CLASSE

GRAMMAIRE FRANÇAISE

Notions préliminaires ; nom, article, adjectif, exercices sur ces parties du discours. — Auteur : Guérard (*Grammaire élémentaire*).

Récitation et explication des petits contes de Dupont et des fables de Fénelon.

HISTOIRE

Divisions générales de l'histoire ; succession des grands peuples dans l'histoire avec les dates ; histoire sainte. Auteur : Dupont.

Histoire d'Haïti : de la découverte de l'Ile à la colonisation française ; de la colonisation française.

GÉOGRAPHIE

Amérique ; notions générales ; exercices sur les cartes murales. — Auteur : Meissas et Michelot (*Abrégé de géographie*).

Géographie d'Haïti : première partie.

ARITHMÉTIQUE

Numération et addition ; exercices.

TROISIÈME CLASSE

Grammaire française : pronoms, verbes ; exercices y relatifs. — Auteur : Guérard (*Grammaire élémentaire*).

Récitation et explication des fables les plus simples de Florian.

HISTOIRE

Éléments d'histoire ancienne. — Rollan (abrégé).

Histoire d'Haïti : égalité civile et politique ; abolition de l'esclavage ; indépendance d'Haïti.

GÉOGRAPHIE

Asie et Afrique.
Géographie d'Haïti : deuxième partie.

ARITHMÉTIQUE

Soustraction et multiplication ; exercices.

Troisième année

DEUXIÈME CLASSE

GRAMMAIRE FRANÇAISE

Les mots invariables ; les premières parties de la syntaxe, c'est-à-dire la syntaxe des substantifs, des adjectifs et celles des verbes. — Auteur : Guérard (*Grammaire et Compléments*). — Récitation des *fables* de La Fontaine et des morceaux choisis du *Télémaque*.

OBSERVATION. — Les élèves doivent copier sur les cahiers les textes et fables qu'ils apprennent par cœur, et les professeurs sont tenus de présenter lesdits cahiers aux inspecteurs à chaque examen.

HISTOIRE

Histoire ancienne. — Rollin (abrégé).
OBSERVATION. — Les professeurs doivent obliger les élèves à rapporter les leçons sur des cahiers spéciaux.
Histoire d'Haïti : Dessalines ; guerre civile entre Christophe et Pétion.

GÉOGRAPHIE

Europe.
Géographie d'Haïti : dernière partie.

ARITHMÉTIQUE

Division ; exercices ; fractions ordinaires et décimales. — Auteur : Dumouchel.

PREMIÈRE CLASSE

GRAMMAIRE FRANÇAISE

Toute la syntaxe ; narrations ; récitation des morceaux choisis du *Télémaque* et des *fables* de La Fontaine.

HISTOIRE

Histoire ancienne.

Histoire d'Haïti : fin de la guerre civile entre Christophe et Pétion ; réunion de l'ancienne partie française de l'île sous le commandement de Jean-Pierre Boyer ; réunion de la partie de l'est à la République.

République d'Haïti : négociations avec la France ; reconnaissance de l'indépendance d'Haïti.

GÉOGRAPHIE

Géographie de l'Océanie : revision de la géographie de l'Europe ; géographie d'Haïti : revision.

ARITHMÉTIQUE

Pratique de la règle de trois simple par la méthode de l'unité ; problèmes. — Auteur : Dumouchel.

Le présent programme est obligatoire pour toutes les écoles nationales primaires de la République.

Le Secrétaire d'État de l'Instruction publique,

DELORME.

(Janvier 1868.)

PROGRAMME DES ÉTUDES

POUR LES ÉCOLES SUPÉRIEURES DE DEMOISELLES
DE LA RÉPUBLIQUE

CLASSE DE 5ᵉ

Première année

COURS DE FRANÇAIS

Lecture courante et récitation à haute voix avec application des mots et des phrases.

Pureté de prononciation.

Grammaire: Guérard (cours élémentaire); réunion de la première partie, analyse grammaticale; exercices écrits et oraux.

Textes de récitation: *les fables* de La Fontaine, morceaux choisis tirés d'auteurs classiques à la portée du premier âge.

ARITHMÉTIQUE

Numération théorique et pratique; la pratique des quatre règles sur les nombres entiers et décimaux; résolution des problèmes usuels.

HISTOIRE

Réunion de l'histoire sainte (*Petite Histoire sainte* de Drioux, mise à la portée du premier âge); *Histoire ancienne* de Drioux.

GÉOGRAPHIE

Meissas et Michelot, *Petite Géographie méthodique*; notions préliminaires; divisions du monde en cinq parties; ce que les Anciens en connaissent; limites de chacune des grandes parties du monde.

CALLIGRAPHIE

La cursive et la ronde (voir les nouveaux cahiers de Taupier).

MUSIQUE
DESSIN ACADÉMIQUE

Des rondes et ovales; esquisses de profil; fleurs artificielles et broderie.

RELIGION

La lettre du catéchisme; l'évangile. L'enseignement religieux dans toutes les classes sera fait par le curé de la paroisse et d'après le programme arrêté par Mgr l'Archevêque.

LANGUES ÉTRANGÈRES

Anglais et Espagnol. — Auteur : Ollendorff : les premières leçons.

CLASSE DE 4ᵉ
(deuxième année)

Grammaire : pureté de prononciation et exercices d'intelligence ; revision de la première partie de la grammaire complète de Guérard ; explication et application de la syntaxe ; exercices écrits et oraux ; exercices d'analyses grammaticale et logique.

Textes de récitation: *les fables* de Fénelon ; morceaux choisis tirés d'auteurs classiques.

ARITHMÉTIQUE

Continuation de l'arithmétique: calcul et fractions ordinaires ; règle de trois ; résolution de nombreux problèmes.

HISTOIRE

Histoire ancienne par Drioux (revision) ; *Histoire grecque et romaine* (même auteur) ; *Histoire d'Haïti* (Enélus Robin).

GÉOGRAPHIE

Géographie détaillée de l'Europe et de l'Asie ; géographie d'Haïti (première partie).

CALLIGRAPHIE

La bâtarde et la gothique.

MUSIQUE

Dessin académique ; études des esquisses de Jullien ; fleurs artificielles.

RELIGION

LANGUES ÉTRANGÈRES

Même auteur : Ollendorff, les vingt et une premières leçons.

CLASSE DE 3ᵉ

(Troisième année)

COURS DE FRANÇAIS

Réunion et continuation de la syntaxe ; nombreux exercices écrits ; figures de construction ; petites compositions littéraires.

TEXTES DE RÉCITATION

Fénelon : *Fables* ; Fénelon : *Télémaque* ; morceaux choisis tirés des auteurs classiques.

ARITHMÉTIQUE

Revision et continuation de l'arithmétique ; règles d'intérêt, d'escompte, de société ou de partage proportionnel ou d'alliage.

HISTOIRE

Revision de l'histoire grecque et romaine ; histoire du moyen âge (Drioux, abrégé) ; histoire d'Haïti (même auteur).

GÉOGRAPHIE

Géographie détaillée de l'Afrique et de l'Amérique.

MUSIQUE

Solfège et piano.

DESSIN ACADÉMIQUE

Études des têtes ombrées ; fleurs artificielles ; *broderie et tricotage*.

CLASSE DE 2ᵉ

(Quatrième année)

Grammaire : revision ; ponctuation ; principaux idiotismes de la langue ; narrations et lettres sur des sujets simples et variés.

LANGUES ÉTRANGÈRES

Anglais et espagnol (même auteur) ; les quarante-deux premières leçons ; exercices.

ARITHMÉTIQUE

Revision et complément d'arithmétique ; carrés ; racines carrées ; cubes ; racines cubiques.

GÉOMÉTRIE

Définition et notions préliminaires ; des lignes ; des angles ; usage de la règle et du compas dans les constructions sur le papier ; tracé des perpendiculaires et des parallèles.

HISTOIRE

Histoire du moyen âge : revision ; histoire moderne ; histoire d'Haïti.

COSMOGRAPHIE

Élément de cosmographie d'après le traité élémentaire de Th. Bénard.

GÉOGRAPHIE

Revision et complément ; revision de la géographie détaillée des quatre parties du monde déjà étudiées.

MUSIQUE

Solfège et piano.

DESSIN ACADÉMIQUE

Études des poses dites académiques ; fleurs artificielles ; broderie et tricotage.

RELIGION

CLASSE DE 1re

(Cinquième année)

Grammaire : revision.
Rhétorique : éléments ; des principaux genres littéraires

en prose et en vers ; élocution ; qualités générales du style ; principales figures du discours ; exercices de compositions littéraires : lettres, narrations, discours d'un genre simple. Les sujets des compositions à donner aux élèves porteront plus particulièrement sur les avantages de l'éducation et de l'instruction, l'amour du travail, la reconnaissance envers ses maîtres.

LANGUES ÉTRANGÈRES

Anglais et Espagnol

Revision des leçons dont se compose la méthode d'Ollendorff.

TEXTES DE RÉCITATION

Fénelon : *Télémaque;* Racine : *Esther* et *Athalie;* Lamartine : morceaux choisis.

ARITHMÉTIQUE

Revision de toute l'arithmétique.

GÉOMÉTRIE

Division d'une droite et d'un arc en deux parties égales ; décrire une circonférence qui passe par trois points donnés ; des polygones ; mesures des surfaces des polygones ; des figures semblables et de leur usage.

HISTOIRE

Histoire moderne : revision ; histoire d'Haïti : revision.

GÉOGRAPHIE

Revision de la géographie générale ; revision de la géographie d'Haïti.

COSMOGRAPHIE

Continuation des éléments, d'après le même traité de Th. Bénard.

MUSIQUE

Solfège et piano.

DESSIN ACADÉMIQUE

Études aux deux crayons; perfectionnements; fleurs artificielles; broderie et tricotage.

RELIGION

Le présent programme est obligatoire pour toutes les écoles supérieures de demoiselles du Gouvernement.

Port-au-Prince, le 1er février 1875.

Le Secrétaire d'État de l'Instruction publique,

MADIOU.

SECRÉTAIRERIE D'ÉTAT DE L'INSTRUCTION PUBLIQUE

PROGRAMME

Contenant les matières sur lesquelles doivent être interrogés les postulants à la charge de directeurs d'écoles rurales

LECTURE. — Lecture courante dans l'ancien et le nouveau Testament, dans Simon de Nantua ; pureté de prononciation.

GRAMMAIRE (Lhomond). — Exercices sur les voyelles et les consonnes, sur les sons simples et composés, sur les trois sortes d'*e*, sur l'emploi de l'*y*, de l'*h* muette et de l'*h* aspirée ; sur la formation des mots composés d'une, de deux ou de plusieurs syllabes, sur les différents signes de la ponctuation, etc. etc.

Du nom ou subtantif ; des deux sortes de noms, du genre et du nombre, de la formation du pluriel dans les noms ; de l'article et de l'adjectif ; du pronom et du verbe proprement dit.

De la conjugaison des verbes, les verbes *avoir* et *être* surtout.

ARITHMÉTIQUE. — De la numération parlée et de la numération écrite ; de la valeur que le zéro, selon sa place, donne à un nombre ; lecture d'un nombre, composé de plusieurs tranches ; des différents signes de l'arithmétique. Exercices sur l'addition, la soustraction, la multiplication et la division.

Qu'est-ce qu'une fraction ? — Comment exprime-t-on une fraction ? — Qu'est-ce qui forme les deux termes d'une fraction ? — Qu'appelle-t-on nombre fractionnaire et expression fractionnaire ?

HISTOIRE. — Histoire sainte.

Géographie. — Définition de la géographie, de la forme de la terre, des noms et de la position des points cardinaux et des points collatéraux, et de la division de la terre ; exercices sur la mappemonde ; des principales contrées de l'Europe, de l'Asie, de l'Afrique, de l'Amérique et de l'Océanie.

Géographie d'Haïti. — Voir l'abrégé de la géographie d'Haïti, à l'usage des écoles rurales de la République, sorti de la Secrétairerie d'État de l'Instruction publique.

Port-au-Prince, le 1er juin 1875.

PROGRAMME

Contenant les matières sur lesquelles doivent être interrogés les postulants à la charge de directeurs et de professeurs d'écoles nationales primaires.

GRAMMAIRE

Verbes irréguliers, verbes conjugués sous les trois formes : affirmative, négative et interrogative ; des mots invariables. De la syntaxe, en entier ; des figures de syntaxe ; des gallicismes et de la ponctuation ; analyses grammaticale et logique ; petites compositions littéraires.

ARITHMÉTIQUE

Nombres décimaux : addition, soustraction, multiplication et division ; fractions ordinaires : addition, soustraction, multiplication et division ; proportions ; règle de trois simple, composée ; règle d'intérêt, simple et composée ; escompte ; règle de partage ou de société ; règle d'alliage, simple et composée ; problèmes.

HISTOIRE

Histoire grecque : des premiers habitants de la Grèce ; de l'alliance des Égyptiens avec les Pélasges ; des Hellènes ; des temps héroïques ; des institutions et des grands événements des temps héroïques ; expédition des Argonautes ; guerre de Troie ; état de la Grèce après la prise de Troie ; des colonies grecques ; histoire grecque depuis la première olympiade jusqu'aux guerres médiques inclusivement.

HISTOIRE ROMAINE

Des premiers habitants de l'Italie ; fondation de Rome ; des premiers rois du Latium ; des premiers habitants de Rome ; de l'enlèvement des Sabines ; de l'alliance des Romains avec les Sabins ; des institutions civiles ; de l'organisation militaire ; des rois de Rome, de Numa Pompilius jusqu'à Tarquin le Superbe ; fondation de la République.

HISTOIRE D'HAÏTI

De la découverte de l'île et des principaux événements arrivés dans le pays depuis cette époque jusqu'en 1843.

GÉOGRAPHIE GÉNÉRALE

Les contrées, ainsi que les mers, détroits, golfes, îles, presqu'îles, isthmes, caps, montagnes, volcans, lacs, fleuves, et rivières de chacune des cinq parties du monde.

GÉOGRAPHIE D'HAÏTI

Ce qu'on entend par Antilles ; les principales îles des Antilles : de la division du territoire et de celle des départements ; des îles adjacentes et dépendantes de l'île d'Haïti jusqu'aux fleuves et rivières ; des villes et lieux remarquables de chacun des départements ; des productions et ressources de l'île.

Nota. — Tout candidat à la charge de directeur ou de professeur d'école nationale primaire doit être interrogé avant tout sur la méthode de Lancaster.

Port-au-Prince, le 20 juin 1875.

LYCÉE NATIONAL DU PORT-AU-PRINCE

PROGRAMME

CLASSE DE 7ᵉ

FRANÇAIS

Grammaire française jusqu'aux verbes actifs ; Pélissier : Morceaux choisis; exercices; dictées.

LATIN

Grammaire latine : les quatre déclinaisons ; noms irréguliers ; noms défectifs ; adjectifs défectifs ; exercices.

HISTOIRE

Histoire sainte.

GÉOGRAPHIE

Europe.

SCIENCES

Arithmétique : notions préliminaires ; addition, soustraction, multiplication, etc., jusqu'aux fractions.

PRONONCIATION

INSTRUCTION RELIGIEUSE

CLASSE DE 6ᵉ

FRANÇAIS

Grammaire française jusqu'au verbe neutre exclusivement ; Pélissier : morceaux choisis ; dictées ; exercices.

LATIN

Grammaire latine jusqu'au verbe ; *Epitome historiæ sacræ ;* exercices.

HISTOIRE

Histoire sainte.

GÉOGRAPHIE

Europe.

SCIENCES

Définition ; numération des nombres entiers, etc., jusqu'à la division des fractions.

PROBLÈMES
DESSIN D'ORNEMENT
PRONONCIATION
INSTRUCTION RELIGIEUSE

CLASSE DE 5ᵉ

FRANÇAIS

Grammaire française jusqu'à la syntaxe du pronom ; Pélissier : morceaux choisis ; exercices.

LATIN

Grammaire latine jusqu'aux verbes irréguliers inclusivement ; *Epitome historiæ grecæ ; De Viris ;* exercices latins.

HISTOIRE

Les Égyptiens.

GÉOGRAPHIE

Europe.

SCIENCES
ARITHMÉTIQUE

Les quatre règles, les fractions, système métrique.

GÉOMÉTRIE

Définitions ; angles, etc., jusqu'à l'égalité des triangles rectangles.

ANGLAIS
ESPAGNOL
DESSIN D'ORNEMENT
DÉCLAMATION
INSTRUCTION RELIGIEUSE

CLASSE DE 4ᵉ

FRANÇAIS

Grammaire de E. Sommer, première et deuxième parties jusqu'à la syntaxe de régime exclusivement ; exercices ; analyse logique ; récitation.

LATIN

Grammaire latine, première et deuxième parties ; syntaxe d'accord ; thèmes latins ; versions latines ; Phèdre ; analyse grammaticale.

HISTOIRE

Histoire ancienne ; les Égyptiens ; les Perses, etc.

GÉOGRAPHIE

Amérique.

SCIENCES
GÉOMÉTRIE PLANE

Volumes ; surfaces ; lignes ; définitions, etc., jusqu'à angles inscrits ; définitions ; mesure.

ARITHMÉTIQUE

Propriétés des nombres ; divisibilité ; plus grand commun diviseur ; grandeurs proportionnelles.

ANGLAIS
ESPAGNOL
DESSIN D'ORNEMENT
DÉCLAMATION
INSTRUCTION RELIGIEUSE

3ᵐᵉ CLASSE, 2ᵉ DIVISION

FRANÇAIS

Syntaxe de régime, etc., jusqu'à syntaxe de subordination. Exercice, récitation.

LATIN

Grammaire latine ; syntaxe de régime ; régime du superlatif, etc. *Selectæ;* thèmes latins ; versions latines ; analyse grammaticale.

HISTOIRE

Les Juifs ; les Phéniciens ; grandeur et faiblesse de la Grèce, etc.

GÉOGRAPHIE

Afrique.

GÉOMÉTRIE PLANE

Des droites coupées par des parallèles ; propriétés du cercle relatives aux lignes proportionnelles ; triangles ; définitions, etc. ; inscriptions de l'hexagone ; du décagone et du pentagone régulier.

ARITHMÉTIQUE

Questions sur les intérêts et les escomptes. Règle d'alliage et de mélange.

CHIMIE
PHYSIQUE
ZOOLOGIE

Notions générales ; caractères qui distinguent les êtres organisés des corps bruts ; de l'espèce ; nomenclature, etc. ; division en cinq grands embranchements.

BOTANIQUE

Considérations générales sur la botanique ; racines ; tiges ; bourgeons ; ramifications et feuilles.

ANGLAIS
ESPAGNOL
DESSIN D'ORNEMENT
DÉCLAMATION
INSTRUCTION RELIGIEUSE

CLASSE DE 3ᵉ, 1ʳᵉ DIVISION

FRANÇAIS

Littérature ; narration ; genre épistolaire ; histoire ; roman ; poésie en général ; Boileau : *Satires ;* Pélissier : morceaux choisis ; narrations ; lettres ; morceaux de poésie réduits en prose.

LATIN

Grammaire latine ; Ovide : Les *Métamorphoses ; Selectæ ;* Salluste : *Conjuration de Catilina ;* thèmes latins ; versions latines.

HISTOIRE

Histoire grecque ; histoire romaine : depuis la fondation de Rome jusqu'à la conquête de l'Italie ; histoire d'Haïti.

GÉOGRAPHIE

Asie.
Éléments de morale.

SCIENCES

Toute l'arithmétique.

GÉOMÉTRIE

Géométrie plane; géométrie dans l'espace.

ALGÈBRE

Jusqu'à l'équation du premier degré inclusivement ; résolution des systèmes du premier degré.

COSMOGRAPHIE

Orientation ; rose des vents; planètes principales ; leurs satellistes ; planètes télescopiques ; signes du zodiaque ; mouvements de notre globe ; cause des journées et des nuits ; cause des saisons ; étude de la terre, son isolement, sa rondeur ; effets du mouvement diurne aux différentes latitudes ; antipodes ; dépression de l'horizon.

ARPENTAGE

Projections cotées ; description des instruments principaux. Mesures des aires.

DESSIN LINÉAIRE
CHIMIE
PHYSIQUE
ZOOLOGIE

Les mammifères ; les oiseaux.

BOTANIQUE

Inflorescence; la fleur en général; du périanthe; androgée et gynécée; réceptacle floral; fruits.

ANGLAIS
ESPAGNOL
DESSIN D'ORNEMENT
DÉCLAMATION
INSTRUCTION RELIGIEUSE

CLASSE DE 2ᵉ

FRANÇAIS

Littérature; qualités générales du style; qualités particulières du style; caractères distinctifs de la prose et de la poésie, différents genres de composition en prose et qualités qui les caractérisent dans les chefs-d'œuvre français.

Rhétorique: éléments; Racine: *Esther*, *Athalie;* Boileau: *Satires*.

Narrations: lettres; analyses littéraires; discours.

LATIN

Virgile: premier chant de l'*Énéide;* deuxième et sixième (*passim*);

Cicéron: *Catilinaires;* Horace: *Les Odes.*

Thèmes latins; versions latines.

HISTOIRE

Histoire romaine; histoire du moyen âge jusqu'aux Carlovingiens; histoire d'Haïti.

GÉOGRAPHIE

Europe.

ÉLÉMENTS DE MORALE

Toute l'arithmétique; toute la géographie élémentaire.

ALGÈBRE

Jusqu'aux équations du second degré inclusivement.

TRIGONOMÉTRIE

Jusqu'au calcul de sin $1/2\,a$, cos $1/2\,a$ et tg $1/2\,a$ connaissant cos a.

GÉOMÉTRIE DESCRIPTIVE

Représentation du point de la ligne droite et du plan.

COSMOGRAPHIE

Orientation; rose des vents; mouvement diurne; boussoles; astres fixes; astres errants; planètes principales; leurs satellites; planètes télescopiques; signes du zodiaque; mouvement de notre globe; cause des journées et des nuits; cause des saisons; étude de la terre; son isolement; sa convexité; sa rondeur; effets du mouvement diurne aux différentes latitudes; antipodes; dépression de l'horizon; longitude; latitude; zones terrestres; aplatissement; preuves expérimentales du mouvement de la terre.

ARPENTAGE

Projections cotées; description des instruments principaux; mesure des aires; problèmes relatifs au partage des terrains.

CHIMIE
PHYSIQUE
DESSIN LINÉAIRE
ANGLAIS
ESPAGNOL
DESSIN D'ORNEMENT
DÉCLAMATION
INSTRUCTION RELIGIEUSE

Lycée national du Port-au-Prince, le 1er décembre 1875.

Le Directeur,
G. MANIGAT.

PLAN D'ÉTUDES ET PROGRAMMES
D'ENSEIGNEMENT DES ÉCOLES PRIMAIRES RURALES
DE LA RÉPUBLIQUE D'HAITI

EMPLOI JOURNALIER DU TEMPS
DANS LES ÉCOLES PRIMAIRES RURALES

DE ? A ?

Travaux manuels ?

DE 10 HEURES A 10 HEURES ET DEMIE

. Enseignement religieux*.
Enseignement moral* ou civique*.

DE 10 HEURES ET DEMIE A 11 HEURES ET DEMIE

. Lecture.
Exercices de calcul ; premières définitions de géométrie*.

DE 11 HEURES ET DEMIE A 11 HEURES TROIS-QUARTS

Repos.

DE 11 HEURES TROIS QUARTS A 12 HEURES ET DEMIE

Langue française : exercices variés de langage et de grammaire ; exercices de mémoire*.

DE 12 HEURES ET DEMIE A 1 HEURE

Écriture.

DE 1 HEURE A 1 HEURE ET DEMIE

Lecture ; exercices de mémoire* ; entretiens sur l'histoire et la géographie*.

DE 1 HEURE ET DEMIE A 2 HEURES

Leçons de choses ; notions d'agriculture* et d'horticulture*.

DE ? A ?

Travaux manuels.

N. B. — Les exercices marqués d'un * alternent suivant des convenances et des besoins dont le maitre est juge.

ÉCOLES PRIMAIRES RURALES

PREMIER COURS
ÉDUCATION INTELLECTUELLE ET MORALE

PROGRAMMES

Lecture

Premiers exercices de lecture : lettres, syllabes, mots.

Écriture

Premiers éléments d'écriture.

Langue française

Exercices combinés de langage, de lecture et d'écriture préparant à l'orthographe.

1° Exercices oraux :
Questions très familières ayant pour objet d'apprendre aux enfants à s'exprimer nettement ; corriger les défauts de prononciation ou d'accent local.

2° Exercices de mémoire :
Récitations de très courtes poésies.

3° Exercices écrits :
Premières dictées d'un mot, puis de deux ou trois, puis de très petites phrases.

Géographie

Les points cardinaux (trouvés sur le terrain, dans la cour, dans les promenades, d'après la position du soleil).

Exercices d'observation : les saisons, les principaux phénomènes atmosphériques, l'horizon, les accidents du sol, etc.

Instruction religieuse

Prière et petit catéchisme.

Instruction morale

(CAUSERIES TRÈS SIMPLES, MÊLÉES A TOUS LES EXERCICES DE LA CLASSE)

Petites poésies expliquées et apprises par cœur.

Historiettes morales racontées et suivies de questions propres à en faire ressortir le sens et à vérifier si les enfants l'ont compris.

Soins particuliers du maître à l'égard des enfants chez lesquels il a observé quelque défaut ou quelque vice naissant.

Calcul, arithmétique

Premiers éléments de la numération orale et écrite. — Petits exercices de calcul mental. — Addition et soustraction sur des nombres concrets et ne dépassant pas la première centaine.

Étude des dix premiers nombres et des expressions : *demi, moitié, tiers, quart.*

Éléments usuels des sciences physiques et naturelles
Leçons de choses

(RÉCITS, CAUSERIES, QUESTIONS)

Notions très élémentaires sur le corps humain ; hygiène (petits conseils) ; petite étude comparée des animaux que l'enfant connaît ; des plantes, des pierres, des métaux : quelques plantes alimentaires et industrielles du pays ; pierres et métaux d'usage ordinaire.

L'air, l'eau (vapeur, nuage, pluie).

Petites leçons de choses, autant que possible avec les objets mis sous les yeux et dans les mains des enfants.

Exercices et entretiens familiers ayant pour but de faire acquérir aux enfants les premiers éléments des connaissances usuelles (la droite et la gauche ; nom des jours et des mois ; distinctions d'animaux, de végétaux, de minéraux ; les saisons), et surtout de les amener à regarder, à observer, à comparer, à questionner et à retenir.

DEUXIÈME COURS

ÉDUCATION INTELLECTUELLE ET MORALE

PROGRAMMES

Lecture

Lecture courante avec explication des mots, sur imprimés et sur manuscrits.

Écriture

Écriture en gros, en moyen et en fin (sur tableau noir, sur ardoise sur papier).

Langue française

Notions premières données oralement sur le nom (le nombre, le genre), l'adjectif, le pronon, le verbe (premiers éléments de la conjugaison).

Idée de la formation du pluriel et du féminin ; de l'accord de l'adjectif avec le nom, du verbe avec le sujet.

Idée de la proposition simple.

1° Exercices oraux :

Questions et explications, notamment au cours de la leçon de lecture, ou de la correction des devoirs. Interrogations sur le sens, l'emploi, l'orthographe des mots du texte lu. Épellation des mots difficiles.

Reproduction orale de petites phrases lues et expliquées, puis de récits ou de fragments de récits faits par le maître.

Exercices en vue d'augmenter le vocabulaire de l'enfant ;

2° Exercices de mémoire ;

Récitations de poésies d'un genre très simple ;

3° Exercices écrits :

Dictées graduées d'orthographe usuelle et d'orthographe de règles.

Petits exercices grammaticaux de forme très variée.

Reproduction écrite (au tableau noir, sur l'ardoise, sur cahier) de quelques phrases expliquées précédemment.

Composition de petites phrases avec des éléments donnés ;

4° Exercices d'analyses :

Analyse grammaticale (orale).

Décomposition de la proposition en ses termes essentiels ;

5° Lecture à haute voix par le maître, deux fois par semaine, d'un morceau propre à intéresser les enfants.

Géographie

Explication des termes géographiques (mornes, montagnes, rivières, fleuves, mers, golfes, îles, isthmes, détroits, etc.), en partant toujours d'objets vus par l'élève et en procédant par analogie.

Préparation à l'étude de la géographie, par la méthode intuitive et descriptive :

1° La géographie locale (maison, rue, hameau, commune, etc.) ;

2° La géographie générale (la terre, sa forme, son étendue, ses grandes divisions, leurs subdivisions).

Globe terrestre : continents et océans.

Idée de la représentation cartographique : éléments de la lecture des cartes.

Instruction religieuse

Prière et petit catéchisme.

Instruction morale

(ENTRETIENS, LECTURES AVEC EXPLICATIONS, EXERCICES PRATIQUES)

1. *L'enfant dans la famille.* — Devoirs envers les parents et les grands-parents — Obéissance, respect, amour, reconnaissance. — Aider les parents dans leurs travaux ; les soulager dans leurs maladies ; venir à leur aide dans leurs vieux jours.

Devoirs des frères et des sœurs. — S'aimer les uns les autres ; protection des plus âgés à l'égard des plus jeunes ; action de l'exemple.

Devoirs envers les serviteurs. — Les traiter avec politesse, avec bonté.

L'enfant dans l'école. — Assiduité, docilité, travail, convenance. — Devoirs envers l'instituteur. — Devoirs envers les camarades.

La Patrie. — Devoirs envers la patrie et la société. — Haïti, sa destinée.

Besoin d'union et de concorde. — Malheurs des guerres civiles. — Avantages de la paix.

2. *Devoirs envers soi-même.* — Le corps, propreté, sobriété et tempérance ; dangers de l'ivresse.

Les biens extérieurs. — Économie ; éviter les dettes ; funestes effets de la passion du jeu ; ne pas trop aimer l'argent et le gain ; prodigalité ; avarice. — Le travail (ne pas perdre de temps, obligation du travail pour tous les hommes, noblesse du travail manuel).

L'âme. — Véracité et sincérité ; ne jamais mentir. — Dignité personnelle, respect de soi-même.

Modestie : ne point s'aveugler sur ses défauts. — Éviter l'orgueil, la vanité, la frivolité. — Avoir honte de l'ignorance et de la paresse. — Courage dans le péril et dans le malheur ; patience, esprit d'initiative. — Dangers de la colère.

Traiter les animaux avec douceur ; ne point les faire souffrir inutilement.

Devoirs envers les autres hommes. — Justice et charité (ne faites pas à autrui ce que vous ne voudriez pas qu'on vous fît ; faites aux autres ce que vous voudriez qu'ils vous fissent). — Ne porter atteinte ni à la vie, ni à la personne, ni aux biens, ni à la réputation d'autrui.

Bonté, fraternité. — Tolérance, respect de la croyance d'autrui.

N. B. — Dans tout ce cours, l'instituteur prend pour point de départ l'existence de la conscience, de la loi morale et de l'obligation ; il fait appel au sentiment et à l'idée du devoir, au sentiment et à l'idée de la responsabilité ; il n'entreprend point de les démontrer par exposé théorique.

Devoirs envers Dieu. — L'instituteur laïque n'est pas chargé de faire un cours *ex professo* sur la nature et les attributs de Dieu ; l'enseignement qu'il doit donner à ses élèves se borne à deux points :

D'abord il leur apprend à ne pas prononcer légèrement le nom de Dieu ; il associe étroitement dans leur esprit à l'idée de la Cause première et de l'Être parfait un sentiment de respect et de vénération ; ensuite, l'instituteur s'attache à faire comprendre et sentir à l'enfant que le premier hommage qu'il doit à la Divinité, c'est l'obéissance aux lois de Dieu, telles que les lui révèlent sa conscience et sa raison.

Instruction civique

Explications familières à propos de la lecture des mots pouvant éveiller une idée nationale, tels que : citoyen, soldat, armée, patrie, commune, arrondissement, département, nation, député, sénateur, président, tribunal, juge, loi, justice, force publique, etc.

Arithmétique

Revision du cours précédent.

Les quatre opérations sur des nombres de deux ou trois chiffres. — Le mètre, la gourde, le litre. — Exercices de calcul mental.

Éléments usuels des sciences physiques et naturelles
LEÇONS DE CHOSES

Notions élémentaires sur le corps humain. — Du temps et de ses parties. — De l'année. — Des saisons. — Des mois et des jours. — Du soleil. — Des étoiles, des planètes, des comètes. — De la lune. — De la terre. — Principaux phénomènes atmosphériques : l'atmosphère, les nuages, la pluie, le vent, l'ouragan, les éclairs, le tonnerre, le fluide électrique, le paratonnerre.

Des trois règnes de la nature. — Des ressources que l'homme trouve dans les trois règnes pour satisfaire à tous les besoins de la vie.

Arts et métiers.

TROISIÈME ANNÉE

ÉDUCATION INTELLECTUELLE ET MORALE

PROGRAMMES

Lecture

Lecture courante avec explication (sur imprimés et sur manuscrits).

Écriture

Écriture cursive ordinaire.

Langue française

Grammaire française : Étude élémentaire des différentes espèces de mots. — Étude du substantif, de l'article, de l'adjectif. — Exercices de conjugaison régulière. — Exercices sur l'accord du genre et du nombre.

De la proposition simple.

1° Exercices oraux :

Élocution et prononciation.

Questions et explications, notamment au cours de la leçon de lecture, ou de la correction des devoirs. — Interrogations sur le sens, l'emploi, l'orthographe des mots du texte lu. — Épellation des mots difficiles.

Reproduction orale de petits récits ou de fragments de récits faits par le maître ou lus en classe.

Exercices en vue d'augmenter le vocabulaire de l'enfant ;

2° Exercices de mémoire :

Récitations de fables, de petites poésies, de quelques morceaux de prose d'un genre très simple ;

3° Exercices écrits :

Dictées graduées d'orthographe usuelle et d'orthographe de règles.

Petits exercices grammaticaux de forme très variée.

Reproduction écrite et non littérale (au tableau noir, sur l'ardoise, sur cahier) de quelques phrases expliquées précédemment.

Composition de petites phrases avec des éléments donnés ;

4° Exercice d'analyse :

Analyse grammaticale (le plus souvent orale, quelquefois écrite).

Décomposition de la proposition en ses termes essentiels ;

5° Lecture à haute voix par le maître, deux fois par semaine, d'un morceau propre à intéresser les enfants.

Histoire d'Haïti

Récits et entretiens familiers par le maître sur les plus grands personnages et les faits principaux de notre histoire nationale.

Les noms des chefs de l'État, de Dessalines à nos jours.

(Il est laissé aux professeurs la faculté de choisir les sujets qui leur paraîtraient propres à captiver l'attention et à éveiller le patriotisme des enfants.)

Géographie d'Haïti

Revision du cours précédent.

Notions sommaires de géographie d'Haïti :

Indiquer sur le globe ou sur la carte murale la position des départements, des arrondissements et des communes de la République d'Haïti. — Descriptions des sections rurales et de la commune où est l'école. — Petits récits de voyages d'un point à un autre de la commune.

Instruction religieuse

Prière et petit catéchisme.

Instruction morale

Revision du cours précédent.

L'enfant dans la famille. — L'enfant dans l'école. — La Patrie. — Devoirs envers soi-même. — Les biens extérieurs. — L'âme. — Devoirs envers les autres hommes. — Devoirs envers Dieu.

Instruction civique

(ENTRETIENS ET LECTURES AVEC EXPLICATIONS ET QUESTIONS)

Notions très sommaires sur l'organisation d'Haïti.

Le citoyen, ses obligations et ses droits; le service militaire, l'impôt, le suffrage universel. La section rurale, le chef de la section. — La commune, le magistrat communal et le conseil communal. — L'officier de l'état civil. — La paroisse, le curé, le conseil de fabrique. — Le commandant de la commune. — Le juge de paix. — Le préposé d'administration. — L'arrondissement. — Le commandant de l'arrondissement. — L'administration des finances. — La constitution. — L'État, le pouvoir législatif, le pouvoir exécutif. — Le pouvoir judiciaire.

Arithmétique

Principes de la numération parlée et de la numération écrite.

Calcul mental: les quatre règles appliquées intuitivement d'abord à des nombres de 1 à 10; puis de 1 à 20; puis de 1 à 100.

Étude de la table d'addition et de la table de multiplication.

Calcul écrit: l'addition, la soustraction, la multiplication ; règles générales des trois opérations sur les nombres entiers. La division bornée aux nombres de deux chiffres au diviseur.

Petits problèmes oraux ou écrits, portant sur les sujets les plus usuels ; exercices de raisonnement sur les problèmes et sur les opérations exécutés.

Notions du système métrique.

Géométrie

Simples exercices pour faire reconnaître et désigner les figures régulières les plus élémentaires : carré, rectangle, triangle et cercle.

Différentes sortes d'angles.

Idée des trois dimensions.

Leçons de choses

(RÉCITS, CAUSERIES, QUESTIONS, AUTANT QUE POSSIBLE AVEC LES OBJETS MONTRÉS AUX ENFANTS)

Comment les animaux et les plantes nous sont utiles. — Êtres vivants et corps bruts. — Animaux et plantes. — La campagne. — Utilité des animaux, utilité des plantes.

Les moutons. — Le chien de berger. — Tonte des moutons. — On carde et on file la laine.

La vache et le cabri. — La vache. — Le cabri ou la chèvre. — Le lait. — Le beurre. — Le fromage.

Les oiseaux de la basse-cour. — Canards et oies. — Pigeons, poules, pintades, dindons. — Les œufs. — Les poussins. — Couveuse.

Les poissons. — Les poissons d'eau douce et les poissons de la mer. — La pêche à la ligne. — La nasse, les filets.

Les abeilles et les vers à soie. — Les abeilles. — La ruche. — Le miel et la cire. — Usages du miel. — Usages de la cire. — Élevage des abeilles. — Apiculture. — La chenille et le papillon. — Le ver à soie.

Les plantes du potager. — Les racines qu'on mange. — Les feuilles qu'on mange. — Les grains qu'on mange.

Le verger. — Les fruits du verger. — Les arbres fruitiers. — Taille. — Greffe. — Le manguier, le caymillier, le sapotillier, l'oranger, le citronnier, la chadèque, le cirouellier, le mombin, la pomme d'acajou, le jambosier (pomme rose), l'icaquier, le cachiment, le corossolier, l'arbre à pain, l'arbre véritable, l'avocatier, le quénépier, le tamarinier, le cocotier, le palmier, le dattier, le goyavier, l'abricotier, etc., etc.

Boissons économiques et alcools de fruits.

Le labour et les semailles. — La charrue. — La herse. — Le rouleau. — Le maïs germe, le maïs lève, le maïs grandit et forme ses épis. La cueillette, égrenage (battage), moulin à égrener. — Moulin, mouture. — Farine de maïs, acassan, cornstarch. — Poudre de maïs. — Bière de maïs.

Les bananiers. — La banane : bananes vertes, farine de bananes, bananes mûres, bananes tapées. Conserve de bananes. — Figues-bananes : vin de bananes, vinaigre de bananes.

Les patates et les pommes de terre.

Les ignames.

Le manioc. — Jus et fécule de manioc, cassave.

La canne à sucre ; on passe la canne au moulin. Le sirop, le vésou, fermentation, distillation. — Le tafia. — Rapadou, sucre brut, sucre blanc.

Le latanier et le pitre : Feuilles de latanier. — Blanchiment des feuilles. einture. — Tresse de latanier : chapeau, sacs, macoute, paniers, etc. — Rouissage du pitre. — Préparation de la filasse, cordes, têtières, fouets.

Le coton. — Plantation. — Récolte des gousses. — Moulin à coton. — Utilisation des graines de coton, huile de coton.

Le café. — Récolte des cerises. — Séchage. — Moulin à décortiquer.

Le cacao. — Récoltes des calabousses, séchage. — Fermentation des graines, chocolat.

Les arbres et les arbustes. — Les arbres du vallon (roseaux, bambou, jonc, le sucrin, etc).

Les arbres des bois. — Les bois nous sont utiles. Travail du bois. — L'acajou, le campêche, le chêne, le pin, le bois d'orme, le calebassier, le bayaonde, le mancenillier des montagnes (maximilien), le bois d'ortie, le frêne, le gayac, le mapou, le gommier, le tchiatchia, le bois de fer, le bois de lance, etc. etc.

Comment les pierres nous sont utiles. — Où l'on trouve les pierres. — La carrière. — Travail des pierres. — Comment on entretient un chemin.

Les murs de la maison. — Terre à briques. — Comment on fait les briques. — Le mortier. — Comment on fait le mortier. — Les murs de la maison, les fondations. — D'où vient la chaux.

Toiture de la maison : Les poutres, les planches. — Les toits de tôle, d'ardoise, de tuiles, d'aissantes. — Les toits de chaume.

Les combustibles : corps qu'on brûle. — Comment on fait pour brûler une bûche. — L'air est nécessaire pour qu'un corps brûle. — L'air chaud est plus léger que l'air froid. — Lorsqu'un corps brûle, il se produit un courant d'air. — Ce qui reste après qu'un corps a été brûlé. — Combustibles produisant de la chaleur ; combustibles éclairants.

Le feu de cuisine et l'éclairage. — Comment on fait le charbon de bois. — Le charbon de terre. — La chandelle et la bougie. — La lampe à huile. — La lampe à pétrole. — Le gaz d'éclairage. — La lumière électrique.

Le fer. — Fer, fonte, acier. — D'où vient le fer ? Les hauts-fourneaux. La coulée. — Le forgeron.

Le zinc, l'étain, le plomb : L'arrosoir. — Les minces feuilles d'étain. — Les balles et grains de plomb. — Le fer se rouille. — Comment on empêche le fer de se rouiller. — L'étameur. — Les fils du télégraphe.

Le cuivre, le laiton, le bronze. — Le cuivre est moins dur que le fer. — Le cuivre peut empoisonner. — Vert-de-gris. — Étamage du cuivre. — Le cuivre brûle avec une flamme verte. — Laiton : chandeliers, boutons de porte, instruments de musique, etc. — Épingles. — La cloche.

L'argent, l'or, les monnaies : Pourquoi on fait des objets en argent. — L'argent s'échauffe vite. — D'où s'extrait l'argent. — L'or ne s'altère pas à l'air. — Dorure. — Vermeil. — D'où l'on extrait l'or. — A quoi servent les monnaies. — Monnaie de cuivre et de bronze. — Monnaies d'argent. — Monnaies d'or. — Fabrication des monnaies. — Papier-monnaie.

La pluie et les nuages. — Nuages, pluie. — Torrents. — Eau d'infiltration. — Puits. — Sources. — Cours d'eau. — Formation des nuages. — L'eau de la bouillotte.

L'eau. — Couleur, transparence de l'eau. — L'eau de mer est salée ; l'eau de la pluie ne l'est pas. — Marais salants. — Emploi des chutes d'eau.

L'air. — Comment on prouve que l'air existe. — L'air est bleu. — L'air se déplace. — Comment se produisent les courants d'air. — Comment se produit le vent. Ouragan.

Propriétés de l'air. Pression qu'il exerce. — L'air est élastique. — L'air presse sur la surface de la terre.

Les orages. — Orage. — Éclair. — Tonnerre. — Comment on peut savoir à quelle distance est l'éclair. — Foudre, ses effets. — La foudre peut briser ou fondre les corps. — La foudre peut enflammer les corps combustibles. — La foudre peut blesser ou tuer les hommes et les animaux. — Paratonnerre. — Précautions à prendre en temps d'orage.

ÉDUCATION PHYSIQUE

ET PRÉPARATION A L'APPRENTISSAGE PROFESSIONNEL

(POUR LES TROIS ANNÉES)

1. *Soins d'hygiène et de propreté.* — Inspection des enfants à leur arrivée. — Surveillance de leurs jeux aux point de vue hygiénique. — Soins particuliers pour les plus faibles.

2. *Gymnastique.* — Jeux variés.

TRAVAIL MANUEL

Pour les garçons

Petits ouvrages de tressage, chapellerie, vannerie et sparterie. Poterie.

Pour les filles

Travaux de couture destinés à l'entretien et à la création d'un trousseau.

Assemblage et confection des chemises d'homme, de femme et d'enfant, de pantalons, vareuses, camisoles, jupons, etc., soit à la main, soit à la machine à coudre, soit à la main et à la machine. Rapiéçage.

Pour les élèves attachés à une ferme-école

1° **Travaux des champs**

Instruments usuels de culture : La manchette. — Le râteau. — La fourche. — Le sarcloir. — La houe. — La bêche. — La pioche. — Le piquoir. — La charrue. — Le hoyau. — La herse. — Le rouleau, etc. etc.

CULTURES DIVERSES (A CHOISIR)

Café. — Emplacement, terrain qui convient au café. Propagation. — Pépinières. — Préparation du sol. — Alignement. — Creusement des trous. — Plantation — Protection des plants. — Sarclage. — Émondement et taille. — Amendement. — Cultures diverses en attendant la croissance du caféier. — Les ennemis du café. — Récolte. — Débarrasser le grain de sa pulpe. — Fermentation et lavage. — Vanner. — Cerises de café séchées au soleil.

Cacao. — Variétés. — Emplacement, terrain qui convient au cacaoyer. —

Propagation. — Préparation du sol. — Alignement. — Creusement des trous. — Plantation. — Protection des plants. — Sarclage. — Taille. — Amendement. — Cultures diverses en attendant la croissance des cacaoyers. — Les ennemis du cacaoyer. — Récolte. — Fermentation. — Séchage.

Canne à sucre. — Emplacement, terrain qui convient à la canne. — Propagation. — Plantation. — Culture. — Maturité et récolte. — Amendement. — Fabrication du sucre.

Le coton. — Culture.

Orange. — Terrain qui convient à l'oranger. — Propagation. — Plantation. — Culture. — Amendement. — Cultures diverses en attendant la croissance des orangers. — Taille. — Récolte des fruits. — Les ennemis de l'oranger. — Comment emballer les fruits pour l'exportation.

Le citron. — Sol qui convient au citronnier. — Propagation. — Plantation. — Culture. — Récolte des fruits. — Préparation du jus, sa concentration.

La banane et la figue-banane. — Sol. — Propagation. — Préparation de la terre. — Plantation. — Culture. — Récolte.

Le cocotier. — Emplacement et sol. — Propagation. — Plantation. — Culture. — Les ennemis du cocotier. — Récolte. — L'amande, huile de coco. — Le péricarpe ou paille de coco.

L'ananas. — Emplacement, sol. — Propagation. — Culture. — Récolte. — Comment emballer les fruits pour l'exportation.

L'avocatier. — Culture. — Conservation de la pulpe. — Huile d'avocat.

La patate. — Emplacement et sol. — Culture. — Récolte.

L'igname. — L'igname blanche. — L'igname jaune. — L'igname cuscuch. — Emplacement du sol. — Culture.

Tuyaux.

Manioc. — Emplacement et sol. — Culture. — Récolte. — Cassave. — Fécule de manioc. — Tapioca. — Jus de manioc amer.

Arrowroot. — Culture. — Récolte. — Préparation de l'arrowroot.

Maïs. — *Riz ordinaire (Riz des montagnes).*

Millet. — Culture. — Récolte.

Tabac. — Emplacement. — Sol. — Propagation. — Pépinières. — Préparation de la terre. — Plantation. — Culture. — Émondement. — Taille. — Les ennemis du tabac. — Récolte. — Séchage. — Case à tabac. — Manipulation des feuilles.

Palma-Christi. — Culture. — Récolte. — Huile de ricin.

Pin et sapin. — Culture. — Essence de térébenthine. — Résine.

Gommier blanc. — Culture. — Encens.

Ben. — Culture. — Huile de ben.

Campêche. — Propagation. — Culture. — Coupe.

Gingembre. — *Cardamone.* — *Poivre.* — *Piment.* — *Pimento.* — *Giroflier.* — *Muscadier.* — *Vanillier.* — Culture.

Caoutchouc. — *Quinquina.* — Culture.

2° Travaux de jardin

Le jardin fruitier. — Conduite et tailles des arbres fruitiers. — Culture spéciale des variétés d'arbres fruitiers qui conviennent le mieux à la localité. — Conservation des fruits. — Emballage et transports des fruits.

Le jardin potager. — Variétés, culture et récolte des légumes. — Porte-graines, récolte, triage et conservation des grains.

Notions sur la culture des fleurs, — soit pour l'ornement, soit pour la fabrication des parfums.

3° Travaux de la ferme

La ferme. — Vacherie et laiterie. — Fabrication du beurre et du fromage. — Entretien d'une bergerie et d'une porcherie. — La basse-cour. — Élevage et engraissement des volailles. — Conservation des œufs. — Pigeons. — Apiculture.

4° Métiers divers (se rattachant aux travaux agricoles).

PLAN D'ÉTUDES ET PROGRAMMES
D'ENSEIGNEMENT DES ÉCOLES PRIMAIRES URBAINES

DE LA RÉPUBLIQUE D'HAITI

EMPLOI JOURNALIER DU TEMPS

DANS LES ÉCOLES PRIMAIRES URBAINES

I. — COURS ÉLÉMENTAIRES

LES DEUX PREMIERS COURS

Classe du matin

DE 9 HEURES A 9 HEURES ET DEMIE

Enseignement religieux*, moral* ou civique*.

DE 9 HEURES ET DEMIE A 10 HEURES

Lecture.

DE 10 HEURES A 10 HEURES ET DEMIE

Calcul*, premières notions de géométrie*.

DE 10 HEURES ET DEMIE A 11 HEURES

Écriture.

Classe du soir

DE 2 HEURES A 2 HEURES ET DEMIE

Lecture* ; entretiens sur l'histoire* ou la géographie*.

DE 2 HEURES ET DEMIE A 3 HEURES UN QUART

Langue française*, exercices de langage et de grammaire ; exercices de mémoire*.

DE 3 HEURES UN QUART A 4 HEURES

Leçons de choses ; travail manuel ou exercices physiques.

N. B. — Les exercices marqués d'un * alternent suivant des convenances ou des besoins dont le maître est juge.

II. — COURS COMPLÉMENTAIRES

LES DEUX DERNIERS COURS

Classe du matin

DE 8 HEURES A 8 HEURES ET DEMIE

Instruction religieuse*, morale* ou civique*.

DE 8 HEURES ET DEMIE A 9 HEURES ET DEMIE

Calcul*, système métrique, géométrie*.

DE 9 HEURES ET DEMIE A 9 HEURES TROIS QUARTS

Repos.

DE 9 HEURES TROIS QUARTS A 10 HEURES ET DEMIE

Français * ; exercices de mémoire *.

DE 10 HEURES ET DEMIE A 11 HEURES

Écriture * ou rédaction d'un devoir *.

Classe du soir

DE 2 HEURES A 3 HEURES

Histoire * ; géographie *.

DE TROIS HEURES A TROIS HEURES ET DEMIE

Lecture * ; exercices de mémoire *.

DE TROIS HEURES ET DEMIE A TROIS HEURES TROIS QUARTS

Repos.

PROGRAMMES

DE 3 HEURES TROIS QUARTS A 4 HEURES ET DEMIE

Dessin*; chant*; travail manuel*; gymnastique*; exercices militaires*.

DE 4 HEURES ET DEMIE A CINQ HEURES

Sciences physiques et naturelles (leçons de choses); notions d'agriculture et d'horticulture*.

N. B. — Les exercices marqués d'un* alternent suivant des convenances et des besoins, dont le maître ou la maîtresse sont juges.

ÉCOLES PRIMAIRES URBAINES

PREMIER COURS

ÉDUCATION INTELLECTUELLE ET MORALE

PROGRAMMES

Lecture

Premiers exercices de lecture : lettres, syllabes, mots. — Lecture courante avec explication des mots, sur imprimés et sur manuscrits.

Écriture

Premiers éléments d'écriture. — Écriture en gros, en moyen et en fin (sur tableau noir, sur ardoise, sur papier).

Langue française

Exercices combinés de langage, de lecture et d'écriture préparant à l'orthographe.

Notions premières données oralement sur le nom (le nombre, le genre), l'adjectif, le pronom, le verbe (premiers éléments de la conjugaison).

Idée de la formation du pluriel et du féminin; de l'accord de l'adjectif avec le nom, du verbe avec le sujet.

Idée de la proposition simple.

1° Exercices oraux :

Questions très familières ayant pour objet d'apprendre aux enfants à s'exprimer nettement; corriger les défauts de prononciation ou d'accent local.

Questions et explications notamment au cours de la leçon de lecture, ou de la correction des devoirs. Interrogations sur le sens, l'emploi, l'orthographe des mots du texte lu. — Épellation des mots difficiles.

Reproduction orale de petites phrases lues et expliquées, puis de récits ou de fragments de récits faits par le maître.

Exercices en vue d'augmenter le vocabulaire des enfants.

2° Exercices de mémoire :

Récitation de poésies courtes et d'un genre très simple,

3° Exercices écrits :

Premières dictées d'un mot, puis de deux ou trois, puis de très petites phrases.

Dictées graduées d'orthographe usuelle et d'orthographe de règles.

Petits exercices gradués de forme très variée.

Reproduction écrite (au tableau noir, sur l'ardoise, sur cahier) de quelques phrases expliquées précédemment.

Composition de petites phrases avec des éléments donnés.

4° Exercices d'analyse :

Simples exercices oraux d'analyse grammaticale.

Décomposition de la proposition en ses termes essentiels.

5° Lecture à haute voix par le maître, deux fois par semaine, d'un morceau propre à intéresser les enfants.

Instruction religieuse

Prières. — Petit catéchisme.

Histoire

Récits et entretiens familiers par le maître sur les plus grands personnages et les faits principaux de notre histoire nationale.

Les noms des chefs de l'État, de Dessalines à nos jours.

Géographie

Les points cardinaux (trouvés sur le terrain, dans la cour, dans les promenades, d'après la position du soleil).

Explication des termes géographiques (mornes, montagnes, rivières, fleuves, mers, golfes, îles, isthmes, détroits, etc.), en partant toujours d'objets vus par l'élève et en procédant par analogie.

Préparation à l'étude de la géographie, par la méthode intuitive et descriptive :

1° La géographie locale (maison, rue, la ville, la commune, etc.);

2° La géographie générale (la terre, sa forme, son étendue, ses grandes divisions et leurs subdivisions).

Globe terrestre : continents et océans.

Idées de la représentation cartographique : éléments de la lecture des cartes.

Instruction morale

Causeries très simples, mêlées à tous les exercices de la classe et de la récréation.

Petites poésies expliquées et apprises par cœur.

Historiettes morales racontées et suivies de questions propres à en faire ressortir le sens et à vérifier si les enfants l'ont bien compris. — Petits chants.

Soins particuliers du maître à l'égard des enfants chez lesquels il a observé quelque défaut ou quelque vice naissant.

Instruction civique

Explications familières à propos de la lecture des mots pouvant éveiller une idée nationale, tels que : citoyen, soldat, armée, patrie, commune, arrondissement, département, nation, député, sénateur, président, tribunal, juge, loi, justice, force publique, etc.

Calcul, arithmétique

1. Premiers éléments de la numération orale et écrite. — Petits exercices de calcul mental : addition et soustraction sur des nombres concrets et ne dépassant pas la première centaine.

Étude des dix premiers nombres et des expressions : *demi, moitié, tiers, quart.*

2. Les quatre opérations sur des nombres de deux ou trois chiffres. — Le mètre, la gourde, le litre. — Exercices de calcul mental.

Éléments usuels des sciences physiques et naturelles

LEÇONS DE CHOSES

(RÉCITS, CAUSERIES, QUESTIONS)

1. — Petites leçons de choses, autant que possible, avec les objets mis sous les yeux et dans les mains des enfants.

Exercices et entretiens familiers ayant pour but de faire acquérir aux enfants les premiers éléments des connaissances usuelles (la droite et la gauche, noms des jours et des mois, distinction d'animaux, de végétaux, de minéraux, les saisons), et surtout de les amener à regarder, à observer, à comparer, à questionner et à retenir.

2. Notions élémentaires sur le corps humain. — Du temps et de ses parties : De l'année. — Des saisons. — Des mois et des jours. — Du soleil. — Des étoiles, des planètes, des comètes. — De la lune. — De la terre. — Principaux phénomènes atmosphériques : l'atmosphère, les nuages, la pluie, le vent, l'ouragan, les éclairs, le tonnerre, le fluide électrique, le paratonnerre.

Des trois règnes de la nature. — Des ressources que l'homme trouve dans les trois règnes pour satisfaire à tous les besoins de la vie.

Arts et métiers.

Chant

Petits chants très simples. — Chants à l'unisson et à deux parties, appris exclusivement par l'audition.

Éducation physique et préparation à l'apprentissage professionnel

1° SOINS D'HYGIÈNE ET DE PROPRETÉ

Inspection des enfants à leur arrivée. — Surveillance de leurs jeux au point de vue hygiénique. — Soins particuliers pour les plus faibles.

2° GYMNASTIQUE

Rondes, marches, mouvements rythmiques, jeux mimiques accompagnés de chants. — Jeux variés (corde, balle, cerceau, etc.). — Premiers exercices d'ordre (formation des rangs, marches, ruptures et rassemblement).

3° TRAVAIL MANUEL

Pour les garçons et pour les filles

Petits exercices de tressage. — Petite vannerie. — Combinaisons en laine de couleur sur le canevas ou sur le papier.

Petits ouvrages de tricot (spécialement pour les filles).

DEUXIÈME COURS

ÉDUCATION INTELLECTUELLE ET MORALE

PROGRAMMES

Lecture

Lecture courante avec explications (sur imprimés et sur manuscrits).

Écriture

Écriture cursive ordinaire.

Instruction religieuse

Prière. — Petit catéchisme.

Instruction morale

Entretiens, lectures avec explications. — Exercices pratiques tendant à mettre la morale en action dans la classe même :

1° Par l'observation individuelle des caractères ;

2° Par l'application intelligente de la discipline scolaire comme moyen d'éducation ;

3° Par l'appel incessant au sentiment et au jugement moral de l'enfant lui-même ;

4° Par le redressement des notions grossières (préjugés et superstitions populaires, croyances aux sorciers, aux revenants, etc.);

5° Par l'enseignement à tirer des faits observés par les enfants eux-mêmes.

Coordonner les leçons et les lectures de manière à n'omettre aucun point important du programme ci-dessous :

L'enfant dans la famille. — *Devoirs envers les parents et les grands-parents.* — Obéissance, respect, amour, reconnaissance. — Aider les parents dans leurs travaux ; les soulager dans leurs maladies ; venir à leur aide dans leurs vieux jours.

Devoirs des frères et des sœurs. — S'aimer les uns les autres ; protection des plus âgés à l'égard des plus jeunes ; action de l'exemple.

Devoirs envers les serviteurs. — Les traiter avec politesse, avec bonté.

L'enfant dans l'école. — Assiduité, docilité, travail, convenance. — Devoirs envers l'instituteur. — Devoirs envers les camarades.

La Patrie. — Devoirs envers la patrie et la société. — Haïti, sa destinée.

Besoin d'union et de concorde. — Malheurs des guerres civiles. — Avantage de la paix.

Devoirs envers soi-même. — Le corps, propreté, sobriété et tempérance ; dangers de l'ivresse.

Les biens extérieurs. — Économie ; éviter les dettes ; funestes effets de la passion du jeu ; ne pas trop aimer l'argent et le gain ; prodigalité, avarice. — Le travail (ne pas perdre de temps, obligation du travail pour tous les hommes, noblesse du travail manuel).

L'âme. — Véracité et sincérité ; ne jamais mentir. — Dignité personnelle, respect de soi-même.

Modestie : ne point s'aveugler sur ses défauts. — Éviter l'orgueil, la vanité, la frivolité. — Avoir honte de l'ignorance et de la paresse. — Courage dans le péril et dans le malheur ; patience, esprit d'initiative. — Dangers de la colère.

Traiter les animaux avec douceur ; ne point les faire souffrir inutilement.

Devoirs envers les autres hommes. — Justice et charité (ne faites pas à autrui ce que vous ne voudriez pas qu'on vous fît, faites aux autres ce que vous voudriez qu'ils vous fissent). — Ne porter atteinte ni à la vie, ni à la personne, ni aux biens, ni à la réputation d'autrui.

Bonté, fraternité. — Tolérance, respect de la croyance d'autrui.

N. B. — Dans tout ce cours, l'instituteur prend pour point de départ l'existence de la conscience, de la loi morale et de l'obligation. Il fait appel au sentiment et à l'idée du devoir, au sentiment et à l'idée de la responsabilité ; il n'entreprend point de les démontrer par exposé théorique.

Devoirs envers Dieu. — L'instituteur laïque n'est pas chargé de faire un cours *ex professo* sur la nature et les attributs de Dieu : l'enseignement qu'il doit donner se borne à deux points :

D'abord il leur apprend à ne pas prononcer légèrement le nom de Dieu ; il associe étroitement dans leur esprit à l'idée de la Cause première et de l'Être parfait un sentiment de respect et de vénération ; ensuite, l'instituteur s'attache à faire comprendre et sentir à l'enfant que le premier hommage qu'il doit à la Divinité, c'est l'obéissance aux lois de Dieu, telles que les lui révèlent sa conscience et sa raison.

Instruction civique

(NOTIONS SOMMAIRES SUR L'ORGANISATION D'HAÏTI)

Le citoyen, ses obligations et ses droits ; le service militaire, l'impôt, le suffrage universel. — La section rurale, le chef de la section. — La commune, le magistrat communal et le conseil communal. — L'officier de l'état civil. — La paroisse, le curé, le conseil de fabrique. — Le commandant de la commune. — Le juge de paix. — Le préposé d'administration. — L'arrondissement. — Le commandant de l'arrondissement. — L'administrateur des finances. — La Constitution. — L'État, le pouvoir législatif, le pouvoir exécutif. — Le pouvoir judiciaire.

Langue française

Recueil élémentaire de morceaux choisis.

Lecture, récitation française : explication du sens des mots et des phrases.

Les élèves seront exercés à composer des phrases françaises.

Grammaire française : Étude élémentaire des différentes espèces des mots. — Étude du substantif, de l'article, de l'adjectif. — Exercices de conjugaison régulière. — Exercices sur l'accord du genre et du nombre.

Exercices oraux et écrits de langue française et d'orthotographe.

Dictées simples sur des sujets variés et instructifs.

Exercices élémentaires sur le vocabulaire et sur la formation des mots.

Livre de lecture, lu et commenté en classe.

PROGRAMME D'ENSEIGNEMENT DE LA LANGUE FRANÇAISE

Il est entendu que les règles seront surtout enseignées par l'usage. Le professeur ne manquera aucune occasion de faire constater aux enfants qu'ils sont déjà en possession des différentes sortes de mots, et qu'ils appliquent instinctivement les règles de la grammaire. Il rattachera donc constamment son enseignement aux exemples fournis par le langage parlé ou écrit.

Chaque exercice sur la grammaire est pratiqué en classe durant quelque temps, oralement et par écrit, avant qu'un exercice du même genre soit exigé comme travail à faire aux heures d'étude.

1° Exercices oraux :

Élocution et prononciation.

Questions et explications, notamment au cours de la leçon de lecture, ou de la correction des devoirs. — Interrogation sur le sens, l'emploi, l'orthographe des mots du texte lu. — Épellation des mots difficiles.

Reproduction orale de petits récits ou de fragments de récits faits par le maître ou lus en classe.

Exercices en vue d'augmenter le vocabulaire de l'enfant.

2° Exercices de mémoire :

Récitations de fables, de petites poésies, de quelques morceaux de prose d'un genre très simple.

3° Exercices écrits :

Dictées graduées d'orthographe usuelle et d'orthographe de règle.

Petits exercices grammaticaux de forme très variée.

Reproduction écrite et non littérale (au tableau noir, sur l'ardoise, sur cahier) de quelques phrases expliquées précédemment.

Composition de petites phrases avec des éléments donnés.

4° Exercices d'analyse :

Analyse grammaticale (le plus souvent orale, quelquefois écrite).

Décomposition de la proposition en ses termes essentiels.

5° Lecture à haute voix par le maître, deux fois par semaine, d'un morceau propre à intéresser les enfants.

Histoire

NOTIONS TRÈS SOMMAIRES D'HISTOIRE GÉNÉRALE

Petits récits préliminaires : la terre, les plantes, les animaux. — L'homme, les premières industries humaines. — Les grandes divisions de l'histoire. — Utilité de l'histoire.

Les anciens peuples de l'Orient : l'Égypte, les Égyptiens ; les ruines de Thèbes, le lac Mœris. — Les Assyriens : Ninive et Babylone. — Les Juifs : Moïse. — Les Phéniciens : Tyr et Carthage. — L'Inde : la religion de Bouddha. — Les Mèdes et les Perses : Cyrus.

Les Grecs : la Grèce et les Grecs : Homère. — Sparte et les Spartiates :

Lycurgue. — Léonidas aux Thermopyles. — Athènes et les Athéniens ; Solon. Périclès, Démosthène et Eschine. — Alexandre.

Les Romains : Rome et les Romains. — Carthage et Annibal. — Archimède. Scipion l'Africain, César, Cicéron, Auguste et l'Empire romain, Virgile et Horace.

Histoire d'Haïti
(HISTOIRE D'HAÏTI DE LA DÉCOUVERTE A LA RÉVOLUTION FRANCAISE)
(1492-1789)

Courts sommaires dictés par le maître et récités par l'élève. — Courts exposés, récits simples répétés de vive voix par l'élève.

PROGRAMME D'HISTOIRE D'HAÏTI

Description d'Haïti. — État d'Haïti au moment de la découverte. — Religion. — Mœurs. — Coutumes. — Les cacicats. — Les caciques. — La découverte. — C. Colomb. — Hispanola. — Les Espagnols et les Indiens. — Les constructions des Espagnols en Hispanola. — Massacre des Indiens. — Fondation de Santo-Domingo. — Mission de don François Bovadilla. — Départ définitif de Colomb. — Nicolas Ovando. — Exécution d'Anacoana et de Colubanama. — Diego Colomb. — Las Casas. — Première transplantion des esclaves africains en Haïti (1503). — Introduction de la canne à sucre (1506). — Dernières luttes des indigènes contre les Espagnols. — Le cacique Henri. — Mission de Barrio Nuevo. — Pillage, incendie de Santo-Domingo et destruction de ses édifices. — Décadence de la colonie espagnole. — Deuxième invasion des flibustiers et des boucaniers. — Saint-Domingue. — Efforts inutiles de l'Espagne pour arrêter les progrès des Français. — Organisation de la justice à Saint-Domingue. — M. de Cussy. — Le code noir. — La compagnie de Saint-Louis ou de l'île à Vache. — Fondation de la ville du Cap (1678). — Le traité de Ryswick (1689). — Incorporation de Saint-Domingue aux domaines du Gouvernement français. — Traité des limites. — Arrivée des jésuites en Haïti. — Fondation de Port-au-Prince. — Introduction du café en Haïti (1720). — Division territoriale de la colonie de Saint-Domingue. — Audience espagnole. — Conspiration et mort de Makandal. — Tremblement de terre en Haïti. — Destruction de Port-au-Prince. — Coopération des affranchis de Saint-Domingue à la guerre de l'Indépendance des États-Unis. — Souffrances des esclaves. — État des affranchis. — Barbarie des colons.

L'ordonnance du 3 décembre 1784. — Division des blancs de différentes conditions sociales. — Prospérité de Saint-Domingue. — M. de Merbois et son administration.

Géographie

1. Faire comprendre par des descriptions et par des exemples empruntés, autant que possible, au pays habité par l'enfant, le sens des principaux termes géographiques.

Indiquer sur le globe et sur la carte murale la position des océans et des continents, spécialement celle des deux Amériques et d'Haïti.

2. Notions sommaires de géographie d'Haïti.

Indiquer sur la carte murale la position des départements, des arrondissetements des communes de la République d'Haïti. — Simples descriptions de la commune et des sections rurales de la commune où est l'école. — Petits récits de voyage d'un point à un autre de la commune.

Calcul et arithmétique

Principes de la numération parlée et de la numération écrite.

Calcul mental : Les quatre règles appliquées intuitivement d'abord à des nombres de 1 à 10 ; puis de 1 à 20 ; puis de 1 à 100.

Étude de la table d'addition et de la table de multiplication.

Calcul écrit : l'addition, la soustraction, la multiplication : règles générales des trois opérations sur les nombres entiers. — La division bornée aux nombres de deux chiffres au diviseur.

Petits problèmes oraux ou écrits, portant sur les sujets les plus usuels ; exercices de raisonnement sur les problèmes et sur les opérations exécutées.

Notions du système métrique.

Calcul des nombres entiers.

Exercices de calcul mental.

Petits problèmes.

CONSEILS GÉNÉRAUX. — Faire faire régulièrement des exercices de calcul. — Exercer les enfants aux quatre règles des opérations sur les nombres entiers, sans aucune théorie, et en choisissant toujours des exemples portant sur de petits nombres.

Géométrie

1. Simples exercices pour faire reconnaître et désigner les figures régulières les plus élémentaires, carré, rectangle, triangle et cercle.

Différentes sortes d'angles.

Idée des trois dimensions.

Notions sur les solides au moyen de modèles en relief.

2. Étude et représentation graphique, au tableau noir, des figures de géométrie plane et de leurs combinaisons les plus simples.

Emploi, au tableau, des instruments servant au tracé des lignes droites et des circonférences : règle, compas et rapporteur.

Notions pratiques sur le cube, le prisme, le cylindre, la sphère, sur leurs propriétés fondamentales.

Applications au système métrique.

Dessin

Combinaisons de lignes ; représentation de ces combinaisons sur l'ardoise et le papier au crayon ordinaire ou en traits de couleur ; reproduction de dessins très simples.

Éléments usuels des sciences physiques et naturelles

I.
LEÇONS DE CHOSES

(RÉCITS, CAUSERIES, QUESTIONS, AUTANT QUE POSSIBLE AVEC LES OBJETS MONTRÉS AUX ENFANTS)

Comment les animaux et les plantes nous sont utiles. — Êtres vivants et corps bruts. — Animaux et plantes. — La campagne. — Utilité des animaux. — Utilité des plantes.

Les moutons. — Le chien de berger. — Tonte des moutons. — On carde et on file la laine.

La vache et le cabri. — La vache. — Le cabri ou la chèvre. — Le lait. — Le beurre. — Le fromage.

Les oiseaux de la basse-cour. — Canards et oies. — Pigeons, poules, pintades, dindons. — Les œufs. — Les poussins. — Couveuse.

Les poissons. — Les poissons d'eau douce et les poissons de la mer. — La pêche à la ligne. — La nasse, les filets.

Les abeilles et les vers à soie. — Les abeilles. — La ruche. — Le miel et la cire. — Usages du miel. — Usages de la cire. — Élevage des abeilles. — Apiculture. — La chenille et le papillon. — Le ver à soie.

Les plantes du potager. — Les racines qu'on mange. — Les feuilles qu'on mange. — Les grains qu'on mange.

Le verger. — Les fruits du verger. — Les arbres fruitiers. — Taille. — Greffe. — Le manguier, le caymittier, le sapotillier, l'oranger, le citronnier, la chadèque, le cirouellier, le mombin, la pomme d'acajou, le jambosier (pomme rose), l'icaquier, le cachiment, le corossolier, l'arbre à pain, l'arbre véritable, l'avocatier, le quénépier, le tamarinier, le cocotier, le palmier, le dattier, le goyavier, l'abricotier, etc. etc.

Boissons économiques et alcools de fruits.

Le labour et les semailles. — La charrue. — La herse. — Le rouleau. — Le maïs germe, le maïs lève, le maïs grandit et forme ses épis. — La cueillette, égrenage (battage), moulin à égrener. — Moulin, mouture. — Farine de maïs, acassan, cornstarch. — Poudre de maïs. — Bière de maïs.

Les bananiers. — La banane : bananes vertes, farine de bananes, bananes mûres, bananes tapées. Conserve de bananes. — Figues-bananes : vin de bananes, vinaigre de bananes.

Les patates et les pommes de terre.

Les ignames.

Le manioc. — Jus et fécule de manioc, cassave.

La canne à sucre : on passe la canne au moulin. Le sirop, le vésou, fermentation, distillation. — Le tafia. — Rapadou, sucre brut, sucre blanc.

Le latanier et le pitre : Feuilles de latanier. — Blanchiment des feuilles. — Teinture. — Tresses de latanier : chapeaux, sacs, macoute, paniers, etc. — Rouissage du pitre. — Préparation de la filasse, cordes, têtières, fouets.

Le coton. — Plantation. — Récolte des gousses. — Moulin à coton. — Utilisation des graines de coton, huile de coton.

Le café. — Récolte des cerises. — Séchage. — Moulin à décortiquer.

Le cacao. — Récolte des calabousses, séchage. — Fermentation des graines, chocolat.

Les arbres et les arbustes. — Les arbres du vallon (roseaux, bambou, jonc, le sucrin, etc). — Les arbres des bois. — Les bois nous sont utiles. — Travail du bois. — L'acajou, le campêche, le chêne, le pin, le sapin, le bois d'orme, le calebassier, le bayaonde, le mancenillier des montagnes (maximilien), le bois d'ortie, le frêne, le gayac, le mapou, le gommier, le tchiatchia, le bois de fer, le bois de lance, etc.

Comment les pierres nous sont utiles. — Où l'on trouve les pierres. — La carrière. — Travail des pierres. — Comment on entretient un chemin.

Les murs de la maison. — Terre à briques. — Comment on fait les briques. — Le mortier. — Comment on fait le mortier. — Les murs de la maison, les fondations. — D'où vient la chaux.

Toiture et intérieur de la maison : les poutres, les planches. — Les toits de tôle, d'ardoises, de tuiles, d'aissantes. Les toits de chaume.

Les combustibles : corps qu'on brûle. — Comment on fait pour brûler une bûche. — L'air est nécessaire pour qu'un corps brûle. — L'air chaud est plus léger que l'air froid. — Lorsqu'un corps brûle, il se produit un courant d'air. — Ce qui reste après qu'un corps a été brûlé. — Combustibles produisant de la chaleur ; combustibles éclairants.

Le feu de cuisine et l'éclairage. — Comment on fait le charbon de bois. — Le charbon de terre. — La chandelle et la bougie. — La lampe à huile. — La lampe à pétrole. — Le gaz d'éclairage. — La lumière électrique.

Le fer. — Fer, fonte, acier. — D'où vient le fer? Les hauts-fourneaux. — La coulée. — Le forgeron.

Le zinc, l'étain, le plomb : L'arrosoir. — Les minces feuilles d'étain. — Les balles et grains de plomb. — Le fer se rouille — Comment on empêche le fer de se rouiller. — L'étameur. — Les fils du télégraphe.

Le cuivre, le laiton, le bronze. — Le cuivre est moins dur que le fer. — Le cuivre peut empoisonner. — Vert-de-gris. — Étamage du cuivre. — Le cuivre brûle avec une flamme verte. — Laiton : chandeliers, boutons de porte, instruments de musique, etc. — Épingles. — La cloche.

L'argent, l'or, les monnaies : Pourquoi on fait des objets en argent. — L'argent s'échauffe vite. — D'où s'extrait l'argent. — L'or ne s'altère pas à l'air. — Dorure. — Vermeil. — D'où l'on extrait l'or. — A quoi servent les monnaies. — Monnaies de cuivre et de bronze. — Monnaies d'argent. — Monnaies d'or. — Fabrication des monnaies. — Papier-monnaie.

La pluie et les nuages. — Nuages, pluie. — Torrents. — Eau d'infiltration. — Puits. — Sources. — Cours d'eau. — Formation des nuages. — L'eau de la bouillotte.

L'eau. — Couleur, transparence de l'eau. — L'eau de mer est salée ; l'eau de la pluie ne l'est pas. — Marais salants. — Emploi des chutes d'eau.

L'air. — Comment on prouve que l'air existe. — L'air est bleu. — L'air se déplace. — Comment se produisent les courants d'air. — Comment se produit le vent. Ouragan.

Propriétés de l'air. Pression qu'il exerce. — L'air est élastique. — L'air presse sur la surface de la terre.

Les orages. — Orage. — Éclair. — Tonnerre. — Comment on peut savoir à quelle distance est l'éclair. — Foudre, ses effets. — La foudre peut briser ou fondre les corps. — La foudre peut enflammer les corps combustibles. — La foudre peut blesser ou tuer les hommes et les animaux. — Paratonnerre. — Précautions à prendre en temps d'orage.

II

L'homme. — Description sommaire du corps humain et idée des principales fonctions de la vie.

Les animaux. — Notions des grands embranchements et de la division des vertébrés en classes, à l'aide d'un animal pris comme type de chaque groupe.

Les végétaux. — Étude, sur quelques types choisis, des principaux organes de la plante ; notion des grandes divisions du règne végétal ; indication de plantes utiles et nuisibles.

Les minéraux. — Les pierres.

Les trois états des corps. — État solide, état liquide, état gazeux.

Changement d'état des corps.
Poids et densité des corps.
Dilatation des corps par la chaleur.
L'air, la combustion et la respiration.
L'eau.
Notions très simples sur la *lumière*, le *son* et l'*électricité*.

Notions d'agriculture

DU SOL

Comment les sols sont formés. — Action de l'atmosphère. — Variations de température. — Végétation. — Le vent, les rivières, la mer. — Distribution des sols. — Sols rapportés. — Sol et sous-sol. — Terrains. — Vers de terre. — Composition des sols, sable, argile, chaux, matière végétale, pierres. — Classification des sols. — Examen mécanique des sols. — Sols argileux et sols sablonneux. — Pouvoir de garder l'humidité. — Composition chimique des sols. — Composition de l'atmosphère. — Éléments solubles et éléments insolubles d'un sol. — Les silicates doubles.

La vie des plantes. — Les racines. — La tige. — Les feuilles. — Les fleurs et les fruits. — Fécondation par le vent. — Fécondation par les insectes. — La graine. — L'embryon. — Germination. — Nutrition des plantes. — Composition des plantes. — Propagation des plantes par les grains, par les racines bulbeuses et tubéreuses, par les rejetons, par les racines traçantes, par les marcottes, par les bourgeons, par les boutures.

Du climat.

Des engrais : épuisement de la terre. — Action des engrais. — Engrais généraux. — Engrais spéciaux. — Engrais domestiques.

Assolement.
Drainage.
Irrigation.
Instruments de culture.
Taille.
Greffe.

Chant

Petits chants très simples. — Chants à l'unisson et à deux parties, appris tout d'abord exclusivement par l'audition. — Lecture des notes.

Éducation physique et préparation à l'apprentissage professionnel

1. SOINS D'HYGIÈNE ET DE PROPRETÉ

Inspection des enfants à leur arrivée. — Surveillance de leurs jeux, au point de vue hygiénique. — Soins particuliers pour les plus faibles.

2. GYMNASTIQUE

Jeux *variés*. — Mouvements élémentaires sans appareils. — Continuation des exercices d'ordre (marches rythmées ; doublements, dédoublements). — Danses et jeux spéciaux pour les filles.

Exercices militaires (pour garçons seulement).

Exercices de marche, d'alignement, de formation des pelotons, etc. — Préparation à l'exercice militaire.

3. TRAVAIL MANUEL

Pour les garçons

Exercices manuels destinés à développer la dextérité de la main.

Découpage de carton-carte en formes de solides géométriques.

Ouvrages divers de tressage, chapellerie, vannerie et sparterie.

Poterie-modelage : reproduction de solides géométriques et d'objets très simples.

Pour les filles

Tricot et étude du point, mailles à l'endroit, à l'envers, côtes, augmentation, diminution. — Combinaisons en laine de couleur sur le canevas. — Point de marque sur canevas.

Éléments de couture : ourlets et surjets.

Exercices manuels destinés à développer la dextérité de la main, découpage et application de pièces de papier de couleur.

Petits essais de modelage.

TROISIÈME COURS

ÉDUCATION INTELLECTUELLE ET MORALE

PROGRAMMES

Lecture

Lecture courante avec explications. — Lecture du latin.

Écriture

Écriture cursive ordinaire.

Instruction religieuse

Prière. — Petit catéchisme.

Instruction morale

Entretiens, lecture, exercices pratiques, comme dans les deux cours précédents. Celui-ci comprend, de plus, en une série régulière de leçons, un enseignement élémentaire de la morale en général et plus particulièrement de la *morale sociale*, d'après le programme ci-après :

1. *La famille*. — Devoirs des parents et des enfants ; devoirs réciproques des maîtres et des serviteurs ; l'esprit de famille.

2. *La société*. — Nécessité et bienfaits de la société. La justice, condition de toute société. La solidarité, la fraternité humaine.

Applications et développements de l'idée de justice : respect de la vie et de la liberté humaines, respect de la propriété, respect de la parole donnée, respect de l'honneur et de la réputation d'autrui. — La probité, l'équité, la loyauté, la délicatesse. — Respect des opinions et des croyances.

Applications et développements de l'idée de *charité* ou de *fraternité*. Ses divers degrés, devoirs de bienveillance, de reconnaissance, de tolérance, de clémence, etc.

Le dévouement, forme suprême de la charité : montrer qu'il peut trouver place dans la vie de tous les jours.

3. *La patrie.* — Ce que l'homme doit à la patrie (l'obéissance aux lois, le service militaire, discipline, dévouement, fidélité au drapeau).

L'impôt. — Condamnation de toute fraude envers l'État.

Le vote. — il est moralement obligatoire, il doit être libre, consciencieux, désintéressé, éclairé.

Droits qui correspondent à ces devoirs. — Liberté individuelle, liberté de conscience, liberté du travail, liberté d'association. — Garantie de la sécurité de la vie et des biens de tous. — La souveraineté nationale. Explication de la devise républicaine : Liberté, Égalité, Fraternité.

Dans chacun de ces chapitres du cours de morale sociale, on fera remarquer à l'élève, sans entrer dans des discussions métaphysiques :

1° La différence entre le devoir et l'intérêt, même lorsqu'ils semblent se confondre, c'est-à-dire le caractère impératif et désintéressé du devoir;

2° La distinction entre la loi écrite et la loi morale : l'une fixe un maximum de prescriptions que la société impose à tous ses membres sous des peines déterminées; l'autre impose à chacun, dans le secret de sa conscience, un devoir que nul ne le contraint à remplir, mais auquel il ne peut faillir sans se sentir coupable envers lui-même et envers Dieu.

Instruction civique

Notions plus approfondies que dans le cours précédent sur l'organisation politique, administrative et judiciaire d'Haïti : la Constitution, le Président de la République, le Sénat, la Chambre des députés, la Loi; — l'Administration centrale, arrondissementale et communale, les diverses autorités; — la justice civile et pénale; — l'enseignement, ses divers degrés; — la force publique, l'armée.

Langue française

Recueil élémentaire de morceaux choisis.

Lecture, récitation française : explication du sens des mots et des phrases.

Grammaire française : étude et définition des différentes parties du discours, conjugaison; verbes irréguliers les plus usuels, sujets et compléments.

Analyse grammaticale réduite à ses formes les plus simples.

Exercices de langue française et d'orthographe.

Dictées sur des sujets variés et instructifs.

Exercices sur le vocabulaire et sur la formation des mots; exemples de familles de mots, etc.

Remplacer dans de petites phrases l'actif par le passif, le présent par le futur, etc.

Courtes reproductions d'une description ou d'un récit préparé en classe.

Histoire

NOTIONS TRÈS SOMMAIRES D'HISTOIRE GÉNÉRALE

I

Revision du cours précédent.

II

Le moyen âge : Clovis et les Francs. — Charlemagne. — Les Arabes : Mahomet. — Les Croisades. — Saint-Louis. — Duguesclin. — Jeanne d'Arc. — Dante.
Le XVe siècle et les origines des temps modernes : La Royauté française : Louis XI. — Les voyages de Vasco de Gama. — Le Camoëns. — La découverte de l'Amérique : Christophe Colomb. — Magellan. — Le premier voyage autour du monde. — L'imprimerie : Gutemberg. — La poudre à canon.
Le XVIe siècle : La Renaissance. — Michel-Ange et Raphaël. — Bernard Palissy. — Galilée. — Shakespeare. — Élisabeth et Marie Stuart. — Les guerres de religion. — Henri IV. — Philippe II. — Michel Cervantès.
Le XVIIe siècle : Richelieu. — Mazarin. — Louis XIV. — Colbert et Louvois. — Les grands généraux. — Le siècle de Louis XIV : les écrivains, les artistes, Milton, Cromwell.

HISTOIRE D'HAÏTI, DE LA DÉCOUVERTE A LA GUERRE DE L'INDÉPENDANCE
(exclusivement) (1492-1802)

Courts sommaires dictés. — Récits simples. — Courts exposés.

PROGRAMME D'HISTOIRE D'HAÏTI

I

De la découverte à la Révolution française (revision du cours précédent).

II

DE LA RÉVOLUTION FRANÇAISE A LA GUERRE DE L'INDÉPENDANCE
(1789-1802)

Effets de la Révolution française à Saint-Domingue. — Le club Massiac à Paris. — « La société philantrophique ». Pompons blancs, Pompons rouges. — Décrets des 8 et 28 mars 1790. — Combats des hommes de couleur. — Julien Raymond, Ogé et Chavanne. — Blanchelande. — Insurrection des esclaves dans le Nord. — Les commissaires Mirbeck, Roume et Saint-Léger. — Décret du 4 avril 1792. — Polvérel, Sonthonax, Ailhaud et Delpèche. — Canonnade de Port-au-Prince par les commissaires civils. — Proclamation de la liberté générale à Saint-Domingue. — Les Anglais et les Espagnols à Saint-Domingue. — Laveaux. — Toussaint-Bréda. — Incident du 1er janvier 1794. — Décret du 4 février 1794, portant abolition de l'esclavage. — Le traité de Bâle. — Soumission de Toussaint-Louverture à la France. — Récompense des généraux indigènes par la Convention nationale. — Les agents Roume, Sonthonax, Raymond, Rigaud et Leblanc. — Les actes de l'agence. — Les députés de Saint-Domingue au corps législatif. — Le général Maitland. — Toussaint-Louverture et les Anglais. — Hédouville. — La lettre d'Hédouville à Rigaud. — Roume. — Guerre civile entre Toussaint-Louverture et André Rigaud. — La province du Sud, siège de Jacmel. — Pétion, Dessalines, Christophe, Moïse, etc.

— Conspiration du Môle. — Départ de Rigaud avec ses principaux officiers. — Conduite de Toussaint-Louverture après la guerre civile. — Les colons après la guerre civile. — La campagne de Toussaint-Louverture contre l'Est. — Les actes administratifs à Santo-Domingo. — L'assemblée centrale. — La Constitution de Toussaint-Louverture et les lois organiques — Division territoriale de l'île. — Administration de Toussaint-Louverture. — L'expédition de 1802. — Détails sur cette expédition. — Conduite de Christophe. — Occupations des différentes parties de l'île par Leclerc. — Conduite de Toussaint-Louverture en apprenant l'arrivée de l'armée française. — Mission de M. de Coisnon. — La scène entre Toussaint-Louverture et ses deux fils. — Défense de Maurepas à la gorge des Trois-Rivières et de Toussaint-Louverture à la Ravine-à-Couleuvres. — Description de la Crête-à-Pierrot. — Batailles et siège de la Crête-à-Pierrot. — Retraite de la Crête-à-Pierrot. — Magny et Lamartinière. — Opinion de P. de Lacroix sur la retraite de la Crête-à-Pierrot. — Promesses de Leclerc. — Soumission des indigènes. — Déportation de Rigaud. — Le général Brunet et Toussaint-Louverture. — Arrestation et embarquement de Toussaint-Louverture. — Paroles de Toussaint-Louverture à bord du « Héros ». — Séquestre des biens de Toussaint-Louverture. — Souffrances et mort de Toussaint-Louverture. — Détails sur ses derniers moments.

Géographie

GÉOGRAPHIE ÉLÉMENTAIRE DES CINQ PARTIES DU MONDE

La mer et les continents. — Les océans ; les cinq parties du monde. — Les régions polaires.

Europe, Asie, Afrique, Océanie, Amérique.

Formes et limites : mers, grands golfes et détroits, caps, presqu'îles, îles.

Grandes chaînes de montagnes. — Fleuves et lacs. — Pays chauds et pays froids. — Déserts. — Animaux et plantes remarquables.

Principaux États avec leurs capitales. — Grands ports de commerce et grandes villes.

Calcul, arithmétique

Calcul des nombres entiers et décimaux. — Suite et développement des exercices du calcul mental.

Système métrique des poids et mesures.

Petits problèmes et exercices d'application.

Géométrie

PREMIERS ÉLÉMENTS DE LA GÉOMÉTRIE EXPÉRIMENTALE

Définition : les longueurs, les surfaces, les volumes. — Mesure des longueurs sur des lignes droites : longueur d'une droite dont les extrémités sont accessibles. — Longueur dont une seule extrémité est accessible. — Mesure de la hauteur d'un arbre. — Mesure de la longueur d'une droite dont les deux extrémités sont inaccessibles. — Mesure des surfaces planes limitées par des lignes droites : Le rectangle. — Le carré. — Mesure de la surface du rectangle.

Le parallélogramme. — Mesure de la surface du parallélogramme. — Mesure de la surface d'un triangle. — Mesure d'une surface quelconque.

Mesure des volumes limités par des surfaces planes et des lignes droites : le cube. — Mesure du volume du parallélipipède droit. — Mesure du volume du cube. — Mesure du volume du prisme droit. — Mesure du volume des parallélipipèdes quelconques. — Mesure du volume de la pyramide.

Mesure des longueurs sur les lignes courbes : Principe de la mesure des longueurs courbes. — Mesure de la longueur de la circonférence du cercle. — Dimensions diverses des angles. — Mesure des angles et des arcs.

Dessin

1. Tracé et division de lignes droites en parties égales. — Évaluation des rapports de lignes droites entre elles.
2. Reproduction et évaluation des angles.
3. Principes élémentaires du dessin d'ornement. — Circonférences, polygones réguliers, rosaces étoilées.
4. Courbes régulières autres que la circonférence. — Courbes elliptiques, spirales. — Courbes empruntées au règne végétal. — Tiges, feuilles, fleurs.
5. Premières notions sur la représentation des objets dans leurs dimensions vraies (éléments du dessin géométral) et sur la représentation de ces objets dans leur apparence (éléments de la perspective).

Ces différentes études donneront lieu à des exercices variées.

Éléments usuels des sciences physiques et naturelles

Notions de sciences naturelles et physiques (revision avec extension du cours précédent).

Les animaux. — Grands traits de la classification. — Animaux utiles et animaux nuisibles.

Les végétaux. — Parties essentielles de la plante; principaux groupes. — Herborisation.

Les minéraux. — Notions sommaires sur le sol, les pierres, les roches, les fossiles, les terrains.

Exemples tirés de la contrée. — Excursions et petites collections.

PREMIÈRES NOTIONS DE PHYSIQUE

Les trois états des corps.

Notions très élémentaires et expériences les plus faciles sur la *chaleur*, la *lumière*, le *son*, l'*électricité*, les *aimants*.

La pesanteur : Chute des corps. — Densité. — Pression des liquides. — Pression de l'air. — Baromètre. — Vases communiquants.

PREMIÈRES NOTIONS DE CHIMIE

Corps simples et corps composés. — Mélanges et combinaisons. — L'eau. — L'hydrogène. — L'oxygène. — L'air. — L'azote. — Le carbone. — L'oxyde de carbone. — L'acide carbonique. — Carbonate de chaux. — Oxydes. — Acides. — Bases. — Sels.

NOTIONS ÉLÉMENTAIRES DE PHYSIOLOGIE ANIMALE ET VÉGÉTALE

Le mouvement.
La nutrition.
Sensations et intelligence.
La physiologie végétale.

Notions d'Agriculture et d'Horticulture

I

(Revision du programme du cours précédent.)

II

Instruments usuels de culture et cultures diverses : Caféier. — Cacaoyer. — Canne à sucre. — Cotonnier. — Oranger. — Citronnier. — Cocotier. — Ananas. — Avocatier.

Patate. — Igname. — Tuyau. — Manioc. — Arrowroot. — Maïs. — Riz. — Millet. — Tabac. — Palma-Christi. — Pin et sapin. — Gommier blanc. — Campêche. — Gingembre. — Cardamone. — Poivre. — Piment. — Pimento. — Giroflier. — Muscadier. — Vanillier, etc.

Caoutchouc. — Quinquina, etc.

III

Notions sur la culture des fleurs, soit pour l'ornement, soit pour la fabrication des parfums.

Chant

Chants d'ensemble à une et à deux voix, appris par l'audition.

Connaissance des notes, portée, clef de sol, lecture, premiers exercices d'intonation ; durée, ronde, blanche, noire, croches, silences, mesures à deux, trois et quatre temps ; lecture des notes avec la durée en battant la mesure.

Exercices les plus simples du solfège ; dictées orales.

Éducation physique et préparation à l'apprentissage professionnel

1. SOINS D'HYGIÈNE ET DE PROPRETÉ

Suite des mêmes moyens d'instruction et d'éducation que précédemment.

2. GYMNASTIQUE

Jeux. — Danse et jeux spéciaux pour les filles. — Continuation des exercices indiqués pour le cours précédent. — Évolutions à la course cadencée. — Mouvements d'ensemble avec instruments appropriés à l'âge des enfants. — Exercices deux à deux avec cordes ou barres. — Exercices aux échelles (échelle horizontale, échelle inclinée, échelle avec planche dorsale, échelles jumelles). — Perches verticales fixes par paire. — Poutre horizontale. — Mât vertical.

Exercices militaires (pour les garçons).

Exercices militaires : École du soldat sans armes. — Principes des différents pas. — Alignements. — Marches, contre-marches et haltes. — Changements de direction.

3. TRAVAIL MANUEL

Pour les garçons

Construction d'objets de cartonnage revêtus de dessins coloriés et de papier de couleur. — Divers travaux en fil de fer ; treillage. — Combinaison de fil de fer et de bois. — Cages. — Ouvrages divers de tressage, chapellerie, vannerie et sparterie. — Poterie. — Modelage : ornements simples d'architecture. — Notions sur les outils les plus usuels.

Pour les filles

Tricot et remmaillage.

Marque sur canevas.

Éléments de la couture : point de devant, point de côté, point en arrière, point de surjet. — Couture simple, ourlet, couture double, surjets sur lisière, sur plis rentrés.

Confection d'ouvrages de couture simples et faciles (essuie-main, serviettes mouchoirs, tabliers, chemises). — Rapiéçage.

QUATRIÈME COURS

ÉDUCATION INTELLECTUELLE ET MORALE

PROGRAMMES

Lecture

Lecture courante avec explications.
Lecture expressive.
Lecture du latin.

Écriture

Écriture cursive ; ronde ; bâtarde.

Instruction morale

Même programme que le troisième cours.

Instruction civique

Même programme que le troisième cours.

Langue française

Recueil élémentaire de morceaux choisis.
Lecture, récitation française : explications du sens des mots et des phrases.
Grammaire française : étude des règles les plus importantes de la syntaxe.
Analyse logique réduite à ses formes les plus simples.
Exercices de langue française et d'orthographe.
Petits exercices de composition ; courtes reproductions d'une description, ou d'un récit préparé en classe.

Histoire

NOTIONS TRÈS SOMMAIRES D'HISTOIRE GÉNÉRALE

Revision des cours précédents.
Le XVIII siècle. — La Russie : Pierre le Grand.

La Prusse: Frédéric le Grand.
La République des États-Unis : Washington.
Les grands écrivains : Voltaire. — Les savants : Buffon, Lavoisier, Franklin. — Les explorateurs : Cook, Bougainville et Lapérouse.
La Révolution française. — Un grand orateur : Mirabeau. — Un patriote : Carnot. — Hoche. — Napoléon Bonaparte.
L'histoire contemporaine. — La télégraphie électrique. — Ampère et Arago. — Cuvier.
Les phares : Augustin Fresnel. — L'éclairage au gaz. — Philippe Lebon.
La photographie : Joseph Niepce.
Les bateaux à vapeur et les chemins de fer : Denis Papin. — James Watt. — Fulton. — Stephenson.
Les voyages : David Livingstone.
L'éclairage électrique. — Le téléphone.

Histoire d'Haïti

DE LA DÉCOUVERTE A NOS JOURS

Courts sommaires dictés. — Récits simples. — Courts exposés.

PROGRAMME D'HISTOIRE D'HAÏTI

I

De la découverte à la Guerre de l'Indépendance exclusivement.
Revision des cours précédents.

II

DE LA GUERRE DE L'INDÉPENDANCE A NOS JOURS

1° Guerre de l'Indépendance et ses épisodes. — Soulèvement des indigènes. — La fièvre jaune. — Défection de Pétion. — Mort de Leclerc. — Rochambeau. — Pendaisons, noyades, fusillades et autres supplices des blancs sur les esclaves. — Dessalines, général en chef. — Ses principaux auxiliaires, ses courses, ses diverses organisations militaires. — Dévoûment de Mme Pageot. — Combats divers dans l'Ouest, le Sud et le Nord. — Création du drapeau haïtien. — Charrier et Vertières (description). — Combat de Vertières. — Capois. — Admiration et présent de Rochambeau à Capois. — Capitulation du Cap. — Départ définitif de l'armée française. — 1er janvier 1804. — Indépendance d'Haïti. — L'acte de l'Indépendance. — La proclamation du général en chef. — Acte des généraux de l'armée qui nomme Dessalines gouverneur général à vie.

2° Nos chefs d'État, de Dessalines à nos jours, et principaux événements. — Malheurs des guerres civiles et nécessité d'une paix intérieure durable.

Géographie élémentaire de la République d'Haïti

Configuration. — Situation.
Les côtes : mers, golfes, détroits, caps, presqu'îles.
Frontières de terre entre la République d'Haïti et la République dominicaine. — Les montagnes, massif, principaux sommets, grandes plaines et grandes vallées. — L'Artibonite et ses affluents. — Indication des principales rivières.
Départements, arrondissements : chefs-lieux et villes principales.

Les îles adjacentes faisant partie du domaine de la République d'Haïti.
Voyages d'une commune à l'autre de l'arrondissement de l'école.
Éléments du dessin géographique à l'aide du tableau noir. — Petits croquis.

Calcul, arithmétique

Calcul des nombres entiers et décimaux.
Opérations sur les fractions ordinaires.
Règle de trois, règle d'intérêt simple.
Système métrique des poids et mesures.
Les anciennes mesures encore employées en Haïti.
Problèmes usuels et exercices d'application.
Solutions raisonnées.
Suite et développement des exercices de calcul mental appliqués à toutes ces opérations.

Géométrie

PREMIERS ÉLÉMENTS DE GÉOMÉTRIE EXPÉRIMENTALE (suite et fin)

1° Revision du cours précédent.
2° Mesure des surfaces planes terminées par des lignes courbes : Mesure de la surface du cercle. — Mesure d'une surface quelconque.
Mesure des volumes terminés par des surfaces planes et des surfaces courbes : Le cylindre. — Mesure du volume d'un cylindre. — Le cône. — Mesure du volume du cône.
Mesure des volumes terminés par des surfaces rondes : La sphère. — Surface et volume de la sphère.
Dessin des figures géométriques : Des instruments employés. — Tracé des droites, des parallèles et des perpendiculaires. — Division d'une droite en parties égales. — Construction des figures terminées par des lignes droites. — Construction générale des figures régulières terminées par des droites. — Juxtaposition des figures. — Tracés sur les angles. — Tracés sur le cercle.
Éléments d'arpentage et de levé des plans : Définitions. — Principaux instruments employés. — Tracé direct d'un plan. — Arpentage proprement dit. — Difficultés particulières.

Dessin

Même programme que pour le cours précédent.

Notions de sciences physiques et naturelles

Avec la revision du cours précédent, l'élève recevra des notions générales (d'après Huxley) sur :
1° La nature et la science ;
2° Les objets matériels : Les corps minéraux. — Les corps vivants ;
3° Les objets immatériels.

Notions d'Agriculture

1° Revision des programmes des cours précédents ;
2° Notions sur les animaux domestiques et leurs produits.

Chant

Continuation du cours précédent.

Exercices d'intonation. — Clef de *sol* et clef de *fa*. — Gamme diatonique majeure, intervalles naturels, signes altératifs. — Principaux tons majeurs et mineurs. — Durée.

Exercices de solfège, dictées orales, exécution de morceaux d'ensemble à une et à deux parties.

Éducation physique et préparation à l'apprentissage professionnel

1° SOINS D'HYGIÈNE ET DE PROPRETÉ

Suite des mêmes moyens d'instruction et d'éducation que précédemment.

2° GYMNASTIQUE

Même programme que pour le troisième cours.

Exercices militaires (pour les garçons). — Même programme que pour le cours précédent.

3° TRAVAIL MANUEL

Pour les garçons

Exercices combinés de dessin et de modelage : croquis cotés d'objets à exécuter et construction de ces objets d'après les croquis ou *vice versa*.

Étude des principaux outils employés au travail du bois. — Exercices pratiques gradués. — Rabotage, sciage des bois, assemblages simples. — Boîtes clouées ou assemblées sans pointes. — Tour à bois, tournage d'objets très simples.

Étude des principaux outils employés dans le travail du fer, exercices de lime, ébarbage ou finissage d'objets bruts de forge ou venus de fonte.

Pour les filles

Tricot : ouvrages divers.

Marque sur la toile.

Piqûres, froncés, boutonnières ; raccommodage des vêtements, reprises.

Notions de coupe et confection des vêtements les plus faciles.

ÉCOLES SECONDAIRES SPÉCIALES

(POUR LES GARÇONS)

PREMIER COURS

ÉDUCATION INTELLECTUELLE ET MORALE

PROGRAMMES

Lecture

Lecture expressive.

Écriture

Calligraphie.

Instruction religieuse

Ancien et nouveau Testament. — Conférences sur la religion.

Instruction morale

NOTIONS ÉLÉMENTAIRES DE PSYCHOLOGIE

Objet de la psychologie. — Ses rapports avec la morale. — Description générale des facultés humaines.

L'activité physique. — Les mouvements, les intincts, les habitudes corporelles.

La sensibilité. — Le plaisir et la douleur. — Sensibilité physique : les besoins et les appétits. — Sensibilité morale : sentiment de famille; sentiments sociaux et patriotiques; sentiment du vrai, du beau et du bien; sentiment religieux. — La passion.

L'intelligence. — La conscience ; les sens ; perceptions naturelles et perceptions acquises. — La mémoire et l'imagination. — L'attention ; l'abstraction et la généralisation ; le jugement et le raisonnement. — Les principes de la raison.

La volonté. — La liberté ; l'habitude.

Conclusion de la psychologie. — Dualité de la nature humaine. L'esprit et le corps ; la vie animale et la vie intellectuelle et morale.

Langue française

1° *Lecture et Récitation.* — Lecture à haute voix de morceaux classiques. (Les passages les plus importants sont appris par cœur.)

Lectures personnelles, indiquées par le maître ou choisies, sous sa direction, par l'élève. — Analyse écrite ou orale de ces lectures.

2° *Grammaire et exercices grammaticaux.* — Étude raisonnée de la grammaire française. — Exercice de dérivation.

Dictées et exercices oraux d'orthographe, d'analyses grammaticale et logique.

3° *Exercices de vocabulaire et d'invention.* — Formation des mots ; mots simples, dérivés, composés, synonymes homonymes, etc. — Groupement des mots par familles, par analogie de sens, par ordre de matières (les arts, les métiers, le commerce, l'industrie, l'agriculture, etc.); exercices oraux et écrits appropriés à cette étude.

4° *Principes et Exercices de composition.* — Les élèves seront exercés à écrire de petites narrations, de simples lettres, des lettres d'affaires et des rédactions d'une difficulté graduée, à décrire des objets préalablement examinés sous la direction du maître, à résumer une lecture ou une leçon.

TEXTES D'EXPLICATIONS ET DE RÉCITATION

Fénelon : *Télémaque* (extraits et analyse), *Dialogues des morts*.
Sévigné : Lettres choisies.
Racine : *Esther*.
La Fontaine : Les six premiers livres.
Boileau : Choix de *Satires :* épisodes du *Lutrin*.
Buffon : Morceaux choisis.
Recueil de morceaux choisis des prosateurs du XIX° siècle.
Recueil de morceaux choisis des poètes du XIX° siècle.

LIVRES DE LECTURE ET D'ANALYSE

Homère : *Odyssée*, analyse et extraits.
Iliade, analyse et extraits.
Plutarque : *Vie des Grecs illustres* (choix), *Vie des Romains illustres* (choix).
Hérodote : Extraits.
Tite-Live : Extraits.
Virgile : Analyse et extraits.

Langues anglaise et espagnole

1. La méthode à suivre est la méthode dite naturelle, celle qu'on emploie pour l'enfant dans la famille, celle dont chacun use en pays étranger : peu de grammaire, mais beaucoup d'exercices parlés, parce que la prononciation est la plus grande difficulté des langues vivantes ; beaucoup aussi d'exercices écrits sur le tableau noir ; des textes préparés avec soin, bien expliqués, d'où l'on fera sortir successivement toutes les règles grammaticales, et qui, appris ensuite par les élèves, leur fourniront les mots nécessaires pour qu'ils puissent composer eux-mêmes des phrases à la leçon suivante.

2. Exercices de conversation.

3. Exercices de vocabulaire. Les mots choisis parmi ceux qui sont les plus notés sont, autant que possible, présentés par série se rapportant à un même ordre d'idées : le mobilier de la classe, les parties du corps, le vêtement, etc.

4. Les noms de nombre. Exercices de calculs. Dictées.

TEXTES D'EXPLICATION, DE RÉCITATION ET DE LECTURE

Anglais

Sultan Mahmoud, by T. Robertson.
Manuel de la conversation, français-anglais.
Lessons for children, by Mrs Barbauld.
Royal Readers, n°° I and II.
East : Poésies amusantes.
Miss Edgeworl : Contes choisis.

Espagnol

Cours de langue espagnole, par L. Mallefille.
Manuel de la conversation, français-espagnol.
Libros primero y segundo de lectura, por el doctor Mandevil.

Histoire générale

I

Aperçu d'histoire ancienne. — Monde connu des anciens.
Égyptiens, Assyriens, Babyloniens, Israélites, Phéniciens et Carthaginois. Perses. — Monuments qui nous sont restés de ces peuples.
La Grèce : Temps héroïques. Sparte et Athènes. — Guerres médiques. — Siècle de Périclès, Socrate, Épaminondas, Philippe de Macédoine. — Conquêtes d'Alexandre. — Réduction de la Grèce en province romaine.

II

Histoire romaine : Rome. — Les rois. — République romaine. Les magistratures. — Luttes des plébéiens contre les patriciens.
Conquêtes des Romains.
Les Gracques. — Guerres civiles. — César.
Auguste et ses successeurs. — Les Antonins.
Dioclétien. — Constantin et l'Église chrétienne. — Julien. — Théodose.

III

Moyen âge. — Les Gaulois avant la conquête romaine et sous l'empire romain. — Le christianisme en Gaule.
Principales invasions des Germains aux Ve et VIe siècles. — Les Francs.
Mahomet. — Conquêtes des Arabes.
Charlemagne : ses guerres et son administration.
Traité de Verdun. — Incursions des Normands.
Le régime féodal en Europe.
L'empire et la papauté. — Querelle des investitures.
Les Croisades.
Conquêtes de l'Angleterre par les Normands. — Les Plantagenets. — La Grande Charte.
Progrès des populations urbaines et rurales : les communes et le pouvoir royal en France. — Louis VI. — Philippe-Auguste. — Saint Louis. — Philippe le Bel.

N. B. — Les notions historiques sur l'Orient, la Grèce et Rome porteront moins sur les faits, les guerres, les dynasties, la fondation ou le démembrement des empires, que sur les mœurs, les croyances, les monuments, les grandes œuvres des peuples de l'antiquité et sur la part qu'ils ont eue au développement de la civilisation. Les légendes, anecdotes, biographies d'hommes célèbres, les descriptions, l'histoire littéraire y tiendront une large place. A chaque leçon un certain temps sera réservé à des lectures choisies dans les œuvres des grands écrivains de l'antiquité ou dans celles des historiens ou des voyageurs.

Géographie des différentes parties du monde moins l'Amérique

Notions élémentaires de cosmographie.

Étude générale de la terre. — Explication des termes géographiques. — Lecture du globe et des cartes.

Étude générale des continents et des océans : forme des continents. — Grands systèmes orographiques et hydrographiques. — Courants atmosphériques et marins. — Les races humaines. — Les régions de l'équateur, des tropiques et des pôles.

Géographie politique. —-Étude particulière des principaux États de l'Europe, de l'Asie, de l'Afrique et de l'Océanie.

Les principales colonies européennes.

Géographie physique

PREMIÈRES NOTIONS

La forme de la terre.

Le jour et la nuit.

L'air. — De quoi l'air est fait. — Échauffement et refroidissement de l'air. — Ce qui arrive quand l'air s'échauffe et se refroidit. — Le vent. — La vapeur dans l'air : Évaporation et condensation. — Rosée, brouillards, nuages. — D'où proviennent la pluie et la neige.

La circulation de l'eau sur la terre : ce que devient la pluie. — Comment se forment les sources. — Le travail souterrain des eaux. — Comment se désagrège la surface de la terre. — Ce que deviennent les débris des roches. — Formation du sol. — Ruisseaux et rivières. — Leur origine. — Leur action. — Champs de neige et glaciers.

La mer. — Groupement de la terre et de la mer. — Pourquoi la mer est salée. — Les mouvements de la mer. — Le fond de la mer.

L'intérieur de la terre.

Conclusion.

Arithmétique

Opérations sur les nombres entiers. Procédés rapides de calcul mental et de calcul écrit.

Caractères de divisibilité par 2, 5 ; 4, 25 ; 3, 9, 11.

Plus grand commun diviseur de deux nombres.

Décomposition d'un nombre en ses facteurs premiers. — Formation du plus grand commun diviseur et du plus petit multiple commun de plusieurs nombres.

Fractions ordinaires.

Fractions décimales.

Système métrique des poids et mesures. — Des anciennes mesures encore employées en Haïti.

Notions sur les rapports et proportions.

Règle de trois. — Intérêt simple ; rentes sur l'État. — Caisse d'amortissement. — Escompte ; échéance commune. — Partages proportionnels. — Problèmes de mélange et d'alliage. — Transformations abréviatives dans le calcul mental ou écrit.

Géométrie

NOTIONS PRATIQUES

Premières définitions. — Volume. — Surface. — Ligne. — Point. — Géométrie. *Des diverses sortes de lignes.* — Ligne droite. — Ligne brisée. — Ligne courbe.

Circonférence, cercle, centre. — Divisions de la circonférence. — Rayons, diamètres. — Arc, corde, flèche.

Les angles et leur mesure. — Angle, sommet, côtés. — Angles adjacents. — Perpendiculaire ; angle droit, angle aigu, angle obtus. — Angles opposés par le sommet. — Mesure des angles. — Faire un angle égal à un angle donné. — Valeur de quelques angles. — Rapporteur.

La perpendiculaire et les obliques. — Perpendiculaire menée à une droite par un point pris sur cette droite ou hors de cette droite. — Obliques s'écartant également ou inégalement du pied de la perpendiculaire. — Perpendiculaire menée par le milieu d'une droite. — Problèmes.

Des parallèles. — Droites parallèles. — Si deux lignes sont perpendiculaires à une troisième, elles sont parallèles entre elles. — Égalité des angles dont les côtés sont parallèles. — Usage de l'équerre pour tracer des parallèles. *La circonférence et les lignes qui s'y rapportent.* — Relations des arcs avec leurs cordes. — De la perpendiculaire menée du centre sur une corde. — Un cercle ou un arc étant donné, en trouver le centre. — Faire passer une circonférence par trois points donnés. — Diviser un angle en deux parties égales.

De la tangente à la circonférence. — Positions relatives de deux cercles sur un plan. — Relation entre la distance des centres et la somme ou la différence des rayons.

Des polygones. — Polygones, périmètre ; diagonales. — Angles saillants, angles rentrants, etc. — Dénomination des polygones. — Polygones réguliers.

Du triangle. — Définition. — Triangle isocèle. — Triangle équilatéral. — Relations entre les côtés et les angles. — Notion de la base et de la hauteur. — Propriétés du triangle isocèle. — Propriétés du triangle équilatéral. — Triangle rectangle. — Somme des angles dans tout triangle. — Construction des triangles.

Quadrilatères. — Définition. — Trapèze. — Parallélogramme. — Losange. — Rectangle. — Carré.

Mesure des angles inscrits. — Définition. — Mesure de l'angle inscrit. — Élever une perpendiculaire à l'extrémité d'une ligne qu'on ne peut prolonger. — D'un point pris hors d'un cercle, lui mener une tangente. — Angle intérieur. — Angle extérieur.

Les polygones réguliers. — Définition. — Polygone inscrit dans un cercle. — Polygone circonscrit. — Moyen d'inscrire un carré. — Inscription de l'hexagone régulier et du triangle équilatéral. — Moyen de circonscrire un polygone régulier. — Angle d'un polygone régulier.

Mesure des surfaces. — Figures équivalentes. — Surface du carré, du rectangle, du parallélogramme, du triangle, du trapèze, d'un polygone quelconque, d'un polygone régulier. — Surface du cercle et du secteur de cercle. — Calcul de la circonférence au moyen du diamètre. — Surface du cercle dont on connaît le rayon.

Figures semblables. — Définition. — Du rapport de deux lignes. — Lignes proportionnelles. — Diviser une ligne droite en parties proportionnelles à des longueurs données. — Diviser une droite en parties égales. — Échelle de réduction. — Triangles semblables. — Polygones semblables. — Rapport des périmètres de deux figures semblables. — Rapport de la circonférence au diamètre. — Rapport des surfaces de deux lignes semblables. — Propriétés du triangle rectangle. — Moyenne proportionnelle à deux lignes données.

Sciences physiques et naturelles

PREMIÈRES NOTIONS GÉNÉRALES SUR LES SCIENCES PHYSIQUES ET NATURELLES

(Revision de ces notions données dans le quatrième cours de l'école primaire.)
1° La nature et la science.
2° Les objets matériels : les corps minéraux. — Les corps vivants.
3° Les objets immatériels.

Chimie

LE FEU

Ce qui arrive quand une chandelle brûle. Production d'acide carbonique et d'eau. Quand une chandelle brûle, rien n'est perdu. Expériences. Chaleur produite quand il y a action chimique.

L'AIR

De l'air. Ce que contient l'air. Ce qui arrive quand nous respirons. Action des plantes sur l'air. Croissance des plantes. Action combinée des animaux et des plantes sur l'air.

DE L'EAU

De quoi l'eau est formée. On peut retirer l'hydrogène de l'eau. Comment l'hydrogène peut être recueilli. Autre moyen de préparer l'hydrogène. — L'hydrogène brûle. Il est plus léger que l'air. De l'eau se forme quand l'hydrogène brûle. Analyse de l'eau. Différence entre l'eau de source et l'eau de mer. Moyen de reconnaître la présence du sel dans l'eau. Solution et cristallisation. L'eau de pluie est de l'eau distillée. Matières dissoutes et matières en suspension dans l'eau de rivière. Eau douce et eau saumâtre. Moyens de rendre douce l'eau saumâtre. Les eaux des rivières diffèrent selon les terrains qu'elles parcourent. L'impureté des eaux qui circulent dans les villes. Gaz dissous par l'eau.

TERRE

De la terre. Préparation de l'acide carbonique au moyen de la chaux. Préparation de l'oxygène au moyen de l'oxyde rouge de mercure. Les métaux deviennent plus lourds en s'oxydant. Métaux contenus dans les substances terrestres. Ce que c'est que le charbon de terre. Fabrication du gaz d'éclairage. Usages du charbon de terre. Gaz d'éclairage et flamme. Explosions dans les mines de charbon et lampe de Davy. Ce qu'est un corps simple. Un corps composé. Des corps simples et des corps composés.

MÉTALLOÏDES

Oxygène. Hydrogène. Azote et acide azotique. Ce que c'est qu'un acide, un alcali, un sel. Charbon ou carbone. Le sucre contient du charbon. Chlore retiré de sel marin. Soufre et ses composés. Propriétés du phosphore. Silicates (verre, argile).

MÉTAUX

Fer. — Ses usages et ses propriétés. Aluminium, le métal retiré de l'argile. Calcium, le métal de la chaux. Magnésium, le métal du sel d'Epson. Sodium, le métal de la soude et du sel de glauber. Potassium, le métal de la potasse. Cuivre et ses composés. Zinc et ses usages. Étain, obtenu à l'aide du chalumeau. Plomb et ses composés. Vif argent ou mercure. Usages de l'or.

Conclusions. — Combinaisons en proportions définies. Équivalents. Combinaisons en proportions multiples. Équation chimique.

Physique

Définition de la physique. Définition du mouvement. Définition de la force.

Les principales forces de la nature. — Gravité, cohésion, attraction chimique. Usages de ces trois forces. Comment agit la gravité. Centre de gravité. Balance.

Les trois états de la nature. — Remarques générales. Définition des solides, des liquides, des gaz.

Propriétés des solides. — Remarques générales sur la cohésion. Élasticité. Résistance des matériaux. Frottement.

Propriétés des liquides. — Les liquides prennent la forme des vases qui les contiennent. Ils transmettent la pression. Presse hydraulique. Pression de l'eau. Niveau des liquides. Niveau d'eau. Corps flottants. Poids spécifique. Capillarité.

Propriétés des gaz. — Pression de l'air. Poids de l'air. Baromètre. Usages du baromètre. Machine pneumatique. Pompes. Siphon.

Corps en mouvement. — Définition de l'énergie. Définition du travail. Travail fait par un corps en mouvement. Énergie d'un corps en repos.

Corps en vibration. — Le son. Ce que c'est que le bruit et ce que c'est que la musique. Le son fait du travail. Il faut un intermédiaire pour la propagation du son. Mode de propagation du son. Mode de propagation dans l'air. Sa vitesse. Écho ou réflexion du son. Comment trouver le nombre de vibrations par seconde correspondant à une note.

Corps soumis à l'action de la chaleur. — Nature de la chaleur. Dilatation des corps chauffés. Description du thermomètre. Comment faire un thermomètre centigrade. Dilatation des solides. Dilatation des liquides. Dilatation des gaz. Chaleur spécifique. Changement d'état, table des points de fusion. Chaleur latente de l'eau. Chaleur latente de la vapeur. Ébullition et évaporation. Le point de fusion dépend de la pression. Autres effets de la chaleur. Mélanges réfrigérants. La chaleur se propage. Conductibilité des corps pour la chaleur. Propagation de la chaleur. Rayonnement de la lumière et de la chaleur. Vitesse de la lumière. Réflexion de la lumière. Réfraction de la lumière. Lentilles, images qu'elles donnent. Microscope et télescope. La réfraction diffère avec les rayons. Récapitulation et nouvelle définition de la nature et de la chaleur.

Corps électrisés. — Corps bons conducteurs et corps mauvais conducteurs de l'électricité. Deux sortes d'électricité, leur action réciproque. Elles existent combinées dans les corps non excités. L'étincelle électrique. Électroscope. Action des pointes. Machine électrique. La bouteille de Leyde. Nature de l'énergie des corps électrisés. Courants électriques. Batterie de Grove. Propriété des courants. Effets caloriques, chimiques et magnétiques. Télégraphe électrique.

Notions de Botanique

Notions préliminaires.
Caractères généraux des plantes à fleurs.
Les tissus des plantes.
La nature de la cellule et accroissement du tissu cellulaire.
La nutrition des plantes.
La germination.
La racine.
La tige.
Les bourgeons et les branches axillaires.
Les feuilles.
L'inflorescence.
La fleur.
Le calice.
La corolle.
Le disque.
La préfloraison.
L'étamine.
Le pistil.
L'ovule.
Fécondation.
Le fruit.
La graine.
Appendices.
Plantes gymnospermes.

Quelques expériences de physiologie végétale. — Absorption et évaporation de l'eau, décomposition de l'acide carbonique, dégagement de l'oxygène et fixation du carbone par les plantes exposées à la lumière. Respiration. Transpiration. Germination. Effet de la lumière sur le chlorophyle. La couleur des fleurs ne dépend pas de la lumière. La tige se tourne du côté de la lumière.

Classification. — Division des végétaux en trois embranchements : les dicotylédones, les monocotylédones et les acotylédones.

Caractères distinctifs des principales familles de chaque embranchement. Indications des espèces les plus importantes, en Haïti, ou les plus remarquables par leur organisation ; insister sur les végétaux qui sont ou pourraient être les plus utiles au pays.

Herborisation sous la conduite du professeur.

Agriculture théorique

Notions pratiques sur la végétation, sur la durée des végétaux, sur leurs divers modes de reproduction (graines, boutures, greffes, etc.), sur la nature des différentes terres, sur les engrais et leur bon emploi, sur l'assolement.

Notions sur la charrue.

Principales opérations de l'agriculture. — Défrichement, plantations, transplantations, drainage, irrigation.

Principales cultures d'Haïti et particulièrement de la région où est située l'école.

Maladies des plantes et moyens préservatifs ; végétaux parasites.

Légumes, fruits et fleurs.

Conduite et tailles des arbres fruitiers.

Soins à donner aux animaux domestiques. Apiculture.

Dessin et Calligraphie

DESSIN D'IMITATION

Principes du dessin d'ornement. — Lignes droites, circonférence, polygones réguliers, rosaces étoilées ; courbes géométriques diverses ; ellipses, spirales, etc. ; courbes empruntées au règne végétal : tiges, feuilles, fleurs.

Copies de plâtres, représentant des ornements plats d'un faible relief.

Dessin d'après l'estampe et d'après le relief : 1° d'ornements purement géométriques : moulures, oves, rais de cœur, perles, denticules, etc. ; 2° d'ornements empruntés au règne végétal : feuilles, fleurs, fruits, palmettes, rinceaux, etc.

Notions succinctes sur les ordres d'architecture, données au tableau par le maître.

Dessin élémentaire de la tête humaine, ses parties et ses proportions.

Dessin géométrique

Exécution sur le papier, avec l'aide des instruments, des tracés géométriques sur la ligne droite et les circonférences. — Applications à des motifs de décoration. — Parquetage. — Carrelage. — Panneaux. — Plafonds.

Notions de dessin géométral. — Relevé, avec cotes, au trait et à une échelle déterminée, de solides géométriques et d'objets simples : assemblages de charpente et de menuiserie, voussoirs, meubles, etc.

Principes du lavis à teintes plates.

Exercices de calligraphie.

Musique vocale

Principes élémentaires de musique. — Prononciation et diction. Émission vocale. — Respiration. — Classement des voix. — Exercices d'intonation sur la gamme majeure et mineure avec les mesures simples (tons d'*ut*, *sol*, *fa* majeurs et leurs relatifs mineurs).

Dictées faciles. — Exécution de morceaux simples.

Une fanfare pourra être organisée.

Éducation physique
et préparation à l'apprentissage professionnel

1° GYMNASTIQUE

Jeux. — Exercices d'ordre (formation des rangs, marches rythmées, ruptures et rassemblement, doublement et dédoublement). — Évolutions à course cadencée; courses de vélocité à petite distance. — Mouvements d'ensemble avec et sans instruments portatifs (haltères, barres, massues).

Exercices deux à deux avec cordes ou barres. — Exercices de suspension allongée et de suspension fléchie aux échelles (échelle horizontale, échelle inclinée, échelle avec planche dorsale, échelles jumelles). — Perches verticales fixes par paire. — Poutre horizontale. — Mât vertical. — Planches d'assaut. — Sauts en long, hauteur et profondeur. — Sauts avec appui des mains. — Sauts à la perche. — Exercices d'équilibre, exercices de rétablissement.

2° EXERCICES MILITAIRES

École du soldat sans armes.
Formation de la section.
Alignements.
Marches.
Changements de direction.
École d'intonation.

3° TRAVAIL MANUEL

Travaux en papier et en carton. — Tissages, pliages, découpages et cartonnages reliés à l'enseignement du dessin, des formes géométriques et du calcul. Brochage et cartonnage d'un volume. Reliure.

Travail du bois. — Exercices simples au moyen des outils suivants : 1° scie ordinaire, plane, râpe, lime et rabot; 2° scies et ciseaux divers, affutages. Applications à la confection d'objets utiles.

Travail du fer. — Courbures de fils de fer suivant des formes géométriques; applications, ornements, objets usuels. Premiers exercices de lime.

Modelage. — A faible relief, d'après croquis coté et d'après nature (feuilles).

DEUXIÈME COURS

ÉDUCATION INTELLECTUELLE ET MORALE

PROGRAMME

Lecture

Lecture expressive.

Écriture

Calligraphie.

Instruction religieuse

Ancien et nouveau testament. — Conférences sur la religion.

Instruction morale

MORALE THÉORIQUE. — PRINCIPES

Introduction. — Objet de la morale.

La conscience morale: discernement instinctif du bien et du mal ; comment il se développe par l'éducation.

La liberté et la responsabilité. — Conditions de la responsabilité ; ses degrés et ses limites.

L'obligation et le devoir. — Caractères de la loi morale. — Insuffisance de l'intérêt personnel comme base de la morale. — Insuffisance du sentiment comme principe unique de la morale.

Le bien et le devoir pur. — Dignité de la personne humaine.

Les sanctions de la morale. — Rapport de la vertu et du bonheur. — Sanction individuelle (satisfaction morale et remords). — Sanctions sociales. — Sanction supérieure : la vie future et Dieu.

MORALE PRATIQUE. — APPLICATIONS

Devoirs individuels. — Leur fondement. — Principales formes du respect de soi-même. — Les vertus individuelles (tempérance, prudence, courage, respect de la vérité, de la parole donnée, etc.).

Devoirs de cultiver et de développer toutes nos facultés. Le travail : sa nécessité, son influence morale.

Devoirs de famille. — La famille : son importance morale et sociale. Devoirs domestiques.

Devoirs généraux de la vie sociale. — Le droit. Rapports des personnes entre elles. Division des droits sociaux. Devoirs de justice et devoirs de charité.

Devoirs de justice. — Respect de la personne dans sa vie ; dans sa liberté ; dans son honneur et sa réputation ; dans ses opinions et ses croyances ; dans ses biens ; caractère sacré des promesses et des contrats.

Devoirs civiques. — L'État, fondement de l'autorité publique. — La souveraineté nationale. Sa légitimité. Ses limites : la liberté de conscience ; la liberté individuelle ; la propriété. — Son exercice : le suffrage universel. — Ses agents : le pouvoir législatif, exécutif et judiciaire.

Devoirs des citoyens. — Le patriotisme ; l'obéissance aux lois ; l'impôt ; le service militaire ; le vote ; l'obligation scolaire.

Devoirs religieux et droits correspondants.

Langue française

1° *Lecture et récitation.* — Lecture à haute voix de morceaux classiques. — Les passages les plus importants sont appris par cœur.

Lectures personnelles indiquées par le maître ou choisies, sous sa direction, par l'élève. Analyse écrite ou orale de ces lectures.

2° *Grammaire et exercices grammaticaux.* — Revision approfondie des parties les plus importantes du cours précédent.

Dictées et exercices oraux d'orthographe, d'analyses grammaticale et logique.

3° *Exercices de vocabulaire et d'invention.*

4° *Principes et exercices de composition.* — Simples compositions. — Narrations, lettres, résumés de lectures ou de leçons, etc.

TEXTES D'EXPLICATION ET DE RÉCITATION

La Fontaine : *Fables*, les six derniers livres.
Racine : *Iphigénie, les Plaideurs*.
Bossuet : *Histoire universelle* (3ᵉ partie). Oraisons funèbres de Henriette de France et de Henriette d'Angleterre.
Fénelon : *Éducation des filles ; Lettre à l'Académie*.
Voltaire : *Charles XII*.
Corneille : *Le Cid, Horace*.
Molière : *Les femmes savantes, Les précieuses ridicules*.
Morceaux choisis de prosateurs et de poètes français du XVIᵉ au XIXᵉ siècle.
Morceaux choisis d'auteurs grecs, tirés des meilleures traductions. — Notions d'histoire littéraire à propos des auteurs lus et étudiés.

TEXTE DE LECTURE ET D'ANALYSE

Xénophon : Analyse et extraits.
Eschyle, Sophocle, Euripide (choix).
Eschyle, Sophocle, Euripide (choix).
Plaute, Térence : Extraits choisis.
Salluste.
César.
Cervantès : Analyse et extraits.
Le Tasse : *Jérusalem délivrée* (extraits et analyse).
Analyse et extraits des chroniqueurs français : Villehardouin, Joinville, Comines (traductions).
Bossuet : *Histoire universelle*, IIIᵉ partie.
Montesquieu : *Considérations sur les causes de la grandeur des Romains et de leur décadence*.
Recueil de morceaux choisis de littératures étrangères (traductions).

Langues anglaise et espagnole

Continuation des exercices du premier cours. — Textes appris par cœur.
Acquisition de nouvelles parties du vocabulaire.
Monnaies, poids et mesures.
Exercices de conversation.
Exercices gradués de lecture, en insistant sur l'accent des mots et sur l'accent de la phrase.
Dictées. — Thèmes. — Versions.
Essais de compositions sur des sujets faciles et pratiques, lettres familières, etc.

TEXTES DE LECTURE, D'EXPLICATION ET DE RÉCITATION

Anglais. — Young John Lounger, by T. Robertson.
Manuel de la conversation, français-anglais.
Royal Readers nᵒˢ III-IV.
Aikin et Barbauld : *Evenings at home*.
Miss Edgeworth : *Old Poz*.
Franklin : Autobiography (extraits).
Swift : *Gulliver's travels* (extraits).
Ouida : *A Leaf in the storm ; A Dog of Flanders*.

Morceaux choisis (vers et prose).
Espagnol. — Cours de langue espagnole par L. Mallefille (continuation et fin).
Manuel de la conversation, français-espagnol.
Juanito : *Lecturas morales.*
Antonio de Trueba : *Countos populares.*
Morceaux choisis de prose et de poésie.

Histoire générale

I

Guerre de cent ans. — Les États généraux. — Charles V et Duguesclin. — Jeanne d'Arc. — Reconstitution de l'unité territoriale de la France.

Progrès de l'autorité royale en France avec Charles VII et Louis XI, en Espagne avec Ferdinand et Isabelle, en Angleterre avec les Tudors.

L'Allemagne et l'Italie à la fin du moyen âge.

Les Turcs en Europe.

Temps modernes. — Les grandes inventions du xive au xvie siècle. — Les découvertes maritimes. — Empire colonial des Portugais et des Espagnols.

La Renaissance en Italie et en France.

Guerres d'Italie. — Rivalité de François Ier et de Charles-Quint.

II

La Réforme.

Guerres de religion en France. — Pacification de la France sous Henri IV.

Prospérité de l'Angleterre sous Élisabeth. — Shakespeare. — Puissance et décadence de l'Espagne sous Philippe II.

Guerre de Trente ans. — Gustave-Adolphe. — Traités de Westphalie.

Richelieu. — Mazarin. — La Fronde.

Louis XIV : son gouvernement et ses guerres.

Domination intellectuelle de la France au xviie siècle.

III

Révolution de 1688. Olivier Cromwell.

Charles XII et Pierre le Grand.

L'Autriche et la Prusse au xviiie siècle.

Le Gouvernement parlementaire en Angleterre. — Progrès de la puissance anglaise dans l'Inde et dans l'Amérique.

Guerre de l'Indépendance américaine. Les États-Unis.

Démembrement de la Pologne.

La France sous Louis XV et Louis XVI. — Les philosophes et les économistes ; Turgot. — Les États généraux.

Découvertes scientifiques et géographiques au xviiie siècle.

Histoire d'Haïti

I

DE LA DÉCOUVERTE A LA RÉVOLUTION FRANÇAISE (1492-1789)

Découverte de l'île par Christophe Colomb, et ses trois voyages. — Les Cacicats et les Caciques. Anacouana. — Traite des Indiens. — Révoltes et destruction des Indiens. — Robadilla, Ovando, don Diégo, Colomb, gouverneurs. — Las Casas.

Origine de la ville de Santo-Domingo.

Premier transport d'esclaves africains en 1503.

Introduction de la canne à sucre (1506).

Dernières luttes des Haïtiens. — Henri. — Bombardement et pillage de Santo-Domingo par Francis Drake (1586). — Santo-Domingo seul port ouvert au commerce (1606).

Décadence de la colonie espagnole.

Saint-Domingue, colonie française. — Les flibustiers dans les Antilles. Premiers établissements français. Les boucaniers. — La Compagnie des Indes occidentales (1664).

Développement des établissements français de Saint-Domingue. — Fondation de la ville du Cap-Français (1678). — Administration du comte de Cussy. — Organisation de la justice à Saint-Domingue. Le code noir. — Le traité de Ryswick (1697). — Introduction du café en Haïti (1720). — Incorporation de Saint-Domingue aux domaines du Gouvernement français (1728). — Fondation de Port-au-Prince. — Division territoriale de la colonie française de Saint-Domingue. — Les différentes classes à Saint-Domingue. — Audience espagnole. — Conspiration et mort de Mackandal. — Tremblement de terre en Haïti ; destruction de Port-au-Prince (1770). — Traité des limites (1776). Traité d'Aranjuez (1777). — Coopération des affranchis de Saint-Domingue à la guerre de l'Indépendance des États-Unis (1779). Souffrances des esclaves, état des affranchis, barbarie des colons. — Immense développement de la prospérité de Saint-Domingue. — M. de Marbois et son administration.

Géographie de l'Amérique moins Haïti

Étude générale de l'Amérique du Nord et de l'Amérique du Sud. — Description physique. — Étude particulière des principaux États : géographie physique, administrative, agricole, industrielle et commerciale. — Gouvernements, religions.

Les principales colonies européennes, y compris les Antilles.

Continents et Océans

(REVISION ET NOUVELLES NOTIONS)

Cartes et construction des cartes. — Utilité des cartes. — Forme de la terre. Méridiens, parallèles, cercles, zones. — Construction d'un globe. — Cartes planes. — Projections de la Hire et de Mercator. — Lecture des cartes. Manière de se diriger. Boussole. Heure.

Terres et mers. — Distributions des terres et des mers. — Continents. — Causes de prospérité des Continents. — L'Océan. — Vents. — Courants. Marées. — Le fond de l'Océan.

Accidents de la surface terrestre. — Continents. Iles. Caps. — Montagnes. Cols. Passes. — Neiges. Pluies. Glaciers. Cours d'eau. — Rôle des montagnes dans l'histoire. — Volcans. — Vallées. Plaines. — Péninsules. Isthmes. — Fleuves. Rivières. — Lacs. Mers intérieures. — Versants. Ligne de partage des eaux. Bassins. — Côtes. — Icebergs. — Conclusion.

Arithmétique

COMPLÉMENTS D'ARITHMÉTIQUE

Principes sur les produits et les quotients.
Principes sur les nombres premiers ou premiers entre eux. — Fraction irréductible. — Plus petit commun dénominateur de plusieurs nombres. — Fractions périodiques, fractions génératrices.
Racine carrée à une unité près, ou à une unité décimale près.
Exercices et problèmes comme dans le cours précédent.

Algèbre

Règle du calcul algébrique, moins la division des polynômes.
Équations numériques du premier degré. — Problèmes.

Tenue des livres

Tenue des livres en partie simple et en partie double.

Géométrie pratique

REVISION DU COURS PRÉCÉDENT

Des figures dans l'espace et de leur mesure.
La ligne droite et le plan. — Le plan. — Intersection de deux plans. — Notion de la perpendiculaire au plan. — Perpendiculaire et obliques à un plan. — Droites et plans parallèles. — Angles dièdres, trièdres, etc., et leur mesure.
Des volumes. — Définitions. — Polyèdres et corps ronds. — Prisme. — Parallélipipède. — Prisme droit. — Prisme oblique. — Prisme régulier. — Cube. — Cylindre. — Sections cylindriques. — Pyramide. — Cône. — Sections coniques. — Prismes et pyramides tronquées.
Les polyèdres réguliers et la sphère. — Définitions. — Nombre et dénomination des polyèdres réguliers. — Sphère. — Sections de la sphère : grands cercles et petits cercles. — Pôles. — Plan tangent. — Sphères tangentes, sécantes. — Zone.
Mesure des surfaces des polyèdres et des corps ronds. — Surface du prisme. — Cas où le prisme est droit. — Surface du cylindre droit. — Surface du tronc de prismes; du tronc de cylindre. — Surface de la pyramide. — Cas où la pyramide est régulière. — Surface du cône droit. — Surface du tronc de pyramide, du tronc de cône à bases parallèles. — Surface d'un polyèdre quelconque; de la zone et de la sphère.
Mesure des volumes. — Volume du cube. Volume du parallélipipède rectangle; du parallélipipède droit ou oblique. — Volume du prisme triangulaire, d'un prisme quelconque. — Volume du cylindre; — de la pyramide; — du tronc de pyramide; — du cône; — du tronc de cône à bases parallèles; — de la sphère. — Volumes semblables; leurs rapports. — Cubage des arbres. — Jaugeage des tonneaux. — Mesure des volumes par les poids. — Récapitulation des formules des surfaces et des volumes. — Applications diverses.

Physique

Notions préliminaires. — Matière et force. États physiques de la matière. Changements d'état des corps. Atomes.

PESANTEUR

Gravitation. — La matière attire la matière. — Direction de la pesanteur. — Centre de gravité. — Équilibre des corps. — Équilibre du levier. — Poids. — Balances. — Chute des corps. — Inertie. — Force centrifuge. — Pendule.

PROPRIÉTÉS DES LIQUIDES

Niveau des liquides. — Vases communiquants. — Pression des liquides. — Principe d'Archimède. — Corps flottants. — Capillarité.

PROPRIÉTÉ DES GAZ

Poids des gaz. — Pression atmosphérique. — Mesure de la pression atmosphérique. — Baromètre. Force élastique des gaz. — Machines soufflantes. — Pompes. — Siphon.

LE SON

Élasticité. — Le son est un mouvement vibratoire. Ondes sonores. — Qualités du son. — Gamme. — Sons harmonieux. — Son et bruit. — Timbre des sons. — Instruments de musique.

LA CHALEUR

Dilatations. — Température. — Mesure des températures. — Sources de chaleur. — Propagation de la chaleur. Conductibilité. — Rayonnement ou radiation. — Chaleur spécifique des corps. — Changement d'état; solide, liquide. Changement d'état; liquide, gaz. — La glace et l'eau. — La vapeur d'eau. — Les nuages.

LA LUMIÈRE

Propagation de la lumière. — Réflexion. — Réfraction. — Les couleurs. — La vision. — Illusions optiques.

L'ÉLECTRICITÉ

Électrisation par frottement. — Corps électrisés différemment, définitions et théorie. Influence ou induction. — Électrophore. — Condensateurs et pointes. — L'orage. — La pile. — Les aimants. — Le télégraphe. — Le téléphone.
Observations météréologiques.

Chimie

GÉNÉRALITÉS

Phénomène chimique. — La matière est indestructible. — Corps simples. — Préparation et propriétés de l'oxygène. — Corps composés.

L'AIR, L'EAU ET LE FEU

L'air atmosphérique. — L'azote. — Préparation et propriétés de l'hydrogène — Composition de l'eau. — La flamme. — Le charbon. — L'acide carbonique.

LA TERRE

Formation de la terre et des terrains. — La terre arable. — L'argile. — Qualités du sol. — Minerais. — Le soufre. — La chaux. — Le plâtre. — Le sel. — Le salpêtre et l'ammoniaque.

LES VÉGÉTAUX

Composition des végétaux. — Principes immédiats. — Germination. — Végétation. — Effets des récoltes sur le sol. — Le fumier. — Emploi des engrais. — Assolements.

LES ANIMAUX

Tissus des animaux. — Alimentation. — Digestion. Le sang. — Respiration et circulation. — Application de ce qui précède à l'hygiène.

INDUSTRIES DOMESTIQUES

Fermentation. — Tafia. — Le vin rouge. — Le vin blanc et le vin de Champagne. — Le vinaigre. — La bière. — Eaux-de-vie des fruits. — Pain et pâtes alimentaires. — Conservation des matières organiques. — Chimie culinaire. — L'eau dans le ménage. — Le savon. — La lessive et le blanchissage. — Blanchiment.

FORMULES CHIMIQUES

Notation chimique; symboles équivalents. — Égalités ou équations chimiques.

Premières notions de géologie

Les différentes espèces de pierres. Ce que les pierres ont à nous apprendre.
Les roches sédimentaires : qu'est-ce qu'un sédiment? — Origine du gravier, du sable et du limon. — Formation des roches sédimentaires. — Les fossiles. — Une carrière et ses leçons.
Les roches organiques : Roches formées de débris végétaux. — Roches formées de débris animaux.
Les roches ignées : Leur nature. — Leur origine.
La croûte terrestre. Soulèvements. — Affaissements. — Dislocations. — Origine des montagnes. — L'histoire de la terre racontée par les roches.

Botanique

(RÉVISION DU COURS PRÉCÉDENT)

Herborisation sous la conduite du professeur.

Physiologie animale

Notions préliminaires. — Ce que c'est que la physiologie. — Les animaux se meuvent à volonté. — Les animaux sont chauds et se meuvent : combustion. — Le besoin d'oxygène. — Les déchets.

Les différentes parties du corps. — Les tissus. — Les cavités du thorax et de l'abdomen. — La colonne vertébrale. — Tête et cou. — Nerfs. — Arrangement général de toutes ces parties.

Ce qui a lieu quand nous nous mouvons. — Les os du bras. — La structure de la jointure du coude. — Autres jointures du corps. — Le bras est fléchi par la contraction du biceps. — Comment le biceps se contracte sous l'empire de la volonté. — La contractibilité d'un muscle dépend de la circulation du sang. — C'est la nourriture contenue dans le sang qui donne de la force au muscle. — Besoin continuel de nourriture.

La nature du sang. — Le sang dans les capillaires. — Les globules sanguins. — La coagulation du sang. — Les substances contenues dans le sérum. — Les minéraux du sang.

La circulation du sang. — Les artères, les capillaires et les veines. — Le cœur d'un mouton. — Le trajet de la circulation. — Pourquoi le sang se meut dans une seule direction : les valvules des veines. — Les valvules tricuspides. — Les valvules sigmoïdes. — Le cœur gauche.

Pourquoi le sang se meut toujours : battement du cœur. — L'action du cœur considéré comme un tout. — Les capillaires et les tissus.

Comment le sang est modifié par l'air. Respiration. — Sang veineux et sang artériel. — Le changement du sang artériel en sang veineux et du sang veineux en sang artériel. — Les poumons. — Le renouvellement de l'air dans les poumons. — Comment la contraction du diaphragme dilate les poumons. — La dilatation naturelle des poumons. Inspiration. — Expiration. — Comment se contracte le diaphragme. — La poitrine est aussi dilatée par les mouvements des côtes et du sternum. — La respiration est un acte involontaire.

Comment le sang est changé par la nourriture. Digestion. — Pourquoi l'intérieur de la bouche est toujours rouge et humide. — Pourquoi la peau est quelquefois humide. Glandes sudorifiques. — La membrane muqueuse du canal alimentaire et ses glandes. — Les glandes salivaires, le pancréas et le foie. — La partie nutritive des aliments. — Comment les matières protéiques et l'amidon sont changés. — Vaisseaux lactés et vaisseaux lymphatiques. — Ce que devient la partie nutritive des aliments.

Comment le sang se débarrasse des déchets. — Nécessité de se débarrasser des matières non utilisées. — Expulsion de l'ammoniaque sous la forme d'urine.

Résumé général et succinct de tout le cours.
Comment nous sentons et voulons.

Agriculture théorique

1° *Production végétale.* — Étude du sol et des moyens d'en modifier la composition chimique et les propriétés physiques (engrais et amendements ; irrigations ; drainage ; travaux de labour) ; cultures spéciales (céréales, plantes légumineuses, fourrages, plantes industrielles) ; assolements.

2° *Zootechnie.* — Alimentation. — Races chevaline, bovine, ovine, porcine.

3° *Économie rurale.* — Constitution de la propriété foncière, mode et capital d'exploitation. — Notions de comptabilité agricole.

Dessin d'imitation

Revision des études faites dans le premier cours.

Éléments de perspective. — Représentation perspective au trait, puis avec les ombres, de solides géométriques et d'objets usuels.

Dessin d'après des fragments d'architecture : piédestaux, bases et fûts de colonnes, antes, corniches.

Dessin, d'après l'estampe, des différentes parties du corps humain, tête, bras, jambes, pieds, mains, etc. — Notions sur la structure générale et les proportions de ces parties par rapport à l'ensemble.

Dessin géométrique

Notions sur la ligne droite et le plan dans l'espace et sur les projections.

Projections de solides géométriques et d'objets simples. — Copie et réduction de plans de bâtiments et de machines, partie du bâtiment. — Organes des machines. — Notions pratiques sur le lavis. — Teintes conventionnelles.

Musique vocale

Continuation des études de mesure et d'intonation.

Lectures et dictées musicales, orales et écrites, dans tous les tons majeurs et mineurs avec les clefs de *sol* et de *fa*.

Exécution de morceaux à plusieurs voix.

Une fanfare pourra être organisée.

Éducation physique et préparation à l'apprentissage professionnel

1° GYMNASTIQUE

Jeux demandant plus de force de résistance que dans le premier cours. — Mêmes exercices corporels qu'au premier cours. — Exercices de voltige.

2° EXERCICES MILITAIRES

Mécanisme des mouvements en ordre dispersé. — Déploiement. Marches. — Ralliement. — Rassemblement.

École du soldat avec l'arme.

Tir. — Exercices préparatoires. — Tir à courte portée. — École d'intonation.

3° TRAVAIL MANUEL

Travail du bois. — Revision des exercices du premier cours ; sciage, corroyage. Applications, assemblages simples à mi-bois (angles de 90, 45 et 60 degrés), à enfourchement, à tenon et mortaise ; application à la confection d'objets utiles.

Tour à bois, premiers exercices.

Travail du fer. — Exercices de lime, burin, bédane, forêt; applications telles que règle biseautée, contrefort en équerre avec trous. Forge : étirer, apointir, aplatir.

Modelage. — Série d'ornements géométriques; d'après croquis coté ; moulage des meilleures épreuves. — Principales moulures d'architecture : quelques exercices, tels que filet grec, denticules, perles, pirouettes, palmettes, oves.

Coupe de plâtre. — Principaux solides géométriques.

TROISIÈME COURS

ÉDUCATION INTELLECTUELLE ET MORALE

PROGRAMME

Lecture

Lecture expressive.

Écriture

Calligraphie.

Instruction religieuse

Ancien et Nouveau Testament. — Conférences sur la Religion.

Instruction morale

Révision du premier et du deuxième cours.

Éléments de Droit usuel

DROIT CIVIL

Les actes de l'État civil. — La puissance paternelle. — Les lois, le code. — Meubles et immeubles. — Des biens. — L'impôt. — Les baux. — De la vente — Du mariage. — Des successions. — De la tutelle. — Des donations. — Un procès.

DROIT COMMERCIAL

Des commerçants.
Des livres de commerce.
Sociétés commerçantes et industrielles.

Notions d'Économie politique

La propriété. — L'homme et ses besoins. — L'industrie. — La société et ses avantages. — Les machines. Leur utilité. — La monnaie. — L'échange. — Le commerce. — Le crédit. — La concurrence. — L'offre et la demande. — Le salaire. — Puissance de l'association. — Institutions de prévoyance.

Langue française

1° *Lecture et récitation*. — Lecture à haute voix de morceaux classiques. — Les passages les plus importants sont appris par cœur.
Lectures personnelles indiquées par le maître ou choisies, sous sa direction, par l'élève. Analyse écrite ou orale de ces lectures.
2° *Exercices de vocabulaire et d'invention*.
3° *Exercices de composition*. — Compositions et exercices littéraires de

genres divers : narrations, discours, lettres, dialogues, portraits, développement d'une idée morale, résumés et analyses d'auteurs ou de parties d'auteur.
4° *Notions d'histoire de la littérature française.*

I

Les origines. La Renaissance. La première moitié du xviie siècle.

II

La seconde moitié du xviie siècle et le xviiie siècle jusqu'à la Révolution.

III

Le xixe siècle. — Revision.

TEXTES D'EXPLICATION ET DE RÉCITATION

La Bruyère : *Caractères.*
Corneille : *Cinna.* — *Polyeucte.*
Bossuet : Oraison funèbre du prince de Condé. Sermons choisis.
Boileau : *Art poétique.*
Pascal : Pensées choisies.
Bourdaloue, Massillon : Morceaux choisis.
Racine : *Athalie.* — *Britannicus.* — *Andromaque.*
Molière : Le *Misanthrope.* — *Tartufe.*
Buffon : Discours sur le style.
Voltaire : Lettres choisies. — Extraits de prose.
Rousseau : Morceaux choisis.
Victor Hugo : Choix de poésies.
Lamartine : Choix de poésies.
Morceaux choisis de prosateurs et de poètes français des origines à nos jours.

LIVRES DE LECTURE ET D'ANALYSE

Eschyle, Sophocle, Euripide (pièces choisies).
Aristophane : pièces choisies ; extraits.
Cicéron : Extraits (traités, discours, lettres).
Sénèque : Extraits.
Tacite : Extraits.
Saint-Simon : Extraits.
Buffon : Époques de la nature.
Diderot : Extraits.
Augustin Thierry, Guizot, Michelet, Thierry, Mignet, Thiers : Extraits.
Choix de discours et d'extraits de discours (genres divers), de 1789 à nos jours.
Chateaubriand : Extraits.
Mme de Staël : Extraits.
De Tocqueville : *Introduction à la Démocratie en Amérique.*
Sainte-Beuve : Extraits des *Lundis* et des *Portraits.*
Recueil de morceaux choisis des prosateurs du xixe siècle.
Recueil de morceaux choisis des poètes du xixe siècle.
Recueil de morceaux choisis de littératures modernes (traductions).
Morceaux choisis d'auteurs grecs et latins tirés des meilleures traductions.

Langues anglaise et espagnole

Études de vocabulaire.
Lecture courante de textes faciles.
Reproduction de vive voix de lectures ou de récits faits en classe.
Exercices de conversation sur les mots appris et sur les textes lus ou expliqués.
Étude méthodique des différentes parties du discours.
Idiotismes et proverbes.
Thèmes oraux et écrits. Thèmes grammaticaux.
Versions dictées : Thèmes d'imitation.
Compositions de genres divers.

TEXTES DE LECTURE, D'EXPLICATION ET DE RÉCITATION

Anglais

T. Robertson : *I sit down to breakfast.*
Goldsmith : *She stoops to conquer.* — *The vicar of Wakefield.*
Lamb : *Tales from Shakespeare.*
Macaulay : *Essays* (extraits).
Shakespeare : Pièces choisies; Extraits.
Choix de morceaux extraits des meilleurs prosateurs contemporains (The Garland).
W. Anderson's commercial correspondence.
Selection from the most celebrated british poets (Sadler).

Espagnol

Castellar (Ign) : Nueva floresta española.
El eco de Madrid, por I.-E. Hartzen busch y Henrique Lamming.
Morceaux choisis en prose et en vers.
Don M.-I. Quintana; vidas de Españoles celebres.
I.-M. Lopes : Correspondencia commercial.
Choix de Lectures historiques, géographiques et scientifiques.

Histoire générale

I

État politique et social de la France en 1789.
La Révolution française : principes, institutions.
Coalition contre la République française. — Traités de Bâle, de Campo-Formio, de Lunéville et d'Amiens.
La Révolution française et Saint-Domingue.
Le 18 brumaire. – Le Consulat : développement de l'organisation administrative.

II

L'Empire. — Lutte contre l'Europe. — Les traités de 1815.
La Sainte-Alliance.
La Restauration. – La Charte.
Guerre d'Espagne. — Guerre de l'Indépendance hellénique. — Émancipation des colonies espagnoles.

III.

Révolution de 1830. — Fondation du royaume de Belgique. — Soulèvement de la Pologne. — Établissement du régime constitutionnel en Espagne et en Portugal. — Grandes réformes politiques et économiques en Angleterre. — Progrès des Russes et des Anglais dans l'Asie. — Conquête et colonisation de l'Algérie par les Français.

Révolution de 1848. — La seconde République française. — Le suffrage universel.

Le 2 décembre. — Le second Empire français.

La question d'Orient et la guerre de Crimée.

Fondation du royaume d'Italie.

L'influence croissante de la Prusse en Allemagne. — Dissolution de la Confédération germanique.

États-Unis d'Amérique. — Guerre de Sécession. — Abolition de l'esclavage.

Guerre du Mexique.

Canal de Suez.

Guerre de 1870. — L'Empire allemand. — Traité de Francfort.

La troisième République française.

Histoire d'Haïti

I

DE LA RÉVOLUTION FRANÇAISE A LA GUERRE DE L'INDÉPENDANCE EXCLUSIVEMENT (1789-1802)

État de Saint-Domingue au moment de la Révolution française.

Les petits blancs. — Les affranchis et les esclaves. — Rébellion des colons contre l'autorité métropolitaine. Ogé et Chavannes.

Première insurrection des esclaves.

Bandes de Jean François et de Biassou.

Guerre entre les blancs et les hommes de couleur.

Les commissaires civils, Santhonax, Polvérel et Ailhaud.

Abolition de l'esclavage.

Début de Toussaint-Louverture dans la vie politique.

Toussaint entre au service de la République française.

Toussaint commandant du cordon de l'Ouest.

Bataille des Verrettes et expédition de la grande Rivière.

Les nègres et les mulâtres sauvent la colonie.

Les ennemis de l'intérieur.

Expédition du Mirebalais.

Nouvelles actions de guerre aux Verrettes.

Affaire du 30 ventôse an IV (20 mars 1796).

Laveaux et Santhonax nommés députés de Saint-Domingue.

Scission entre Santhonax et Toussaint. — Rôle de Santhonax à Saint-Domingue.

Délégation des commissaires civils près le général Rigaud, commandant du Sud.

Deuxième expédition du Mirebalais. — Toussaint-Louverture nommé général en chef de l'armée de Saint-Domingue.

Mission du général Hédouville. — Évacuation de Saint-Domingue par les Anglais.

- Guerre du Sud.
- Traité de Bâle (1795) et prise de possession de Santo-Domingo (1801). — Loi du 24 messidor an IX (13 juillet 1801) sur la division du territoire de toute l'île de Saint-Domingue.
- Gouvernement et Constitution de Toussaint.

Expédition de Saint-Domingue.

Arrestation, déportation et mort de Toussaint. — Appréciation. — Caractère et vie de Toussaint-Louverture. — Égalité de la race blanche et de la race noire.

II

DE LA GUERRE DE L'INDÉPENDANCE A NOS JOURS (1789-1889)

Soulèvement des indigènes. — La fièvre jaune. — Défection de Pétion. — Mort de Leclerc. — Rochambeau. — Dessalines général en chef. — Ses principaux auxiliaires, ses courses, ses diverses organisations militaires. — Combats divers dans l'Ouest, le Sud et le Nord. — Création du drapeau haïtien. — Charrier et Vertières. (Description.) — Combat de Vertières. — Capois. — Capitulation du Cap. Départ définitif de l'armée française. — 1ᵉʳ janvier 1804. — L'acte de l'Indépendance. — La proclamation du général en chef. — Acte des généraux de l'armée qui nomme Dessalines gouverneur général à vie. — Jacques Iᵉʳ empereur. — La Constitution de l'Empire. — Division territoriale de l'Empire. — Régime impérial et ses effets. — Campagne de l'Empereur contre l'Est. — L'Empereur dans le Sud. — Gérin. — Mort de Dessalines. — Dévouement héroïque de Charlotin-Marcadieu.

L'Assemblée constituante du 18 décembre 1806. — Opposition entre Pétion et Christophe. — La Constitution de 1806. — Protestation des constituants du Nord contre la Constitution. — Élection de Christophe à la présidence d'Haïti. — Formation du Sénat. — Refus de la présidence par Christophe. — Marche de Christophe sur le Port-au-Prince. — Combat de Sibert. — Coutillien Coutard. — Attaque contre le Port-au-Prince. — Révolte de Goman à la Grand'-Anse. — Constitution du Sénat. — Actes de Christophe — Élection d'Alexandre Pétion à la présidence. — Réformes et ajournement du Sénat. — Insurrections dans le Nord, le Nord-Ouest et l'Artibonite. — Conspiration de Yayou et de Magloire Ambroise. — Réunion du Sénat. — Dissidence entre le Sénat et Pétion. — Pétion dictateur. — Départ de Pétion pour le Môle. — Ses insuccès. — Santo-Domingo se replace sous la domination espagnole (1809). — Rapports de Juan Sanchez et Cyriaco Ramirez avec Pétion et Christophe. — Conspiration et mort de Gérin. — Retour de Rigaud en Haïti. — Mission de Rigaud dans le Sud. — Le siège du Môle: Le général Lamarre. — Éveillard. — Toussaint Paul. — Les actes de Rigaud dans le Sud. — L'assemblée départementale. — La scission du Sud. — Christophe roi d'Haïti sous le nom d'Henri Iᵉʳ. — Constitution du royaume. — Révolte du 1ᵉʳ bataillon de la 17ᵉ demi-brigade. — Mort de Rigaud. — Fin de la scission du Sud. — Conduite de Pétion aux Cayes. — Nouvelle marche d'Henri Iᵉʳ contre l'Ouest. — Bataille de Santo. — Siège de Port-au-Prince. — Défection d'une partie de l'armée de Henri Iᵉʳ. — La levée du siège de Port-au-Prince et ses conséquences. — Missions de MM. Lavaysse, Dravermann et Franco de Medina dans l'Ouest et dans le Nord. — Conduite respective de Pétion et d'Henri Iᵉʳ envers les agents français. — Traité de Paris (1814): rétrocession de Santo-Domingo à l'Espagne. Congrès de Vienne (1815). — Abolition définitive de la traite des noirs en

Europe. — Bolivar et Pétion. — Mission de MM. de Fontanges, du Petit-Thouars, Esmangeart en Haïti. — Revision de la Constitution de 1806. — Pétion, président à vie. — Fondation du Lycée national. — Régime du travail sous Christophe et sous Pétion. — La petite propriété. — Mort de Pétion. — Élection de Jean-Pierre Boyer à la présidence. — Actes législatifs et administratifs. — Pacification de la Grand'Anse. — Boyer dans le Sud. — La proclamation du 18 février 1820. — Députation d'Henri Ier à Boyer. — La mission de Honne Papham. — Grave indisposition d'Henri Ier dans l'église de Limonade. — Soumission de Saint-Marc à la République. — Nouvelles défections dans le Nord-Ouest et dans l'Artibonite. — Mort de Christophe. — Pacification du Nord. — Boyer dans l'Artibonite et dans le Nord. — Propositions de J.-J. Sylva et de Aury à Boyer. — Mission des agents secrets de Boyer dans la partie espagnole. — Rapports des gouverneurs de Santo-Domingo avec Boyer. — Mission de M. Aubert du Petit-Thouars en Haïti. — Réponse de Boyer à l'agent français. — Proclamation de l'Indépendance de la partie espagnole. — Réunion de la partie espagnole à la République d'Haïti (1822). — Unification de l'île. — Mission secrète de M. Liot à Port-au-Prince. — Le général Jacques Boyer plénipotentiaire d'Haïti en France. — Les conférences de Bruxelles. — Départ de MM. les sénateurs Larose et Rouanez pour France. — Arrivée en Haïti de M. le baron de Mackau. — L'ordonnance royale du 17 avril 1825. — Les conférences de M. de Mackau à Port-au-Prince. M. de Mackau au Sénat. — Départ de M. de Mackau avec les sénateurs Rouanez et Daumec et le colonel Frémont pour France. — Indemnité, emprunt, papier-monnaie. — Élaboration du code civil d'Haïti. — M. S. Macary agent d'Haïti en France. — Réclamations de l'Espagne (1830). — Nouvelle mission de M. du Petit-Thouars en Haïti. — Arrivée de MM. le baron de Lascases et Baudouin. — Conférence des plénipotentiaires Frémont, Labbée, Ardouin et Villevaleix avec ceux de France. — Mission de MM. B. Ardouin et S. Villevaleix en France. — Les traités de 1838. — Arrivée du légat du Saint-Siège à Port-au-Prince. — Tremblement de terre du 7 mai 1842. — La société des droits de l'homme et le manifeste révolutionnaire. — Prise d'armes de Praslin. — Charles Hérard aîné. — Prise d'armes dans le Sud et dans l'Ouest. — Abdication de Boyer. — Gouvernement provisoire. — Institution des municipalités. — Réunion de l'assemblée constituante. — Constitution de 1843. — Charles Hérard aîné, président d'Haïti. — Scission de la partie de l'Est, formation de l'État dominicain (1844). — La République dominicaine. — Scission du département du Nord. — Guerrier, président du département du Nord. — Révolution et déchéance de Charles Hérard aîné. — Guerrier, président d'Haïti. — Institution du conseil d'État. — Mort de Guerrier. — Pierrot, président d'Haïti. — Conspiration contre Pierrot. — Déchéance de Pierrot. Élection de Jean-Baptiste Riché à la présidence. — Acaan. — Combats dans le Sud. — Constitution de 1846. — Mort de Riché. — Soulouque, président d'Haïti. — Mission de MM. Delva et Ardouin en France. — Monopol. — Campagne contre l'Est (1849). — Faustin Ier, empereur. — La constitution impériale. — L'institution de la noblesse impériale. — L'emprunt est reconnu dette nationale. — Nouvelle tentative contre l'Est (1855). — Reconnaissance de l'Indépendance dominicaine par l'Espagne. — Administration de l'Empire. — Révolution du 22 Décembre 1858. — Fabre Geffrard, président d'Haïti. — Loi qui modifie la constitution du 14 novembre 1846. — Conjuration à Port-au-Prince contre le président. — Concordat entre Haïti et le Saint-siège. — Annexion de la partie de l'Est à l'Espagne (1861). — Rapport du secrétaire d'Etat, V. Plésance, et mission de M. B. Ardouin en Espagne (1862). — L'Ultimatum de l'amiral Rubalcara. — Modification à la constitution. Reconnaissance d'Haïti par les Etats-Unis. — Institution du Conseil de fabrique. — Extension de la liberté communale. Diffusion de l'Instruction publique. — Dissolution de la Chambre des députés. — Nomination du premier archevêque d'Haïti. — Création d'une monnaie de bronze et de nouveaux billets dits papiers Geffrard. — Conspiration dans le Nord. — Traités contre Haïti, Libéria et les Etats-Unis. — L'indépendance de la partie de l'Est, acceptée par l'Espagne. — L'Etat de siège dans le Nord, le Nord-Ouest et l'Artibonite. — Prise d'armes dans le Nord et à la Grand'Anse. — L'incendie du 19 mars. — Projet de modifications constitutionnelles ; présidence temporaire. — Conduite des tirailleurs de la garde du Président. — Démission de Geffrard. — Administration de Geffrard. — Le Conseil des secrétaires d'Etat et le Conseil consultatif. — Le gouvernement provisoire. — L'assemblée constituante. — Salnave, protecteur de la République. — L'assemblée nationale constituante. — Salnave, chef du pouvoir exécutif. — Le séquestre des biens de Geffrard. — La Constitution de 1867. — Sylvain Salnave, président d'Haïti. — Le corps législatif. — Prise d'armes dans le Nord, l'Artibonite, l'Ouest et le Sud. — La séance de la Chambre des députés du 11 octobre 1867. — Les Cacos et les Piquets. — Monopole. — L'acte du Trou. — Le Conseil législatif. — La présidence à vie et la constitution de 1846. — Incendie du Palais national. — Mort de Salnave. — Le Gouvernement provisoire. — L'assemblée nationale. — Nissage Sagot, président d'Haïti. La treizième Législature. Retrait du papier-monnaie. Gouvernement provisoire. — Michel Domingue, président d'Haïti. — Le traité de 1874 avec la République dominicaine. — Gouvernement provisoire. — Boisrond-Canal, président d'Haïti. — Gouvernement provisoire. — Louis Etienne-Félicité-Lysius Salomon, président d'Haïti. — Histoire contemporaine de la République dominicaine.

Instruction civique

L'État. — La Constitution. — Le Pouvoir exécutif : le Président de la République ; les Ministres. — Le Pouvoir législatif : la Chambre des députés. — Le Pouvoir judiciaire : le Tribunal de cassation ; les tribunaux civils et criminels. Mode de nomination, attributions.

Les lois, les décrets. Les arrêtés présidentiels et ministériels.

Les tribunaux militaires, les tribunaux de commerce. — La justice de paix.

La force publique. — Le service militaire.

L'Instruction publique. — L'enseignement à ses divers degrés.

L'impôt. — Les diverses formes de l'impôt. — Établissement et recouvrement. — Le budget. La dette publique. La caisse d'amortissement.

L'arrondissement : le commandant de l'arrondissement et les commandants de place.

La commune. — Le conseil communal, mode d'élection, attributions. — Le magistrat communal, les adjoints. — Le budget communal. — Biens communaux. — Entretien des rues et chemins communaux.

N. B. — Il sera donné, en outre, aux élèves des notions de tenue de registres de l'état civil et des écritures de l'administration communale.

Géographie d'Haïti

Géographie physique. — Description des côtes et des frontières de terre. — Orographie et hydrographie. — Géographie administrative de la République d'Haïti et de la Dominicaine; divisions. — Gouvernement : administration centrale, administration d'arrondissement et administration communale. — Géographie économique. — Voies internationales de communication. — Importations et exportations.

Iles adjacentes.

Algèbre

Résolution de l'équation du second degré à une inconnue. — Application à des questions d'arithmétique et de géométrie.

Progressions arithmétiques et géométriques. — Usage des tables de logarithmes. — Intérêts composés et annuités.

Cosmographie

La terre et ses mouvements. — La terre est ronde. — La terre est grande. — La terre n'est pas en repos. — La terre tourne sur elle-même comme une toupie. — La terre fait un tour sur elle-même en un jour. — La rotation de la terre n'est pas son seul mouvement. — La terre fait le tour du soleil en une année. — Les deux mouvements de la terre ne sont pas dans le même plan. Pourquoi les jours et les nuits sont inégaux. — Les saisons dépendent de la différence de longueur du jour et de la nuit. — Pourquoi les mouvements du soleil et des étoiles apparaissent différents dans les différentes parties de la terre.

La lune et ses mouvements. — La lune voyage parmi les étoiles. — La lune change de forme. — Comment la lune cause les éclipses. — Comparaison de la lune avec la terre.

Le système solaire. — Comment doivent nous paraître des corps semblables à la terre, mais plus proches du soleil. — Comment doivent nous paraître des corps semblables à la terre, mais plus éloignés du soleil. — Y a-t-il de tels corps ? Les planètes. — Les planètes plus près du soleil que la terre. — Les planètes plus éloignées du soleil que la terre. — Les comètes, les météores et les étoiles filantes.

Le soleil. — L'influence du soleil sur le système solaire. — La chaleur, la lumière, la grandeur et la distance du soleil. — Apparence que présente le soleil. — Taches du soleil. — L'atmosphère du soleil. — Éléments constitutifs du soleil. — Le soleil est l'étoile la plus rapprochée de la terre.

Les étoiles et les nébuleuses. — Les étoiles sont des soleils éloignés les uns des autres. — La clarté des étoiles. — Les constellations. — Mouvements réels des étoiles. — Mouvements apparents des étoiles. — Étoiles multiples. — Groupe d'étoiles et nébuleuses. — La nature des étoiles et des nébuleuses.

Comment sont déterminées les positions des corps célestes, et l'usage qu'on en fait. — Cartes célestes. — Distance polaire des étoiles. — La distance polaire ne suffit pas pour déterminer la position d'un astre. — Ascension droite. — La latitude des lieux terrestres. — La longitude des lieux terrestres.

Pourquoi les mouvements des corps célestes sont si réguliers. — Ce que c'est

que le poids. — La gravité diminue à mesure qu'augmente la distance. — Explication de l'orbite parcouru par la lune autour de la terre.
L'attraction en gravitation.

Notions de commerce et tenue des livres

I

Actes de commerce. Achats et ventes. Mémoires. Factures. Acquit. Quittance en reçu. Billet simple. Billet à ordre. Lettre de change ou traite. Endossement. Acceptation. Protêt. Mandat. Chèque. Négociation des effets de commerce. Escompte. Commission. Bordereau.

II

Tenue des livres: Notions sur la tenue des livres en partie simple. Son insuffisance. Tenue des livres en partie double. — Faillite. Concordat. Réhabilitation. — Banqueroute.

Géométrie

Revision.
Notions très sommaires de trigonométrie, exclusivement en vue de la résolution des triangles.
Levé des plans. — Polygone topographique. — Levé des détails.
Construction du plan sur le papier. — Échelle. — Signes conventionnels. Planchette et boussole.
Arpentage. — Opérations sur le terrain et évaluation des surfaces. Problèmes d'arpentage. — Plan cadastral.
Nivellement, niveau, mire. — Registre des nivellements — Courbes de niveau.
Plans cotés. — Échelle de pente d'une droite d'un plan.
Plans et Cartes topographiques. — Lecture des cartes topographiques.
Exercices sur le terrain. — Promenades topographiques.

Chimie

Leçons pratiques et manipulations

MÉTALLOÏDES

Oxygène. — Préparations de l'oxygène. — Gazomètre. Combustion. - Transformation du chlorate de potasse.
Azote. — Air atmosphérique. — Acide carbonique de l'air.
Hydrogène. — Préparation. — Propriétés. — Flamme éclairante. — Production de l'eau. — Résidu de la préparation.
Charbon. — Préparation. Coke. — Noir de fumée. — Noir animal. Propriétés du charbon. — Acide carbonique : Préparation par les carbonates. — Propriétés. — Solubilité de l'acide carbonique et des carbonates. — Eau acidulée gazeuse. — Décomposition de l'acide carbonique de l'air par les feuilles. — Oxyde de carbone.
Soufre. — Propriétés du soufre. — Acide sulfureux. — Décomposition de l'acide sulfurique. — Blanchiment. Acide sulfureux et acide carbonique. — Le soufre est comburant. Sulfuration par voie humide. — Hydrogène sulfuré.

Acide azotique. — Préparation de l'acide azotique. — Expériences avec l'acide azotique. — Autres composés oxygénés de l'azote. — Bioxyde d'azote. — Acide hypoazotique.

Acide sulfurique. — Propriétés de l'acide sulfurique.

Chlore. — Préparation. — Propriétés du chlore. — Réaction de la préparation du chlore.

Acide chlorhydrique. — Propriétés. — Métalloïdes de la famille du chlore.

Ammoniaque. — Réduction de l'acide azotique. — Préparation de l'ammoniaque. — Propriétés.

MÉTAUX

Fer. — Oxydes de fer. — Fer réduit. — Perchlorure de fer. Carbonate de fer. Sulfate de fer. Expériences sur le manganèse.

Zinc. — Propriétés du zinc. — Oxyde de zinc. — Zinc amalgamé.

Etain. — Propriétés. — Oxyde d'étain. — Etamage.

Plomb. — Propriétés. — Oxydes de plomb. — Sels de plomb. — Céruse.

Cuivre. — Propriétés. — Oxydes de cuivre. — Sulfure et sulfate de cuivre.

Alcalis et sels alcalins. — Potasse. — Soude. — Potasse et soude caustiques. — Action du soufre et de ses acides sur les alcalis. — Salpêtre. — Cyanures et prussiates.

Ammonium. — Sels ammoniacaux. — Carbonates d'ammoniaque. — Sulfhydrate d'ammoniaque.

Métaux terreux. — Chaux. — Plâtre. — Chlorure de chaux. — Sulfate de magnésie. — Alumine. — Aluminates. — Sulfate d'alumine. — Aluns.

CARACTÈRES DES SELS (ANALYSE)

Analyse par voie humide. — Précipitation. Division des métaux en cinq groupes. Séparation de métaux des différents groupes. — Tableaux d'analyse. Boîte à réactifs. — Analyse par voie sèche.

Chimie organique

Composition des matières organiques. — Analyse immédiate. — Analyse élémentaire.

Cellulose. — Action de l'acide sulfurique. — Coton-poudre. — Action du chlore. — Action des alcalis. — Action de la chaleur.

Amidon et sucre. — Amidon et fécule. — Dextrine. Glucose. Saccharification. — Sucre ordinaire. — Sucre interverti. — Propriétés des différentes sortes de sucre. — Argenture à froid. — Gommes et glucosides.

Alcool ordinaire. — Fermentation. — Distillation. — Fermentation panaire. — Acétification de l'alcool. — Ethers.

Substances organiques azotées. — Matières protéiques. — Gélatine. — Putréfaction. — Nitrification.

Acides et sels organiques. — Préparation des acides. — Acétates. — Oxalates. — Tartrate. — Citrates. — Caractères des principaux acides organiques.

Corps gras. — Savons. — Alcaloïdes naturels. — Ammoniaques composées. — Essences.

Notions de mécanique physique

Mouvement. — Inertie. — Forces.

Enoncé des lois de la chute des corps. — Machine d'Atwood.

Définition de la masse. — Mesure d'une force par le mouvement qu'elle produit.
Machines simples. — Levier. — Poulie.
Travail moteur. — Travail résistant.
Kilogrammètre. — Cheval-Vapeur.
Notions sur l'équivalence du travail mécanique et de la chaleur.
Revision du cours précédent de physique.

Botanique

Des *Herborisations* seront faites sous la conduite du professeur comme dans le premier et dans le second cours.
Etude des principales familles végétales.

Zoologie

DIVISION DES ANIMAUX ET EMBRANCHEMENTS

Embranchement des vertébrés. — Caractères généraux (Examen rapide des principaux appareils anatomiques et des fonctions de ces appareils'. — Division en classes.
Embranchement des annelés. — Caractères généraux. — Division en classes.
Embranchement des mollusques. — Caractères généraux. — Division en classes.
Embranchement des radiaires. — Caractères généraux. — Division en groupes naturels.
Protozoaires. — Notions succinctes sur les infusoires.
N. B. — Prendre comme types, dans les principales classes, les animaux les plus utiles, et caractériser l'ordre auquel ils appartiennent.

Géologie

(REVISION ET COMPLÉMENTS)

Généralités sur les principaux phénomènes géologiques de l'époque actuelle. Utilisation de ces données pour l'explication des phénomènes géologiques anciens.
Origine des terrains ignés et des terrains stratifiés ou sédimentaires. — Terrains métamorphiques.
Montagnes : leurs âges relatifs.
Principales roches ignées. — Filons.
Roches stratifiées ou de sédiment.
Fossiles : leur utilité pour caractériser les terrains.
Division des terrains de sédiment en terrains primaires ou de transition, terrains secondaires, terrains tertiaires, terrains quaternaires. — Leurs caractères distinctifs. — Fossiles caractéristiques.
Prendre comme exemple la constitution géologique du sol dans la contrée.
N. B. — Les élèves de deuxième et de troisième cours devront faire, comme ceux du premier cours, des excursions géologiques sous la conduite du professeur.

Hygiène

L'eau. — Les diverses eaux potables : eau de source, eau de rivière, eau de puits. L'eau de source seule est pure ; toutes les autres eaux peuvent être contaminées; mode de contamination.

Des moyens de purifier l'eau potable : filtration, ébullition.

L'air. — De la quantité d'air nécessaire dans les habitations, etc. Danger de l'air confiné. Renouvellement de l'air, ventilation, voisinage des marais.

Les aliments. — Falsifications alimentaires principales des aliments solides et liquides ordinaires.

Les viandes dangereuses : parasitisme ou germes infectieux (trichinose, ladrerie, charbon, tuberculose).

Viandes putréfiées, intoxication par la viande du porc, les saucisses, etc.

Les maladies contagieuses. — Qu'est-ce qu'une maladie contagieuse ? Exemple : une maladie-type et démonstration simple. Le charbon, expériences de M. Pasteur. Indication rapide des principales maladies contagieuses de l'homme.

Mesures de précaution. Ce que c'est que la désinfection.

Les matières fécales. — Moyens d'évacuation : fosses fixes, étanches, etc. Epandage, préservation des cours d'eau. Les maladies transmises par les matières fécales : fièvre typhoïde, choléra.

La maison salubre. — La maison salubre (application des préceptes précédents). Air, eau, lieux d'aisance, etc.

Les maladies contractées à l'école. — Teigne, gale. Exemples de quelques maladies contagieuses. Fièvres éruptives (variole, rougeole, scarlatine).

Vaccination, revaccination. — Mortalité par la variole.

Hygiène de l'enfance. — Nouveau-né. Son alimentation. Préjugés populaires. Le lait. Dangers quand il provient d'une vache tuberculeuse.

De quelques maladies des animaux. — La rage, la morve, la peste bovine, le charbon. Abatage. Enfouissement.

Agriculture théorique

(Revision du deuxième cours).

HORTICULTURE FRUITIÈRE ET POTAGÈRE

1° *Notions générales de culture.* — Emplacement, préparation du sol, plantation.

Cultures spéciales d'arbres et d'arbustes fruitiers (y comprendre les espèces qu'il serait facile d'acclimater en Haïti).

2° *De la greffe.*

3° *Du jardin potager.*

Dessin d'imitation

I. Revision des études faites au second cours.

II. Dessins ombrés d'après des fragments d'architecture: piédestaux, bases et fûts de colonnes, consoles, chapiteaux simples, vases, etc.

Frises ornées ; ensemble et détail des ordres dorique, ionique et corinthien.

Dessin de plantes ornementales, d'animaux et de figures, d'après l'estampe et d'après la bosse.

Dessin de la figure humaine, d'après l'estampe et d'après la bosse (détail et ensemble).

Dessin géométrique

Dessin de bâtiments et dessin de machines.
Relevé, avec cotes, d'un édifice et des principaux détails de sa construction.
— Croquis et mise au net à une échelle déterminée.
Copie et réduction de plans et de cartes topographiques.
Exercices de lavis des plans et des cartes.

Musique vocale

Exécutions chorales.
Etude élémentaire de l'accompagnement et de l'harmonie simple.
Notions sur l'histoire de la musique et les principales œuvres des maîtres.
(Une fanfare pourra être organisée.)

Education physique et préparation à l'apprentissage professionnel

1. GYMNASTIQUE

Perfectionnement des exercices précédents.

2. EXERCICES MILITAIRES

Ecole du soldat avec l'arme.
Ecole de section.
Ecole d'intonation.

TIR

Appréciation des distances.
Tir à courte portée.
Tir à la cible.

3. TRAVAIL MANUEL

Travail du bois. — Corroyage (suite). — Assemblages les plus importants, à paume, à queue d'aronde, d'onglets, moulures, parements, entures principales. Applications à la confection de quelques outils et objets usuels.
Tour à bois : moulures principales : application à un objet usuel.
Travail du fer. — Continuation des exercices précédents ; applications utiles. Forge : suite des exercices élémentaires ; courber sur plat, sur champ ; souder et braser ; rebattage et trempe d'un burin ou d'un bédame.
Modelage. — Nouvelle série d'ornements simples, empruntés au règne végétal ; moulage des meilleures épreuves.
Quelques exercices : rais de cœur, frises, rinceaux, rosaces, feuille d'acanthe, griffes.
Coupe de plâtre. — Epures simples des téréotomie élémentaire.
Exercices rudimentaires de *sculpture* et de mise au point, sur plâtre ou sur bois.

PLAN D'ÉTUDES ET PROGRAMMES

DE

L'ENSEIGNEMENT SECONDAIRE DES JEUNES FILLES

DE LA RÉPUBLIQUE D'HAITI

Prescrits par arrêté du 26 juillet 1893

RÉPARTITION HEBDOMADAIRE DES DIVERSES MATIÈRES DE L'ENSEIGNEMENT
DANS LES ÉCOLES SECONDAIRES DE JEUNES FILLES

MATIÈRES DE L'ENSEIGNEMENT	TOTAL DES HEURES par semaine		
	1ᵉʳ COURS	2ᵐᵉ COURS	3ᵐᵉ COURS
	Heures	Heures	Heures
Instruction religieuse	1	1	1
Instruction morale*, Economie domestique	1	1	1
Langue et littérature françaises	4 1/2	4 1/2	4 1/2
Lecture expressive (principes de diction française)	1	1	1
Langue anglaise	2	2	2
Langue espagnole	2	2	2
Histoire	2	2	2
Géographie	1	1	1
Mathématiques	2	2	2
Notions de sciences physiques et naturelles	2	2	2
Dessin* et calligraphie*	3	2	2
Travaux à l'aiguille*, Gymnastique*	4 1/2	4 1/2	4 1/2
Musique vocale	2	2	2
Total des heures d'enseignement	28	28	28

N. B. Les exercices marqués d'un * alternent selon les convenances et les besoins.

ÉCOLES D'ENSEIGNEMENT SECONDAIRE

POUR LES JEUNES FILLES

PREMIER COURS
ÉDUCATION INTELLECTUELLE ET MORALE

PROGRAMMES

Lecture

Lecture expressive.

Ecriture

Calligraphie.

Instruction religieuse

Prières. — Catéchisme. — Conférences sur la religion.

Instruction morale

NOTIONS ÉLÉMENTAIRES DE PSYCHOLOGIE

Objet de la psychologie. — Ses rapports avec la morale. — Description générale des facultés humaines.

L'activité physique. — Les mouvements, les instincts, les habitudes corporelles.

La sensibilité. — Le plaisir et la douleur. Sensibilité physique : les besoins et les appétits. Sensibilité morale : sentiment de famille ; sentiments sociaux et patriotiques ; sentiment du vrai, du beau et du bien ; sentiment religieux. — La passion.

L'intelligence. — La conscience ; les sens ; perceptions naturelles et perceptions acquises. — La mémoire et l'imagination. — L'attention ; l'abstraction et la généralisation ; le jugement et le raisonnement. — Les principes de la raison.

La volonté. — La liberté ; l'habitude.

Conclusions de la psychologie. — Dualité de la nature humaine. L'esprit et le corps ; la vie animale et la vie intellectuelle et morale.

Langue française

1° *Lecture et Récitation.* — Lecture à haute voix de morceaux classiques. Les passages les plus importants sont appris par cœur.

Lectures personnelles, indiquées par le maître ou choisies, sous sa direction par l'élève. Analyse écrite ou orale de ces lectures.

2° *Grammaires et Exercices grammaticaux.* — Etude raisonnée de la grammaire française.

Dictées et exercices oraux d'orthographe, d'analyse grammaticale et logique.

3° *Exercices de vocabulaire et d'invention.* — Formation des mots; mots simples, dérivés composés, synonymes, homonymes, etc. Groupement des mots par famille, par analogie de sens, par ordre de matières (les arts, les métiers, le commerce, l'industrie, l'agriculture, etc.); exercices oraux et écrits appropriés à cette étude.

4° *Principes et exercices de Composition.* — Les élèves seront exercées à écrire des lettres et rédactions d'une difficulté graduée, à décrire des objets préalablement examinés sous la direction du maître, à résumer une lecture ou une leçon, à discuter un jugement historique ou une pensée morale, etc.

Les élèves seront exercés à faire des exposés du même genre et de vive voix.

TEXTES D'EXPLICATION ET DE RÉCITATION

La Fontaine : Fables, les six premiers livres.
Fénelon: *Télémaque :* Dialogue des morts.
Buffon : Morceaux choisis.
Racine: *Esther.*
Boileau : Choix de *Satires;* épisodes du *Lutrin.*
Sévigné : Lettres choisies.
Morceaux choisis de prosateurs et de poètes français du xvii° au xix° siècle.
Notions d'histoire littéraire à propos des auteurs étudiés.
Histoire de la littérature française. — Des origines à la Renaissance.

LIVRES DE LECTURE ET D'ANALYSE

Homère : *Odyssée,* analyse et extraits.
» *Iliade,* analyse et extraits.
Plutarque : *Vies des Grecs illustres* (choix). *Vies des Romains illustres* (choix).
Hérodote: Extraits.
Virgile : Analyse et extraits.

Langues anglaise et espagnole

1. La méthode à suivre est la méthode dite naturelle, celle qu'on emploie pour l'enfant dans la famille, celle dont chacun use en pays étranger : peu de grammaire, mais beaucoup d'exercices parlés, parce que la prononciation est la plus grande difficulté des langues vivantes ; beaucoup aussi d'exercices écrits sur le tableau noir ; *des textes préparés avec soin, bien expliqués,* d'où l'on fera sortir successivement toutes les règles grammaticales, et qui, apprises ensuite par les élèves, leur fourniront les mots nécessaires pour qu'ils puissent composer eux-mêmes des phrases à la leçon suivante.

2. Exercices de conversation.

3. Exercices de vocabulaire. Les mots choisis parmi ceux qui sont les plus notés sont, autant que possible, présentés par série se rapportant à un même ordre d'idées : le mobilier de la classe, les parties du corps, le vêtement, etc.

4. Les noms de nombre. Exercices de calculs. Dictées.

TEXTES D'EXPLICATION, DE RÉCITATION ET DE LECTURE

Anglais

Sultan Mahmoud, by T. Robertson.
Manuel de la conversation, français-anglais.

Lessons for children, by Mrs Barbauld.
Royal Readers, n°˙ I and II.
East : Poésies amusantes.
Miss Edgeworth : Contes choisis.

Espagnol

Cours de langue espagnole, par L. Mallefille.
Manuel de la conversation, français-espagnol.
Libros primero y segundo de lectura, par Mandevil.

Histoire

NOTIONS D'HISTOIRE GÉNÉRALE

I

Aperçu d'histoire ancienne. — Monde connu des anciens.
Égyptiens. Assyriens, Babyloniens, Israélites, Phéniciens et Carthaginois, Perses. — Monuments qui nous sont restés de ces peuples.
La Grèce : Temps héroïques. Sparte et Athènes. — Guerres médiques. — Siècle de Périclès, Socrate, Epaminondas, Philippe de Macédoine. — Conquêtes d'Alexandre. — Réduction de la Grèce en province romaine.

II

Histoire romaine : Rome. — Les rois. — République romaine. — Les magistratures. — Lutte des plébéiens contre les patriciens.
Conquêtes des Romains.
Les Gracques. — Guerres civiles. — César.
Auguste et ses successeurs. — Les Antonins.
Dioclétien. — Constantin et l'Église chrétienne. — Julien. — Théodose.

III

Moyen âge. — Les Gaulois avant la conquête romaine et sous l'empire romain. — Le christianisme en Gaule.
Principales invasions des Germains aux v° et vi° siècles. — Les Francs.
Mahomet. — Conquêtes des Arabes.
Charlemagne : ses guerres et son administration.
Traité de Verdun. — Incursions des Normands.
Le régime féodal en Europe.
L'Empire et la Papauté. Querelle des Investitures.
Les croisades.
Conquête de l'Angleterre par les Normands. — Les Plantagenets. — La Grande Charte.
Progrès des populations urbaines et rurales ; les communes et le pouvoir royal en France. — Louis VI. — Philippe-Auguste. — Saint Louis. — Philippe le Bel.

N. B. — Les notions historiques sur l'Orient, la Grèce et Rome porteront moins sur les faits, les guerres, les dynasties, la fondation ou le démembrement des empires, que sur les mœurs, les croyances, les monuments, les grandes œuvres des peuples de l'antiquité et sur la part qu'ils ont eue au développement de la civilisation. Les légendes, anecdotes, biographies d'hommes célèbres, les descriptions, l'histoire littéraire y tiendront une large place. A chaque leçon.

un certain temps sera réservé à des lectures choisies dans les œuvres des grands écrivains de l'antiquité ou dans celles des historiens ou des voyageurs.

Géographie

GÉOGRAPHIE DES DIFFÉRENTES PARTIES DU MONDE, MOINS L'AMÉRIQUE

Notions élémentaires de cosmographie.

Etude générale de la terre. — Explication des termes géographiques. — Lecture du globe et des cartes.

Etude générale des continents et des océans : forme des continents. — Grands systèmes orographiques et hydrographiques. — Courants atmosphériques et marins. — Les races humaines. — Les régions de l'équateur, des tropiques et des pôles.

Géographie politique. — Etude particulière des principaux Etats de l'Europe, de l'Asie, de l'Afrique et de l'Océanie. — Les principales colonies européennes.

Géographie physique

PREMIÈRES NOTIONS

La forme de la Terre.

Le Jour et la Nuit.

L'air. — De quoi l'air est fait. — Echauffement et refroidissement de l'air. — Ce qui arrive quand l'air s'échauffe et se refroidit. — Le vent. — La vapeur dans l'air : évaporation et condensation. — Rosée, brouillards, nuages. — D'où proviennent la pluie et la neige.

La circulation de l'eau sur la terre : ce que devient la pluie. — Comment se forment les sources. — Le travail souterrain des eaux. — Comment se désagrège la surface de la terre. — Ce que deviennent les débris des roches. Formation du sol. — Ruisseaux et rivières. — Leur origine. — Leur action. — Champs de neige et glaciers.

La Mer. — Groupement de la terre et de la mer. — Pourquoi la mer est salée. — Les mouvements de la mer. — Le fond de la mer.

L'Intérieur de la Terre.

Conclusion.

Arithmétique

Opérations sur les nombres entiers. Procédés rapides de calcul mental et de calcul écrit.

Caractères de divisibilité par 2, 5 ; 4, 25 ; 3, 9 ; 11.

Plus grand commun diviseur.

Décomposition d'un nombre en ses facteurs premiers. — Formation du plus grand commun diviseur et du plus petit multiple commun de plusieurs nombres.

Fractions ordinaires.

Fractions décimales.

Système métrique. — Des mesures anciennes encore employées en Haïti.

Notions sur les rapports et proportions.

Règle de trois. — Intérêt simple. — Caisse d'amortissement. — Escompte, échéance commune. — Partages proportionnels. — Problèmes de mélange et d'alliage. — Transformations abréviatives dans le calcul mental ou écrit.

Géométrie

(Revision des cours de l'École primaire urbaine.)

PREMIERS ÉLÉMENTS DE GÉOMÉTRIE EXPÉRIMENTALE

Définitions. — Les longueurs, les surfaces, les volumes.

Mesure des longueurs sur des lignes droites. — Longueur d'une droite dont les extrémités sont accessibles. — Longueur d'une droite dont une seule extrémité est accessible. — Mesure de la hauteur d'un arbre. — Mesure de la longueur d'une droite dont les deux extrémités sont inaccessibles.

Mesure des surfaces planes limitées par des lignes droites. — Le rectangle, — Le carré. — Mesure de la surface du rectangle. — Le parallélogramme. — Mesure de la surface du parallélogramme. — Mesure de la surface d'un triangle. — Mesure d'une surface quelconque.

Mesure des volumes limités par des surfaces planes et des lignes droites. — Le cube. — Mesure du volume du parallélipipède droit. — Mesure du volume du cube. — Mesure du volume du prisme droit. — Mesure du volume des parallélipipèdes quelconques. — Mesure du volume de la pyramide.

Mesure des longueurs sur les lignes courbes. — Principes de la mesure des longueurs courbes. — Mesure de la longueur de la circonférence du cercle. — Dimensions diverses des angles. — Mesure des angles et des arcs.

Mesure des surfaces planes terminées par des lignes courbes. — Mesure de la surface du cercle. — Mesure d'une surface quelconque.

Mesure des volumes terminés par des surfaces planes et des surfaces courbes. — Le cylindre. — Mesure du volume d'un cylindre. — Le cône. — Mesure du volume du cône.

Mesure des volumes terminés par des surfaces rondes. — La sphère. — Surface et volume de la sphère.

Sciences physiques et naturelles

PREMIÈRES NOTIONS GÉNÉRALES

(Revision du quatrième cours de l'École primaire urbaine.)
1° La nature et la science ;
2° Les objets matériels : les corps minéraux. — Les corps vivants ;
3° Les objets immatériels.

Chimie

LE FEU

Ce qui arrive quand une chandelle brûle. Production d'acide carbonique et d'eau. Quand une chandelle brûle, rien n'est perdu.

L'AIR

De l'air. Ce que contient l'air. Ce qui arrive quand nous respirons. Action des plantes sur l'air. Croissance des plantes. Action à la fois des animaux et des plantes sur l'air.

DE L'EAU

De quoi l'eau est formée. On peut retirer l'hydrogène de l'eau. Comment l'hydrogène peut être recueilli. Autre moyen de préparer l'hydrogène. L'hydrogène brûle ; il est plus léger que l'air. De l'eau se forme quand l'hydrogène brûle. Analyse de l'eau. Différence entre l'eau de source et l'eau de mer. Moyen de reconnaître la présence du sel dans l'eau. Solution et cristallisation. L'eau de pluie est de l'eau distillée. Matières dissoutes et matières en suspension dans l'eau de rivière. Eau douce et eau saumâtre. Ce qui rend l'eau saumâtre. Moyen de rendre douce l'eau saumâtre. Les eaux des rivières diffèrent selon les terrains qu'elles parcourent. L'impureté des eaux qui circulent dans les villes. Gaz dissous par l'eau.

TERRE

De la terre. Préparation de l'acide carbonique au moyen de la chaux. Préparation de l'oxygène au moyen de l'oxyde rouge de mercure. Les métaux deviennent plus lourds en s'oxydant. Métaux contenus dans les substances terrestres. Ce que c'est que le charbon de terre. Fabrication du gaz d'éclairage. Usages du charbon de terre. Gaz d'éclairage et flamme. Explosions dans les mines de charbon et lampe de Davy. Ce qu'est un corps simple, un corps composé. Des corps simples et des corps composés.

MÉTALLOÏDES

Oxygène. Hydrogène. Azote et acide azotique. Ce que c'est qu'un acide, un alcali, un sel. Charbon ou carbone. Le sucre contient du charbon. Chlore retiré du sel marin. Soufre et ses composés. Propriétés du phosphore. Silicates (verre, argile).

MÉTAUX

Fer. — Ses usages et ses propriétés. Aluminium, le métal retiré de l'argile. Calcium, le métal de la chaux. Magnésium, le métal du sel d'Epsom. Sodium, le métal de la soude et du sel de Glauber. Potassium, le métal de la potasse. Cuivre et ses composés. Zinc et ses usages. Etain obtenu à l'aide du chalumeau. Plombs et ses composés. Vif argent ou mercure. Usages de l'or.

Conclusions. — Combinaison en proportions définies. Equivalents. Combinaisons en proportions multiples. Equation chimique.

Botanique

Notions préliminaires. — Définition de la Botanique. Les plantes sont des êtres vivants. Durée des plantes. Distribution des plantes. Forme des plantes. Choses nécessaires à la vie des plantes. Organe et fonction des plantes. Première division des plantes en plantes à fleurs et plantes sans fleurs.

Caractères généraux des plantes à fleurs.
Les tissus des plantes.
La nature de la cellule et accroissement du tissu cellulaire.
La nourriture des plantes.
Germination.
La racine.
La tige.
Les bourgeons et les branches axillaires.
Les feuilles.
L'inflorescence.
La fleur.
Le calice.

La corolle.
Le disque.
La préfloraison.
L'étamine.
Le pistil.
L'ovule.
Fécondation.
Le fruit.
La graine.
Appendices.
Plantes gymnospermes.
Principes de la classification des plantes.

Quelques expériences de physiologie végétale. — Absorption et évaporation de l'eau, décomposition de l'acide carbonique, dégagement de l'oxygène et fixation du carbone par les plantes exposées à la lumière. Respiration. Transpiration. Germination. Effet de la lumière sur le chlorophyler. La couleur des fleurs ne dépend pas de la lumière. La tige se tourne du côté de la lumière.

Etude des principales familles végétales.
Herborisations.

Dessin et Calligraphie
DESSIN D'ORNEMENT D'APRÈS LA BOSSE

Les rectangles. — La série des ornements grecs et romains les plus simples. — Etude de la plante sur des feuillages naturels.

Copie de bonnes estampes pour l'étude de la tête (ne pas employer encore la bosse de tête).

Continuation de la perspective pratique.

Exercices de calligraphie.

Musique vocale

Principes élémentaires de musique. — Prononciation et diction. — Emission vocale. — Respiration. — Classement des voix. — Exercices d'intonation sur la gamme majeure et mineure avec les mesures simples (tons d'*ut*, *sol*, *fa* majeurs et leurs relatifs mineurs).

Dictées faciles. — Exécutions de morceaux simples.

N. B. — L'enseignement de la musique vocale est donné à chaque division ou année isolément. Cependant les élèves des trois divisions seront fréquemment réunis pour former des chœurs.

La musique instrumentale comprend l'orgue ou le piano.

Education physique
et préparation à l'apprentissage professionnel
1° GYMNASTIQUE

Jeux variés. — Promenades. — Danses. — Evolutions avec chant. — Exercices d'ordre (formation des rangs, marches rythmées, ruptures et rassemblement, doublement et dédoublement). — Evolutions à la course cadencée ; courses de vélocité à petite distance.

Mouvements d'ensemble avec et sans instruments (haltères, barres, massues).

— Exercices deux à deux avec cordes ou barres. — Exercices aux échelles (échelle horizontale, échelle inclinée, échelle avec planche dorsale, échelles jumelles).

Perches verticales fixes par paires. — Planche inclinée. — Poutre horizontale. — Sauts divers à l'exclusion du saut en profondeur. — Exercices d'équilibre.

2° TRAVAIL MANUEL

Travaux à l'aiguille

I

Crochet. — Travaux faciles. — Point de marque sur canevas à fils séparés (lettres et chiffres simples). Mêmes exercices sur canevas étamine.

Couture. — Ourlets et coutures simples.

Etudes sur canevas étamine du point devant, du point de côté, du point piqûre.

II

Crochet. — Confections de fichus, de jupons.

Marque sur grosse toile.

Couture. — Ourlet. — Couture rabattue (en droit fil). — Surjet.

Confection de mouchoirs, serviettes, essuie-mains; chemises et brassières d'enfants.

III

Crochet. — Jupons, brassières, chaussons.

Marque sur toile fine (lettres et chiffres divers).

Couture. — Couture rabattue en biais. — Point de piqûre. — Point de chausson.

Confection de brassières et de chemises d'enfants, de béguins, de serviettes et de mouchoirs avec marques.

DEUXIÈME COURS

ÉDUCATION INTELLECTUELLE ET MORALE

PROGRAMME

Lecture

Lecture expressive.

Écriture

Calligraphie.

Instruction religieuse

Prières. — Catéchisme. — Conférences sur la religion.

Instruction morale

MORALE THÉORIQUE. — PRINCIPES

Introduction. — Objet de la morale.

La conscience morale. — Discernement instinctif du bien et du mal ; comment il se développe par l'éducation.

La liberté et la responsabilité. — Conditions de la responsabilité ; ses degrés et ses limites.

L'obligation et le devoir. — Caractères de la loi morale. — Insuffisance de l'intérêt personnel comme base de la morale. — Insuffisance du sentiment comme principe unique de la morale.

Le bien et le devoir pur. — Dignité de la personne humaine.

Les sanctions de la morale. — Rapports de la vertu et du bonheur. — Sanction individuelle (satisfaction morale et remords). — Sanctions sociales. — Sanction supérieure : la vie future et Dieu.

MORALE PRATIQUE. — APPLICATIONS

Devoirs individuels. — Leur fondement. — Principales formes du respect de soi-même. — Les vertus individuelles (tempérance, prudence, courage, respect de la vérité, de la parole donnée, etc.).

Devoir de cultiver et de développer toutes nos facultés.

Le travail. — Sa nécessité, son influence morale.

Devoirs de famille. — La famille : son importance morale et sociale. — Devoirs domestiques.

Devoirs généraux de la vie sociale. — Le droit. — Rapports des personnes entre elles. — Division des devoirs sociaux. — Devoirs de justice et devoirs de charité.

Devoirs de justice. — Respect de la personne dans sa vie ; dans sa liberté ; dans son honneur et sa réputation ; dans ses opinions et ses croyances ; dans ses biens ; caractère sacré des promesses et des contrats.

Devoirs civiques. — L'État, fondement de l'autorité publique. — La souveraineté nationale. — Sa légitimité. — Ses limites : la liberté de conscience ; la liberté individuelle ; la propriété. — Son exercice : le suffrage universel. — Ses agents : le pouvoir législatif, exécutif et judiciaire.

Devoirs des citoyens. — Le patriotisme ; l'obéissance aux lois ; l'impôt ; le service militaire ; le vote ; l'obligation scolaire.

Langue française

1° *Lecture et récitation.* — Lecture à haute voix de morceaux classiques. — Les passages les plus importants sont appris par cœur.

Lectures personnelles indiquées par le maître ou choisies, sous sa direction, par l'élève. Analyse écrite ou orale de ces lectures.

2° *Grammaire et exercices grammaticaux.* — Revision approfondie des parties les plus importantes du cours précédent.

Dictée et exercices oraux d'orthographe, d'analyse grammaticale et logique.

3° *Exercices de vocabulaire et d'invention.*

4° *Principes et exercices de composition.* — Simples compositions : Narrations, lettres, résumés de lectures ou de leçons, etc.

TEXTES D'EXPLICATION ET DE RÉCITATION

La Fontaine : *Fables*, les six derniers livres.
Racine : *Iphigénie ; les Plaideurs*.
Oraisons funèbres de Henriette de France et de Henriette d'Angleterre.
Fénelon : *Éducation des filles ; Lettre à l'Académie*.
Voltaire : *Charles XII*.
Corneille : *Le Cid, Horace*.
Molière : *Les Femmes savantes ; Les Précieuses ridicules*.
Morceaux choisis de prosateurs et de poètes français du XVIe ou XIXe siècle.
Notions d'Histoire littéraire à propos des auteurs lus et étudiés.
Histoire de la littérature française. — La Renaissance. — Première moitié du XVIIe siècle.

TEXTES DE LECTURE ET D'ANALYSE

Xénophon : Analyse et extraits.
Salluste.
Cervantès : Analyse et extraits.
Le Tasse : *Jérusalem délivrée* (extraits et analyse).
Analyse et extraits des chroniqueurs français : Villehardouin, Joinville, Comines (traductions).
Eschyle, Sophocle, Euripide (choix).
Plaute, Térence : Extraits choisis.
César.
Bossuet : *Histoire universelle*, IIIe partie.
Montesquieu : *Considérations sur les causes de la grandeur des Romains et de leur décadence*.
Recueil de morceaux choisis de littératures étrangères (traductions).
Morceaux choisis d'auteurs grecs, tirés des meilleures traductions.

Langues anglaise et espagnole

Continuation des exercices du cours précédent. — Textes appris par cœur.
Acquisition de nouvelles parties du vocabulaire.
Monnaies, poids et mesures.
Exercices de conversation.
Exercices gradués de lecture, en insistant sur l'accent des mots et sur l'accent de la phrase.
Dictées. — Thèmes. — Versions.
Essais de compositions sur des sujets faciles et pratiques, lettres familières.

TEXTES DE LECTURE, D'EXPLICATION ET DE RÉCITATION

Anglais

Young John Lounger, by T. Robertson.
Manuel de la conversation, français-anglais.
Royal Readers n°s III-IV.
Aikin et Barbauld : *Evenings at home*.
Miss Edgeworth : *Old Poz*.
Franklin : *Autobiography* (extraits).
Swift : *Gulliver's Travels* (extraits).
Ouida : *A Leaf in the storm ; a Dog of Flandres*.
Morceaux choisis (vers et prose).

Espagnol

Cours de langue espagnole, par L. Mallefille (continuation et fin).
Manuel de la conversation, français-espagnol.
Juanito : *Lecturas morales.*
Antonio de Trueba : *Cuentos populares.*
Morceaux choisis de prose et de poésie.

Histoire générale
MOYEN AGE (suite)

Guerre de Cent ans. — Les États généraux. — Charles V et Duguesclin. — Jeanne d'Arc. — Reconstitution de l'unité territoriale de la France.

Progrès de l'autorité royale en France avec Charles VII et Louis XI, en Espagne avec Ferdinand et Isabelle, en Angleterre avec les Tudors.

L'Allemagne et l'Italie à la fin du moyen âge.

Les Turcs en Europe.

Temps modernes. — Les grandes inventions du xive au xvie siècle. — Les découvertes maritimes. — Empire colonial des Portugais et des Espagnols.

La Renaissance en Italie et en France.

Guerres d'Italie. — Rivalité de François Ier et de Charles-Quint.

La Réforme.

Guerres de religion en France. — Pacification de la France sous Henri IV.

Prospérité de l'Angleterre sous Elisabeth. — Shakespeare. — Puissance et décadence de l'Espagne sous Philippe II.

Guerre de Trente ans. — Gustave-Adolphe. — Traité de Westphalie.

Richelieu. — Mazarin. — La Fronde.

Louis XIV : son gouvernement et ses guerres.

Domination intellectuelle de la France au xviiie siècle.

Révolution de 1688. Olivier Cromwell.

Charles XII et Pierre-le-Grand.

L'Autriche et la Prusse au xviiie siècle.

Le Gouvernement parlementaire en Angleterre. — Progrès de la puissance anglaise dans l'Inde et dans l'Amérique.

Guerre de l'Indépendance américaine. — Les États-Unis.

Démembrement de la Pologne.

La France sous Louis XV et Louis XVI. — Les philosophes et les économistes ; — Turgot. — Les États généraux.

Découvertes scientifiques et géographiques au xviiie siècle.

Histoire d'Haïti
DE LA DÉCOUVERTE A LA RÉVOLUTION FRANÇAISE (1492-1789)

Découverte de l'île par Christophe Colomb et ses trois voyages. — Les Cacicats et les Caciques. Anacouana.

Traite des Indiens. — Révoltes et destruction des Indiens. — Bobadilla, Ovando, don Diégo, Colomb, gouverneurs. — Las Casas.

Origine de la ville de Santo-Domingo.

Premier transport d'esclaves africains en 1503.

Introduction de la canne à sucre (1506).

Dernières luttes des Haïtiens. — Henri. — Bombardement et pillage de

Santo-Domingo par Francis Drake (1586). — Santo-Domingo, seul port ouvert au commerce. — Décadence de la colonie espagnole.

Saint-Domingue, colonie française. — Les Flibustiers dans les Antilles. Premiers établissements français. — Les boucaniers. — La Compagnie des Indes occidentales (1664). Développement des établissements français de Saint-Domingue. — Fondation de la ville du Cap Français (1678). — Administration du comte de Cussy. — Organisation de la justice à Saint-Domingue. — Le code noir. — Le traité de Ryswick (1697). — Introduction du café en Haïti (1720). — Incorporation de Saint-Domingue aux domaines du gouvernement français (1728). — Fondation de Port-au-Prince. — Division territoriale de la colonie française de Saint-Domingue. — Les différentes classes à Saint-Domingue. — Audience espagnole. — Conspiration et mort de Mackandal. — Tremblement de terre en Haïti ; destruction de Port-au-Prince (1770). Traité des limites (1776). — Traité d'Aranjuez (1777). — Coopération des affranchis de Saint-Domingue à la guerre de l'Indépendance des États-Unis (1779). — Souffrances des esclaves, état des affranchis, barbarie des colons. — Immense développement de la prospérité de Saint-Domingue. — M. de Marbois et son administration.

Géographie de l'Amérique moins Haïti

Étude générale de l'Amérique. — Description physique. — Étude particulière des principaux États : géographie physique, administrative, agricole, industrielle et commerciale. — Gouvernements, religions.

Les principales colonies européennes, moins les Antilles.

Continents et Océans

REVISION ET NOUVELLES NOTIONS

Cartes et construction des cartes. — Utilité des cartes. — Forme de la terre. — Méridiens, parallèles, cercles, zones. — Construction d'un globe. — Cartes planes. — Projections de la Hire et de Mercator. — Lecture des cartes. — Manière de se diriger. — Boussole. — Heure.

Terres et mers. — Distribution des terres et des mers. — Continents. — Cause de prospérité des Continents. — L'Océan. — Vents. — Courants. — Marées. — Le fond de l'Océan.

Accidents de la surface terrestre. — Continents. — Iles. — Caps. — Montagnes. — Cols. — Passes. — Neiges. — Pluies. — Glaciers. — Cours d'eau. — Rôle des montagnes dans l'histoire. — Volcans. — Vallées. — Plaines. — Péninsules. — Isthmes. — Fleuves. — Rivières. — Lacs. — Mers intérieures. — Versants. — Ligne de partage des eaux. — Bassins. — Côtes. — Icebergs.

Arithmétique

COMPLÉMENTS D'ARITHMÉTIQUE

Principes sur les produits et les quotients.

Principes sur les nombres premiers ou premiers entre eux. — Fraction irréductible. — Plus petit commun dénominateur de plusieurs fractions. — Fractions périodiques, fraction génératrice.

Racine carrée.

Exercices. — Règle de trois. — Intérêt simple. — Caisse d'amortissement.

— Escompte ; échéance commune. — Fonds publics, actions. — Obligations. — Assurances, caisse d'épargne. — Partages proportionnels. — Problèmes de mélange et d'alliage. — Transformations abréviatives dans le calcul mental ou écrit.

Géométrie pratique

RÉVISION DU COURS PRÉCÉDENT

Physique (notions de)

Définition de la physique. — Définition du mouvement. — Définition de la force.

Les principales forces de la nature. — Gravité, cohésion, attraction chimique. — Usage de ces trois forces. — Comment agit la gravité. — Balance.

Les trois états de la nature. — Remarques générales. — Définition des solides, des liquides, des gaz.

Propriétés des solides. — Remarques générales sur la cohésion. — Élasticité. — Résistance des matériaux. — Frottement.

Propriétés des liquides. — Les liquides prennent la forme des vases qui les contiennent. — Ils transmettent la pression. — Presse hydraulique. — Pression de l'eau. — Niveau des liquides. — Niveau d'eau. — Corps flottants. — Poids spécifique. — Capillarité.

Propriétés des gaz. — Pression de l'air. — Poids de l'air. — Baromètre. — Usage du baromètre. — Machine pneumatique. — Pompes. — Siphon.

Corps en mouvement. — Définition de l'énergie. — Définition du travail. — Travail fait par un corps en mouvement. — Énergie d'un corps en repos.

Corps en vibration. — Le son. — Ce que c'est que le bruit et ce que c'est que la musique. — Le son fait du travail. — Il faut un intermédiaire pour la propagation du son. — Son mode de propagation dans l'air. — Sa vitesse. — Écho ou réflexion du son. — Comment trouver le nombre de vibrations par seconde correspondant à une note.

Corps soumis à l'action de la chaleur. — Nature de la chaleur. — Dilatation des corps chauffés. — Description du thermomètre. — Comment faire un thermomètre centigrade. — Dilatation des solides. — Dilatation des liquides. — Dilatation des gaz. — Chaleur spécifique. — Changement d'état, table des points de fusion. — Chaleur latente de l'eau. — Chaleur latente de la vapeur. — Ébullition et évaporation. — Le point de fusion dépend de la pression. — Autres effets de la chaleur. — Mélanges réfrigérants. — La chaleur se propage. — Conductibilité des corps pour la chaleur. — Propagation de la chaleur. — Rayonnement de la lumière et de la chaleur. — Vitesse de la lumière. — Réflexion de la lumière. — Réfraction de la lumière. — Lentilles, images qu'elles donnent. — Microscope et télescope. — La réfraction diffère avec les rayons. — Récapitulation et nouvelle définition de la nature de la chaleur.

Corps électrisés. — Corps bons conducteurs et corps mauvais conducteurs de l'électricité. — Deux sortes d'électricité, leur action réciproque. — Elles existent combinées dans les corps non excités. — L'étincelle électrique. — Électroscope. — Action des pointes. — Machine électrique. — La bouteille de Leyde. — Nature de l'énergie des corps électrisés. — Courants électriques. — Batterie de Grove. — Propriété des courants. — Effets caloriques, chimiques et magnétiques. — Télégraphe électrique.

Physiologie animale

Notions préliminaires. — Ce que c'est que la physiologie. — Les animaux se meuvent à volonté. Les animaux sont chauds.
Pourquoi les animaux sont chauds et se meuvent : combustion. — Le besoin d'oxygène. — Les déchets.
Les différentes parties du corps. — Les tissus. — Les cavités du thorax et de l'abdomen. — La colonne vertébrale. — Tête et cou. — Nerfs. — Arrangement général de toutes ces parties.
Ce qui a lieu quand nous nous mouvons. — Les os du bras. — La structure de la jointure du coude. — Autres jointures du corps. — Le bras est fléchi par la contraction du biceps. — Comment le biceps se contracte sous l'empire de la volonté. — La contractilité d'un muscle dépend de la circulation du sang. — C'est la nourriture contenue dans le sang qui donne de la force au muscle. — Besoin continuel de nourriture.
La nature du sang. — Le sang dans les capillaires. — Les globules sanguins. — La coagulation du sang. — Les substances contenues dans le sérum. — Les minéraux du sang.
La circulation du sang. — Les artères, les capillaires et les veines. — Le cœur d'un mouton. — Le trajet de la circulation. — Pourquoi le sang se meut dans une seule direction : les valvules des veines. — Les valvules tricuspides. — Les valvules sigmoïdes.
Le cœur gauche.
Pourquoi le sang se meut toujours : battement du cœur. — L'action du cœur considérée comme un tout. — Les capillaires et les tissus.
Comment le sang est modifié par l'air. — Respiration. — Sang veineux et sang artériel. — Le changement du sang artériel en sang veineux et du sang veineux en sang artériel. — Les poumons. — Le renouvellement de l'air dans les poumons. — Comment la contraction du diaphragme dilate les poumons. — La dilatation naturelle des poumons. — Inspiration. — Expiration. — Comment se contracte le diaphragme. — La poitrine est aussi dilatée par les mouvements des côtes et du sternum. — La respiration est un acte involontaire.
Comment le sang est changé par la nourriture. — Digestion. — Pourquoi l'intérieur de la bouche est toujours rouge et humide. — Pourquoi la peau est quelquefois humide. — Glandes sudorifiques. — La membrane muqueuse du canal alimentaire et ses glandes. — Les glandes salivaires, le pancréas et le foie. — La partie nutritive des aliments. — Comment les matières protéiques et l'amidon sont changés. — Vaisseaux lactés et vaisseaux lymphatiques. — Ce que devient la partie nutritive des aliments.
Comment le sang se débarrasse des déchets. — Nécessité de se débarrasser des matières non utilisées. — Expulsion de l'ammoniaque sous la forme d'urine.
Résumé général et succinct de tout le cours.
Comment nous sentons et voulons.

Dessin et calligraphie

Dessin d'ornement et de figure d'après la bosse, en alternant. — Dessin de fleurs d'après nature.
Conférence chaque fois qu'on change de modèle. Le professeur explique ; il

appelle les élèves au tableau et s'assure qu'ils ont vu juste avant de commencer le dessin.

Perspective. — Dessin géométral.

On devra varier le procédé d'exécution et employer tantôt le fusain, tantôt le crayon sec.

Exercices de calligraphie.

Musique vocale

Continuation des études de mesure et d'intonation.

Lectures et dictées musicales, orales et écrites, dans tous les tons majeurs et mineurs avec les clefs de *sol* et de *fa*.

Exécution de morceaux à plusieurs voix.

La musique instrumentale comprend l'orgue ou le piano.

Éducation physique
et préparation à l'apprentissage professionnel

1° GYMNASTIQUE

Même programme que pour le cours précédent.

2° TRAVAIL MANUEL

Travaux à l'aiguille

1. *Tricot.* — Mailles à l'endroit, à l'envers, côtes ; augmentations et diminutions.

Marque sur linge damassé.

Éléments de la tapisserie ; assemblage des couleurs.

Couture, les différents points. — Point de devant, point de côté, point arrière, point de surjet, point de chausson.

Couture rabattue en biais. — Surjet, piqûre, froncés, œillets, boutonnières. — Reprise simple, raccommodage de linge.

Confection de bonnets, brassières, bavettes, maillots, chemises d'enfants.

2. *Tricot.* — Jours et dessins. — Confections d'objets divers.

Coupe et couture de linge de ménage.

Couture. — Brides. — Pièces en carré. — Pièces à angle avec surjet. — Reprises à angle. — Reprises en biais. — Manches à poignet. — Reprise de bas. — Reprises remmaillées.

Coupe, assemblage et couture d'objets de lingerie. — Chemises de fillettes, pantalons, camisoles, etc.

Étude des mesures à prendre, principes de la construction des patrons. — Figures géométriques. — Lignes de construction. — Points de repère.

Notions sur les différentes sortes d'étoffes et les diverses bordures. — Fils à employer.

Raccommodage des vêtements.

TROISIÈME COURS

ÉDUCATION INTELLECTUELLE ET MORALE

PROGRAMMES

Lecture

Lecture expressive.

Ecriture

Calligraphie.

Instruction religieuse

Prières. — Catéchisme. — Conférences sur la religion.

Instruction morale

Revision du premier et du deuxième cours.

Langue française

1° *Lecture et récitation*. — Lecture à haute voix de morceaux classiques. — Les passages les plus importants sont appris par cœur.

Lectures personnelles indiquées par le maître ou choisies, sous sa direction, par l'élève. Analyse écrite ou orale de ces lectures.

2° *Exercices de vocabulaire et d'invention*.

3° *Exercice de composition*. — Compositions et exercices littéraires de genres divers : narrations, discours, lettres, dialogues, portraits, développement d'une idée morale, résumés et analyses d'auteurs ou de parties d'auteur.

NOTIONS D'HISTOIRE ET DE LA LITTÉRATURE FRANÇAISE

I

La seconde moitié du XVIIe siècle et le XVIIIe siècle jusqu'à la Révolution.

II

Le XIXe siècle. — Revision.
Notions d'histoire générale de la littérature.

TEXTES D'EXPLICATION ET DE RÉCITATION

La Bruyère : *Caractères*.
Corneille : *Cinna*. — *Polyeucte*.
Bossuet : Oraison funèbre du prince de Condé. — Sermons choisis.
Boileau : *Art poétique*.
Pascal : Pensées choisies.
Bourdaloue, Massillon : Morceaux choisis.
Racine : *Athalie*. — *Britannicus*.
Molière : Le *Misanthrope*.

Buffon : *Discours sur le style.*
Voltaire : Lettres choisies. — Extraits de prose.
Rousseau : Morceaux choisis.
Victor Hugo : Choix de poésies.
Lamartine : Choix de poésies.
Morceaux choisis de prosateurs et de poètes français des origines à nos jours.

LIVRES DE LECTURE ET D'ANALYSE

Eschyle, Sophocle, Euripide (pièces choisies).
Aristophane : pièces choisies ; extraits.
Cicéron : Extraits (traités, discours, lettres).
Sénèque : Extraits.
Tacite : Extraits.
Buffon ; *Epoque de la nature.*
Augustin Thierry, Guizot, Michelet, Thierry, Mignet, Thiers : Extraits.
Choix de discours et d'extraits de discours (genre divers), de 1789 à nos jours.
Chateaubriand : Extraits.
Mme de Staël : Extraits.
De Tocqueville : *Introduction à la Démocratie en Amérique.*
Sainte-Beuve : Extraits des « *Lundis* » et des « *Portraits* ».
Recueils de morceaux choisis des prosateurs du xixe siècle.
Recueil de morceaux choisis des poètes du xixe siècle.
Recueil de morceaux choisis de littératures étrangères (traductions).
Morceaux choisis d'auteurs latins tirés des meilleures traductions.

Langues anglaise et espagnole

Etudes de vocabulaire.
Lecture courante.
Explication et récitation d'auteurs.
Exercices de conversation sur les mots appris et sur les textes expliqués.
Idiotismes et proverbes.
Thèmes grammaticaux.
Versions dictées.
Compositions de genres divers.

TEXTES DE LECTURE, D'EXPLICATION ET DE RÉCITATION

Anglais

T. Robertson : *Sit Down to breakfast.*
Goldsmith : *The stoops to conquer.* — *The vicar of Wakefield.*
Lamb : *Tales from Shakespeare.*
Macaulay : *Essays* (extraits).
Shakespeare : Pièces choisies ; Extraits.
Choix de morceaux extraits des meilleurs prosateurs contemporains (The Garland).
Selection from the most celebrated british poets (Sadler).

Espagnol

Castellar (Ign.) : *Nueva floresta española.*
Dom M. I. Quintana : *Vidas de Espannoles celebres.*

El Eco de Madrid : por I. E. Hartzenbuch y Henrique Lemming.
Morceaux choisis en prose et en vers.
Choix de Lectures historiques, géographiques et scientifiques.

Histoire générale

I

Etat politique et social de la France en 1789.
La Révolution française : principes, institutions.
Coalitions contre la République française. Traités de Bâle, de Campo-Formio, de Lunéville et d'Amiens.
La Révolution française et Saint-Domingue.
Le 18 brumaire. — Le Consulat : développement de l'organisation administrative.

II

L'Empire. — Lutte contre l'Europe. — Les traités de 1815.
La Sainte-Alliance.
La Restauration. — La Charte.
Guerre d'Espagne. — Guerre de l'Indépendance hellénique. — Emancipation des colonies espagnoles.

III

Révolution de 1830. — Fondation du royaume de Belgique. — Soulèvement de la Pologne. — Etablissement du régime constitutionnel en Espagne et en Portugal. — Grandes réformes politiques et économiques en Angleterre. — Progrès des Russes et des Anglais dans l'Asie. — Conquête et colonisation de l'Algérie par la France.
Révolution de 1848. — La seconde République française. — Le suffrage universel.
Le Deux Décembre. — Le second Empire français.
La question d'Orient et la guerre de Crimée.
Fondation du royaume d'Italie.
L'influence croissante de la Prusse en Allemagne. — Dissolution de la Confédération germanique.
Etats-Unis d'Amérique. — Guerre de Sécession. — Abolition de l'esclavage.
Guerre du Mexique.
Canal de Suez.
Guerre de 1870. — L'Empire allemand. — Traité de Francfort.
La troisième République française.

Histoire d'Haïti

I

DE LA RÉVOLUTION FRANÇAISE A LA GUERRE DE L'INDÉPENDANCE EXCLUSIVEMENT (1789-1802)

Etat de Saint-Domingue au moment de la Révolution française.
Les petits blancs. — Les affranchis et les esclaves.
Rébellion des colons contre l'autorité métropolitaine. Ogé et Chavannes.
Première insurrection des esclaves.

Bandes de Jean François et de Biassou.
Guerre entre les blancs et les hommes de couleur.
Les commissaires civils, Sonthonax, Polvérel et Ailhaud.
Abolition de l'esclavage.
Début de Toussaint-Louverture dans la vie politique.
Toussaint entre au service de la République française.
Toussaint commandant du cordon de l'Ouest.
Bataille des Verrettes et expédition de la Grande-Rivière.
Les nègres et les mulâtres sauvent la colonie.
Les ennemis de l'Intérieur.
Expédition du Mirebalais.
Nouvelles actions de guerre aux Verrettes.
Affaire du 30 ventôse an IV (20 mars 1796).
Laveaux et Sonthonax nommés députés de Saint-Domingue.
Scission entre Sonthonax et Toussaint.
Rôle de Sonthonax à Saint-Domingue.
Délégation des commissaires civils près le général Rigaud, commandant du Sud.
Deuxième expédition du Mirebalais. — Toussaint-Louverture nommé général en chef de l'armée de Saint-Domingue.
Mission du général Hédouville. — Evacuation de Saint-Domingue par les Anglais.
Guerre du Sud. — Toussaint et Rigaud.
Traité de Bâle (1799) et prise de possession de Santo Domingo (1801).
Loi du 24 messidor an IX (13 juillet 1801), sur la division du territoire de toute l'île de Saint-Domingue.
Gouvernement et Constitution de Toussaint.
Expédition de Saint-Domingue.
Arrestation, déportation et mort de Toussaint. — Appréciation du caractère et de la vie de Toussaint-Louverture. — Egalité de la race blanche et de la race noire.

II

DE LA GUERRE DE L'INDÉPENDANCE A NOS JOURS (1802-1889)

Soulèvement des indigènes. — La fièvre jaune. — Défection de Pétion. — Mort de Leclerc. — Rochambeau. — Dessalines, général en chef. — Ses principaux auxiliaires, ses courses, ses diverses organisations militaires. — Combats divers dans l'Ouest, le Sud et le Nord. — Création du drapeau haïtien. — Charrier et Vertières. (Description.) Combat de Vertières. — Capois. — Capitulation du Cap. — Départ définitif de l'armée française. — 1er janvier 1804. — L'acte de l'Indépendance. — La proclamation du général en chef. — Acte des généraux de l'armée qui nomme Dessalines gouverneur général à vie. — Jacques Ier empereur. — La Constitution de l'Empire. — Division territoriale de l'Empire. — Régime impérial et ses effets. — Campagne de l'Empereur contre l'Est. — L'Empereur dans le Sud. — Prise d'armes du Sud. — Gérin. — Mort de Dessalines. — Dévouement héroïque de Charlotin-Marcadieu.

L'assemblée constituante du 18 décembre 1806. — Opposition entre Pétion et Christophe. — La Constitution de 1806. — Protestation des constituants du Nord contre la Constitution. — Election de Christophe à la présidence d'Haïti. — Formation du Sénat. — Refus de la présidence par Christophe. — Marche de Christophe sur Port-au-Prince. — Combat de Sibert. — Coutillien Coutard. — Attaque contre le Port-au-Prince. — Révolte de Goman à la Grand'-Anse. — Constitution du Sénat. — Actes de Christophe. — Election d'Alexandre Pétion à la présidence. — Réformes et ajournement du Sénat. — Insurrections dans le Nord, le Nord-Ouest et l'Artibonite. — Conspiration de Yayou et de Magloire Ambroise. — Réunion du Sénat. — Dissidence entre le Sénat et Pétion. — Pétion dictateur. — Départ de Pétion pour le Môle. — Les insuccès. — Santo Domingo se replace sous la domination espagnole (1809). — Rapports de Juan Sanchez et Cyriaco Ramirez avec Pétion et Christophe. — Conspiration et mort de Gérin. — Retour de Rigaud en Haïti. — Mission de Rigaud dans le Sud. — Le siège du Môle. — Le général Lamarre. — Eveillard. — Toussaint Paul. — Les actes de Rigaud dans le Sud. — L'assemblée départementale. — La scission du Sud. — Christophe roi d'Haïti sous le nom d'Henri Ier. — Constitution du royaume. — Révolte du 1er bataillon de la 17me demi-brigade. — Mort de Rigaud. — Fin de la scission du Sud. — Conduite de Pétion aux Cayes. — Nouvelle marche d'Henri Ier contre l'Ouest. — Bataille de Santo. — Siège de Port-au-Prince. — Défection d'une partie de l'armée de Henri Ier. — La levée du siège de Port-au-Prince et ses conséquences. — Missions de MM. Lavaysse, Dravermann et Franco de Medina, dans l'Ouest et dans le Nord. — Conduite respective de Pétion et d'Henri Ier envers les agents français. — Traité de Paris (1814) : rétrocession de Santo Domingo à l'Espagne. — Congrès de Vienne (1815). — Abolition définitive de la traite des noirs en Europe. — Bolivar et Pétion. — Mission de MM. de Fontanges, du Petit-Thouars, Esmangeart en Haïti. — Revision de la Constitution de 1806. — Pétion, président à vie. — Fondation du Lycée National. — Régime du travail sous Christophe et sous Pétion. — La petite propriété. — Mort de Pétion. — Election de Jean-Pierre Boyer à la Présidence. — Actes législatifs et administratifs. — Pacification de la Grand'Anse. — Boyer dans le Sud. — La proclamation du 18 février 1820. — Députation d'Henri Ier à Boyer. — La mission de Honne Papham. — Grave indisposition d'Henri Ier dans l'église de Limonade. — Soumission de Saint-Marc à la République. — Nouvelles défections dans le Nord-Ouest et dans l'Artibonite. — Mort de Christophe. — Pacification du Nord. — Boyer dans l'Artibonite et dans le Nord. — Propositions de J.-J. Sylva et de Aury à Boyer. — Mission des agents secrets de Boyer dans la partie espagnole. — Rapports des gouverneurs de Santo-Domingo avec Boyer. — Mission de M. Aubert du Petit-Thouars en Haïti. — Réponse de Boyer à l'agent français. — Proclamation de l'Indépendance de la partie espagnole. — Réunion de la partie espagnole à la République d'Haïti (1822). — Unification de l'Ile. — Mission secrète de M. Liot à Port-au-Prince. — Le général Jacques Boyé plénipotentiaire d'Haïti en France. — Les conférences de Bruxelles. — Départ de MM. les sénateurs Larose et Rouanez pour France. — Arrivée en Haïti de M. le baron de Mackau. — L'ordonnance royale du 17 avril 1825. — Les conférences de M. de Mackau à Port-au-Prince. — M. de Mackau au Sénat. — Départ de M. de Mackau avec les sénateurs Rouanez et Daumec et le colonel Frémont pour France. — Indemnité, emprunt, papier-monnaie. — Elaboration du code civil d Haïti. — M. Saint-Macary agent d'Haïti en France. — Réclamations de l'Espagne (1830). — Nouvelle mission de M. du Petit-Thouars en Haïti. — Arrivée de MM. le baron de Lascases et G. Baudoin. — Conférence des plénipotentiaires Frémont, Labbée, Ardouin et Villevaleix avec ceux de France. — Mission de MM. B. Ardouin et S. Villevaleix en France. — Les traités de 1838. — Arrivée du Légat du Saint-Siège à Port-au-Prince. — Tremblement de terre du 7 mai 1842. — La société des droits de l'homme et le manifeste révolutionnaire. — Prise d'armes de Praslin. — Charles Hérard aîné. — Prise d'armes dans le Sud et dans l'Ouest. — Abdication de Boyer. — Gouvernement provisoire. — Institution des municipalités. — Réunion de l'assemblée constituante. — Constitution de 1843. — Charles Hérard aîné, président d'Haïti. — Scission de la partie de l'Est (1844). — Formation de l'Etat dominicain. — La République dominicaine. — Scission du département du Nord. — Guerrier, président du département du Nord. — Révolution et déchéance de Charles Hérard aîné. — Guerrier, président d'Haïti. — Institution du conseil d'Etat. — Mort de Guerrier. — Pierrot, président d'Haïti. — Conspiration contre Pierrot. — Déchéance de Pierrot. — Election de Jean-Baptiste Riché à la présidence. — Acaau. — Combats dans le Sud. — Constitution de 1846. — Mort de Riché. — Soulouque, président d'Haïti. — Mission de MM. Delva et Ardouin en France. — Monopole. — Campagne contre l'Est (1849). — Faustin Ier, empereur. — La constitution impériale. — L'institution de la noblesse impériale. — L'emprunt est reconnu dette nationale. — Nouvelle tentative contre l'Est (1855). — Reconnaissance de l'Indépendance dominicaine par l'Espagne. — Administration de l'Empire. — Révolution du 22 décembre 1858. — Fabre Geffrard, président d'Haïti. — Loi qui modifie la constitution du 14 novembre 1846. — Conjuration à Port-au-Prince contre le président. — Concordat entre Haïti et le Saint-Siège. — Annexion de la partie de l'Est à l'Espagne (1861). — Rapport du secrétaire d'Etat, V. Plésance, et mission de M. B. Ardouin en Espagne (1862). — L'Ultimatum de l'amiral Rubalcava. — Modification à la constitution. — Reconnaissance d'Haïti par les Etats-Unis. — Institution du Conseil de fabrique. — Extension de la liberté communale. — Diffusion de l'Instruction publique. — Dissolution de la Chambre des députés. — Nomination du premier archevêque d'Haïti. — Création d'une monnaie de bronze et de nouveaux billets dits papiers Geffrard. — Conspiration dans le Nord. — Traités entre Haïti, Libéria et les Etats-Unis. — L'Indépendance de la partie de l'Est, acceptée par l'Espagne. — L'Etat de siège dans le Nord, le Nord-Ouest et l'Artibonite. — Prise d'armes dans le Nord et à la Grand'Anse. — L'incendie du 19 mars. — Projet de modifications constitutionnelles : présidence temporaire. — Conduite des tirailleurs de la garde du Président. — Démission de Geffrard. — Administration de Geffrard. — Le Conseil des secrétaires d'Etat et le Conseil consultatif. — Le Gouvernement provisoire. — L'assemblée constituante. — Salnave, protecteur de la République. — L'assemblée nationale constituante. — Salnave, chef du pouvoir exécutif. — Le séquestre des biens de Geffrard. — La Constitution de 1867. — Sylvain Salnave, président d'Haïti. — Le corps législatif. — Prise d'armes dans le Nord, l'Artibonite, l'Ouest et le Sud. — La séance de la Chambre des députés du 11 octobre 1867. — Les Cacos et les Piquets. — Monopole. — L'acte du Trou. — Le Conseil législatif. — La présidence à vie et la constitution de 1846. — Incendie du Palais National. — Mort de Salnave. — Le Gouvernement provisoire. — L'assemblée nationale. — Nissage Saget, président d'Haïti. — La treizième Législature. — Retrait du papier-monnaie. — Gouvernement provisoire. — Michel Domingue, président d'Haïti. — Le traité de 1874 avec la République dominicaine. — Gouvernement provisoire. — Boisrond-Canal, président d'Haïti. — Gouvernement provisoire. — Louis-Etienne-Félicité-Lysius Salomon, président d'Haïti. — Histoire contemporaine de la République dominicaine.

Géographie d'Haïti

Géographie physique. — Description des côtes et des frontières de terre. — Orographie et hydrographie. — Géographie administrative de la République d'Haïti et de la Dominicaine : divisions. — Gouvernement, administration centrale, administration d'arrondissement et administration communale. — Géographie économique. — Voies internationales de communication. — Importations et exportations.

Iles adjacentes. — Colonies européennes dans les Antilles.
Revision des cours précédents.

Arithmétique

Exercices sur les règles de trois, de sociétés, d'alliage, d'intérêt, etc.

Notions de commerce et tenue des livres

Actes de commerce. — Achats et ventes. — Mémoires. — Factures. — Acquit. — Quittance ou reçu. — Billet simple. — Billet à ordre. — Lettre de change ou traite. — Endossement. — Acceptation. — Protêt. — Mandat. — Chèque. — Négociation des effets de commerce. — Escompte. — Commission. — Bordereau.

Tenue des livres : Notions sur la tenue des livres en partie simple. — Son insuffisance. — Tenue en partie double. — Faillite. — Concordat. — Réhabilitation. — Banqueroute.

Cosmographie

La terre et ses mouvements. — La terre est ronde. — La terre est grande. — La terre n'est pas en repos. — La terre tourne sur elle-même comme une toupie. — La terre fait un tour sur elle-même en un jour. — La rotation de la terre n'est pas son seul mouvement. — La terre fait le tour du soleil en une année. — Les deux mouvements de la terre ne sont pas dans le même plan — Pourquoi les jours et les nuits sont inégaux. — Les saisons dépendent de la différence de longueur du jour et de la nuit. — Pourquoi les mouvements du soleil et des étoiles apparaissent différents dans les différentes parties de la terre.

La lune et ses mouvements. — La lune voyage parmi les étoiles. — La lune change de forme. — Comment la lune cause les éclipses. — Comparaison de la lune avec la terre.

Le système solaire. — Comment doivent nous paraître des corps semblables à la terre, mais plus proches du soleil. — Comment doivent nous paraître des corps semblables à la terre, mais plus éloignés du soleil. — Y a-t-il de tels corps ? — Les planètes. — Les planètes plus proches du soleil que la terre. — Les planètes plus éloignées du soleil que la terre. — Les comètes, les météores et les étoiles filantes.

Le soleil. — L'influence du soleil sur le système solaire. — La chaleur, la lumière, la grandeur et la distance du soleil. — Apparence que présente le soleil. — Taches du soleil. — L'atmosphère du soleil. — Éléments constitutifs du soleil. — Le soleil est l'étoile la plus rapprochée de la terre.

Les étoiles et les nébuleuses. — Les étoiles sont des soleils éloignés les uns des autres. — La clarté des étoiles. — Les constellations. — Mouvements réels des étoiles. — Mouvements apparents des étoiles. — Étoiles multiples. — Groupe d'étoiles et nébuleuses. — La nature des étoiles et des nébuleuses.

Comment sont déterminées les positions des corps célestes, et l'usage qu'on en fait. — Cartes célestes. — Distance polaire des étoiles. — La distance polaire ne suffit pas pour déterminer la position d'un astre. — Ascension droite. — La latitude des lieux terrestres. — La longitude des lieux terrestres.

Pourquoi les mouvements des corps célestes sont si réguliers. — Ce que c'est que le poids. — La gravité diminue à mesure qu'augmente la distance. — Explication de l'orbite parcouru par la lune autour de la terre.

L'attraction ou gravitation.

Zoologie

DIVISION DES ANIMAUX EN EMBRANCHEMENTS

Embranchements des vertébrés. — Caractères généraux. (Examen rapide des principaux appareils anatomiques et des fonctions de ces appareils.) — Division en classes.

Embranchements des annelés. — Caractères généraux. — Division en classes

Embranchements des mollusques. — Caractères généraux. — Division en classes.

Embranchements des radiaires. — Caractères généraux. — Division en groupes naturels.

Protozoaires. — Notions succinctes sur les infusoires.

N. B. — Prendre comme types, dans les principales classes, les animaux es plus utiles, et caractériser l'ordre auquel ils appartiennent.

Géologie

(PREMIÈRES NOTIONS)

Les différentes espèces de pierres. — Ce que les pierres ont à nous apprendre.

Les roches sédimentaires : qu'est-ce qu'un sédiment ? — Origine du gravier, du sable et du limon. — Formation des rochers sédimentaires. — Les fossiles. — Une carrière et ses leçons.

Les roches organiques : Roches formées de débris végétaux. — Roches formées de débris animaux.

Les rochers ignées : Leur nature. — Leur origine.

La croûte terrestre : Soulèvements. — Affaissements. — Dislocations. — Origine des montagnes. — L'histoire de la terre racontée par les roches.

Hygiène

De l'hygiène. — Son but. — Son utilité.

Hygiène de la première enfance.

Hygiène scolaire. — Influences des attitudes sur les déformations du corps. — Actions de l'éclairage sur la vue.

Hygiène de la voix. — La parole, la lecture, le chant.

Hygiène de la vie sédentaire.

Hygiène des professions manuelles. (Citer quelques exemples.)

De l'air. — Impuretés de l'air : Poussières, substances gazeuses, miasmes.

Des climats. — Des divers éléments qui entrent dans la constitution des climats. — Température. — Courants atmosphériques et maritimes. — Influence de l'altitude. — Variations annuelles de la température. — Variations diurnes. — Influence de l'humidité, des pluies.

Des eaux potables : Moyens pratiques de conserver et de purifier les eaux. Des eaux impures et malsaines.

Des aliments et de l'alimentation. — Aliments d'origine minérale, végétale et animale. — Aliments usuels : Farine, pain, viande, œufs, lait, beurre, graisses, huiles, légumes, fruits, rhum, vin, bière, café, chocolat. — Leurs qualités nutritives. — Préparation et conservation des aliments. — Leurs altérations. — Poisons métalliques dans les conserves.

Des vêtements. — Adaptation. — Le vêtement, véhicule des germes morbides.

Des cosmétiques. — Leurs dangers.

Des bains. — De la propreté corporelle.

De l'exercice. — Son influence sanitaire.

De la marche, de la course, de l'équitation.

Des habitations. — Sol. — Exposition et disposition des maisons. — Cube d'air. — Ventilation. — Éclairage naturel et artificiel. — Matières éclairantes. — Gaz. — Éclairage électrique. — Action sur l'œil des rayons diversement colorés.

Du mode de transmission de quelques maladies contagieuses. — Précautions à prendre pour les prévenir. — Isolement et désinfection.

Économie domestique

Du rôle de la femme dans la famille. — Sa part dans l'administration de la maison.

Nécessité de l'ordre, de la prévoyance et de l'économie. — Emploi du temps.

De l'habitation. — Choix et disposition de l'habitation.

De l'ameublement et des vêtements. — Entretien du mobilier, des étoffes et du linge.

Raccommodage.

Emploi des machines à coudre.

Lessive et repassage.

Des achats en général. — Provenance des principaux objets de consommation usuelle; prix auxquels il convient de faire les achats.

De l'alimentation. — Ordre et composition des repas.

Notions élémentaires de cuisine.

Gouvernement de la maison. — Choix et surveillance des serviteurs.

Comptabilité du ménage. — Budget des recettes et des dépenses. — Dépenses nécessaires. — Dépenses inutiles. — Livres à tenir. — Épargne; assurances sur la vie.

Du luxe, ses dangers. — Du goût dans la tenue de la maison. — Dignité du foyer domestique.

Dessin

1. Notions d'architecture. — Perspective et ombres. — Dessin de figure. — Ensembles, d'après l'estampe d'abord, puis d'après la bosse. — Leçon orale sur l'anatomie, les proportions, les caractères de la beauté.

Copie de fleurs et feuillages combinés.

Composition d'ornement. — Explication sur les styles. — Exercices au tableau, reproduits ensuite sur les cahiers.

2. Dessin d'après le plâtre. — Dessin d'après la nature pour les fleurs. — Composition d'ornement. — Céramique, éventails, étoffes, broderies, meubles.

Musique vocale

Exécutions chorales.
Étude élémentaire de l'accompagnement et de l'harmonie simple.
Notions sur l'histoire de la musique et les principales œuvres des maîtres.
La musique instrumentale comprend l'orgue ou le piano.

Éducation physique
et préparation à l'apprentissage professionnel

1. GYMNASTIQUE

Même programme que pour les deux cours précédents.

2. TRAVAIL MANUEL

1. Festons de différentes sortes.
Couture. — Reprises perdues. — Petits plis. — Pose de garnitures. — Points de fantaisie pour lingerie fine (point d'épine, point russe, etc.).
Coupe et assemblage (même programme qu'au deuxième cours).
Coupe, assemblage, essayage et rectification des objets de lingerie. — Chemises de femmes et d'enfants, camisoles, pantalons, brassières, bavettes, maillots, chemises de nuit à empiècement.
Maniement de la machine à coudre.
Emploi des différents guides.

2. Ourlets à jour. —. Festons divers. — Broderie au plumetis (lettres anglaises et lettres gothiques).
Coupe et assemblage. — Théorie et tracé du corsage à basque et de la robe à corsage rond.
(Les élèves seront exercées à dessiner au tableau noir et sur le papier).
Coupe, assemblage, essayage et rectification. — Couture de la robe entière, essayage définitif. — Matinée. — Robes d'enfant, robe princesse.
Tabliers, formes diverses; pantalon et blouse de petit garçon.
Maniement de la machine à coudre; soins à prendre pour son entretien.

PLAN D'ÉTUDES ET PROGRAMMES

DE L'ENSEIGNEMENT SECONDAIRE CLASSIQUE

DANS LES LYCÉES ET COLLÈGES D'HAITI

Prescrits par arrêté du Secrétaire d'État de l'Instruction Publique
le 26 juillet 1893

RÉPARTITION HEBDOMADAIRE

DES DIVERSES MATIÈRES DE

L'ENSEIGNEMENT SECONDAIRE DES LYCÉES ET COLLÈGES

DIVISION DE GRAMMAIRE

CLASSE DE SIXIÈME

Instruction religieuse	1 heure par semaine		1 leçon.
Langue française	4 h. 1/2	—	3 leçons.
Lecture expressive (principes de diction française)	2 heures	—	2 leçons.
Langue latine	2 heures	—	2 leçons.
Langue anglaise	3 heures	—	3 leçons.
Langue espagnole	3 heures	—	3 leçons.
Histoire } Géographie	3 heures	—	3 leçons.
Arithmétique } Géométrie expérimentale	4 h. 1/2	—	3 leçons.
Chimie (premières notions) } Botanique	2 heures	—	2 leçons.
Dessin } Calligraphie	3 heures	—	1 leçon.
Musique vocale	2 heures	—	2 leçons.
Exercices physiques (pendant les récréations).			
	30 heures	—	

CLASSE DE CINQUIÈME

Instruction religieuse	1 heure par semaine	—	1 leçon.
Langue française	4 h. 1/2	—	3 leçons.
Lecture expressive (principes de diction française)	1 heure	—	1 leçon.
Langue latine	2 heures	—	2 leçons.
Langue anglaise	3 heures	—	3 leçons.
Langue espagnole	3 heures	—	3 leçons.
Histoire			
Géographie	3 heures	—	3 leçons.
Arithmétique			
Géométrie expérimentale	4 h. 1/2	—	3 leçons.
Physique (premières notions) et revision des premières notions de Chimie	2 heures	—	2 leçons.
Physiologie animale (premières notions) et revision des premières notions de botanique	2 heures	—	2 leçons.
Dessin et Calligraphie	2 heures	—	2 leçons.
Musique vocale	2 heures	—	2 leçons.
Exercices physiques (pendant les récréations).			
	30 heures	—	

CLASSE DE QUATRIÈME

Instruction religieuse	1 heure par semaine	—	1 leçon.
Morale pratique et instruction civique (revision)	1 heure	—	1 leçon.
Langue française	4 h. 1/2	—	3 leçons.
Lecture expressive (principes de diction française)	1 heure	—	1 leçon.
Langue latine	2 heures	—	2 leçons.
Langue grecque	1 heure	—	1 leçon.
Langue anglaise	3 heures	—	3 leçons.
Langue espagnole	3 heures	—	3 leçons.
Histoire et Géographie	3 heures	—	3 leçons.
Arithmétique, Géométrie et Cosmographie (premières notions)	4 h. 1/2	—	3 leçons.
Revision du cours précédent de Physique, Zoologie, et revision du cours précédent de Physiologie	2 heures	—	2 leçons.
Dessin et Calligraphie	2 heures	—	2 leçons.
Musique vocale	2 heures	—	2 leçons.
Exercices physiques (pendant les récréations).			
	30 heures	—	

DIVISION SUPÉRIEURE

CLASSE DE TROISIÈME

Langue française.......................	4 h. 1/2 par semaine		3 leçons.
Diction française.......................	1 heure	—	1 leçon.
Langue latine..........................	2 heures	—	2 leçons.
Langue grecque........................	2 heures	—	2 leçons.
Langue anglaise........................	3 heures	—	3 leçons.
Langue espagnole......................	3 heures	—	3 leçons.
Histoire...............................	3 heures	—	3 leçons.
Géographie............................	1 heure	—	1 leçon.
Arithmétique, Géométrie et Algèbre......	4 h. 1/2	—	3 leçons.
Physique et Chimie.....................	3 heures	—	2 leçons.
Géologie et Botanique..................	1 heure	—	1 leçon.
Dessin.................................	2 heures	—	2 leçons.
Musique vocale (facultative).			
Exercices physiques (pendant les récréations).	30 heures	—	

CLASSE DE SECONDE

Langue française.......................	4 h. 1/2 par semaine		3 leçons.
Diction française.......................	1 heure	—	1 leçon.
Langue latine..........................	2 heures	—	2 leçons.
Langue grecque........................	3 heures	—	2 leçons.
Langue anglaise........................	3 heures	—	3 leçons.
Langue espagnole......................	2 heures	—	3 leçons.
Histoire...............................	3 heures	—	2 leçons.
Géographie............................	1 heure	—	1 leçon.
Géométrie, Algèbre, Trigonométrie, Géométrie descriptive et Cosmographie.....	4 h. 1/2	—	3 leçons.
Physique et Chimie.....................	3 heures	—	2 leçons.
Manipulations chimiques................	1 heure	—	1 leçon.
Dessin.................................	2 heures	—	2 leçons.
Musique vocale (facultative).			
Exercices physiques (pendant les récréations).	30 heures	—	

CLASSE DE RHÉTORIQUE

Langue française............................	4 h. 1/2 par semaine		3 leçons.
Diction française............................	1 heure	—	1 leçon.
Langue latine................................	2 heures	—	2 leçons.
Langue grecque..............................	2 heures	—	2 leçons.
Langue anglaise.............................	3 heures	—	3 leçons.
Langue espagnole............................	3 heures	—	3 leçons.
Principes du droit et économie politique..	1 heure	—	1 leçon.
Histoire.....................................	3 heures	—	2 leçons.
Géographie..................................	2 heures	—	2 leçons.
Revision des cours précédents d'Algèbre, de Trigonométrie et de Géométrie descriptive, Courbes usuelles, Cosmographie (revision et compléments)...............	4 h. 1/2	—	3 leçons.
Anatomie et physiologie animales et végétales..	1 heure	—	1 leçon.
Dessin	2 heures	—	2 leçons.
Comptabilité	1 heure	—	1 leçon.
Musique vocale (facultative).			
Exercices physiques (pendant les récréations).	30 heures	—	

CLASSE DE PHILOSOPHIE

Philosophie et auteurs philosophiques français, grecs et latins........................	9 heures par semaine		6 leçons.
Langue anglaise.............................	2 heures	—	2 leçons.
Langue espagnole............................	2 heures	—	2 leçons.
Histoire de la civilisation	3 heures	—	2 leçons.
Compléments d'Algèbre, Trigonométrie, Géométrie descriptive, Mécanique........	4 h. 1/2	—	3 leçons.
Physique et Chimie.........................	4 h. 1/2	—	3 leçons.
Manipulations chimiques	1 heure	—	1 leçon.
Hygiène (2me semestre)....................	1 heure	—	1 leçon.
Dessin.......................................	2 heures	—	2 leçons.
Comptabilité................................	1 heure	—	1 leçon.
Musique vocale (facultative).			
Exercices physiques (pendant les récréations).	30 heures	—	

RÉPARTITION HEBDOMADAIRE

DES DIVERSES MATIÈRES DE

L'ENSEIGNEMENT SECONDAIRE DES LYCÉES ET COLLÈGES

DIVISION DE GRAMMAIRE

CLASSE DE SIXIÈME

(Élèves de 11 à 12 ans en moyenne)

Langue et Littérature françaises

ENSEIGNEMENT ET EXERCICES

Grammaire de l'usage.
Exercices simples d'analyse grammaticale et d'analyse logique.
Exercices sur le vocabulaire.
Lectures (vers et prose) suivies de questions et d'explications.
Récitation. — On fera, de préférence, apprendre par cœur des morceaux de poésie.
Reproduction libre, de vive voix et par écrit, des écrivains lus en classe.
Petits exercices de composition.
Principes de diction française, et lecture expressive.

TEXTES D'EXPLICATION ET DE RÉCITATION

Fénelon : *Télémaque*, extraits et analyse.
Recueil de morceaux choisis du moyen âge au XVIIIᵉ siècle.
Recueil de morceaux choisis des prosateurs du XIXᵉ siècle.
Recueil de morceaux choisis des poètes du XIXᵉ siècle.

LIVRES DE LECTURE ET D'ANALYSE

Homère : *Odyssée*, analyse et extraits.
Plutarque : *Vie des Grecs illustres* (choix).
Hérodote : Extraits.

Langue latine

Grammaire latine.
Explication et récitation d'auteurs latins.
(Une grande importance sera donnée à la préparation et à l'explication des textes.)
Recueil de textes faciles.
(Le professeur devra exercer les élèves à retenir les mots qui reviennent le plus souvent dans l'explication.)

Epitome historiæ Grecæ (édition simple et graduée).
Thème latin, surtout oral.
Version latine.

PROGRAMME D'ENSEIGNEMENT DE LA LANGUE LATINE

Lecture. — Voyelles brèves et longues. — Accent tonique. — Différents ordres de consonnes.

Le nom, l'adjectif, les pronoms. — Degrés de comparaison. — Noms de nombre. — Le verbe substantif. — Conjugaison régulière de l'actif et du passif. — Verbes déponents. — Principales particules indéclinables.

Indications sur la manière de traduire une phrase latine.

(Les élèves seront exercés en classe à reconnaître la construction, à distinguer le verbe, le sujet, le complément.)

Petits exercices instantanés de traduction en latin.

(Le professeur lit lentement une phrase française dont tous les mots ont déjà été vus des élèves, et ceux-ci écrivent la phrase en latin.)

Langues anglaise et espagnole

Prononciation et accentuation.

Exercices de vocabulaire. — Les mots sont dits à haute voix par le professeur ; les élèves les répètent : les mots sont ensuite écrits au tableau, copiés par les élèves et appris par cœur.

Les mots choisis parmi ceux qui sont les plus notés sont, autant que possible, présentés par séries se rapportant à un même ordre d'idées : le mobilier de la classe, les parties du corps, le vêtement, etc.

Exercices gradués de lecture.
Exercices oraux à l'aide des mots appris et des lectures faites.
Les noms de nombre. Petits exercices de calcul.
Poésies faciles apprises par cœur.
Dictée des mots connus des élèves.
Grammaire élémentaire.

Thèmes d'imitation, oraux et écrits, sur les mots et les phrases déjà connus.

TEXTES D'EXPLICATION, DE RÉCITATION ET DE LECTURE

Anglais

Sultan Mahmoud, by T. Robertson.
Lessons for children, by Mrs Barbauld.
Royal Readers, n^{os} I and II.
East : *Poésies amusantes*.
Miss Corner : *A Short History of England*.

Espagnol

Cours de langue espagnole, par L. Mallefille.
Manuel de la conversation.
Libros primero y segundo de lectura, por el doctor Mandevil.

Histoire

HISTOIRE DE L'ANCIEN ORIENT ET DE LA GRÈCE

L'Égypte : le Nil. — Memphis et Thèbes. — Religion, monuments, mœurs, industrie. — Découvertes modernes.

Les Assyriens. — La région du Tigre et de l'Euphrate. — Babylone et Ninive d'après les récits anciens et les découvertes modernes.

Les Israélites. — La Palestine. — Jérusalem. — Le Temple. — Dispersion des Juifs.

Les Phéniciens. — Tyr et Carthage. — Le commerce et les colonies. — L'alphabet.

Les Mèdes et les Perses. — Le plateau de l'Iran. — Monuments et religion. — L'empire de Cyrus.

Géographie de la Grèce ancienne et du littoral de la Méditerranée orientale.

Grèce primitive : Légendes. — La guerre de Troie. — Les dieux, les oracles, les jeux.

Commerce et colonies des Grecs dans le bassin de la Méditerranée. — Les institutions de Sparte et d'Athènes : Lycurgue et Solon.

Les guerres médiques : Léonidas, Thémistocle, Aristide.

Suprématie d'Athènes au temps de Périclès : Lettres, théâtre, arts. — Principaux monuments.

Rivalités entre les cités grecques. — Guerre du Péloponèse. — Prise d'Athènes. — Mort de Socrate. — Suprématie de Sparte.

Suprématie de Thèbes : Épaminondas.

Suprématie de la Macédoine : Philippe et Démosthène.

Alexandre le Grand : Conquête de l'Orient.

Démembrement de l'empire d'Alexandre : les Ptolémées.

La fin de la Grèce. — La conquête romaine.

Revision des grands faits et résumé du cours.

NOTA. — Il sera bon de mettre entre les mains des élèves, pour faciliter l'intelligence du cours, un *choix de lectures extraites des auteurs anciens et modernes sur l'histoire grecque*.

Géographie

GÉOGRAPHIE ÉLÉMENTAIRE D'HAITI

Configuration et dimensions d'Haïti. Superficie.

Mers et côtes, golfes, presqu'îles, caps, îles, dunes, falaises, plages, côtes rocheuses, marais salants, lagunes, principaux ports.

Frontières de terre de la République d'Haïti.

Relief du sol : chaînes de montagnes, massifs, plateaux, plaines et grandes vallées.

Eaux : versants et bassins, fleuves principaux, affluents, lacs, régions de marais.

Climat et principales productions.

Départements, arrondissements et chefs-lieux, villes importantes de la République d'Haïti.

Provinces et chefs-lieux, villes importantes de la Dominicaine.

Iles adjacentes.

Voyages d'un point du pays à un autre.
Éléments de dessin géographique à l'aide du tableau noir.
Petits croquis.

Géographie physique

PREMIÈRES NOTIONS

La forme de la terre.
Le jour et la nuit.
L'air : De quoi l'air est fait. — Échauffement et refroidissement de l'air. — Ce qui arrive quand l'air s'échauffe et se refroidit. Le vent. — La vapeur dans l'air. Évaporation et condensation. — Rosée, brouillards, nuages. — D'où proviennent la pluie et la neige.
La circulation de l'eau sur la terre : ce que devient la pluie. — Comment se forment les sources. — Le travail souterrain des eaux. — Comment se désagrège la surface de la terre. — Ce que deviennent les débris des roches. — Formation du sol. — Ruisseaux et rivières. — Leur origine. — Leur action. — Champs de neige et glaciers.
La mer : groupement de la terre et de la mer. — Pourquoi la mer est salée. — Les mouvements de la mer.
L'intérieur de la terre.
Conclusion.

Sciences

(N. B. — INSTRUCTION GÉNÉRALE. — Les cours de sciences ne seront jamais dictés. — Le professeur pourra mettre entre les mains des élèves un livre qui le dispense de développer personnellement toutes les parties du cours.)

Arithmétique

Opérations sur les nombres entiers. Exercices de calcul mental.
Caractères de divisibilité par 2, 5, 9 et 3. (Règles pratiques.)
Fractions ordinaires. Réductions de plusieurs fractions au même dénominateur.
Opérations sur les fractions ordinaires.
Nombres décimaux. Opérations (Règles pratiques.)
Sphère terrestre. — Verticale. — Horizon.
Simples notions sur les pôles, les méridiens, les parallèles et l'équateur terrestre. — Points cardinaux. — Longitude et latitude géographiques.
N. B. — Le professeur devra s'abstenir de toute théorie.

Géométrie

Premiers éléments de géométrie expérimentale.
Définitions : les longueurs, les surfaces, les volumes. — Mesure des longueurs sur des lignes droites : longueur d'une droite dont les extrémités sont accessibles. — Longueur dont une seule extrémité est accessible. — Mesure de la hauteur d'un arbre. — Mesure de la longueur d'une droite dont les deux extrémités sont inaccessibles. — Mesure des surfaces planes limitées par des lignes droites : le rectangle, le carré. — Mesure de la surface du rectangle. — Le

parallélogramme. — Mesure de la surface du parallélogramme. — Mesure de la surface d'un triangle. — Mesure d'une surface quelconque.

Mesure des volumes limités par des surfaces planes et des lignes droites : le cube. — Mesure du volume du parallélipipède droit. — Mesure du volume du cube. — Mesure du volume du prisme droit. — Mesure du volume des parallélipipèdes quelconques. — Mesure du volume de la pyramide.

Mesures des longueurs sur les lignes courbes : Principe de la mesure des longueurs courbes. Mesure de la longueur de la circonférence du cercle. Dimensions diverses des angles. — Mesure des angles et des arcs.

Sciences physiques et naturelles

PREMIÈRES NOTIONS GÉNÉRALES (D'APRÈS HUXLEY) SUR :

1° La nature et la science ;
2° Les objets matériels : les corps minéraux. — Les corps vivants;
3° Les objets immatériels.

Chimie

LE FEU

Ce qui arrive quand une chandelle brûle. — Production d'acide carbonique et d'eau. — Quand une chandelle brûle, rien n'est perdu.

L'AIR

De l'air. — Ce que contient l'air. Ce qui arrive quand nous respirons. Action des plantes sur l'air. Croissance des plantes. Action à la fois des animaux et des plantes sur l'air.

DE L'EAU

De quoi l'eau est formée. On peut retirer l'hydrogène de l'eau. Comment l'hydrogène peut-il être recueilli. Autre moyen de préparer l'hydrogène. — L'hydrogène brûle ; il est plus léger que l'air. De l'eau se forme quand l'hydrogène brûle. — Analyse de l'eau. — Différence entre l'eau de source et l'eau de mer. Moyen de reconnaître la présence du sel dans l'eau. Solution et cristallisation. — L'eau de pluie est de l'eau distillée. Matières dissoutes et matières en suspension dans l'eau de rivière. Eau douce et eau saumâtre. Ce qui rend l'eau saumâtre. Moyens de rendre douce l'eau saumâtre. Les eaux des rivières diffèrent selon les terrains qu'elles parcourent. L'impureté des eaux qui circulent dans les villes. Gaz dissous par l'eau.

TERRE

De la terre. Préparation de l'acide carbonique au moyen de la chaux. Préparation de l'oxygène au moyen de l'oxyde rouge de mercure. Les métaux deviennent plus lourds en s'oxydant. Métaux contenus dans les substances terrestres. Ce que c'est que le charbon de terre. Fabrication du gaz d'éclairage. Usages du charbon de terre. Gaz d'éclairage et flamme. Explosions dans les mines de charbon et lampes de Davy. Ce qu'est un corps simple, un corps composé. — Des corps simples et des corps composés.

MÉTALLOÏDES

Oxygène. Hydrogène. Azote et acide azotique. — Ce que c'est qu'un acide, un alcali, un sel. Charbon ou carbone. Le sucre contient du charbon. — Chlore retiré du sel marin. — Soufre et ses composés. Propriétés du phosphore. Verre, argile.

MÉTAUX

Fer, ses usages, ses propriétés. Aluminium, le métal retiré de l'argile. Calcium, le métal de la chaux. Magnésium, le métal du sel d'Epson. Sodium, le métal de la soude et du sel de Glauber. Potassium, le métal de la potasse. Cuivre et ses composés. Zinc et ses usages. Étain obtenu à l'aide du chalumeau. Plomb et ses composés. Vif argent ou mercure. Usages de l'or. Conclusions : combinaison en proportion définie. Équivalents. Combinaison en proportions multiples. Équation chimique.

Botanique

NOTIONS PRÉLIMINAIRES. — Définition de la Botanique. Les plantes sont des êtres vivants. Durée des plantes. Distribution des plantes. Formes des plantes. Choses nécessaires à la vie des plantes. Organes et fonctions des plantes. Les tissus des plantes. Première division des plantes en plantes à fleurs et plantes sans fleurs.

Caractères généraux des plantes à fleurs :
Les tissus des plantes.
La nature de la cellule et accroissement du tissu cellulaire.
La nourriture des plantes.
Germination.
La racine.
La tige.
Les bourgeons et les branches axillaires.
Les feuilles.
L'inflorescence.
La fleur.
Le calice.
La corolle.
Le disque.
La préfloraison.
L'étamine.
Le pistil.
L'ovule.
Fécondation.
Le fruit.
La graine.
Appendices.
Plantes gymnospermes.
Principe de la classification des plantes.

Quelques expériences de physiologie végétale : absorption et évaporation de l'eau. — Décomposition de l'acide carbonique, dégagement de l'oxygène et fixation du carbone par les plantes exposées à la lumière. Respiration. Transpi-

ration. Germination. Effet de la lumière sur le chlorophile. — La couleur des fleurs ne dépend pas de la lumière. La tige se tourne du côté de la lumière.
Étude des principales familles végétales. Herborisations.

Dessin

DESSIN A MAIN LEVÉE

1. — Tracé et division des lignes droites en parties égales. — Évaluation des rapports de lignes droites entre elles.
2. — Reproduction et évaluation des angles.
3. — Principes élémentaires du dessin d'ornement. — Circonférences. — Polygones réguliers. — Rosaces étoilées.
4. — Courbes régulières autres que la circonférence. — Courbes elliptiques. — Spirales, etc.
Courbes empruntées aux éléments du règne végétal, tiges, feuilles, fleurs.
5. — Premières notions sur la représentation des objets dans leurs dimensions vraies (éléments du dessin géométral) et sur la représentation de ces objets dans leur apparence (éléments de la perspective).

Nota. — Les exercices de cette partie du programme seront limités à la représentation, sans les ombres, des principaux solides géométriques : le cube, le prisme, le cylindre, la pyramide, le cône.

Dessin géométrique

1. — Emploi des instruments pour le tracé des lignes droites et des circonférences. — Emploi de la règle, du compas, de l'équerre et du rapporteur.
2. — Exécution, avec les instruments, de dessins géométriques dans lesquels n'entreront que des lignes droites et reproduisant des motifs simples de décoration de surfaces planes. — Carrelages, vitraux, parquetage; lavis, à l'encre de chine et à la couleur, de quelques-uns de ces dessins.

CLASSE DE CINQUIÈME

(Élèves de 12 à 13 ans en moyenne)

Langue et littérature françaises

ENSEIGNEMENT ET EXERCICES

Étude plus approfondie des principales difficultés de la syntaxe; étude plus complète des formes.
Exercices écrits et oraux de langue française.
Notions élémentaires de versification.
Vers français à retourner et à compléter.
Lectures vers et prose) suivies de questions et d'explications.
Récitation. — On fera, de préférence, apprendre par cœur des morcea poésie.
Analyse orale ou écrite de lectures d'auteurs français ou de traductions, faites hors de la classe sur l'indication du professeur.

Compositions très simples.
Principes de diction française et lecture expressive.

TEXTES D'EXPLICATION ET DE RÉCRÉATION

Racine : *Esther*.
Boileau : Choix de Satires, épisodes du *Lutrin*.
Recueil de morceaux choisis du moyen âge au XVIIIe siècle.
Recueil de morceaux choisis des prosateurs du XIXe siècle.
Recueil de morceaux choisis des poètes du XIXe siècle.

LIVRES DE LECTURE ET D'ANALYSE

Homère : *Iliade*, analyse et extraits.
Plutarque : *Vie des Romains illustres* (choix).
Tite-Live : Extraits.
Virgile : Analyse et extraits.

Langue latine

Grammaire latine : revision des éléments ; syntaxe complète.
Groupement des mots par familles. Mots primitifs et mots dérivés.
Éléments de prosodie latine.
Explication et récitation d'auteurs latins.
(Une grande importance sera donnée à la préparation et à l'explication des textes.)
De Viris illustribus Urbis Romæ.
Selectæ e profanis scriptoribus historiæ (édition simplifiée et graduée).
Phèdre : *Fables* choisies (second semestre).
Thème latin, écrit et surtout oral.
Version latine.
Biographie sommaire des auteurs, à l'occasion des textes expliqués et dictés.

PROGRAMME D'ENSEIGNEMENT DE LA LANGUE LATINE

Revision. — Déclinaison irrégulière. — Comparatifs et superlatifs irréguliers. — Étude détaillée des pronoms. — Conjugaison régulière et irrégulière.
Premiers éléments de syntaxe générale. Syntaxe d'accord. Emplois principaux des cas. Compléments directs et indirects des verbes. Propositions infinitives. Propositions secondaires.
Exercices instantanés de traduction du français en latin. — La construction latine comparée à la construction française. — Reproduction de mémoire des morceaux expliqués en classe.
Explication des auteurs, instantanée ou après préparation.
Vers hexamètres, pentamètres et ïambiques à scander.

Langues anglaise et espagnole

Continuation des exercices de l'année précédente.
Acquisition de nouvelles parties du vocabulaire. Insister sur les principaux adverbes. — Monnaies, poids et mesures.
Exercices oraux sur les mots appris.
Exercices de conversation sur des objets usuels.

Les principales phrases dites en classe sont rapportées par écrit et apprises par cœur.

Exercices gradués de lecture en insistant sur l'accent des mots et sur l'accent de la phrase.

Exercices de conversation sur les lectures faites.

Textes faciles en vers ou en prose appris par cœur.

Dictées.

Grammaire élémentaire.

Thèmes d'imitation, oraux ou écrits.

TEXTES DE LECTURE, D'EXPLICATION ET DE RÉCITATION

Anglais

Young John Lounger, by T. Robertson.
Royal Readers, n°˚ III — IV.
De Foë : *Robinson Crusoé*.
Franklin : *Autobiography* (extraits).
Miss Corner : *History of Greece* (extraits).
Morceaux choisis de prose et de poésie.

Espagnol

Cours de la langue espagnole, par L. Mallefille (continuation et fin).
Manuel de la conversation, français-espagnol, par Bustamente.
Antonio de Trueba : *Countos populares*.
Morceaux choisis de prose et de poésie.

Histoire

HISTOIRE ROMAINE

Géographie de l'Italie : Latins, Etrusques, colonies grecques.

Fondation de Rome : Époque royale. — La religion, la famille, la cité. — Les rois, le Sénat.

Lutte des Patriciens et des Plébéiens. — La République. — Le consulat, la dictature et le tribunat.

Le décemvirat et la loi des Douze tables. — Conquête de l'égalité civile et politique. — Les comices. — Le forum.

Conquête de l'Italie. — L'armée. — Les colonies. — Les voies militaires.

Les guerres puniques. — Hamilcar et Annibal. — Les deux Scipions. — Ruine de Carthage.

Conquête du bassin de la Méditerranée. — Caractères de la politique romaine en Orient et en Occident.

Conséquences des conquêtes. — Influence du génie grec sur Rome. — Premiers écrivains latins. — Caton le Censeur. — Révolution dans la cité. — La plèbe romaine, l'esclavage. — Les Gracques et les lois agraires.

Marius et Sylla. — Guerres contre Jugurtha. — Les Cimbres. — Mithridate.

Guerres civiles. — Les proscriptions. — Dictature de Sylla. — Rôle militaire et politique de Pompée ; Spartacus. — Cicéron, Verrès, Catilina.

César. — Premier triumvirat. — Conquête des Gaules. — Vercingétorix.

Guerre civile : Pharsale. — Dictature ; réformes et projets de César. — Octave et Antoine. — Bataille d'Actium. — Fin du Gouvernement républicain.

L'Empire. — Auguste : Organisation du Gouvernement nouveau.

— Administration de Rome et des provinces. — Lutte contre les Germains: Varus. — Limites de l'Empire.

Les lettres et les arts. — Grands écrivains à l'époque de César et d'Auguste. — Monuments, commerce. — Les routes, les postes:

Les empereurs de la famille d'Auguste ; conquête de la Bretagne.

— Les Flaviens. — Ruine de Jérusalem.

Les Antonins. — Conquêtes de Trajan. — Voyages d'Adrien. — Antonin et Marc-Aurèle.

Les arts. — Grands monuments à Rome et dans les provinces. — Les spectacles. — Les lettres. — Écrivains et philosophes de l'époque des Antonins.

Le christianisme. — Église primitive. — Catacombes.

Septime-Sévère. — Les grands jurisconsultes ; l'édit de Caracalla. — Anarchie. — Relèvement de l'Empire par Dioclétien.

Constantin : l'édit de Milan, le concile de Nicée. — Organisation de l'Église chrétienne. Fondation de Constantinople.

Dernier temps de l'Empire. — Les invasions. — Théodose. — Les deux Empires. — Étendue du monde romain.

Revision des grands faits et résumé du cours.

Nota. — Il sera bon de mettre entre les mains des élèves, pour faciliter l'intelligence du cours, un « Choix de lectures extraites des auteurs anciens et modernes sur l'histoire romaine ».

Géographie

GÉOGRAPHIE GÉNÉRALE : L'EUROPE, L'AMÉRIQUE

1. — *Géographie générale* (1er trimestre)

La mer : marées, courants. Le fond des mers. Les régions polaires.
L'atmosphère : vents alizés, moussons, cyclones.
La pluie et la circulation des eaux. Climats. Végétaux.
Les continents : montagnes, plateaux et plaines, fleuves. Comparaison de leurs principaux traits dans les cinq parties du monde.
Notions élémentaires sur la répartition des races humaines. La vie civilisée et la vie sauvage.

L'Europe (2e trimestre)

Configuration, limites et dimensions.
Les mers. Description des côtes.
Les montagnes. Les plateaux et les grandes plaines. Volcans.
Fleuves et rivières. Principaux groupes de lacs.
Climats. Rapports de la végétation et du climat.
Description particulière des États de l'Europe.
Traits caractéristiques de leur géographie physique : leurs villes principales, leur population.

L'Amérique (3e trimestre)

Situation et forme générale du continent. Océans : Pacifique, Atlantique, Glacial. Grandes divisions. Population. L'Amérique latine et l'Amérique anglo-saxonne.

Amérique du Nord, Amérique centrale, Amérique du Sud. Grands traits du relief du sol. Fleuves, lacs, climats, régions naturelles. Faune.

Principaux États et possessions européennes : productions les plus importantes de l'agriculture, des mines, de l'industrie. Immigration.

Communications principales des grands États entre eux et avec l'Europe, l'Asie, l'Océanie.

SCIENCES

Arithmétique

Revision.

Nombres premiers. — Décomposition d'un nombre en ses facteurs premiers. — (Aucun développement théorique.)

Système métrique. — Exercices relatifs à la mesure des aires et des volumes.

Extraction de la racine carrée d'un nombre entier (Règle pratique).

Règle de trois par la méthode de réduction à l'unité.

Intérêt simple. — Escompte commercial. — Rentes.

Problèmes relatifs aux mélanges et aux alliages.

Géométrie

PREMIERS ÉLÉMENTS DE GÉOMÉTRIE EXPÉRIMENTALE

(Suite et fin)

Revision du cours précédent.

Mesure des surfaces planes terminées par des lignes courbes : mesure de la surface du cercle. — Mesure d'une surface quelconque.

Mesure des volumes terminés par des surfaces planes et des surfaces courbes. — Le cylindre. — Mesure du volume d'un cylindre. — Le cône. — Mesure du volume du cône.

Mesure des volumes terminés par des surfaces rondes : la sphère. — Surface et volume de la sphère.

Dessin des figures géométriques : Des instruments employés. — Tracé des droites, des parallèles et des perpendiculaires.

Division d'une droite en parties égales. Construction des figures terminées par des lignes droites. — Construction générale des figures régulières terminées par des droites. Juxtaposition des figures. — Tracés sur les angles. — Tracés sur le cercle.

Éléments d'arpentage et de levé des plans : Définitions. — Principaux instruments employés. — Tracé direct d'un plan. — Arpentage proprement dit. — Difficultés particulières.

Premières notions de physique

Définition de la physique. Définition du mouvement. Définition de la force.

Les principales forces de la nature : Gravité, cohésion, attraction chimique. Usage de ces trois forces. Comment agit la gravité. Balance.

Les trois états de la nature : Remarques générales. Définition des solides, des liquides, des gaz.

Propriétés des solides : Remarques générales sur la cohésion. Élasticité. Résistance des matériaux. Frottement.

Propriétés des liquides : les liquides prennent la forme des vases qui les contiennent. Ils transmettent la pression. — Presse hydraulique. Pression de l'eau. Niveau des liquides. Niveau d'eau. Corps flottants. Poids spécifique Capillarité.

Propriétés des gaz : Pression de l'air. Poids de l'air. Baromètre. Usages du baromètre. Machine pneumatique. Pompes. Siphon.

Corps en mouvement : Définition de l'énergie. Définition du travail. Travail fait par un corps en mouvement. Énergie d'un corps en repos.

Corps en vibration : Le son. Ce que c'est que le bruit et ce que c'est que la musique. Le son fait du travail. Il faut un intermédiaire pour la propagation du son. Son mode de propagation dans l'air. Sa vitesse. Écho ou réflexion du son. Comment trouver le nombre de vibrations par seconde correspondant à une note.

Corps soumis à l'action de la chaleur : Nature de la chaleur. Dilatation des corps chauffés. Description du thermomètre. Comment faire un thermomètre centigrade. Dilatation des solides. Dilatation des liquides. Dilatation des gaz. Chaleur spécifique. Changement d'état, table des points de fusion. Chaleur latente de l'eau. Chaleur latente de la vapeur. Ébullition et évaporation. Le point de fusion dépend de la pression. Autres effets de la chaleur. Mélanges réfrigérants. La chaleur se propage. Conductibilité des corps pour la chaleur. Propagation de la chaleur. Rayonnement de la lumière et de la chaleur. Vitesse de la lumière. Réflexion de la lumière. Réfraction de la lumière. Lentilles, images qu'elles donnent. Microscope et télescope. La réfraction diffère avec les rayons. Récapitulation et nouvelle définition de la nature de la chaleur.

Corps électrisés : Corps bons conducteurs et corps mauvais conducteurs de l'électricité. Deux sortes d'électricité, leur action réciproque. Elles existent combinées dans les corps non excités. L'étincelle électrique. Électroscope. — Action des pointes. Machine électrique. La bouteille de Leyde. Nature de l'énergie des corps électrisés. Courants électriques. Batterie de Grove. Propriétés des courants. Effets caloriques, chimiques et magnétiques. Télégraphie électrique.

Physiologie animale

Notions préliminaires : ce que c'est que la physiologie. Les animaux se meuvent à volonté. — Les animaux sont chauds. Pourquoi les animaux sont chauds et se meuvent : combustion. Le besoin d'oxygène. — Les déchets.

Les différentes parties du corps : Les tissus. — Les cavités du thorax et de l'abdomen. La colonne vertébrale. — Tête et cou. — Nerfs. — Arrangement général de toutes ces parties.

Ce qui a lieu quand nous nous mouvons : Les os du bras. — La structure de la jointure du coude. — Autres jointures du corps. — Le bras est fléchi par la contraction du biceps. — Comment le biceps se contracte sous l'empire de la volonté. La contractilité d'un muscle dépend de la circulation du sang. C'est la nourriture contenue dans le sang qui donne de la force au muscle. — Besoin continuel de nourriture.

La nature du sang. — Le sang dans les capillaires. — Les globules sanguins. La coagulation du sang. — Les substances contenues dans le sérum. — Les minéraux du sang.

La circulation du sang : les artères, les capillaires et les veines. Le cœur d'un mouton. Le trajet de la circulation. — Pourquoi le sang se meut dans une seule direction : les valvules des veines. Les valvules tricuspides. Les valvules sigmoïdes.

Le cœur gauche.

Pourquoi le sang se meut toujours : Battement du cœur. — L'action du cœur considérée comme un tout. Les capillaires et les tissus.

Comment le sang est modifié par l'air : Respiration. Sang veineux et sang artériel. — Le changement du sang artériel en sang veineux et du sang veineux en sang artériel. — Les poumons. — Le renouvellement de l'air dans les poumons. — Comment la contraction du diaphragme dilate les poumons. — La dilatation naturelle des poumons. Inspiration. Expiration. Comment se contracte le diaphragme. La poitrine est aussi dilatée par les mouvements des côtes et du sternum. La respiration est un acte involontaire.

Comment le sang est changé par la nourriture : digestion. Pourquoi l'intérieur de la bouche est toujours rouge et humide. — Pourquoi la peau est quelquefois humide. Glandes sudorifiques — La membrane muqueuse du canal alimentaire et ses glandes. Les glandes salivaires. — Le pancréas et le foie. — La partie nutritive des aliments. — Comment les matières protéiques et l'amidon sont changés. — Vaisseaux lactés et vaisseaux lymphatiques. — Ce que devient la partie nutritive des aliments.

Comment le sang se débarrasse des déchets. — Nécessité de se débarrasser des matières non utilisées. — Expulsion de l'ammoniaque sous la forme d'urine.

Résumé général et succinct de tout le cours. — *Comment nous sentons et voulons.*

Dessin

DESSIN A MAIN LEVÉE

1. Représentation géométrale, au trait, et représentation perspective, avec les ombres, de solides géométriques et d'objets usuels simples.

2. Dessin, d'après des ornements en relief empruntant leurs éléments à des formes non vivantes ; moulures, rais de cœur, oves, perles, denticules, etc.

DESSIN GÉOMÉTRIQUE

1. Exécution, avec les instruments, de dessins géométriques dans lesquels entreront des lignes droites et des circonférences, et empruntés à des motifs de décoration de surfaces planes. — Parquetages. — Dallages. — Mosaïques, vitraux. — Reliures.

Lavis, à l'encre de Chine et à la couleur, de ces dessins.

2. Relevé avec cotes, et représentation géométrale, au trait, à une échelle déterminée, de solides géométriques et d'objets très simples.

CLASSE DE QUATRIÈME

(*Élèves de 13 à 14 ans*)

Langue et Littérature françaises

ENSEIGNEMENT ET EXERCICES

Notions élémentaires de grammaire historique. Notions d'étymologie. Lois principales qui ont présidé à la formation de la langue française. Époques de l'histoire de la langue.

Développement du vers français.

Exercices sur la langue française. — Lectures expliquées de quelques textes français du moyen âge et du xvi° siècle.

Vers français à retourner et à compléter.

Explication, récitation et lecture d'auteurs français (vers et prose).

Analyse écrite ou orale d'auteurs français ou de traductions, lus hors de la classe sur l'indication du professeur.

Compositions françaises : narrations, lettres, développement d'une idée morale, résumés et analyses d'auteurs.

Principes de diction et lecture expressive.

TEXTES D'EXPLICATION ET DE RÉCITATION

Corneille : *Le Cid, Horace.*
Racine : *Iphigénie, Les Plaideurs.*
Molière : *L'Avare, Le Malade imaginaire.*
La Fontaine : *Fables* (I à VI).
Voltaire : *Histoire de Charles XII.*
Recueil de morceaux choisis du moyen âge au xviii° siècle.
Recueil des morceaux choisis des prosateurs du xix° siècle.
Recueil des morceaux choisis des poètes du xix° siècle.

LIVRE DE LECTURE ET D'ANALYSE

Xénophon : Analyse et extraits.
Salluste.
Cervantès : Analyse et extraits.
Le Tasse : *Jérusalem délivrée* (extraits et analyse).
Analyse et extraits des chroniqueurs français : Villehardouin, Joinville, Comines. (Traductions.)
Recueil de morceaux choisis de littératures étrangères. (Traductions et notions d'histoire littéraire à propos des textes lus.)

Langue latine

Grammaire latine : revision.
Éléments de prosodie latine.
Explication et récitation d'auteurs latins.
(Une grande importance sera donnée à la préparation et à l'explication des textes.)
Virgile : *Énéide* (livres I et II).
Ovide : *Métamorphoses* (morceaux choisis).

César : *De Bello Gallico.*
Cornélius Nepos.
Quinte-Curce.
Exercices oraux de thème latin.
Version latine.
Biographie sommaire des auteurs, à l'occasion des textes expliqués et dictés.

PROGRAMME D'ENSEIGNEMENT DE LA LANGUE LATINE

Revision du cours de cinquième, en insistant sur la syntaxe particulière.
Gallicismes et latinismes. — La construction latine comparée à la construction française. Exemples tirés des textes expliqués.
Exercices oraux sur les procédés de dérivation et de composition des mots.
Exercices oraux sur le vocabulaire.
Explication des auteurs.
(Les élèves seront encouragés à faire, en dehors de la classe, des lectures supplémentaires ; les auteurs de l'année précédente peuvent être recommandés pour cette lecture privée.)
Exercices oraux de prosodie. — Vers hexamètres et pentamètres à retourner.

Langue grecque

Éléments de la grammaire grecque.
Lecture en tenant compte de l'accent.
Écriture : esprits.
Exercices oraux et au tableau sur la déclinaison et la conjugaison.
Chrestomathie élémentaire.
(Le professeur devra exercer les élèves à retenir les mots qui reviennent le plus souvent dans l'explication.)

Langue anglaise et espagnole

Continuation des exercices de l'année précédente.
Acquisition de nouvelles parties du vocabulaire, avec des exercices oraux correspondants.
Suite des exercices de lecture.
Explication et récitation d'auteurs.
Conversations sur les lectures faites et sur les textes expliqués.
Dictées.
Thèmes oraux.
Thèmes écrits, repris de vive voix.
Versions et thèmes d'imitation.
Étude méthodique des formes grammaticales et de leur emploi.

AUTEURS ANGLAIS

T. Robertson : *Sit down to breakfast.*
Morceaux choisis (en prose et en vers).
Miss Edge Worth : *Old Poz.*

Swift : *Gulliver's Travels* (extraits).
Ouida : *A Leaf in the Storm ; A Dog of Flandres*.
Miss Corner : *History of Rome* (extraits).

AUTEURS ESPAGNOLS

Morceaux choisis de prose et de poésie.
Juanito : *Lecturas morales*.
El Eco de Madrid (par J. Eugenio Hartzenbusch et Enrique Lemming).

Histoire

HISTOIRE DE L'EUROPE JUSQU'EN 1270

L'Empire romain à la fin du IV° siècle. — L'empereur, les préfets, l'impôt, la cité ; les grandes propriétés ; les colons.

Civilisation romaine : écoles, monuments, mœurs. Exemples pris en Gaule. Comparaison de la Gaule avant la conquête et de la Gaule romaine.

Le christianisme ; les évêques, les conciles.

Les Barbares. — Mœurs des Germains. — Les invasions germaniques : Alaric. Simple énumération des États fondés par les Germains. — Les Huns et Attila. — Les Goths et Théodoric.

Les Francs : Clovis. — Conquête de la Gaule et d'une partie de la Germanie. Mœurs de l'époque mérovingienne : loi salique. Les rois, les grands, les évêques ; Grégoire de Tours. Les régions franques : Neustrie, Australie, Bourgogne, Aquitaine.

Empire romain d'Orient. — Justinien, mœurs byzantines, la cour, les lois ; l'église Sainte-Sophie.

Les Arabes. — Mahomet, le Coran ; l'empire arabe ; la civilisation arabe.

La papauté. — Grégoire le Grand, monastères et missions en Occident.

Les ducs austrasiens. — Charles Martel. Relations avec les papes. Avènement de Pépin le Bref.

L'empire franc. — Charlemagne : la cour, les assemblées, les Capitulaires, les écoles ; l'armée et la guerre ; restauration de l'Empire.

Louis le Pieux. Le traité de Verdun. Démembrement de l'empire en royaumes. Les Normands en Europe.

La féodalité. — Démembrement de la France en grands fiefs. Avènement des Capétiens.

Le régime féodal : l'hommage, le fief, le château, le serf, la trêve de Dieu, évêques et abbés. — La Chevalerie.

L'Allemagne et l'Italie. — Les duchés allemands ; Henri Iᵉʳ ; les Marches ; Othon Iᵉʳ en Italie. Nouvelle restauration de l'Empire.

L'empereur et le pape ; la réforme de l'Église ; Grégoire VII : la querelle des investitures. Alexandre III et Frédéric Barberousse. Innocent III ; Frédéric II.

Les croisades. — Fondation du royaume de Jérusalem. La prise de Constantinople. Influence de la civilisation orientale sur l'Occident. — Croisades et missions dans l'orient de l'Europe.

Les villes. — Progrès des populations urbaines et rurales en Occident. — Les communes. L'industrie, le commerce, les métiers, les foires.

La royauté française. — Les premiers rois capétiens. Le roi, sa cour, son domaine ; les grands vassaux.

Louis VI, Louis VII et Philippe-Auguste. Progrès du pouvoir royal ; extension du domaine.

Le règne de saint Louis.

L'Angleterre. — Guillaume le Conquérant ; Henri II. La Grande Charte. Le Parlement.

Civilisation chrétienne et féodale. — L'Église ; les hérésies ; les ordres mendiants ; la croisade albigeoise ; l'Inquisition. — Les écoles ; l'Université de Paris. — La littérature : trouvères, troubadours ; Villehardouin, Joinville. Les arts : un château, une église romane, une église gothique.

Revision des grands faits et vue d'ensemble du cours.

Morale pratique

Notions préliminaires. — Premières données de la conscience.

Devoirs domestiques. — Devoirs des enfants envers les parents.

Devoirs des parents envers les enfants.

Devoirs des frères et sœurs.

Devoirs sociaux. — Respect de la vie humaine.

Respect de l'honneur et de la réputation. Les outrages, la calomnie, la médisance. Condamnation de la délation et de l'envie.

Respect de la propriété. Le vol et la fraude sous toutes ses formes.

Caractère sacré des promesses et des contrats.

Équité. Reconnaissance. La bienfaisance : l'aumône ; l'obligation d'assister ses semblables dans le péril ; le dévouement, le sacrifice. Devoirs de l'amitié. Respect de la vieillesse, des supériorités morales.

Devoirs à l'égard des animaux.

Devoirs réciproques des maîtres et des serviteurs.

Devoirs civiques. — La patrie et le patriotisme. L'obéissance aux lois, le respect des magistrats, l'impôt, le service militaire, le vote.

Devoirs personnels. — Devoirs de conservation personnelle. Le suicide.

Principales formes du respect de soi-même ; tempérance, prudence, courage. Respect de la vérité ; sincérité vis-à-vis de soi-même.

Devoir de cultiver et de développer toutes nos facultés. Le travail : sa nécessité, son influence morale.

Devoirs religieux et droits correspondants.

Géographie

AFRIQUE, ASIE, OCÉANIE

Configuration, superficie ; mers et côtes ; archipels et grandes îles.

Grands traits du relief du sol ; fleuves, lacs, climats, régions naturelles. Faune.

Principaux États et possessions européennes.

Productions les plus importantes de l'agriculture, des mines, de l'industrie.

Populations : races indigènes et immigrations.

Langues et religions. Grands souvenirs historiques. Grands voyages de découvertes.

Commerce extérieur. Principaux ports. Grandes voies de communications par terre et par mer.

Résumé. — Les plus grands États des cinq parties du monde comparés entre eux. Relations entre les cinq parties du monde. Répartition des races. Grandes lignes de navigation et de télégraphie.

SCIENCES

Arithmétique

Revision.
Rapports et proportions. — Grandeurs proportionnelles.
Applications à l'arithmétique commerciale : Escompte, méthodes des diviseurs et des parties aliquotes ; bordereau d'escompte ; comptes courants ; règles de société et de mélanges. Application aux calculs des rentes.

Géométrie

Ligne droite et plan. — Angles. — Droites perpendiculaires.
Triangles. — Triangle isocèle. — Cas d'égalité des triangles.
Perpendiculaires et obliques. — Triangles rectangles. — Cas d'égalité. — Définition d'un lieu géométrique. — Lieu géométrique des points équidistants de deux points ou de deux droites.
Droites parallèles. Somme des angles d'un triangle, d'un polygone convexe. Propriété des parallélogrammes.
Figures symétriques par rapport à un point ou à une droite. — Deux figures symétriques sont égales.
Usage de la règle et de l'équerre.
Cercle. — Intersection d'une droite et d'un cercle. — Tangente au cercle; les deux définitions de la tangente. — Arcs et cordes.
Positions relatives de deux circonférences.
Mesure des angles.
Usage de la règle et du compas. — Rapporteur.
Problèmes élémentaires et lieux géométriques. Mener une tangente à un cercle parallèlement à une droite donnée. Mener une tangente commune à deux cercles. Décrire sur une droite donnée un segment capable d'un angle donné.

Premières notions de Cosmographie

La Terre et ses mouvements : La Terre est ronde. — La Terre est grande. — La Terre n'est pas en repos. La Terre tourne sur elle-même. La Terre fait un tour sur elle-même en un jour. La rotation de la Terre n'est pas son seul mouvement. — La Terre fait le tour du Soleil en une année. Les deux mouvements de la Terre ne sont pas dans le même plan. Pourquoi les jours et les nuits sont inégaux. — Les saisons dépendent de la différence de longueur du jour et de la nuit. — Pourquoi les mouvements du Soleil et des étoiles apparaissent différents dans les différentes parties de la Terre.

La lune et ses mouvements : La lune voyage parmi les étoiles. — La lune change de forme. — Comment la lune cause les éclipses. — Comparaison de la lune avec la terre.

Le système solaire : Comment doivent nous paraître des corps semblables à la terre, mais plus proches du soleil. — Y a-t-il de tels corps ? Les planètes. Les planètes plus près du soleil que la terre. — Les planètes plus éloignées du soleil que la terre. — Les comètes, les météores et les étoiles filantes.

Le soleil : L'influence du soleil sur le système solaire. — La chaleur, la lumière, la grandeur et la distance du soleil. Apparence que présente le soleil. Taches du soleil. — L'atmosphère du soleil. — Eléments constitutifs du soleil. — Le soleil est l'étoile la plus rapprochée de la terre.

Les étoiles et les nébuleuses : Les étoiles sont des soleils éloignés les uns des autres. — La clarté des étoiles. — Les constellations. — Mouvements apparents des étoiles. — Mouvements réels des étoiles. — Etoiles multiples. — Groupe d'étoiles et nébuleuses. — La nature des étoiles et des nébuleuses.

Comment sont déterminées les positions des corps célestes et l'usage qu'on en fait : Cartes célestes. — Distance polaire des étoiles. — La distance polaire ne suffit pas pour déterminer la position d'un astre. — Ascension droite. — La latitude des lieux terrestres. — La longitude des lieux terrestres.

Pourquoi les mouvements des corps célestes sont si réguliers : Ce que c'est que le poids.

La gravité diminue à mesure qu'augmente la distance. — Explication de l'orbite parcouru par la lune autour de la terre. — L'attraction ou gravitation.

Zoologie

DIVISION DES ANIMAUX EN EMBRANCHEMENTS

Embranchement des vertébrés. — Caractères généraux. (Examen rapide des principaux appareils anatomiques et des fonctions de ces appareils). — Division en classes.

Embranchement des annelés. — Caractères généraux. — Division en classes.

Embranchement des mollusques. — Caractères généraux. — Division en classes.

Embranchement des radiaires. — Caractères généraux. — Division en groupes naturels.

Protozoaires. — Notions succinctes sur les infusoires.

N. B. — Prendre comme types, dans les principales classes, les animaux les plus utiles, et caractériser l'ordre auquel ils appartiennent.

Géologie (premières notions)

Les différentes espèces de pierres.

Ce que les pierres ont à nous apprendre.

Les roches sédimentaires. Qu'est-ce qu'un sédiment? — Origine du gravier, du sable et du limon. Formation des roches sédimentaires. Les fossiles. — Une carrière et ses leçons. — Les roches organiques : Roches formées de débris végétaux. — Roches formées de débris animaux.

Les roches ignées : leur nature, leur origine.

La croûte terrestre : Soulèvements. — Affaissements. — Dislocations. — Origine des montagnes. — L'histoire de la terre racontée par les roches.

Dessin

DESSIN A MAIN LEVÉE

1. — Dessin d'après des ornements en bas-relief empruntant leurs éléments au règne végétal. — Feuilles et fleurs ornementales. — Palmettes, rinceaux, etc.

2. — Dessin d'après des fragments d'architecture. — Piédestaux. — Bases et fûts de colonnes. — Antes. — Corniches. — Vases.

3. — Dessin de la tête humaine. — Premières notions sur la structure et les proportions de ses différentes parties.

DESSIN GÉOMÉTRIQUE

1. — Notions sur la ligne droite, sur le plan et sur les projections.
2. — Projection des solides géométriques et d'objets usuels les plus simples. — Déplacements de ces objets et de ces solides parallèlement aux plans de projection.

Notions pratiques élémentaires sur le lavis des surfaces planes et des surfaces courbes.

3. — Eléments du dessin d'architecture. — Les murs et les moulures.

Ensemble et détails de l'ordre dorique. (Cette étude d'architecture sera faite d'après un monument de l'art grec ou de l'art romain.)

DIVISION SUPÉRIEURE

CLASSE DE TROISIÈME

(*Elèves de 14 à 15 ans en moyenne*)

Langue et Littérature françaises

ENSEIGNEMENT ET EXERCICES

Etude grammaticale et littéraire de la langue française.

Notions sur les principales qualités du style et les règles essentielles de la composition, étudiées, non d'après un cours théorique, mais sur les textes et à l'occasion des devoirs journaliers.

Histoire sommaire de la littérature française jusqu'à la mort de Henri IV.

Explication, récitation, lecture et analyse d'auteurs français.

Lecture et analyse de traductions choisies.

Compositions et exercices littéraires de genres divers : narrations, discours, dialogues, portraits, développement de pensées (littérature, morale, histoire, etc.).

Principes de diction et lecture expressive.

TEXTES D'EXPLICATION ET DE RÉCITATION

Montaigne : Extraits.
Boileau : *Epîtres*.
Bossuet : *Oraisons funèbres*.
La Bruyère : *Caractères*.
Molière : *Les Précieuses ridicules ; Les Femmes savantes*.
Lettres choisies du XVII° siècle.
Rousseau : Extraits de prose.
Recueil de morceaux choisis (du moyen âge au XVIII° siècle).
Recueil de morceaux choisis des prosateurs du XIX° siècle.
Recueil de morceaux choisis des poètes du XIX° siècle.

LIVRES DE LECTURE ET D'ANALYSE

Eschyle, Sophocle, Euripide (choix).
Plaute, Térence : Extraits choisis.
César.
Bossuet : *Histoire universelle*, III° partie.
Montesquieu : *Considérations sur les causes de la grandeur des Romains et de leur décadence.*
Recueil de morceaux choisis de littératures étrangères. (Traduction) et notions d'histoire littéraire à propos des textes lus.

PROGRAMME D'HISTOIRE DE LA LITTÉRATURE FRANÇAISE

1. Formation de la langue française : résumé rapide. — Langue d'oc et langue d'oïl. — Poésie lyrique du Midi : les Troubadours.
2. Les Trouvères. — Chansons de Gestes. — Les trois Cycles.
3. Les fabliaux et le *roman du Renard*.
4. *Le roman de la Rose* et la *poésie allégorique*. — Poésie lyrique du Nord (XIII° au XV° siècle).
5. Poésie dramatique : *Les Mystères*.
6. Suite de la poésie dramatique : *Farces, Soties et Moralités.*
7. La prose : les quatre grands chroniqueurs : Villehardouin, Joinville, Froissart, Comines.
8. XV° siècle : aperçu rapide. — XVI° siècle : la Renaissance, la Réforme.
9 et 10. La poésie. Clément Marot et son école. Ronsard et la Pléiade.
11. Le théâtre : commencements de la Tragédie et de la Comédie.
12. La prose : sa richesse en tous les genres : érudits, philosophes, théologiens, politiques, historiens, conteurs.
13. Rabelais. — Montaigne.
14. Les auteurs de mémoires. — *La Satire Ménippée.*
15. D'Aubigné. — Régnier. — Malherbe.

Langue latine

Grammaire latine : revision.
Prosodie latine.
Explications et récitation d'auteurs latins.
(Une grande importance sera donnée à la préparation et à l'explication des textes.)
Tite-Live : *Narrationes.*
Cicéron : *Pro Archia; De Senectute.*
Pline : Choix de lettres.
Salluste.
Térence : *Les Adelphes.*
Virgile : *Épisode des Géorgiques; Enéide* (livres III — VII).
Version.
Notions sommaires d'histoire littéraire à l'occasion des textes expliqués ou dictés.
Analyses écrites et orales de morceaux empruntés aux poètes et aux prosateurs latins.

Langue grecque

Lecture et écriture, en tenant compte de l'accent. Notions élémentaires d'accentuation.

Exercices oraux sur les procédés de dérivation et de composition des mots Mots simples. Groupement des mots dérivés ou composés.

Exercices oraux et au tableau sur la déclinaison et la conjugaison.

Exercices oraux de traduction du français en grec et du grec en français.

Exercices oraux sur le vocabulaire.

Chrestomathie.

Xénophon : *Anabase*, extraits.

Lucien : Choix de *Dialogues des Morts*.

Babrius : *Fables*.

Notions sommaires de la littérature grecque.

PROGRAMME D'HISTOIRE DE LA LITTÉRATURE GRECQUE

1. Les premières traductions poétiques de la Grèce : Homère, Hésiode.
2. Les poètes lyriques.
3. Les poètes tragiques.
4. Les poètes comiques.

Langues et Littératures anglaises et espagnoles

Continuation des exercices de l'année précédente.

Etudes de vocabulaire.

Reproduction de vive voix de lectures ou de récits faits en classe.

Explication et récitation d'auteurs. — L'explication prendra un caractère plus littéraire que dans les classes précédentes ; on choisira de temps en temps des morceaux qui donnent lieu à des comparaisons avec la littérature française.

Lecture courante de textes faciles.

Exercices de conversation sur les textes lus ou expliqués et sur les mots appris.

Etude méthodique des différentes parties du discours.

Thèmes oraux et écrits ; thèmes grammaticaux.

Versions dictées ; thèmes d'imitation.

Essais de composition très simples : récits, descriptions, lettres familières, etc.

Notions d'histoire littéraire.

AUTEURS ANGLAIS

Morceaux choisis.

Goldsmith : *She stoops to conquer; The Vicar of Wakefield*.

Lamb : *Tales from Shakespeare*.

Macaulay : *Essays* (extraits).

Cox : *The gods and the heroes*.

AUTEURS ESPAGNOLS

Morceaux choisis de prose et de poésie.

Choix de fables de Iriarte, de Samaniego.

Diego de Mendoza : *Guerra de Granada.*
Antonio de Solis : *Historia de la conquista de Mejico.*
Don M.-J. Quintana : *Vidas de Espanoles celebres.*

Histoire

HISTOIRE DE L'EUROPE DE 1270 A 1610

L'Europe à la fin du xiii⁰ siècle. — Empire et papauté. Principaux États.

La royauté en France. — Philippe le Bel ; caractère nouveau du gouvernement ; l'impôt et l'armée ; le Parlement ; les États généraux. Lutte contre Boniface VIII. Condamnation des Templiers. Avènement des Valois.

La guerre de Cent ans. — Les armées et les grandes compagnies. Les États généraux ; Etienne Marcel. La Jacquerie. — Charles V et Duguesclin. Paris au xiv⁰ siècle. — Charles VI et la maison de Bourgogne. — Charles VII. Jeanne d'Arc. — Expulsion des Anglais.

France et Angleterre à la fin de la guerre de Cent ans. — Institutions de Charles VII : armée permanente ; pragmatique de Bourges. — Féodalité : Bretagne et Bourgogne. — Troubles en Angleterre : Henri VI.

L'Église. — Les papes à Avignon ; le grand schisme d'Occident ; Wiclef et Jean Huss ; les grands conciles.

L'anarchie en Allemagne et en Italie. — Avènement des Habsbourgs : Affranchissement de la Suisse ; la Bulle d'or ; la Hanse. Les grandes villes d'Italie : Florence et Venise.

Démembrement de l'empire grec et formation de l'empire ottoman. — Slaves et Hongrois ; les Turcs : Mahomet II. L'Europe orientale : La Moscovie. Ivan III.

Les États de l'Europe occidentale à la fin du xv⁰ siècle. — France : Louis XI et Charles le Téméraire. Charles VIII et Anne de Beaujeu. États de 1484.

Angleterre : les Tudors.

Espagne : Formation du Royaume : Ferdinand et Isabelle.

Le déclin du moyen âge. — Commencement de la Renaissance en Italie : Dante, Giotto, Pétrarque, Brunelleschi, Donatello.

Les grandes inventions et leurs effets sur la civilisation générale. — Poudre à canon, boussole, papier, imprimerie. — Les découvertes maritimes : connaissances géographiques à la fin du xv⁰ siècle : Découvertes des Portugais et des Espagnols ; Christophe Colomb. Les voies de commerce ; les épices et l'or.

La politique européenne. — Guerre d'Italie : les États Italiens à la fin du xv⁰ siècle ; les belligérants : France, Espagne, Maison d'Autriche, Jules II et Léon X.

La rivalité des maisons de France et d'Autriche. — François I⁰ʳ et Charles-Quint ; Henri VIII et Soliman. Henri II. Abdication de Charles-Quint ; traité de Cateau-Cambrésis.

Le pouvoir royal en France. — La Cour au temps de François I⁰ʳ et de Henri II ; les principales familles nobles ; le clergé et le concordat de 1516 : l'armée, la justice, les finances.

La Renaissance. — Les arts et les lettres en Italie : Machiavel, Arioste, le Tasse ; Léonard de Vinci, Raphaël, Michel-Ange, Titien. — Renaissance aux Pays-Bas et en Allemagne : Retour sur l'histoire de l'art aux Pays-Bas : Les Van Eyck. — Erasme, Dürer. — Kopernik. — Renaissance en France : Le Cardinal d'Amboise ; le Collège de France ; Rabelais, Ronsard, Montaigne ; les Italiens à Fontainebleau ; Jean Goujon et Philibert Delorme. Châteaux et palais.

La Réforme. — Zwingle, Luther, Calvin. La paix d'Augsbourg. — Propagation du luthérianisme au Nord, du calvinisme à l'Ouest. — Henri VIII et l'anglicanisme.

La Contre-Réforme. — Le Concile de Trente; l'Inquisition : la Société de Jésus.

Guerres politiques et religieuses. — Philippe II : Politique religieuse en Espagne et aux Pays-Bas. Affranchissement des Provinces-Unies : Guillaume le Taciturne. Aperçu général de la politique de Philippe II en Europe. Décadence de l'Espagne.

Angleterre : Lutte d'Elisabeth contre Philippe II; Marie Stuart. — Prospérité de l'Angleterre : Bourgeoisie, industrie, marine. Shakespeare.

France : Catholiques et protestants : L'Hospital et le parti de la tolérance ; les Guises, Coligny, la Saint-Barthélemy ; Henri III et la Ligue.

Henri IV : Lutte contre l'Espagne ; édit de Nantes ; Sully ; reconstitution du royaume.

Revision des grands faits et vue d'ensemble du cours.

Histoire d'Haïti

I

DE LA DÉCOUVERTE A LA COLONISATION FRANÇAISE

Découverte de l'île par Christophe Colomb et ses trois voyages. — Les Cacicats et les Caciques. Anacouana. — Traite des Indiens. — Révoltes et destruction des Indiens. — Cobadilla, Ovando, don Diego, Colomb, gouverneurs. — Las Casas.

Origine de la ville de Santo-Domingo.

Premier transport d'esclaves africains en 1503.

Introduction de la canne à sucre (1506).

Dernières luttes des Haïtiens. — Henri.

Bombardement et pillage de Santo-Domingo par Francis Drake (1586). — Santo-Domingo, seul port ouvert au commerce (1606).

Décadence de la colonie espagnole.

Géographie

EUROPE

1° *Étude générale*

Bornes et superficie de l'Europe. Configuration générale. Place de l'Europe dans l'ancien continent.

Description des mers principales et des côtes. Courants.

Relief du sol : Principaux massifs de montagnes; plateaux, plaines et grandes vallées.

Hydrographie : Principaux centres de distribution et direction générale des eaux. Principaux groupes de lacs. Les grands fleuves.

Climat moyen de l'Europe et climat moyen des principales régions. Extrêmes de froid et de chaud. Rapports de la végétation et du climat, de la végétation et de l'altitude. Exemples pris parmi les végétaux les plus caractéristiques.

Les races européennes et les familles de peuples. Les religions ; les langues.

2° *Description des États*

Enumération des États avec leur population, leurs capitales, leurs grandes villes.

Étudier pour chacun des principaux Etats les traits caractéristiques de la géographie physique et de la géographie économique ; les éléments de la géographie politique et administrative, les régions historiques, les grandes villes.

3° *Résumé*

Superficie et population comparée des principaux Etats ; comparaison de la puissance économique et des forces militaires. Grandes voies de communications internationales.

Rapports entre l'Europe et les autres parties du monde. Tableau des colonies européennes.

SCIENCES

Instruction générale. — Les cours de sciences ne seront jamais dictés. — Le professeur mettra entre les mains des élèves un livre qui le dispense de développer personnellement toutes les parties du cours.

Mathématiques

ARITHMÉTIQUE THÉORIQUE

Numération.

Addition, soustraction et multiplication des nombres entiers.

Théorèmes relatifs à la multiplication.

Division des nombres entiers. Caractères de divisibilité par 2, 5, 4, 9 et 3. Reste de la division par chacun de ces nombres.

Plus grand commun diviseur de deux nombres. — Propriétés élémentaires des nombres premiers. — Plus grand commun diviseur et plus petit commun multiple de plusieurs nombres.

Opérations sur les fractions.

Fractions décimales. — Opérations sur les nombres décimaux ; quotient de deux nombres entiers ou décimaux, à moins d'une unité d'un ordre décimal donné.

Carré et racine carrée.

Problèmes et exercices divers.

Géométrie

Revision.

Lignes proportionnelles. — Toute parallèle à l'un des côtés d'un triangle divise les autres côtés en parties proportionnelles. — Réciproque.

Propriétés des bissectrices d'un triangle. — Lieu géométrique des points dont le rapport des distances à deux points fixe est constant.

Triangles semblables. — Cas de similitude. Polygones semblables.

Théorème relatif aux sécantes d'un cercle issues d'un même point.

Relations métriques dans le triangle rectangle.

Relations métriques dans un triangle quelconque.

Problèmes. — Diviser une droite donnée en parties égales, en parties proportionnelles à des longueurs données. — Quatrième proportionnelle. — Moyenne proportionnelle.

Polygones réguliers. — Inscription du carré, de l'hexagone, du triangle équilatéral.

Longueur d'un arc de cercle. — Rapport de la circonférence au diamètre. Calcul de π.

Aires des polygones, aire du cercle. — Mesure de l'aire du rectangle, du carré, du parallélogramme, du triangle, du trapèze, d'un polygone quelconque. Applications et problèmes.

Le carré construit sur l'hypoténuse d'un triangle rectangle est égal à la somme des carrés construits sur les côtés de l'angle droit. — Rapport des aires de deux polygones semblables.

Aire d'un polygone régulier convexe. — Aire d'un cercle, d'un secteur, d'un segment. — Rapport des aires de deux cercles.

Notions d'arpentage. — Usage de la chaine et de l'équerre d'arpenteur.

Notions sur le levé de plans. — Levé au mètre, levé à l'équerre, levé au graphomètre, levé à la planchette.

Algèbre

Emploi des lettres. — Formules algébriques. — Problèmes conduisant à des équations numériques du premier degré. — Nombreux exemples.

Introduction des nombres négatifs. — Exemples : position d'un point sur un axe ; formule du mouvement uniforme. — Opérations sur les nombres négatifs. — Fractions algébriques. — Extension des propriétés démontrées en arithmétique.

Monômes. — Polynômes. — Termes semblables.

Addition, soustraction et multiplication des polynômes.

Équations du premier degré à une inconnue.

Équations numériques à plusieurs inconnues. Diverses méthodes de résolution.

Problèmes. — Mise en équation ; résolution des équations.

Inégalités numériques du premier degré à une inconnue.

Physique et Chimie

(A la démonstration des vérités scientifiques, le professeur rattachera à l'occasion *l'exposé des méthodes* et *l'histoire des découvertes*).

1° PHYSIQUE

Pesanteur. — Équilibre des liquides et des gaz

Divers états de la matière.

Direction de la pesanteur. — Fil à plomb. — Centre de gravité. - Poids. — Balance. — Poids spécifique (définition).

Surface libre des liquides en équilibre.

Étude expérimentale de la pression sur le fond et sur les parois des vases.

— Vases communiquants. — Presse hydraulique ; puits ; puits artésiens.

Principes d'Archimède.

Pression atmosphérique. — Baromètre.

Loi de Mariotte. — Loi du mélange des gaz.

Machine pneumatique.

Pompes. — Siphon. — Aérostats.

Chaleur

Dilatation des corps. — Thermomètres.
Coefficients de dilatation. — Applications usuelles.
Maximum de densité de l'eau.
Conductibilité des corps pour la chaleur.
Définition de la chaleur spécifique des solides et des liquides. — Principe de la méthode des mélanges.
Changements d'état des corps. — Fusion et dissolution. — Solidification. — Cristallisation. — Chaleur de fusion.
Mélanges réfrigérants.
Vaporisation. — Formation des vapeurs dans le vide. — Vapeurs saturantes et non saturantes. — Force élastique maximum.
Mélange des gaz et des vapeurs.
Définition de l'état hygrométrique.
Évaporation. — Ébullition. — Distillation. — Chaleur de vaporisation.

2° CHIMIE

Métalloïdes

Eau. Analyse et synthèse. — Hydrogène. — Oxygène.
Air ; analyse. — Azote. Combustion.
États divers de la matière. — Notions générales sur les combinaisons chimiques. — Corps simples et corps composés.
Acides, bases, sels. — Nomenclature parlée et écrite.
Oxydes de l'azote. — Acide azotique. — Ammoniaque.
Chlore. Acide chlorhydrique. — Iode. — Brome. — Acide fluorhydrique.
Soufre. Acide sulfureux. Acide sulfurique. Acide sulfhydrique.
Phosphore. Acide phosphorique. — Hydrogène phosphoré.
Carbone. Oxyde de carbone. Acide carbonique. Sulfure de carbone.
Acétylène. — Gaz des marais. — Gaz oléfiant.
Acide borique. — Silice.

Manipulation de chimie

Hydrogène. — Oxygène.
Azote. — Protoxyde d'azote. — Bioxyde d'azote.
Acide azotique. — Ammoniaque.
Chlore. — Acide chlorhydrique. — Chlorate de potasse.
Soufre. — Acide sulfureux. — Acide sulfhydrique.
Acide sulfurique. — Acide phosphorique.
Iode. — Extraction du brome.
Oxyde de carbone. — Acide carbonique.
Noir animal. — Noir de fumée. Préparation du sulfure de carbone.
Gaz de la houille. — Acide borique. — Acide silicique.

Histoire naturelle

GÉOLOGIE ET BOTANIQUE

1. Géologie (Revision et compléments)

(Le professeur devra toujours faire porter ses explications sur des échantillons de roches ou de fossiles mis sous les yeux des élèves. Il se servira galement de planches ou mieux de dessins tracés au tableau. L'enseignement sera complété, autant que possible, par des excursions dirigées par le professeur.)

Notions sur les principales roches : granit, porphyre, argile, schiste, calcaire, marne, grès.

I. — Modifications continues du sol. — Dégradations des roches par l'action de l'eau et de l'air. — Creusement des vallées. — Alluvions, deltas, dépôts marins.

Glaciers, moraines. Blocs erratiques.
Sources thermales, dépôts, filons métallifères.
Volcans. — Filons de roches.
Soulèvements et affaissements lents. — Tremblements de terre. — Failles.
II. — Roches stratifiées et non stratifiées.
Fossiles ; leur utilité pour caractériser les terrains.
Aperçu général sur la formation du sol d'Haïti.
Indication sommaire des terrains qu'on y rencontre.

2. *Botanique (Revision et compléments)*

(Le professeur devra faire porter ses explications soit sur des échantillons de plantes mis entre les mains des élèves, soit sur des planches ou mieux des dessins tracés au tableau, indiquant les caractères essentiels. — L'Enseignement sera complété, autant que possible, par des excursions dirigées par le professeur.)

Étude des différents organes d'une plante à fleurs : racine, tige, feuille, fleur, fruit, graine. — Exemples importants des variations de forme de ces organes.

Grandes divisions du règne végétal. — Exemples empruntés à quelques-unes des familles les plus importantes et les plus répandues en Haïti.

Phanérogames : Dicotylédones. Monocotylédones. — Gymnospermes.

Cryptogames. — Notions sommaires sur les cryptogames. — Cryptogames à racines : fougères, prêles, lycopodes. — Cryptogames sans racines : mousses, algues, champignons, lichens.

Dessin

DESSIN A MAIN LEVÉE

1. Dessin d'après les fragments d'architecture tels que : chapiteaux, mascarons, griffes et griffons, vases, têtes décoratives d'animaux, etc.

2. Dessin de l'ensemble de la figure humaine, d'après les bas-reliefs empruntés à l'art antique.

3° Étude et dessin des parties du corps humain. Premières notions simplifiées d'anatomie.

Copie de détails de la figure humaine, alternativement d'après la bosse et d'après l'estampe.

DESSIN GÉOMÉTRIQUE

1. Ombres usuelles et pratiques raisonnées du lavis (ombres propres, ombres portées). — Lavis des surfaces de révolution les plus simples.

2. Dessin et lavis d'architecture. Ensemble et détails de l'ordre ionique. — Porte ou fenêtre.

(Ces études d'architecture seront faites d'après les monuments de l'art grec ou de l'art romain.)

3. Dessin et lavis de machines. Les organes de machines les plus simples. — Relevé avec cotes de ces organes et leur représentation géométrale à une échelle déterminée. — Quelques-uns de ces dessins seront lavés.

CLASSE DE SECONDE

(*Élèves de 15 à 16 ans en moyenne*)

Langue et littérature françaises

ENSEIGNEMENT ET EXERCICES

Histoire sommaire de la littérature française depuis l'avènement de Louis XIII jusqu'en 1789.

Explication, récitation, lecture et analyse d'auteurs français.

Lecture et analyse de traductions choisies.

Compositions françaises de genres divers : narrations, discours, dialogues, portraits, développement de pensées (littérature, morale, histoire, etc.).

Lecture expressive.

TEXTES D'EXPLICATION ET DE RÉCITATION

Corneille : *Cinna, Polyeucte*.
Racine : *Athalie, Britannicus, Andromaque*.
Pascal : Choix de *Pensées*.
Bossuet : *Sermons* choisis et extraits des autres œuvres.
Molière : *Le Misanthrope, Tartufe*.
La Fontaine : *Fables* (VII à XII).
Voltaire : Extraits de prose.
Lettres choisies du XVIII° siècle.
Recueil de morceaux choisis (du moyen âge au XVIII° siècle).
Recueil de morceaux choisis des prosateurs du XIX° siècle.
Recueil de morceaux choisis des poètes du XIX° siècle.

LIVRES DE LECTURE ET D'ANALYSE

Eschyle, Sophocle, Euripide (pièces choisies).
Aristophane : Pièces choisies, extraits.
Cicéron : Extraits (traités, discours, lettres).
Sénèque : Extraits.
Tacite : Extraits.
Fénelon : *Lettre à l'Académie*.
Saint-Simon : Extraits.
Buffon : *Epoques de la nature*.
Diderot : Extraits.
Michelet : Extraits.
Recueil de morceaux choisis de littératures étrangères. (Traductions et notions d'histoire littéraire.)

PROGRAMME D'HISTOIRE DE LA LITTÉRATURE FRANÇAISE

1. La littérature sous Louis XIII et Richelieu : l'hôtel de Rambouillet ; l'Académie française.
2. La tragédie au XVII° siècle.
3. La comédie au XVII° siècle.
4. La poésie didactique. — *La Satire*. — *La Fable*.
5. Les moralistes.
6. L'éloquence de la chaire.
7. Les lettres ; les mémoires.
8. Montesquieu et Buffon.
9. Voltaire.
10. Jean-Jacques Rousseau.
11. Le théâtre et la poésie au XVIII° siècle.
12. Caractère général du XVIII° siècle : les philosophes et les savants.

Langue latine

Exercices de prosodie ; étude des principaux mètres employés par Horace. Explication et récitation d'auteurs latins.

(Une grande importance sera donnée à la préparation et à l'explication des textes.)

Virgile : *Enéide* (livres VIII — XII).
Horace : *Odes*.
Cicéron : *Catilinaires ; De Amicitia*.
Tite-Live : livres XXIII, XXIV et XXV.
Tacite : *Vie d'Agricola*.
Version latine.
Notions sommaires d'histoire de la littérature latine.

PROGRAMME D'HISTOIRE DE LA LITTÉRATURE LATINE

1. Premiers temps de la littérature latine : premiers essais de poésie sous l'influence de la Grèce.
2. Les poètes comiques.
3. Cicéron.
4. La poésie au temps de Cicéron.
5. Les grands historiens.
6. Les poètes au siècle d'Auguste.
7. Sénèque. — Les deux Plines. — Quintilien.
8. Les poètes épiques après Virgile.
9. Les poètes satiriques après Horace.
10. Dernier temps de la littérature latine. — La littérature chrétienne.

Langue grecque

Revision des principes de l'accentuation et de la syntaxe.
Explication d'auteurs grecs.
Homère : *Iliade* (chant I), *Odyssée* (chants I et II).
Hérodote : Morceaux choisis.
Euripide : *Iphigénie à Aulis ; Alceste*.
Platon : *Apologie*.

Xénophon : *Economique*.
Plutarque : *Vie de Périclès; Vie de César*.
Analyse littéraire d'auteurs grecs.
Notions sommaires d'histoire de la littérature grecque.
1. Revision du cours précédent.
2. Les historiens au v° et au ɪv° siècle.
3. Les philosophes.
4. Les orateurs.
5. Les poètes alexandrins.
6. La littérature gréco-romaine.
7. L'éloquence chrétienne au ɪv° siècle.

LANGUES ET LITTÉRATURES ANGLAISES ET ESPAGNOLES

Continuation des exercices de l'année précédente.
Suite des études de vocabulaire, avec des exercices oraux correspondants.
Explication et récitation d'auteurs. Les textes expliqués sont commentés autant que possible en langue étrangère.
Lecture courante.
Reproduction de vive voix de lectures ou de récits faits en classe.
Thèmes oraux et écrits. Versions. — L'exercice du thème et de la version devra prendre, dans cette classe, un caractère plus littéraire.
Essais de composition sur les textes lus et expliqués.
Étude méthodique de la syntaxe. Formation et composition des mots. Notions de prosodie.
Notions d'histoire littéraire dans l'ordre chronologique.

AUTEURS ANGLAIS

Shakespeare : *Julius Cæsar, Coriolanus*.
Milton : Extraits.
Walter Scott : *Un roman*.
Byron : *Childe Harold*.
Dickens : *A Christmas Carol, David Copperfield*.
Longfellow : Extraits.
Extraits des voyageurs, des historiens et des économistes anglais.

AUTEURS ESPAGNOLS

Cervantès : *Don Quijote* (1ʳᵉ partie). — *Novelas ejemplares*.
Ramon Mesonero : *Romanos*. — *Escenas matritenses*.
Guillen de Castro : *Mocedades del Cid*.
Alarcon : *La Verdad sospechosa*.
Choix de lectures historiques, géographiques et scientifiques.

Histoire

HISTOIRE DE L'EUROPE DE 1610 A 1789.

La France, de l'avènement de Louis XIII à la mort de Mazarin. — Les États de 1614. — Richelieu : lutte contre les protestants et les grands. Accroissement de l'autorité monarchique. Marine et colonies. — Minorité de Louis XIV. Mazarin, la Fronde.

La politique européenne. — La maison d'Autriche. Les catholiques et les protestants en Allemagne. — La guerre de Trente ans : intérêts des puissances qui y sont engagées ; les armées et les bandes ; grands généraux ; principales actions militaires.

La paix de Westphalie et la paix des Pyrénées.

L'Angleterre sous les Stuarts. — La révolution de 1648. Cromwell. La Restauration.

État de l'Europe vers 1660. — Décadence de l'Espagne. Prospérité de la Hollande. — Prépondérance de la Suède dans le Nord. La paix d'Oliva.

Mouvement intellectuel. — Sciences et philosophie : Bacon, Galilée, Descartes, Spinoza. — Lettres : l'influence espagnole, Cervantès et Lope de Vega. — L'Académie française : Corneille, Pascal. — Les arts : Poussin, Le Sueur.

La société française. — L'hôtel de Rambouillet. La misère au temps de la Fronde : saint Vincent de Paul.

Louis XIV, la monarchie absolue. — Théorie du roi sur le pouvoir royal. La cour, les conseils, les secrétaires d'État. Colbert, Louvois, Vauban. Les affaires religieuses : la déclaration de 1682 ; la révocation de l'édit de Nantes.

La politique de Louis XIV. — Lionne et Pomponne. — Guerre de Hollande. — Formation de la Ligue d'Augsbourg.

La Révolution d'Angleterre. — Les Stuarts et le Parlement : Whigs et Tories. Déclaration des droits : avènement de Guillaume III.

Les coalitions contre Louis XIV. — La succession d'Espagne.

Dernières années de Louis XIV. — La cour ; Port-Royal ; détresse financière ; testament et mort du roi.

Le mouvement intellectuel. — Les lettres : les grands classiques. — Les arts : Le Brun, Mansart, Le Louvre, Versailles. — Les sciences.

Commencement d'opposition : Fénelon et le duc de Bourgogne. Vauban. — Bayle.

L'Europe vers 1715. — L'Europe occidentale après les traités d'Utrecht et de Rastadt. L'Europe orientale après les traités de Carlowitz, de Passarowitz et de Nystadt. Pierre le Grand.

La France, de 1715 jusqu'au milieu du XVIIIe siècle. — La Régence et les essais de réforme. Law. Fleury. D'Argenson. Machault.

Les affaires européennes. — Règlement de la succession d'Espagne, des successions de Pologne et de Toscane. Les Bourbons d'Espagne en Italie. Stanislas Leczinski en Lorraine.

Autriche et Prusse pendant la première moitié du XVIIIe siècle. — L'État prussien. Frédéric II et Marie-Thérèse. Guerres de la succession d'Autriche et de Sept Ans : exposé général de la politique. Indication des principales actions militaires. Rôle de la France dans ces guerres.

Les affaires maritimes et coloniales. — Rivalité de la France et de l'Angleterre en Amérique et aux Indes. L'Empire anglais. Voyages de découvertes.

L'Europe orientale. — La Russie : Catherine II. Conquêtes sur la Turquie. — Partages de la Pologne.

La fin du règne de Louis XV. — Le Parlement. — Choiseul et Maupeou.

Le mouvement intellectuel et politique. — Les lettres et les arts, les sciences, les philosophes et les économistes en France. — Les livres, la presse, les salons ; les parlements.

Le gouvernement parlementaire en Angleterre. — Rois. — Parlement et ministres ; triomphe des Whigs : les libertés politiques, la presse.

Mouvement de réforme en Europe. — Influence des idées françaises. —

Charles III en Espagne. Pombal en Portugal ; Léopold de Toscane et Beccaria en Italie ; Gustave III en Suède.

Joseph II en Autriche. — Frédéric II en Prusse. — Situation de la Prusse en Allemagne à la fin du règne de Frédéric II.

Préludes de la Révolution française. — La France à l'avènement de Louis XVI. — État des esprits à cette époque ; opposition entre les idées et les institutions. — Essais de réformes : Turgot. — Malesherbes, Necker. — Désordres financiers. — Les États Généraux.

La guerre d'Indépendance en Amérique. — Les colonies anglaises d'Amérique ; leur soulèvement. — Intervention de la France. — Constitution américaine de 1787.

Vue générale sur l'Europe en 1789. — Conclusion du cours.

Histoire d'Haïti

De la colonisation française à la Révolution française (1503-1789).

Saint-Domingue, colonie française : Les Flibustiers dans les Antilles — Premiers établissements français. — Les Boucaniers. — La Compagnie des Indes occidentales (1664).

Développement des établissements français de Saint-Domingue. — Fondation de la ville du Cap-Français (1678). — Administration du comte de Cussy. — Organisation de la justice à Saint-Domingue. — Le Code Noir. — Le traité de Ryswick (1697). — Introduction du café en Haïti (1720). — Incorporation de Saint-Domingue aux domaines du Gouvernement français (1728). — Fondation de Port-au-Prince. — Division territoriale de la colonie française de Saint-Domingue. — Les différentes classes à Saint-Domingue. — Audience espagnole. — Conspiration et mort de Mackandal. — Tremblement de terre en Haïti ; destruction de Port-au-Prince (1770). — Traité des limites (1776). — Traité d'Aranjuez (1777). — Coopération des affranchis de Saint-Domingue à la guerre de l'Indépendance des États-Unis (1779). — Souffrances des esclaves, état des affranchis, barbarie des colons. — L'ordonnance du 3 décembre 1784. — Division des blancs de différentes conditions sociales. — Immense développement de la prospérité de Saint-Domingue. — M. de Marbois et son administration.

Géographie

GÉOGRAPHIE D'HAITI

Observations sur la configuration, la constitution géologique, le relief du sol, le régime des eaux, le climat.

Étude d'Haïti par grandes régions naturelles et par départements ou provinces : traits caractéristiques de l'orographie, de l'hydrographie, de la géographie économique. — Mœurs, traditions, grands souvenirs historiques.

La nationalité haïtienne et la nationalité dominicaine.

La population de la République d'Haïti.

Le régime administratif étudié avec détails dans l'arrondissement et dans la commune.

L'organisation militaire de la République d'Haïti. — Défenses naturelles et places fortes de la République d'Haïti. — Rapports d'Haïti avec les grands pays du globe. — Échanges. — Voies internationales de communication.

SCIENCES

Mathématiques. — Géométrie

Du plan et de la ligne droite dans l'espace. — Perpendiculaire et obliques au plan. — Parallélisme des droites et des plans.

Angles dièdres. — Plans perpendiculaires.

Notions sur les angles trièdres et polyèdres.

Polyèdres. — Prisme, pyramide.

Mesure des volumes. — Parallélipipède, prisme, pyramide, tronc de pyramide.

Notions sommaires sur les polyèdres semblables. — Rapport des surfaces, des volumes.

Cylindre droit à base circulaire. — Surface latérale du cône, du tronc de cône à bases parallèles ; volume du cône et du tronc de cône.

Sphère ; sections planes ; grands cercles, petits cercles ; pôles d'un cercle. — Étant donnée une sphère, trouver son rayon par une construction plane.

Plan tangent à la sphère.

Mesure de la surface engendrée par une ligne brisée régulière tournant autour d'un axe mené dans son plan et par son centre ; aire de la zone, de la sphère.

Mesure du volume de la sphère.

Algèbre

Équation du deuxième degré à une inconnue.

Relations entre les coefficients et les racines de l'équation : $ax^2 + bx + c = 0$.

Inégalités du second degré à une inconnue.

Progressions arithmétiques. — Progressions géométriques.)

Logarithmes vulgaires. — Définition et propriétés. (On ne considérera que les nombres qui peuvent faire partie de la progression géométrique après insertion de moyens géométriques.

Usage des tables à cinq décimales.

Application des logarithmes aux questions d'intérêts composés et d'annuités.

Trigonométrie

Définition du sinus, du cosinus, de la tangente et de la cotangente d'un angle plus petit que 90°. — Formules relatives au triangle rectangle.

Usage des tables trigonométriques (à cinq décimales).

Résolution d'un triangle rectangle dans lequel on connaît deux éléments dont un côté. — Applications numériques.

Détermination de la hauteur d'une tour verticale.

Extension de la définition des lignes trigonométriques aux angles compris entre 90° et 180°. — Principales relations entre les éléments d'un triangle.

Résolution d'un triangle dans lequel on connaît trois éléments dont un côté. (On établira géométriquement les formules dont on a besoin.) Applications numériques.

Hauteur d'une tour verticale dont le pied est inaccessible. — Distance de deux points inaccessibles. — Notions sur la triangulation.

Géométrie descriptive

Préliminaires. — Point. — Ligne droite. — Représentation d un plan
Problèmes sur l'intersection de deux plans, de trois plans, d'une droite et d'un plan. — Droite et plan perpendiculaires.
Méthode des rabattements. — Application de cette méthode aux problèmes sur les angles et les distances.

Cosmographie

Sphère céleste. — Principales constellations. — Mouvement diurne. — Ascension droite et déclinaison.
Forme sphérique de la terre. — Détermination de la longitude et de la latitude. — Rayon de la terre.
Soleil. — Mouvement apparent sur la sphère céleste. — Écliptique; constellations zodiacales. — Saisons.
Lune. — Ses phases.
Éclipses de lune et de soleil.
Description générale du système solaire. — Planètes et leurs satellites. — Système de Kopernik.
Détails succincts sur les diverses planètes.
Comètes. — Étoiles filantes.
Amas d'étoiles. — Nébuleuses.

Physique et Chimie

(A la démonstration des vérités scientifiques, le professeur rattachera, à l'occasion, l'exposé des méthodes et l'histoire des découvertes.)

Physique

ÉLECTRICITÉ STATIQUE

Électrisation par le frottement. — Énoncé de la loi des attractions et des répulsions électriques. — Notions sur la distribution de l'électricité à la surface des corps conducteurs. — Effets des pointes.
Électrisation par influence. — Électroscopes. — Électrophore. — Machine électrique.
Condensation. — Bouteille de Leyde. — Batteries.
Foudre. — Paratonnerres.

MAGNÉTISME

Aimants naturels et artificiels. — Pôles. — Aiguille aimantée.
Définition de la déclinaison et de l'inclinaison.
Boussoles usuelles.
Alimentation par simple touche.

ÉLECTRICITÉ DYNAMIQUE

Pile de Volta. — Effets chimiques du courant.
Piles à courant constant.
Effets caloriques et lumineux.

Action du courant sur l'aiguille aimantée. — Galvanomètre.
Action des courants sur les courants. — Solénoïde.
Aimantation par les courants. — Électro-aimants.
Notions élémentaires sur l'induction électrique.

ACOUSTIQUE

Production du son. — Sa propagation dans l'air ; sa vitesse.
Réflexion. — Écho. — Résonnances.
Qualités du son. — Intensité. — Hauteur. —Mesure du nombre de vibrations.

OPTIQUE

Propagation rectiligne de la lumière. — Ombre ; pénombre. — Comparaison des intensités de deux sources lumineuses.
Lois de la réflexion. — Propriétés des miroirs plans et des miroirs sphériques.
Lois de la réfraction. — Prisme. — Réflexion totale. — Chambre claire. Lentilles.
Décomposition et recomposition de la lumière. Spectre solaire.
Microscope solaire. — Loupe. — Microscope. — Lunette astronomique. — Lunette de Galilée. — Télescope de Newton.
Chaleur rayonnante (étude expérimentale).

Chimie

MÉTAUX

Métaux. Propriétés générales. — Alliages. — Oxydes. — Sulfures. — Chlorures.
Sels ; propriétés générales.
Actions des acides, des bases et des sels sur les sels.
Notions sur les équivalents.
Azotates. — Sulfates. — Carbonates.
Potassium. — Sodium. — Oxydes, chlorures, azotates, sulfates, carbonates.
Sels ammoniacaux.
Baryte.
Chaux. Carbonate, sulfate, phosphate. — Chlorures décolorants.
Magnésium. — Magnésie, carbonate et sulfate.
Zinc. — Oxydes, chlorure. sulfate.
Aluminium. — Alumine. — Aluns, feldspaths, argiles, poteries, verres.
Manganèse (composés oxygénés).
Fer. — Oxydes, chlorures, sulfates.
Minerais de fer. — Principes de la métallurgie du fer. — Fontes. — Aciers.
Nickel. — Chlorure, sulfate.
Étain. — Oxydes et chlorures.
Cuivre. — Plomb. — Oxydes, sulfures, chlorures, sulfates, carbonates.
Mercure. — Argent. — Principaux composés.
Or. — Platine.

MANIPULATIONS DE CHIMIE

Oxydation du fer, du zinc, du plomb par l'oxygène.
Réduction des oxydes de fer et de cuivre par l'hydrogène.

Réduction des oxydes de fer et de cuivre par l'hydrogène.
Réduction des oxydes de plomb. — Action du chlore sur l'antimoine, sur la chaux éteinte, sur la chaux vive.
Action du soufre sur le fer. Réduction du sulfure de plomb par le fer. — Réduction du chlorure d'argent par voie sèche. — Action du charbon sur le sulfate de chaux.
Électrolyse de l'eau. — Précipitation du cuivre par la pile. — Argenture et dorure galvaniques.
Potasse caustique en lessive et solide. Cuisson du plâtre. Cristallisation de l'azotate de potasse. — Bicarbonate de potasse. — Sulfate de soude.
Baryte caustique. — Chlorure de baryum. — Alumine. — Alun.
Permanganate de potasse. — Peroxyde de fer anhydre et hydraté.
Sulfate de protoxyde de fer.
Sulfate de zinc. — Bioxyde d'étain. — Protochlorure d'étain. — Bisulfure d'étain.
Céruse. — Bioxyde de plomb. — Sulfate de plomb. — Protoxyde de cuivre. — Sulfate de cuivre.
Oxyde de mercure. — Protochlorure et bichlorure de mercure. — Nitrate, oxyde et chlorure d'argent.

Dessin

DESSIN A MAIN LEVÉE

1. Dessin d'après des fragments d'architecture. — Figures décoratives. — Cariatides. — Vases ornés de figures. — Frises ornées.
2. Dessin d'animaux d'après les bas-reliefs et d'après la ronde bosse.
3. Dessin de la figure humaine entière, d'après l'antique.

DESSIN GÉOMÉTRIQUE

1. Complément de la théorie des ombres et du lavis. — Surfaces annulaires. — Surfaces hélicoïdales.
2. Notions de perspective linéaire.
3. Dessin et lavis d'architecture. L'ordre corinthien. Ensemble et détails d'après les monuments de l'art grec ou de l'art romain.
4. Dessin de machines et dessin de construction. — Relevé avec cote et représentation géométrale, à une échelle déterminée, d'organe ou de partie de machines, et d'éléments de construction.

CLASSE DE RHÉTORIQUE

(Élèves de 16 à 17 ans en moyenne)

Langue et Littérature françaises

ENSEIGNEMENT ET EXERCICES

Esquisse sommaire de la littérature française de 1789 jusqu'à nos jours.
Compositions françaises de genres divers.
Lecture expressive.

TEXTE DE LECTURE D'EXPLICATIONS D'ANALYSE

I. Traductions des principaux chefs-d'œuvre grecs et latins.

II. L'éloquence en France depuis 1789 (genres divers) : Choix de discours et d'extraits de discours.

Les historiens français du xixe siècle : Augustin Thierry, Guizot, Michelet, Thierry, Mignet, etc. : Extraits.

La critique littéraire : Extraits des principaux critiques français.

Chateaubriand : Extraits.

Mme de Staël : Extraits.

De Tocqueville : *Introduction à la Démocratie en Amérique* ; extraits de ses œuvres.

Sainte-Beuve : Extraits des *Lundis* et des *Portraits*.

Victor Hugo : Choix de poésies.

Lamartine : Choix de poésies.

Recueil de morceaux choisis du moyen âge au xviiie siècle.

Recueil de morceaux choisis des prosateurs du xixe siècle.

Recueil de morceaux choisis des poètes du xixe siècle.

Recueil de morceaux choisis de littératures étrangères (traductions) et notions d'histoire littéraire.

Langue latine

Explication et récitation d'auteurs latins.

(Une grande importance sera donnée à la préparation et à l'explication des textes).

Lucrèce : Extraits.

Virgile.

Horace : *Satires* et *Épîtres*.

Cicéron : *Pro Milone* ; *Pro Murena* ; Choix de *Lettres*.

Tite-Live (livres XXVI à XXX).

Tacite : *Annales* ; *Histoires*.

Version latine.

Analyses littéraires d'auteurs latins.

HISTOIRE LITTÉRAIRE

Le professeur, sans faire un cours suivi d'histoire littéraire, s'attachera, à propos de l'explication des auteurs et de la correction des devoirs, à mettre en lumière les caractères essentiels de la littérature des principales époques, à marquer la filiation des grandes œuvres et à indiquer la place occupée par les genres secondaires.

Langue grecque

Explication d'auteurs grecs.

Homère.

Sophocle : *Œdipe Roi* ; *Œdipe à Colone* ; *Antigone*.

Platon : *Criton* ; *Phédon*.

Démosthène : *Les sept Philippiques* ; *Discours sur la Couronne*.

Analyses littéraires d'auteurs grecs.

Langues et Littératures anglaises et espagnoles

Explication et récitation d'auteurs. Les textes expliqués sont commentés en langue vivante.
Exposés faits en langue étrangère par les élèves.
Compositions de genres divers.

AUTEURS ANGLAIS

Shakespeare : Théâtre choisi.
Tennyson : *Enoch Arden.*
Georges Eliot : *Adam Bede.* — *The mill on the Foss.*
Pope : *Homer's Iliad* (extraits).
Dryden : *Virgil's Aeneis* (extraits).
Macaulay : *History of England.*
Choix de lectures historiques, géographiques et scientifiques.
Choix de poésies du xix° siècle.

AUTEURS ESPAGNOLS

Cervantes : *Don Quijote* (2ᵐᵉ partie). *Romanos varios* (extraits).
Lope de Vega : *El nuevo mundo descubierto.* — Théâtre choisi.
Calderon de la Barca : *La vida es sueno.* — Théâtre choisi.
Morales. *El si de las ninas.* — *La comedia nueva.*
Choix de lectures historiques, géographiques et scientifiques.

Principes de Droit et Économie politique

1° DROIT

Introduction

Le droit. — Le droit naturel et le droit positif. — Rapports de la morale avec le droit. — Divisions du droit : 1° Droit public (droit constitutionnel, droit administratif, droit criminel, droit des gens); 2° Droit privé (droit civil, droit commercial et industriel). Les codes.

Iʳᵉ PARTIE. — *Droit public*

I. *Droits garantis aux citoyens.* — Égalité civile. — Liberté individuelle. — Liberté de conscience. — Liberté du travail. — Liberté de réunion et d'association. — Liberté de la presse. — Vote de l'impôt. — Service militaire.

II. *Les pouvoirs publics.* — La Constitution de 1889. — Le pouvoir législatif, le pouvoir exécutif et le pouvoir judiciaire. — Comment et pourquoi ils sont séparés. — Pouvoir législatif : Le Sénat et la Chambre des députés. — Pouvoir exécutif : Le Président de la République et les Secrétaires d'État — Pouvoir judiciaire : L'inamovibilité des juges du tribunal de cassation et des tribunaux civils.

III. *Organisation judiciaire.* — Publicité et gratuité de la justice. — Les juridictions civiles : 1° Le tribunal de cassation ; — 2° Les tribunaux d'appel — 3° Les tribunaux de première instance ; — 4° Les tribunaux de commerce ; — 5° Les juges de Paix. — Le ministère public. — Les avocats, les notaires et les huissiers.

IV. *Organisation administrative.* — Division du territoire en arrondissements financiers, en arrondissements militaires et en circonscriptions scolaires : 1° L'arrondissement : l'administrateur principal des Finances, — le commandant de l'arrondissement, — l'inspecteur et les sous-inspecteurs d'instruction publique ; 2° La commune : le préposé d'administration, — le commandant de la commune. — Le magistrat communal et le conseil communal.

Notions sur la Chambre des comptes.

V. *Idée générale du droit criminel.* — Fondement du droit de punir. — Des personnes punissables et des peines. — Tribunaux de répression : cours d'assises, tribunaux correctionnels et tribunaux de simple police. — Les tribunaux militaires.

II° PARTIE. — *Droit civil*

I. *Les personnes et la famille.* — 1° Nationalité : dans quel cas on est Haïtien. — Condition des étrangers en Haïti. — 2° Constitution de la famille ; comment elle se forme ; mariage. — Parenté et alliance. — Droits et devoirs dans la famille : autorité paternelle ; autorité maritale. — 3° Protection des incapables : mineurs, interdits, aliénés, prodigues et faibles d'esprit. — 4° Constatation des principaux faits de la vie civile : actes de l'état civil. — 5° Notions de la personnalité civile : les sociétés civiles et commerciales.

II. *Les biens.* — 1° La propriété : comment elle s'acquiert. — Son inviolabilité (expropriation pour cause d'utilité publique). — Ses principaux démembrements : usufruit, servitudes. — La propriété littéraire et industrielle. — 2° Droits de créance : différentes espèces d'obligations. — Comment naissent les droits de créance : contrats et délits. — Notions sommaires sur les principaux contrats. — Droits du créancier. — 3° Moyens de crédit : privilège, hypothèque, effets de commerce.

III. *Les successions.* — Différentes classes d'héritiers. — Égalité entre les enfants. — Obligations des héritiers ; bénéfice d'inventaire. — Du testament ; différentes formes des testaments ; différentes espèces de legs.

IV. *Comment on défend ses droits.* — Notions sommaires sur la procédure. — Le jugement, les voies de recours (appel et pourvoi en cassation). — Notions sommaires sur les voies d'exécution. — La faillite.

2° ÉCONOMIE POLITIQUE

Introduction

L'économie politique. — Son but. — Ses rapports avec les autres sciences et notamment avec le droit. — Divisions de l'économie politique : production, distribution, circulation et consommation des richesses.

Iʳᵉ PARTIE. — *Production de la richesse*

Les éléments de la production :

1° *La terre et les agents naturels ;*

2° *Le travail et l'industrie :* organisation et liberté du travail. — Classification des industries. — Le commerce. — Le rôle de l'entrepreneur dans l'industrie ;

3° *Le capital :* différentes espèces de capital. — Comment l'épargne le forme, l'accroît et le conserve.

IIe PARTIE. — *Distribution de la richesse*

I. *La propriété*. — La propriété individuelle; exposé et réfutation des principaux systèmes qui la nient; fondement de la succession *ab intestat* et du droit de tester.

II. Les conventions: 1° le fermage, la rente du sol. — Différents systèmes de culture; grande et petite culture; inconvénients d'un trop grand morcellement ou d'une concentration excessive de la propriété;

2° La part du capital dans la répartition de la richesse: l'intérêt légitimé, du prêt à intérêt;

3° La part de l'entrepreneur: le profit;

4° La part de l'ouvrier: application de la loi de l'offre et de la demande au travail. — Salaire. — Participation aux bénéfices. — Associations ouvrières. — Syndicats ouvriers.

La question de la population dans ses rapports avec la distribution de la richesse.

IIIe PARTIE. — *Circulation de la richesse*

I. *L'échange*: ses diverses formes. — La valeur et le prix. — Lois qui président à la fixation, aux variations et à l'équilibre des prix: prix courant, coût de production. — Concurrence. — Monopoles.

II. *La monnaie*. — En quel sens c'est une marchandise. — Monnaie d'or, d'argent et de billon. — Titre et tolérance. — Union latine. — Monométallisme et bimétallisme. — Système monétaire. — La question du papier-monnaie.

III. *Le crédit*. — Comment il supplée à la monnaie et est une source de richesse. — Ses rapports avec l'épargne. — 1° Crédit privé: commerce de banque. — Différentes espèces de banques: les banques d'émission et le billet de banque. — Circulation fiduciaire. — La banque nationale d'Haïti. — Le crédit immobilier (société de crédit foncier) et le crédit mobilier (monts-de-piété, avances sur titres, magasins généraux). — 2° Crédit public: sur quelles bases il repose; emprunts de l'État. — 3° Théorie des annuités et de l'amortissement (obligations des chemins de fer et du Crédit foncier; rente amortissable). — Conversion des dettes publiques. — Cours légal et cours forcé. — La Bourse; son rôle au point de vue du crédit.

IV. *Le commerce intérieur et extérieur*. — Le change. — Les crises commerciales; leurs causes et leurs remèdes. — Importation et exportation: les débouchés. — Balance du commerce: comment elle se règle par le numéraire ou par les fonds internationaux. — Libre échange, protection et prohibition; traités de commerce; droits de douane: entrepôts, ventes publiques

IVe PARTIE. — *Consommation de la richesse*

1° *L'épargne*: Ses sources, la prévoyance. — Assurances sur la vie, contre l'incendie et les divers accidents. — Caisses d'épargne. — Sociétés de secours mutuels;

2° *Le luxe*.

Ve PARTIE. — *Application de l'économie politique à la législation financière*

1° *Impôt*: Différentes espèces d'impôts. — L'impôt proportionnel et l'impôt progressif.

2° *Budget*: Comment un budget s'établit. — Vote du budget. — Annalité et spécialité du budget.

PROGRAMMES

N. B. — Le professeur évitera de donner à l'enseignement un caractère trop abstrait. En ce qui concerne le droit, il devra s'attacher à familiariser les élèves avec les institutions juridiques et avec les principes généraux qui dominent la législation. En économie politique, il initiera les élèves, dans la mesure que leur âge comporte, à la connaissance des faits économiques et sociaux, en insistant sur les lois générales qui s'en dégagent.

Histoire

HISTOIRE CONTEMPORAINE (1789-1889)

I

Préliminaires et causes générales de la Révolution. — L'ancien régime l'arbitraire et le privilège ; la Cour, le Gouvernement et l'administration impôt, justice, armée. — Les trois ordres.

Les États généraux et la Constituante. — Les cahiers. — Les orateurs de la Constituante. — Suppression de l'ancien régime et constitution du nouvel état de choses.

Les monarchies européennes vers 1789. — La question d'Orient. Impression produite par la Révolution. Rôle de l'émigration.

Assemblée législative et Convention. — Chute de la royauté. — Girondins ; Montagnards. — Les clubs : les Jacobins ; la commune de Paris. — Le Comité de Salut public. — La Terreur.

Lutte contre l'Europe et les soulèvements à l'intérieur. — Les armées et les généraux de la République. — Traités de Bâle.

Esprit des réformes de la Convention. — Constitution de l'an III.

Le Directoire. — Campagnes d'Italie, d'Egypte. — Nouvelle coalition. — Les coups d'État. — Le 18 Brumaire.

Le Consulat et l'Empire. — La constitution de l'an VIII et ses transformations jusqu'en 1807. — Esprits des institutions du Consulat et de l'Empire. — Les Codes. — Le Concordat. — La Légion d'honneur ; la Cour impériale ; la noblesse d'Empire. — L'Université. — Les institutions financières. — Travaux publics.

Guerre jusqu'en 1807 ; la Grande armée ; les généraux de l'Empire.

Le blocus continental. — Commencement des résistances nationales.

Caractère de la guerre d'Espagne et de la guerre de 1809.

État de l'Empire et de l'Europe vers 1810. — Caractère du pouvoir impérial. — Lutte contre le pape.

Dernières luttes : Moscou ; la bataille de Leipzig. — L'invasion. Waterloo et Sainte-Hélène.

Le Congrès de Vienne ; caractère de son œuvre. — L'Europe de 1815.

II

La Sainte-Alliance et les peuples. — Le pouvoir absolu et le régime parlementaire.

La Charte de 1814 en France. — Le régime parlementaire sous Louis XVIII. — Principaux orateurs et hommes d'État. — Charles X. — La Congrégation. — Les Congrès. — Lutte contre l'esprit nouveau en Italie, en Espagne et en Allemagne. — Insurrections et interventions. — Politique de la France. — Affranchissement de la Grèce. — Prise d'Alger.

La révolution de 1830.

Mouvement des esprits depuis la fin du xviie siècle. — Part de la France, de l'Angleterre, de l'Allemagne. — Renouvellement des littératures allemandes et anglaises. — Caractère de la littérature française sous l'Empire. — Influences étrangères. — Le romantisme. — La critique littéraire.

Développement de l'érudition. — Rénovation des connaissances sur l'Orient, l'antiquité classique, le moyen âge. — L'archéologie et les grandes découvertes. — L'histoire.

Renaissance de l'esprit classique dans l'art pendant la Révolution et l'Empire. — Le romantisme dans l'art. — La musique symphonique et dramatique.

Développement des sciences exactes, physiques et naturelles. — Applications : la vapeur, l'électricité. — Progrès de l'industrie.

Louis-Philippe. — La nouvelle Charte. — Principaux orateurs et hommes d'État. — Les partis ; les sociétés secrètes.

Effet produit par la Révolution de 1830 en Europe : Belgique, Pologne, Espagne.

La question d'Orient ; caractère de la politique extérieure de Louis-Philippe. — Conquête de l'Algérie.

III

Révolution de 1848. — Causes de la révolution en France. — La question électorale. — La République de 1848. — Contre-coup en Europe.

Changements survenus dans le gouvernement de la France depuis 1848. — La Constitution de 1852 et le second Empire. — La République. — Lois constitutionnelles en 1875.

La politique extérieure. — Formation de l'unité italienne ; guerre de 1859. — Le royaume d'Italie.

Formation de l'unité allemande : guerre italo-prussienne contre l'Autriche. — Nouvelle Constitution de l'Allemagne, de l'Autriche-Hongrie.

Guerre de 1870-1871 ; l'invasion allemande en France, le siège de Paris ; la lutte en province. — L'Empire allemand. — Les stipulations du Traité de Francfort.

La question d'Orient : guerre de Crimée et des Balkans. — Le Panslavisme. L'Angleterre et la Russie en Asie.

L'Angleterre. — Principaux hommes d'État et grandes réformes au xixe siècle. — L'Irlande.

Le Nouveau Monde. — Formation des principaux États de l'Amérique du Sud. — Extension des États-Unis de l'Amérique du Nord.

IV

DÉVELOPPEMENT OU TRANSFORMATION DES PRINCIPES DE 1789

Liberté politique : régime constitutionnel ; principales formes du gouvernement dans le monde actuel.

Liberté religieuse : liberté des cultes, suppression des religions d'État.

Respect de la personnalité humaine : abolition de la traite, de l'esclavage, du servage.

Idées démocratiques et questions sociales : suffrage ; instruction populaire, service militaire obligatoire. — Socialisme, organisation du travail.

Mouvement intellectuel. — Esprit d'observation dans la littérature et dans l'art. — L'érudition. — Les sciences.

Industrie et commerce : généralisation de l'emploi de la vapeur et de l'électricité. — Multiplication des voies de communication à travers le monde.

— Protection et libre-échange. — Traités de commerce et conventions internationales. — Expositions universelles.

Expansion de la civilisation européenne. — Explorations. — Distribution des principales langues européennes à la surface du globe.

Histoire d'Haïti

I

De la Révolution française à la Guerre de l'Indépendance exclusivement (1789-1802).

Saint-Domingue, colonie française (suite)

État de Saint-Domingue au moment de la Révolution française.
Les petits Blancs. — Les affranchis et les esclaves.
Rébellion des colons contre l'autorité métropolitaine. — Ogé et Chavannes.
Première insurrection des esclaves.
Bandes de Jean-François et de Biassou.
Guerre entre les blancs et les hommes de couleur.
Les commissaires civils, Sonthonax, Polivérel et Ailhaud.
Abolition de l'esclavage.
Début de Toussaint-Louverture dans la vie politique.
Toussaint entre au service de la République française.
Toussaint, commandant du cordon de l'Ouest.
Bataille des Verrettes et expédition de la Grande-Rivière.
Les nègres et les mulâtres sauvent la colonie.
Les ennemis de l'intérieur.
Expédition du Mirebalais.
Nouvelles actions de guerre aux Verrettes.
Affaire du 30 ventôse an IV (20 mars 1796).
Laveaux et Sonthonax nommés députés de Saint-Domingue.
Scission entre Sonthonax et Toussaint. — Rôle de Sonthonax à Saint-Domingue.
Délégation des commissaires civils près le général Rigaud, commandant du Sud.
Deuxième expédition du Mirebalais. — Toussaint-Louverture nommé général en chef de l'armée de Saint-Domingue.
Mission du général Hédouville. — Evacuation de Saint-Domingue par les Anglais.
Guerre du Sud.
Traité de Bâle (1799) et prise de possession de Santo-Domingo (1801).
Loi du 24 messidor an IX (13 juillet 1801) sur la division du territoire de Saint-Domingue.
Gouvernement et Constitution de Toussaint.
Expédition de Saint-Domingue.
Déportation et mort de Toussaint. — Appréciation. — Caractère et vie de Toussaint-Louverture. — Égalité de la race blanche et de la race noire.

II

DE LA GUERRE DE L'INDÉPENDANCE A NOS JOURS

La guerre de l'Indépendance et ses épisodes.
Dessalines, empereur sous le nom de Jacques Ier. — Constitution de l'Empire. — Expédition de l'Est.

Pétion et Christophe. Constitution de 1806. — Scission du Nord. — Pétion, président de la République d'Haïti. Son administration. Guerre entre Pétion et Christophe. Christophe, roi d'Haïti sous le nom d'Henri Ier. Son administration dans le Nord. Le régime du travail sous Christophe et sous Pétion. — La petite propriété. — Santo-Domingo se replace sous la domination espagnole (1809). — Scission du Sud (1811-1812). — Tentatives du gouvernement français pour ramener Haïti dans le giron de la métropole. — Rapports avec Christophe. — Rapports avec Pétion. — Bolivar et Pétion. — Traité de Paris (1814). — Rétrocession de Santo-Domingo à l'Espagne. — Congrès de Vienne (1815) : abolition définitive de la traite des noirs. — Boyer, président. — Son administration intègre. — Pacification de la Grand'Anse. — Réunion du Nord à la République. — Adjonction de la partie espagnole. — Reconnaissance d'Haïti par la France. — Indemnité de 150 millions de francs ; emprunt ; création du papier-monnaie sans garantie. — Révolution et Constitution de 1843. — Charles Hérard, président. — Scission de la partie de l'Est. — Formation de l'État dominicain. — Contre-révolution. — Guerrier, président. — Pierrot, Riché, présidents. — Constitution de 1846. — Pacification du Sud. — Soulouque, président. — Coup d'État du 16 avril. — Faustin Ier, empereur. — L'emprunt converti en dette nationale par convention entre Haïti et la France. — Tentative contre l'Est. — Reconnaissance de l'indépendance dominicaine par l'Espagne. — Administration de l'Empire, finances, monopole. — Révolution de 1858. — Geffrard président. — La Constitution de 1846 modifiée. — L'administration de Geffrard. — Diffusion de l'instruction publique. — Extension des libertés communales. — Conspirations et prises d'armes diverses. — Concordat entre Haïti et le Saint-Siège. — La Dominicanie et l'Espagne. — Reconnaissance d'Haïti par les États-Unis. — Traités entre Haïti, Libéria et les États-Unis. — Démission de Geffrard. — Le gouvernement provisoire. — Salnave, protecteur de la République. — L'assemblée nationale constituante. — La Constitution de 1867. — Salnave, président d'Haïti. — Prises d'armes dans le Nord, l'Artibonite, l'Ouest et le Sud. — Les cacos et les piquets. — L'acte du Trou : Salnave dictateur. — Chute et mort de Salnave. — Le gouvernement provisoire. — L'assemblée nationale. — Rétablissement de la Constitution de 1867. — Nissage Saget, président. — La treizième Législature. — Gouvernement provisoire. — Michel Domingue, président. — Constitution de 1874. — Traité avec la République dominicaine. — Emprunt de 1875. — Gouvernement provisoire. — Rétablissement de la Constitution de 1867. — Boisrond Canal, président. — Son administration. — Salomon, président.

Histoire contemporaine de la République dominicaine.

Géographie

GÉOGRAPHIE GÉNÉRALE

I. — *Europe. Les six grandes puissances*

Angleterre. — La race, les institutions. — Richesses, l'élevage, les mines, l'industrie manufacturière. — Le commerce extérieur. — L'empire colonial, les Indes, le Dominion, le Cap, l'Australie. — Les positions commandant les grandes routes maritimes.

Russie. — Formation, état politique et social. — Répartition inégale de la production agricole, des richesses minières, de l'industrie. — La Russie et la question d'Orient. — Conquête de l'Asie septentrionale et centrale. — Le commerce de la caravane. — Le chemin de fer transcaspien.

Allemagne. — Constitution de l'Empire. — Forces militaires. — Principaux centres de l'industrie minière et manufacturière. — Progrès du commerce. — Grandes voies ferrées traversant l'Allemagne. — Ports. — Emigration et expansion coloniale.

Autriche-Hongrie. — Formation et transformations récentes. — Constitution de 1867. — Le dualisme. — La question des races. — Richesses agricoles de la Hongrie. — L'industrie en Autriche, en Bohême. — L'Autriche et la question d'Orient.

Italie. — L'unité italienne. — Richesses du sol. — Industrie. — Richesses artistiques. — Ports. — Grandes voies ferrées de la péninsule et des Alpes.

France. — Comparaison de ses richesses, de ses forces et de son activité extérieure avec celles des autres grandes puissances.

Les États de second ordre. — Comparaison de leur rôle dans le passé et de leur situation actuelle.

Les grandes villes de l'Europe.

II. — *Le Nouveau Monde*

La découverte, la colonisation, l'émancipation. — Les races indigènes ; la question de l'esclavage. — L'Amérique anglo-saxonne, l'Amérique latine.

Les États-Unis. — Formation politique et constitution. — Éléments de la race et mouvement de la population. — Production agricole, industrie. — Activité commerciale. — Grands marchés et grandes voies ferrées.

Amérique latine. — Le Brésil ; plantations et mines. — Autres républiques de l'Amérique méridionale et centrale. — Leur production agricole et minière. — Haïti et les autres Antilles. — Les possessions européennes en Amérique. — La question du canal interocéanique.

III. — *L'Asie, l'Océanie, l'Afrique*

L'Asie. — Les civilisations primitives, les religions, les invasions d'origine asiatique. — Progrès et rivalités des puissances européennes en Asie. — L'Asie russe, anglaise, turque, française. — Les grands États asiatiques. — La Perse, la Chine, le Japon. — Leurs richesses, leurs rapports avec l'Occident.

L'Océanie. — Grandes possessions coloniales de la Hollande, de l'Angleterre. — Leurs richesses. — Les ports de l'Océan Pacifique. — L'expansion chinoise dans cette région.

L'Afrique. — L'Egypte. — Le Nil. — Antique civilisation. — L'Egypte grecque, romaine, musulmane. — L'Egypte et la France. — Richesses. — Développement et révolutions contemporaines. — Le canal de Suez.

L'Afrique française. — Les routes du Sahara. — L'accès du Soudan.

L'intérieur de l'Afrique. — Les grands lacs et les grands fleuves. — Grands noms de l'exploration au xixe siècle. — Les zones d'influence de la France, de l'Angleterre, de l'Allemagne. — Nature et objet du commerce en Afrique. — L'esclavage.

N. B. — Toutes les questions qui figurent dans ce programme ont été déjà abordées dans les cours précédents : l'intérêt de celui-ci est tout entier dans le choix que le professeur fera parmi ces questions et dans le relief qu'il donnera aux plus importantes. Elles sont de tout ordre. Il ne suffit pas de faire connaître à des élèves qui vont devenir des hommes les grandes puissances du monde actuel, par leur production agricole et industrielle, par leur activité commerciale. Ce sont là, sans doute, des éléments d'appréciation considérables. Ce ne sont pas les seuls que l'on doive comparer entre eux. Dégager, pour chacun des États avec lesquels nous sommes en relation, les traits caractéristiques, déterminer dans quelle mesure le sol et l'homme, la nature et la race ont collaboré à la prospérité et à la puissance d'une nation, comparer le rôle historique des peuples à leur situation présente, saisir et fixer dans les diverses parties du monde, l'actualité sur laquelle doit se porter notre attention : voilà l'objet de cet enseignement. Ce sera comme un chapitre de l'histoire de la civilisation.

Algèbre

Revision des cours précédents.

Trigonométrie

Revision du cours de seconde.

Géométrie descriptive

Revision du cours de seconde.

COURBES USUELLES

Ellipse. — Définition de l'ellipse par la propriété des foyers. — Tracé de la courbe par points et d'un mouvement continu. — Axes. Cercles directeurs. — Sommet. — Intersection d'une droite et d'une ellipse. — Tangente. — Normale. — Equation de l'ellipse rapportée à ses axes. — Projection orthogonale du cercle.

Parabole. — Définition de la parabole par la propriété du foyer et de la directrice. Tracé de la courbe par points et d'un mouvement continu. — Axes. — Sommet. Intersection d'une droite et d'une parabole. — Tangente. — Normale. — Sous-normale. — Equation de la parabole.

Etude géométrique des sections planes du cylindre et du cône de révolution par la méthode de Dandelin.

Hélice. — Définition. Propriété de la tangente. — Projection sur un plan parallèle à l'axe.

Cosmographie

(Revision du cours de l'année précédente, page 66 et compléments).
Projection stéréographique.
Inégalité des jours et des nuits.
Mesure du temps. — Jour solaire vrai. — Jour solaire moyen. — Calendrier. — Réforme Julienne, réforme Grégorienne.
Lois de Képler. — Inégalité des saisons.
Notions sur l'histoire de l'astronomie : Hipparque, Ptolémée, Kopernik, Galilée, Tycho-Brahé, Képler, Newton, Clairaut, d'Alembert, Lagrange et Laplace, Herschell, Leverrier.

Histoire naturelle

(A la démonstration des vérités scientifiques le professeur rattachera, à l'occasion, l'exposé des méthodes et l'histoire des découvertes.)

ANATOMIE ET PHYSIOLOGIE ANIMALES ET VÉGÉTALES

Caractères généraux des êtres vivants. — Animaux et végétaux.

ANATOMIE ET PHYSIOLOGIE ANIMALES

Caractères généraux des animaux. — Principaux tissus.

I. *Fonctions de nutrition* (Etude spéciale de l'homme).

Digestion : appareil digestif ; aliments ; phénomènes mécaniques et chimiques de la digestion.

Circulation : sang ; appareil circulatoire sanguin ; mécanisme de la circulation ; lymphe et canal thoracique.

Absorption.

Respiration : appareil respiratoire ; phénomènes mécaniques, physiques et chimiques.

Chaleur animale.

Appareil d'élimination : reins, glandes de la peau.

Foie : ses fonctions.

Notions sommaires sur les appareils de la circulation et de la respiration dans la série animale.

II. *Fonctions de relation* (Etude spéciale de l'homme).

Organes des sens.

L'œil, la vision, l'accommodation. — Quelques mots sur les anomalies de la vision.

L'oreille, l'audition.

L'odorat, le goût et le toucher.

Le larynx, la voix.

Appareil du mouvement : os, squelette, articulations. — Muscles : structure, fonctions.

Centres nerveux : fonctions. — Nerfs moteurs, nerfs sensitifs.

Principales modifications du système nerveux dans la série animale.

ANATOMIE ET PHYSIOLOGIE VÉGÉTALES

Caractères généraux des végétaux. — Principaux tissus.

I. *Nutrition*. (Etude spéciale d'une plante phanérogame).

Racine. — Radicelles. — Croissance et fonctions de la racine.

Tige : croissance et fonctions de la tige.

Feuille : structure, croissance, et fonctions.

Nutrition en général : plantes à chlorophylle, plantes sans chlorophylle. — Aliments. — Réserves nutritives. — Respiration.

II. *Reproduction* (Etude spéciale d'une plante phanérogame).

Fleur : enveloppes florales ; étamine, anthère, pollen ; carpelles, ovule

Fécondation et développement.

Fruit et graine.

Germination : phénomènes qui l'accompagnent.

Cryptogames : reproduction et formes alternantes. — Parasitisme.

Grandes divisions du règne végétal. — Exemples empruntés à quelques-unes des familles les plus utiles et les plus répandues en Haïti.

Dessin

DESSIN A MAIN LEVÉE

1. Mêmes exercices qu'en seconde (page 69).
2. Exercice de composition. Modelage.

DESSIN GÉOMÉTRIQUE

Mêmes exercices qu'en seconde (page 69).
Notions de la mise au point.

Comptabilité

Commerce. — Description des opérations les plus habituelles : achats, ventes trocs, payements, encaissements, règlements, virements.

Commerçants. — Caractères de la profession. — Principaux genres de commerce : commerce de marchandises par les négociants, les importateurs et les exportateurs ; commerce des métaux précieux par les changeurs ; commerce des titres et valeurs par les banquiers ; commerce des transports par les commissionnaires et les armateurs.

Intermédiaires. — Courtiers de marchandises ; agents de change ; courtiers maritimes ; commissionnaires.

Transport des marchandises. — Lettre de voiture. — Expéditions par chemins de fer. — Connaissements.

Comptabilité des marchandises. — Factures ; comptes d'achats ; comptes de ventes ; livre d'achats, livre de ventes.

Comptabilité de la caisse. - Reçus. — Bordereaux de versements. — Livre de caisse.

Comptabilité du portefeuille. — Effets de commerce. — Billet à ordre, lettre de change, mandat, chèque. -- Clearing-House.

Escompte et négociation des effets de commerce. — Revision des méthodes commerciales et rapides du calcul de l'intérêt et de l'escompte. — Bordereau d'escompte. — Livre d'entrée et de sortie des effets. — Échéancier.

Comptes courants. — Définition. — Méthodes directe, indirecte et hambourgeoise.

Théorie de la comptabilité. — Description des livres de la comptabilité générale. — Classification et mécanisme des comptes. — Passation des articles de la main courante au journal et du journal au grand-livre.

Balance de vérification. — Son principe et son utilité.

Inventaire. — Définition. — Inventaire des marchandises et valeurs. — Débiteurs douteux ou insolvables. — Comptes de profits et pertes. — Résultat. — Balance d'inventaire et bilan. — Fermeture et réouverture des comptes.

Placements en valeurs mobilières. — Opérations de bourse au comptant. — Cours moyen. — Courtage. — Revenu. — Impôts. — Arbitrages sur les effets publics, sur les actions ou obligations.

CLASSE DE PHILOSOPHIE

(*Élèves de 17 à 18 ans en moyenne*)

Philosophie

Cours du premier semestre

INTRODUCTION

La science ; les sciences ; la philosophie. — Objet et division de la philosophie.

PSYCHOLOGIE

Objet de la psychologie ; caractère propre des faits qu'elle étudie : les faits psychologiques et les faits physiologiques.

Méthode de la psychologie ; méthode subjective : la réflexion ; méthode objective ; les langues, l'histoire, etc. De l'expérimentation en psychologie.

Classification des faits psychologiques : sensibilité, intelligence, volonté.

Sensibilité. — Le plaisir et la douleur ; sensations, sentiments.

Les inclinations. Les passions.

Intelligence. — Acquisition, conservation, élaboration de la connaissance. — Les données de l'expérience et l'activité de l'esprit.

Les sens et la conscience.

La mémoire. — L'association. — L'imagination.

L'abstraction et la généralisation. — Le jugement et le raisonnement.

Principes directeurs de la connaissance — Peut-on les expliquer par l'expérience, l'association ou l'hérédité ?

La volonté. — Instinct : liberté ; habitude.

L'expression des faits psychologiques : les signes et le langage.

Le beau et l'art.

Les rapports du physique et du moral.

Notions très sommaires de psychologie comparée ; l'homme et l'animal.

LOGIQUE

Logique formelle. — Des termes. — Des propositions. — Des différentes formes du raisonnement.

Logique appliquée. — Méthode des sciences exactes : axiomes ; définitions ; démonstration.

Méthode des sciences physiques et naturelles : observation, expérimentation ; hypothèse, induction ; classification, analogie, définitions empiriques.

De la méthode dans les sciences morales. — Le témoignage des hommes ; la méthode historique.

Des erreurs et des sophismes.

MORALE

Principes de la morale. — La conscience ; le bien ; le devoir.

Examen des doctrines utilitaires.

La responsabilité et la sanction.

Les devoirs. — Devoirs envers soi-même : sagesse, courage, tempérance.

Devoirs envers nos semblables : le droit et la justice; la charité.

Devoirs particuliers envers la famille. — L'éducation.

Devoirs envers la patrie : obéissance aux lois. — L'éducation des enfants. — L'impôt. — Le vote. — Le service militaire. — Dévouement à la patrie.

Des rapports de la morale et de l'économie politique. — Le travail. — Le capital. — La propriété.

ÉLÉMENTS DE MÉTAPHYSIQUE

De la valeur objective de la connaissance : dogmatisme, scepticisme, idéalisme.

De l'existence du monde extérieur.

De la nature en général : diverses conceptions sur la matière et sur la vie

De l'âme : matérialisme et spiritualisme.

Dieu : la Providence. — Le problème du mal.

L'immortalité de l'âme. — La religion naturelle.

Cours du second semestre

I. — ÉLÉMENTS DE PHILOSOPHIE SCIENTIFIQUE

La science. Les sciences. Classification et hiérarchie des sciences.

Les sciences mathématiques : leur objet, leurs principales divisions. Méthode : définitions, axiomes, démonstrations.

Les sciences de la nature : leur objet, leurs principales divisions, leurs méthodes : l'expérience; les méthodes d'observation et d'expérimentation. La lassification. L'hypothèse. L'induction. Rôle de la déduction dans les sciences de la nature.

Les sciences morales : leur objet, leurs caractères propres, leurs principales divisions. Méthode : l'induction et la déduction dans les sciences morales.

Rôle de l'histoire dans les sciences morales; la critique historique.

Exposé sommaire des principales hypothèses générales dans les différents ordres de sciences.

II. — ÉLÉMENTS DE PHILOSOPHIE MORALE

Les faits de l'ordre moral, leurs caractères propres ; la liberté, la responsabilité. La personnalité morale.

Les fins de la vie humaine : le bonheur ; l'utilité ; le devoir ; Platon ; les Stoïciens ; Kant.

L'individu. — Devoirs envers la personne morale. La dignité humaine.

La famille. — Sa constitution morale. Esprit de famille. L'autorité dans la famille.

La société. — Le droit et les droits. Respect de la personne dans les autres hommes. L'esclavage ; le servage ; les abus de pouvoir.

Respect de la personne dans ses croyances et ses opinions; liberté religieuse et philosophique ; tolérance.

Respect de la personne dans ses biens. Principe de la propriété.

La justice et la charité. Formes diverses de la charité. Le dévouement.

La patrie; la nation, ce qui la constitue. La puissance publique. L'État et les lois. Fondement de l'autorité publique. Le gouvernement. Devoirs et droits des gouvernants.

Sanction de la morale. Dieu. La religion naturelle.

N. B. — 1. Le caractère de cet enseignement devra être historique non moins que théorique. Le professeur ne se contentera pas d'une exposition abstraite des règles de la logique, il s'attachera à en montrer l'origine et à en faire comprendre l'application par de nombreux exemples empruntés à l'histoire des méthodes, des idées, des découvertes scientifiques, en recourant, quand il se pourra, aux réflexions et commentaires que les maîtres de la science nous ont laissés sur leurs travaux et ceux de leurs prédécesseurs. Il a paru bon d'indiquer ici quelques-uns des ouvrages les plus utiles à consulter :

Sur la science en général : Aristote, *Métaphysique* (les premiers chapitres); Bacon, *Novum organum;* Descartes, *Discours sur la Méthode.*

Sur la classification des sciences : Bacon, *De Dignitate et Augmentis;* D'Alembert, *Discours préliminaire;* Ampère, *Classification des sciences;* Auguste Comte, *Cours de philosophie positive* (2e leçon).

Sur les sciences mathématiques en général : Auguste Comte (3e et 10e leçons).

Sur la méthode : Pascal, *De l'esprit géométrique;* Leibnitz, *Nouveaux essais;* D'Alembert, *Éléments de philosophie.*

Sur les méthodes dans les sciences physiques : Bacon, Stuart-Mill; Herschell (Discours sur la philosophie naturelle).

Sur l'hypothèse : Claude Bernard, *Introduction à la médecine expérimentale*, 1re partie ; sur la classification : Cuvier, *Règne animal*, préface.

Sur la déduction dans les sciences de la nature : Stuart-Mill, *Logique*, livre III, chap. xi, xii et xiii.

Sur l'objet et la méthode des sciences morales : Stuart-Mill, *Logique*, livre VI.

Sur la critique historique : Daunou, *Cours d'études historiques*, tome I.

Exemples de grandes hypothèses : Laplace, Cuvier, Darwin (l'unité des forces physiques).

AUTEURS PHILOSOPHIQUES

AUTEURS FRANÇAIS

Descartes : *Discours de la Méthode;* — *Les Principes de la Philosophie*, livre 1er.

Malebranche : *De la Recherche de la Vérité*, livre II (De l'imagination), première partie, chap. i et v ; deuxième et troisième parties en entier.

Pascal : *De l'Autorité en matière de Philosophie;* — *De l'Esprit géométrique;* — *Entretien avec M. de Sacy.*

Leibnitz : *Nouveaux Essais sur l'Entendement humain*, avant-propos et livre 1er ; — Monadologie.

Condillac : *Traité des Sensations*, livre 1er.

V. Cousin : *Le Vrai, le Beau et le Bien*, 3e partie (le Bien).

AUTEURS GRECS

Xénophon : *Mémorables*, livre 1er.

Platon : le VIe livre de la *République.*

Aristote : *Éthique à Nicomaque*, livre X.

Épictète : *Manuel.*

AUTEURS LATINS

Lucrèce : *De Natura Rerum*, livre V.

Cicéron : *De Natura Deorum*, livre II. — *de Officis*, livre I.

Sénèque : *Lettres à Lucilius* (les seizes premières).

Langues et littératures anglaises et espagnoles

Le programme est le même que celui de la classe de Rhétorique (Voir ce programme, pages 71 et 72).

A. — Histoire de la civilisation

(Programme restreint)

Les époques préhistoriques. — Les empires et les civilisations de l'ancien Orient.

La Grèce. Époque légendaire. — Les cités grecques et leurs rivalités. — Le génie grec. — Sa diffusion en Orient.

Rome. — Les institutions primitives. — La lutte entre les patriciens et les plébéiens. — La conquête de l'Italie et du monde. — Les guerres civiles.

L'Empire — Organisation du monde romain. — Progrès intellectuel et moral. — Le christianisme.

Les Barbares. — Les empires byzantin, musulman et carolingien.

La société féodale. — L'Église et la théocratie. — Les croisades. — Les communes. — Les royautés française et anglaise.

Le déclin du moyen âge. — Les grandes inventions et les grandes découvertes.

Révolution intellectuelle et religieuse. — La Renaissance et la Réforme.

Luttes et triomphe de l'autorité royale au xviie siècle. Les monarchies française et anglaise.

Le xviiie siècle. — L'Europe nouvelle : les idées nouvelles. — La fin de l'ancien régime.

B. — Histoire générale de la civilisation

(Programme développé)

Les époques préhistoriques. — Les sciences qui nous les font connaître. — Les divers âges de la pierre et du métal. — Progrès dans l'outillage, l'alimentation, l'habitation. — Monuments mégalithiques.

Peuples, empires, civilisations de l'ancien Orient. — Religions, mœurs, industrie et commerce.

Les divers systèmes d'écriture. — Hiéroglyphes, caractères cunéiformes. — L'alphabet. — Découvertes modernes.

La civilisation grecque. — L'Asie-Mineure, l'Archipel et la Grèce. — L'époque homérique. — Mythologie, légendes. — Ioniens et Doriens. — Commerce, colonies. — Institutions communes de la race hellénique.

Sparte et Athènes avant les guerres médiques. — Organisation sociale et politique.

Établissement de la suprématie d'Athènes. Développement de la constitution démocratique et apogée du génie grec à l'époque de Périclès. La vie grecque.

Rivalités des cités grecques. — Prépondérance de la Macédoine. — Alexandre. — Conquêtes et fondations. — Diffusion du génie grec. — Alexandrie. — Pergame.

Rome. — L'Italie : races et civilisations primitives. — L'époque royale. — Patriciat et clientèle, plèbe, sénat.

Formation de la cité. — Lutte entre les patriciens et les plébéiens. — Les magistratures.

L'armée romaine et la politique romaine. — Conquête de l'Italie et lutte contre Carthage. — Conquête du bassin de la Méditerranée.

Révolutions dans l'esprit et les institutions de Rome. — L'hellénisme, l'esclavage. — Les Gracques et les lois agraires.

L'armée dans la cité. — Marius, Sylla, Pompée, César. — Fin de la République.

L'Empire romain. — Nouvelle organisation du monde romain. — Administration des provinces. — Travaux publics et voies. — Les grands écrivains.

Les Antonins. — Organisation municipale. — Progrès intellectuel et moral. — Monuments : jurisconsultes, philosophes. — Le christianisme.

Transformation de l'Empire à la fin du III° siècle. — Triomphe du christianisme et organisation de l'Église.

La Gaule sous la domination romaine. — Monuments, écoles, industrie et commerce. — Le colonat. — Les collèges d'artisans. — Principaux emprunts de la civilisation moderne aux civilisations antiques

Les premiers siècles du moyen âge (du v° au x°). — Les Germains : religion, institutions et mœurs. — Rôle de l'épiscopat en face des royaumes barbares.

Les trois empires byzantin, musulman, carolingien. — Leur civilisation. — Le code Justinien. — Le Coran. — Les écoles de Charlemagne.

Les grands siècles du moyen âge (du XI° au XIII°). — La société féodale, ses principes, ses mœurs. La Chevalerie.

L'Église, la papauté et la théocratie ; les ordres religieux. — Influence de l'Église sur le développement intellectuel.

Les causes et les résultats des croisades. — Emprunts fait par l'Occident à la civilisation orientale.

Les villes. — Les chartes de communes. — Corporations, commerce, foires.

Apogée de la royauté française au XIII° siècle. Le domaine royal. Le Parlement et l'Université de Paris.

La royauté anglaise. — La grande Charte. — Le Parlement.

Le déclin du moyen âge (XIV° et XV° siècles). — Affaiblissement de l'autorité royale ; décadence de la chevalerie. — La bourgeoisie au XIV° siècle. — Paris, la Flandre, les villes italiennes. — Richesses. — Révolutions.

Affaiblissement de l'esprit religieux. — Le grand schisme et les conciles.

Commencement des temps modernes. — Les grandes inventions, les découvertes maritimes. — Leurs conséquences.

Le XVI° siècle. — Révolution politique, intellectuelle, religieuse. — L'équilibre européen. — La Renaissance, la Réforme.

Conséquences politiques de la Réforme. — Lutte entre le catholicisme et le protestantisme. — Le principe de la tolérance.

Le XVII° siècle. — La guerre pendant la première moitié du siècle. Les armées. — Misère publique. — Saint Vincent de Paul.

Luttes et triomphe de la monarchie absolue en France sous Richelieu et Mazarin. — La théorie et l'organisation du pouvoir royal sous Louis XIV. — La Cour ; Versailles. — La protection accordée aux arts, aux sciences. — Les persécutions religieuses.

La diplomatie au XVII° siècle. — Les révolutions politiques et religieuses en Hollande, en Angleterre. —La république des Provinces-Unies, la monarchie anglaise.

Le XVIIIᵉ siècle. — Décadence de la monarchie française. — Perte de l'empire colonial français. — Développement de l'Angleterre, de la Prusse, de la Russie.

Progrès de l'esprit français. — Les philosophes, les économistes. — Influence des idées françaises sur l'Europe. — Constitution des États-Unis.

Les tentatives de réforme sous Louis XVI. — Leur échec. — La fin de l'ancien régime.

Géographie

Revision des cours des classes de seconde et de rhétorique.

Compléments d'Algèbre

Notions très succinctes de géométrie analytique. — Équation du premier degré. — Coefficient angulaire d'une droite. — Construction d'une droite donnée par son équation.

Représentation d'une fonction par une courbe. — Notions de la dérivée. — La dérivée est le coefficient angulaire de la tangente.

Variation des fonctions suivantes :

$$y = ax^2 + bx + c,$$
$$ax + b$$
$$y = a'x + b'^2$$
$$ax^2 + bx + c.$$
$$y = a'x^2 + b'x + c'$$

Pour cette dernière fonction, on se bornera à des exemples numériques.

Remarque. — En vue de la variation des fonctions précédentes, il suffira de faire connaître la dérivée d'une somme, d'un produit et d'un quotient.

Trigonométrie

Fonctions circulaires. — Définition complète des six lignes trigonométriques. — Théorème des projections. — Formules d'addition des arcs. Duplication et bissection.

Géométrie descriptive

Revision.

Changement du plan vertical de projection. — Rotations. — Applications les plus simples.

Cylindre et cône. — Plans tangents. — Sections planes.

Sphère. — Plan tangent en un point donné ; plant tangent mené par une droite. — Section plane. — Cône circonscrit. — Cylindre circonscrit.

Ombre d'une sphère, d'un cône, d'un cylindre.

Méthode des plans-côtés. — Application aux droites et aux plans. — Courbes de niveau. — Problèmes simples. — Lecture d'une carte topographique.

Notions de levé de plans. — Planimétrie et nivellement. — Explication des différentes méthodes. — Usage des instruments par des exécutions sur le terrain.

Notions de perspective. — Exemples : carrelage hexagonal; croix de pierre; porte avec perron. — Eléments de perspective cavalière.

Mécanique

STATIQUE

Forces; leur mesure. — Résultante de plusieurs forces.

Composition des forces concourantes : 1° Cas de deux forces ; 2° cas de plusieurs forces concourantes. — Polygone des forces.

Composition des forces parallèles. — Couple (pas de théorie des couples). Centre d'un système de forces parallèles.

Centre de gravité. — Sa recherche dans quelques cas simples : triangle, trapèze ; quadrilatère ; prisme ; pyramide.

Réduction d'un nombre quelconque de forces appliquées à un corps solide, d'abord à trois forces, puis à deux.

Conditions d'équilibre d'un corps solide libre sollicité par un nombre quelconque de forces.

Cas particuliers où le corps est mobile autour d'un point fixe ou d'un axe fixe ou reposé sur un plan fixe.

Machines. — 1° Levier. — Charge du point d'appui. — Balance ordinaire. — Balance de Roberval, de Quintenz. — Romaine. — Poulie fixe et poulie mobile. — Moufles.

2 Treuil. — Cric. — Roues à chevilles. — Chèvre. — Grue.

3° Plan incliné. — Applications du plan incliné.

CINÉMATIQUE

Mouvement rectiligne. — Mouvement uniforme. — Mouvement varié. — Vitesse moyenne. — Vitesse à un instant donné. — Diagramme de la loi du mouvement. — La vitesse est égale au coefficient angulaire de la tangente, au diagramme de la loi du mouvement. — Graphique des chemins de fer. — Mouvement uniformément varié. — Loi des espaces. — Lois des vitesses.

Appareils enregistreurs. — Machine de Morin.

Mouvement curviligne. — Vitesse moyenne. — Vitesse à un instant donné.

Notions sur le mouvement d'un système matériel invariable. — Mouvement d'une figure plane dans son plan. — Centre instantané. — Mouvement de translation. — Mouvement de rotation autour d'un axe fixe. — Vitesse angulaire.

Notions générales sur la transformation du mouvement. — Engrenages. — Parallélogrammes de Watt ; losange de Peaucellier. — Bielle et manivelle. — Cames et excentriques.

On montrera des modèles aux élèves.

DYNAMIQUE

Notions sur les machines à l'état de mouvement. — Travail mécanique. — Unité de travail. — Travail d'une force constante. — Travail d'une force variable ; travail élémentaire ; travail total ; son évaluation graphique. — Le travail de la résultante est égal à la somme des travaux des composantes.

Principe du travail virtuel dans les systèmes à liaisons complètes.

On se bornera à l'énoncé du principe et à sa vérification dans les machines simples ; application à quelques machines composées.

Énoncé du principe général des forces vives. — Application aux machines — Égalité du travail moteur et du travail résistant.

Notions sur les résistances passives. — Frottement; ses lois. — Travail des résistances passives. — Rendement d'une machine.

Emploi des volants et des freins.

Physique

(A la démonstration des vérités scientifiques, le professeur rattachera, à l'occasion, l'exposé des méthodes et l'histoire des découvertes.)

Mouvements. — Forces. — Proportionnalité des forces aux accélérations. — Masse. — Travail. — Force vive.

Lois de la chute des corps. — Machine d'Atwood.

Pendule. — Applications.

Poids spécifique des solides et des liquides. — Densité des gaz.

Manomètres. — Machines pneumatiques et de compression.

Siphon.

Sources de chaleur.

Notions sur la théorie mécanique de la chaleur. — Machines thermiques: machine à vapeur; machine à gaz.

Notions élémentaires et purement expérimentales sur le potentiel et la capacité électrique. Electromètre de Thomson.

Énoncé des lois fondamentales des courants.

Unités pratiques d'intensité, de résistance et de force électro-motrice.

Bobine de Ruhmkorff.

Machines magnéto-électriques et dynamo-électriques. — Réversibilité de ces machines.

Éclairage électrique.

Galvanoplastie. — Dorure. — Argenture.

Sonneries électriques. — Télégraphe. — Téléphone. — Microphone.

Intervalles musicaux. — Gamme.

Vibrations transversales des cordes : lois expérimentales.

Harmoniques. — Timbre des sons.

Spectroscope. — Spectres des diverses sources lumineuses. — Analyse spectrale.

Notions et exercices de photographie.

Chimie générale

Combinaison chimique. — Décomposition. — Dissociation.

Lois des poids. — Nombres proportionnels. — Équivalents.

Lois des volumes gazeux. — Poids atomiques. — Lois des chaleurs spécifiques. — Isomorphisme.

Principes de thermochimie. — Application aux cas les plus simples.

Chimie organique

Éléments des substances organiques. — Principes immédiats.

Méthodes analytiques et méthodes synthétiques.

Classification d'après les fonctions chimiques.

Carbures d'hydrogène. — Carbures gazeux : acétylène; gaz oléfiant; gaz des marais. — Chloroforme.

Carbures liquides et solides. — Pétroles; essence de térébenthine; benzine; toluène; naphtaline; anthracène.

Alcools. — Alcool ordinaire et ses principaux éthers.
Alcool méthylique.
Glycérine. — Corps gras neutres.
Glucoses. — Sucre de Canne. — Sucre de lait.
Dextrine. — Amidon et fécules. — Gommes. — Cellulose.
Phénol. — Alizarine.
Aldéhydes. — Essence d'amandes amères. — Camphre.
Acides. — Principaux acides volatils (formique, acétique).
Acides gras. — Acides fixes (oxalique, tartrique, citrique).
Savons. — Bougies.
Alcalis. — Alcalis artificiels : aniline ; toluidines ; rosanilines.
Matières colorantes naturelles et artificielles.
Alcalis végétaux (nicotine, morphine, quinine, strychnine).
Amides. — Notions générales. — Urée. — Acide urique. — Indigo.
Albumine et ses congénères (caséine, fibrine, gluten). — Gélatine.
Conservation des matières organiques.
Fermentation alcoolique. — Tafia. — Vin. — Bière.

Analyse chimique

Caractères des sels et caractères des principaux genres de sels.
Recherche de la base d'un sel soluble. — Recherche de l'acide.
Notions sur la chimie analytique quantitative par l'emploi des liqueurs titrées. — Essais alcalimétriques. — Essais chlorométriques. — Essais de fer.
Analyse élémentaire d'une substance organique.
Dosage de l'azote sous forme d'ammoniaque.

Manipulations de chimie

Acétylène (production par la combustion incomplète et par l'action de la chaleur rouge). — Gaz oléfiant. — Liqueur des Hollandais.
Gaz des marais. — Chloroforme.
Rectification de la benzine. — Nitrobenzine. — Sublimation de la naphtaline.
Rectification de l'alcool. — Fermentation alcoolique. — Ether acétique.
Saponification de l'huile par l'oxyde de plomb. — Préparation de la glycérine. — Savon de soude. — Acide stéarique.
Sucre de canne. — Cristallisation dans l'alcool. — Préparation du glucose avec l'amidon. Préparation de l'amidon et de la dextrine. — Coton poudre.
Sublimation du camphre. — Préparation de l'essence d'amandes amères.
Acide formique (préparation). — Acide acétique cristallisable. — Acide oxalique. — Acide tartrique. — Sublimation de l'acide benzoïque.
Préparation de l'aniline. — Sa transformation en rosaniline. — Cuve d'indigo.
Préparation de la morphine. — Préparation de l'urée.
Analyses chimiques.

Hygiène

L'eau. — Les diverses eaux potables : eau de source, eau de rivière, eau de puits. — L'eau de source seule est pure ; toutes les autres peuvent être contaminées ; modes de contamination.
Les moyens de purifier l'eau potable : filtration, ébullition.

L'air. — De la quantité d'air nécessaire dans les habitations, etc. — Dangers de l'air confiné. — Renouvellement de l'air. — Ventilation. — Altération de l'air par les poussières, les gaz.

Voisinage des marais.

Les aliments. — Falsifications principales des aliments usuels, solides et liquides.

Viandes dangereuses : parisitisme et germes infectieux (trichinose, ladrerie, charbon, tuberculose); viandes putréfiées (intoxication par la viande du porc, les saucisses).

Des boissons alcooliques. — L'alcoolisme.

Les maladies contagieuses. — Qu'est-ce qu'une maladie contagieuse ou transmissible? (Exemple : une maladie-type dont la transmission est expérimentalement facile). Le charbon, expériences de M. Pasteur.

Indication rapide des principales maladies contagieuses de l'homme; voies de transmission : l'air, l'eau, l'appareil respiratoire, l'appareil digestif.

Teigne, gale, fièvres éruptives, variole, rougeole, scarlatine, tuberculose.

Vaccination. — Revaccination. — Mortalité par variole.

Mesures de préservation. — Prophylaxie. — Désinfection. — Propreté corporelle.

Conditions de salubrité d'une maison. — La maison salubre, la maison insalubre.

Les maladies transmises par les déjections humaines : fièvre typhoïde, choléra.

Notions de police sanitaire des animaux. — Maladies transmissibles à l'homme. La rage, la morve, le charbon, la tuberculose.

Abatage, enfouissement.

Dessin

DESSIN A MAIN LEVÉE

1° Mêmes exercices qu'en seconde (page 69).
2° Exercices de composition. Modelage.

DESSIN GÉOMÉTRIQUE

Mêmes exercices qu'en seconde (page 69).
Notions de la mise au point.

Comptabilité

Le programme est le même que celui de la classe de rhétorique.

Enseignement religieux

L'instruction religieuse sera donnée par les ministres des différents cultes. Elle comprend :

Prières. — Catéchisme. — Ancien et Nouveau Testament. — Conférences sur la Religion.

Enseignement de la musique

L'enseignement de la musique est obligatoire, dans les lycées, pour tous les élèves, jusqu'à la quatrième inclusivement.

L'*Enseignement obligatoire* se divise comme suit :

PREMIER COURS

Principes élémentaires de musique. — Prononciation et diction. — Émission vocale. — Respiration. — Classement des voix. — Exercices d'intonation sur la gamme majeure et mineure avec les mesures simples (tons d'ut, sol, fa, majeurs et leurs relatifs mineurs).

Dictées faciles. — Exécution de morceaux simples.

DEUXIÈME COURS

Continuation des études de mesure et d'intonation.

Lectures et dictées musicales, orales et écrites, dans tous les tons majeurs et mineurs, avec les clefs de sol et de fa.

Exécution de morceaux à plusieurs voix.

TROISIÈME COURS

Exécutions chorales.

Étude élémentaire de l'accompagnement et de l'harmonie simple.

Les élèves des classes de sixième, cinquième et quatrième seront divisés entre ces trois cours, autant que possible d'après leurs progrès en musique, et non d'après la classe à laquelle ils appartiennent.

L'*Enseignement facultatif* pour les classes de *Troisième, Seconde, Rhétorique* et *Philosophie* comprendra :

Exécutions chorales.

Étude de l'accompagnement et de l'harmonie simple.

Notions sur l'*histoire de la musique* et les principales œuvres des maîtres.

N. B. — L'enseignement de la musique vocale est donné à chaque division ou cours isolément. Cependant, les élèves de plusieurs divisions ou de toutes les divisions pourront être réunis pour former des chœurs.

Une *fanfare* sera organisée dans chaque lycée.

Exercices physiques

ENSEIGNEMENT DE LA GYMNASTIQUE ET DES EXERCICES MILITAIRES

Premier cours

GYMNASTIQUE

Jeux. — Exercices d'ordre (formation des rangs, marches rythmées, ruptures et rassemblement, doublement et dédoublement). — Évolutions à la course cadencée ; courses de vélocité à petite distance. — Mouvement d'ensemble avec et sans instruments portatifs (haltères, barres, massues). — Escrime.

Exercices deux à deux avec cordes ou barres. — Exercices de suspension allongée et de suspension fléchie aux échelles (échelle horizontale, échelle inclinée, échelle avec planche dorsale, échelles jumelles). — Perches verticales fixes par paire. — Poutre horizontale. — Mât vertical. — Planches d'assaut. — Sauts en long, hauteur et profondeur. — Sauts avec appui des mains. — Sauts à la perche. — Exercices d'équilibre, exercices de rétablissement.

EXERCICES MILITAIRES

École du soldat sans arme.

Formation de la section.

Alignements.
Marches.
Changements de direction.
École d'intonation.

Deuxième cours

GYMNASTIQUE

Jeux demandant plus de force de résistance. — Mêmes exercices corporels que dans le premier cours. — Exercices de voltige.

EXERCICES MILITAIRES

Mécanisme des mouvements en ordre dispersé. — Déploiement. — Marche. — Ralliement. — Rassemblement.
École du soldat avec l'arme.
Tir. — Exercices préparatoires. — Tir à courte portée. — École d'intonation.

Troisième cours

GYMNASTIQUE

Perfectionnement des exercices précédents.

EXERCICES MILITAIRES

École du soldat avec l'arme.
École de section.
École d'intonation.

TIR

Appréciation des distances.
Tir à courte portée.
Tir à la cible.
Les exercices physiques se feront pendant les récréations. Le temps qui leur sera réservé sera de trois heures par semaine, réparties en séances d'une demi-heure ou de trois quarts d'heure. — Les groupes à exercer pourront être de cinquante élèves.

TABLE DES MATIÈRES

	Pages.
Préface..	v

EXPOSÉ, HISTORIQUE ET COMMENTAIRE

Chapitre I. — De la gratuité de l'instruction publique, de l'obligation de l'instruction primaire et de la liberté de l'enseignement................... 7
— II. — Des divers ordres d'établissements d'enseignement...................................... 21
— III. — De l'enseignement supérieur................ 46
— IV. — Des écoles communales et de l'enseignement privé.. 62
— V. — Du personnel universitaire et des conditions générales pour enseigner dans les écoles nationales.. 67
— VI. — Des autorités universitaires................. 72
— VII. — Des titres de capacité et des degrés universitaires.. 87
— VIII. — Des maisons d'écoles....................... 89
— IX. — Renseignements statistiques................. 94
— X. — Pension de retraite des instituteurs.......... 97
Conclusion... 100
Nos Ministres de l'Instruction publique...................... 106
Le personnel d'inspection des quatorze circonscriptions scolaires de la République 109

DOCUMENTS OFFICIELS

Dispositions constitutionnelles relatives à l'instruction publique. 113

LOIS

Loi du 3 mars 1808 sur l'organisation du service de santé des hôpitaux militaires de la République (titre XIV) (*Extrait*) 119
Loi du 4 juillet 1820 sur l'instruction publique................. 121
Loi du 29 décembre 1848 sur l'instruction publique............. 131

	Pages.
Loi du 2 juillet 1852, additionnelle à la loi du 29 décembre 1848 sur l'instruction publique....................................	156
Loi du 27 juin 1859 sur l'enseignement du droit................	160
Loi du 12 octobre 1860 fixant les appointements des fonctionnaires de l'Instruction publique............................	163
Loi du 7 décembre 1860 sur l'instruction publique.............	168
Loi du 3 septembre 1864, additionnelle à la loi du 7 décembre 1860 sur l'instruction publique......................................	185
Loi du 19 septembre 1870 portant réorganisation de l'École de médecine, de chirurgie et de pharmacie......................	189
Loi du 28 septembre 1870, modificative de celle du 12 octobre 1860 sur les appointements des fonctionnaires de l'instruction publique, et de celle du 3 septembre 1864 sur les écoles secondaires..	194
Projet de loi du 30 juin 1875 sur l'instruction publique.........	199
Projet de loi du 11 mai 1877, sanctionnant le contrat passé entre le Secrétaire d'État de l'Instruction publique et le Révérend Frère supérieur général des Frères de l'Instruction chrétienne, représenté par le T. C. F. Liphard, muni de pleins pouvoirs..	221
Projet de loi du 26 juin 1877, portant création d'une école normale primaire...	227
Loi du 10 septembre 1878 sur l'augmentation des émoluments des fonctionnaires de l'Instruction publique..................	239
Loi du 13 septembre 1878 sur la surveillance et l'inspection des écoles..	243
Loi du 24 septembre 1884 sur la surveillance et l'inspection des écoles..	250

DÉCRET

Décret du Gouvernement provisoire supprimant le Conservatoire de musique et l'École de droit établis à Port-au-Prince (30 mars 1867)...	260

ARRÊTÉS

Arrêté du 18 avril 1860, portant création des fermes-écoles.....	263
Arrêté du 24 janvier 1861, prohibant le luxe dans les écoles nationales, et réglant la tenue ordinaire des élèves des deux sexes.	265
Arrêté du 27 mars 1862, déterminant le mode d'examen des postulants aux chaires vacantes dans les écoles nationales.......	267
Arrêté du 17 avril 1875 relatif à la retenue du trentième des appointements des professeurs absents sans motifs.................	268
Arrêté du 24 février 1879 fixant les conditions d'admission des élèves attachés au service des travaux publics................	269
Arrêté du 16 février 1893 mettant au concours des ouvrages d'instruction civique et d'histoire d'Haïti destinés aux écoles......	276

Pages.

Arrêté du 26 juillet 1893, déterminant les matières des plans d'études et programmes de l'enseignement primaire et secondaire de la République.. 278
Arrêté du 26 avril 1894 sur les concours généraux entre les lycées et collèges de la République 284
Arrêté du 22 mai 1894 sur les vacances et jours de congé....... 290
Arrêté du 22 mai 1894 portant réglementation de la Caisse de l'Université... 291
Arrêté du 26 mai 1894 portant création du *Bulletin officiel de l'Instruction publique* 295
Arrêté du 28 août 1894 fixant les droits à percevoir par la Caisse de l'Université pour les diplômes de pharmacien, sage-femme, et pour le certificat d'études secondaires (spéciales et classiques). 297

RÈGLEMENTS

Règlement intérieur de l'Académie d'Haïti (15 mars 1823)....... 301
Règlement concernant les élèves de l'École nationale de médecine et les officiers de santé de l'École militaire (1er janvier 1830). 305
Règlement des jours de congé du Lycée national et des autres établissements d'instruction publique (15 juin 1833) 309
Règlement pour le Lycée national (2 septembre 1837)........... 311
Règlement de l'École nationale de navigation (26 septembre 1838). 322
Règlement de l'École nationale de médecine établie à l'hôpital militaire (26 septembre 1838).................................. 327
Règlement sur l'École de Droit de Port-au-Prince (18 janvier 1860). 332
Règlement concernant l'ordre intérieur de l'École de Droit de Port-au-Prince (30 janvier 1860)............................... 339
Règlement pour les lycées nationaux de la République (12 avril 1860). 344
Règlement pour les écoles primaires de la République (6 octobre 1860)... 357
Règlement de l'École nationale de musique (janvier 1868)...... 364
Règlement de l'École nationale de musique (1er septembre 1875). 366
Règlement de l'école libre de Droit de Port-au-Prince (avril 1887) 371
Règlement de l'Ecole nationale de Droit de Port-au-Prince (15 octobre 1890)... 381
Règlement de l'École nationale de médecine et de pharmacie (1er décembre 1890).. 394
Règlement de l'École d'Arts et Métiers, dite école libre professionnelle 391
Modifications au règlement de l'École nationale de Droit (20 janvier 1894)... 402
Règlement sur l'obtention des certificats d'études secondaires (28 août 1894) 408
Règlement sur l'obtention du certificat d'études primaires (28 août 1894) 412

CIRCULAIRES ET RAPPORTS

	Pages.
Circulaire présidentielle du 11 novembre 1819	417
Circulaire du 20 novembre 1819	418
Communication de la Commission d'Instruction publique de Port-au-Prince aux pères et aux mères de famille (11 août 1822)	419
Rapport fait au Président de la République par le secrétaire d'État de l'Instruction publique sur l'état des écoles de la capitale (11 novembre 1844)	424
Circulaire du 29 novembre 1844	429
Dépêche du ministre de l'Instruction publique, duc de Saint-Louis-du-Sud, approuvant le programme présenté par Mme Adriet, pour le Pensionnat national de demoiselles (24 mai 1858)	435
Circulaire du 12 février 1859	436
Circulaire du 14 février 1860	438
Circulaire du 14 février 1860	441
Rapport du 21 mars 1860, adressé au Président d'Haïti, par le Secrétaire d'État de l'Instruction publique	442
Circulaire du 19 avril 1860	454
Appel fait aux parents par le Secrétaire d'État de l'Instruction publique (12 juin 1860)	455
Rapport du 14 novembre 1860, adressé au Président d'Haïti, par le Secrétaire d'État de l'Instruction publique, au sujet des Concours généraux	458
Circulaire du 4 janvier 1861	460
Rapport du 5 janvier 1861, adressé au Secrétaire d'État de l'Instruction publique, par une Commission spéciale	462
Circulaire du 4 février 1861	465
Appel fait aux parents des élèves des écoles nationales, par le Secrétaire d'État de l'Instruction publique (27 juillet 1861)	466
Circulaire du 16 novembre 1861	468
Circulaire du 4 septembre 1867	470
Circulaire du 14 septembre 1867	476
Circulaire du 14 septembre 1871, n° 254	478
Circulaire du 14 septembre 1871, n° 255	479
Circulaire de la Commission centrale de l'Instruction publique aux directeurs et directrices des écoles nationales de Port-au-Prince (23 février 1874)	480
Circulaire du 12 octobre 1874	482
Circulaire du 26 mai 1875	484
Circulaire du 2 juin 1875	486
Circulaire du 29 juin 1875	488
Circulaire du 29 juin 1875	490
Circulaire du 5 janvier 1882	492
Circulaire du 8 avril 1882	493
Circulaire du 24 août 1894, sur l'application des nouveaux programmes et plans d'études de l'Instruction publique	496

TABLE DES MATIÈRES

	Pages.
Circulaire du 14 septembre 1894, sur la vaccination obligatoire..	500
Circulaire du 26 septembre 1894, sur l'application des nouveaux programmes dans les écoles primaires urbaines de jeunes filles...	501
Circulaire du 3 octobre 1894, prescrivant aux Inspecteurs de faire admettre un certain nombre d'élèves externes dans les écoles subventionnées, autres que celles où l'État entretient des boursiers...	502

AVIS IMPORTANTS

Avis du Secrétaire général concernant la fondation de l'Académie d'Haïti (4 janvier 1823)...............................	505
Avis de la Secrétairerie d'État de l'Instruction publique relatif à la fondation d'un Lycée national aux Cayes (8 février 1845)...	506
Avis relatif à la création des bourses en France (19 février 1859).	508
Avis relatif aux conditions d'admission des élèves à l'école navale militaire d'Haïti (22 février 1859)........................	509
Avis relatif à l'établissement des écoles rurales (18 mars 1859)...	510
Avis relatif à l'obtention du matériel scolaire et des livres classiques (18 mars 1859)..	511
Avis des Secrétaires d'État de l'Instruction publique et de la justice (18 janvier 1860)...	512
Avis du Secrétaire d'État de l'Instruction publique (14 février 1860)	513
Avis du 19 avril 1860, département de l'Instruction publique....	514
Avis de la Secrétairerie d'État de l'Instruction publique concernant l'installation du Lycée des Gonaïves (5 novembre 1860)..	515
Avis du Secrétaire d'État de l'Instruction publique (19 mars 1861)	516
Avis de la Secrétairerie d'État de l'Instruction publique (22 juin 1861)...	517
Avis de la Secrétairerie d'État de l'Instruction publique (28 septembre 1867)..	519
Avis de la Secrétairerie d'État de l'Instruction publique concernant la médaille obtenue à Paris par M. Edmond Laforestrie, citoyen haïtien, pour sa statue en marbre « La Rêverie » exposée au salon de sculpture (26 juin 1875).................	520
Avis relatif à l'établissement au quartier du Morne-à-Tuf, à Port-au-Prince, d'une école du soir pour les adultes (10 août 1875).	521
Avis de la Secrétairerie d'État de l'Instruction publique relatif au Cours de violon de l'école nationale de musique (10 novembre 1875)...	522
Avis de la Secrétairerie d'État de l'Instruction publique concernant les plans d'études et programmes du 26 juillet 1893 (4 mai 1894)...	522
Avis de la Secrétairerie d'État de l'Instruction publique fixant la date de l'ouverture des concours généraux pour l'année scolaire 1894-1895 (3 octobre 1894)...........................	523

Avis de la Secrétairerie d'État de l'Instruction publique fixant la date de l'ouverture du concours spécial d'histoire d'Haïti institué dans la ville des Cayes entre le lycée et les collèges de cette ville (3 octobre 1894)... 524

PROGRAMMES

Programme général des connaissances exigées de tout candidat qui se présente à l'examen devant les Commissions de l'Instruction publique pour la place de directeur d'une école primaire (20 novembre 1844).. 527

Programme-règlement du Pensionnat national de demoiselles élaboré par Mme Adriet, adopté par la Commission centrale de l'Instruction publique et approuvé par le Ministère (25 avril 1858).. 528

Programme des matières du concours général, entre les écoles primaires de demoiselles ou de garçons (23 juin 1859)......... 532

Programme des études du Lycée de Port-au-Prince durant l'année 1862 (8 novembre 1862).................................... 534

Programme des études à suivre dans les écoles primaires de la République (janvier 1868)..................................... 548

Programme des études pour les écoles supérieures de demoiselles de la République (1er février 1875)........................... 552

Programme contenant les matières sur lesquelles doivent être interrogés les postulants à la charge de directeur d'écoles rurales (1er juin 1875)....................................... 559

Programme contenant les matières sur lesquelles doivent être interrogés les postulants à la charge de directeur et professeur d'écoles nationales primaires (20 juin 1875)................. 561

Programme du Lycée national de Port-au-Prince (1er décembre 1875)... 563

Plan d'études et programmes d'enseignement des écoles primaires rurales (26 juillet 1893).............................. 571

Plan d'études et programmes d'enseignement des écoles primaires urbaines (26 juillet 1893)............................. 583

Plan d'études et programmes d'enseignement dans les écoles secondaires spéciales de garçons (26 juillet 1893)............ 606

Plan d'études et programmes de l'enseignement secondaire des jeunes filles (26 juillet 1893)................................ 638

Plan d'études et programmes de l'enseignement secondaire classique dans les lycées et collèges d'Haïti (26 juillet 1893)..... 664

Tours. — Imp. DESLIS FRÈRES, 6, rue Gambetta.

M. STÉNIO VINCENT

PETITES HISTOIRES D'HAITI, à l'usage des commençants (1 vol.). V⁹ᵉ Ch. Dunod et P. Vicq, éditeurs, 49, quai des Grands-Augustins, Paris.

CHOSES ET AUTRES (1 vol.). V⁹ᵉ Ch. Dunod et P. Vicq, éditeurs, 49, quai des Grands-Augustins.

POUR PARAITRE PROCHAINEMENT :

PETITE GÉOGRAPHIE D'HAITI, à l'usage des commençants.

PREMIÈRES NOTIONS D'INSTRUCTION CIVIQUE, suivies de lectures pour servir au Cours à l'usage des commençants.

M. L.-C. LHÉRISSON

LES ÉCOLES DE PORT-AU-PRINCE, historique, organisation, statistique. (1 vol.). H. Amblard, éditeur, 136, rue du Centre, Port-au-Prince.

EN PRÉPARATION :

LES ÉCOLES DE NOS CINQ DÉPARTEMENTS (urbaines et rurales), historique, organisation, statistique.

QUESTIONS D'HISTOIRE ET DE GÉOGRAPHIE (3 vol.).

Tours, imprimerie DESLIS Frères.

www.ingramcontent.com/pod-product-compliance
Lightning Source LLC
Chambersburg PA
CBHW071659300426
44115CB00010B/1262